韓兆琦

新譯資治通鑑

（十五）

晉紀二十九—三十七

三民書局印行

行編目資料

可,韓兆琦等注譯.——

2017

譯叢書)

裝)

5022866

局股份有限公司

書局股份有限公司

地址　臺北市復興北路386號

電話　(02)25006600

郵撥帳號　0009998-5

門市部　(復北店)臺北市復興北路386號

(重南店)臺北市重慶南路一段61號

出版日期　初版一刷　2017年1月

編號　S 034170

行政院新聞局登記證局版臺業字第〇二〇〇號

ISBN 978-957-14-6233-2 (平裝)

http://www.sanmin.com.tw 三民網路書店

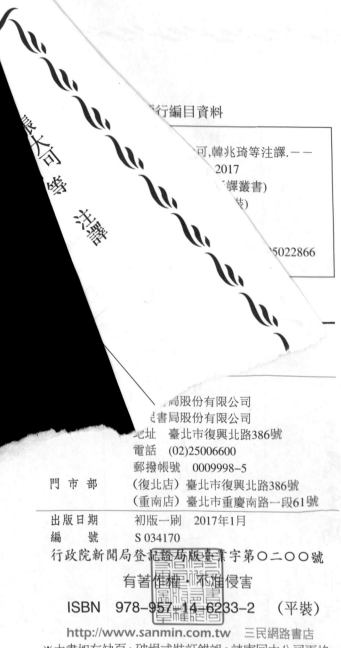

新譯資治通鑑　目次

第十五冊

卷第一百七

晉紀二十九

起彊圉大淵獻（丁亥　西元三八七年），盡重光單閼（辛卯　西元三九一年），凡五年。

【題　解】本卷寫孝武帝太元十二年（西元三八七年）至太元十六年共五年間的東晉與各國的大事。主要寫了後燕主慕容垂在慕容農、慕容隆、慕容楷等人的輔佐下南破東晉兗州、青州境內的郡縣，前曾降晉之秦臣光祚、朱肅等皆折而降燕；寫了慕容隆打敗叛燕的齊涉、張願於魏郡、平原郡；慕容楷破翟遼於徐州，翟遼請降於後燕；慕容隆大破變民首領許謙、張申、王祖、吳柱等；寫了匈奴劉顯地廣兵強於馬邑，但內部矛盾分裂，被慕容楷、慕容麟等大破之，劉顯敗投於號稱「西燕」的慕容永；慕容垂又派將擊破賀蘭部的染干與賀訥，突出表現了後燕的政情穩定，與慕容農、慕容隆兄弟的才幹喜人；寫了後秦主姚萇與前秦主苻登在陝、甘鄰近地區的反覆較量，姚萇破殺秦將徐嵩，掘墓鞭撻苻堅的屍體；又大破前秦將領魏褐飛，破殺反覆之將苟曜，以誠接納秦之降將強金槌，並暢論自己與兄姚襄之為人；寫了呂光集團打敗張大豫的復國勢力，平定境內諸郡的叛亂，日益強大於涼州；寫了乞伏國仁攻破鄰近的鮮卑部落，又擊破秦將沒弈干，吐谷渾部落前來歸附；寫了魏王拓跋珪的大破柔然、大破劉衛辰，衛辰死，諸部皆降，「國用由是遂饒」；寫了晉將朱序鎮守洛陽，連續打敗慕容永與翟遼的進攻；劉牢之破翟釗、翟遼於鄄城、滑臺；但東晉皇帝沉迷酒色，司馬道子、王國寶專權，朝綱日益腐敗等等。

烈宗孝武皇帝中之下

太元十二年（丁亥　西元三八七年）

春，正月乙巳❶，以朱序為青、兗二州❷刺史，代謝玄鎮彭城❸。序求鎮淮陰❹，許之。以玄為會稽內史❺。○丁未❻，大赦。

燕主垂觀兵河上❼，高陽王隆❽曰：「溫詳❾之徒，皆白面儒生，烏合為羣，徒恃長河❿以自固，若大軍濟河，必望旗震壞，不待戰也。」垂從之。戊午⓫，遣鎮北將軍蘭汗⓬、護軍將軍平幼⓭於碻磝⓮西四十里濟河，隆以大眾陳於北岸。溫攀、溫楷⓯果走趣城⓰。平幼追擊，大破之。詳夜將⓱妻子奔彭城，其眾三萬餘戶皆降於燕。垂以太原王楷⓲為兗州刺史，鎮東阿。

初，垂在長安，秦王堅嘗與之交手語⓳。垂出[1]，冗從僕射光祚言於堅曰：「陛下頗疑慕容垂乎？垂非久為人下者也。」堅以告垂。及秦王丕⓴自鄴奔晉陽㉑，祚與黃門侍郎㉒封孚、鉅鹿㉓太守封勸㉔皆來奔㉕。勸，奕之子也。垂之再圍鄴㉖也，秦故臣西河朱肅等各以其眾來奔。詔以祚等為河北諸郡太守，皆營㉗於濟北、濮陽㉘，羈屬溫詳㉙。詳敗，俱詣燕軍降。垂赦之，撫待如舊。垂見光祚，流涕沾衿，曰：「秦王㉚待我深，吾事之亦盡㉛，但為二公㉜猜忌，吾懼死而負之㉝。每一念之，中宵㉞不寐。」祚亦悲慟。垂賜祚金帛，祚固辭。垂曰：「卿猶復疑邪？」祚曰：「臣昔者惟知忠於所事，不意陛下至今懷㉟之，臣敢逃其死！」垂曰：「此乃卿之忠，固吾所求也，前言戲之耳。」待之彌厚，以為中常侍㊱。

翟遼㊲遣其子釗寇陳、潁㊳，朱序遣將軍秦膺擊走之。

秦主登立妃毛氏㊴為皇后，勃海王懿㊵為太弟㊶。后，興之女也。遣使拜東海王纂㊷為使持節、都督中外諸軍事、太師，領大司馬，封魯王。纂弟師奴為撫軍大將軍、并州牧㊸，封朔方公。纂怒謂使者曰：「勃海王，先帝之子，南安王㊹何以不立而自立乎？」長史㊺王旅諫曰：「南安已立，理無中改。今寇虜未滅，不可宗室之中自為仇敵也。」纂乃受命。於是㊻盧水胡彭沛穀㊼、屠各董成㊽．張龍世、新平羌雷惡地㊾等皆附於纂，有眾十餘萬。

後秦主萇徙秦州㊿豪傑三萬戶于安定(51)。

初，安次(52)人齊涉聚眾八千餘家據新柵(53)降燕，燕主垂拜涉魏郡(54)太守。既而復叛，連張願。願自帥萬餘人進屯祝阿之瓮口(55)，招翟遼，共應涉。

高陽王隆言於垂曰：「新柵堅固，攻之未易猝拔(56)。若久頓兵(57)於其城下，張願擁帥流民，西引丁零(58)，為患方深。願眾雖多，然皆新附，未能力鬭。因其自至，宜先擊之。願父子恃其驍勇，必不肯避去，可一戰擒也。願破，則涉不能自存[2]矣。」垂從之。

二月，遣范陽王德(59)、陳留王紹(60)、龍驤將軍張崇(61)帥步騎二萬會隆擊願。軍至斗城(62)，去瓮口二十餘里，解鞍頓息(63)。願引兵奄至(64)，燕人驚遽(65)，德兵[3]退走，隆勒兵不動。願子龜出衝陳，隆遣左右王末(66)逆擊，斬之。隆徐進戰，願兵乃退。德行里餘，復整兵還，與隆合。謂隆曰：「賊氣方銳，宜且緩之。」隆曰：「願乘人不備，宜得大捷；而吾士卒皆以懸隔河津(67)，勢迫(68)之故，人思自戰(69)，故能卻之。今賊不得利，氣竭勢衰，皆有進退之志(70)，不能齊奮，宜亟擊之。」德曰：「吾唯卿所為(71)耳！」遂進，戰於瓮口，大破之，斬首七千八百級，願脫身保三布口(72)。燕人進軍歷城(73)，青、兗、徐州郡縣壁壘多降。垂以陳留王紹為青州刺史，鎮歷城。德等還師。新柵人冬鸞執涉送之。垂誅涉父子，餘悉原(74)之。

三月，秦主登以竇衝為南秦州牧(75)，楊定為益州(76)牧，楊壁為司空、梁州(77)牧，乞伏國仁(78)為大將軍、大單于、苑川(79)王。

燕上谷(80)人王敏殺太守封戢，代郡(81)人許謙逐太守賈閏，各以郡附劉顯(82)。○燕以[4]樂浪王溫(83)為尚書右僕射。

夏，四月戊辰(84)，尊帝母李氏為皇太妃，儀服如太后。

後秦征西將軍姚碩德(85)為楊定(86)所逼，退守涇陽(87)。定與秦魯王纂(88)共攻之，戰于涇陽，碩德大敗。後秦主萇自陰密(89)救之，纂退屯敷陸(90)。

燕主垂自碻磝還中山(91)，慕容柔(92)、慕容盛(93)、慕容會(94)來自長子(95)。庚辰(96)[5]，垂為之大赦。垂問盛：「長子人情(97)如何？為可取乎？」盛曰：「西軍擾擾(98)，人有東歸(99)之志，陛下唯當脩仁政以俟之(100)耳。若大軍一臨(101)，必投戈而來，若孝子之歸慈父也。」垂悅。癸未(102)，封柔為陽平王，盛為長樂公，會為清河公。

高平(103)人翟暢執太守徐含遠，以郡降翟遼。燕王垂謂諸將曰：「遼以一城之眾，反覆三[6]國之間(104)，不可不討。」五月，以章武王宙(105)監中外諸軍事，輔太子寶守中山。垂自帥諸將南攻遼，以太原王楷為前鋒都督。遼眾皆燕、趙之人，聞楷至，皆曰：「太原王子(106)，吾之父母也！」相帥歸之(107)。遼懼，遣使請降。垂以遼為徐州牧，封河南公。前至黎陽(108)，受降而還。

井陘(109)人賈鮑，招引北山丁零(110)翟遙等五千餘人，夜襲中山，陷其外郭。章武王宙以奇兵出其外，太子寶鼓譟於內，合擊，大破之，盡俘其眾，唯遙、鮑單馬走免。

劉顯地廣兵彊，雄於北方。會其兄弟乖爭[111]，魏長史張袞言於魏王珪[112]曰：「顯志在并吞，今不乘其內潰而取之，必為後患。然吾不能獨克，請與燕共攻之。」珪從之，復遣安同[113]乞師於燕。

詔徵[114]會稽處士戴逵[115]，逵累辭不就；郡縣敦逼[116]不已，逵逃匿于吳[117]。謝玄上疏[118]曰：「逵自求其志[119]，今王命未回[120]，將罹風霜之患[121]。陛下既已愛而器之[122]，亦宜使其身名並存[123]，請絕召命[124]。」帝許之。逵，逯[125]之兄也。

秦主登以其兄同成為司徒、守尚書令[126]，封潁川王；弟廣為中書監[127]，封安成王；子崇為尚書左僕射[128]，封東平王。

燕主垂自黎陽還中山。○吳深殺燕清河太守丁國[129]，章武[130]人王祖殺太守白欽，勃海[131]人張申據高城[132]以叛，燕主垂命樂浪王溫討之。

苑川王國仁[7]帥騎三萬襲鮮卑大人[133]密貴、裕苟、提倫三部于六泉[134]。秋，七月，與沒弈干[135]、金熙[136]戰于渴渾川[137]。沒弈干、金熙大敗，三部皆降。

秦主登軍于瓦亭[138]。後秦主萇攻彭沛穀堡[139]，拔之。穀奔杏城[140]。萇還陰密[141]，以太子興鎮長安。

燕趙王麟[142]討王敏于上谷，斬之。○劉衛辰[143]獻馬於燕，劉顯掠之。燕主垂怒，遣太原王楷將兵助趙王麟擊顯，大破之。顯奔馬邑西山[144]。魏王珪引兵會麟擊顯於彌澤[145]，又破之。顯奔西燕[146]，麟悉收其部眾，獲馬牛羊以千萬數。

呂光[147]將彭晃、徐炅攻張大豫[148]于臨洮，破之。大豫奔廣武[149]，王穆[150]奔建康[151]。八月，廣武人執大豫送姑臧，斬之。穆襲據酒泉[152]，自稱大將軍、涼州牧。

辛巳[153]，立皇子德宗[154]為太子，大赦。

燕主垂立劉顯弟可泥為烏桓[155]王，以撫其眾，徙八千餘落[156]于中山。

秦馮翊[157]太守蘭櫝帥眾二萬自頻陽[158]入和寧[159]，與魯王纂謀攻長安。纂弟師奴勸纂稱尊號，纂不從。師奴殺纂而代之，櫝遂與師奴絕。西燕主永[160]攻櫝，櫝遣使[8]請救於後秦。後秦王萇欲自救之，尚書令姚旻、左僕射尹緯曰：「苻登近在瓦亭[161]，將乘虛襲吾後。」萇曰：「苻登眾盛，非旦夕可制[162][9]；登遲重少決[163]，必不能輕軍深入。比兩月間[164]，吾必破賊而返，登雖至，無能為也。」九月，萇軍于泥源[165]。師奴逆戰，大敗，亡奔鮮卑[166]。後秦盡收其眾，屠各董成等皆降。○秦主登進據胡空堡[167]，戎、夏[168]歸之者[10]十餘萬。

冬，十月，翟遼復叛燕，遣兵與王祖、張申寇抄清河、平原[169]。

後秦王萇進擊西燕王永於河西[170]，永走。蘭櫝復列兵拒守，萇攻之。十二月，禽櫝，遂如杏城[171]。

後秦姚方成攻秦雍州刺史徐嵩壘，拔之，執嵩而數[172]之。嵩罵曰：「汝姚萇罪當萬死。苻黃眉[173]欲斬之，先帝[174]止之；授任內外[175]，榮寵極矣。曾不如犬馬識所養之恩，親為大逆[176]。汝羌輩豈可以人理期[177]也？何不速殺我！早見先帝取姚萇於地下治之[11]。」方成怒，三斬嵩[178]，悉阬其士卒，以妻子賞軍。後秦王萇掘秦王堅尸，鞭撻無數，剝衣倮形，薦之以棘[179]，坎土[180]而埋之。

涼州大饑，米斗直錢五百，人相食，死者太半。

呂光西平[181]太守康寧自稱匈奴王，殺湟河[182]太守強禧以叛。張掖[183]太守彭晃亦叛，東結康寧，西通王穆[184]。光欲自擊晃，諸將皆曰：「今康寧在南，伺釁而動。若晃、穆未誅，康寧復至，進退狼狽，勢必大危。」光曰：「實如卿言。然我今不往，是坐待其來也。若三寇連兵，東西交至，則城外[185]皆非吾有，大事去矣。今晃初叛，與寧、穆情契未密[186]，出其倉猝，取之差易[187]耳。」乃自帥騎三萬，倍道兼行。既至，攻之二旬，拔其城，誅晃。

初，王穆起兵，遣使招敦煌處士郭瑀，瑀歎曰：「今民將左衽[188]，吾忍不救之邪？」乃與同郡索嘏起兵應穆，運粟三萬石以餉[189]之。穆以瑀為太府[190]左長史、軍師將軍，嘏為敦煌太守。既而穆聽讒言，引兵攻嘏。瑀諫不聽，出城大哭，舉手謝城[191]曰：「吾不復見汝矣！」還而引被覆面[192]，不與人言，不食而卒。呂光聞之，曰：「二虜相攻，此成禽[193]也，不可以憚[194]屢戰之勞而失永逸[195]之機也。」遂帥步騎二萬攻酒泉，克之，進屯涼興[196]。穆引兵東還，未至[197]，眾潰；穆單騎走，騂馬令[198]郭文斬其首送之[199]。

【章 旨】以上為第一段，寫太元十二年（西元三八七年）一年間的大事。主要寫了後燕主慕容垂的日益強大，他在慕容農、慕容隆、慕容楷等人的輔佐下南破東晉兗州、青州境內的郡縣，前曾降晉之秦臣光祚、朱肅等皆折而降燕；寫了慕容隆打敗叛燕的齊涉、張願於魏郡、平原郡；慕容楷破翟遼於徐州，翟遼請降於後燕；寫了匈奴劉顯地廣兵強於馬邑，但內部矛盾分裂，被慕容楷、慕容麟等大破之，劉顯敗投於號稱「西燕」的慕容永；寫了後秦主姚萇與前秦主苻登在陝、甘鄰近地區的反覆較量，姚萇破殺秦將徐嵩，掘墓鞭撻苻堅的屍體；寫了呂光集團打敗張大豫的復國勢力，平定境內諸郡的叛亂，日益強大於涼州；以及乞伏國仁破鄰近的鮮卑部落於六泉、渴渾川，受苻登之封為苑川王等等。

【注 釋】❶正月乙巳 正月初八。❷青兗二州 青州原來的州治臨淄，在今山東淄博之臨淄區；兗州的州治廩丘，在今山東鄆城西北。東晉時期青、兗二州的州治都僑設在今江蘇揚州西北。❸彭城 即今江蘇徐州。❹淮陰 今江蘇淮安之淮陰區。因彭城距東晉首都建康遙遠，而北方燕國的勢力強大，所以要求把軍鎮南移淮陰。❺會稽內史 會稽國的行政長官，主管該王國的行政事務，位同太守。❻丁未　正月初十。❼觀兵河上　到黃河邊向晉王朝炫耀武力。觀，顯示；炫耀。河上，黃河邊上。❽高陽王隆　即慕容隆，慕容垂之子，任撫冠軍將軍、征西將軍等職，封高陽王。事見《晉書》卷一百二十三、一百二十四。❾溫詳　晉將名，這時任濟北太守。濟北郡的郡治盧縣，在今山東東阿東南。❿長河　即黃河。⓫戊午　正月二十一。⓬蘭汗　慕容垂之舅，後來又是慕容垂孫慕容盛的岳父。⓭平幼　平規之兄。平規是慕容垂的部將。⓮碻磝　城名，在今山東茌平西南的古黃河南岸，當時為濟北郡的郡治所在地。⓯溫攀溫楷　皆晉將名。⓰趣城　指逃往東阿城，今山東東阿南之東阿鎮。⓱將　帶著。⓲太原王楷　即慕容楷。慕容恪之子，慕容垂之姪，時繼其父爵為太原王。⓳交手語　親密地握手而談。交手，拉手；握手。也有說「交手語」即下圍棋。手語，也稱手談。⓴秦主丕　即苻丕，苻堅之子，苻堅死後苻丕自稱秦國皇帝，西元三八五至三八六年在位。傳見《晉書》卷一百十五。㉑自鄴奔晉陽　鄴城的故址即今河北臨漳西南的古鄴鎮。苻堅死前，苻丕曾在這裡鎮守；苻堅死後，苻丕曾與慕容垂在這裡進行過激烈而持久的爭奪，最後無奈，才棄城西逃到晉陽。晉陽在今山西太原西南。苻丕棄鄴城逃往晉陽事，見本書卷一百六太元十年。㉒黃門侍郎　官名，帝王身邊的侍從官員。㉓鉅鹿　郡名，郡治在今河北趙縣東南。㉔封勸　前燕時代的舊臣封奕之子，前燕被苻堅所滅時歸降於秦。㉕皆來奔　都逃來歸降東晉王朝。㉖再圍鄴　慕容垂第二次圍攻鄴城，見本書卷一百五太元九年。㉗營　駐紮。㉘濮陽　郡名，郡治在今河南濮陽西南。㉙羈屬溫詳　表面上、口頭上歸溫詳調遣。羈屬，鬆散地歸屬。羈，羈縻，像管理牛羊一樣地用繩子攏著。㉚秦王　以稱苻堅。㉛吾事之亦盡　我為他效力也盡心盡職。㉜二公　指長樂公苻丕、平原公苻暉，皆苻堅之子。當時苻丕鎮鄴城，苻暉鎮洛陽。㉝懼死而負之　害怕被誣以反叛殺害，故而背離了苻堅。㉞中宵　半夜。㉟懷　記著，指前時對苻堅議論慕容垂的事情。㊱中常侍　官名，帝王的宮內侍從。光祚是前秦的宦官，故任之為此。㊲翟遼　丁零族的部落酋長，此時據守黎陽（今河南浚縣東南）。㊳陳潁　二郡名，陳郡的郡治即今河南淮陽，潁川郡的郡治在今河南許昌東。㊴毛氏　毛興之女，壯勇善騎射。毛興是苻堅的將領，任鎮西將軍、河州刺史。㊵勃海王懿　即苻懿，秦主苻丕之子。事見《晉書》卷一百十五。㊶為太弟　意即立以為接班人。㊷東海王纂　即苻纂，苻堅之姪，封東海王、魯王。事見《晉書》卷一百十五。苻纂當時駐兵杏城，今陝西黃陵。㊸并州牧　并州的最高軍事行政長官，一個州牧下管若干個郡。并州的州治在今山西太原西南。㊹南安王　即苻登，苻堅的族孫，未稱帝前為南安王。㊺長史　官名，將軍、宰相手下的諸史之長。㊻於是　當時；這時候。㊼盧水胡彭沛穀　盧水一帶的少數民族頭領姓彭名沛穀。盧水是縣名，縣治即今甘肅武威北之石平河。㊽屠各董成　匈奴族的一個部落頭領名叫董成。屠各是當時匈奴族的一個分支。㊾新平羌雷惡地　新平郡的羌族頭領姓雷名惡地。新平郡的郡治即今陝西彬縣。[50]秦州　州治上邽，即今甘肅天水市。[51]安定　郡名，郡治在今甘肅涇川縣北。上年姚萇曾讓安定的百姓東遷長安，今又讓秦州的豪傑東遷安定，因為安定是姚萇起兵的根據地，他現在又想建都長安，兩地都很重要，所以他讓人們依次向東搬遷。[52]安次　縣名，縣治在今河北廊坊西北。[53]新柵　地址不詳，應離魏郡不遠。[54]魏郡　郡治鄴城，在今河北臨漳西南。[55]祝阿之瓮口　祝阿郡的某支流入黃河之口。祝阿郡的郡治在今山東濟南市西南。[56]猝拔　很快就能攻下。猝，立即。[57]頓兵　使軍隊滯留，指長期圍攻不下。[58]西引丁零　向西勾結翟遼所統領的丁零人。[59]范陽王德　即慕容德，慕容垂之弟，被封范陽王。傳見《晉書》卷一百二十七。[60]陳留王紹　即慕容紹，慕容楷之弟，慕容垂之姪，被封陳留王。事見《晉書》卷一百二十三。[61]張崇　原在苻堅手下任兗州刺史，後歸順慕容垂。[62]斗城　地址不詳，應離魏郡不遠。[63]頓息　停下來休息。[64]奄至　突然到達。[65]驚遽　驚懼。遽，這裡意思同「懼」。[66]左右王末　身邊的侍從名叫王末。[67]懸隔河津　指遠離黃河以北的根據地，在黃河以南孤軍作戰。懸隔，遠隔。河津，河水。[68]勢迫　形勢危急，指前有強敵，後有黃河，無路可退。[69]自戰　為了自己的生存而殊死戰鬥。[70]進退之志　指猶豫動搖，進攻、退守，意見不一。[71]唯卿所為　意即一切都按著你的意思辦。[72]保三布口　退到三布口進行防守。保，據守。三布口，地名，在今山東肥城東。[73]歷城　縣名，縣治在今山東濟南市西，因有歷山而得名。[74]原　寬赦其罪。[75]南秦州牧　南秦州的刺史。南秦州的州治在今甘肅成縣西。[76]益州　州治成都，即今四川成都。[77]梁州　州治南鄭，即今陝西漢中。[78]乞伏國仁　隴西鮮卑族的頭領，姓乞伏，名國仁，後來西秦政權的創建者。傳見《晉書》卷一百二十五。[79]苑川　郡名，郡治在今甘肅蘭州東。[80]上谷　郡名，郡治沮陽，在今河北懷來東南。[81]代郡　郡治即今河北蔚縣東北的代王城，北連匈奴、烏桓等族，故為北方要塞。[82]劉顯　匈奴部落的頭領，劉庫仁之子，當時駐守馬邑，即今山西朔縣。[83]樂浪王溫　即慕容溫，慕容垂之子，被封為樂浪王。樂浪是郡名，在今朝鮮境內。[84]四月戊辰　四月初三。[85]姚碩德　後秦主姚萇之弟。[86]楊定　居住在仇池（今甘肅武都一帶）的氐族頭領，當時的立場歸屬於前秦苻氏。[87]涇陽　當時隴東郡的首府，在今甘肅平涼西北。[88]魯王纂　即苻纂，苻堅的姪輩。[89]陰密　縣名，縣治在今甘肅靈臺西南。[90]敷陸　縣名，縣治在今陝西洛川縣東南。[91]中山　後燕主慕容垂的國都，即今河北定州。[92]慕容柔　慕容垂之子。[93]慕容盛　慕容垂之孫，太子慕容寶的庶長子。[94]慕容會　慕容寶之子，慕容盛之弟。[95]來自長子　慕容柔等原在前秦主苻堅部下被軟禁，苻堅兵敗，慕容柔等逃出投慕容沖，沖死後隨慕容永東遷到長子；上年十一月又從慕容永部下逃出，此時到達中山，歷時半載。長子縣的縣治即今山西長治。[96]庚辰　四月十五。[97]長子人情　慕容永統治下的人心動向如何。[98]西軍擾擾　慕容永的部下現在是一片驚擾不安。西軍，指慕容永的軍隊，因長子縣在慕容垂的都城中山（今河北定州）之西，故稱其軍曰「西軍」。擾擾，騷動不安的樣子。99東歸　向東回到中山，乃至遼西一帶地區，也就是燕國的舊地盤上。100以俟之　以等待時機。俟，等待。101大軍一臨　大國的軍隊一到。大軍，指慕容垂「後燕」的軍隊。102癸未　四月十八。103高平　郡名，郡治昌邑，今山東巨野南。104反覆三國之間　指翟遼曾在後燕、西燕、東晉三國之間叛服不定。105章武王宙　即慕容宙，慕容垂之姪。106太原王子　指慕容楷，因慕容楷之父慕容恪在前燕慕容暐稱帝時曾被封為太原王，故云。107相帥歸之　彼此呼應、相互牽引地前來投歸慕容楷。108黎陽　縣名，縣治在今河南浚縣東南。109井陘　縣名，即今河北井陘。110北山丁零　北山一帶的丁零民族。北山，此處指太行山的六嶺關、黑山關一帶山地。111兄弟乖爭　兄弟不和，互相鬥爭。此指劉奴真、劉肺泥之叛。事見本書卷一百六。112魏王珪　即拓跋珪，後來的魏道武帝，北魏政權的建立者。西元三八六—四〇九年在位。事見《魏書》卷二。113復遣安同　安同是胡人，原仕於慕容暐，後歸拓跋珪，屢因出使建功。因去年魏曾派安同乞師於燕以破窟咄，故此言「復遣」。114詔徵　朝廷下命令招之入朝。115處士戴逵　處士是在家隱居，不入朝為官的人。戴逵字安道，原譙郡銍縣（今安徽宿縣西）人，後南徙隱居會稽剡縣（今浙江嵊縣），為當世有名的「高士」，博學善文，能琴善畫，著有〈釋疑論〉，並繪有〈孫綽高士像〉、〈胡人弄猿圖〉等。116敦逼　督促、逼迫。117吳　郡名，郡治即今江蘇蘇州。118謝玄上疏　此時謝玄為會稽內史，而戴逵隱居在會稽郡內，故父母官為其上疏分解。「疏」是古代的文體名，意即「上書」或「上表」。因其需要分條縷述，故稱作「疏」。119自求其志　只想滿足個人悠遊自得的心願。《論語・季氏》：「隱居以求其志。」120未回　沒有收回。121罹風霜之患　指奔逃在外，飽經風霜。罹，遭受。122愛而器之　喜愛他，想要讓他成材。器，用如動詞，讓他成材、成器，也就是給他官做。123使其身名並存　意思是應該保證讓他能夠活下去，別把他逼死。124請絕召命　請求朝廷不要再召他進京了。絕，停止。125逯　戴逵之弟，曾任沛郡太守，封廣信侯。126守尚書令　代理尚書令。尚書令是尚書省的最高長官，位同丞相。守，代理。127中書監　中書省的最高長官，比中書令略高，秉承皇帝旨意發布各項政令，位同丞相。128尚書左僕射　尚書省的副長官。129吳深句　吳深，燕國叛將，殺燕清河太守丁國事在太元十一年。清河，郡名，郡治甘陵，在今河北清河縣東南。130章武　郡名，郡治東平舒，即今河北大城。131勃海　郡名，郡治南皮，在今河北南皮東北。132高城　縣名，縣治在今河北鹽山縣東南。133鮮卑大人　鮮卑族的部落頭領。134六泉　地名，在今寧夏固原境內。135沒弈干　鮮卑族的部落首領，當時居住在高平郡，今寧夏固原一帶。136金熙　東胡部落的首領，當時也住在高平郡。137渴渾川　地名，約在今甘肅榆中北。據《晉書》記載，當乞伏國仁襲擊密貴、裕苟、提倫三部落時，沒弈干、金熙連兵襲擊乞伏國仁，雙方在渴渾川遭遇。138瓦亭　地名，在今甘肅平涼西北。139彭沛穀堡　胡人彭沛穀的城堡。彭沛穀是盧水胡人，其城堡在貳縣，今陝西黃陵西北。
140 杏城　古城名，在今陝西黃陵西南。
141 陰密　縣名，在今甘肅華亭東南。
142 趙王麟　即慕容麟，慕容垂之子，被封為趙王。
143 劉衛辰　匈奴族鐵弗部的頭領，赫連勃勃之父。先歸苻堅，後歸拓跋魏，後又歸姚萇。當時駐守於悅跋城，又稱代來城，在今內蒙古伊金霍洛旗西北。
144 馬邑西山　馬邑縣城西面的山。馬邑縣即今山西朔縣。
145 彌澤　地名，在今山西朔縣南。
146 奔西燕　往投當時的西燕主慕容永，慕容永的都城即今山西長子。
147 呂光　氐族人，後涼政權的建立者，西元三八六至三九九年在位。此時尚屬前秦，被封為酒泉公，以姑臧（今甘肅武威）為首府。傳見《晉書》卷一百二十二。
148 張大豫　涼州地區軍閥張軌的後代，其父張天錫兵敗投降了苻堅，淝水之戰後張天錫逃歸晉，張大豫逃回涼州，聯絡舊有勢力進攻姑臧，被呂光打敗，逃奔到臨洮，即今甘肅岷縣。事見本書卷一百六。
149 廣武　郡名，郡治在今甘肅永登東南。
150 王穆　原是苻堅的長水校尉，淝水之戰後幫助並隨同張大豫一同逃到涼州。姑臧之敗後又隨張一起逃到臨洮。
151 建康　郡名，郡治在今甘肅高臺西南。
152 襲據酒泉　襲擊並佔領了酒泉郡。郡治即今甘肅酒泉。
153 辛巳　八月十八。
154 皇子德宗　即後來的晉安帝，孝武帝司馬曜的長子。性愚痴，口不能言。
155 烏桓　當時的少數民族部落名。
156 落部落。
157 馮翊　郡名，郡治臨晉，即今陝西大荔。
158 頻陽　縣名，縣治在今陝西富平東北五十里。
159 和寧　縣名，縣治在今陝西黃陵東南。
160 西燕主永　即慕容永，慕容垂的堂兄弟，西元三八六至三九四年在位，當時佔據著今山西長子一帶地區。
161 瓦亭　在今甘肅平涼西北，當時為苻登的大本營所在地。
162 非旦夕可制　不是一兩天可以制服的。
163 遲重少決　反應遲鈍，不能迅速做出決斷。
164 比兩月間　等兩個月過去之後。比，及；等到。
165 泥源　當作「泥陽」。縣名，縣治在今甘肅寧縣東南。
166 亡奔鮮卑　此時的西燕、後燕、北魏等皆為鮮卑族，師奴亡奔何處，《通鑑》交代不清。
167 胡空堡　堡寨名，在今陝西彬縣境內。
168 戎夏　猶言「蕃、漢」，指當時的少數民族與漢族人。
169 平原　郡名，郡治在今山東平原縣西南。
170 河西　此指陝西韓城至華陰一帶的黃河西岸地區。
171 如杏城　進抵杏城。如，到；抵達。
172 數　一件件地列舉其罪狀。
173 苻黃眉　前秦主苻生的部將，曾破殺姚襄，俘虜姚萇。
174 先帝　指苻堅。苻堅當時亦為苻生的部將。
175 授任內外　任命他擔任朝廷和地方的官職。以上諸事均見本書卷一百升平元年。
176 親為大逆　指淝水之戰後姚萇叛變並俘獲苻堅，將其在新平佛寺縊死事。見本書卷一百六。
177 豈可以人理期　怎麼能指望你做出人應該做的事情。
178 三斬嵩　將徐嵩斬為三截。先斬其足，再斬其腰，最後斬其頸。
179 薦之以棘　讓屍體躺在荊棘上。這是古人對死者極大的報復性的侮辱。薦，墊。
180 坎土　挖坑。按，苻堅原葬於徐嵩、胡空二壘之間，今徐嵩之壘被攻陷，故姚萇得以肆其淫威。
181 西平　郡名，郡治即今青海西寧。
182 湟河　郡名，郡治在今青海化隆回族自治縣一帶。
183 張掖　郡名，郡治在今甘肅張掖西北。
184 西通王穆　此時王穆已奪取酒泉郡。
185 城外

指姑臧（今甘肅武威）城外的所有地盤。186情契未密　交情還不深。187差易　較為容易。188民將左衽　指漢人將淪於少數民族的統治之下。左衽，衣服向左邊開襟，古人以此稱少數民族的服飾。189餉　軍糧，這裡用作動詞，供給。按，王穆擁戴張氏，而張氏懸隔西北，至此仍以「忠」於晉室為名，故郭瑀有此發憤之舉。190太府　意同「大府」，王穆自稱自己的軍部，時王穆自稱「大將軍」。191謝城　向酒泉郡的城池告別。192引被覆面　拉起被子蒙上臉。193成禽　現成的俘虜。194憚　怕；畏懼。195永逸　永久性的安逸。196涼興　郡名，郡治在今甘肅安西縣南。197未至　指尚未回到酒泉郡。198騂馬令　騂馬縣的縣令。騂馬縣的縣治在今甘肅玉門東北。199送之　將王穆之頭送給呂光。

【校　記】1垂出　原無此二字。據章鈺校，十二行本、乙十一行本、孔天胤本皆有此二字，張瑛《通鑑校勘記》同，今據補。2不能自存　據章鈺校，十二行本、乙十一行本、孔天胤本皆作「自不能存」。3兵　據章鈺校，十二行本、乙十一行本、孔天胤本皆作「軍」。4以　原無此字。胡三省注云：「『萇』下當有『以』字。」嚴衍《通鑑補》增補此字，今據補。5庚辰　原作「庚子」。據章鈺校，十二行本、乙十一行本、孔天胤本皆作「庚辰」，張敦仁《通鑑刊本識誤》、張瑛《通鑑校勘記》同，今據改。6三　據章鈺校，十二行本、孔天胤本作「二」。7國仁　原作「國俗」。據章鈺校，十二行本、乙十一行本、孔天胤本皆作「國仁」，今據改。8遣使　原無此二字。據章鈺校，十二行本、乙十一行本、孔天胤本皆有此二字，張敦仁《通鑑刊本識誤》同，今據補。9制　嚴衍《通鑑補》改作「至」。10者　原無此字。據章鈺校，十二行本、乙十一行本、孔天胤本皆有此字，張敦仁《通鑑刊本識誤》同，今據補。11早見先帝取姚萇於地下治之　原無此十二字。據章鈺校，十二行本、乙十一行本、孔天胤本皆有此十二字，張敦仁《通鑑刊本識誤》、張瑛《通鑑校勘記》同，今據補。

【語　譯】烈宗孝武皇帝中之下

太元十二年（丁亥　西元三八七年）

春季，正月初八日乙巳，東晉任命朱序為青、兗二州刺史，代替謝玄鎮守彭城。朱序請求駐守淮陰，朝廷同意了朱序的請求。朝廷任命謝玄為會稽內史。〇初十日丁未，東晉實行大赦。

後燕主慕容垂到黃河邊向東晉王朝炫耀武力，高陽王慕容隆說：「像東晉濟北太守溫詳那樣的人，不過是一個面皮白嫩的書生，如同烏鴉爭食一樣聚集起一群人，只是仗恃著黃河天險才得以自保，如果我們的大軍渡過黃河，他們必定望風披靡，根本等不到我們攻打，就會自行潰敗。」後燕主慕容垂聽從了高陽王慕容隆的意見。正月二十一日戊午，燕主慕容垂派遣擔任鎮北將軍的蘭汗、擔任護軍將軍的平幼在碻磝城以西四十里遠的地方渡河，高陽王慕容隆率領大軍列陣於黃河北岸。東晉將領溫攀、溫楷果然放棄了自己的陣地逃回東阿城。後燕護軍將軍平幼率領燕軍隨後追擊，將溫攀、溫楷打得大敗。東晉濟北太守溫詳帶著妻子連夜逃奔彭城，他手下的三萬多戶部眾全部投降了後燕。後燕主慕容垂任命太原王慕容楷為兗州刺史，鎮守東阿。

當初，後燕主慕容垂在秦國的都城長安的時候，秦王苻堅曾經親密地拉著慕容垂的手與他交談。等慕容垂離開之後，擔任冗從僕射的光祚對秦王苻堅說：「陛下是不是很懷疑慕容垂？慕容垂絕對不是那種甘心長久居於別人之下的人。」秦王苻堅竟然把光祚的話告訴了慕容垂。等到秦主苻丕放棄鄴城逃往晉陽的時候，光祚與擔任黃門侍郎的封孚、擔任鉅鹿太守的封勸全都投奔了東晉。封勸，是封奕的兒子。後燕主慕容垂第二次圍困鄴城的時候，秦國的故臣、西河郡人朱肅等各自率領著自己的部眾前來投奔東晉。東晉孝武帝司馬曜下詔任命光祚等人為河北地區各郡太守，駐紮在濟北、濮陽一帶，隸屬於濟北太守溫詳。溫詳失敗後，他們全都前往後燕軍陣前投降。後燕主慕容垂赦免了他們，對待他們還像過去一樣。慕容垂看見光祚之後，痛哭流涕，淚水打溼了衣襟，慕容垂對在苻堅手下擔任冗從僕射的光祚說：「秦王苻堅待我恩德深厚，我為他效力也是盡心竭力，但卻遭到長樂公苻丕、平原公苻暉的猜忌，我懼怕被他們誣以謀叛而殺害，所以才迫不得已做出辜負秦王的事情來。我每次想到這些，半夜都睡不著覺。」光祚也很傷心悲痛。慕容垂賞賜給光祚金銀布帛，光祚堅決推辭。慕容垂說：「你難道現在還在懷疑我嗎？」光祚回答說：「過去我只知道向我所侍奉的主人盡忠，沒想到陛下現在還對此事耿耿於懷，我怎麼敢逃避一死！」慕容垂說：「這是你的一片忠誠，正是我所求之不得的，先前的話只不過開個玩笑罷了。」對待光祚更加優厚，任命他為中常侍。

據守黎陽的丁零族部落首領翟遼派自己的兒子翟釗率軍侵擾東晉所屬的陳留郡、潁川郡，被東晉青、兗二州刺史朱序屬下的將軍秦膺擊敗，翟釗率軍退走。

秦主苻登立王妃毛氏為皇后，立勃海王苻懿為皇太弟。毛皇后，是在秦王苻堅手下擔任鎮西將軍、河州刺史的毛興的女兒。苻登派使者前往杏城拜東海王苻纂為使持節、都督中外諸軍事、太師、領大司馬，封為魯王。任命苻纂的弟弟苻師奴為撫軍大將軍、并州牧，封為朔方公。苻纂憤怒地對使者說：「勃海王苻懿是先帝的兒子，南安王苻登為什麼不擁戴苻懿為皇帝，反而自己稱起皇帝來了？」擔任長史的王旅勸諫苻纂說：「南安王已經登基做了皇帝，就絕對沒有中途改變的道理。如今賊寇還沒有被消滅，宗室之間就不要再互為仇敵了。」苻纂這才接受了秦王苻登的任命。當時盧水的胡人首領彭沛穀、匈奴屠各部落首領董成・張龍世、新平郡的羌人部落首領雷惡地等全都歸附了魯王苻纂，苻纂此時已經擁有部眾十多萬人。

後秦主姚萇將秦州的豪門大族、有影響力的英雄豪傑三萬戶遷徙到安定。

當初，安次人齊涉聚集起八千多戶，佔據著新柵城，投降了後燕，後燕主慕容垂任命齊涉為魏郡太守。不久，齊涉又背叛了後燕，他聯絡了東晉的叛將、泰山太守張願。張願於是親自率領一萬多人進駐祝阿的瓮口，並聯絡丁零部落首領翟遼，共同響應齊涉。

後燕高陽王慕容隆對後燕主慕容垂說：「齊涉所據守的新柵城十分堅固，很難在較短的時間內將其攻克。如果大軍困頓於新柵城下，張願率領他屬下的難民，向西勾結翟遼所統領的丁零人，那時造成的災禍可就大了。張願的部眾雖然很多，然而都是新歸附的，不可能為他盡力死拼。趁著現在只有張願一支人馬到來，應該首先對他發起攻擊。張願父子依仗自己驍勇，必定不會躲避，可以一戰將其擒獲。張願被擊破，齊涉失去外援，就不可能獨立存在。」燕主慕容垂採納了高陽王慕容隆的意見。

二月，後燕主慕容垂派遣范陽王慕容德、陳留王慕容紹、龍驤將軍張崇率領著二萬名步騎兵會合高陽王慕容隆，共同攻打進駐於瓮口的張願。後燕的軍隊到達斗城，距離瓮口還有二十里遠的地方，便解下馬鞍就地休息。張願突然率軍殺到，燕軍頓時驚慌失措，范陽王慕容德率軍退走，而高陽王慕容隆則統領軍隊按兵不動。張願的兒子張龜向慕容隆的軍陣衝殺過來，慕容隆派自己身邊的侍從王末出來迎戰，王末將張龜殺死。慕容隆指揮軍隊慢慢地向前推進，張願的軍隊才退走。高陽王慕容德向後撤退了一里多路，才又重整軍隊，返回來與慕容隆會合。慕容德對慕容隆說：「敵人的氣焰正盛，我們應該緩一緩再與他交戰。」慕容隆說：

「張願趁我們沒有防備而突然襲擊我們，本來應該取得大勝；而我們的將士被阻隔在黃河南岸，前面有強敵，後退無路可走，每個人只有拼力死戰才能活命，所以能夠打退敵人。如今敵人處於不利的形勢，氣勢已經衰竭，人人都有退志，因此不能齊心協力奮勇作戰，我們應該抓住這個機會迅速出擊。」慕容德說：「那就一切都按照你的意思辦！」於是率領大軍繼續前進，與張願在瓮口展開決戰，後燕軍大敗張願軍，斬殺了七千八百人，張願逃脫之後，退往三布口防守。後燕軍向歷城挺進，青州、兗州、徐州屬下各郡縣的民間自衛武裝大多都投降了後燕。後燕主慕容垂任命陳留王慕容紹為青州刺史，鎮守歷城。范陽王慕容德等勝利班師。新柵人冬鸞捉住了齊涉，將齊涉交給後燕。後燕主慕容垂殺死了齊涉父子，其餘的人則全部被赦免、釋放。

三月，秦主苻登任命竇衝為南秦州牧，任命楊定為益州牧，任命楊壁為司空、梁州牧，任命乞伏國仁為大將軍、大單于、苑川王。

後燕上谷郡人王敏殺死了上谷太守封戢，代郡人許謙驅逐了代郡太守賈閏，他們各自獻出郡城，歸附了匈奴部落首領劉顯。〇後燕樂浪王慕容溫擔任了尚書右僕射。

夏季，四月初三日戊辰，東晉皇帝司馬曜尊奉自己的生母李氏為皇太妃，禮儀、服飾等都與皇太后一樣。

後秦擔任征西將軍的姚碩德遭到氐族首領、擔任秦國益州牧的楊定的逼迫，遂率軍撤退到涇陽據守。秦國益州牧楊定與魯王苻纂共同攻打姚碩德，雙方在涇陽展開激戰，姚碩德再次被秦軍打得大敗。後秦主姚萇親自從陰密率軍來救，苻纂等才率軍退走，屯駐在敷陸。

後燕主慕容垂從碻磝回到都城中山，他的小兒子慕容柔、孫子慕容盛、慕容會從長子逃回了中山。四月十五日庚辰，後燕主慕容垂為此而實行大赦。慕容垂問自己的孫子慕容盛說：「長子的民情怎麼樣？你覺得我們能不能攻取長子？」慕容盛回答說：「慕容永的部下現在是一片驚擾不安，大家都有回到東方故土的願望，陛下只需要實行仁政、等待時機就可以了。等大國的軍隊一到，他們必定會扔下手中的兵器，就像孝子歸順仁慈的父親一樣。」慕容垂非常高興。十八日癸未，慕容垂封慕容柔為陽平王，封慕容盛為長樂公，封慕容會為清河公。

高平郡人翟暢捉住了高平太守徐含遠，獻出高平郡，投降了丁零部落首領翟遼。後燕主慕容垂對屬下的諸將說：「翟遼只不過佔據著一座黎陽城，依靠一城民眾的支持，就能在東晉、後燕、西燕之間反覆無常、叛服不定，不能不把他除掉。」五月，慕容垂任命章武王慕容宙監管中外諸軍事，輔佐皇太子慕容寶留守都城中山。慕容垂親自率領諸將南下黎陽攻打丁零部落首領翟遼，任命太原王慕容楷為前鋒都督。翟遼的部眾都是燕趙地區的人，他們聽到後燕慕容楷要來的消息，都說：「慕容楷是故太原王慕容恪的兒子，是我們的父母！」於是便彼此呼應，相互牽引著前來歸附於慕容楷。翟遼看到這種局面，非常恐懼，遂派遣使者向後燕請求投降。後燕主慕容垂任命翟遼為徐州牧，封為河南公。大軍繼續前進，到達了黎陽，接受了翟遼的投降後返回。

井陘人賈鮑勾引了北山一帶的丁零族部落首領翟遙等總計五千人，趁夜襲擊後燕的都城中山，並攻陷了中山城的外城。後燕章武王慕容宙率領奇兵出離城外，繞到丁零人的背後進行攻擊，後燕皇太子慕容寶率軍在中山城內擂鼓吶喊，內外合擊，大敗翟遙軍，將翟遙的部眾全部俘虜，只有翟遙、賈鮑單人匹馬逃走，幸免被俘虜。

駐守馬邑的匈奴部落首領劉顯，兵強地廣，稱雄於北方。而劉顯與他的兄弟之間卻因為權力而發生爭鬥，魏國擔任長史的張袞對魏王拓跋珪說：「劉顯有吞併我們魏國的野心，現在如果不趁其內部潰爛的機會消滅他，一定會後患無窮。然而憑藉我們自己的力量還無法戰勝他，請聯合後燕共同攻擊他。」魏王拓跋珪採納了長史張袞的建議，於是再次派遣安同為使者前往後燕請求出兵攻打匈奴部落首領劉顯。

東晉孝武帝司馬曜下詔徵聘會稽郡隱士戴逵出來做官，戴逵屢次推辭，不肯赴任；戴逵所在的郡縣便不停地進行催促和逼迫，戴逵迫不得已逃到吳郡隱居。擔任會稽內史的謝玄上疏給孝武帝司馬曜說：「戴逵只想滿足個人悠遊自得的生活心願，如果陛下徵聘戴逵的詔令不收回，戴逵必將永久躲藏在外，遭受風霜雨雪的憂患。陛下既然喜愛他，想要讓他成才，就應該使他的生命和名望同時並存，請陛下收回徵召他的命令。」孝武帝答應了謝玄的請求，不再徵聘戴逵出來為官。戴逵，是曾經擔任沛郡太守的廣信侯戴遂的哥哥。

秦主苻登任命自己的哥哥苻同成為司徒，代理尚書令，封為潁川王；任命自己的弟弟苻廣為中書省的最高長官中書監，封為安成王；任命自己的兒子苻崇為尚書左僕射，封為東平王。

後燕主慕容垂從黎陽返回都城中山。○後燕叛將吳深殺死了後燕清河太守丁國，章武人王祖殺死了章武郡太守白欽，勃海郡人張申佔據了高城，他們全都背叛了後燕，後燕主慕容垂下令樂浪王慕容溫出兵討伐這些叛賊。

苑川王乞伏國仁率領三萬騎兵前往六泉，襲擊鮮卑大人密貴、裕苟、提倫所統領的三個部落。秋季，七月，乞伏國仁與沒弈干以及平涼太守金熙所率領的秦軍在渴渾川展開遭遇戰，秦國的沒弈干、金熙被乞伏國仁打得大敗，鮮卑的三個部落也全部向乞伏國仁投降。

秦主苻登將軍隊駐紮在瓦亭。後秦主姚萇率軍攻打盧水胡人彭沛穀的城堡，將彭沛穀的城堡攻破。彭沛穀逃往杏城。後秦主姚萇返回陰密，留下太子姚興鎮守都城長安。

後燕趙王慕容麟率領燕軍討伐佔據上谷叛變的王敏，將王敏殺死。○劉衛辰向後燕進貢馬匹，途中被佔據馬邑的匈奴部落首領劉顯將馬匹奪走。後燕主慕容垂非常憤怒，立即派遣太原王慕容楷率兵協助趙王慕容麟攻擊劉顯，將劉顯打得大敗。劉顯放棄了馬邑，逃往馬邑西部的山區。魏王拓跋珪率領魏國的軍隊會合後燕的趙王慕容麟攻打劉顯所據守的彌澤，再次將劉顯打敗。劉顯於是投奔了西燕的慕容永，後燕趙王慕容麟全部接管了劉顯殘留的部眾，繳獲的馬、牛、羊數以千萬計。

呂光派自己的部將彭晃、徐炅率軍攻擊涼州牧張大豫所據守的臨洮，將張大豫打敗。張大豫逃往廣武，在張大豫屬下擔任長史的王穆逃奔建康。八月，廣武人活捉了張大豫，並將張大豫押送姑臧，張大豫在姑臧被呂光斬首。王穆襲擊並佔據了酒泉郡，自稱大將軍、涼州牧。

八月十八日辛巳，東晉孝武帝司馬曜立皇子司馬德宗為皇太子，實行大赦。

後燕主慕容垂封劉顯的弟弟劉可泥為烏桓王，讓他安撫劉顯殘餘的部眾，強行將八千多部落遷徙到都城中山。

秦國擔任馮翊郡太守的蘭犢率領二萬部眾從頻陽進入和寧，與魯王苻纂合謀攻擊後秦的都城長安。魯王苻纂的弟弟苻師奴勸說苻纂登基稱帝，苻纂沒有聽從。苻師奴便殺死了自己的哥哥苻纂，自己取而代之，馮翊太守蘭犢因此與苻師奴斷絕關係。西燕主慕容永率軍攻打秦國馮翊太守蘭犢，蘭犢向後秦求救。後秦主姚萇想要親自率軍救援蘭犢，擔任尚書令的姚旻、擔任左僕射的尹緯都說：「秦主苻登率領秦國大軍就屯駐在距離我們很近的瓦亭，恐怕會趁虛從背後襲擊我們。」姚萇說：「苻登的軍事力量很強盛，不是一朝一夕就可以將他制服的；再說苻登反應遲鈍，不能迅速做出決斷，必定不會孤軍深入我們的後方。只需要兩個月的時間，我一定能夠打敗慕容永，凱旋而回，苻登即使率軍前來，也不會有什麼收穫。」九月，後秦主姚萇率軍駐紮於泥陽。苻師奴出兵迎戰，結果被打得大敗，只得放棄和寧逃奔鮮卑。後秦遂全部接收了他的殘部，匈奴屠各部落首領董成等全都向後秦投降。〇秦主苻登率軍從所駐紮的瓦亭挺進到新平界內的胡空堡，當地的各少數民族和漢族前來歸附秦主苻登的有十多萬人。

冬季，十月，翟遼又背叛了後燕，他派兵與王祖、張申在清河、平原二個郡中到處劫掠燒殺。

後秦主姚萇率軍攻打佔據黃河西岸地區的西燕王慕容永，慕容永退走。秦國馮翊太守蘭犢又布兵列陣抗拒後秦軍，後秦主姚萇率軍攻擊蘭犢。十二月，將蘭犢擒獲，遂進抵杏城。

後秦將領姚方成率軍攻打秦國雍州刺史徐嵩的營壘，將徐嵩的營壘攻克，活捉了徐嵩，姚方成一條一條地列數徐嵩的罪狀。徐嵩破口大罵說：「你的主子姚萇犯下了滔天大罪，應該判他死一萬次。當初苻黃眉要把姚萇殺掉，是先帝苻堅阻止了他；先帝還任命他擔任了朝廷和地方的重要職務，給他的榮耀和恩寵已經達到極點。而姚萇竟然不如犬馬，犬馬還知道主人對牠有養育之恩，姚萇竟然親手將先帝殺死於新平的佛寺之中。對你們這些羌人，怎麼能指望你做出人應該做的事情？還不趕快把我殺掉！讓我早點到九泉之下去見先帝苻堅，看先帝如何處置姚萇。」姚方成大怒，立即把徐嵩砍為三段，把俘虜的徐嵩的將士全部活埋，把他們的妻子、女兒全部賞賜給自己的軍人。後秦主姚萇將秦主苻堅的屍體挖出來，鞭打了無數次，還把苻堅身上的衣服剝下來，讓他赤裸著身體躺在荊棘上，然後刨個坑把他埋掉。

後涼境內發生嚴重的災荒，一斗米就要價五百錢，人們飢餓難忍，為了自己能夠活命，於是便發生了互相殘殺，以人為食的慘劇，死亡的人口佔了總人口的一大半。

在後涼大將軍、涼州牧、酒泉公呂光屬下擔任西平郡太守的康寧自稱匈奴王，他殺死了湟河郡太守強禧，背叛了呂光。擔任張掖郡太守的彭晃也緊接著叛變，他向東勾結康寧，向西聯合已經奪取了酒泉郡的王穆。呂光想要親自率軍去討伐彭晃，諸將都說：「如今叛變的西平太守康寧就在我們的南方，等待機會動手。如果還沒有消滅彭晃、王穆，康寧又率軍來攻，我們想進進不得，想退退不得，局勢可就危險了。」呂光說：「現在的情況確實像你說的那樣。然而如果我不去攻擊彭晃，那就等於坐在這裡等他找上門來。如果這三個賊寇聯合起來，從東西兩面夾擊，那麼姑臧城以外的所有地盤就都不再屬於我們所有，到那時，局勢可就無法挽回了。現在彭晃剛剛叛變，與康寧、王穆的交情還不太深，趁其立足未穩，出其不意地攻擊他，取勝還比較容易一些。」於是親自率領三萬名騎兵，日夜兼程地行軍。趕赴張掖後，猛烈攻打了二十天，終於將張掖攻克，誅殺了彭晃。

當初，王穆起兵的時候，曾經派使者前往敦煌徵召隱士郭瑀，郭瑀歎了一口氣說：「如今漢族人就要淪於少數民族的統治之下，改穿左邊開襟的衣服了，我怎麼能忍心不去解救呢？」於是就與同郡人索嘏一起招兵買馬，聚眾起兵響應王穆，並給王穆送去三萬石的糧食。已經佔據酒泉，自稱大將軍、涼州牧的王穆因此任命郭瑀為太府左長史、軍師將軍，任命索嘏為敦煌太守。過後不久，王穆聽信了讒言，又率軍攻打索嘏。無論郭瑀怎麼勸阻，王穆都不肯聽從，郭瑀於是走出酒泉城，放聲大哭，他舉起手向酒泉郡的城池告別說：「我不會再看見酒泉城了！」他回到敦煌自己的家中，拉開被子蒙住自己的臉，既不與人說話，也不吃飯，最後絕食而死。呂光得知消息後說：「王穆與索嘏之間互相攻擊，必定能被我們生擒活捉，我不能因為懼怕屢次征戰的辛勞而失去獲得一勞永逸的機會。」於是率領二萬名步兵、騎兵進攻酒泉，將酒泉攻克，乘勝進軍涼興郡。王穆趕緊率領自己的部眾從敦煌郡撤軍東還，走到中途，屬下的部眾已經自行潰散；王穆單人獨騎逃走，擔任騂馬縣令的郭文將王穆的首級砍下，送給了後涼呂光。

十三年（戊子　西元三八八年）

春，正月，康樂獻武公❶謝玄卒。

二月，秦主登軍朝那❷，後秦主萇軍武都❸。翟遼遣司馬眭瓊❹詣燕謝罪❺。燕主垂以其數反覆❻，斬瓊以絕之。遼乃自稱魏天王，改元建光，置百官。◯燕青州刺史陳留王紹為平原太守辟閭渾❼所逼，退屯黃巾固❽。燕主垂更以紹為徐州刺史。渾，蔚之子也，因苻氏亂，據齊地來降❾。

三月乙亥❿，燕主垂以太子寶錄尚書事⓫，授之以政，自總大綱⓬而已。◯燕趙王麟擊許謙⓭，破之。謙奔西燕。遂廢代郡⓮，悉徙其民於龍城⓯。呂光之定涼州也，杜進功居多。光以為武威太守，貴寵用事，羣僚莫及。光甥石聰自關中⓰來，光問之曰：「中州人⓱言我為政何如？」聰曰：「但聞有杜進耳，不聞有舅。」光由是忌進而殺之。◯光與羣寮宴，語及政事。參軍京兆段業⓲曰：「明公⓳用法太峻⓴。」光曰：「吳起無恩㉑而楚彊，商鞅嚴刑㉒而秦興。」業曰：「起喪其身，鞅亡其家，皆殘酷之致也。明公方開建大業，景行堯、舜㉓，猶懼不濟㉔，乃慕起、鞅之為治，豈此州士女㉕所望哉！」光改容謝之。

夏，四月戊午㉖，以朱序為都督司・雍・梁・秦㉗四州諸軍事、雍州刺史，戍洛陽。以譙王恬㉘代序為㉙都督兗・冀・幽・并㉚四州[1]諸軍事、青・兗二州刺史。

苑川王國仁破鮮卑越質叱黎㉛於平襄㉜，獲其子詰歸。

丁亥㉝，燕王垂立夫人段氏㉞為皇后，以太子寶領大單于。段氏，右光祿大夫儀之女，其妹適范陽王德㉟。儀，寶之舅也。追諡前妃段氏㊱為成昭皇后。

五月，秦太弟懿㊲卒，諡曰獻哀。

翟遼徙屯滑臺㊳。

六月，苑川王乞伏國仁卒，諡曰宣烈，廟號烈祖。其子公府㊴尚幼，羣下推國仁弟乾歸為大都督、大將軍、大單于、河南王㊵。大赦，改元太初㊶。

魏王珪破庫莫奚㊷於弱落水㊸南。秋，七月，庫莫奚復襲魏營，珪又破之。庫莫奚者，本屬宇文部，與契丹㊹同類而異種，其先皆為燕王皝所破，徙居松漠㊺之間。

秦、後秦自春相持，屢戰，互有勝負，至是各解歸。關西㊻豪桀以後秦久無成功，多去而附秦㊼。

河南王乾歸立其妻邊氏為王后，置百官，倣漢制。以南川侯出連乞都[48]為丞相，梁州刺史悌眷[49]為御史大夫[50]，金城邊芮[51]為左長史，東秦州[52]刺史袐宜為右長史，武始[53]翟勍為左司馬，略陽[54]王松壽為主簿，從弟軻彈為梁州[55]牧，弟益州[56]為秦州牧，屈眷[57]為河州[58]牧。

八月，秦主登立子崇為皇太子，弁為南安王，尚為北海王。

燕護軍將軍平幼會章武王宙[59]討吳深，破之。深走保繹幕[60]。

魏王珪陰[2]有圖燕之志。遣九原公儀[61]奉使至中山，燕主垂詰之曰：「魏王何以不自來？」儀曰：「先王[62]與燕並事晉室，世為兄弟；臣今奉使，於理未失。」垂曰：「吾今威加四海，豈得以昔日為比？」儀曰：「燕若不脩德禮，欲以兵威自彊，此乃將帥之事[63]，非使臣所知也。」儀還，言於珪曰：「燕主衰老[64]，太子闇弱，范陽王[65]自負材氣[66]，非少主臣也。燕主既沒，內難必作，於時乃可圖也，今則未可。」珪善之。儀，珪從父[3]翰之子也。

九月，河南王乾歸遷都金城。

張申[67]攻廣平[68]，王祖[69]攻樂陵[70]。壬午[71]，燕高陽王隆將兵討之。

冬，十月，後秦主萇還安定[72]。秦主登就食新平[73]，帥眾萬餘圍萇營，四面大哭(74)。萇命營中哭以應之，登乃退。

十二月庚子(75)，尚書令南康襄公謝石(76)卒。

燕太原王楷、趙王麟將兵會高陽王隆於合口(77)，以擊張申。王祖帥諸壘(78)共救之，夜犯燕軍，燕人逆擊走之。隆欲追之，楷、麟曰：「王祖老賊，或詐走[4]而設伏，不如俟明(79)。」隆曰：「此白地(80)羣盜，烏合(81)而來，徼幸一決(82)，非素有約束，能壹其進退(83)也。今失利而去，眾莫為用(84)，乘勢追之，不過數里，可盡擒也。申之所恃，唯在於祖，祖破，則申降矣。」乃留楷、麟守申壘(85)，隆與平幼分道擊之。比明(86)，大獲而還，懸所獲之首以示申。甲寅(87)，申出降，祖亦歸罪(88)。

秦以潁川王同成(89)為太尉。

【章　旨】以上為第二段，寫太元十三年（西元三八八年）一年間的大事。主要寫了後秦主姚萇與前秦主苻登的兩軍對峙，以及後燕名將慕容隆大破變民首領許謙、張申、王祖事，同時也寫了涼州的呂光政權、金城的乞伏乾歸政權以及北方的拓跋魏政權日益強大的一些情況。

【注　釋】❶康樂獻武公　康樂公是謝玄的封號，獻武是謝玄的諡號。❷朝那　縣名，縣治在今寧夏固原東南。❸武都　郡名，郡治在今甘肅成縣西北。❹司馬畦瓊　翟遼的司馬官姓畦名瓊。司馬是將軍的高級僚屬，在軍中主管司法。❺詣燕謝罪　詣，到達。翟遼前此背叛了慕容垂，今又派人來向慕容垂請罪，希望重歸於燕。翟遼此時駐軍黎陽，即河南浚縣。❻數反覆屢次地叛降不定。數，屢次。❼辟閭渾　姓辟閭，名渾，原齊地少數民族軍閥段龕的部將辟閭蔚的兒子。辟閭蔚因追隨段龕稱藩東晉反對前燕主慕容儁稱帝，被破殺。段龕敗後歸附了前燕，辟閭渾任前燕的平原太守，前燕被滅後降於前秦。事見《晉書》卷一百十。❽黃巾固　地名，漢末黃巾曾修築堡壘於此，具體方位不詳，應距今山東青州不遠。❾據齊地來降　佔領平原郡一帶來歸附東晉。❿三月乙亥　三月十五。⓫錄尚書事　總管尚書省的一切大事，職同宰相。錄，總理；總管。⓬自總大綱　慕容垂本人只過問重大事情。總，管理；過問。⓭許謙　代郡的變民首領，去年曾率眾驅逐了後燕的太守賈閏，以代郡投降了劉顯。代郡的郡治即今河北蔚縣東北的代王城。⓮遂廢代郡　遂毀掉了代郡的郡城，撤銷了代郡的建制，主語是慕容麟。⓯龍城　又名「和龍」、「黃龍城」、「龍都」，即今遼寧朝陽。西元三四一年，前燕慕容皝在此築城，營建宗廟、宮闕，次年自棘城遷都於此。後慕容儁遷都薊城（今北京市），龍城仍設有留臺。⓰關中　指今陝西中部的渭水流域地區，舊說這一帶東有函谷，南有武關，西有散關，北有蕭關，處四關之中。⓱中州人　中原地區的人。「中州」的原意為「中土」、「中原」，以河南為中心。但此處即指關中。⓲京兆段業　京兆人段業。京兆是郡名，郡治即今陝西西安。段業此時為呂光屬下，後來被沮渠蒙遜擁立為北涼政權的首領。⓳明公　古代對刺史、太守等官員的尊稱，此處用以敬稱呂光。⓴太峻　太嚴酷。㉑吳起無恩　吳起是戰國初期的軍事家，曾為楚悼王主持變法，執法不避權貴，使楚國強大一時，但被國內貴族所嫉恨。悼王死後，吳起被貴族政變殺害。事見《史記・孫子吳起列傳》，司馬遷在《史記》中說吳起「刻暴少恩」。㉒商鞅嚴刑　商鞅是戰國中期的政治家，曾協助秦孝公實行變法，奠定了秦國日後統一六國的基礎。秦孝公死後，商鞅被舊貴族車裂，並被滅掉滿門。事見《史記・商君列傳》。司馬遷在《史記》中曾說鞅「刻薄」、「少恩」。㉓景行堯舜　猶言仰慕堯、舜，以堯、舜的治國行事為榜樣。景行，語出《詩經・車舝》：「高山仰止，景行行止。」意謂人家的好品德使我們仰慕，人家的好行為供我們效仿。這裡用作動詞。㉔不濟　不成；不能治好國家。㉕士女　這裡指有身分、有見識的男男女女。㉖四月戊午　四月二十九。㉗司雍梁秦　四州名，司州的州治即今河南洛陽，雍州的州治在今陝西西安西北，梁州的州治南鄭，即今陝西漢中，秦州的州治上邽，即今甘肅天水市。按，以上地區多數並不屬於東晉管轄，這裡所說不過是「遙領」而已。㉘譙王恬　即司馬恬，東晉孝武帝的叔叔。傳見《晉書》卷三十七。㉙代序為　代替朱序出任。㉚兗冀幽并　四州名，兗州的州治原在廩丘（今山東鄆城西北），冀州的州治原在今河北冀州，幽州的州治即今北京市，并州的州治晉陽，在今太原西南。以上地區也多數不在晉王朝的管轄下，此處只是虛名，而在揚州設立了一些居民點與政府的辦事機構，稱作「僑居」。㉛越質叱黎　鮮卑族越質部落的頭領，名叫叱黎。事見《晉書》卷一百二十五。㉜平襄　縣名，縣治在今甘肅通渭西北。㉝丁亥　此語有誤，四月沒有「丁亥」日。㉞段氏　即段元妃，慕容垂的第二個段妃，後為慕容寶逼殺。傳見《晉書》卷九十六。㉟適范陽王德　嫁與范陽王慕容德為妻。適，出嫁；嫁與。慕容德是慕容垂之弟。㊱前妃段氏　慕容垂的前妃段氏被前燕王慕容儁誣陷殺害。事見本書卷一百升平二年。㊲秦太弟懿　即苻懿，苻丕之子，被苻登立為接班人，稱之為「太弟」。㊳滑臺　古城名，即今河南滑縣東的滑縣舊城，北臨古黃河，東晉、南北朝時為軍事要地。翟遼在徙屯滑臺前，屯駐在黎陽，即今河南浚縣。胡三省曰：「遼自黎陽徙屯滑臺，既與燕絕，欲阻河為固也。」㊴公府　乞伏國仁之子的名字。㊵河南王　此「河南」指今甘肅、青海的黃河以南的蘭州、隴西、臨洮、臘子口一帶地區。㊶改元太初　在此之前是乞伏國仁的年號「建義」。㊷庫莫奚　少數民族部落名，當時活動在今內蒙古的赤峰市以北地區，原屬宇文部落。㊸弱落水　也稱饒樂水，即今遼寧的西拉木倫河。或謂即今內蒙古赤峰市的英金河。㊹契丹　古代少數民族名，東晉時居住在今遼寧、吉林、內蒙古三省的鄰近地區，在庫莫奚的東側。㊺松漠　地區名，指今內蒙古東部西拉木倫河流域及其支流老哈河中、下游一帶。㊻關西　泛指函谷關或潼關以西的今陝西中部一帶地區。㊼去而附秦　離開姚萇，去投靠苻登。㊽出連乞都　人名，「出連」是以部落的名稱為姓氏。此人被乞伏乾歸封為南川侯。㊾悌眷　人名。㊿御史大夫　官名，主管監察，位同副丞相。(51)金城邊芮　金城郡人姓邊名芮。金城郡的郡治在今甘肅蘭州西北側。(52)東秦州　乞伏氏所置的州名，州治在今甘肅隴西縣東。(53)武始　郡名，郡治即今甘肅臨洮。(54)略陽　郡名，郡治在今甘肅天水市東北。(55)梁州　西秦的梁州州治在今陝西漢中。(56)益州　乞伏乾歸之弟的名字。(57)屈眷　也是乞伏乾歸之弟的名字。(58)河州　州治在今甘肅臨夏東北。(59)章武王宙　即慕容宙，慕容垂之姪。(60)繹幕　縣名，縣治在今山東平原縣西北。(61)九原公儀　即拓跋儀，魏王拓跋珪的堂兄弟，被封為九原公。九原是古郡名，郡治在今內蒙古包頭西。(62)先王　指拓跋什翼犍，代國國君。西元三三八至三七六年在位。(63)將帥之事　指到戰場上見高低。(64)燕主衰老　時慕容垂六十二歲。(65)范陽王　指慕容德，慕容垂之弟。(66)自負材氣　指自矜有才幹，瞧不起太子慕容寶。(67)張申　後燕變民的首領。(68)廣平　郡名，郡治在今河北巨鹿南。(69)王祖　後燕另一支變民的首領。(70)樂陵　郡名，郡治在今山東樂陵東南。(71)壬午　九月二十五。(72)還安定　姚萇從武都（今甘肅成縣西）返回安定。安定郡的郡治在今甘肅涇川縣北。(73)就食新平　軍隊到新平郡去就地找軍糧。新平郡的郡治即今陝西彬縣。(74)四面大哭　企圖以此瓦解姚萇軍的鬥志。(75)十二月庚子　十二月十五。(76)南康襄公謝石　謝石是謝安的三弟，淝水之戰的統帥，被封為南康公，襄字是諡。傳見《晉書》卷七十九。(77)合口　地名，在今河北滄州東南的滄州舊城。(78)諸壘　猶言「諸部」，因他們是一哄而起，並無嚴密的組織系統。(79)俟明　等到天亮。(80)白地　廣平而貧瘠的土地，與稱饑荒的「赤地」略同。(81)烏合　像烏鴉一樣嘯聚而來，指匆忙而無組織。(82)徼幸一決　賭運氣地來一次硬拼。(83)壹其進退 有統一指揮的前進與後撤。(84)眾莫為用 部眾就不再聽其頭領的指揮。(85)守中壘 繼續圍困張申的營地。守，監視；圍困。(86)比明 到天亮時。比，及；等到。(87)甲寅 十二月二十九。(88)歸罪 認罪而自動來投。(89)潁川王同成 即苻同成，苻登之兄。

【校　記】[1]四州 原無此二字。據章鈺校，十二行本、乙十一行本、孔天胤本皆有此二字，今據補。[2]陰 據章鈺校，十二行本、乙十一行本、孔天胤本皆作「密」。[3]從父 原誤作「母弟」。嚴衍《通鑑補》改作「從父」，當是，今據改。按，《魏書・昭成子孫列傳》載拓跋翰乃北魏昭成皇帝第三子，與珪父寔為親兄弟。[4]詐走 原作「恐詐」。據章鈺校，十二行本、乙十一行本、孔天胤本皆作「詐走」，張瑛《通鑑校勘記》同，今據改。

【語　譯】十三年（戊子　西元三八八年）

春季，正月，東晉康樂獻武公謝玄去世。

二月，秦主苻登將軍隊駐紮在朝那，後秦主姚萇將軍隊駐紮在武都。

被後燕任命為徐州牧、封為河南公的翟遼背叛了後燕，在清河、平原劫掠一番之後，又派屬下擔任司馬的眭瓊前往後燕謝罪。後燕主慕容垂因為翟遼已經多次叛降不定，遂斬殺了眭瓊，以斷絕與翟遼的往來。翟遼於是自稱魏天王，改年號為建光，設置文武百官。○後燕擔任青州刺史的陳留王慕容紹受到東晉擔任平原太守的辟閭渾的逼迫，退出歷城，撤到黃巾固駐紮。後燕主慕容垂改任慕容紹為徐州刺史。辟閭渾，是辟閭蔚的兒子，他趁著苻氏內亂，佔據了故齊國的地盤來向東晉投降。

三月十五日乙亥，後燕主慕容垂讓皇太子慕容寶擔任總管尚書省一切大事的錄尚書事，將後燕的朝政大權移交給慕容寶執掌，自己只過問一些國家的重大事情而已。○後燕趙王慕容麟率領燕軍攻打聚眾起兵、驅逐後燕太守賈閏，後來歸附劉顯的許謙，將許謙擊敗。許謙逃往西燕。後燕遂毀掉了代郡的郡城，撤銷了代郡的建制，把代郡的民眾全部遷徙到龍城。

後涼呂光在平定涼州的過程中，杜進的功勞最大。呂光任命杜進為武威太守，其尊貴、受寵信、言聽計從的程度，在呂光所有的僚屬中，沒有人能與他相比。呂光的外甥石聰從關中前來投奔，呂光就向石聰詢問說：「中原的人對我執政的印象如何？」石聰回答說：「中原人只知道有一個杜進，不知道有舅舅這麼一個人。」呂光於是對杜進非常猜忌，便找個藉口將杜進殺死。○後涼呂光與自己屬下的僚佐一起飲宴，談話之中忽然談到了政事。擔任參軍的京兆郡人段業說：「明公用法太嚴酷。」呂光說：「吳起用法嚴酷、刻薄寡恩，而能使楚國強大，商鞅嚴刑峻法而使秦國興旺發達。」段業反駁說：「吳起斷送了自己的生命，商鞅全家被屠殺，都是因為用法太殘酷的緣故。明公正在開創大業，即使效法唐堯、虞舜，尚且擔心不能治理好國家，反倒羨慕吳起、商鞅的治國方式，這豈是本州有身分、有見識的男男女女所期望的呢！」呂光立即神色莊重地向段業謝罪。

夏季，四月二十九日戊午，東晉任命朱序為都督司、雍、梁、秦四州諸軍事，雍州刺史，戍守洛陽。讓譙王司馬恬接替朱序出任都督兗、冀、幽、并四州諸軍事，青、兗二州刺史。

西秦苑川王乞伏國仁在平襄打敗了鮮卑族越質部落首領叱黎，活捉了叱黎的兒子詰歸。

丁亥日，後燕主慕容垂立段氏夫人為皇后，讓皇太子慕容寶兼任大單于。皇后段氏，是擔任右光祿大夫的段儀的女兒，段皇后的妹妹嫁給了范陽王慕容德。段儀，是皇太子慕容寶的舅舅。追尊前妃段氏為成昭皇后。

五月，秦國被秦王苻登立為皇太弟的苻懿去世，諡號為獻哀。

丁零部落首領、自稱魏天王的翟遼從黎陽遷往滑臺。

六月，西秦苑川王乞伏國仁去世，諡號為宣烈，廟號烈祖。乞伏國仁的兒子乞伏公府尚在幼年，乞伏國仁的僚屬遂推戴乞伏國仁的弟弟乞伏乾歸為大都督、大將軍、大單于、河南王。在自己的轄境之內實行大赦，改年號為太初。

北魏王拓跋珪在弱落水以南打敗了庫莫奚。秋季，七月，庫莫奚又率領自己的部眾襲擊北魏的營寨，北魏王拓跋珪再次將庫莫奚打敗。庫莫奚，原本屬於宇文部落，與契丹屬於同一個民族，卻不屬於同一個支派，他的祖先都曾經被燕王慕容皝擊敗，因而遷徙到松漠一帶。

秦國與後秦從春季以來一直處於相持狀態，雖然屢次交戰，但各有勝負，現在各自罷兵而回。函谷關以西的英雄豪傑看到後秦的軍隊久戰無功，於是就有很多人離開後秦而歸附於秦國。

西秦被僚屬推戴為大都督、大將軍、大單于、河南王的乞伏乾歸立自己的妻子邊氏為王后，設置文武百官，仿照漢人的政治制度。他任命南川侯出連乞都為丞相，任命擔任梁州刺史的悌眷為御史大夫，任命金城郡人邊芮為左長史，任命擔任東秦州刺史的祕宜為右長史，任命武始郡人翟勍為左司馬，任命略陽郡人王松壽為主簿，任命自己的堂弟乞伏軻彈為梁州牧，任命自己的弟弟乞伏益州為秦州牧，乞伏屈眷為河州牧。

八月，秦主苻登封自己的兒子苻崇為皇太子，苻弁為南安王，苻尚為北海王。

後燕擔任護軍將軍的平幼會合章武王慕容宙率軍討伐叛變的宦官吳深，將吳深擊敗。吳深逃往繹幕據守。

北魏王拓跋珪暗中有吞併後燕的野心。他派遣九原公拓跋儀為使者到後燕的都城中山窺察虛實，後燕主慕容垂盤問他說：「魏王為何不親自前來燕國訪問？」拓跋儀回答說：「我們的先王拓跋什翼犍與燕國的祖先全都尊奉晉朝，我們世代都情如兄弟；我今天作為使者來到燕國，從道理上來說並沒有錯。」後燕主慕容垂說：「我現在已經是威加四海，豈能拿過去作比較？」拓跋儀說：「燕國如果不施恩德、不講禮儀，只想憑藉武力使自己強盛，就應該讓將帥到戰場上去見個勝負高低，而不是我這個使臣所能知道的。」拓跋儀從後燕返回魏國，對魏王拓跋珪說：「後燕主慕容垂年紀已老，精力衰竭，皇太子慕容寶生性愚昧，能力不強，范陽王慕容德認為自己很有才能，瞧不起太子慕容寶，不會是年輕君主的忠臣。後燕主慕容垂一旦去世，燕國必定會發生內亂，到那時就可以出兵滅掉他，現在時機還不成熟，不能輕舉妄動。」北魏王拓跋珪認為拓跋儀分析得很對。拓跋儀，是北魏王拓跋珪的叔父拓跋翰的兒子。

九月，西秦河南王乞伏乾歸將都城從苑川遷往金城。

後燕聚眾起義的張申率領部眾攻擊廣平郡，另一聚眾起義的王祖率眾攻擊樂郡陵。九月二十五日壬午，後燕高陽王慕容隆率軍討伐這兩支起義軍。

冬季，十月，後秦主姚萇從武都返回安定。秦主苻登率領大軍前往新平謀取軍糧，他率領一萬多人包圍了姚萇的大營，命令四面八方的將士放聲大哭。姚萇命令營中的將士也大聲哭喊，作為回應，秦主苻登於是率軍而退。

十二月十五日庚子，東晉擔任尚書令的南康襄公謝石去世。

後燕太原王慕容楷、趙王慕容麟率領軍隊與高陽王慕容隆在合口會師，準備攻打聚眾起兵的張申。王祖率領各部一起救援張申，他們利用夜間向後燕的軍營發起攻擊，後燕軍從容應戰，將王祖等擊退。高陽王慕容隆想要率軍追擊，太原王慕容楷、趙王慕容麟都說：「王祖是一個老奸巨猾的人，或許是詐作撤退，在外面設有埋伏，不如等到天亮。」慕容隆說：「他們不過是一群貧瘠土地上的強盜，就像一群烏鴉為了爭食呼嘯而來，想通過一場硬拼僥倖獲得成功，並不像訓練有素、有組織有紀律的軍隊那樣能夠統一進退。如今是打了敗仗之後離去，眾人已經不肯再為王祖賣力，趁著這一機會追擊，不過追幾里路，就能將他們全部擒獲。張申所倚仗的只有王祖，王祖一敗，張申就會投降。」於是留下慕容楷、慕容麟繼續圍困張申的營壘，慕容隆與平幼率軍分頭追趕。等到天亮，大勝而回，他把斬獲的首級高高掛起來讓張申看。十二月二十九日甲寅，張申出城向燕軍投降，王祖隨後也向燕軍投降。

秦國任命潁川王苻同成為太尉。

十四年（己丑　西元三八九年）

春，正月，燕以陽平王柔❶鎮襄國❷。

遼西王農❸在龍城五年❹，庶務修舉❺。乃上表曰：「臣頃❻因征即鎮❼，所統將士安逸積年，青、徐、荊、雍遺寇尚繁，願時代還❽，展竭微效❾，生無餘力，沒無遺恨，臣之志也。」庚申⑩，燕王垂召農為侍中、司隸校尉。以高陽王隆為都督幽・平二州⑪諸軍事、征北大將軍、幽州牧，建留臺⑫於龍城，以隆錄留臺尚書事⑬。又以護軍將軍平幼為征北長史⑭，散騎常侍封孚⑮為司馬⑯，並兼留臺尚書⑰。隆因農舊規⑱，修而廣之，遼、碣⑲[1]遂安。

後秦主萇以秦戰屢勝，謂⑳得秦王堅之神助，亦於軍中立堅像而禱之曰：「臣兄襄敕臣復讎㉑。新平之禍㉒，臣行襄之命，非臣罪也。苻登，陛下疏屬㉓，猶欲復讎，況臣敢忘其兄乎！且陛下命臣以龍驤建業㉔，臣敢違之！今為陛下立像，陛下勿追計臣過也。」秦主登升樓㉕，遙謂萇曰：「為臣弒君，而立像求福，庸有益乎㉖？」因大呼曰：「弒君賊姚萇何不自出？吾與汝決之！」萇不應。久之，以戰未有利，軍中每夜數驚，乃斬像首以送秦。

秦王登以河南王乾歸為大將軍、大單于、金城王。

甲寅㉗，魏王珪襲高車㉘，破之。

二月，呂光自稱三河王㉙，大赦，改元麟嘉㉚，置百官。光妻石氏、子紹、弟德世自仇池來至姑臧㉛。光立石氏為妃，紹為世子。癸巳㉜，魏王珪擊吐突鄰㉝部於女水㉞，大破之，盡徙其部落而還。

秦主登留輜重㉟於大界㊱，自將輕騎萬餘攻安定羌密造堡㊲[2]，克之。

夏，四月，翟遼寇滎陽㊳，執太守張卓。

燕以長樂公盛㊴鎮薊城㊵，脩繕舊宮㊶。

五月，清河㊷民孔金斬吳深㊸，送首中山。

金城王乾歸擊侯年部㊹，大破之。於是秦、涼鮮卑、羌、胡㊺多附乾歸。乾歸悉授以官爵。

後秦主萇與秦主登戰，數敗，乃遣中軍將軍姚崇㊻襲大界。登邀擊之於安丘㊼，又敗之。

燕范陽王德、趙王麟擊賀訥㊽，追奔至勿根山㊾，訥窮迫請降。徙之上谷㊿，質(51)其弟染干於中山。

秋，七月，以驃騎長史王忱(52)為荊州刺史、都督荊・益・寧三州諸軍。忱，國寶(53)之弟也。

秦主登攻後秦右將軍吳忠等於平涼(54)，克之。八月，登據苟頭原(55)以逼安定。諸將勸後秦主萇決戰，萇曰：「與窮寇競勝，兵家之忌也(56)，吾將以計取之。」乃留尚書令姚旻守安定。夜，帥騎三萬襲秦輜重于大界，克之，殺毛后(57)及南安王弁、北海王尚[3]，擒名將數十人，驅掠男女五萬餘口而還。毛氏美而勇，善騎射。後秦兵入其營，毛氏猶彎弓跨馬，帥壯士數百力[4]戰，殺七百餘人[5]。眾寡不敵，為後秦所執(58)。萇將納之(59)，毛氏罵且哭曰：「姚萇，汝先已殺天子(60)，今又欲辱皇后。皇天后土，寧汝容乎(61)？」萇殺之。諸將欲因秦軍駭亂擊之，萇曰：「登眾雖亂，怒氣猶盛，未可輕也。」遂止。

登收餘眾屯胡空堡。萇使姚碩德鎮安定，徙安定千餘家于陰密(62)，遣其弟征南將軍靖鎮之。

九月庚午(63)，以左僕射陸納(64)為尚書令。

秦主登之東(65)也，後秦主萇使姚碩德置秦州守宰(66)，以從弟常戍隴城(67)，邢奴戍冀城(68)，姚詳戍略陽(69)。楊定攻隴、冀，克之，斬常，執邢奴。詳棄略陽，奔陰密。定自稱秦州牧、隴西王，秦因其所稱而授之。

冬，十月，秦主登以竇衝為大司馬、都督隴東(70)諸軍事、雍州牧，楊定為左丞相、都督中外諸軍事，秦・梁二州牧，楊璧為都督隴右諸軍事、南秦・益二州牧(71)[6]，約[7]共攻後秦；又約監河西諸軍事(72)・并州(73)刺史楊政、都督河東(74)諸軍事・冀州(75)刺史楊楷，各帥其眾會長安(76)。政、楷皆河東人。秦主丕既敗，政、楷收集流民數萬戶，政據河西，楷據湖、陝[77]之間。遣使請命[78]於秦，登因而授之[79]。

燕樂浪悼王溫[80]為冀州刺史。翟遼遣丁零故堤[81]詐降於溫，為溫帳下[8]。乙酉[82]，刺溫，殺之，并其長史、司馬[83]，驅帥守兵二百戶奔西燕[84]。燕[9]遼西王農邀擊刺溫者[10]於襄國[85]，盡獲之，惟堤走免。

十一月，枹罕羌彭奚念[86]附於乞伏乾歸，以奚念為北河州[87]刺史。

初，帝既親政事[88]，威權己出，有人主之量[89]。已而溺於酒色，委事於琅邪王道子[90]。道子亦嗜酒，日夕[91]與帝以酣歌為事。又崇尚浮屠[92]，窮奢極費，所親暱者皆姏姆[93]、僧尼。左右近習[94]，爭弄權柄，交通請託[95]，賄賂公行，官賞[96]濫雜，刑獄謬亂。尚書令陸納望宮闕歎曰：「好家居[97]，纖兒[98]欲撞壞[99]之邪！」左衛領營將軍[100]會稽許榮[11]上疏曰：「今臺府局吏[101]、直衛武官[102]及僕隸婢兒取母之姓者[103]，本無鄉邑品第[104]，皆得為郡守縣令，或帶職在內[105]；及僧尼乳母[106]，競進親黨[107]，又受貨賂，輒臨官領眾[108]。政教不均，暴濫無罪[109]，禁令不明，劫盜公行。昔年下書[110]，敕羣下盡規[111]，而眾議兼集，無所採用。臣聞佛者清遠玄虛[112]之神，今僧尼往往依傍法服[113]，五誡粗法[114]尚不能遵，況精妙[115]乎？而流惑之徒[116]，競加敬事。又侵漁百姓，取財為惠[117]，亦未合布施[118]之道也。」疏奏，不省[119]。

道子勢傾內外，遠近奔湊[120]。帝漸不平，然猶外加優崇[121]。侍中王國寶以讒佞有寵於道子，扇動朝眾，諷八座[122]啓[123]道子宜進位丞相、揚州牧[124]，假黃鉞[125]，加殊禮[126]。護軍將軍南平車胤[127]曰：「此乃成王所以尊周公[128]也。今主上當陽[129]，非成王之比[130]；相王[131]在位，豈得為周公乎？」乃稱疾不署[132]。疏奏，帝大怒，而嘉胤有守[133]。

中書侍郎范甯[134]、徐邈[135]為帝所親信，數進忠言，補正闕失，指斥姦黨。王國寶，甯之甥也。甯尤疾其阿諛，勸帝黜之。陳郡袁悅之有寵於道子，國寶使悅之因尼支妙音[136][12]致書於太子母陳淑媛[137]云：「國寶忠謹，宜見親信。」帝知之，發怒，以[13]他事斬悅之。國寶大懼，與道子共譖[138]范甯，出為豫章[139]太守。甯臨發，上疏言：「今邊烽不舉[140]，而倉庫空匱。古者使民歲不過三日[141]，今之勞擾，殆[142]無三日之休，至有生兒不復舉養[143]，鰥寡不敢嫁娶。臣恐社稷之憂[14]，厝火積薪[144]，不足喻也。」甯又上言：「中原士民流寓江左[145]，歲月漸久，人安其業。凡天下之人，原其先祖[146]，皆隨世遷移，何至於今而獨不可？謂宜正其封疆[147]，戶口皆以土斷[148]。又，人性無涯[149]，奢儉由勢[150]。今并兼之室[151]，亦多不贍[152]，非其財力不足，蓋由用之無節，爭以靡麗相高(153)，無有限極故也。禮十九為長殤(154)，以其未成人也。今以十六為全丁(155)，十三為半丁，所任(156)非復童幼之事，豈不傷天理、困百姓乎？謂宜以二十為全丁，十六為半丁，則人無夭折，生長繁滋(157)矣。」帝多納用之。

甯在豫章，遣十五議曹(158)下屬城(159)，採求風政(160)，并吏假還(161)，訊問官長得失。徐邈與甯書曰：「足下(162)聽斷明允(163)，庶事無滯(164)，則吏慎其負(165)，而人聽不惑(166)矣，豈須邑至里詣(167)，飾其游聲(168)哉？非徒不足致益，寔(169)乃[15]蠶漁之所資(170)。豈有善人君子而干非其事(171)，多所告白(172)者乎？自古以來，欲為左右耳目者(173)[16]，無非小人。皆先因小忠而成其大不忠，先藉小信而成其大不信，遂使讒諂(174)並進，善惡倒置，可不戒哉？足下慎選綱紀(175)，必得國士(176)以攝諸曹(177)，諸曹皆得良吏以掌文按(178)，又擇公方之人以為監司(179)，則清濁能否，與事而明(180)。足下但平心處之，何取於耳目哉？昔明德馬后(181)未嘗顧左右與言，可謂遠識，況大丈夫而不能免此乎(182)？」

十二月，後秦主萇使其東門將軍任瓫(183)詐遣使招秦主登，許開門納之。登將從之，征東將軍雷惡地(184)將兵在外，聞之，馳騎見登，曰：「姚萇多詐，不可信也！」登乃止。萇聞惡地詣登，謂諸將曰：「此羌見登，事不成矣！」登以惡地勇略過人，陰憚之[185]。惡地懼，降於後秦。萇以惡地為鎮軍將軍。

秦以安成王廣[186]為司徒。

【章　旨】以上為第三段，寫太元十四年（西元三八九年）一年間的大事。主要寫了後燕的政情穩定，突出了慕容農、慕容隆兄弟的才幹喜人；寫了後秦主姚萇與前秦主苻登相互攻殺，互有勝負，突出了姚萇的奸詐卑劣；寫了東晉王朝的皇帝沉迷酒色，司馬道子專政，小人得勢，朝綱混亂腐敗，忠正之臣范甯、徐邈等遭到排抑的情景；此外還有乞伏乾歸的勢力逐漸強大等等。

【注　釋】❶陽平王柔　即慕容柔，慕容垂之子，被封為陽平王。❷襄國　郡名，郡治在今河北邢臺。❸遼西王農　即慕容農，慕容垂之子。❹在龍城五年　慕容農於太元十年出兵東誅餘巖，擊高句麗，事後在龍城鎮守。事見本書卷一百六。❺庶務修舉　各項政務都處理得很好。❻頃　前不久。❼因征即鎮　因帶兵討伐，隨後就留在那裡鎮守。❽願時代還　希望及早有人前來代替，讓我回去作戰。❾展竭微效　意即讓我能盡量地發揮一些作用。❿庚申　正月五日。⓫幽平二州　幽州的州治薊縣，即今北京市，平州的州治即今遼寧遼陽。⓬留臺　留守朝廷，朝廷的派出機構。⓭錄留臺尚書事　總管龍城留守朝廷的一切政務。⓮征北長史　征北將軍慕容隆下的諸史之長。⓯封孚　字處道，前燕時期的舊臣。⓰司馬　征北將軍慕容隆軍中的司法官。⓱留臺尚書　為留守朝廷的尚書郎。⓲因農舊規　遵循慕容農的舊有章程。⓳遼碣　遼水與碣石山，指今河北東北部與遼寧西南部一帶地區。⓴謂　以為；認為。㉑敕臣復讎　臨死囑咐我要為他報仇。姚萇之兄姚襄被苻堅破殺於穆帝升平元年（西元三五七年）事，見本書卷一百。㉒新平之禍　指孝武帝太元九年（西元三八四年）苻堅被姚萇殺害於新平（今陝西彬縣）佛寺事。見本書卷一百六。㉓疏屬　疏遠的家屬。苻登是苻堅的同族孫輩。㉔以龍驤建業　苻堅舉兵伐晉時，任姚萇為龍驤將軍，並說「朕本以龍驤建業，龍驤之號未曾假人，今特以相授」云云。事見本書卷一百五。㉕升樓　登上兩軍陣前遠望敵方軍情的樓車。㉖庸有益乎　難道會有什麼好處嗎。庸，豈；難道。㉗甲寅　此句有誤，正月丙辰朔，沒有甲寅日。㉘高車　匈奴族的別種，當時居住在今內蒙古東部的西拉木倫河流域，其民族習慣乘高輪車，因而得名。㉙三河王　胡三省曰：「光時有涼州、河西之地，未能兼有三河也。」按，此處的「三河」應指甘肅、陝西、青海臨近的黃河以東、以西、以南等地區，以其地有金城河、賜支河、湟河而得名。㉚改元麟嘉　在此之前呂光的年號是「太安」。㉛自仇池來至姑臧　呂光原是苻堅的部將，家小住在長安。後呂光奉命西出經營西域，苻堅於淝水之敗後，姚萇倒戈反苻秦，長安大亂，呂光的家小遂逃往仇池，今乃來到姑臧。仇池是郡名，郡治在今甘肅成縣西北之洛谷鎮。㉜癸巳　二月初九。㉝吐突鄰　《魏書》作「叱突鄰」，北方少數民族的部落名。㉞女水　在今內蒙古西拉木倫河西，距北魏國都平城三千餘里。㉟輜重　由後勤部隊運送的軍用物資。㊱大界　約在今陝西彬縣與甘肅涇川縣之間。㊲安定羌密造堡　安定郡內羌族人所據守的密造堡。安定郡的郡治在今甘肅涇川縣北。㊳滎陽　郡名，郡治在今河南滎陽東北的古滎鎮，這時屬於東晉。㊴長樂公盛　即慕容盛，慕容寶之子，慕容垂之孫，被封為長樂公。長樂是郡名，郡治即今河北冀州。㊵薊城　即今北京市，當時為幽州的州治所在地，前燕曾以之為都城。㊶舊宮　當初前燕主慕容儁曾由龍城遷都於此，故薊城有舊宮。㊷清河　郡名，郡治在今河北清河縣東南。㊸吳深　原是慕容垂身邊的宦官，於太元十一年（西元三八六年）據清河叛變。見本書卷一百六。㊹侯年部　西北地區的少數民族部落名，所在地域不詳。㊺秦涼鮮卑羌胡　秦、涼二州的鮮卑族、羌族、匈奴族。秦州的州治即今甘肅天水市，涼州的州治即今甘肅武威，當時稱作姑臧。㊻姚崇　姚萇之子，姚興之弟。㊼安丘　地名，在今甘肅靈臺境。㊽賀訥　人名，北方民族賀蘭部落的頭領，對拓跋珪的保護與發展有大恩。㊾勿根山　今地不詳。㊿上谷　郡名，郡治沮陽，在今河北懷來東南。(51)質　以……作人質。(52)驃騎長史王忱　驃騎長史為驃騎將軍屬下的長史，為諸史之長，典管幕府眾事。王忱字元達，王坦之的第四子，性任達不拘，為一時狂士。傳見《晉書》卷七十五。(53)國寶　即王國寶，王坦之的第三子，東晉孝武帝時期的著名權奸，與司馬道子一起驕奢淫逸，後王恭造反即以討伐王國寶為名。傳見《晉書》卷七十五。(54)平涼　郡名，郡治在今甘肅平涼西南。(55)苟頭原　地名，在今甘肅涇川縣西北。(56)與窮寇競勝二句　《孫子・軍爭》有「歸師勿遏，圍師必闕」，又有「窮寇勿追」諸語，皆此意。(57)毛后　苻登之妻。(58)執　俘獲；捕捉。(59)納之　謂收之為妻妾。(60)先已殺天子　指兩年前姚萇於新平佛寺殺害秦主苻堅。(61)寧汝容乎　能夠饒了你嗎。(62)陰密　地名，在今甘肅靈臺西南。(63)庚午　九月十九。(64)陸納　陸玩之子，陸曄之姪，為官清廉守正。傳見《晉書》卷七十七。(65)秦主登之東　苻登向東退守胡空堡。(66)守宰　各郡的太守和各縣的縣令。(67)隴城　縣名，縣治在今甘肅秦安東北的隴城鎮。(68)冀城　冀縣縣城，在今甘肅甘谷縣西南。(69)略陽　郡名，郡治臨渭，即今甘肅天水市。(70)隴東　泛指隴山以東地區，約當今之陝西西部。(71)楊壁為都督隴右諸

軍事句　隴右，即隴西，隴山以西，約當今之甘肅東部一帶地區。南秦州的州治仇池，在今甘肅成縣西。益州的州治即今成都。(72)監河西諸軍事　此「河西」指今陝西東部與山西交界的黃河以西地區。(73)并州　州治晉陽，在今山西太原西南。(74)河東　指今山西西南部的黃河以東地區。(75)冀州　州治即今河北冀州。楊政、楊楷原來都是苻堅的部下。(76)會長安　會合諸路共同進攻姚萇所盤踞的長安城。(77)湖陝　湖縣、陝縣。湖縣的縣治在今河南靈寶西北，陝縣的縣治在今河南三門峽市西南。(78)請命　請求指示，實即請求任命。(79)因而授之　指授任他們為并州、冀州刺史等。(80)樂浪悼王溫　即慕容溫。樂浪王是他的封號，悼是他的謚號。(81)丁零故堤　丁零族人，姓故名堤。(82)乙酉　十月初四。(83)并其長史司馬　並殺了慕容溫的屬下的長史、司馬二官。(84)奔西燕　投奔佔據晉東南長子城的慕容永。(85)襄國　縣名，縣治在今河北邢臺西南。(86)枹罕羌彭奚念　枹罕縣境內的羌人名彭奚念。枹罕縣治在今甘肅臨夏東北。(87)北河州　州治即枹罕縣。(88)帝既親政事　太元元年（西元三七六年），崇德太后褚蒜子歸還政權，孝武帝司馬昌明開始親臨政事，至此已十四年。(89)量　氣度。(90)琅邪王道子　即司馬道子，晉孝武帝的同胞兄弟，此時被封為琅邪王，總攬政權。傳見《晉書》卷六十四。(91)日夕　一天到晚。(92)浮屠　梵語譯音，即佛教。(93)姏姆　以巫術為業的巫婆女師。姏，老女人。姆，女師。(94)近習　在帝王身邊受皇帝寵幸的各色侍應人員。(95)交通請託　即如今的「拉關係，走後門」。(96)官賞　封官、頒賞。(97)好家居　好端端的一分家當。(98)纖兒　敗家子；不肖子弟。(99)撞壞　砸碎；毀掉。(100)左衛領營將軍　胡注以為是「以左衛將軍領營兵」，近於今首都衛戍司令之職。(101)臺府局吏　各臺、各府、各局的官吏，泛指政府各部門的官員。(102)直衛武官　泛指在宮廷值勤，負責保衛工作的各武職官員。(103)取母之姓者　指私生子。因無法指認其父，只好取用母親的姓氏。(104)無鄉邑品第　沒有其縣邑中正官的考評。品第，考評、分等。(105)帶職在內　在宮廷中擔任官職。(106)僧尼乳母　指走通宮禁，與帝、后往來的和尚、尼姑與皇帝的乳母。(107)競進親黨　爭相推薦自己的黨羽親信。(108)輒臨官領眾　就能身居官位，統領部眾。(109)暴濫無罪　隨意加害於無罪者。(110)下書　曾經下詔書。(111)敕羣下盡規　要求群臣們知無不言，言無不盡。敕，告誡。盡規，盡力規勸。(112)清遠玄虛　指不慕名利、不求物質享樂。(113)依傍法服　指表面奉行佛法，穿著僧尼的衣服。(114)五誡粗法　像「五誡」這樣最基本的佛規。五誡指不淫，不盜，不殺，不妄語，不酗酒。(115)精妙　精深的佛理。(116)流惑之徒　沒有主見、隨波逐流的傢伙們。(117)取財為惠　收取百姓的錢財，假說佛可以降之以福。(118)布施　佛教所講的把財物，甚至把自己的肉體分贈給眾人。(119)不省　不看；不理睬。(120)奔湊　奔集於其門。(121)外加優崇　表面上仍優待尊崇。(122)諷八座　示意給朝廷的執政官員。諷，猶如今之所謂「吹風」，暗示於人。八座，指尚書令、左右二僕射與他們屬下的五曹尚書等八人，都是當時政府的主要行政官員。(123)啓　稟告；向皇帝進言。(124)揚州牧　當時首都所在州的最高行政長官，州治即在首都建業（今南京）。(125)假黃鉞　授予他本來只有皇帝才能使用的鍍金大斧，意味著他有無上的生殺之權。(126)加殊禮　賜給他一般大臣享受不到的禮遇，如進殿不趨、贊拜不名、劍履上殿等等。(127)南平車胤　南平郡人姓車名胤。南平郡的郡治即今福建南平。車胤是東晉後期的直臣，少時家貧，以螢火蟲取亮讀書。(128)成王所以尊周公　周成王初即位時年幼，國家政權曾由其叔父周公代理。但《史記》中並沒有說到成王有假周公黃鉞的事情。(129)主上當陽　一即位即面南而坐。意謂雖年僅十歲，但已正式臨朝稱帝。(130)非成王之比　不像當年的周成王，開始是由周公代之臨朝攝政。(131)相王　指司馬道子，因為他既是司徒，職同丞相，又是琅邪王。(132)不署　不在其他諸臣所上的表章上簽名。(133)有守　有操守，能堅持原則。(134)范甯　字武子，為官守正，且深於經學，注《尚書》、《論語》，並撰有《春秋穀梁傳集解》傳世。傳見《晉書》卷七十五。甯，同「寧」。(135)徐邈　字仙民，於朝典禮制多有建議，撰有《五經音訓》，又注《穀梁傳》，與范甯齊名。事見《晉書・儒林傳》。(136)尼支妙音　尼姑名叫支妙音。(137)陳淑媛　名歸女，司馬德宗的生母。「淑媛」是妃嬪的級別稱號。(138)譖　在掌權者的面前說人壞話。(139)豫章　郡名，郡治即今江西南昌。(140)邊烽不舉　指邊疆無事，境內太平。(141)使民歲不過三日　《禮記・王制》：「用民之力，歲不過三日。」又曰：「凡使民，任老者之事，食壯者之食。」(142)殆　幾乎。(143)舉養　即指養育。「舉」是古代給新生兒舉行的一種洗沐禮，先舉而後養育之。(144)厝火積薪　把火放在柴堆之下。語出賈誼〈治安策〉：「夫抱火厝之積薪之下而寢其上，火未及燃，因謂之安。方今之勢，何以異此？」厝，置；放在。(145)流寓江左　流亡寄居在江南。(146)原其先祖　意即從他們的祖先開始。(147)正其封疆　查清他們現在的居住區域。(148)戶口皆以土斷　按現在居住的地址登記戶口，改變晉朝南渡以來北方士民在南方僑立郡縣的混亂辦法。(149)無涯　指愛放縱，不願受管束。(150)奢儉由勢　奢侈或節儉都是由情勢環境造成。(151)并兼之室　指那些由兼併別人田產而發展起來的強族豪門。(152)不贍　不夠用；不富裕。(153)爭以靡麗相高　爭著比賽看誰家更豪華。《世說新語》中有〈汰侈〉一篇，即寫此「爭以靡麗相高」事。(154)長殤　未成人而夭折的大孩子。古代以二十歲為成年，故十九歲而死仍曰「長殤」。(155)全丁　猶今之所謂「全勞力」，按，成年人給國家服役。(156)所任　所承擔的賦稅徭役等。(157)生長繁滋　指人口逐漸增長。(158)議曹　太守屬下的吏目，以備顧問、參議之用。(159)下屬城　到下屬的各縣去。當時的豫章郡下屬南昌、海臺等十六個縣，其中南昌是郡治所在，外地還有十五縣，故范甯派出十五個議曹，每人去一縣。(160)採求風政　瞭解當地的風俗民情及縣官為政的情況。(161)吏假還　吏役們回鄉休假回來。(162)足下　對對方的敬稱，不直呼其名，而稱其足下之地，用法與「閣下」、「陛下」相同。(163)聽斷明允　瞭解判斷各種事務明白、合適。允，恰當。(164)庶事無滯　各種事務都處理得很及時。無滯，不耽擱；不延誤。(165)吏慎其負　屬下眾吏也都會認真對待自己的職責。(166)人聽不

惑　指民心穩定，不被某些謠言邪說所蠱惑，動搖。「人」應作「民」，與上句「吏」字對舉。唐人修《晉書》為唐太宗諱「民」字，故改為「人」。(167)邑至里詣　深入到每個縣、每個鄉鎮去瞭解調查。邑，指縣或鄉鎮。里，指街巷或村落。詣，到。(168)飾其游聲　相信那些謠傳的說法；以那種謠傳的說法做依據。(169)寔　同「實」。(170)蠶漁之所資　那些蠶食、魚肉百姓的官吏們都是靠著這個來為自己博取美名。(171)干非其事　做自己不該做的事情。(172)多所告白　指幹點好事就四處張揚。(173)為左右耳目者　給人家充當耳報神、小特務。(174)讒諂　說人壞話的人和獻媚討好的人。(175)綱紀　「紀綱之僕」，語出《左傳》僖公二十四年。這裡指關鍵的僚屬和助手。(176)國士　一國之中的傑出之士。(177)以攝諸曹　讓他們把各局各處都管理好。(178)文按　文書、案卷。(179)監司　負責監察工作的人員。(180)與事而明　隨著政績的好壞，人的優劣也就顯示出來了。(181)明德馬后　東漢明帝劉莊的皇后馬氏，諡為「明德」，伏波將軍馬援之女，是漢代最符合封建道德的皇后。傳見《後漢書》卷十。(182)不能免此乎　難道就不能不用這些搞情報、搞暗訪的手段麼。(183)東門將軍任瓮　負責守衛安定東門的將軍名叫任瓮。(184)雷惡地　羌族將領，為人勇猛多智，曾幾次反覆於苻登與姚萇之間。事見《晉書》卷一百十五。(185)陰憚之　內心裡懼怕他。(186)安成王廣　即苻廣，苻登之弟，被封為安成王。安成是地名。

【校　記】　[1]碣　據章鈺校，十二行本、乙十一行本、孔天胤本「碣」下皆有「由是」二字。[2]密造堡　原誤作「密造保」。嚴衍《通鑑補》改作「密造堡」，今據改。[3]南安王弁北海王尚　原脫「弁北海王」四字。據章鈺校，十二行本、乙十一行本、孔天胤本皆有此四字，張敦仁《通鑑刊本識誤》同，今據補。按，《晉書・苻登載記》云登以其子「弁為南安王，尚為北海王」。[4]力　原作「人」。據章鈺校，十二行本、乙十一行本、孔天胤本皆作「力」，張敦仁《通鑑刊本識誤》同，今從改。[5]殺七百餘人　原無此五字。據章鈺校，十二行本、乙十一行本、孔天胤本皆有此五字，張敦仁《通鑑刊本識誤》、張瑛《通鑑校勘記》同，今據補。[6]楊壁為都督隴右諸軍事南秦益二州牧　原無此十六字。據章鈺校，十二行本、孔天胤本皆有此十六字，張敦仁《通鑑刊本識誤》同，今據補。[7]約　據章鈺校，十二行本、乙十一行本、孔天胤本此下皆有「與」字。[8]於溫為溫帳下　原作「於溫帳」。據章鈺校，十二行本、乙十一行本、孔天胤本皆作「於溫為溫帳下」，張敦仁《通鑑刊本識誤》同，今從改。[9]蕪　據章鈺校，十二行本、乙十一行本、孔天胤本皆無此字。[10]刺溫者　據章鈺校，十二行本、乙十一行本皆無此三字。[11]許榮　原作「許營」。嚴衍《通鑑補》改作「許榮」，今據改。按，《晉書・司馬道子傳》載「左衛領營將軍會稽許榮」。[12]支妙音　原無「支」字。據章鈺校，十二行本、乙十一行本、孔天胤本皆有「支」字，張敦仁《通鑑刊本識誤》同，今據補。⑬以 據章鈺校，十二行本、乙十一行本、孔天胤本「以」上皆有「託」字，張敦仁《通鑑刊本識誤》同，其義長。⑭臣恐社稷之憂 原無此六字。據章鈺校，十二行本、乙十一行本、孔天胤本皆有此六字，張敦仁《通鑑刊本識誤》、張瑛《通鑑校勘記》同，今據補。⑮寔乃 據章鈺校，十二行本、乙十一行本、孔天胤本二字皆互乙。⑯者 原無此字。據章鈺校，十二行本、乙十一行本、孔天胤本皆有此字，今從補。

【語譯】十四年（己丑 西元三八九年）

春季，正月，後燕任命陽平王慕容柔鎮守襄國。

後燕遼西王慕容農鎮守龍城五年，各種政務都處理得很好。他上表給後燕主慕容垂說：「我此前因為討伐餘巖、攻擊高句麗、收復遼東，隨後便奉命留在這裡鎮守，我所統領的將士安享清閒已經有幾年了，青州、徐州、荊州、雍州殘存的賊寇還很多，我希望早日派人前來代替我鎮守龍城，讓我能夠回去參加作戰，使我得以竭盡綿薄之力報效國家，活著的時候不遺餘力，死後沒有任何遺憾，這就是我的志向。」正月初五日庚申，後燕主慕容垂將遼西王慕容農召回都城中山，任命慕容農為侍中、司隸校尉。任命高陽王慕容隆為都督幽・平二州諸軍事、征北大將軍、幽州牧，在龍城設立留守朝廷，任命慕容隆為總管龍城留守朝廷一切政務的錄留臺尚書事。又任命護軍將軍平幼為征北將軍慕容農屬下的長史，任命擔任散騎常侍的封孚為司馬，平幼與封孚全都兼任留臺尚書。慕容隆遵循慕容農舊日的規章，並加以修訂、擴充，遼水、碣石一帶遂全部安定下來。

後秦主姚萇因為秦國軍隊屢戰屢勝，認為是秦軍暗中得到了秦王苻堅的神靈相助，於是，也在自己的軍中立了秦王苻堅的神像，並向苻堅的神像禱告說：「我的哥哥姚襄臨終前囑咐我，讓我替他報仇。我在新平勒死陛下，也是奉了我哥哥姚襄的命令，所以不是我的罪過。現在的秦王苻登，是陛下疏遠的親屬，還想要為陛下報仇，何況是我，怎麼敢忘記自己的親哥哥呢！而且，陛下也曾經命我以龍驤將軍的身分建立大業，我豈敢違背陛下的命令！現在我在軍中為陛下豎立神像，請求陛下不要再追究我的過失。」秦主苻登登上樓車，從遠處對後秦主姚萇說：「你作為臣子，竟然弒殺了自己的君主，現在又在自己的軍中豎立被你弒殺的君主的神像，以求得君主的福佑，你認為這樣做對自己會有好處嗎？」苻登趁機大聲呼喊說：「弒殺君主的賊子姚萇，為何不親自出戰？我要與你決一死戰！」姚萇沒有回答。過了很久，姚萇與秦軍作戰，仍然不能取勝，而軍中卻每夜都要發生數次驚擾，姚萇便把秦王苻堅神像的腦袋砍下來送給了秦軍。

秦主苻登任命西秦河南王乞伏乾歸為大將軍、大單于、金城王。

甲寅日，北魏王拓跋珪率軍襲擊高車國，將高車擊敗。

二月，呂光又自稱三河王，並在轄境之內實行大赦，改年號為「麟嘉」，開始設置文武百官。呂光的妻子石氏、兒子呂紹、弟弟呂德世全都從仇池來到都城姑臧。呂光立石氏為王妃，立呂紹為世子。

二月初九日癸巳，北魏王拓跋珪率領魏軍前往女水襲擊吐突鄰部落，大敗吐突鄰部，將吐突鄰部落全部遷徙，然後率軍返回。

秦主苻登將全部輜重都留在大界，他親自率領一萬多名輕騎兵攻擊安定郡內羌人所據守的密造堡，將密造堡攻佔。

夏季，四月，丁零部落首領、自稱魏天王的翟遼進犯東晉所屬的滎陽，活捉了東晉滎陽太守張卓。

後燕令長樂公慕容盛鎮守薊城，修繕舊有的宮殿。

五月，清河郡人孔金殺死了後燕叛變的宦官吳深，砍下他的首級，送往後燕的都城中山。

被秦國任命為大將軍、大單于、金城王的西秦乞伏乾歸率領自己的部眾襲擊侯年部落，將侯年部落打得大敗。於是秦州、涼州一帶的鮮卑人、羌人、匈奴人大多都歸附了乞伏乾歸。乞伏乾歸對他們全部授予官職和爵位。

後秦主姚萇率領後秦軍與秦主苻登所率領的秦軍交戰，後秦軍多次被秦軍打敗，於是便派遣擔任中軍將軍的姚崇率軍襲擊秦軍存放輜重的大界。秦主苻登率軍在安丘進行截擊，又將姚崇所率領的後秦軍擊敗。

後燕范陽王慕容德、趙王慕容麟率領後燕軍襲擊賀蘭部落首領賀訥，一直追擊到勿根山，賀訥在走投無路的情況下，只得向後燕請求投降。後燕將賀蘭部落遷徙到上谷郡，將賀訥的弟弟賀染干當作人質送往後燕的都城中山。

秋季，七月，東晉任命在驃騎將軍屬下擔任長史的王忱為荊州刺史、都督荊、益、寧三州諸軍事。王忱，是王國寶的弟弟。

秦主苻登率領秦軍攻擊後秦右將軍吳忠所守衛的平涼郡，將平涼攻克。八月，秦主苻登佔據了苟頭原，進一步逼近後秦主姚萇所在的安定。後秦諸將全都勸說後秦主姚萇與秦軍進行決戰，姚萇說：「與走入窮途末路的賊寇在戰場上爭奪勝負，是兵家的大忌，我要用計謀來戰勝他。」於是留下擔任尚書令的姚旻率軍守衛安定。夜間，姚萇親自率領三萬騎兵襲擊秦軍存放輜重的大界，取得了大勝，殺死了秦主苻登的毛皇后以及南安王苻弁、北海王苻尚，俘虜了秦國有名的將領幾十名，以及部眾男女總計五萬多口，凱旋而歸。秦主苻登的皇后毛氏不僅人長得很美，而且勇敢善戰，精於騎馬射箭。當後秦的軍隊攻入她的大營時，毛皇后還持弓上馬，率領著幾百名勇士死命拼殺，殺死了後秦七百多人。最終因為人數太少，寡不敵眾，才被後秦軍俘虜。後秦主姚萇想要收毛氏為妾，毛氏一邊怒罵一邊哭泣，她說：「姚萇，你先前已經弒殺了天子苻堅，現在又要侮辱皇后，皇天后土能夠饒得了你嗎？」姚萇遂殺死了毛皇后。後秦諸將都主張趁著秦軍驚慌不定之時出兵攻打，姚萇說：「秦主苻登的軍隊雖然遭此大敗已經陷於混亂，然而他們因為皇后、皇子被殺，正在怒氣衝天，所以我們還是不能輕敵。」於是，沒有對秦軍發動攻擊。

秦主苻登搜集起殘餘的部眾屯駐在胡空堡。後秦主姚萇讓自己的弟弟姚碩德鎮守安定，將安定的一千多戶居民強迫遷徙到陰密，然後派自己的弟弟、擔任征南將軍的姚靖鎮守陰密。

九月十九日庚午，東晉任命擔任左僕射的陸納為尚書令。

秦主苻登向東退守胡空堡時，後秦主姚萇讓鎮守安定的姚碩德負責選派秦州各郡縣的郡守和縣令，姚碩德於是任命自己的堂弟姚常戍守隴城，任命邢奴戍守冀城，任命姚詳戍守略陽。秦國擔任益州牧的楊定率領秦軍攻擊隴城、冀城，將隴城、冀城全部攻克，將後秦戍守隴城的姚常殺死，俘虜了後秦冀城守將邢奴。後秦戍守略陽的姚詳放棄了略陽，逃往陰密。秦國益州牧楊定於是自稱秦州牧、隴西王，秦國便根據楊定自稱的官爵任命他為秦州牧，封他為隴西王。

冬季，十月，秦主苻登任命擔任南秦州牧的竇衝為大司馬、都督隴山以東地區諸軍事、雍州牧，任命秦州牧、隴西王楊定為左丞相、都督中外諸軍事、秦、梁二州牧，任命擔任司空、梁州牧的楊壁為都督隴右諸軍事、南秦、益二州牧，約定同時出兵攻打後秦軍；同時邀請擔任監河西諸軍事、并州刺史的楊政、擔任都督河東諸軍事、冀州刺史的楊楷各自率領屬下部眾前往長安會師。楊政、楊楷都是河東人。秦主苻丕敗亡之後，楊政、楊楷聚集了數萬戶流亡的難民，楊政佔據了河西地區，楊楷佔據了湖縣、陝縣一帶地區。他們分別派遣使者向秦主苻登請求任命，秦主苻登遂任命楊政為監河西諸軍事、并州刺史，任命楊楷為都督河東諸軍事、冀州刺史。

後燕樂浪悼王慕容溫擔任冀州刺史。丁零部落首領、自稱魏天王的翟遼派遣丁零人故堤到冀州向樂浪王慕容溫詐降，躋身於慕容溫帳下。十月初四日乙酉，故堤刺殺了擔任冀州刺史的樂浪王慕容溫，以及慕容溫屬下的長史、司馬，然後驅趕著擔任守衛的二百戶士卒投奔了佔據長子城西燕慕容永。後燕遼西王慕容農率軍在襄國截擊刺殺樂浪王慕容溫的故堤等，將他們全部俘獲，只有元兇故堤逃脫。

十一月，枹罕境內的羌人首領彭奚念歸附了被秦主苻登任命為大將軍、大單于、金城王的乞伏乾歸，乞伏乾歸任命彭奚念為北河州刺史。

當初，東晉孝武帝司馬曜開始親自處理國政的時候，一切軍國大事都由自己做主，很有君主的氣度。後來，因為沉迷於美酒和女色，便將一切政務全部委託給自己的同胞兄弟琅邪王司馬道子。司馬道子也嗜酒如命，每天從早到晚都與孝武帝在一起，把狂飲高歌當做唯一必做的事情。孝武帝司馬曜又崇尚佛教，窮奢極侈，他所親近的人都是一些以巫術為業的女師、和尚、尼姑一類的人。於是，在孝武帝身邊受到寵幸的那些侍從人員，便趁機爭權奪利、互相勾結，他們託關係、走後門、賄賂公開進行，隨意任用官吏、隨意進行獎賞，完全沒有了章法；司法黑暗，監獄裡關滿了含冤負屈的囚犯。擔任尚書令的陸納望著皇宮歎息地說：「好端端的一分家業，就要毀壞在一個敗家子的手裡了！」擔任左衛領營將軍的會稽人許榮上疏給孝武帝司馬曜說：「如今朝廷各臺、各府、各局的官員、在宮廷擔任禁衛任務的各武職官員以及採用母姓的那些男女奴僕、婢女，他們沒有經過本鄉、本郡縣中正官的考評與推薦，卻全都能擔任郡守、縣令，或在宮廷中擔任官職；就連那些能夠走通宮禁，與皇帝、皇后往來的和尚、尼姑，以及皇帝的奶媽，也都紛紛推薦他們的親戚朋黨，並公開收受賄賂，於是那些不三不四的人都當上了朝廷的官員，統領民眾。他們執法不公，隨意加害無罪之人，禁令不明確，盜匪公開搶劫盜竊。過去，陛下曾經下詔，令群臣知無不言，言無不盡，於是群臣提出了各種各樣的意見和建議，而朝廷卻一樣也沒有採用。我聽說，信佛的人應該不慕名利、不追求物質享受，如今的和尚、尼姑往往只是表面上信奉佛法，他們穿著和尚、尼姑的衣服，卻連佛家不淫、不盜、不殺、不妄語、不飲酒這五種最基本的戒律都不能遵守，何況要他們遵守更為精深的佛理呢？而那些沒有主見、隨波逐流的人，競相加以崇敬、服侍。他們收取百姓的財物，宣稱只有施捨財物，佛才肯降福於人，這也不符合佛教所講的把財物，甚至把自己的肉體分贈給眾人的道理。」奏疏呈遞之後，晉孝武帝司馬曜根本不予理睬。

東晉琅邪王司馬道子的權勢超過了朝廷內外所有的人，於是不論遠近，人們都像車條湊向車軸一樣，奔集、投靠到司馬道子的門下。孝武帝司馬曜心中逐漸感到不平起來，然而外表上對司馬道子仍然格外優待尊崇。擔任侍中的王國寶靠著說別人的壞話、巧言獻媚而受到司馬道子的寵幸，他煽動朝中的群臣，暗示八座向孝武帝司馬曜進言，請求任命琅邪王司馬道子為丞相、揚州牧，授予司馬道子本來只有皇帝才能使用的鍍金大斧，再賜給司馬道子一般大臣所享受不到的特殊禮遇。擔任護軍將軍的南平郡人車胤說：「這是周成王用來尊奉周公的做法。如今皇帝一即位便面南而坐，親自執政，因此不能把皇帝比作年幼時的周成王；司馬道子既是宰相又是親王，怎麼能把他比作周公呢？」於是假稱有病而拒絕在其他諸臣所上的奏疏上簽名。奏章呈遞之後，孝武帝司馬曜閱後大怒，他表彰車胤有操守，能夠堅守原則。

東晉擔任中書侍郎的范甯、徐邈是孝武帝司馬曜所親信的人，他們屢次進獻忠言，彌補缺失，抨擊奸黨。擔任侍中的王國寶，是范甯的外甥，范甯對王國寶的阿諛奉承尤其感到痛恨，於是勸說孝武帝司馬曜罷免王國寶的官職。陳郡人袁悅之深受司馬道子的寵愛，王國寶便指使袁悅之，讓他通過尼姑支妙音，寫信給太子司馬德宗的母親陳淑媛說：「王國寶為人忠誠謹慎，值得親近和信任。」孝武帝知道這事之後，大發雷霆，便以別的事情為藉口殺死了袁悅之。王國寶非常恐懼，於是與司馬道子一起說范甯的壞話，范甯於是被逐出朝廷去擔任豫章太守。范甯臨上任之時，上疏給孝武帝司馬曜說：「如今邊疆無事，境內太平，而國庫空虛。古代朝廷徵調百姓服勞役，一年不超過三天，如今百姓一年到頭辛苦勞累，幾乎連三天的休息時間都沒有，甚至有人生下兒女不敢養育，鰥夫不敢娶妻，寡婦不敢嫁人。我擔心國家的憂患，就連賈誼所說的『把火放在柴堆之下』都不足以比喻今天局勢的危險。」范甯還上疏給孝武帝司馬曜說：「中原地區的士大夫與庶民百姓為了躲避戰亂而流亡到江南地區，時間已經很久了，人們都已經在江南安居樂業。天下所有的人，如果追溯他們的祖先，都是隨著時局的變化而遷徙移動，為什麼到了今天就不允許這樣呢？我認為應該查清他們現在的居住區域，按照他們現在的居住地址登記戶口，改變南渡以來北方士民在南方僑立郡縣的混亂辦法。再有，人的天性就是喜歡放縱，不願意接受管束，是講究奢侈，還是崇尚節儉，都是由外部環境造成的。如今，就是當初那些兼併了別人財產而發展起來的豪門大族，也有很多人感到不富裕，並不是他們的財力不足，而是由於他們花費沒有節制，互相攀比，看誰家更奢侈豪華，毫無限度造成的。古禮規定：十九歲時死亡的叫做長殤，因為他還不夠成人的年齡。現在十六歲的人就被當做全勞力，按照成年人的標準為國家服役，十三歲就算半個成年人，他們所承擔的賦稅徭役等已經不再是孩童的事情，這豈不是傷天害理、困苦百姓嗎？我認為應該把二十歲的人看做完全的成年人，十六歲的人看做半個成年人，那樣的話就不會再有人夭折，人口就會很快地繁衍起來。」孝武帝司馬曜採納了范甯的不少建議。

東晉擔任豫章太守的范甯在豫章，派遣了十五個擔任議曹的官員分別前往轄區內的十五個縣進行視察，瞭解當地的民俗民情以及縣官施政的得失，就連官吏回鄉休假返回，范甯也要向他們詢問對所在地方官員的評價。徐邈寫信給范甯說：「閣下只要瞭解判斷各種事務明白公允，各項政務也都處理得很及時，那麼屬下的官吏也就能認真地履行自己的職責，民心穩定，人們自然不會被某些謠言邪說所蠱惑，何必非得要派官吏深入到每個縣、每個鄉鎮去瞭解調查，把那些調查來的謠傳的說法當做依據呢？這樣做不僅不能增加一點好處，其實是給那些蠶食、魚肉百姓的貪官汙吏提供了一個為自己博取美名的機會。難道善人君子會做那些自己不應該做的事情，還到處去宣傳嗎？自古以來，凡是願意為別人充當耳目的人，都是一些小人。他們都是先做一些小忠小義的事情，而使自己的大不忠得逞，先利用一些小誠信來成就他們的大不信，於是愛說別人壞話的人、善於逢迎諂媚的人全都得到了提升，善良的反倒被當成了兇惡，而兇惡的被當做善良，對此怎能不提高警惕呢？閣下只要謹慎地選用僚佐，一定要找到一國之中的傑出之士，讓他們來領導郡中的各個部門，而各個部門也必須任用優秀的官吏來掌管文書檔案，還要選擇那些公正賢明的人擔任監司，這樣一來，是清廉、是汙濁，是有能力、還是沒有能力，隨著政績的好壞，就可以明確地顯示出來。閣下只管平心靜氣地當你的太守，哪裡用得著別人來為你充當眼睛和耳朵呢？過去，東漢時期的明德皇后馬氏從來不與自己身邊的人談論政事，可以說是具有遠見卓識，何況是男子漢大丈夫，難道就不能避免使用這些搞情報、搞暗訪的政治手段嗎？」

十二月，後秦主姚萇指使自己手下負責守衛安定東門的將軍任瓮派使者去向秦主苻登詐降，承諾將打開安定城門放秦軍入城。秦主苻登相信了後秦使者的話，準備接受任瓮的投降，擔任征東將軍的雷惡地正率軍在外駐防，他得知消息以後，立即騎馬飛速趕來晉見秦主苻登，雷惡地對苻登說：「後秦主姚萇狡詐多端，不能聽信他們！」苻登這才沒有上當。姚萇聽說了雷惡地去見苻登的消息，就對眾將說：「這個羌人見了苻登，我們的詐降計畫就落空了！」秦主苻登因為雷惡地的勇猛和謀略超過常人，心中對雷惡地不免暗懷忌憚。雷惡地覺察到了苻登的心思，心中恐懼，於是投降了後秦。後秦主姚萇任命雷惡地為鎮軍將軍。

秦國任命安成王苻廣為司徒。

十五年（庚寅　西元三九〇年）

春，正月乙亥❶，譙敬王恬薨。

西燕主永❷引兵向洛陽。朱序自河陰北濟河❸，擊敗之。永走還上黨❹[1]。序追至白水❺，會翟遼謀向洛陽，序乃引兵還，擊走之。留鷹揚將軍朱黨戍石門❻，使其子略督護洛陽❼，以參軍趙蕃佐之，身❽還襄陽❾。

琅邪王道子恃寵驕恣，侍宴❿酣醉，或⓫虧禮敬。帝益[2]不能平，欲選時望⓬為藩鎮⓭以潛制⓮道子。問於太子左衛率王雅⓯曰：「吾欲用王恭⓰、殷仲堪⓱，何如？」雅曰：「王恭風神簡貴⓲，志氣方嚴⓳；仲堪謹於細行⓴，以文義㉑著稱。然皆峻狹自是㉒，且幹略㉓不長，若委以方面㉔，天下無事，足以守職；若其有事，必為亂階㉕矣！」帝不從。恭，蘊之子；仲堪，融之孫也。二月辛巳㉖，以中書令王恭為都督青・兗・幽・并・冀五州諸軍事、兗・青二州刺史，鎮京口㉗。

三月戊辰㉘，大赦。

後秦主萇攻秦扶風㉙太守齊益男於新羅堡㉚，克之，益男走。秦主登攻後秦天水太守張業生于隴東㉛，萇救之，登引去。

夏，四月，秦鎮東將軍魏褐飛[3]自稱衝天王，帥氐、胡攻後秦安北將軍姚當成於杏城；鎮軍將軍雷惡地叛應之，攻鎮東將軍姚漢得㉜於李潤㉝。後秦主萇欲自擊之，羣臣皆曰：「陛下不憂六十里苻登㉞，乃憂六百里魏褐飛，何也？」萇曰：「登非可猝滅[35]，吾城亦非登所能[4]猝拔。惡地智略非常，若南引褐飛，東結董成[36]，得杏城、李潤而據之，長安東北非吾有也。」乃潛引精兵一千六百赴之。褐飛、惡地有眾數萬，氐、胡赴之者前後[5]不絕。萇每見一軍至，輒喜。羣臣怪而問之，萇曰：「褐飛等扇誘同惡[37]，種類甚繁，吾雖克其魁帥[38]，餘黨未易猝平。今烏集而至，吾乘勝取之，可一舉無餘也。」褐飛等見後秦兵少，悉眾攻之。萇固壘[39]不戰，示之以弱，潛遣其子中軍將軍崇帥騎數百出其後。褐飛兵擾亂，萇遣鎮遠將軍王超等縱兵擊之，斬褐飛及其將士萬餘級。惡地請降，萇待之如初。惡地謂人曰：「吾自謂智勇傑出一時，而每遇姚翁[40]輒困，固其分也[41]！」

萇命姚當成於所營之地，每柵孔[42]中輒樹一木以旌[43]戰功。歲餘，問之，當成曰：「營地太小，已廣之矣。」萇曰：「吾自結髮[44]以來，與人戰，未嘗如此之快，以千餘兵破三萬之眾。營地惟小為奇，豈以大為貴哉？」

吐谷渾視連[45]遣使獻見[46]於金城王乾歸。乾歸拜視連沙州牧[47]、白蘭王。

丙寅[48]，魏王珪會燕趙王麟於意辛山[49]，擊賀蘭、紇突鄰、紇奚[50]三部，破之。紇突鄰、紇奚皆降於魏[51]。

秋，七月，馮翊[52]人郭質起兵於廣鄉[53]以應秦，移檄三輔[54]曰：「姚萇凶虐，毒被神人[55]。吾屬世蒙先帝堯、舜之仁[56]，非常伯、納言[57]之子，即卿校、牧守[58]之孫也。與其含恥而存，孰若蹈道而死[59]？」於是三輔壁壘[60]皆應之。獨[61]鄭縣[62]人苟曜不從[6]，聚眾數千附於後秦。秦以質為馮翊太守；後秦以曜為豫州刺史。

劉衛辰[63]遣子直力鞮攻賀蘭部。賀訥[64]困急，請降於魏。丙子[65]，魏王珪引兵救之，直力鞮退。珪徙訥部落，處之東境。

八月，劉牢之[66]擊翟釗[67]於鄄城[68]，釗走河北；又敗翟遼於滑臺[69]，張願[70]來降。

九月，北平[71]人吳柱聚眾千餘，立沙門法長[72]為天子。破北平郡，轉寇廣都[73]，入白狼城[74]。燕幽州牧高陽王隆方葬其夫人，郡縣守宰皆會之。眾聞柱反，請隆還城，遣大兵討之。隆曰：「今閭閻[75]安業，民不思亂。柱等以詐謀惑愚夫，誘脅相聚[76]，無能為也。」遂留葬訖[77]。遣北平[7]太守、廣都令先歸，續遣安昌侯進[78]將百餘騎趨白狼城。柱眾聞之，皆潰。窮捕，斬之。

以侍中王國寶為中書令，俄兼中領軍[79]。○丁未[80]，以吳郡太守王珣[81]為尚書右僕射。

吐谷渾視連卒，子視羆立。視羆以其父祖慈仁[82]，為四鄰所侵侮，乃督厲將士，欲建功業。冬，十月，金城王乾歸遣使拜視羆沙州牧、白蘭王。視羆不受。

十二月，郭質及苟曜戰于鄭東83。質敗，奔洛陽84。

越質詰歸85據平襄86，叛金城王乾歸。

【章 旨】以上為第四段，寫太元十五年（西元三九〇年）一年間的大事。寫了晉將朱序鎮守洛陽，連續打敗慕容永與翟遼的進攻；劉牢之破翟釗、翟遼於鄄城、滑臺，以及東晉王朝內部的勾心鬥角與司馬道子、王國寶的專權腐敗；寫了後秦主姚萇大破前秦將領魏褐飛，後燕將領慕容隆大破民變首領吳柱，以及魏王拓跋珪勢力的逐步強大等等。

【注 釋】❶正月乙亥 正月二十六。❷西燕主永 即慕容永，慕容垂的同族兄弟。慕容泓、慕容沖死後，被擁立為西燕主，以長子（今山西長子西南）為都城。《魏書》卷九十五有其附傳。❸自河陰北濟河 在河陰城北渡過黃河。河陰是縣名，縣治在今河南洛陽東北，地處黃河之南。❹上黨 郡名，郡治在今山西長治東北。❺白水 河水名，在今山西晉城境內。❻石門 地名，在今河南鄭州西北。❼督護洛陽 意即為洛陽城的督護官，以守衛洛陽。❽身 指朱序本人。❾襄陽 郡名，郡治即今湖北襄樊之襄陽區。❿侍宴 陪著皇帝飲酒。⓫或 有時。⓬時望 當時有門第、有威望的人。⓭藩鎮 晉時指州刺史。當時的州刺史兼主兵權，相當於古代的一個藩國。⓮潛制 暗中扼制。⓯太子左衛率王雅 太子左衛率是太子宮護衛部隊的長官。王雅字茂達，三國時魏國王肅的曾孫。因受孝武帝親幸而權重一時，因早識王恭，人稱其有知人之明。《晉書》卷五十三有傳。⓰王恭 字孝伯，孝武帝王皇后之兄。傳見《晉書》卷八十四。⓱殷仲堪 當時有名的清談家，又是無能的軍閥。傳見《晉書》卷八十四。⓲風神簡貴 風度高雅，不拘小節。⓳志氣方嚴 氣概方正、嚴明。⓴謹於細行 在小的事情上拘謹小心。㉑文義 指文化修養、學問學術。㉒峻狹自是 氣量小而又自以為是。㉓幹略 才幹謀略。㉔方面 獨當一面的軍政大員，指都督、刺史等。㉕亂階 禍亂的根源。階，基礎；條件。㉖二月辛巳 二月初二。㉗鎮京口 設行轅於京口，即今江蘇鎮江市。㉘三月戊辰 三月二十。㉙扶風 郡名，郡治在今陝西興平東北。㉚新羅堡 堡塞名，在今陝西眉縣東南。

㉛隴東　郡名，郡治在今甘肅平涼西北。㉜姚漢得　姚萇的部將。㉝李潤　即李潤堡，也叫李潤鎮，在今陝西大荔北。㉞六十里苻登　時苻登軍已抵達新豐縣（今陝西臨潼）的千戶固，距長安只有六十里。㉟猝滅　短時間內消滅。猝，立即；突然。㊱董成　屠各族人，時據北地（今陝西耀縣）。按，時雷惡地攻蒲城，魏褐飛攻杏城，在蒲城西北；董成據北地在蒲城之西。今姚萇乃曰惡地「南引褐飛，東結董成」云云，方向皆錯，疑字有誤。㊲扇誘同惡　煽動誘惑那些與他一同作惡的人。㊳魁帥　大頭領。㊴固壘　堅守營壘。㊵姚翁　尊稱姚萇。㊶固其分也　命運本該如此。分，天數；天分。㊷柵孔　在營房周圍豎柵欄時所挖的坑。㊸旌　表彰。㊹結髮　指二十歲，古時男子二十歲始結髮成髻，進入成人之年。㊺吐谷渾視連　吐谷渾族的首領，名叫視連。吐谷渾是鮮卑族的一支，原游牧於今遼寧錦西一帶，後遷於今甘肅、青海之間。㊻獻見　進貢求見。㊼沙州牧　沙州刺史。這裡的「沙州」指今青海省境內青海湖以西的廣大地區。因其地多沙漠，故稱之為沙州。㊽丙寅　此語有誤，四月初一是己卯，本月裡沒有「丙寅」日。㊾意辛山　又作意親山，在今內蒙古二連浩特西南。㊿賀蘭紇突鄰紇奚　皆少數民族部落的名稱。51紇突鄰紇奚皆降於魏　慕容麟此舉乃為魏掃除障礙，鄰之強，己之病也。52馮翊　郡名，郡治在今陝西大荔。53廣鄉　地名，在今陝西華縣西部。54移檄三輔　向三輔地區發布討伐姚萇的檄文。三輔，指京兆尹、左馮翊、右扶風三個長安周圍相當於郡的政區。因所轄皆京畿之地，故合稱「三輔」。55毒被神人　使天神和黎民都遭到他的殘害。被，加。56先帝堯舜之仁　先帝苻堅所曾給予我們的像堯、舜一樣的仁愛。57常伯納言　指苻堅時代的官員。常伯指侍中，納言指尚書。58卿校牧守　指苻堅朝廷的列卿、軍中的校尉，以及州、郡兩級的地方官。以上兩句的意思是說，我們這些人都是苻堅時代的朝廷官員與各級地方長官的後代。59蹈道而死　為實現道義而犧牲。60三輔壁壘　京畿地區的各個駐兵據點。壁壘，指民間為自衛而結成的堡寨。61獨　只有。62鄭縣　縣治即今陝西華縣。63劉衛辰　當時匈奴族的首領。64賀訥　賀蘭部落的頭領，當時居於陰山之北。65丙子　七月三十日。66劉牢之　東晉名將，字道堅，彭城人，初為謝玄參軍，於淝水之戰中立大功，被封為龍驤將軍、彭城內史。《晉書》卷八十四有傳。67翟釗　丁零部落的頭領，翟遼之子。68鄄城　縣名，縣治即今山東鄄城北之舊城。69滑臺　地名，即今河南滑縣城東之舊滑縣。70張願　原為東晉的泰山太守，於太元十一年擁郡叛變，降於翟遼。71北平　郡名，郡治在今河北遵化的東南側。72沙門法長　北平郡的和尚名叫法長。73廣都　縣名，縣治即今遼寧建昌。74白狼城　在今遼寧喀喇沁左旗西南。75閭閻　原指里巷中的門，引申指黎民百姓。76誘脅相聚　把被誘騙、裹脅來的人聚集在一起。77留葬訖　留下來一直到把殯葬事宜處理完畢。78安昌侯進　即慕容進，被封為安昌侯。79俄兼中領軍　很快地又讓他兼任了朝廷直屬部隊的最高長官。80丁未　九月初一。81王珣　王導之孫，王洽之子。傳見《晉書》卷

六十五。82父祖慈仁　吐谷渾的頭領辟奚、視連兩代性情「慈仁」事，見本書卷一百三咸安元年。83鄭東　鄭縣（今陝西華縣）城東。84奔洛陽　投降晉將朱序之子朱略。85越質詰歸　鮮卑部落頭領越質叱黎的兒子，太元十二年，越質詰歸降於乞伏氏。86平襄　縣名，縣治在今甘肅通渭西北。

【校記】1永走還上黨　原無此五字。據章鈺校，十二行本、乙十一行本、孔天胤本皆有此五字，張敦仁《通鑑刊本識誤》同，今據補。2益　據章鈺校，十二行本、乙十一行本、孔天胤本皆作「浸」。3魏褐飛　原誤作「魏揭飛」。嚴衍《通鑑補》改作「魏褐飛」，今據改。下同。按，《晉書・姚萇載記》亦云「魏褐飛自稱大將軍、衝天王」。4能　據章鈺校，十二行本、乙十一行本、孔天胤本皆無此字。5前後　據章鈺校，十二行本、乙十一行本、孔天胤本皆作「首尾」，張敦仁《通鑑刊本識誤》同。6不從　原無此二字。據章鈺校，十二行本、乙十一行本、孔天胤本皆有此二字，今據補。7北平　原作「廣平」。胡三省注云：「『廣平』當作『北平』。」嚴衍《通鑑補》改作「北平」，今據改。按，魏收《魏書・地形志》載，廣都縣，燕時屬北平郡。

【語譯】十五年（庚寅　西元三九〇年）

春季，正月二十六日乙亥，東晉擔任青、兗二州刺史的譙敬王司馬恬去世。

西燕主慕容永率軍進攻東晉所屬的洛陽。東晉擔任雍州刺史的朱序率領晉軍從河陰城北渡過黃河，迎戰慕容永，將慕容永所率領的西燕軍打敗。慕容永逃回了上黨。朱序率軍追擊，一直追到白水，而此時的丁零部落首領、魏天王翟遼正在圖謀攻取洛陽，朱序於是放棄追趕慕容永，率軍返回，將翟遼打退。留下鷹揚將軍朱黨戍守石門，令自己的兒子朱略擔任洛陽城的督護，守衛洛陽，派擔任參軍的趙蕃留在洛陽輔佐朱略，自己則率軍返回雍州治所襄陽。

東晉琅琊王司馬道子倚仗自己當皇帝的哥哥司馬曜的寵愛而越發的驕傲蠻橫起來，他在陪同孝武帝司馬曜飲酒的時候總是喝得酩酊大醉，有時竟然連君臣之間的禮數都不顧。孝武帝心中更加不平，於是就想選擇一個有門第、有威望的人去擔任刺史，以便暗中制約司馬道子。孝武帝司馬曜向擔任太子左衛率的王雅詢問說：「我想重用王恭、殷仲堪，你認為怎麼樣？」王雅回答說：「王恭風度高雅、不拘小節，氣概方正、嚴明；殷仲堪在小事情上謹小慎微，而在文化修養、學術造詣方面很有名聲。然而他們二人都是氣量狹小，自以為是，而且缺乏才幹與謀略，如果委任他們為獨當一面的軍政大員，天下太平無事時，完全能夠盡忠職守；如果遇到天下有事，他們必然成為禍亂的根源！」孝武帝沒有採納王雅的意見。王恭，是王蘊的兒子；殷仲堪，是殷融的孫子。二月初二日辛巳，晉孝武帝司馬曜任命擔任中書令的王恭為都督青、兗、幽、并、冀五州諸軍事、兗、青二州刺史，鎮所設在京口。

三月二十日戊辰，東晉實行大赦。

後秦主姚萇率軍攻打秦國扶風郡太守齊益男所據守的新羅堡，將新羅堡攻克，齊益男逃走。秦主苻登率領秦軍前往隴東攻打後秦天水郡太守張業生，後秦主姚萇親自率軍來救張業生，苻登看到姚萇來救，也率軍退走。

夏季，四月，秦國擔任鎮東將軍的魏褐飛自稱衝天王，他率領氐人、匈奴人攻擊後秦安北將軍姚當成所據守的杏城；投降後秦並被任命為鎮軍將軍的雷惡地也背叛了後秦，起兵響應魏褐飛，他率領部眾攻打後秦鎮東將軍姚漢得所據守的李潤堡。後秦主姚萇準備親自率軍攻打雷惡地，群臣全都不解地問：「陛下不擔憂駐紮在距離長安只有六十里的新豐千戶固的秦主苻登，竟然擔憂遠在六百里之外的魏褐飛，這是為什麼呢？」後秦主姚萇回答說：「我們不可能在很短的時間內將秦主苻登滅掉，秦主苻登也不可能在短期內將我們的都城長安攻克。雷惡地的智慧、謀略非同一般，如果他向南勾結了魏褐飛，向東聯合佔據北地的屠各部落首領董成，佔有了杏城和李潤堡，長安東北地區就不再歸我們所有了。」於是，後秦主姚萇親自率領一千六百名精兵偷偷地趕往李潤堡。魏褐飛、雷惡地擁有部眾數萬人，那些氐族人和匈奴人願意為他們效力而前去投奔的前後相接，不絕於道路。姚萇每當看到一支秦軍到來，就感到非常高興。群臣感到很奇怪，就向他詢問原因，姚萇說：「魏褐飛煽動、誘惑那些與他一同作惡的人，他們的部族十分繁多，我即使戰勝了他們的大首領，而他們的餘黨也不容易在短期內徹底掃平。如今，他們就像烏鴉一樣聚集到了一起，我們乘勝攻擊，可以一次將他們一網打盡。」魏褐飛等看見後秦軍兵力很少，於是全軍出動向後秦軍發起猛攻。後秦主姚萇堅守營壘不與他們交戰，向他們顯示出自己勢力很弱的樣子，暗中卻派遣自己的兒子、擔任中軍將軍的姚崇率領數百名騎兵繞到魏褐飛軍隊後面，從背後攻打。魏褐飛的軍隊立時便混亂起來，姚萇派擔任鎮遠將軍的王超等向秦軍發起猛攻，斬殺了魏褐飛及其將士一萬多人。雷惡地再次向後秦請求投降，後秦主姚萇對待雷惡地還像當初一樣。雷惡地對別人說：「我自以為智謀勇武高於世人，然而每次遇到姚翁，我就打敗仗，命運使我只能屈服於他！」

後秦主姚萇令守衛杏城的安北將軍姚當成在自己營地周圍豎立柵欄時所挖的每一個坑中都要豎立一個木牌以表揚戰功。過了一年多，姚萇詢問姚當成，姚當成回答說：「營地太小，現在已經擴大了。」姚萇說：「我自從結髮以來，就與敵人作戰，卻從來沒有像今天這樣痛快，竟然用一千多名士兵打敗了三萬人的敵軍。營地只有小才令人感到奇異，豈能以營地大為可貴呢？」

吐谷渾的首領慕容視連派使者前往金城進獻禮物，求見被秦主苻登任命為大將軍、大單于、金城王的乞伏乾歸。乞伏乾歸任命慕容視連為沙州牧，封其為白蘭王。

丙寅日，北魏王拓跋珪在意辛山與後燕趙王慕容麟會師，雙方聯合攻打賀蘭、紇突鄰、紇奚三個部落，將三個部落打敗。紇突鄰、紇奚全都投降了北魏。

秋季，七月，馮翊人郭質招兵買馬，在廣鄉起兵響應秦國，他向三輔地區發布討伐後秦姚萇的檄文說：「後秦主姚萇兇狠暴虐，無論是天神還是黎民，都遭到他的殘害。我們這些人世代蒙受先帝苻堅所給予我們的如同唐堯、虞舜一樣的仁愛，即使你們不是先帝時期擔任侍中、納言等官員的兒子，也一定是先帝時期擔任過公卿、校尉、州牧、郡守的人的子孫。與其含羞忍恥地活著，還不如為了正義而死吧？」於是三輔地區各種軍事據點全都起來響應郭質。只有鄭縣人苟曜聚集起數千人歸附於後秦。秦國任命郭質為馮翊太守；後秦任命苟曜為豫州刺史。

劉衛辰派遣自己的兒子劉直力鞮率軍攻打賀蘭部落。賀蘭部落首領賀訥被困，情勢十分緊急，遂向魏國請求投降。七月三十日丙子，北魏王拓跋珪率領魏軍前往救援賀訥，劉衛辰的兒子劉直力鞮率軍撤走。北魏王拓跋珪將賀訥部落遷徙到魏國的東部邊境地區。

八月，東晉龍驤將軍劉牢之率領晉軍攻打丁零部落首領翟遼的兒子翟釗所據守的鄄城，翟釗逃往黃河北岸；劉牢之又打敗了佔據滑臺的丁零部落首領、自稱魏天王的翟遼，東晉叛將、曾經擔任泰山郡太守而後歸降翟遼的張願又向東晉投降。

九月，北平人吳柱聚集了一千多人，擁戴北平郡的和尚法長為天子。他們攻破了北平郡，然後輾轉作戰，劫掠了廣都縣，進入了白狼城。後燕擔任幽州牧的高陽王慕容隆正在安葬自己的夫人，幽州屬下的各郡守縣宰全都前來弔唁。眾人聽到吳柱謀反的消息，全都請求慕容隆迅速回城，派遣大軍對吳柱進行征討。慕容隆說：「如今人人安居樂業，民心並不希望發生戰亂。吳柱等人用欺騙的手段迷惑了一些愚蠢的人，他們把受誘騙裹脅而來的人聚集在一起，成不了大氣候。」於是依舊留在郊外，一直等到葬禮完畢。派遣北平太守、廣都縣令先回去，隨後又派遣安昌侯慕容進率領一百多名騎兵趕赴白狼城。吳柱的部眾聽到消息，全都潰逃而去。慕容進全力追捕，斬殺了吳柱。

東晉任命擔任侍中的王國寶為中書令，不久又讓他兼任了朝廷直屬部隊的最高長官中領軍。○九月初一日丁未，東晉任命擔任吳郡太守的王珣為尚書右僕射。

吐谷渾首領慕容視連去世，他的兒子慕容視羆即位。慕容視羆因為自己的父親以及祖先全都為人慈愛仁厚，因而不斷受到四方鄰國的侵略和欺辱，於是督促、鼓勵將士加強軍事訓練，想要建立一番功業。冬季，十月，西秦金城王乞伏乾歸派遣使者任命慕容視羆為沙州牧，封他為白蘭王。慕容視羆沒有接受乞伏乾歸的任命和封爵。

十二月，秦國馮翊太守郭質率領秦軍與後秦豫州刺史苟曜在鄭縣城東開戰。郭質戰敗，逃往洛陽。越質詰歸佔據平襄，背叛了金城王乞伏乾歸。

十六年（辛卯 西元三九一年）

春，正月，燕置行臺❶於薊❷，加長樂公盛❸錄行臺尚[1]書事❹。

金城王乾歸擊越質詰歸。詰歸降，乾歸以宗女妻之。

賀染干❺謀殺其兄訥，訥知之，舉兵相攻。魏王珪告于燕，請為鄉導以討之。

二月甲戌❻，燕主垂遣趙王麟將兵擊訥，鎮北將軍蘭汗帥龍城之兵擊染干。

三月，秦主登自雍❼攻後秦安東將軍金榮于范氏堡❽，克之。遂渡渭水❾，攻京兆太守韋範于段氏堡，不克，進據曲牢❿。

夏，四月，燕蘭汗破賀染干於牛都⓫。

苟曜有眾一萬，密召秦主登，許為內應。登自曲牢向繁川⓬，軍于馬頭原⓭。

五月，後秦主萇引兵逆戰。登擊破之，斬其右將軍吳忠。萇收眾復戰，姚碩德曰：「陛下慎於輕戰⓮，每欲以計取之。今戰失利而更前逼賊，何也？」萇曰：「登用兵遲緩，不識虛實。今輕兵直進，遙據吾東⓯，此必苟曜豎子與之有謀也，緩之則其謀得成。故及其交之未合⓰，急擊之，以敗散其事耳。」遂進戰，大破之。登退屯於郿⓱。

秦兗州刺史強金槌⓲據新平⓳，降後秦，以其子逵為質。後秦主萇將數百騎入金墉營。羣下諫之，萇曰：「金墉既去苻登，又欲圖我，將安所歸乎？且彼初來款附[20]，宜推心以結之，奈何復以不信疑之乎？」既而羣氐欲取萇，金墉不從。

六月甲辰[21]，燕趙王麟破賀訥於赤城[22]，禽之，降其部落數萬。燕王垂命麟歸訥部落[23]，徙染干於中山。麟歸，言於垂曰：「臣觀拓跋珪舉動，終為國患，不若攝之還朝[24]，使其弟監國事。」垂不從。

西燕王永寇河南[25]。太守楊佺期[26]擊破之。

秋，七月壬申[27]，燕主垂如[28]范陽[29]。

魏王珪遣其弟觚[30]獻見於燕。燕主垂衰老，子弟用事，留觚[31]以求良馬。魏王珪弗與，遂與燕絕，使長史張袞求好[32]於西燕。觚逃歸，燕太子寶追獲之，垂待之如初。

秦王登攻新平，後秦王萇救之，登引去。

秦驃騎將軍沒奕干[33]以其二子為質於金城王乾歸，請共擊鮮卑大兜[34]。乾歸與沒奕干攻大兜於鳴蟬堡[35]，克之。兜微服[36]走，乾歸收其部眾而還，歸沒奕干二子。沒奕干尋[37]叛，東合劉衛辰。八月，乾歸帥騎一萬討沒奕干。沒奕干奔他樓城[38]，乾歸射之，中目。

九月癸未㊴，以尚書右僕射王珣㊵為左僕射，太子詹事謝琰㊶為右僕射。太學博士范弘之㊷論殷浩㊸宜加贈諡㊹，因敘桓溫㊺不臣㊻之迹。是時桓氏猶盛。王珣，溫之故吏也，以為溫廢昏立明㊼，有忠貞之節，黜弘之為餘杭㊽令。弘之，汪㊾之孫也。

冬，十月壬辰㊿，燕主垂還中山。

初，柔然(51)部人世服於代(52)。其大人(53)郁久閭地粟袁(54)卒，部落分為二：長子匹候跋(55)繼父居東邊，次子縕紇提(56)別居西邊(57)。秦王堅滅代，柔然附於劉衛辰。及魏王珪即位，攻擊高車等，諸部率(58)皆服從，獨柔然不事魏。戊戌(59)，珪引兵擊之。柔然舉部遁走，珪追奔六百里。諸將因張袞(60)言於珪曰：「賊遠糧盡，不如早還。」珪問諸將：「若殺副馬(61)，為三日食，足乎？」皆曰：「足。」乃復倍道(62)追之，及於大磧南牀山(63)下，大破之，虜其半部。匹候跋及別部帥屋擊(64)各收餘眾遁走。珪遣長孫嵩(65)、長孫肥追之。珪謂將佐曰：「卿曹(66)知吾前問三日糧意乎？」曰：「不知也。」珪曰：「柔然驅畜產奔走數日，至水必留；我以輕騎追之，計其道里(67)，不過三日及之(68)矣。」皆曰：「非所及也(69)！」嵩追斬屋擊於平望川(70)。肥追匹候跋至涿邪山(71)，匹候跋舉眾降(72)，獲縕紇提之子曷多汗(73)、兄子社崘[2]、斛律等宗黨數百人。緼紇提將奔劉衛辰(74)，珪追及之，緼紇提亦降，珪悉徙其部眾於雲中(75)。

翟遼卒，子釗代立(76)，改元定鼎。攻燕鄴城(77)，燕遼西王農擊卻之。

三河王光遣兵乘虛(78)伐金城王乾歸。乾歸聞之，引兵還，光兵亦退。

劉衛辰遣子直力鞮帥眾八九萬攻魏南部。十一月己卯(79)，魏王珪引兵五六千人拒之。壬午(80)，大破直力鞮於鐵岐山(81)南。直力鞮單騎走，乘勝追之。戊子(82)，自五原金津南(83)濟河，徑入衛辰國(84)，衛辰部落駭亂。辛卯(85)，珪直抵其所居悅跋城，衛辰父子出走。壬辰(86)，分遣諸將輕騎追之。將軍伊謂(87)禽直力鞮於木根山(88)，衛辰為其部下所殺。十二月，珪軍于鹽池(89)，誅衛辰宗黨五千餘人，皆投尸于河(90)。自河以南諸部悉降，獲馬三十餘萬匹，牛羊四百餘萬頭，國用由是遂饒。

衛辰少子勃勃(91)亡奔薛干部(92)，珪使人求之。薛干部帥太悉伏(93)[3]出勃勃以示使者曰：「勃勃國破家亡，以窮歸我。我寧與之俱亡，何忍執以與魏？」乃送勃勃於沒弈干。沒弈干以女妻之。

戊申(94)，燕主垂如魯口(95)。

秦主登攻安定，後秦主萇如陰密以拒之，謂太子興曰：「苟曜聞吾北行(96)，必來見汝[97]，汝執誅之。」曜果見興於長安，興使尹緯[98]讓[99]而誅之。

萇敗登於安定城東，登退據路承堡[100]。萇置酒高會，諸將皆曰：「若值魏武王[101]，不令此賊至今，陛下將牢[102]太過耳。」萇笑曰：「吾不如亡兄有四：身長八尺五寸，臂垂過膝，人望而畏之，一也；將十萬之眾，與天下爭衡[103]，望麾而進[104]，前無橫陳[105]，二也；溫古知今，講論道藝[106]，收羅英雋[107]，三也；董帥[108]大眾，上下咸悅，人盡死力，四也。所以得建立功業、驅策羣賢者[109]，正望[110]筭略中有片長[111]耳。」羣臣咸稱萬歲。

【章　旨】以上為第五段，寫太元十六年（西元三九一年）一年間的大事。主要寫了後燕主慕容垂派將擊破賀蘭部的染干與賀訥；寫了後秦主姚萇與前秦主苻登的反覆爭奪，姚萇破苻登與反覆之將苟曜，以誠接納秦之降將強金槌，並暢論自己與兄姚襄之為人；寫了魏王拓跋珪的大破柔然、劉衛辰，衛辰死，諸部皆降，「國用由是遂饒」；寫了西秦乞伏乾歸的擊破秦將沒弈干，以及東晉王朝內部的矛盾腐敗日益嚴重等等。

【注　釋】❶行臺　朝廷的派出機構，建置與朝廷略同。❷薊　當時幽州的州治所在，即今北京市。❸長樂公盛　即慕容盛，慕容垂之孫，太子慕容寶的嫡子。❹錄行臺尚書事　總管派出朝廷的一切行政事務。❺賀染干　賀蘭部頭領賀訥之弟，居於賀蘭部落的東方。❻二月甲戌　此語疑誤。二月初一是甲辰，該月沒有「甲戌」日。❼雍　縣名，縣治在今陝西寶雞東北。❽范氏堡　軍事據點名，應在當時長安的西北方。❾渭水　發源於甘肅，經今西安北東流入黃河。❿曲牢　村鎮名，據胡注當在杜縣（今陝西西安東南）的東北方。⓫牛都　村落名，當在牛川（今內蒙古呼和浩特西南）一帶。⓬繁川　即樊川，在今西安東南，當時曲牢的北面。⑬馬頭原　確址不詳，約在今西安東南部。⑭慎於輕戰　指不輕率進攻。⑮遙據吾東　遠遠地離開根據地進駐到我們的東方。東，指馬頭原。⑯交之未合　意即尚未完全聯繫好。⑰郿　縣名，縣治在今陝西眉縣東。⑱強金槌　人名，氏族，原是苻登的同族親黨。⑲新平　郡名，郡治在今陝西彬縣。⑳款附　投誠、歸附。㉑六月甲辰　六月初三。㉒赤城　縣名，即今河北赤城。㉓歸訥部落　把賀訥連同其部落一律放回原地。㉔攝之還朝　控制住他，把他調回京師中山（今河北定州）。攝，收束；控制。㉕河南　郡名，郡治即今河南洛陽。當時屬東晉。㉖楊佺期　弘農華陰（今屬陝西）人，時為河南太守，駐兵洛陽。傳見《晉書》卷八十四。㉗七月壬申　七月初二。㉘如　前往。㉙范陽　郡名，郡治即今河北涿州。㉚觚　即拓跋觚，拓跋珪的胞弟。傳見《魏書》卷十五。㉛留觚　將拓跋觚扣留。㉜求好　請求聯盟結好。㉝沒弈干　《晉書》作「沒弈于」，鮮卑族多蘭部落的頭領，當時佔據安陽（今甘肅秦安東北）。㉞大兜　鮮卑部落的頭領。㉟鳴蟬堡　約在今甘肅秦安境內。㊱微服　化裝成平民，穿上平民的衣服。㊲尋　不久。㊳他樓城　在今寧夏固原境內。㊴九月癸未　九月十四。㊵王珣　晉代名臣王導之孫，曾在桓溫手下任主簿，後為左僕射。傳見《晉書》卷六十五。㊶謝琰　晉代名臣謝安之子，淝水之戰中破敵立功，封望秦公。傳見《晉書》卷七十九。㊷范弘之　東晉直臣范汪之孫，守正敢言。傳見《晉書》卷九十一。㊸殷浩　字深源，善談玄，有虛名，曾於永和二年（西元三四六年）統軍北取洛陽，因姚襄倒戈，大敗於山桑（今安徽蒙城北），被桓溫奏廢為庶人。傳見《晉書》卷七十七。㊹宜加贈謚　應追賜殷浩一個謚號，並贈予其家一些東西，以示褒獎。㊺桓溫　字元子，東晉後期的權臣。曾率軍平定西蜀，被封臨賀郡公。後第一次北伐曾收復洛陽，第二次北伐被慕容垂大敗於枋頭。晚年欲圖不軌，未成而死。傳見《晉書》卷九十八。㊻不臣　指圖謀為帝。㊼廢昏立明　廢掉昏庸的皇帝，另立英明的皇帝。指廢了海西公司馬奕另立簡文帝司馬昱。所謂「昏」、「明」，不過是一種口實而已。㊽餘杭　縣名，縣治即今杭州西的餘杭鎮。㊾汪　即范汪，字玄平，東晉直臣，先從庾亮平蘇峻之亂，後為地方官，亦有惠政。傳見《晉書》卷七十五。㊿十月壬辰　此句疑字有誤。十月初一是庚子，本月沒有「壬辰」日。(51)柔然　北方少數民族名，其始祖曰木骨閭，為拓跋猗盧之騎卒。木骨閭子平鹿會，雄健發奮，始有部眾，自號柔然，後魏世祖改其號為蠕蠕。傳至社崙，兇狡有權略，渡漠北，侵高車，併合諸部，統領內外蒙古，立庭於敦煌、張掖之北，自號為豆代可汗。其後敗於後魏，滅於突厥。(52)代　魏主拓跋珪之父什翼犍於晉成帝咸康四年（西元三三八年）建立的國家，都城盛樂（今內蒙古和林格爾），至晉孝武帝太元元年（西元三七六年）被苻堅所滅。(53)大人　猶言「首領」、「酋長」。(54)郁久閭地粟袁　人名，姓郁久閭，名地粟袁。(55)匹候跋　人名。(56)縕紇提　人名。(57)別居西邊　另率部隊居住西方。(58)諸部率　各部落的頭領。(59)戊戌　此句疑字有誤。十月初一是庚子，本月沒有「戊戌」日。(60)因張袞　通過張袞。張袞是拓跋珪的謀臣，此時為左長史，因屢謀善策有功，賜爵臨渭侯。《魏書》卷二十四有傳。(61)副馬　北方民族的騎兵往往乘一馬，另帶一馬備用，故稱此備用之馬為副馬。(62)倍道　猶言「兼程」，一日行兩日的途程。(63)大磧南牀山　大磧以北的南牀山。磧，沒有水草的沙石地。南牀山，《北史》作「南商山」，約在今蒙古人民共和國南部的大漠西北。(64)別部帥屋擊　另一個部落的頭領名叫屋擊。(65)長孫嵩　人名，姓長孫，名嵩。下「長孫肥」同。(66)卿曹　猶言「爾等」。(67)計其道里　計算他們的行程。(68)及之　追上。(69)非所及也　不是我們能想到的。(70)平望川　地址不詳。(71)涿邪山　一作「涿塗山」，在今蒙古人民共和國杭愛山南的滿達勒戈壁一帶。(72)舉眾降　率部投降。(73)曷多汗　與下文之「社崘」、「斛律」都是人名。(74)將奔劉衛辰　當時劉衛辰駐守悅跋城，又稱代來城，在今內蒙古之伊金霍洛旗西北。(75)雲中　郡名，郡治在今內蒙古托克托東北。(76)子釗代立　翟氏父子是丁零族的部落頭領，當時活動在今河北、山東、河南的交界地區，相繼稱王共五年。(77)鄴城　在今河北臨漳西南，是後趙、前燕時代的都城。(78)乘虛　乘乞伏乾歸東出討伐沒弈干，京城空虛之際。(79)十一月己卯　十一月初十。(80)壬午　十一月十三。(81)鐵岐山　地址不詳，大約在今河套東部的內蒙古、山西交界地區。(82)戊子　十一月十九。(83)五原金津南　五原郡金津渡口的南側。五原郡的郡治九原，在今內蒙古包頭西北，金津是黃河的渡口名，約在今內蒙古的包頭與烏拉特前旗之間。(84)徑入衛辰國　一直攻入劉衛辰的佔領區。(85)辛卯　十一月二十二。(86)壬辰　十一月二十三。(87)伊謂　人名。(88)木根山　在今內蒙古鄂托克前旗西北。(89)鹽池　縣名，縣治即今寧夏鹽池縣。(90)皆投尸于河　以報太元元年劉衛辰勾結苻堅滅掉代國的仇恨。(91)勃勃　即歷史上的赫連勃勃，後為夏國國王。《晉書》卷一百三十有傳。(92)薛干部　北方少數民族部落名。(93)太悉伏　人名，薛干部落的頭領。(94)戊申　十二月初十。(95)魯口　地名，在今河北饒陽境。(96)北行　從長安前往陰密（今甘肅華亭東）是往北行。(97)必來見汝　當時苟曜駐兵鄭縣（今陝西華縣），反覆叛順於苻氏與姚氏之間。(98)尹緯　姚興手下的名將，先為長史，後因功封侯。事見《晉書》卷一百十七。(99)讓　斥責，這裡是斥責其反覆之罪。(100)路承堡　路承是人名，以其曾在此築堡自守，故以之為名。具體方位不詳，應距安定不遠。(101)魏武王　指姚萇的哥哥姚襄，姚襄被姚萇追謚為魏武王。(102)將牢　拘謹沉穩，不打沒有絕對把握的仗。(103)爭衡　爭高低。(104)望麾而進　一望見敵方之旗就立即殺過去。麾，大將的指揮旗。(105)前無橫陳　前面無人敢阻擋。陳，同「陣」。敵陣。(106)講論道藝　談說治國之道和儒家的經典。(107)收羅英儁　網羅天下的英才。(108)董帥　即統領。董是監督管理的意思。(109)所以得建立功業句　主語是「我」，姚萇自指。驅策羣賢，猶言「駕御諸公」。(110)正望　正是希望。「正是因為我有……」的客氣說法。(111)筭略中有片長　在運籌帷幄方面有一點點長處。

【校　記】①尚　據章鈺校，十二行本、乙十一行本皆作「文」。②社崙　據章鈺校，孔天胤本作「杜崙」。下同。③太悉伏　原作「太悉仗」。據章鈺校，十二行本、乙十一行本皆作「太悉伏」，張敦仁《通鑑刊本識誤》、張瑛《通鑑校勘記》同，今從改。

【語　譯】十六年（辛卯　西元三九一年）

春季，正月，後燕在薊城設置行臺，加授長樂公慕容盛為總管派出朝廷一切行政事務的錄行臺尚書事。

西秦金城王乞伏乾歸攻擊越質詰歸。越質詰歸向乞伏乾歸請求投降，乞伏乾歸將本家族的一個姑娘嫁給越質詰歸為妻。

賀蘭部落首領賀訥的弟弟賀染干準備謀殺自己的哥哥賀訥，賀訥得知消息以後，便率領自己的部眾攻打賀染干。北魏王拓跋珪將賀蘭部落發生內亂的情況告訴後燕，同時請求為後燕擔任嚮導，討伐賀蘭部落。

二月甲戌日，後燕主慕容垂派遣趙王慕容麟率領後燕軍攻打賀蘭部落首領賀訥，派遣擔任鎮北將軍的蘭汗率領龍城的軍隊攻打賀染干。

三月，秦主苻登從雍城出兵攻打後秦安東將軍金榮所戍守的范氏堡，將范氏堡攻破。於是乘勝渡過渭水，攻打京兆太守韋範所據守的段氏堡，沒有攻克，便轉而進攻曲牢，將曲牢佔領。

夏季，四月，後燕鎮北將軍蘭汗在牛都打敗了賀染干。

後秦豫州刺史苟曜手下擁有一萬人，他祕密派人向秦國投降，並召請秦主苻登，答應為秦軍做內應。秦主苻登於是率軍從曲牢向繁川進發，將軍隊駐紮在馬頭原。五月，後秦主姚萇率領後秦軍迎戰秦主苻登。苻登率軍將後秦軍打敗，斬殺了後秦右將軍吳忠。後秦主姚萇重新組織兵力繼續與秦軍作戰，姚碩德說：「陛下一向謹慎，從不輕率地出戰，每次都希望用計謀取勝。現在作戰失敗，反而向前逼近敵人，這是為什麼？」姚萇解釋說：「秦主苻登採取軍事行動總是很遲緩，又不瞭解對方的虛實。現在他率領部隊輕裝前進，從遙遠的曲牢逕直進駐我們東方的馬頭原，這一定是苟曜那小子與苻登有勾結，如果我們行動遲緩，他們裡應外合的陰謀就可能得逞。所以要在他們沒有聯絡好之前，趕緊向他們發動猛攻，以破壞他們的陰謀。」於是率軍向前與秦軍交戰，大敗秦軍。秦主苻登退往郿縣屯紮。

秦國擔任兗州刺史的強金槌佔據新平郡，投降了後秦，並將自己的兒子強逵送到後秦充當人質。後秦主姚萇率領數百名騎兵進入強金槌的大營。屬下群臣全都勸阻，不讓他去冒險，姚萇說：「強金槌已經離開了秦主苻登，如果再想謀害我，那他將歸附於誰呢？況且強金槌剛來投靠我，我就應該對他推心置腹，以誠相待來結交他，為什麼不相信而亂起疑心呢？」後來那些氐人全都要求殺死姚萇，而強金槌堅決不同意。

六月初三日甲辰，後燕趙王慕容麟在赤城將賀蘭部落首領賀訥打敗，活捉了賀訥，賀蘭部落向後燕投降的有好幾萬人。後燕主慕容垂命令趙王慕容麟把賀訥連同他的部落一律放回原地，而將賀染干遷徙到後燕的都城中山。慕容麟回來之後，對後燕主慕容垂說：「我觀察魏王拓跋珪的舉動，將來一定會成為我們的禍患，不如把他調到朝廷中來，以便於控制他，讓他的弟弟主持魏國的政務。」慕容垂沒有採納慕容麟的意見。

西燕主慕容永率軍劫掠東晉管轄之下的河南郡。東晉河南太守楊佺期將慕容永打敗。

秋季，七月初二日壬申，後燕主慕容垂前往范陽郡視察。

北魏王拓跋珪派遣自己的弟弟拓跋觚向後燕進獻禮物，晉見後燕主慕容垂。後燕主慕容垂已經很衰老，他的子弟們掌權，遂扣留了拓跋觚，向北魏索取好馬。北魏王拓跋珪堅決不給，於是與後燕斷絕交往，派擔任長史的張袞前往長子，向西燕請求聯盟結好。拓跋觚從後燕出逃，想要回到魏國，後燕太子慕容寶發現後趕緊率人追趕，將拓跋觚抓回，慕容垂對待拓跋觚還像從前一樣。

秦主苻登率軍進攻新平郡，後秦主姚萇率軍趕來救援，秦主苻登遂率領秦軍退走。

秦國擔任驃騎將軍的鮮卑族多蘭部落首領沒弈干把自己的二個兒子當做人質送給西秦金城王乞伏乾歸，請求乞伏乾歸出兵共同攻打鮮卑部落首領大兜。乞伏乾歸與沒弈干共同攻打大兜所據守的鳴蟬堡，將鳴蟬堡攻佔。鮮卑部落首領大兜換上平民的衣服逃走，乞伏乾歸接管了大兜的部眾，然後返回金城，並將沒弈干送來充當人質的兩個兒子送回。不久，沒弈干就背叛了乞伏乾歸，他向東聯合佔據著朔方郡的匈奴部落首領劉衛辰。八月，西秦金城王乞伏乾歸率領一萬名騎兵討伐沒弈干。沒弈干抵擋不住乞伏乾歸的進攻，於是逃往他樓城，乞伏乾歸向他射去一箭，正好射中了沒弈干的眼睛。

九月十四日癸未，東晉任命擔任尚書右僕射的王珣為左僕射，任命擔任太子詹事的謝琰為右僕射。擔任太學博士的范弘之議論起殷浩的功勞，認為應該追贈殷浩一個諡號，並藉此機會揭露桓溫生前圖謀為帝的種種跡象。當時，桓氏家族的勢力還很強盛。王珣，是桓溫的故吏，他認為桓溫在世時廢掉了昏庸的君主而擁戴聖明的君主，具有忠貞的節操，於是罷免了范弘之太學博士的官職，讓他去做餘杭縣令。范弘之，是范汪的孫子。

冬季，十月壬辰日，後燕主慕容垂從范陽郡返回都城中山。

當初，柔然部落世代都臣服於代國。柔然部落首領郁久閭地粟袁去世，其部落遂分裂成為東西二部：郁久閭地粟袁的長子郁久閭匹候跋繼承了父親的地位，居住在東部，郁久閭地粟袁的二兒子郁久閭縕紇提另率部眾居住在西部。秦王苻堅滅掉了代國，柔然部落遂依附於佔據朔方的匈奴部落首領劉衛辰。

等到北魏王拓跋珪即位，率軍攻打高車部落，西域各部落頭領大多都服從了魏國，只有柔然不肯臣服。戊戌日，北魏王拓跋珪率領魏軍攻打柔然。柔然部落全部向北逃走，拓跋珪追趕了六百里。拓跋珪手下諸將通過左長史張袞向魏王拓跋珪建議說：「柔然人已經逃得很遠，我們大軍的糧草也吃光了，不如早點撤回。」拓跋珪向諸將詢問說：「如果殺掉軍中備用的馬匹，靠馬肉維持三天，夠不夠？」諸將都說：「夠。」於是又倍道兼程，繼續追擊，一直追到大漠以北的南牀山下，終於追上了逃亡的柔然人，拓跋珪在此大敗柔然，俘虜了柔然部落的一半人口。郁久閭地粟袁的長子、柔然東部首領郁久閭匹候跋以及另一支柔然部落首領屋擊各自招集起殘餘的部眾繼續逃走。魏王拓跋珪派遣長孫嵩、長孫肥率領人馬繼續追擊。拓跋珪對諸將說：「你們知道我在此之前向你們詢問殺掉副馬充當三日糧的用意嗎？」諸將都回答說：「不知道。」拓跋珪說：「柔然人驅趕著牲畜，帶著全部家產，已經奔走了好幾天，他們看到有水草的地方，肯定會停留下來；我們率領輕騎兵隨後追趕，計算行程，用不了三天就能追上他們。」諸將都說：「這些不是我們所能想到的！」長孫嵩率軍追擊柔然別部率屋擊，一直追到平望川才將屋擊追上，長孫嵩殺死了屋擊。長孫肥率軍追擊郁久閭匹候跋，一直追到涿邪山，郁久閭匹候跋遂率眾投降，長孫肥活捉了郁久閭縕紇提的兒子郁久閭曷多汗、姪子郁久閭社崙、郁久閭斛律等宗室、黨羽數百人。郁久閭縕紇提想要投奔匈奴部落首領劉衛辰，魏王拓跋珪率軍將他追上，郁久閭縕紇提於是向魏王拓跋珪投降，魏王拓跋珪把柔然部落全部遷徙到雲中郡安置。

丁零部落首領、自稱魏天王的翟遼去世，他的兒子翟釗繼位，改年號為定鼎。翟釗率眾攻打後燕所佔據的鄴城，被後燕遼西王慕容農打退。

後涼三河王呂光趁西秦金城王乞伏乾歸出兵討伐秦國驃騎將軍沒弈干，京城兵力空虛的機會，出兵攻打金城王乞伏乾歸。金城王乞伏乾歸得到消息，立即率軍趕回，呂光的人馬隨即撤走。

佔據朔方郡的匈奴部落首領劉衛辰派遣自己的兒子劉直力鞮率領八、九萬人馬攻打北魏國的南部地區。十一月初十日己卯，北魏王拓跋珪率領五、六千人抵抗。十三日壬午，在鐵岐山南麓大敗劉衛辰的兒子劉直力鞮。劉直力鞮單人匹馬逃走，拓跋珪乘勝追擊。十九日戊子，從五原郡的金津渡口南側渡過黃河，逕直進入劉衛辰的轄區，劉衛辰部落立即陷入驚駭慌亂之中。二十二日辛卯，北魏王拓跋珪率軍直抵劉衛辰所居住的悅跋城，劉衛辰父子倉惶出逃。二十三日壬辰，拓跋珪派遣諸將率領輕騎兵分頭進行追擊，拓跋珪的部將伊謂在木根山活捉了劉衛辰的兒子劉直力鞮，劉衛辰也被自己的部下殺死。十二月，北魏王拓跋珪率軍駐紮在鹽池縣，他誅殺了劉衛辰的族人及其黨羽五千多人，並把他們的屍體全部投入黃河。黃河以南各部落全部投降了北魏，北魏繳獲了三十多萬匹馬，四百多萬頭牛、羊，北魏的財力遂逐漸富裕起來。

匈奴部落首領劉衛辰的小兒子劉勃勃投奔了薛干部落，北魏王拓跋珪派人向薛干部落索要劉勃勃。薛干部落首領太悉伏把劉勃勃帶出來讓拓跋珪的使者看，並對使者說：「劉勃勃已經國破家亡，在走投無路的情況下來投奔我。我寧可跟隨他一起逃亡，怎麼能忍心把他逮捕送給魏國呢？」於是把劉勃勃送往秦國驃騎將軍沒弈干那裡。沒弈干把自己的女兒嫁給劉勃勃為妻。

十二月初十日戊申，後燕主慕容垂前往魯口視察。

秦主苻登率領秦軍攻打後秦所佔據的安定，後秦主姚萇率軍趕往陰密以抵抗秦軍的進攻，姚萇對太子姚興說：「叛變的豫州刺史苟曜聽到我率軍前往北方的陰密，一定會前來見你，你要趁機逮捕他，將他處死。」苟曜果然到後秦的都城長安來晉見後秦太子姚興，姚興派手下的尹緯斥責苟曜反覆無常的罪狀後，將苟曜殺死。

後秦主姚萇在安定城東打敗了秦主苻登，苻登率領秦軍退往路承堡據守。姚萇大擺酒宴招待諸將，諸將都說：「如果遇上魏武王姚襄，絕不會令苻登這個盜賊猖狂到今天，陛下未免有些過於拘謹小心。」姚萇笑著說：「我有四個方面比不上已經過世的哥哥：第一，我哥哥身長八尺五寸，胳膊很長，下垂時超過膝蓋，人們看見他，自然而然地產生一種敬畏；第二，我哥哥率領十萬兵馬，與天下的英雄豪傑在戰場上爭奪勝負，屬下的將士們望見敵方的軍旗就奮勇拼殺過去，沒有人能夠阻擋；第三，我哥哥通曉歷史、明白現時，能夠講論治國之道和儒家經典，網羅天下的英才；第四，我哥哥統領大軍，能使全軍上下心情歡悅，人人都願意拼死為他效力。而我所以能夠建立功業、駕御諸公，只是因為在運籌帷幄方面有一點長處而已。」群臣全都高呼萬歲。

【研　析】本卷寫孝武帝太元十二年（西元三八七年）至太元十六年共五年間的各國大事。其中寫了晉朝名將謝玄的死，寫了北方少數民族的慕容垂政權與姚萇政權的相對壯大與穩定，此外還有一些更小的局部地區的割據勢力如乞伏乾歸、呂光等也形成了一定氣候，而北方的拓跋珪則應被看成是一隻毛色初具、爪牙正在日益鋒利起來的小老虎。在這些人物中，我們還是首先結合著謝玄的死來議論一下謝玄。

謝玄出現在《晉書》裡，應該說是一個比較平淡的人物，在他出場前並沒有給他預先做過多少鋪墊，埋下多少伏筆，甚至連晉朝人最善於使用的編造預言的手法也沒有給謝玄用上一回，說他早在年幼的時候就表現過什麼不學自通的軍事謀略等等。淝水之戰只是曇花一現，而且敘事簡略，沒有什麼深思熟慮的運籌帷幄，也沒有什麼驚心動魄的戰場搏殺，因而不能給讀者留下深刻的印象。甚至讀者還可以向講歷史的人發問：謝玄能算一個軍事家麼？他有怎樣的軍事思想？運用過什麼樣的軍事謀略與戰略戰術？苻堅的失敗能夠說是出於謝玄的天才運籌麼？是事實本來就這麼簡單，就這麼偶然，還是歷史家沒有把真正深層的、內幕的東西提示充分？總之，苻堅失敗的主客觀原因讀者很清楚，但晉王朝是怎麼勝利的讀者不清楚。對於謝安，《世說新語》和《晉書》中還都有一些相關的故意做作的描寫；而對於謝玄，竟完全沒有任何思想、心理上的相關提示。

錢穆的《國史大綱》中有一段文字說：「兵卒在當時的社會上變成一種特殊卑下的身分，固與貴族時代兵隊即是貴族者有異，亦與西漢定制凡國家公民皆需服兵役者不同。軍人的地位只與奴隸、罪犯相等，從軍只是當苦役。國家的軍隊實質上亦如私門的部曲與僮客。他們沒有公民的地位，政府亦常常將他們賜與私家，私家亦公然佔公家兵戶為己有。軍人的地位如此，如何可以為國宣勞，擔負光復中原的責任？」接著又說：「直待謝玄鎮廣陵，創為招募，號為『北府兵』，兵人地位始見提高，遂建功淝水奇跡。東晉王位拱手而讓於此系軍人之手。北府兵強，權重始歸朝廷，中原南徙之眾，本多磊落英多之士，謝玄擇將簡兵，六年而有淝水之捷，實非幸事。苻堅軍隊亦係簽兵雜湊，宜乎雖多而不能與晉為敵。」這應該是重要的一項。另外就是這時的丞相謝安與荊州的大將桓沖出現一種和睦的局面，主動者不是謝安，而是講大局的桓沖。是桓沖主動地在西線出兵策應了東線的謝玄等人。

淝水之戰的勝利如此之大，它對晉王朝整個朝野的震動，對於整個北方地區的震動都應該是巨大的，但究竟有何具體表現，相關的歷史書也缺乏應有的、帶有感情的展示。謝安在當時曾上奏朝廷，請求派謝玄率軍北上，「經略舊都」；謝玄也的確進軍彭城，進伐青州，進伐冀州，又攻取了滑臺、黎陽，並想「令豫州刺史朱序鎮梁國，玄住彭城，北固河上，西援洛陽，內藩朝廷」。但一窩腐敗難扶的東晉朝廷竟「以征役既久，宜置戍而還，使玄還鎮淮陰，序壽陽」。於是遂收兵而回了。可見，想要有所作為的是謝安、謝玄，而不想有任何作為的是東晉朝廷，是布滿朝野一群養尊處優、得過且過的腐朽勢力。謝安、謝玄是頂著巨大的來自東晉朝野的壓力與苻堅作戰，戰敗了，他們自然有罪；戰勝了，也依然難得安寧。謝安於淝水戰後的第二年病死，謝玄也很快地因病離開了前線，第五年去世。《晉書》本傳說他：「康樂才兼文武，志存匡濟，淮肥之役，勍寇望之而土崩；猧頡之師，中州應之而席捲。方欲西平鞏洛，北定幽燕，廟算有遺，良圖不果，降齡何促，功敗垂成，拊其遺文，經綸遠矣。」

本卷中最生動的人物是姚萇。淝水之戰後，苻堅在北方的統治崩潰，風起於冀州、幽州一帶的是鮮卑的慕容垂，崛起於關中地區的是羌族的姚萇。有關慕容垂的活動，前兩卷筆墨較多；而本卷涉筆較多的則是姚萇。姚萇乘苻堅淝水之敗，對苻堅反戈相擊；又乘苻堅被慕容沖打敗於長安之際，將苻堅擒獲於五將山，殺之於新平佛寺。其後則與苻堅政權的繼任者苻登反覆爭奪於陝甘交界的一帶地區。苻登作戰勇敢，屢破姚萇；而姚萇則詭計多端，頗有些像是劉邦對付項羽一樣地日積月累，勝算居多。當姚萇與苻登相持於安定郡，秦將魏褐飛率眾進攻姚萇都城長安東北的杏城，姚萇的部將雷惡地叛變，舉李潤堡以應和魏褐飛。姚萇命部將姚當成據守營地，自己率軍往救杏城、李潤。群臣都說：「陛下不憂六十里苻登，乃憂六百里魏褐飛，何也？」姚萇說：「登非可猝滅，吾城亦非登所能猝拔。惡地智略非常，若南引褐飛，東結董成，得杏城、李潤而據之，長安東北非吾有也。」於是他暗暗地率領精兵一千六百奔赴之。魏褐飛、雷惡地有眾數萬，氐、胡赴之者首尾不絕。萇每見一軍至，輒喜。群臣怪而問之，姚萇說：「褐飛等扇誘同惡，種類甚繁，吾雖克其魁帥，餘黨未易猝平。今烏集而至，吾乘勝取之，可一舉無餘也。」魏褐飛見後秦兵少，悉眾攻之。姚萇固壘不戰，示之以弱，暗中遣其子姚崇帥騎數百出其後。魏褐飛的士兵驚擾，姚萇遂遣鎮遠將軍王超等縱兵擊之，斬魏褐飛及其將士萬餘級。雷惡地請降，萇待之如初。雷惡地謂人曰：「吾自謂智勇傑出一時，而每遇姚翁輒困，固其分也！」姚萇還學著劉邦的樣子，對他自己和他死去的哥哥姚襄作過一段精彩的評論。「萇敗登於安定城東，登退據路承堡。萇置酒高會，諸將皆曰：『若值魏武王（指姚襄），不令此賊至今，陛下將牢（老成持重）太過耳。』萇笑曰：『吾不如亡兄有四：身長八尺五寸、臂垂過膝，人望而畏之，一也；將十萬之眾，與天下爭衡，望麾而進，前無橫陳，二也；溫古知今，講論道藝，收羅英儁，三也；董帥大眾，上下咸悅，人盡死力，四也。所以得建立功業、驅策羣賢者，正望筭略中有片長耳。』羣臣咸稱萬歲。」姚萇以擅長謀略自居，的確不是虛誇。

不過姚萇也有非常荒唐可笑的地方。當苻堅死後，苻堅的威名還震鑠一時。苻堅的兒子苻丕死後，苻堅的族子苻登繼位為帝時，他為提高自己的威名，就學著文王死後，武王載文王木主以伐殷紂的樣子，他也做了一個苻堅的神主「立於軍中，載以輜軿，建黃旗青蓋，以虎賁三百人衛之。凡所欲為，必啓主而後行。引兵五萬，東擊後秦，將士皆刻鉾、鎧為『死』、『休』字。每戰以劍矟為方圓大陣，知有厚薄，從中分配。故人自為戰，所向無前。」姚萇見到秦軍這種屢戰屢勝的樣子，「謂得秦王堅之神助，亦於軍中立堅像而禱之曰：『臣兄襄敕臣復讎。新平之禍，臣行襄之命，非臣罪也。苻登，陛下疏屬，猶欲復讎，況臣敢忘其兄乎！且陛下命臣以龍驤建業，臣敢違之！今為陛下立像，陛下勿追計臣過也。』秦主登升樓，遙謂萇曰：『為臣弒君，而立像求福，庸有益乎？』因大呼曰：『弒君賊姚萇何不自出？吾與汝決之！』萇不應。久之，以戰未有利，軍中每夜數驚，乃斬像首以送秦。」親手將苻堅殺死，又「掘秦主堅尸，鞭撻無數，剝衣倮形，薦之以棘，坎土而埋之」，仇恨如此，掉頭來又立像祈求人家的保佑，世界上有如此滑稽的事麼？祈求無效，又發狠割下木像的頭加以侮辱，簡直又是白痴，是瘋子！

卷第一百八

晉紀三十

起玄黓執徐（壬辰　西元三九二年），盡柔兆涒灘（丙申　西元三九六年），凡五年。

【題解】本卷寫孝武帝太元十七年（西元三九二年）至二十一年共五年間的東晉與各國的大事。主要寫了慕容垂數道出兵討伐慕容永，大破西燕軍，圍慕容永於長子，慕容永求救於東晉與北魏，救兵未及至，燕人遂破長子，殺慕容永與其諸大將，西燕遂滅；寫了慕容垂又命慕容農等進軍齊、魯諸郡，遍置守宰，齊、魯大地盡入於燕；寫了魏王拓跋珪叛燕，燕太子慕容寶率大軍伐魏，由於慕容麟的輕敵，被拓跋珪大破於參合陂，降者數萬，盡被拓跋珪所阬；寫了慕容垂率大軍伐魏，慕容農、慕容隆為前鋒，大破魏軍於平城，拓跋虔敗死，魏人大怖，引回陰山；寫了慕容垂過參合陂見骸骨如山，大慚而病，死於回軍的路上，慕容寶繼位，後燕政權出現重重矛盾，敗形已顯；寫了魏王拓跋珪即皇帝位，大舉進攻晉陽，守將慕容農迎戰失敗，部將慕輿嵩叛變，魏人遂佔據并州；繼而拓跋珪出井陘道進攻常山，除中山、鄴城、信都三城據守，慕容德破魏軍於鄴城外，其他郡縣皆紛紛降魏；此外還寫了魏將長孫肥破柔然，殺其頭領曷多汗，餘部走度漠北；寫了姚萇臥病於安定，苻登趁機率兵攻之，姚萇運用智謀將其嚇走；秦將竇衝叛秦獨立，求救於姚萇，萇使姚興為竇衝解圍，大獲而歸；寫了姚萇臨終以姚旻、尹緯、姚晃等為輔政大臣，囑太子姚興以「撫骨肉以恩，接大臣以禮，待物以信，遇民以仁」；寫了後秦主姚興破秦主苻登於廢橋，又進破苻登於馬毛山，俘殺苻登；苻登子投楊定，乞伏乾歸破殺楊定與苻崇，前秦遂滅；寫了晉王朝司馬道子奢侈腐化，與王國寶、王緒等結黨專權，以致與其兄孝武帝、藩鎮勢力王恭等產生尖銳矛盾；寫了桓玄的勢力逐漸膨脹，孝武帝為防備桓玄而起用另一派貴族官僚如殷仲堪等，從而造成晉王朝不同派系的嚴重對立；寫了晉孝武帝沉迷酒色，因戲言被張貴人所弒，呆傻的太子司馬德宗即皇帝位，連日常生活起居都得靠其弟司馬德文照應；寫了後秦主姚興與涼州的呂光政權、西秦主乞伏乾歸的相互攻戰，以及湟中地區禿髮烏孤勢力的興盛等等。

烈宗孝武皇帝下[1]

太元十七年（壬辰　西元三九二年）

春，正月己巳朔❶，大赦。

秦主登立昭儀❷隴西李氏為皇后。

二月壬寅❸，燕主垂自魯口如河間❹、渤海❺、平原❻。翟釗遣其將翟都侵館陶❼，屯蘇康壘。三月，垂引兵南擊釗。

秦驃騎將軍沒奕干帥眾降于後秦，後秦以為車騎將軍，封高平公。

後秦主萇寢疾❽，命姚碩德❾鎮李潤❿，尹緯守長安，召太子興詣行營⓫。征南將軍姚方成⓬言於興曰：「今寇敵未滅，上復寢疾。王統⓭等皆有部曲⓮，終為人患，宜盡除之。」興從之，殺王統、王廣⑮、苻胤、徐成、毛盛。萇怒曰：「王統兄弟，吾之州里⑯，實無他志。徐成等皆前朝⑰名將，吾方用之，奈何輒殺之⑱？」燕主垂進逼蘇康壘。夏，四月，翟都南走滑臺⑲。翟釗求救於西燕，西燕主永謀於羣臣，尚書郎渤海鮑遵曰：「使兩寇相弊，吾承其後，此卞莊子之策⑳也。」中書侍郎太原張騰曰：「垂彊釗弱，何弊之承？不如速救之，以成鼎足之勢。今我引兵趨中山，晝多疑兵，夜多火炬，垂必懼而自救。我衝其前，釗躡其後，此天授之機，不可失也。」永不從。

燕大赦。

五月丁卯朔㉑，日有食之。

六月，燕主垂軍黎陽，臨河欲濟，翟釗列兵南岸以拒之。辛亥㉒，垂徙營就西津㉓，去黎陽西四十里，為牛皮船百餘艘，偽列兵仗，泝流㉔而上。釗亟引兵趣西津㉕。垂潛遣中壘將軍桂林王鎮㉖等自黎陽津夜濟，營于河南，比明㉗而營成。釗聞之，亟還，攻鎮等營。垂命鎮等堅壁勿戰。釗兵往來疲喝㉘，攻營不能拔，將引去；鎮等引兵出戰，驃騎將軍農自西津濟，與鎮等夾擊，大破之。釗走還滑臺，將妻子，收遺眾，北濟河，登白鹿山㉙，憑險自守，燕兵不得進。農曰：「釗無糧，不能久居山中。」乃引兵還，留騎候㉚之。釗果下山；還兵掩擊㉛，盡獲其眾，釗單騎奔長子㉜。西燕主永以釗為車騎大將軍、兗州牧，封東郡王。歲餘，釗謀反，永殺之。

初，郝晷、崔逞及清河崔宏、新興張卓、遼東夔騰、陽平路纂皆仕於秦，避秦亂㉝來奔，詔以為冀州諸郡㉞，各將部曲營於河南㉟；既而受翟氏官爵，翟氏敗，皆降於燕，燕主垂各隨其材而用之。釗所統七郡三萬餘戶，皆按堵如故㊱。以章武王宙㊲為兗、豫二州刺史，鎮滑臺；徙徐州民七千餘戶于黎陽，以彭城王脫㊳為徐州刺史，鎮黎陽。脫，垂之弟子也。垂以崔蔭為宙司馬。

初，陳留王紹為鎮南將軍，太原王楷為征西將軍，樂浪王溫為征東將軍，垂皆以蔭為之佐㊴。蔭才幹明敏強正，善規諫，四王皆嚴憚㊵之。所[2]至簡刑法，輕賦役，流民歸之，戶口滋息㊶。

秋，七月，垂如鄴，以太原王楷為冀州牧，右光祿大夫餘蔚為左僕射。

秦主登聞後秦主萇疾病，大喜，告祠㊷世祖神主㊸，大赦，百官進位二等，秣馬厲兵㊹，進逼安定，去城㊺九十餘里。八月，萇疾小瘳㊻，出兵[3]拒之。登引兵出營，將逆戰，萇遣安南將軍姚熙隆別攻秦營㊼，登懼而還。萇夜引兵旁出以躡其後。旦而候騎48告曰：「賊諸營已空，不知所向。」登驚曰：「彼為何人，去令我不知，來令我不覺；謂其將死，忽然復來。朕與此羌同世，何其厄哉49！」登遂還雍，萇亦還安定。

三河王光遣其弟右將軍寶等攻金城王乾歸，寶及將士死者萬餘人。又遣其子虎賁中郎將纂擊南羌彭奚念50，纂亦敗歸。光自將擊奚念於枹罕51，克之。奚念奔甘松52。

冬，十月辛亥53，荊州刺史王忱卒。◯雍州刺史朱序以老病求解職；詔以太子右衛率郗恢54為雍州刺史，代序鎮襄陽。恢，曇之子也。

巴蜀人在關中者皆叛後秦，據弘農55以附秦。秦主登以竇衝為左丞相，衝徙屯華陰56。郗恢遣將軍趙睦守金墉57，河南太守楊佺期帥眾軍湖城58，擊衝，走之。

十一月癸酉59，以黃門郎殷仲堪為都督荊・益・寧三州諸軍事、荊州刺史，鎮江陵。仲堪雖有英譽，資望60猶淺，議者不以為允61。到官，好行小惠，綱目不舉62。

南郡公桓玄63負其才地64，以雄豪自處，朝廷疑而不用；年二十三，始拜太子洗馬65。玄嘗詣琅邪王道子，值其酣醉，張目謂眾客曰：「桓溫晚塗欲作賊66，云何[67]？」玄伏地流汗[68]，不能起。由是益不自安，常切齒於道子。後出補義興[69]太守，鬱鬱不得志，歎曰：「父為九州伯[70]，兒為五湖長[71]！」遂棄官歸國[72]，上疏自訟[73]曰：「先臣[74]勤王匡復之勳[75]，朝廷遺之，臣不復計。至於先帝龍飛[76]，陛下繼明[77]，請問談者，誰之由[78]邪？」疏寢不報[79]。

玄在江陵，仲堪甚敬憚之。桓氏累世臨荊州[80]，玄復豪橫，士民畏之，過於仲堪。嘗於仲堪聽事[81]前戲馬，以矟擬仲堪[82]。仲堪中兵參軍[83]彭城劉邁謂玄曰：「馬矟有餘[84]，精理不足[85]。」玄不悅，仲堪為之失色。玄出，仲堪謂邁曰：「卿，狂人也！玄夜遣殺卿，我豈能相救邪？」使邁下都[86]避之。玄使人追之，邁僅而獲免。

征虜參軍[87]豫章胡藩過江陵，見仲堪，說之曰：「桓玄志趣不常[88]，每怏怏於失職；節下崇待太過[89]，恐非將來之計[90]也！」仲堪不悅。藩內弟同郡[4]羅企生為仲堪功曹[91]，藩退，謂企生曰：「殷侯[92]倒戈以授人，必及於禍。君不早圖去就，後悔無及矣！」

庚寅[93]，立皇子德文為琅邪王，徙琅邪王道子為會稽王。

十二月，燕主垂還中山，以遼西王農為都督兗、豫、荊、徐、雍五州諸軍事，鎮鄴。

休官權千成[94]據顯親[95]，自稱秦州牧。

清河[96]人李遼上表請敕兗州[97]修孔子廟[5]，給戶灑掃[98]，仍立庠序[99]，收教學者。曰：「事有如賒而寔急[100]者，此之謂也！」表不見省[101]。

十八年（癸巳　西元三九三年）

春，正月，燕陽平孝王柔[102]卒。

權千成為秦所逼，請降於金城王乾歸。乾歸以為東秦州刺史、休官大都統、顯親公。

夏，四月庚子[103]，燕王垂加太子寶大單于，以安定王庫傉官偉[104]為太尉，范陽王德為司徒，太原王楷為司空，陳留王紹為尚書右僕射。五月，立子熙為河間王，朗為渤海王，鑒為博陵王。

秦右丞相竇衝矜才尚人[105]，自請封天水王；秦王登不許。六月，衝自稱秦王，改元元光。

金城王乾歸立其子熾磐為太子。熾磐勇略明決，過於其父。

秋，七月，秦王登攻竇衝於野人堡[106]。衝求救於後秦。尹緯言於後秦主萇曰：

「太子仁厚之稱，著於遠近，而英略未著，請使擊苻登以著之。」萇從之。太子興將兵攻胡空堡[107]，登解衡圍以赴之；興因襲平涼[108]，大獲而歸。萇使興還鎮長安。

魏王珪以薛干太悉伏[109]不送劉勃勃，八月，襲其城，屠之。太悉伏奔秦[110]。氐帥楊佛嵩[111]叛奔後秦，楊佺期、趙睦追之，九月丙戌[112]，敗佛嵩於潼關。後秦將姚崇[113]救佛嵩，敗晉兵，趙睦死。

冬，十月，後秦主萇疾甚，還長安。

燕主垂議伐西燕，諸將皆曰：「永未有釁，我連年征討，士卒疲弊，未可也。」范陽王德曰：「永既國之枝葉[114]，又僭舉位號[115]，惑民視聽，宜先除之，以壹民心。士卒雖疲，庸得已乎[116]？」垂曰：「司徒意正與吾同。吾比老[117]，叩囊底智[118]足以取之，終不復留此賊以累子孫也。」遂戒嚴。

十一月，垂發中山步騎七萬，遣鎮西將軍、丹楊王瓚[119]、龍驤將軍張崇出井陘[120]，攻西燕武鄉公友[121]于晉陽[122]；征東將軍平規攻鎮東將軍段平于沙亭[123]。西燕主永遣其尚書令刁雲、車騎將軍慕容鍾帥眾五萬守潞川[124]。友，永之弟也。十二月，垂至鄴[125]。

己亥[126]，後秦主萇召太尉姚旻、僕射尹緯、姚晃、將軍姚大目、尚書狄伯支入禁中，受遺詔輔政。萇謂太子興曰：「有毀[127]此諸公者，慎勿受之。汝撫[128]骨肉以恩，接大臣以禮，待物[129]以信，遇民[130]以仁，四者不失，吾無憂矣。」姚晃垂涕問取苻登之策，萇曰：「今大業垂成[131]，興才智足辦[132]，奚所復問[133]？」庚子[134]，萇卒。興祕不發喪，以其叔父緒鎮安定，碩德鎮陰密，弟崇守長安。

或謂碩德曰：「公威名素重，部曲最彊，今易世[135]之際，必為朝廷所疑。不如且奔秦州[136]，觀望事勢。」碩德曰：「太子志度寬明，必無他慮。今苻登未滅而骨肉相攻，是自亡也。吾有死而已，終不為也。」遂往見興，興優禮而遣之。

興自稱大將軍，以尹緯為長史，狄伯支為司馬，帥眾伐秦。

【章　旨】以上為第一段，寫太元十七年（西元三九二年）、十八年共兩年間的大事。主要寫了慕容垂破翟釗於黎陽，翟釗敗投慕容永，後又謀反，被慕容永所殺；翟釗部下之前秦降將，過去一度降於東晉者，今皆轉降於燕，慕容垂皆隨才而用之；寫了慕容垂數道出兵討伐慕容永，西燕的末日即將到來；寫了姚萇臥病於安定，苻登趁機率兵攻之，姚萇運用智謀將其嚇走；秦將竇衝叛秦獨立，苻登討之，竇衝求救於姚萇，萇使姚興襲平涼，為竇衝解圍，並大獲而歸；寫了姚萇臨終以姚旻、尹緯、姚晃、姚大目、狄伯支為輔政大臣，囑太子姚興以「撫骨肉以恩，接大臣以禮，待物以信，遇民以仁」；寫了東晉的殷仲堪為荊州刺史，好行小惠，綱目不舉；桓玄辭官居南郡，自恃才地，欺陵殷仲堪，殷仲堪畏懼不敢惹，識者知其日後的下場不妙；此外還寫了涼州的呂光與金城乞伏乾歸間的一些鬥爭等等。

【注釋】❶正月己巳朔　正月初一是己巳日。❷昭儀　帝王后妃的封號名，其地位僅次於皇后。❸二月壬寅　二月初五。❹河間　郡名，郡治東城（今河北獻縣東南）。❺渤海　郡名，郡治在今河北滄州南。❻平原　郡名，郡治在今山東平原縣南。❼館陶　縣名，即今河北館陶。❽寢疾　猶言「臥病」。❾姚碩德　姚萇之弟，後秦的主要將領之一。事見《晉書》卷一百十六、一百十七。❿李潤　也稱李潤堡、李潤鎮，在今陝西大荔北。⓫行營　當時姚萇的行營在安定（今甘肅涇川縣北）。⓬姚方成　姚萇初叛苻堅時最早的追隨者之一。事見《晉書》卷一百十六。⓭王統　原為苻堅的秦州刺史，苻堅敗死後投降姚萇。事見《晉書》卷一百十六。⓮部曲　這裡即指其部下的軍隊。⓯王廣　王統之弟，與苻胤、徐成、毛盛都是苻堅的舊臣，後歸依姚萇。⓰州里　這裡即指同鄉。州、里，都是古代基層的居民編制名。⓱前朝　指苻氏的前秦。⓲奈何輒殺之　怎麼能說殺就殺了。胡三省曰：「使萇果以殺統等為非罪，當按誅始造謀者；但怒而已，豈真怒邪？」⓳滑臺　地名，在今河南滑縣東，當時是翟氏政權的所在地。⓴卞莊子之策　卞莊子是春秋時的勇士。據說他曾遇到兩隻虎，他巧妙地挑動兩隻虎互相搏鬥，待其雙雙疲憊時，卞莊子才一舉將牠們殺死。事見《論語·憲問》。㉑五月丁卯朔　五月初一是丁卯日。㉒辛亥　六月十六。㉓西津　黃河渡口名，在黎陽（今河南浚縣東）之西四十里。㉔泝流　逆水。㉕趣西津　引兵奔向西津。趣，同「趨」。奔向。㉖桂林王鎮　即慕容鎮，慕容垂之子，被封為桂林王。㉗比明　到天亮時。比，及；至。㉘疲暍　疲憊、中暑。㉙白鹿山　山名，在今河南修武北。㉚候　偵察；哨探。㉛還兵掩擊　這句話的主語是慕容農。㉜長子　縣名，在今山西長治南，當時為慕容永的大本營所在地。㉝秦亂　指苻堅被姚萇所殺，前秦政權混亂。㉞詔以為冀州諸郡　這句話的主語為晉孝武帝，意即授之為冀州各郡的長官。按，此不過空名而已，因為當時冀州是在慕容垂的統治下，東晉根本無法管轄。㉟營於河南　駐紮在黃河南面。㊱按堵如故　猶言「各就各位，一切照常」。按堵，也作「安堵」，義同。按，此處所言「按堵如故」的「七郡三萬餘戶」，應該是原本散布於七郡之中的丁零族人。㊲章武王宙　即慕容宙，慕容垂之姪，被封為章武王。㊳彭城王脫　即慕容脫，亦慕容垂之姪，被封為彭城王。㊴佐　助手，即指司馬、長史等高級僚屬。㊵嚴憚　敬畏。㊶戶口滋息　人口越來越多。滋息，繁殖；增加。㊷告祠　祭祀、稟告。㊸世祖神主　苻堅的靈牌。世祖，苻堅的廟號。㊹秣馬厲兵　餵馬，磨刀。㊺去城　距離安定城。㊻小瘳　略好一些。㊼別攻秦營　從另一個方面進攻苻登軍隊的大營。㊽候騎　探馬；偵察騎兵。「候騎」，上應增「登」字讀，否則意思不清。㊾何其厄哉　這是多麼倒楣的事情。厄，猶今之所謂「倒楣」，運氣不好。胡三省曰：「苻登屢為姚萇所挫，故有懼萇之心，蓋至於是，登氣衰矣。」(50)南羌彭奚念　南羌指當時居住在金城（今甘肅蘭州）以南的少數民族部落。彭奚念是人名。(51)枹罕　縣名，在今甘肅臨夏東北，當時為興晉郡的郡治。(52)甘松　郡名，轄境大約在今甘肅之宕昌、武都一帶地區。(53)十月辛亥　十月十八。(54)郗恢　東晉名臣郗鑒之孫，郗曇之子。傳見《晉書》卷六十七。(55)弘農　郡名，郡治在今河南靈寶北。(56)華陰　縣名，縣治在今陝西華陰東。(57)金墉　洛陽城內的小城名，在當時洛陽城的西北角。(58)軍湖城　駐紮在湖縣縣城。湖縣的縣治在今河南靈寶西。(59)十一月癸酉　十一月初十。(60)資望　資歷、名望。(61)允　合適；恰當。(62)綱目不舉　主要問題抓不起來。(63)桓玄　桓溫之子，嗣其父爵為南郡公，東晉末期的大奸臣。傳見《晉書》卷九十九。(64)才地　才幹、門第。(65)太子洗馬　官名，原為太子的侍從人員，出行時為先驅，後改為替太子掌管圖籍。(66)晚塗欲作賊　指桓溫晚年欲圖謀篡位稱帝的事情。(67)云何　是怎麼回事。(68)伏地流汗　魏晉人講究虛偽的「孝道」，如果聽見有人提到自己父祖的名字，則立即變色痛哭。今司馬道子不僅直呼桓玄之父的名字，且直言斥責其欲為叛逆，故桓玄驚畏如此。(69)義興　郡名，郡治即今江蘇宜興。(70)九州伯　統領整個天下的諸侯之長。桓溫在世時曾任大司馬、都督中外諸軍事之職，權勢除傀儡皇帝外，其高無上。(71)五湖長　指在今宜興一帶當個地方長官。宜興地處太湖之濱，太湖又是常說的「五湖」之一，故桓玄如此說。(72)歸國　指回到自己的世襲封地南郡。南郡的郡治在今湖北江陵西。(73)自訟　為自己申辯委屈。(74)先臣　以稱其父桓溫。(75)勤王匡復之勳　指桓溫前曾為晉朝收復巴蜀，又曾收復洛陽，修復先朝陵墓諸事。(76)先帝龍飛　指桓溫於太和五年（西元三七〇年）廢掉了皇帝司馬奕，另立司馬昱為皇帝事。「龍飛」語出《易經》，古人多用以稱人的即位為帝。(77)陛下繼明　指咸安二年（西元三七二年）簡文帝司馬昱死，其子司馬曜繼位為帝事。「繼明」也是《易經》裡的話，意即光明繼續照耀四海。(78)誰之由　猶言「靠著誰」。(79)疏寢不報　上書被擱置，沒有回音。(80)累世臨荊州　幾輩子當荊州地區的軍政長官。桓溫在世時曾任都督荊州軍事、荊州刺史多年。桓溫之子、桓玄之兄桓偉也當過荊州刺史。桓溫被封為南郡公，南郡的首府江陵又是荊州的州治所在地。(81)聽事　長官理事的大堂。(82)以矟擬仲堪　用長矛對著殷仲堪。擬，對著。(83)中兵參軍　當時地方軍閥帳下有參軍十三個，分別為中兵參軍、外兵參軍、騎兵參軍等。(84)馬矟有餘　擅長騎馬舞矛的本事。(85)精理不足　清談玄理的工夫差點。精理，精深的哲理，當時清談家們使用的名詞。這裡的實際意思是說桓玄只會耍槍弄棒而不懂事理。(86)下都　去首都建康（今南京）。因建康在江陵的下游，故需順長江而下。(87)征虜參軍　征虜將軍的參軍。(88)不常　不平常，指有圖謀不軌之意。(89)節下崇待太過　你對桓玄過於忍讓。節下，對殷仲堪的敬稱，因當時的地方軍閥都是手握天子的旌節到各處去分擋一面的。崇待，優待。(90)非將來之計　指日後不好對付。(91)功曹　地方長官手下的文職僚屬，主管人事、考核等事務。[92]殷侯　六朝以及唐代對一些有政績的人有尊稱之為「侯」的習慣，如唐代有人稱柳宗元為「柳侯」，其實柳宗元從未受封侯爵。此處殷仲堪亦同。又，六朝時期的州刺史為方面大員，位同古代的諸侯。[93]庚寅　十一月二十七。[94]休官權千成　休官族的部落頭領姓權名千成。休官是少數民族部落名，當時居住在略陽（今甘肅天水市）一帶。權千成，也作「權干成」。[95]顯親　縣名，縣治在今甘肅天水市西北。[96]清河　郡名，郡治在今河北清河縣東南，當時屬東晉。[97]兗州　州治廩丘，在今山東鄆城西。孔子的故鄉在曲阜，曲阜上屬於兗州。[98]給戶灑掃　指派幾戶人家為孔子管理與祭祀祠墓，而免除這幾戶人家對國家應交的賦稅。[99]仍立庠序　並建立學校。殷朝的鄉學叫序，周朝的鄉學叫庠。仍，意思同「乃」。[100]如賒而寔急　看來像是大而無當，實際上是很急迫的。賒，遠；迂闊。寔，通「實」。[101]不見省　不被理睬。省，看；理睬。[102]陽平孝王柔　即慕容柔，慕容垂之子，陽平王是其封號，孝字是諡。[103]庚子　四月初九。[104]庫傉官偉　姓庫傉官，名偉。[105]尚人　猶言「淩人」，好居人之上。[106]野人堡　應在今甘肅天水市附近。[107]胡空堡　應在今甘肅華亭附近。[108]平涼　郡名，郡治在今華亭西。當時苻登以此為首府。[109]薛干太悉伏　薛干是當時的少數民族部落名，太悉伏是其頭領。[110]奔秦　此指往長安投奔姚興。[111]楊佛嵩　氐族頭領，此前原屬東晉。[112]九月丙戌　九月的初一是「己丑」，此月中無「丙戌」日。疑「九月」是「八月」之誤。八月丙戌，即八月二十八。[113]姚崇　姚萇之子，姚興之弟。[114]國之枝葉　意謂他是我們的一個支屬。國，指稱自己的政權。慕容永是慕容垂的同族兄弟，故稱之為「國之枝葉」。[115]僭舉位號　指其公然自稱皇帝。僭，越分。[116]庸得已乎　豈能留著不動呢。已，停止；不管。[117]比老　雖已年老。[118]叩囊底智　猶言抖摟抖摟衣袋裡剩餘的一點智慧。[119]丹楊王瓚　即慕容瓚，被封為丹楊王號。[120]井陘　太行山的山口名，在今河北井陘西北。[121]武鄉公友　慕容友，慕容永之弟，被封為武鄉公。[122]晉陽　郡名，郡治在今山西太原西南。[123]沙亭　地名，在今河北臨漳西南。[124]潞川　郡名，郡治即今山西襄垣。[125]垂至鄴　慕容垂親自由中山前進至鄴城。[126]己亥　十二月初一是「丁巳」，本月中無「己亥」日，疑字有誤。[127]毀　詆毀；誹謗。[128]撫　安撫；照顧。[129]待物　猶言「待人」。物，人。[130]遇民　對待黎民百姓。[131]垂成　即將完成。[132]足辦　完全能夠辦好這些事。[133]奚所復問　還有什麼可問的。奚，何；何必。[134]庚子　上文「己亥」日的第二天。[135]易世　換代；帝王的新舊交替。[136]秦州　州治上邽，即今甘肅天水市。秦州是姚碩德的老根據地。

【校　記】[1]下　據章鈺校，十二行本、乙十一行本此下皆有「至上」二字，孔天胤本同，「至」作「之」。[2]所　張敦仁《通鑑刊本識誤》改作「及」。[3]兵　原無此字。據章鈺校，十二行本、孔天胤本皆有此字，今據補。[4]同郡　原無此二字。據章鈺校，十二行本、乙十一行本、孔天胤本皆有此二字，今據補。5孔子廟　據章鈺校，十二行本、孔天胤本皆作「孔子舊廟」四字，張敦仁《通鑑刊本識誤》同。

【語　譯】 烈宗孝武皇帝下

太元十七年（壬辰　西元三九二年）

春季，正月初一日己巳，東晉實行大赦。

秦主苻登封昭儀隴西人李氏為皇后。

二月初五日壬寅，後燕主慕容垂從魯口前往河間郡、渤海郡、平原郡視察。丁零部落首領翟釗派遣屬下將領翟都進犯館陶，屯駐在蘇康壘。三月，後燕主慕容垂率軍南下攻擊翟釗。

秦國驃騎將軍沒弈干率領自己手下的部眾投降了後秦，後秦任命沒弈干為車騎將軍，封為高平公。

後秦主姚萇臥病，他命令自己的弟弟姚碩德鎮守李潤堡，令尹緯鎮守都城長安，令皇太子姚興前往姚萇所在的安定行營。擔任征南將軍的姚方成對皇太子姚興說：「如今賊寇還沒有滅掉，主上又得了重病。王統等人都有自己的私人武裝，終久會成為國家的禍患，應該把他們全部除掉。」太子姚興聽從了姚方成的意見，殺死了王統、王廣、苻胤、徐成、毛盛。後秦主姚萇非常憤怒，他說：「王統兄弟是我的同鄉，對我絕對沒有二心。徐成等人都是前朝的名將，我正要重用他們，你怎麼能說殺就把他們殺掉呢！」

後燕主慕容垂率領燕軍直逼丁零部落將領翟都所據守的蘇康堡。夏季，四月，翟都向南逃往滑臺。丁零部落首領翟釗向西燕求救，西燕主慕容永與群臣一起商議此事，擔任尚書郎的渤海人鮑遵說：「讓丁零部落與後燕互相攻打，等到他們雙方全都疲憊不堪的時候，我們再出兵，這就是卞莊子打死雙虎的策略。」擔任中書侍郎的太原人張騰說：「後燕主慕容垂勢力強大，而丁零部落首領翟釗勢力弱小，勝利的一方怎麼會有疲憊不堪的時候？不如趕緊出兵救援翟釗，造成鼎足三分的局勢。現在我們出兵奔赴後燕的都城中山，白天多設疑兵，夜間增加火把，慕容垂不知道我們出動了多少人馬，必定心生畏懼而回兵自救。到那時，我軍在他的正面發動進攻，翟釗率軍從他的背後攻打，形成前後夾擊之勢，這是上天授予我們的絕好機會，絕對不能錯過。」慕容永沒有採納他的意見。

後燕實行大赦。

五月初一日丁卯，發生日蝕。

六月，後燕主慕容垂率領大軍抵達黃河北岸的黎陽津，準備率領大軍南渡黃河，丁零部落首領翟釗在黃河南岸列兵防守，抗拒燕軍南下。十六日辛亥，後燕主慕容垂將營寨向西遷移到西津，西津在黎陽以西四十里遠的地方，慕容垂派人打造了一百多艘牛皮船，假裝上面排列著兵器，逆流而上。翟釗接到報告，趕緊率軍趕赴西津。後燕主慕容垂則暗中派遣擔任中壘將軍的桂林王慕容鎮等在夜間從黎陽津渡過黃河，在黃河南岸安下營寨，等到天亮的時候，營寨已經全部完成。翟釗聽到後燕軍已經從黎陽津渡過黃河的消息，又趕緊從西津返回黎陽津，攻打後燕桂林王慕容鎮等人的營寨。後燕主慕容垂下令慕容鎮等堅守營寨不得與丁零人交戰。翟釗的軍隊東奔西跑，疲憊不堪，攻打後燕的營寨又無法攻克，於是準備率軍撤走；此時慕容鎮等率軍出戰，後燕驃騎將軍慕容農率軍從西津渡過黃河，與慕容鎮等左右夾擊，大敗丁零部落。翟釗逃回滑臺，然後帶著妻子，招集起殘餘的部眾，向北渡過黃河，逃入白鹿山，利用山中的險要地勢進行堅守，後燕軍無法前進。驃騎大將軍慕容農說：「翟釗軍中沒有糧草，不可能在白鹿山中待很久。」於是率軍而回，留下一些騎兵進行監視。翟釗果然下山；慕容農回師掩殺，把翟釗的部眾全部俘虜，翟釗單人獨騎逃奔西燕的都城長子。西燕主慕容永任命翟釗為車騎大將軍、兗州牧，封他為東郡王。過了一年多，翟釗謀反，西燕主慕容永遂將翟釗殺死。

當初，郝晷、崔逞以及清河人崔宏、新興人張卓、遼東人夔騰、陽平人路纂全是秦國的官員，他們為了躲避秦國戰敗後的混亂而投奔了東晉，東晉孝武帝司馬曜下詔，任命他們為冀州各郡的太守，讓他們各自率領自己的私人武裝駐紮在黃河以南；不久，這些人又都接受了丁零部落首領翟氏所任命的官職和爵位，翟氏失敗之後，這些人又都投降了後燕，後燕主慕容垂根據他們的實際才能分別予以任用。翟釗所統領的分布在七個郡的三萬多戶丁零人，全都安居如常。後燕任命章武王慕容宙為兗、豫二州刺史，鎮所設在滑臺；將徐州的七千多戶居民強制遷徙到黎陽，任命彭城王慕容脫為徐州刺史，鎮所設在黎陽。慕容脫，是後燕主慕容垂弟弟的兒子。慕容垂任命崔蔭為慕容宙的司馬。

當初，陳留王慕容紹擔任鎮南將軍，太原王慕容楷為征西將軍，樂浪王慕容溫為征東將軍，後燕主慕容垂都曾經讓崔蔭擔任他們的僚佐。崔蔭為人精明敏捷、有才幹、剛強正直，善於規勸，陳留王慕容紹、太原王慕容楷、樂浪王慕容溫、章武王慕容宙，這四位親王都很敬畏他。崔蔭所在之處，總是簡化刑法，減輕賦稅和徭役，那些逃亡的難民全都前來歸附他，於是，戶數和人口逐漸增多。

秋季，七月，後燕主慕容垂前往鄴城，任命太原王慕容楷為冀州牧，任命擔任右光祿大夫的餘蔚為左僕射。

秦主苻登得知後秦主姚萇患病的消息，非常高興，便向設在軍中的世祖苻堅的牌位祭祀、稟告，並實行大赦，文武百官的爵位全都晉升二級，餵飽戰馬、磨礪兵器，然後率領大軍進逼後秦主所在的安定，駐紮在距離安定城只有九十多里的地方。八月，後秦主姚萇的病情稍有好轉，便親自率軍出城拒敵。秦主苻登率軍出營，準備迎戰姚萇，姚萇派遣擔任安南將軍的姚熙隆率領一支軍隊從另一個方面攻打秦國的營寨，苻登因為懼怕兩面受敵，遂率軍撤退。姚萇在當天夜間率軍從旁邊的另一條道路緊緊地跟隨在苻登的背後。天亮之後，負責偵查的騎兵向秦主苻登稟告說：「後燕的軍營已經空無一人，不知道到哪裡去啦。」苻登聽了大驚失色地說：「姚萇到底是個什麼人，他走的時候令我不知去向，他來的時候令我毫無察覺；我以為他快要死了，忽然又活了過來。我與這樣的一個羌人同時活在世上，是多麼倒楣呀！」苻登於是率領秦軍返回雍城，後秦主姚萇也回到安定。

後涼三河王呂光派自己的弟弟、擔任右將軍的呂寶等人率領後涼軍攻打西秦大將軍、大單于、金城王乞伏乾歸，呂寶戰死，其將士戰死者有一萬多人。呂光又派遣自己的兒子、擔任虎賁中郎將的呂纂率軍攻打南羌部落首領彭奚念，呂纂也是大敗而回。呂光於是親自率軍攻打彭奚念所據守的枹罕，終於將枹罕攻克。彭奚念逃往甘松郡。

冬季，十月十八日辛亥，東晉擔任荊州刺史的王忱去世。〇東晉擔任雍州刺史的朱序因為年老多病，向朝廷請求解除職務；東晉孝武皇帝司馬曜下詔，任命擔任太子右衛率的郗恢為雍州刺史，代替朱序鎮守襄陽。郗恢，是郗曇的兒子。

凡是在關中的巴蜀人全都背叛了後秦，他們佔據弘農，歸附了秦國。秦主苻登任命竇衝為左丞相，竇衝移駐華陰。東晉雍州刺史郗恢派遣將軍趙睦守衛金墉，派擔任河南太守的楊佺期率軍進駐湖縣縣城，攻打駐屯華陰的秦國左丞相竇衝，將竇衝趕走。

十一月初十日癸酉，東晉任命擔任黃門郎的殷仲堪為都督荊、益、寧三州諸軍事、荊州刺史，鎮所設在江陵。殷仲堪當時雖然名聲很好，然而資歷、聲望還很淺，議論的人都不認為他是都督荊、益、寧三州諸軍事、荊州刺史的合適人選。殷仲堪到任之後，喜好用小恩小惠籠絡人心，然而卻抓不住關鍵性的問題。

東晉南郡公桓玄對於自己的才幹、門第一向很自負，又以英雄豪傑自居，朝廷對他懷有戒心，因而一直沒有重用他；桓玄一直到二十三歲時，才被任命為太子洗馬。桓玄曾經親自前往琅邪王司馬道子的府邸拜訪，正趕上司馬道子喝得酩酊大醉，瞪著眼睛對眾多來訪的客人說：「桓溫晚年想要謀反，篡奪皇位，是怎麼回事？」桓玄嚇得俯伏在地上，汗流浹背，幾乎站不起來。從此以後更加恐懼不安，經常對司馬道子恨得咬牙切齒。後來出京擔任義興太守，又自認為是大材小用，因此悶悶不樂，他歎息著說：「父親是統領整個天下的諸侯之長，兒子只在五湖邊上當一個小小的地方官！」於是棄官不做，回到自己的封國南郡，他上疏給孝武皇帝司馬曜，為自己申辯委屈說：「我的父親桓溫在勤勞皇室、匡復國家方面建立了很大功勳，朝廷早已忘記，我也不去計較。至於先帝司馬昱能夠即位為皇帝，使陛下得以繼承大統，請陛下問問那些談論的人，靠的是誰？」桓玄的奏章被擱置起來，孝武帝司馬曜沒有給與答覆。

東晉桓玄在江陵時，擔任荊州刺史的殷仲堪對他非常的敬畏。桓氏家族幾代人鎮守荊州，桓玄又很強橫霸道，無論是士大夫還是平民百姓，對桓玄的畏懼程度，遠遠超過了對現任荊州刺史殷仲堪的畏懼。桓玄曾經在殷仲堪荊州刺史府的辦公廳前騎馬奔馳，並用長矛指著殷仲堪。在殷仲堪手下擔任中兵參軍的彭城人劉邁對桓玄說：「你騎馬舞矛的本事有餘，然而清談玄理的工夫差點。」桓玄聽了很不高興，殷仲堪竟然嚇得大驚失色。桓玄走了之後，殷仲堪對劉邁說：「你，簡直就是一個瘋子！如果桓玄派人在夜間來刺殺你，我怎麼能救得了你？」於是讓劉邁前往京師躲避桓玄的報復。桓玄果然派人追殺劉邁，劉邁僥倖逃過追殺，免於一死。

東晉擔任征虜參軍的豫章人胡藩經過江陵的時候，來見殷仲堪，他勸說殷仲堪：「桓玄的志向非同尋常，對於自己沒能繼承父親的職位一直心懷不滿；你目前對他過分的忍讓和優待，恐怕將來不好對付！」殷仲堪聽了很不高興。胡藩的妻弟羅企生在殷仲堪手下擔任功曹，胡藩告辭後，對羅企生說：「荊州刺史殷仲堪倒拿戈矛，授人以柄，一定會遇上災禍。你如果不早點離開他，恐怕連後悔都來不及！」

十一月二十七日庚寅，東晉孝武皇帝司馬曜立皇子司馬德文為琅邪王，改封琅邪王司馬道子為會稽王。

十二月，後燕主慕容垂從鄴城返回都城中山，他任命遼西王慕容農為都督兗、豫、荊、徐、雍五州諸軍事，鎮守鄴城。

休官族部落首領權千成據守顯親縣，自稱秦州牧。

東晉清河郡人李遼上表給東晉孝武皇帝司馬曜，請求敕令兗州政府重新修繕孔子廟，指派幾戶人家專門負責孔子廟的清潔灑掃，並設立學校，招收學生，聘請學者擔任老師。李遼說：「有些事情看起來似乎是大而無當，而實際上卻是急需要做的事情，說的就是這種情況！」奏章呈遞上去之後，沒有得到批覆。

十八年（癸巳　西元三九三年）

春季，正月，後燕陽平孝王慕容柔去世。

自稱秦州牧的休官部落首領權千成深受秦國逼迫，於是向西秦金城王乞伏乾歸請求投降。乞伏乾歸任命權千成為東秦州刺史、休官大都統，封他為顯親公。

夏季，四月初九日庚子，後燕主慕容垂加授皇太子慕容寶為大單于，任命安定王庫傉官偉為太尉，任命范陽王慕容德為司徒，任命太原王慕容楷為司空，任命陳留王慕容紹為尚書右僕射。五月，立皇子慕容熙為河間王，慕容朗為渤海王，慕容鑒為博陵王。

秦國擔任右丞相的竇衝恃才傲物，喜好凌駕於群臣之上，他向秦主苻登請求封自己為天水王；秦主苻登沒有答應。六月，竇衝自稱秦王，改年號為元光。

西秦大將軍、大單于、金城王乞伏乾歸立自己的兒子乞伏熾磐為王太子。乞伏熾磐為人勇武，有謀略，明辨是非，很有決斷，才幹超過了他的父親乞伏乾歸。

秋季，七月，秦主苻登率軍討伐佔據野人堡、自稱秦王的竇衝。竇衝向後秦求救。後秦擔任僕射的尹緯對後秦主姚萇說：「皇太子姚興一向以仁慈敦厚而遠近聞名，但是太子英雄謀略的一面還沒有被人們所認識，請讓太子率軍攻擊秦主苻登，以此來展示他的英雄才華，讓人們來瞭解他。」後秦主姚萇同意了尹緯的意見。太子姚興遂率軍攻打秦主苻登的根據地胡空堡，苻登立即解除了對竇衝的包圍，回師來救；後秦太子姚興趁機襲擊平涼，大獲全勝，凱旋而歸。後秦主姚萇令太子姚興仍舊回去鎮守京城長安。

北魏王拓跋珪因為薛干部落首領太悉伏拒絕交出劉衛辰的小兒子劉勃勃，八月，北魏王拓跋珪率軍襲擊薛干部落，屠滅了薛干部落所居住的城市。薛干部落首領太悉伏逃往後秦的都城長安投奔太子姚興。

東晉氐族部落首領楊佛嵩背叛了東晉，投靠了後秦，東晉洛陽太守楊佺期、將軍趙睦率軍追擊，九月丙戌日，在潼關將楊佛嵩擊敗。後秦將領姚崇率軍來救，打敗了東晉的追兵，東晉將軍趙睦戰死。

冬季，十月，後秦主姚萇病勢沉重，遂從安定返回京都長安。

後燕主慕容垂與群臣商議討伐西燕的事情，諸將都說：「西燕主慕容永並沒有與我們發生衝突，而我軍連年征戰，將士都已疲憊不堪，不能再對西燕發動戰爭了。」擔任司徒的范陽王慕容德說：「西燕主慕容永是燕國皇室的一個支屬，卻公然自稱皇帝，迷惑人民的視聽，應該首先把他除掉，以明確正統所在，統一民心。將士雖然疲憊不堪，但討伐之事豈能留著不動呢？」後燕主慕容垂說：「司徒慕容德的想法正與我相同。我雖然已經年老，但把口袋裡剩餘的那點智謀抖摟抖摟，還是完全可以戰勝慕容永，絕不能把這個逆賊留下來，讓他危害子孫。」於是在全國實行嚴格的戒備措施。

十一月，後燕主慕容垂徵調了中山的七萬名步兵、騎兵，派遣擔任鎮西將軍的丹楊王慕容瓚、擔任龍驤將軍的張崇從井陘出發，攻打西燕武鄉公慕容友所據守的晉陽；派遣征東將軍平規率軍攻打西燕鎮東將軍段平所據守的沙亭。西燕主慕容永派遣擔任尚書令的刁雲、擔任車騎將軍的慕容鍾率領五萬人馬守衛潞川。武鄉公慕容友，是西燕主慕容永的弟弟。十二月，後燕主慕容垂抵達鄴城。

己亥日，後秦主姚萇招集擔任太尉的姚旻、擔任僕射的尹緯、姚晃、將軍姚大目、尚書狄伯支進入皇宮，接受遺詔，令他們輔佐朝政。姚萇對皇太子姚興說：「如果有人詆毀這幾位老臣，你千萬要謹慎，不要聽信他們。你要用恩德來安撫至親骨肉，對朝廷大臣要以禮相待，待人要誠實守信，對待黎民百姓要仁愛，如果能夠做到這四點，我就沒有什麼可擔憂的了。」姚晃流著眼淚向姚萇詢問攻取秦主苻登的策略，姚萇說：「如今的帝王大業即將完成，太子姚興的才能與智慧完全可以辦好這些事情，你何必再來問我？」庚子日，後秦主姚萇去世。太子姚興封鎖了姚萇去世的消息，沒有對外發布，他讓自己的叔父姚緒鎮守安定，令姚碩德鎮守陰密，令自己的弟弟姚崇守衛京師長安。

有人對姚碩德說：「你的威望一向最高，你手下的軍隊是最強的，在目前國家權力交替的時刻，你必定會遭到朝廷的猜忌。不如暫且投奔秦州，看清形勢之後再說。」姚碩德說：「皇太子姚興氣度寬宏、處事明智，絕對不會有其他的想法。如今秦主苻登還沒有被消滅，而骨肉之間卻互相攻殺，那就是自取滅亡。我寧可去死，也不會去做那樣的事情。」於是前往長安晉見太子姚興，姚興對他非常恭敬有禮，而後送他返回任所。姚興自稱大將軍，任命尹緯為長史，任命狄伯支為司馬，率領後秦軍攻伐秦國。

十九年（甲午　西元三九四年）

春，正月[1]，秦主登聞後秦主萇卒，喜曰：「姚興小兒，吾折杖笞之❶耳。」

乃大赦，盡眾而東，留司徒安成王廣❷守雍❸，太子崇守胡空堡。遣使拜金城王乾歸為左丞相、河南王、領秦・梁・益・涼・沙五州牧，加九錫❹。

初，禿髮思復鞬❺卒，子烏孤立。烏孤雄勇有大志，與大將紛陁❻謀取涼州。紛陁曰：「公必欲得涼州，宜先務農講武，禮俊賢，修政刑，然後可也。」烏孤從之。三河王光遣使拜烏孤冠軍大將軍、河西鮮卑大都統。烏孤與其羣下謀之曰：「可受乎？」皆曰：「吾士馬眾多，何為屬人❼？」石真若留❽不對，烏孤曰：「卿畏呂光邪？」石真若留曰：「吾根本未固，小大非敵，若光致死於我❾，何以待之？不如受以驕之，俟釁而動❿，蔑不克⓫矣。」烏孤乃受之。

二月，秦主登攻屠各姚奴、帛蒲⓬二堡，克之。

燕主垂留清河公會⓭鎮鄴，發司、冀、青、兗兵，遣太原王楷出滏口⓮，遼西王農出壺關⓯，垂自出沙庭⓰，以擊西燕；標榜所趣⓱，軍各就頓⓲。西燕主永聞之，嚴兵分道拒守，聚糧臺壁⓳，遣從子⓴征東將軍小逸豆歸㉑、鎮東將軍王次多、右將軍勒馬駒㉒帥眾萬餘人戍之㉓。

夏，四月[2]，秦主登自六陌㉔趣廢橋㉕，後秦始平㉖太守姚詳據馬嵬堡㉗以拒之。太子興遣尹緯將兵救詳，緯據廢橋以待秦。秦兵爭水不能得，渴死者什二、三，因急攻緯。興馳遣狄伯支謂緯曰：「苻登窮寇，宜持重以挫之。」緯曰：「先帝登遐[28]，人情擾懼，今不因思奮[29]之力以禽敵，大事去矣！」遂與秦戰，秦兵大敗。其夜，秦眾潰，登單騎奔雍。太子崇及安成王廣聞敗，皆棄城走。登至，無所歸，乃奔平涼，收集遺眾，入馬毛山[30]。

燕主垂頓軍[31]鄴西南，月餘不進。西燕主永怪之，以為太行道寬，疑垂欲詭道[32]取之，乃悉斂諸軍屯軹關[33]，杜[34]太行口，惟留臺壁一軍。甲戌[35]，垂引大軍出滏口，入天井關[36]。五月乙酉[37]，燕軍至臺壁，永遣從兄太尉大逸豆歸救之，平規擊破之。小逸豆歸出戰，遼西王農又擊破之，斬勒馬駒，禽王次多，遂圍臺壁。永召太行軍[38]還，自將精兵五萬以拒之。刁雲、慕容鍾震怖，帥眾降燕，永誅其妻子。己亥[39]，垂陳于臺壁南，遣驍騎將軍慕容國伏千騎於澗下。庚子[40]，與永合戰，垂偽退，永眾追之；行數里，國騎從澗中出，斷其後，諸軍四面俱進，大破之，斬首八千餘級，永走歸長子。晉陽守將聞之，棄城走。丹楊王瓚等進取晉陽。

後秦太子興始發喪，即皇帝位于槐里[41]，大赦，改元皇初，遂如安定。諡後秦主萇曰武昭皇帝，廟號太祖。

六月壬子㊷，追尊會稽王太妃鄭氏㊸曰簡文宣太后。羣臣謂宣太后應配食元帝㊹，太子前率㊺徐邈曰：「宣太后平素之時㊻，不伉儷於先帝㊼；至於子孫，豈可為祖考立配？」國學明教㊽東莞㊾臧燾曰：「今尊號既正㊿，則罔極之情申(51)；別建寢廟(52)，則嚴禰之義顯(53)；繫子為稱(54)，兼明貴之所由(55)。一舉而允三義(56)，不亦善乎？」乃立廟於太廟路西。

燕主垂進軍圍長子。西燕主永欲奔後秦，侍中蘭英曰：「昔石虎伐龍都(57)，太祖(58)堅守不去，卒成大燕之基。今垂七十老翁，厭苦兵革，終不能頓兵連歲(59)以攻我也。但當城守以疲之。」永從之。

秦主登遣其子汝陰王宗為質於河南王乾歸以請救，進封乾歸梁王，納(60)其妹為梁王后。乾歸遣前軍將軍乞伏益州等帥騎一萬救之。秋，七月，登引兵出迎乾歸兵。後秦主興自安定如涇陽，與登戰于山南(61)。執登，殺之。悉散其部眾，使歸農業，徙陰密(62)三萬戶於長安，以李后(63)賜姚晃。益州等聞之，引兵還。秦太子崇奔湟中(64)，即帝位，改元延初。諡登曰高皇帝，廟號太宗。

後秦安南將軍強熙、鎮遠將軍楊多[3]叛，推竇衝為主。後秦主興自將討之，軍至武功(65)，多兄子良國殺多而降。熙奔秦州，衝奔汧川(66)，汧川氐仇高(67)執送之。

三河王光以子覆為都督玉門以西諸軍事、西域大都護，鎮高昌(68)，命大臣子弟隨之。

八月己巳(69)，尊皇太妃李氏(70)為皇太后，居崇訓宮。

西燕主永困急，遣其子常山公弘等求救於雍州刺史郗恢，并獻玉璽一紐。恢上言(71)：「垂若并永，為患益深，不如兩存之，可以乘機雙斃(72)。」帝以為然，詔青・兗二州刺史王恭、豫州刺史庾楷救之。楷，亮之孫也。永恐晉兵不出，又遣其太子亮來為質；平規追亮，及於高都(73)，獲之。永又告急於魏，魏王珪遣陳留公虔(74)、將軍庾岳帥騎五萬東渡河，屯秀容(75)，以救之。虔，紇根之子也。晉、魏兵皆未至，大逸豆歸部將伐勤等開門內燕兵。燕人執永，斬之(76)，并斬其公卿大將刁雲、大逸豆歸等三十餘人，得永所統八郡七萬餘戶及秦乘輿、服御、伎樂、珍寶(77)甚眾。燕主垂以丹楊王瓚為并州刺史，鎮晉陽；宜都王鳳為雍州刺史，鎮長子。永尚書僕射昌黎屈遵、尚書陽平王德、祕書監中山李先、太子詹事渤海封則、黃門郎太山胡母亮(78)、中書郎張騰、尚書郎燕郡公孫表(79)皆隨才擢敘(80)。

九月，垂自長子如鄴。

冬，十月，秦主崇為梁王乾歸所逐，奔隴西王楊定(81)。定留司馬邵彊守秦州，帥眾二萬與崇共攻乾歸。乾歸遣涼州牧軻彈[82]、秦州牧益州[83]、立義將軍詰歸[84]帥騎三萬拒之。益州與定戰，敗於平州[85]。軻彈、詰歸皆引退，軻彈司馬翟瑥奮劍怒曰：「主上以雄武開基，所向無敵，威振秦、蜀；將軍以宗室居元帥之任，當竭力致命[86]以佐國家。今秦州[87]雖敗，二軍尚全，柰何望風退衄[88]，將何面以見主上乎？瑥雖無任[89]，獨不能以便宜[90]斬將軍乎？」軻彈謝曰：「向者未知眾心何如耳。果能若是，吾敢愛死？」乃帥騎進戰，益州、詰歸亦勒兵繼之，大敗定兵，殺定及崇[91]，斬首萬七千級。乾歸於是盡有隴西之地。

定無子，其叔父佛狗之子盛，先守仇池，自稱征西將軍、秦州刺史、仇池公，諡定為武王，仍遣使來稱藩[92]。秦太子宣奔盛，盛[4]分氐、羌為二十部護軍[93]，各為鎮戍，不置郡縣。

燕主垂東巡陽平、平原[94]，命遼西王農濟河，與安南將軍尹國略地青、兗[95]；農攻廩丘，國攻陽城[96]，皆拔之。東平[97]太守韋簡戰死，高平、泰山、琅邪[98]諸郡皆委城奔潰，農進軍臨海[99]，偏置守宰。

柔然曷多汗[100]棄其父，與社崙[101]率眾西走；魏長孫肥[102]追之，及於上郡[103]跋那山，斬曷多汗。社崙收其餘眾數百，奔疋候跋[104]，疋候跋處之南鄙[105]。社崙襲疋侯跋，殺之。疋侯跋子啓跋、吳頡等皆奔魏。社崙掠五原106以西諸部，走度漠北。十一月，燕遼西王農敗辟閭渾107於龍水，遂入臨淄。十二月，燕主垂召農等還。

秦主興遣使與燕結好，并送太子寶之子敏於燕108。燕封敏為河東公。

梁王乾歸自稱秦王，大赦。

【章旨】以上為第二段，寫太元十九年（西元三九四年）一年間的大事。主要寫了燕主慕容垂大破西燕軍，圍慕容永於長子，慕容永求救於東晉與北魏，東晉與北魏之兵未及至，燕人遂破長子，殺慕容永與其諸大將，西燕遂滅；慕容垂又命慕容農等進軍齊、魯諸郡，慕容農直達海邊，遍置守宰，齊、魯大地遂盡入於燕；寫了後秦主姚興破秦主苻登於廢橋，苻登敗走馬毛山；姚興又進破苻登於馬毛山，俘殺苻登；苻登子苻崇往投乞伏乾歸，不得，改投楊定；乞伏乾歸破殺楊定與苻崇，前秦滅，乞伏乾歸盡有隴西之地；此外還寫了魏將長孫肥破柔然，殺其頭領曷多汗，餘部走度漠北，以及禿髮烏孤興起於涼州等等。

【注釋】❶折杖笞之　我要折一根棍子來管教管教他。是一種蔑視的口氣。笞，以棍棒打人。❷安成王廣　即苻廣，被封為安成王。❸雍　州名，州治在今甘肅涇川縣北，時為苻登的大本營所在地。❹九錫　古代帝王對大臣的九種特殊賞賜，即：車馬、衣服、樂則、朱戶、納陛、虎賁、弓矢、斧鉞、秬鬯。❺禿髮思復鞬　禿髮是鮮卑族的部落名，後成為姓。思復鞬是其頭領的名字，率眾活動在涼州（州治即今武威）附近。❻紛陁　人名。❼何為屬人　為什麼要受人管轄。❽石真若留　人名，姓石真，名若留。❾致死於我　意即和我們拼命。致死，也作「致師」，挑戰，這裡是指決戰。❿俟釁而動　尋找機會再動手打他。釁，機會。⓫蔑不克　不會不成功。蔑，無；沒有。⓬屠各姚奴帛蒲　屠各部落的兩個堡塞名，二堡皆在胡空堡以東。屠各是匈奴族的一個分支。⑬清河公會　即慕容會，慕容垂之子，被封為清河公。⑭滏口　在今河北磁縣西北石鼓山上，是有名的「太行八陘」之一，是從鄴縣西出翻越太行山進入山西的通道。⑮壺關　關塞名，在今山西長治北，潞城西。⑯沙庭　胡注以為應作「沙亭」，在鄴城西南。鄴城在今河北臨漳西南。⑰標榜所趣　公開亮明各路兵馬要進攻的目標，目的是迷惑敵人。趣，同「趨」。⑱軍各就頓　各路兵馬都已到達指定集結的位置。就頓，駐紮。⑲臺壁　地名，在今山西襄垣南。⑳從子　姪子。㉑小逸豆歸　因當時西燕還有一個「逸豆歸」，故此處以「小」字別之。㉒勒馬駒　人名。㉓戎之　駐兵臺壁，以守衛糧庫。㉔六陌　在今陝西乾縣東。㉕廢橋　地名，應在今陝西興平西北。㉖始平　郡名，郡治槐里，在今陝西興平東南。㉗馬嵬堡　在今陝西興平西。㉘登遐　猶言「升仙」，婉指人死。㉙思奮　想為國家大幹一場。㉚馬毛山　也稱馬鬃嶺，在今寧夏固原南。㉛頓軍　駐兵不前。㉜詭道　另走他道。㉝軹關　在今河南濟源西北，是豫北進入山西的要道，也是有名的「太行八陘」之一。㉞杜　堵住。㉟甲戌　四月二十。㊱天井關　在今山西晉城南的太行山上，因關南有天井泉而得名。㊲五月乙酉　五月初一。㊳太行軍　即前所述駐守軹關的部隊。㊴己亥　五月十五。㊵庚子　五月十六。㊶槐里　縣名，縣治在今陝西興平東南，當時也是始平郡的郡治所在地。㊷六月壬子　六月初一是「甲寅」，本月中無「壬子」日。「王子」應是五月二十八。㊸會稽王太妃鄭氏　名阿春，晉元帝司馬睿的嬪妃，簡文帝司馬昱之母，孝武帝司馬曜之祖母。因簡文帝做過會稽王，故阿春曾被尊為會稽王太妃。㊹配食元帝　在太廟裡陪同其夫司馬睿一同享受祭祀。㊺太子前率　官名，統領護衛太子的軍隊。西晉初期只有一個中衛率，後來分為左、右二率，各領一軍，後又增加前、後二率，共四率四軍。㊻平素之時　指與其夫都在世之時。㊼不伉儷於先帝　和先帝不是嫡配夫妻。㊽國學明教　太學的教官，類似其他朝代的太學博士、國子教授等。㊾東莞　縣名，即今山東沂水縣。㊿尊號既正　指阿春得了「簡文宣太后」的稱號。(51)罔極之情申　孝子思念父母，痛惜無法報恩的感情已經得以表達。《詩經・蓼莪》有所謂「欲報之德，昊天罔極」，意思是孝子思念父母，痛惜無法報恩，因而恨怨蒼天。這裡因為阿春已被追封為「簡文宣太后」，則簡文帝痛惜未報母恩的歉疚之情已經得伸了。(52)別建寢廟　指不把阿春的靈牌送到太廟去「配食」晉元帝，而是單獨給她另蓋一個寢廟來享受祭祀。古代帝王死後建廟時，前面接受祭祀的所在叫「廟」，後面儲藏衣物的所在叫「寢」。(53)嚴禰之義顯　尊重生父晉元帝意志的意思得以彰顯。因為晉元帝生前是只想讓皇后作為配享，而沒想把阿春的靈牌也放入太廟。禰，是對已死父親的敬稱。古代貴族生時對父親稱「父」，死後稱「考」，入廟稱「禰」。嚴禰，就是尊重父親的意志。(54)繫子為稱　指用其子「簡文帝」的名號追尊阿春為「簡文宣太后」。(55)明貴之所由　阿春原來只是一個嬪妃，因其子後來做了皇帝，所以她才得以被稱為「太后」，今以「簡文宣太后」稱之，「母由子貴」的事實就一目瞭然了。(56)允三義　符合了三項重要原則。(57)石虎伐龍都　事見本書卷九十六咸康四年。石虎是當時的後趙主，石勒的姪子，石勒死後，石虎殺了石勒之子而自己稱帝，西元三三五至三四八年在位。傳見《晉書》卷一百六、一百七。龍都，即龍城，今遼寧朝陽。前燕慕容皝建都於此。(58)太祖　即慕容皝，前燕政權的創立者，時稱燕王，後被謚為太祖。西元三三三至三四八年在位。傳見《晉書》卷一百九。按，石虎進攻慕容皝，慕容皝是堅守棘城（在龍城東）。事見本書卷九十六。此云「石虎伐龍都，太祖堅守不去」云云，乃約略言之。(59)頓兵連歲　把軍隊留在這裡一連幾年地圍著我們。頓，留。(60)納　送；以人、物給人。(61)山南　馬毛山之南。(62)陰密　縣名，縣治在今甘肅涇川縣南。(63)李后　苻登之妻。(64)湟中　地區名，即今青海湟水流域地區。(65)武功　縣名，縣治在今陝西武功西。(66)汧川　縣名，縣治在今陝西隴縣南。(67)汧川氐仇高　汧川縣的氐族部落頭領，姓仇，名高。(68)高昌　郡名，郡治在今新疆吐魯番東南。(69)八月己巳　八月十六。(70)皇太妃李氏　名陵容，簡文帝的宮女，孝武帝的生母。孝武帝即位後始被尊為「太妃」，今又尊為「太后」。傳見《晉書》卷三十二。(71)上言　給晉孝武帝上表。(72)乘機雙斃　意謂乘其互相鬥爭、精疲力竭時，將其一併消滅。(73)高都　縣名，縣治即今山西晉城。(74)陳留公虔　即拓跋虔，北魏早期的猛將，什翼犍之孫，拓跋珪之姪。傳見《魏書》卷十五。(75)秀容　縣名，縣治即今山西忻州。(76)燕人執永二句　至此慕容永死，西燕滅亡。西燕自西元三八四年慕容泓建國，共經七主，計十一年。(77)秦乘輿服御伎樂珍寶　指苻堅昔日稱帝時的各種財產器物。乘輿指帝王的車駕。這些東西在當時慕容沖攻進長安，苻堅敗死後，遂歸慕容沖所有。慕容沖死後，慕容永殺掉慕容沖之子而自立為西燕王，故苻秦舊物又到了慕容永手下。(78)胡母亮　姓胡母，名亮。(79)公孫表　姓公孫，名表。(80)擢敘　提拔、任用。(81)楊定　氐族人，楊難敵的後代，世代佔據仇池（今甘肅成縣一帶），自稱隴西王，稱臣於東晉。傳見《魏書》卷一百一。(82)軻彈　姓乞伏，名彈，時為涼州牧。(83)益州　姓乞伏，名益州，時為秦州牧。(84)詰歸　鮮卑人，越質叱黎之子，時為立義將軍。(85)平州　胡注以為「平州」應作「平川」。(86)致命　效命；獻出生命。(87)秦州　指乞伏益州，時為秦州牧。(88)退衄　退敗逃跑。衄的原意是鼻孔出血，這裡即指敗。(89)無任　沒有使命。(90)以便宜　使用司馬官的臨時處置之權。司馬是在軍中負責執法的長官。(91)殺定及崇　至此苻崇死，前秦徹底滅亡。前秦自西元三五一年苻健建國至今，共經六主，計四十二年。(92)來稱藩　來投靠東晉，做東晉的屬國，給東晉作「屏障、藩籬」。(93)盛分氐羌為二十部護軍　此二十部護軍為軍政一體，由軍帥直接統民。(94)陽平平原　二郡名，陽平郡的郡治即今河北館陶，平原郡的郡治在今山東平原縣南。(95)青兗　二州名，青州的州治在今山東淄博的臨淄區，兗州的州治即下文所說的廩丘，在今山東鄆城西北。當時這些地區都屬東晉。(96)陽城　西漢縣名，縣治在今河南商水縣西南，東漢時併入汝南。按，據當時的情勢分析，此「陽城」似應作「成陽」，當時的成陽縣治在今山東鄄城東南。97東平　郡名，郡治在今山東東平西北。98高平泰山琅邪　三郡名，高平郡的郡治在今山東巨野南，泰山郡的郡治在今山東泰安東，琅邪郡的郡治在今山東臨沂北。99進軍臨海　軍隊一直推進到海邊。100曷多汗　柔然頭領溫紇提之子。西元三九一年，曷多汗父子與魏拓跋珪作戰，兵敗被俘，皆降魏。事見本書卷一百七。101社崙　曷多汗的堂兄弟，其伯父匹候跋之子，與曷多汗等先後被俘降魏。102長孫肥　姓長孫，名肥。103上郡　郡治在今陝西榆林東南。104疋候跋　柔然部落頭領，曷多汗之伯父，於西元三九一年被拓跋珪擊敗，投降於魏。疋，同「雅」。105南鄙　南部邊境。106五原　縣名，縣治在今內蒙古包頭西北，烏拉特前旗之東。107辟閭渾　姓辟閭，名渾，東晉的平原郡太守、龍驤將軍。108送太子寶之子敏於燕　慕容敏原被拘於後秦，今將其送回慕容氏。

【校　記】1正月　原無此二字。據章鈺校，十二行本、乙十一行本、孔天胤本皆有此二字，張敦仁《通鑑刊本識誤》同，今據補。2四月　原無此二字。據章鈺校，十二行本、乙十一行本、孔天胤本皆有此二字，張敦仁《通鑑刊本識誤》、張瑛《通鑑校勘記》同，今據補。3楊多　原作「強多」。據章鈺校，十二行本、乙十一行本皆作「楊多」，今據改。按，《晉書・姚興載記》亦云，「鎮遠楊多」。4盛　原無此字。據章鈺校，十二行本、乙十一行本、孔天胤本皆有此字，今據補。

【語　譯】十九年（甲午　西元三九四年）

春季，正月，秦主苻登聽到後秦主姚萇逝世的消息，高興地說：「姚興這個小孩子，我一定要折一根棍子好好地教訓他一番。」於是，在秦國境內實行大赦，出動全國的兵力東下攻打姚興，他留下擔任司徒的安成王苻廣守衛雍州，令太子苻崇守衛胡空堡。又派使者前往金城，任命西秦金城王乞伏乾歸為左丞相、河南王、兼任秦、梁、益、涼、沙五州牧，加授九錫。

當初，鮮卑部落首領禿髮思復鞬去世，他的兒子禿髮烏孤繼位。禿發烏孤英雄勇武，胸懷大志，他與屬下大將紛阤謀劃攻取涼州。紛阤說：「你如果一定要得到涼州，就應該先抓好農業，加強武備，禮賢下士，修明政治，刑罰公平，然後才能攻取涼州。」禿髮烏孤聽從了紛阤的意見。後涼三河王呂光派遣使者任命禿髮烏孤為冠軍大將軍、河西鮮卑大都統。禿髮烏孤與手下僚佐商議說：「我可以接受呂光的任命嗎？」手下的人都說：「我們兵多將廣，為什麼要受別人管制？」只有石真若留沒有說話，禿髮烏孤於是問石真若留說：

「你是不是懼怕呂光？」石真若留回答說：「我們的基礎目前還不穩固，他強我弱，我們根本不是他的對手，如果呂光拼死與我們作戰，我們用什麼辦法來抵抗他？不如暫且接受他的任命，使他產生驕傲情緒，一旦有了可乘之機，再對他採取行動，沒有不成功的道理。」禿髮烏孤採納了石真若留的意見，於是接受了呂光的任命。

二月，秦主苻登率軍攻克了匈奴屠各部落所據守的姚奴、帛蒲二個堡塞。

後燕主慕容垂留下清河公慕容會鎮守鄴城，然後調集了司州、冀州、青州、兗州的全部兵力，派遣太原王慕容楷從滏口出發，派遼西王慕容農從壺關出發，慕容垂親自率軍從沙庭出發，前去攻打西燕；公開亮明各路人馬所要攻擊的目標，各路兵馬都已到達指定集結的位置。西燕主慕容永聽到後燕大軍前來攻打的消息，立即調動軍隊分道據守，又在臺壁積草屯糧，派遣自己的姪子擔任征東將軍的慕容小逸豆歸、擔任鎮東將軍的王次多、擔任右將軍的勒馬駒率領一萬多人戍守臺壁，保護糧草輜重。

夏季，四月，秦主苻登從六陌趕往廢橋，後秦擔任始平太守的姚詳據守馬嵬堡抵抗秦軍。後秦太子姚興派遣擔任僕射、長史的尹緯率軍增援姚詳，尹緯據守廢橋等待秦軍。秦軍急於爭奪水源，卻無法得到，被渴死的佔了十分之二、三，於是向尹緯發起猛攻。姚興令擔任尚書的狄伯支飛馬告訴尹緯說：「秦主苻登已經到了窮途末路，一定會以死相拼，對他應該謹慎小心，不要輕易出戰以挫敗他的銳氣。」尹緯說：「先帝姚萇駕崩，人心騷動，驚恐不安，現在如果不藉著眾人都想為國家奮力一戰的力量抓獲敵人，恐怕局勢將會一發而不可收拾了。」因而沒有遵從姚興的意見，而與秦軍展開大戰，秦軍被尹緯的軍隊打得大敗。當天夜裡，秦軍自行潰散，秦主苻登單人獨騎逃奔雍城。秦國太子苻崇以及擔任司徒的安成王苻廣聽到秦主苻登戰敗的消息，苻廣丟棄了自己守衛的雍城，太子苻崇丟棄了自己守衛的胡空堡，全都棄城逃走了。秦主苻登逃到雍城，已經無所依靠，於是又逃往平涼，在平涼招集起殘存的部眾，進入馬毛山。

後燕主慕容垂駐軍於鄴城西南，一月有餘，仍然停止不前。西燕主慕容永感到很奇怪，認為穿越太行山的道路很寬，遂懷疑慕容垂的軍隊從別的道路入侵，於是調集了全國所有的軍隊，全部屯紮在軹關，堵住太行山的入口，只留下一支軍隊守衛臺壁。四月二十日甲戌，後燕主慕容垂率領大軍穿過滏口，進入天井關。五月初一日乙酉，後燕軍抵達臺壁，西燕主慕容永派自己的堂兄、擔任太尉的慕容大逸豆歸救援臺壁，被後燕征東將軍平規擊敗。西燕征東將軍慕容小逸豆歸出兵迎戰，又被遼西王慕容農打敗，慕容農斬殺了西燕右將軍勒馬駒，活捉了鎮東將軍王次多，趁勢包圍了臺壁。西燕主慕容永趕緊把屯駐在太行軹關的軍隊召回，然後親自率領五萬精兵抵抗後燕的軍隊。西燕負責守衛潞川的尚書令刁雲、車騎將軍慕容鍾感到非常的震驚和恐懼，便率領著守衛潞川的五萬人馬投降了後燕，西燕主慕容永對刁雲和慕容鍾非常痛恨，就殺死了他們的妻子兒女。十五日己亥，後燕主慕容垂將軍隊駐紮在臺壁以南，他派遣驍騎將軍慕容國率領一千名騎兵埋伏在山澗之中。十六日庚子，後燕軍與西燕軍展開決戰，後燕主慕容垂假裝敗退，西燕主慕容永率軍隨後緊追不捨；追趕了幾里遠，事先埋伏在山澗中的慕容國率領一千名騎兵突然殺出，截斷了慕容永的後路，此時後燕的軍隊從四面八方衝殺過來，將西燕軍打得大敗，斬殺了八千多人，西燕主慕容永逃回了長子。西燕據守晉陽的將軍拋棄了晉陽城逃走。後燕擔任鎮西將軍的丹楊王慕容瓚、龍驤將軍張崇等遂佔領了晉陽。

後秦太子姚興發布了後秦主姚萇逝世的消息，並在槐里登基，即位為皇帝，實行大赦，改年號為皇初，然後前往安定。為後秦主姚萇奉上謚號武昭皇帝，廟號太祖。

六月壬子日，東晉孝武皇帝司馬曜追尊自己的祖母——會稽王太妃鄭氏為簡文宣太后。群臣全都認為簡文宣太后的牌位應該放到皇家祭廟中晉元帝牌位的旁邊，陪同她的丈夫司馬睿一同享受祭祀。擔任太子前率的徐邈說：「簡文宣太后在世的時候，並不是先帝司馬睿的嫡配妻子；後代子孫怎麼可以為祖先做主，讓宣太后配享？」擔任國學明教的東莞人臧燾說：「如今已經追尊鄭太妃為皇太后，則皇帝思念父母、痛惜無法報恩的感情已經得以表達；為太后另建一座寢廟來享受祭祀，則尊重嚴父的本意得以彰顯；而把太后的兒子『簡文帝』的謚號尊加在『宣太后』的謚號前，也就表明了『母以子貴』的事實。一項舉措而能恰當地表達三種意義，不是很好嗎？」於是，在太廟的路西為簡文宣太后另建了一座寢廟。

後燕主慕容垂率軍包圍了西燕的都城長子。西燕主慕容永想要放棄長子投奔後秦，擔任侍中的蘭英說：

「過去後趙的石虎在攻伐前燕的故都龍城的時候，太祖慕容皝堅持堅守龍城而不肯放棄，終於創建了大燕國的基業。如今後燕主慕容垂已經是一個七十歲的老翁，早就厭煩了戰爭，總不會把軍隊駐紮在長子城下一連幾年地攻擊我們。所以應該堅守城池，把他們拖得疲憊不堪。」慕容永聽從了蘭英的意見。

秦主苻登送自己的兒子汝陰王苻宗前往西秦河南王乞伏乾歸那裡充當人質，請求乞伏乾歸出兵相救，並晉封乞伏乾歸為梁王，還把自己的妹妹嫁給乞伏乾歸為梁王后。河南王乞伏乾歸派擔任前軍將軍的乞伏益州等率領一萬名士兵救援秦主苻登。秋季，七月，秦主苻登率軍從馬毛山出來迎接西秦河南王乞伏乾歸派來的救兵。後秦主姚興率領軍隊從安定前往涇陽，與秦主苻登在馬毛山以南展開遭遇戰。姚興活捉了苻登，將苻登殺死。並勒令苻登的部眾全部解散，各自回家務農，又把陰密的三萬戶居民強制遷徙到自己的都城長安，把秦主苻登結婚才二年的李皇后賞賜給了姚晃。乞伏益州得知秦主苻登已死的消息，便率軍返回。秦國太子苻崇逃往湟中，在湟中即位為秦國皇帝，改年號為延初。為已故秦主苻登上謚號為高皇帝，廟號太宗。

後秦擔任安南將軍的強熙、擔任鎮遠將軍的楊多叛變，他們推戴自稱秦王的竇衝為盟主。後秦主姚興親自率軍討伐，姚興所率大軍抵達武功的時候，楊多哥哥的兒子楊良國殺死了叔叔楊多向後秦投降。強熙則逃往秦州，竇衝逃往汧川，汧川的氐族部落首領仇高將竇衝抓獲，獻給了後秦。

後涼三河王呂光任命自己的兒子呂覆為都督玉門以西諸軍事、西域大都護，鎮守高昌，令大臣的子弟跟隨呂覆前往高昌。

八月十六日己巳，東晉孝武帝司馬曜尊奉自己的生母、皇太妃李氏為皇太后，皇太后李氏居住在崇訓宮。

西燕主慕容永被後燕主慕容垂率軍圍困在長子城中，情況十分緊急，於是便派他的兒子常山公慕容弘等向東晉雍州刺史郗恢求救，並獻上一枚玉璽。郗恢上疏給東晉孝武皇帝司馬曜說：「後燕的慕容垂如果兼併了西燕的慕容永，給晉國帶來的危害將會更嚴重，不如讓他們兩存，以後可以尋找機會將他們全部消滅。」孝武皇帝司馬曜認為郗恢說得有道理，便下詔給擔任青、兗二州刺史的王恭、擔任豫州刺史的庾楷，令他們率軍前往長子救援西燕主慕容永。庾楷，是庾亮的孫子。西燕主慕容永擔心東晉不肯出兵相救，所以又派遣太子慕容亮到東晉為人質；後燕征東將軍平規率軍追擊慕容亮，追到高都時將慕容亮抓獲。西燕主慕容永又向北魏告急求救，北魏王拓跋珪派遣陳留公拓跋虔、將軍庾岳率領五萬名騎兵向東渡過黃河，屯駐在秀容遙做聲援。拓跋虔，是拓跋紇根的兒子。東晉、北魏的救兵還沒有到達，西燕太尉慕容大逸豆歸的部將伐勤等已經打開了長子城的城門，放後燕軍隊入城。後燕人活捉了西燕主慕容永，將慕容永斬首，一同被斬首的還有西燕的尚書令刁雲、太尉慕容大逸豆歸等文武大臣三十多人，接管了慕容永所統領的八個郡的七萬多戶，收繳了西燕從秦國那裡得到的皇帝所使用的車駕、服裝、飾物、歌女、樂器，以及各種珍寶多得不計其數。後燕主慕容垂任命丹楊王慕容瓚為并州刺史，鎮守晉陽；任命宜都王慕容鳳為雍州刺史，鎮守長子。對於在西燕主慕容永屬下擔任尚書僕射的昌黎人屈遵、擔任尚書的陽平人王德、擔任祕書監的中山人李先、擔任太子詹事的渤海人封則、擔任黃門郎的太山人胡母亮、擔任中書郎的張騰、擔任尚書郎的燕郡人公孫表等，後燕主慕容垂根據他們的實際才能，全都予以提拔、任用。

九月，後燕主慕容垂從長子前往鄴城。

冬季，十月，秦主苻崇被故秦主苻登所封的梁王乞伏乾歸驅逐，於是又逃奔駐守上邽的隴西王楊定。楊定留下擔任司馬的邵彊守衛秦州，自己則率領二萬人馬與秦主苻崇聯合攻打西秦梁王乞伏乾歸。乞伏乾歸派遣屬下擔任涼州牧的乞伏軻彈、擔任秦州牧的乞伏益州、擔任立義將軍的越質詰歸率領三萬名騎兵抵抗楊定與苻崇的聯合進攻。西秦秦州牧乞伏益州與隴西王楊定交戰，在平州被楊定打敗。乞伏軻彈、越質詰歸遂準備率軍撤退，在乞伏軻彈手下擔任司馬的翟瑥拔出佩劍大聲怒吼說：「主上憑藉著英雄勇武開創了基業，在他的指揮下，大軍所向無敵，他的聲威震撼了秦、蜀一帶；將軍貴為宗室，擔負著統帥全軍的重任，就應當竭盡全力，拼死疆場以報效國家。如今，秦州牧乞伏益州雖然失敗，而你們所率領的兩支軍隊毫髮未損，為什麼聽到一點風聲就要撤退逃跑，你們還有什麼臉面去見主上呢？我翟瑥雖然沒有擔負什麼使命，難道我就不能使用司馬官的臨時處置之權斬殺將軍嗎？」涼州牧乞伏軻彈向翟瑥道歉說：「此前，我不知道眾人的心意如何。果然都像你這樣赤膽忠心，我怎敢貪生怕死？」於是率領屬下騎兵向前衝殺，秦州牧乞伏益州、立義將軍越質詰歸也組織軍隊緊隨其後，於是大敗楊定軍，殺死了隴西王楊定以及秦主苻崇，斬殺了一萬七千人。西秦河南王乞伏乾歸遂全部佔有了隴西之地。

隴西王楊定沒有兒子，楊定叔父楊佛狗的兒子楊盛，早先守衛仇池，於是自稱征西將軍、秦州刺史、仇池公，為楊定上謚號為武王，仍舊派使者前往東晉，向東晉稱臣，做東晉的藩屬國。秦國太子苻宣投奔了仇池公楊盛。仇池公楊盛將氐族人、羌族人劃分成二十部護軍，各自鎮守自己的堡塞，不再設置郡縣。

後燕主慕容垂向東巡視陽平郡、平原郡，他令遼西王慕容農向東渡過黃河，與安南將軍尹國一起，向東攻取東晉所屬的青州、兗州；慕容農率軍攻打廩丘，尹國率軍攻打陽城，二人分別攻佔了廩丘和陽城。東晉擔任東平郡太守的韋簡戰死，高平、泰山、琅邪諸郡的守將全都棄城而逃，守軍也全部潰散，慕容農趁勝率軍向前推進，一直推進到大海邊，他在佔領區內分別委任了郡守和縣令。

柔然人郁久閭縕紇提的兒子郁久閭曷多汗將自己的父親拋棄在北魏的雲中，與堂兄弟郁久閭社崙率領部眾逃離北魏的管轄，向西部逃走；北魏將領長孫肥率軍追趕，一直追到上郡的跋那山，終於將他們追上，長孫肥殺死了郁久閭曷多汗。郁久閭社崙則帶領著殘餘的幾百名部眾投奔了郁久閭疋候跋，郁久閭疋候跋把他們安置在南部邊境。郁久閭社崙率眾襲擊郁久閭疋候跋，將郁久閭疋候跋殺死。郁久閭疋候跋的兒子郁久閭啓跋、郁久閭吳頡等全都投奔了北魏。郁久閭社崙大肆劫掠了五原以西的各部落，然後渡過浩瀚的大沙漠，在漠北停留下來。

十一月，後燕遼西王慕容農率軍在龍水打敗了東晉平原太守辟閭渾，遂乘勝進入臨淄。十二月，後燕主慕容垂將遼西王慕容農等召回中山。

後秦主姚興派遣使者前往後燕締結友好關係，並把後燕太子慕容寶的兒子慕容敏送回燕國。後燕主慕容垂封慕容敏為河東公。

西秦梁王乞伏乾歸自稱秦王，並實行大赦。

二十年（乙未　西元三九五年）

春，正月，燕王垂遣散騎常侍封則報聘❶于秦；遂自平原狩于廣川、勃海、長樂❷而歸。

西秦王乾歸以太子熾磐領尚書令，左長史邊芮為左僕射，右長史祕宜為右僕射，置官皆如魏武、晉文故事❸，然猶稱大單于、大將軍。邊芮等領府佐如故❹。

薛干太悉伏自長安亡歸嶺北❺，上郡❻以西鮮卑雜胡皆應之。

二月甲寅❼，尚書令陸納卒。

三月庚辰朔❽，日有食之。○皇太子出就東宮，以丹楊尹王雅❾領少傅❿。

時會稽王道子專權奢縱，嬖人⓫趙牙本出倡優，茹千秋本錢唐⓬捕賊吏，皆以諂賂得進。道子以牙為魏郡⓭太守，千秋為驃騎諮議參軍⓮。牙為道子開東第，築山穿池，功用鉅萬⓯。帝嘗幸其第，謂道子曰：「府內乃有山，甚善；然修飾太過。」道子無以對。帝去，道子謂牙曰：「上若知山是人力所為，爾必死矣！」牙曰：「公在，牙何敢死？」營作彌甚。千秋賣官招權，聚貨⓰累億⓱。博平令⓲吳興聞人奭⓳上疏言之。帝益惡道子，而逼於太后⓴，不忍廢黜；乃擢時望㉑及所親幸王恭、郗恢、殷仲堪、王珣、王雅等，使居內外要任以防道子。道子亦引王國寶及國寶從弟琅邪內史緒，以為心腹。由是朋黨競起，無復鄉時㉒友愛之驩㉓矣，太后每和解之。中書侍郎徐邈從容㉔言於帝曰：「漢文明主，猶悔淮南㉕；世祖聰達，負愧齊王㉖。兄弟之際，實宜[1]深慎。會稽王雖有酣媟之累㉗，宜加弘貸㉘，消散羣議，外為國家之計，內慰太后之心。」帝納之，復委任道子如故。

初，楊定之死也，天水姜乳㉙襲據上邽。夏，四月，西秦王乾歸遣乞伏益州帥騎六千討之。左僕射邊芮、民部尚書㉚王松壽曰：「益州屢勝而驕，不可專任。必以輕敵取敗。」乾歸曰：「益州驍勇，諸將莫及，當以重佐㉛輔之耳。」乃以平北將軍韋虔為長史，左禁將軍務和為司馬。至大寒嶺㉜，益州不設部伍㉝，聽㉞將士遊畋縱飲，令曰：「敢言軍事者斬！」虔等諫不聽。乳逆擊，大破之。

魏王珪叛燕，侵逼附塞諸部㉟。五月甲戌㊱，燕王垂遣太子寶、遼西王農、趙王麟帥眾八萬，自五原伐魏，范陽王德、陳留王紹別將步騎萬八千為後繼。散騎常侍高湖諫曰：「魏與燕世為昏姻㊲，彼有內難，燕實存之㊳；其施德厚矣，結好久矣。間以求馬不獲而留其弟㊴，曲在於我，柰何遽㊵與兵擊之？拓跋涉圭㊶[2]沈勇有謀，幼歷艱難，兵精馬彊，未易輕也。皇太子富於春秋㊷，志果氣銳㊸，今委之專征[3]，必小魏而易之㊹。萬一不如所欲，傷威毀重㊺，願陛下深圖之！」

言頗激切。垂怒，免湖官。湖，泰(46)之子也。

六月癸丑(47)，燕太原元王楷(48)卒。

西秦王乾歸遷于西城(49)。

秋，七月，三河王光帥眾十萬伐西秦。西秦左輔密貴周(50)、左衛將軍莫者羖羝(51)勸西秦王乾歸稱藩於光，以子敕勃為質。光引兵還，乾歸悔之，殺周及羖羝。

魏張袞聞燕軍將至，言於魏王珪曰：「燕狃(52)於滑臺、長子之捷(53)，竭國之資力以來，有輕我之心。宜羸形(54)以驕之，乃可克也。」珪從之，悉徙部落畜產西渡河千餘里以避之。燕軍至五原(55)，降魏別部(56)三萬餘家，收穄田(57)百餘萬斛(58)，置黑城(59)，進軍臨河(60)，造船為濟具。珪遣右司馬許謙乞師於秦(61)。

禿髮烏孤擊乙弗、折掘(62)等諸部，皆破降之，築廉川堡(63)而都之。廣武(64)趙振，少好奇略，聞烏孤在廉川，棄家從之。烏孤喜曰：「吾得趙生(65)，大事濟矣！」拜左司馬。三河王光封烏孤為廣武郡公。

有長星見自須女(66)，至于哭星(67)。帝心惡之，於華林園(68)舉酒祝之曰：「長星，勸汝一盃酒，自古何有萬歲天子邪(69)？」

八月，魏王珪治兵河南。九月，進軍臨河。燕太子寶列兵將濟，暴風起，漂其船數十艘泊南岸。魏獲其甲士三百餘人，皆釋而遣之。

寶之發中山[70]也，燕主垂已有疾。既至五原，珪使人邀中山之路[71]，伺其使者，盡執之。寶等數月不聞垂起居[72]，珪使所執使者臨河告之曰：「若父[73]已死，何不早歸？」寶等憂恐，士卒駭動。

珪使陳留公虔[74]將五萬騎屯河東[75]，東平公儀[76]將十萬騎屯河北[77]，略陽公遵[78]將七萬騎塞燕軍之南。遵，壽鳩[79]之子也。秦主興遣楊佛嵩將兵救魏。燕術士[80]靳安言於太子寶曰：「天時不利，燕必大敗，速去可免。」寶不聽。安退，告人曰：「吾輩皆當棄尸草野，不得歸矣！」

燕、魏相持積旬[81]，趙王麟將慕輿嵩等以垂為實死，謀作亂，奉麟為主。事泄，嵩等皆死，寶、麟等內自疑[82]。冬，十月辛未[83]，燒船夜遁。時河冰未結，寶以魏兵必不能度，不設斥候[84]。十一月己卯[85]，暴風，冰合。魏王珪引兵濟河，留輜重[86]，選精銳二萬餘騎急追之。

燕軍至參合陂[87]，有大風，黑氣如堤，自軍後來，臨覆軍上。沙門支曇猛[88]言於寶曰：「風氣暴迅，魏兵將至之候，宜遣兵禦之。」寶以去魏軍已遠，笑而不應。曇猛固請不已，麟怒曰：「以殿下神武，師徒之盛，足以橫行沙漠，索虜何敢遠來[89]？而曇猛妄言驚眾，當斬以徇！」曇猛泣曰：「苻氏[90]以百萬之師，敗於淮南[91]，正由恃眾輕敵，不信天道故也！」司徒德勸寶從曇猛言，寶乃遣麟帥騎三萬居軍後以備非常。麟以曇猛為妄，縱騎遊獵，不肯設備。寶遣騎還詗[92]魏兵，騎行十餘里，即解鞍寢。

魏軍晨夜兼行，乙酉[93]暮，至參合陂西。燕軍在陂東，營於蟠羊山南水上[94]。魏王珪夜部分[95]諸將，掩覆[96]燕軍，士卒銜枚束馬口潛進。丙戌[97]日出，魏軍登山，下臨燕營。燕軍將東引[98]，顧見之，士卒大驚擾亂。珪縱兵擊之，燕兵走赴水，人馬相騰躡[99]，壓溺死者以萬數。略陽公遵以兵邀[4]其前[100]，燕兵四五萬人，一時放仗斂手就禽，其遺迸[101]去者不過數千人，太子寶等皆單騎僅免。殺燕右僕射陳留悼王紹[102]，生禽魯陽王倭奴[103]、桂林王道成、濟陰公尹國[104]等文武將吏數千人，兵甲糧貨以鉅萬計。道成，垂之弟子也。

魏王珪擇燕臣之有才用者代郡太守廣川賈閏[105]、閏從弟驃騎長史昌黎太守彝、太史郎遼東[5]晁崇[106]等留之，其餘欲悉給衣糧遣還，以招懷[107]中州之人[108]。中部大人[109]王建[110]曰：「燕眾彊盛，今傾國而來，我幸而大捷，不如悉殺之，則其國空虛，取之為易。且獲寇而縱之，無乃不可乎？」乃盡阬之。十二月，珪還雲中之盛樂111。

燕太子寶恥於參合之敗，請更擊魏。司徒德言於燕主垂曰：「虜以參合之捷，有輕太子之心，宜及112陛下神略以服之；不然，將為後患。」垂乃以清河公會113錄留臺事114，領幽州刺史，代高陽王隆鎮龍城115；以陽城王蘭汗116為北中郎將，代長樂公盛鎮薊；命隆、盛悉引其精兵還中山，期以明年大舉擊魏。

是歲，秦主興封其叔父緒為晉王，碩德為隴西王，弟崇為齊公，顯為常山公。

【章　旨】以上為第三段，寫太元二十年（西元三九五年）一年間的大事。主要寫了魏王拓跋珪叛燕，燕太子慕容寶率大軍伐魏，由於慕容麟的輕敵，被拓跋珪大破於參合陂，降者數萬，盡被拓跋珪所坑；燕國恥於對魏作戰的慘敗，慕容垂調集將士以謀再舉；寫了晉王朝司馬道子的奢侈腐化，重用群小，招權納賄，以致與其兄孝武帝的矛盾日益尖銳；寫了桓玄勢力的逐漸膨脹，孝武帝為防備桓玄而起用另一派貴族勢力如殷仲堪、王恭等，從而造成晉王朝不同派系的嚴重對立；寫了涼州的呂光政權與苑川乞伏乾歸政權之間的一些鬥爭，以及湟中地區禿髮烏孤勢力的興起等等。

【注　釋】❶報聘　猶如今外交上的「回訪」，因上年姚氏曾送回慕容敏於燕。❷廣川勃海長樂　三郡名，廣川郡的郡治在今河北棗強東南，勃海郡的郡治在今河北滄州南，長樂郡的郡治信都即今河北冀州。❸置官皆如魏武晉文故事　像魏武帝曹操、晉文帝司馬昭那樣雖未稱帝，但卻有皇帝的權力與各種政府官吏的建制。傳見《三國志》卷一與《晉書》卷二。❹領府佐如故　指邊芮等既在朝廷任左、右僕射，同時還兼任著將軍府高級僚屬的長史職務。❺亡歸嶺北　逃回到九嵕嶺以北。九嵕嶺在今陝西禮泉東北。薛干部落的首領太悉伏於西元三九二年被拓跋珪打敗，投歸姚興，今又叛逃而去。❻上郡　郡治在今陝西橫山縣東。⑦二月甲寅　二月初四。⑧三月庚辰朔　三月初一是庚辰日。⑨王雅　王肅的曾孫，為官有才幹，甚得孝武帝倚重，曾預見王恭、殷仲堪之後必為亂。傳見《晉書》卷八十三。⑩領少傅　兼任太子少傅。領，兼任。⑪嬖人　男寵。⑫錢唐　縣名，縣治即今浙江杭州。⑬魏郡　郡治鄴城（今河北臨漳西南），這裡指在江南的僑置郡。⑭驃騎諮議參軍　驃騎將軍的諮議參軍，以備參謀顧問。當時的驃騎將軍即司馬道子。⑮鉅萬　同「巨萬」。萬萬，即一億。⑯貨　錢幣。⑰累億　好幾億。⑱博平令　博平縣的縣令。博平縣的縣治在今山東聊城東北。此處乃指僑設的博平縣，上屬魏郡。⑲聞人奭　姓聞人，名奭。⑳逼於太后　由於有太后的壓力。此所謂「太后」即指李陵容，簡文帝的妃子，孝武帝和會稽王司馬道子的生母。因為有太后給司馬道子撐腰，故皇帝不敢管。㉑時望　當時有威望的人。㉒疇時　昔日；從前。㉓友愛之驩　兄弟之間的親密感情。㉔從容　自然，不生硬。㉕漢文明主二句　淮南王劉長是漢文帝的親兄弟，因圖謀不軌，被漢文帝流放巴蜀，中途絕食餓死。時人作歌諷刺此事說：「一尺布，尚可縫；一斗米，尚可舂，兄弟二人不相容。」漢文帝後來很後悔。事見《史記・淮南衡山列傳》與本書卷十四文帝六年。㉖世祖聰達二句　齊王司馬攸是晉武帝司馬炎的親兄弟，執掌朝權，有威望，有才幹，後因荀勗等挑撥，司馬炎將其免職，司馬攸吐血而死。司馬炎對此很慚愧。事見《晉書》卷三十八與本書卷八十一太康四年。㉗酣媟之累　指好酒、好色的毛病。㉘弘貸　寬大、赦免。㉙天水姜乳　天水郡人姓姜名乳，當地的豪紳。天水郡的郡治上邽，即今甘肅天水市。㉚民部尚書　即後來的戶部尚書，掌管全國的土地、戶籍、錢糧等事。唐人為李世民避諱，故以後遂改稱戶部。㉛重佐　有才幹有威望的僚屬。㉜大寒嶺　山名，在今甘肅天水市西。㉝不設部伍　沒有嚴格的編制約束。部、伍，都是軍隊中的編制名。校尉統領的士兵稱「部」，五人為一「伍」。㉞聽　任其自便。㉟附塞諸部　靠近後燕邊塞，歸附於後燕的各少數民族部落。㊱五月甲戌　五月初一是「丁丑」，本月無「甲戌」日。甲戌應是四月二十五。㊲世為昏姻　拓跋珪之父什翼犍曾娶慕容皝之女為后。慕容垂之父慕容皝又娶什翼犍的姪女為妻，如此等等。㊳彼有內難二句　指西元三七六年什翼犍被苻堅打敗，身死國滅，其後拓跋珪興起，開始亦稱臣於燕。事見《魏書》卷一與本書卷一百六、一百七。㊴求馬不獲而留其弟　西元三九一年拓跋珪曾派其弟拓跋觚到後燕進貢，慕容垂的子弟們曾把拓跋觚扣留起來，向他勒索良馬。事見本書卷一百七。㊵柰何遽　怎麼能突然……。㊶拓跋涉圭　即拓跋珪，「涉圭」是其字。㊷富於春秋　指年輕，來日方長。㊸志果氣銳　指年輕氣盛，敢想敢幹。㊹小魏而易之　蔑視魏國而掉以輕心。易，輕視。㊺傷威毀重　毀傷國家的威嚴，有損個人的身價。㊻泰　即高泰，前燕時的舊臣，慕容垂任車騎將軍時，高泰為從事中郎。㊼六月癸丑　六月初五。㊽太原元王楷　即慕容楷，慕容恪之子，慕容垂之姪。太原王是他的封號，元是諡。㊾西城　即西苑城，在今甘肅榆中境內。(50)左輔密貴周　左輔位同左丞相；密貴周，姓密貴，名周。(51)莫者羖羝　人名，姓莫者，名羖羝。(52)狃　因習慣而掉以輕心。(53)滑臺長子之捷　指慕容垂於太元十七年（西元三九二年）大破翟釗於黎陽，翟釗逃離滑臺，旋即被殺；又於十九年破慕容永於臺壁，慕容永逃離長子被殺事。(54)羸形　故意示敵以弱形。羸，瘦弱。(55)五原　縣名，縣治在今內蒙古包頭西北。(56)魏別部　隸屬於拓跋魏的其他少數民族部落。(57)穄田　種植著黍子的田地。(58)斛　量器名，十斗為一斛。(59)置黑城　安放在黑城。黑城在今內蒙古包頭西北。(60)臨河　進軍到黃河北岸。(61)乞師於秦　向姚興的後秦請求援兵。(62)乙弗折掘　都是當時的少數民族部落名，活動在今青海湖的東南部。(63)廉川堡　在今青海湟中附近。(64)廣武　郡名，郡治在今甘肅永登東南。(65)趙生　趙先生。生，對人的敬稱。(66)長星見自須女　有大流星從須女星座出現。須女，亦稱女宿，星座名，二十八宿之一，為玄武七宿之第三宿。(67)至于哭星　直到哭星才消失。哭星即危宿，也是二十八宿之一，為玄武七宿的第五宿。(68)華林園　在當時的國都建康（今南京）城內，乃仿效洛陽舊都的華林園所建造。(69)自古何有萬歲天子邪　《史記・天官書》有所謂「危為哭泣之事」。意思是誰見到流星出現在星空的這個位置，就意味著他的生命不長了，故孝武帝因內心厭惡而故作豪放。(70)發中山　由後燕的都城中山，即今河北定州出發。(71)邀中山之路　攔截後燕由都城中山到前線的通道。(72)不聞垂起居　聽不到慕容垂病情發展狀況。(73)若父　你的父親。若，你；你的。(74)陳留公虔　即拓跋虔，拓跋珪的堂兄弟，魏國的勇將。傳見《魏書》卷十五。(75)河東　黃河以東，指今山西西北角偏關、河套一帶。(76)東平公儀　即拓跋儀，拓跋珪的堂兄弟，先於魏國有大功，後謀反敗死。傳見《魏書》卷十五。(77)河北　黃河以北，指今內蒙古的托克托一帶。(78)略陽公遵　拓跋遵，拓跋珪的堂兄弟，有大功於魏。傳見《魏書》卷十五。(79)壽鳩　拓跋壽鳩，前已見於本書卷一百四太元元年。(80)術士　此指以占卜、相面、望氣等迷信之術為職業的人。(81)相持積旬　相持了十多天。(82)內自疑　內心相互猜疑。(83)十月辛未　十月二十五。(84)不設斥候　不派人注意河水的變化。斥候，偵察敵情的人員。(85)十一月己卯　十一月初三。(86)輜重　軍中的笨重物資。(87)參合陂　水邊的堤壩名，在今內蒙古涼城東的岱海東南。(88)沙門支曇猛　有個和尚姓支，法名曇猛。(89)索虜何敢遠來　索虜亦稱「索頭」，因拓跋部落的鮮卑人習慣於結髮辮，故當時的其他民族蔑稱之曰「索虜」。胡三省曰：「太元十八年，慕容麟已知拓跋珪之必為燕患矣，今乃輕之如此，豈其心自疑而欲敗寶之師邪？其後寶不能守中山，而麟亦不能自立，同歸於亂而已矣。」(90)苻氏　此指苻堅。(91)敗於淮南　即西元三八三年苻堅的淝水之敗。見本書卷一百四、一百五。(92)詗　刺探。(93)乙酉　十一月初九。(94)蟠羊山南水上　蟠羊山南面的水邊上。據胡注，此水當時名叫沃水。(95)部分　部署、派遣。(96)掩覆　偷襲。(97)丙戌　十一月初十。(98)東引　向東進發。(99)相騰躡　爭向前擠，相互踐踏。(100)邀其前　截住其前跑之路。(101)遺迸漏網逃脫。(102)陳留悼王紹　即慕容紹，慕容恪之子，慕容垂之姪。陳留王是其封號，悼字是諡。(103)魯陽王倭奴　慕容倭奴，被封為魯陽王。(104)濟陰公尹國　即慕容尹國，被封為濟陰公。(105)廣川賈閏　廣川郡人賈閏。廣川郡的郡治在今河北棗強東。(106)太史郎遼東晁崇　任太史的郎官遼東郡人姓晁名崇。遼東郡的郡治即今遼寧遼陽。(107)招懷　意即招納，招之使來。懷，令人思慕；令人嚮往。(108)中州之人　中原地區的人。當時慕容垂都於中山（今河北定州），今河北、山西、山東以及河南北部等地皆歸其統轄。(109)中部大人　官名，主管新投降的各少數民族部落的事務。(110)王建　拓跋珪的女婿。傳見《魏書》卷三十。(111)雲中之盛樂　盛樂，都邑名，也叫成樂，在今內蒙古和林格爾北，東漢時屬雲中郡。(112)及　趁著。(113)清河公會　慕容會，慕容寶之子，慕容垂之孫。(114)錄留臺事　總管留守朝廷的一切事宜。(115)龍城　燕國的舊都城，即今遼寧朝陽。後燕在龍城設有留臺，由慕容隆總管其事。(116)陽城王蘭汗　慕容垂的小舅，也是其孫慕容盛的岳父。

【校　記】[1]宜　原作「為」。嚴衍《通鑑補》改作「宜」，當是，今從改。[2]拓跋涉圭　據章鈺校，十二行本、乙十一行本、孔天胤本皆作「拓跋涉珪」，張敦仁《通鑑刊本識誤》同。按，蕭子顯《南齊書·魏虜列傳》載，「圭字涉圭」。[3]征　原作「任」。據章鈺校，十二行本、乙十一行本皆作「征」，張敦仁《通鑑刊本識誤》同，今據改。[4]邀　張敦仁《通鑑刊本識誤》認為「邀」下有「擊」字。[5]遼東　原無此二字。據章鈺校，十二行本、乙十一行本、孔天胤本皆有此二字，張敦仁《通鑑刊本識誤》同，今據補。

【語　譯】二十年（乙未　西元三九五年）

春季，正月，後燕主慕容垂派擔任散騎常侍的封則為使者前往後秦的都城長安進行回訪；慕容垂從平原出發，前往廣川、勃海、長樂各郡打獵，然後回到中山。

西秦王乞伏乾歸任命太子乞伏熾磐兼任尚書令，任命擔任左長史的邊芮為左僕射，任命擔任右長史的祕宜為右僕射，文武百官的設置，全都依照魏武帝曹操、晉文帝司馬昭當政時期的舊例，但仍然稱大單于、大將軍。邊芮等人依然兼任大將軍府的左長史等職務。

薛干部落首領太悉伏從後秦的都城長安逃回了九嵕嶺以北，上郡以西的鮮卑人以及其他少數民族全都聚眾起兵，響應太悉伏。

二月初四日甲寅，東晉擔任尚書令的陸納逝世。

三月初一日庚辰，發生日蝕。○東晉皇太子司馬德宗從皇宮遷往太子宮居住，東晉孝武皇帝司馬曜任命丹楊尹王雅兼任太子少傅。

當時，東晉會稽王司馬道子專擅國柄，奢侈放縱，他的男寵趙牙原本是個戲子，茹千秋原本是錢唐縣一個專門抓捕盜賊的小官吏，這兩個人全都憑藉著阿諛奉承、用錢財進行賄賂而得到提升。司馬道子任用趙牙為魏郡太守，任命茹千秋為驃騎諮議參軍。趙牙為司馬道子在會稽王府的東邊修建了一座更加豪華的宅第，在這座宅第中堆土為山，鑿地為池，花費的錢財多達一億。孝武皇帝司馬曜曾經親臨司馬道子的府第，對司馬道子說：「你的府內竟然還有假山，非常好；只是修飾得有點過分。」司馬道子無言以對。孝武皇帝司馬曜離開之後，司馬道子對趙牙說：「皇帝如果知道府內的假山是用人力築成的，你就死定了！」趙牙回答說：「有你大王在，趙牙怎麼敢死呢？」於是營造得更加起勁。茹千秋更是利用權勢賣官攬權，聚斂的錢財珍寶有好幾億。擔任博平縣令的吳興人聞人奭上疏給孝武皇帝司馬曜揭露此事。孝武皇帝就更加厭惡會稽王司馬道子，然而由於顧忌皇太后李氏對司馬道子的寵愛，所以也不忍心將司馬道子廢黜；於是就提拔那些有威望的人以及自己所親信的王恭、郗恢、殷仲堪、王珣、王雅等，讓他們在朝廷內外身居要職以防範司馬道子的不軌行為。司馬道子也拉攏王國寶以及王國寶的堂弟、擔任琅邪內史的王緒作為自己的心腹。於是，各自培植黨羽，拉幫結派，往日兄弟之間那種團結友愛的親密感情再也找不到了，皇太后李氏往往從中進行調解。擔任中書侍郎的徐邈曾經很隨意似的對孝武皇帝司馬曜說：「漢文帝是一個很英明的皇帝，尚且後悔將淮南王劉長流放，致使淮南王絕食而死；晉世祖司馬炎聰明豁達，也為有負於齊王司馬攸而心存愧疚。處理兄弟之間的關係，實在應該採取極為慎重的態度。會稽王司馬道子雖然有酗酒好色等毛病，對他還是應該寬容對待，以消除大家的各種議論，對外來講，當然是從維護國家利益考慮，對內也是為了安慰太后。」孝武皇帝接受了徐邈的意見，於是，仍然像過去一樣對司馬道子委以重任。

當初，隴西王楊定被西秦軍殺死的時候，天水郡人姜乳趁機佔領了上邽。夏季，四月，西秦王乞伏乾歸派遣秦州牧乞伏益州率領六千騎兵討伐姜乳。擔任左僕射的邊芮、擔任民部尚書的王松壽提醒說：「乞伏益州此前屢戰屢勝，已經顯露出驕傲的情緒，不應再讓他獨自擔當討伐姜乳的重任。恐怕他會因為驕傲輕敵而導致失敗。」西秦王乞伏乾歸說：「乞伏益州驍勇善戰，諸將都比不上他，應該派有才幹、有威望的僚屬來輔佐他。」於是，任命擔任平北將軍的韋虔為長史，任命擔任左禁將軍的務和為司馬。秦州牧乞伏益州率軍已經抵達上邽西面的大寒嶺，仍然不嚴格約束自己的部隊，聽任將士們隨意打獵飲酒，並下令軍中說：「膽敢談論軍事的，一律斬首！」擔任長史的韋虔等雖然極力勸諫，乞伏益州卻都當成了耳旁風。姜乳率眾出戰，將乞伏乾歸打得大敗。

北魏王拓跋珪背叛了後燕，他率領部眾侵擾、抄掠靠近後燕邊塞，歸附後燕的各少數民族部落。五月甲戌日，後燕主慕容垂派遣太子慕容寶、遼西王慕容農、趙王慕容麟率領八萬名將士，從五原出發討伐北魏，派范陽王慕容德、陳留王慕容紹另外率領一萬八千名步兵、騎兵作為後續部隊。擔任散騎常侍的高湖勸諫說：「魏國與燕國世代結為姻親，他們國內遭受災患，是燕國出兵相救，才保全了魏國；燕國對魏國的恩德至為深厚，兩國之間互相交好的時間也很長久。只因為最近我們向魏國索要好馬，魏國不給，我們便扣留了魏王的弟弟拓跋觚，是我們理虧，我們怎麼能突然出兵去攻打他們呢？魏王拓跋珪為人深沉，有勇有謀，從小歷盡艱難，現在魏國兵強馬壯，不能太輕視他。皇太子慕容寶年紀尚輕，不免年輕氣盛，敢想敢幹，如今將討伐魏國的重任單獨交付給他，太子必定藐視魏國而掉以輕心。萬一戰爭的勝負不像陛下預想的那樣，恐怕會毀傷了國家的威嚴，有損於個人的身價，希望陛下再深刻地考慮考慮。」高湖情緒激動，言辭懇切。燕主慕容垂卻勃然大怒，立即免了高湖的官職。高湖，是高泰的兒子。

六月初五日癸丑，後燕太原元王慕容楷逝世。

西秦王乞伏乾歸將都城從勇士城遷往西城。

秋季，七月，後涼三河王呂光率領十萬大軍討伐西秦。西秦擔任左輔的密貴周、擔任左衛將軍的莫者羖羝全都勸說西秦王乞伏乾歸向後涼三河王呂光稱臣，做後涼的藩屬國，乞伏乾歸遂將自己的兒子乞伏敕勃送往後涼作人質。呂光撤走之後，西秦王乞伏乾歸很後悔，便殺死了勸他向後涼稱臣的密貴周和莫者羖羝。

北魏擔任長史的張袞聽到後燕出兵來攻的消息，就向魏王拓跋珪進言說：「燕國已經習慣於滑臺、長子那樣的勝利，他們竭盡全國的兵力、物力前來攻打我國，有些不把我們放在眼裡，我們就應該利用他們的輕敵心理，故意向他們顯示我們的軟弱，使他們更加驕傲，我們就可以尋找機會戰勝他們。」北魏王拓跋珪聽從了張袞的意見，於是動員整個部落的民眾驅趕著牲畜、攜帶著所有物資，向西渡過黃河，遷移到一千多里遠的地方躲避後燕軍的攻擊。後燕太子慕容寶率領燕軍抵達五原，隸屬於魏國的其他少數民族部落的三萬多家全都投降了後燕，後燕軍收穫了農田裡的黍子，得到了一百多萬斛糧食，存放在黑城，繼續前進到黃河北岸，打造船隻為渡河做準備。北魏王拓跋珪派遣擔任右司馬的許謙向後秦請求出兵援救。

鮮卑部落首領禿髮烏孤率領部眾攻打乙弗和折掘等部落，乙弗等部落被打敗後全都向禿髮烏孤投降。禿髮烏孤於是興築廉川堡作為自己的都城。廣武郡人趙振，從小就喜好研究奇謀妙計，他聽說禿髮烏孤在廉川建都，於是便拋家捨業跟隨了禿髮烏孤。禿髮烏孤高興地說：「我得到趙先生的輔佐，大事就可以成功了！」遂任命趙振為左司馬。後涼三河王呂光封禿髮烏孤為廣武郡公。

有一顆光芒極長的彗星從須女星座穿過，一直到達哭星才消失。東晉孝武皇帝司馬曜感到非常忌諱，於是便在華林園舉起酒杯向上天祈禱說：「彗星啊，我敬你一杯酒，自古以來哪裡有活一萬歲的皇帝呢？」

八月，北魏王拓跋珪在黃河以南集結軍隊。九月，便率軍向黃河岸邊挺進。後燕太子慕容寶率領後燕軍正準備渡河南下，卻突然颳起了暴風，將後燕打造的數十艘船隻颳到了黃河南岸。船上的三百多名身穿鎧甲的士卒全部被北魏軍俘虜，北魏軍把他們全部釋放回去。

後燕太子慕容寶率軍從後燕的都城中山出發的時候，後燕主慕容垂已經患病。等到慕容寶抵達五原之後，北魏王拓跋珪便派人截斷了從五原通往中山的道路，專門偵查有無後燕的使者通過，一旦發現，立即全部捉獲。所以後燕太子慕容寶等了幾個月也得不到後燕主慕容垂病情發展的消息，北魏王拓跋珪將被擒獲的後燕使者押送到黃河岸邊告訴慕容寶說：「你的父親已經去世，你為什麼還不早點回去？」慕容寶以及軍中將領全都很憂愁恐懼，士卒也都驚恐不安，軍心動搖。

北魏王拓跋珪派陳留公拓跋虔率領五萬名騎兵屯紮在黃河以東，派東平公拓跋儀率領十萬名騎兵屯紮在黃河以北，派略陽公拓跋遵率領七萬名騎兵沿著黃河布防，堵截後燕軍南下渡河。拓跋遵，是拓跋壽鳩的兒子。後秦主姚興派遣楊佛嵩率領後秦軍援救北魏。後燕術士靳安對皇太子慕容寶說：「天時對燕國不利，燕軍必定遭到很大的失敗，如果現在趕緊撤軍還可以躲避這場劫難。」慕容寶沒有聽信術士靳安的話。靳安告退之後，便告訴別人說：「我們這些人都要被殺死，屍體被拋棄在荒郊野外，回不了故鄉了！」

後燕、北魏隔著黃河相互對峙了十多天，後燕趙王慕容麟屬下的將領慕輿嵩等以為後燕主慕容垂真的死了，於是密謀作亂，準備擁戴趙王慕容麟為後燕主。陰謀洩露，慕輿嵩等全被殺死，而太子慕容寶與趙王慕容麟之間卻由此而相互產生猜疑。冬季，十月二十五日辛未，後燕軍燒毀了準備南渡黃河的船隻，在夜間偷偷地撤軍而回。當時黃河水面還沒有結冰，慕容寶認為北魏的軍隊肯定不能渡過黃河追趕，因此沒有派出偵查兵偵查北魏軍的動靜。十一月初三日己卯，暴風驟起，氣溫急劇下降，一夜之間，河面就結了厚厚的一層冰。北魏王拓跋珪率軍渡過黃河，把糧草輜重留下，挑選了二萬多名精騎兵急速追擊。

後燕軍到達參合陂的時候，突然又颳起大風，有一道黑氣，像長堤一樣從燕軍背後席捲而來，霎時間籠罩了後燕軍的大營。佛門高僧支曇猛對太子慕容寶說：「風雲突變，這是魏軍即將趕到的預兆，應該派兵殿後抵抗。」慕容寶認為燕軍距離魏軍已經越來越遠，魏軍絕對不會追到，所以只是笑了笑，沒有回答。支曇猛再三再四地堅決請求，趙王慕容麟發怒說：「就憑殿下的神明勇武，軍隊如此強盛，我們完全可以在沙漠中橫衝直撞，無所顧忌，索頭賊虜豈敢遠道來追？而支曇猛竟敢胡說八道，驚擾軍心，應當將他斬首示眾！」支曇猛哭泣著說：「秦主苻堅擁有百萬之眾，卻在淮水之南吃了敗仗，就是因為他們倚仗自己人多勢眾，輕視晉軍，不相信驕兵必敗的規律造成的啊！」擔任司徒的慕容德勸說太子慕容寶聽從支曇猛的勸告，慕容寶這才派遣慕容麟率領三萬名騎兵殿後，以防止突發事件的發生。趙王慕容麟認為高僧支曇猛的話是胡言亂語，不足信，因此放縱屬下騎兵隨意打獵，對魏軍是否追擊絲毫沒有警戒。太子慕容寶派騎兵原路返回打探魏軍的消息，這些騎兵走了十多里，就解下馬鞍，躺倒身軀放心地呼呼大睡起來。

北魏的軍隊星夜兼程，馬不停蹄地隨後追趕，十一月初九日乙酉的黃昏，魏軍抵達參合陂的西面。後燕軍此時在參合陂的東面，緊靠著蟠羊山南麓的水邊安營紮寨，對魏軍的到來毫無知覺。北魏王拓跋珪卻連夜向諸將部署作戰任務，偷襲後燕軍，於是士卒口裡銜著枚、戰馬束住嘴，悄悄地向後燕軍營靠近。初十日丙戌，太陽露出地平線的時候，北魏軍已經登上蟠羊山頂，下面就是後燕軍的軍營。後燕軍正要出發東進，猛一回頭看見了山頂上的魏軍，士卒全都大驚失色，立時亂作一團。北魏王拓跋珪下令向後燕軍發起進攻，後燕的士卒為了逃命紛紛跳入水中，人馬前推後擁，相互踐踏，被壓死、淹死的數以萬計。北魏略陽公拓跋遵率領魏軍繞到後燕軍前面擋住去路，後燕的四五萬人立即放下武器束手就擒，那些漏網逃脫的不過幾千人，後燕太子慕容寶等全都單人匹馬逃走，幸免被擒殺。魏軍殺死了後燕擔任右僕射的陳留悼王慕容紹，活捉了魯陽王慕容倭奴、桂林王慕容道成、濟陰公慕容尹國等文武將吏數千人，繳獲的兵器鎧甲、糧草輜重數以萬萬計。桂林王慕容道成，是後燕主慕容垂弟弟的兒子。

北魏王拓跋珪從俘虜的後燕官員中挑選有實際才能的擔任代郡太守的廣川郡人賈閏，賈閏的堂弟、擔任驃騎長史、昌黎太守的賈彝，在太史手下擔任郎官的遼東郡人晁崇等人留下任用，其他人則全都準備發給他們衣服糧食，遣送他們返回後燕，以此來感召中原人。擔任中部大人的王建說：「後燕人口眾多、兵力強盛，如今他們傾盡全國的兵力、財力前來攻打我們，我們僥倖獲得大勝，不如把這些俘虜全部殺掉，那樣一來，燕國國內兵力空虛，攻取燕國就比較容易了。況且，既然擒獲了賊寇，卻又把他們放掉，恐怕不合適吧？」於是，把俘虜全部活埋。十二月，北魏王拓跋珪率領魏軍從參合陂返回雲中郡的盛樂城。

後燕太子慕容寶把參合陂之敗看做是奇恥大辱，於是請求再次出兵攻打北魏。擔任司徒的慕容德對後燕主慕容垂說：「拓跋珪這個賊虜因為在參合陂與太子交戰打了勝仗，因而有輕視太子之心，應該運用陛下的神勇謀略來征服他；不然的話，將來必定會成為我們的禍患。」後燕主慕容垂遂令自己的孫子、清河公慕容會擔任主管留守朝廷一切事務的錄留臺事，兼任幽州刺史，代替高陽王慕容隆鎮守龍城；任命陽城王蘭汗為北中郎將，代替長樂公慕容盛鎮守薊城；令慕容隆、慕容盛各自率領屬下所有精兵返回都城中山，定於明年大舉進攻北魏。

這一年，後秦主姚興封自己的叔父姚緒為晉王，姚碩德為隴西王，封自己的弟弟姚崇為齊公，姚顯為常山公。

二十一年（丙申　西元三九六年）

春，正月，燕高陽王隆引龍城之甲入中山，軍容精整，燕人之氣稍振。

休官權萬世❶帥眾降西秦❷。

燕主垂遣征東將軍平規發兵冀州❸。二月，規以博陵、武邑、長樂❹三郡兵反於魯口❺；其從子冀州刺史喜諫，不聽。規弟海陽令翰❻亦起兵於遼西以應之。垂遣鎮東將軍餘嵩擊規，嵩敗死。垂自將擊規，軍[1]至魯口。規棄眾，將妻子及平喜等數十人走渡河❼，垂引兵還。翰引兵趣龍城❽，清河公會遣東陽公根等擊翰，破之，翰走山南❾。

三月庚子❿，燕主垂留范陽王德⓫守中山，引兵密發，踰青嶺⓬，經天門⓭，鑿山通道，出魏不意直指雲中⓮。魏陳留公虔帥部落三萬餘家鎮平城⓯。垂至獵嶺⓰，以遼西王農、高陽王隆為前鋒以襲之。是時，燕兵新敗，皆畏魏，惟龍城兵勇銳爭先。虔素不設備，閏月乙卯⑰，燕軍至平城，虔乃覺之，帥麾下出戰，敗死，燕軍盡收其部落。魏王珪震怖，欲走；諸部聞虔死，皆有貳心，珪不知所適⑱。

垂之過參合陂也，見積骸如山，為之設祭，軍士皆慟哭，聲震山谷。垂慚憤嘔血，由是發疾，乘馬輿而進，頓⑲平城西北三十里。太子寶等聞之，皆引還⑳。燕軍叛者奔告於魏云：「垂已死，輿尸在軍。」魏王珪欲追之，聞平城已沒，乃引還陰山㉑。

垂在平城積十日，疾轉篤㉒，乃築燕昌城㉓而還。夏，四月癸未㉔，卒於上谷之沮陽㉕，祕不發喪。丙申㉖，至中山。戊戌㉗，發喪，謚曰成武皇帝，廟號世祖。壬寅㉘，太子寶即位，大赦，改元永康。

五月辛亥㉙，以范陽王德為都督冀・兗・青・徐・荊・豫六州諸軍事、車騎大將軍、冀州牧，鎮鄴；遼西王農為都督并・雍・益・梁・秦・涼六州諸軍事、并州牧，鎮晉陽。又以安定王庫傉官偉為太師，夫餘王蔚㉚為太傅。甲寅㉛，以趙王麟領尚書左僕射，高陽王隆領右僕射，長樂公盛為司隸校尉㉜，宜都王鳳㉝為冀州刺史。

乙卯[34]，以散騎常侍彭城劉該[35]為徐州刺史，鎮鄄城[36]。○甲子[37]，以望蔡公謝琰[38]為尚書左僕射。

初，燕主垂先段后[39]生子令、寶，後段后[40]生子朗、鑒，愛諸姬子麟、農、隆、柔、熙。寶初為太子，有美稱，已而荒怠，中外失望。後段后嘗言於垂曰：「太子遭承平之世，足為守成之主；今國步艱難，恐非濟世[41]之才。遼西、高陽二王[42]，陛下之賢子，宜擇一人，付以大業。趙王麟姦詐彊愎[43]，異日必為國家之患，宜早圖之。」寶善事垂左右，左右多譽之，故垂以為賢，謂段氏曰：「汝欲使我為晉獻公[44]乎？」段氏泣而退，告其妹范陽王妃[45]曰：「太子不才，天下所知，吾為社稷言之，主上乃以吾為驪姬，何其苦哉！觀太子必喪社稷，范陽王有非常器度，若燕祚[46]未盡，其在王乎？」寶及麟聞而恨之。

乙丑[47]，寶使麟謂段氏曰：「后常謂主上[48]不能守大業，今竟能不？宜早自裁，以全段宗[49]！」段氏怒曰：「汝兄弟不難逼殺其母，況能守先業乎？吾豈愛死，但念國亡不久耳。」遂自殺。寶議以段后謀廢適統[50]，無母后之道，不宜成喪[51]。羣臣咸以為然。中書令眭邃[52]颺言於朝[53]曰：「子無廢母之義，漢安思閻后[54]親廢順帝，猶得配饗太廟[55]，況先后曖昧之言[56]，虛實未可知乎？」乃成喪。

六月癸酉(57)，魏王珪遣將軍王建等擊燕廣甯(58)太守劉亢泥，斬之，徙其部落於平城。燕上谷太守開封公詳(59)棄郡走。詳，皝之曾孫也。○丁亥(60)，魏賀太妃(61)卒。

燕主寶定士族舊籍(62)，分辨清濁(63)，校閱戶口，罷軍營封蔭之戶，悉屬郡縣(64)。由是士民嗟怨，始有離心。

三河王呂光即天王位(65)，國號大涼(66)，大赦，改元龍飛。備置百官，以世子紹為太子，封子弟為公侯者二十人，以中書令王詳為尚書左僕射，著作郎段業等五人為尚書。

光遣使者拜禿髮烏孤為征南大將軍、益州牧、左賢王。烏孤謂使者曰：「呂王諸子貪淫，三甥(67)暴虐，遠近愁怨，吾安可違百姓之心，受不義之爵乎？吾當為帝王之事(68)耳。」乃留其鼓吹、羽儀(69)，謝而遣之。

平規收合餘黨據高唐(70)，燕主寶遣高陽王隆將兵討之；東土之民，素懷隆惠，迎候者屬路(71)。秋，七月，隆進軍臨河(72)，規棄高唐走。隆遣建威將軍慕容進等濟河追之，斬規於濟北(73)。平喜(74)奔彭城(75)。

納(76)故中書令王獻之(77)女為太子妃。獻之，羲之之子也。

魏羣臣勸魏王珪稱尊號，珪始建天子旌旗，出警入蹕[78]，改元皇始。參軍事上谷張恂勸珪進取中原，珪善之。

燕遼西王農悉將[79]部曲數萬口之并州[80]。并州素乏儲偫[81]，是歲早霜，民不能供其食；又遣諸部護軍[82]分監諸胡[83]，由是民夷[84]俱怨，潛召魏軍。八月己亥[85]，魏王珪大舉伐燕，步騎四十餘萬，南出馬邑[86]，踰句注[87]，旌旗二千餘里，鼓行而進。左將軍鴈門[88]李栗將五萬騎為前驅，別遣將軍封真等從東道出軍都[89]，襲燕幽州[90]。

燕征北大將軍、幽・平[91]二州牧、清河公會[92]母賤而年長，雄俊有器藝[93]，燕主垂愛之。寶之伐魏也，垂命會攝東宮事[94]、總錄[95]，禮遇一如太子。及垂伐魏，命會鎮龍城，委以東北之任，國官府佐[96]，皆選一時才望[97]。垂疾篤，遺言命寶以會為嗣；而寶愛少子濮陽公策，意不在會。長樂公盛[98]與會同年，恥為之下，乃與趙王麟共勸寶立策，寶從之。乙亥[99]，立妃段氏為皇后，策為皇太子，會、盛皆進爵為王。策年十一，素惷弱[100]。會聞之，心慍懟。

九月，章武王宙[101]奉燕王垂及成哀段后[102]之喪葬于龍城宣平陵。寶詔宙悉徙[103]高陽王隆參佐、部曲、家屬還中山[104]。會違詔，多留部曲不遣。宙年長屬尊[105]，會每事陵侮之，見者皆知其有異志。戊午[106]，魏軍至陽曲[107]，乘西山[108]，臨晉陽[109]，遣騎環城大譟而去。燕遼西王農出戰，大敗，奔還晉陽，司馬慕輿嵩[110]閉門拒之。農將妻子帥數千騎東走，魏中領將軍[111]長孫肥追之，及於潞川[112]，獲農妻子。燕軍盡沒，農被創，獨與三騎逃歸中山。

魏王珪遂取并州。初建臺省[113]，置刺史、太守、尚書郎[114]以下官，悉用儒生為之。士大夫詣軍門[115]者[2]，無少長，皆引入存慰，使人人盡言；少有才用，咸加擢敘[116]。己未[117]，遣輔國將軍奚牧[3]略地汾川[118]，獲燕丹楊王買德[119]及離石護軍[120]高秀和。以中書侍郎張恂[121]等為諸郡太守，招撫離散，勸課農桑。

燕主寶聞魏軍將至，議于東堂。中山尹[122]苻謨曰：「今魏軍眾彊，千里遠鬭，乘勝氣銳，若縱之使入平土，不可敵也，宜杜險[123]以拒之。」中書令眭邃曰：「魏多騎兵，往來剽速，馬上齎糧，不過旬日。宜令郡縣聚民千家為一堡，深溝高壘，清野以待之。彼至無所掠，不過六旬，食盡自退。」尚書[124]封懿曰：「今魏兵數十萬，天下之勍敵[125]也，民雖築堡，不足以自固，是聚兵及糧以資之[126]也；且動搖民心，示之以弱。不如阻關[127]拒戰，計之上也。」趙王麟曰：「魏今乘勝氣銳，其鋒不可當，宜完守中山，待其弊而乘之。」於是修城積粟，為持久之備。命遼西王農出屯安喜[128]，軍事動靜[129]，悉以委麟。

帝[130]嗜酒，流連內殿，醒日[4]既少，外人罕得進見。張貴人寵冠後宮，後宮皆畏之。庚申[131]，帝與後宮宴，妓樂[132]盡侍。時貴人年近三十，帝戲之曰：「汝以年亦當廢矣，吾意更屬[133]少者。」貴人潛怒。向夕，帝醉，寢於清暑殿。貴人徧飲宦者酒，散遣之，使婢以被蒙帝面，弒之；重賂左右，云「因魘[134]暴崩」。時太子闇弱，會稽王道子昏荒，遂不復推問。王國寶[135]夜叩禁門，欲入為遺詔，侍中王爽[136]拒之，曰：「大行晏駕[137]，皇太子未至，敢入者斬！」國寶乃止。爽，恭之弟也。辛酉[138]，太子[139]即皇帝位，大赦。

癸亥[140]，有司奏：「會稽王道子宜進位太傅、揚州牧，假黃鉞[141]。」詔內外眾事動靜咨之[142]。

安帝幼而不慧，口不能言，至於寒暑飢飽亦不能辨，飲食寢興[143]皆非己出。母弟琅邪王德文，性恭謹，常侍左右，為之節適[144]，始得其宜。

初，王國寶黨附會稽王道子，驕縱不法，屢為御史中丞褚粲[5]所糾[145]。國寶起齋[146]，侔清暑殿[147]，孝武帝甚惡之。國寶懼，遂更求媚於帝而疏道子，帝復寵昵[148]之。道子大怒，嘗於內省[149]面責國寶，以劍擲之，舊好盡矣。及帝崩，國寶復事道子，與王緒[150]共為邪諂，道子更惑之，倚為心腹。遂參管朝權，威震內外，並為時之所疾[151]。

王恭[152]入赴山陵[153]，每正色直言，道子深憚之。恭罷朝，歎曰：「榱棟雖新，便有黍離之歎[154]！」緒說國寶，因恭入朝，勸相王[155]伏兵殺之，國寶不許。道子欲輯和內外[156]，乃深布腹心[157]於恭，冀除舊惡；而恭每言及時政，輒[158]厲聲色[159]。道子知恭不可和協，遂有相圖之志。

或勸恭因入朝以兵誅國寶，恭以豫州刺史庾楷[160]士馬甚盛，黨於國寶，憚之，不敢發。王珣[161]謂恭曰：「國寶雖終為禍亂，要之罪逆未彰，今遽[162]先事而發，必大失朝野之望。況擁彊兵竊發於京輦[163]，誰謂非逆？國寶若遂不改，惡布天下，然後順眾心以除之，亦無憂不濟也。」恭乃止。既而謂珣曰：「比來[164]視君一似胡廣[165]。」珣曰：「王陵廷爭，陳平慎默，但問歲晏何如耳[166]！」

冬，十月甲申[167]，葬孝武帝于隆平陵。王恭還鎮[168]，將行，謂道子曰：「主上諒闇[169]，冢宰之任[170]，伊、周所難[171]；願大王親萬機[172] [6]，納直言，放鄭聲，遠佞人[173]。」國寶等愈懼。

魏王珪使冠軍將軍代人于栗磾[174]、寧朔將軍公孫蘭帥步騎二萬，潛自晉陽開韓信故道[175]。己酉[176]，珪自井陘趨中山。李先[177]降魏，珪以為征東左長史。

西秦涼州牧軻彈與秦州牧益州不平[178]，軻彈奔涼[179]。

魏王珪進攻常山[180]，拔之，獲太守苟延；自常山以東，守宰或走或降，諸郡縣皆附於魏，惟中山、鄴[181]、信都[182]三城為燕守。十一月，珪命東平公儀將五萬騎攻鄴，冠軍將軍王建、左將軍李栗攻信都。戊午[183]，珪進軍中山；己未[184]，攻之。燕高陽王隆守南郭，帥眾力戰，自旦至晡[185]，殺傷數千人，魏兵乃退。珪謂諸將曰：「中山城固，寶必不肯出戰。急攻則傷士，久圍則費糧，不如先取鄴、信都，然後圖之。」丁卯[186]，珪引兵而南。

章武王宙自龍城還，聞有魏寇，馳入薊[187]，與鎮北將軍陽城王蘭乘城固守。蘭，垂之從弟也。魏別將[188]石河頭攻之，不克，退屯漁陽[189]。

珪軍于魯口[190]，博陵[191]太守申永[192]奔河南[193]，高陽[194]太守崔宏[195]奔海渚[196]。珪素聞宏名，遣騎追求，獲之。以為黃門侍郎[197]，與給事黃門侍郎[198]張袞[199]對掌機要，創立制度。博陵令屈遵[200]降魏，珪以為中書令，出納號令，兼總文誥。

燕范陽王德使南安王青等夜擊魏軍於鄴下，破之，魏軍退屯新城[201]。青等請追擊之，別駕[202]韓諱[203]曰：「古人先計而後戰。魏軍不可擊者四：懸軍遠客[204]，利在野戰，一也；深入近畿[205]，頓兵死地[206]，二也；前鋒既敗，後陣方固[207]，三也；彼眾我寡，四也。官軍[208]不宜動者三：自戰其地[209]，一也；動而不勝，眾心難固，二也；城隍[210]未修，敵來無備，三也。今魏無資糧，不如深壘固軍以老[211]之。」德從之，召青還。青，詳之兄也。

十二月，魏遼西公賀賴盧[212]帥騎二萬會東平公儀攻鄴。賴盧，訥之弟也。

魏別部大人[213]沒根[214]有膽勇，魏王珪惡之。沒根懼誅，己丑[215]，將親兵數十人降燕。燕王寶以為鎮東大將軍，封鴈門公。沒根求還襲魏，寶難與重兵，給百餘騎。沒根效其號令[216]，夜入魏營，至中仗[217]，珪乃覺之，狼狽驚走。沒根以所從人少，不能壞其大眾[218]，多獲首虜而還。

楊盛[219]遣使來請命[220]。詔拜盛鎮南將軍、仇池公。盛表[221]苻宣為平北將軍。

是歲，越質詰歸[222]帥戶二萬叛西秦降于秦。秦人處之成紀[223]，拜鎮西將軍、平襄公[224]。

秦隴西王碩德攻姜乳於上邽，乳率眾降。秦以碩德為秦州牧，鎮上邽；徵乳為尚書。強熙[225]、權千成[226]帥眾三萬共圍上邽，碩德擊破之。熙奔仇池，遂來奔[227]。

碩德西擊千成於略陽[228]，千成降。

西燕[229]既亡，其所署河東[230]太守柳恭等各擁兵自守。秦主興遣晉王緒[231]攻之，恭等臨河拒守，緒不得濟。初，永嘉之亂[232]，汾陰[233]薛氏聚其族黨，阻河[234]自固，不仕劉、石[235]。及苻氏[236]興，乃以禮聘薛彊，拜鎮東將軍。彊引秦兵[237]自龍門[238]濟，遂入蒲阪[239]，恭等皆降。興以緒為并、冀二州牧，鎮蒲阪。

【章旨】以上為第四段，寫太元二十一年（西元三九六年）一年間的大事。主要寫了慕容垂率大軍伐魏，慕容農、慕容隆為前鋒，大破魏軍於平城，拓跋虔敗死，魏人大怖，引回陰山；寫了燕將平規叛燕，先被慕容垂擊敗，後被慕容隆派將擊斬之；寫了慕容垂過參合陂見骸骨如山，大慚而病，死於回軍的路上，慕容寶繼位，逼殺了曾建議慕容垂廢除慕容寶的段皇后；寫了魏王拓跋珪即皇帝位，大舉發兵進攻晉陽，守將慕容農迎戰失敗，部將慕輿嵩叛變，魏人遂佔據并州；寫了拓跋珪出井陘道進攻常山，除中山、鄴城、信都三城據守，慕容德破魏軍於鄴城外，其他郡縣皆紛紛降魏；寫了晉孝武帝沉迷酒色，因戲言被張貴人所弒，呆傻的太子司馬德宗即皇帝位，一切生活起居都靠其弟司馬德文照應；寫了王國寶、王緒與司馬道子結黨專權，王恭欲殺之而不敢，矛盾至不可調和；寫了姚興與乞伏乾歸相互攻戰，部將互有叛服，以及涼州呂光即皇帝位等等。

【注釋】❶休官權萬世　休官部落的頭領名叫權萬世。休官是西部地區的少數民族部落名。❷西秦　指乞伏乾歸政權，其都城起始為金城，在今甘肅蘭州西北，後來又改移西苑城，在今甘肅榆中境內。❸發兵冀州　向冀州徵調士兵。冀州的州治即今河北冀州。❹博陵武邑長樂　三郡名，博陵郡的郡治在今河北蠡縣南，武邑郡的郡治即今河北武邑，長樂郡的郡治在今河北冀州。❺魯口　地名，在河北饒陽南的滹沱河上。❻海陽令翰　海陽縣的縣令平翰。海陽縣的縣治在今河北灤縣西，當時屬遼西郡。❼走渡河　指渡過黃河向東南逃竄。❽趣龍城　殺向龍城。趣，意思同「趨」。❾山南　指當地的白狼山、徐元山之南。❿三月庚子　三月二十六。⓫范陽王德　即慕容德，慕容垂之弟。傳見《魏書》卷七十五。⓬青嶺　當時也叫廣昌嶺，在今河北淶源南。⓭天門　在青嶺上的「五回道」兩側，壁立直上，人稱天門。⓮雲中　郡名，郡治即魏都盛樂，在今內蒙古和林格爾北。⓯平城　在今山西大同東北。⓰獵嶺　在夏屋山東北，以魏主常來此行獵故稱。⓱閏月乙卯　閏三月十二。⓲不知所適　不知向哪裡逃好。適，往。⓳頓　停留；駐紮。⓴引還　謂停止對魏人的追擊，撤回其父處。㉑陰山　橫亙在今內蒙古包頭、呼和浩特以北的東西走向的大山。㉒疾轉篤　病情變得嚴重。㉓燕昌城　築城以作紀念，其城在平城北四十里。㉔四月癸未　四月初十。㉕上谷之沮陽　上谷郡的沮陽縣，縣治在今河北懷來東南。當時的沮陽也是上谷郡的郡治所在地。㉖丙申　四月二十三。㉗戊戌　四月二十五。㉘壬寅　四月二十九。㉙五月辛亥　五月初九。㉚夫餘王蔚　夫餘國的國王名餘蔚。當時的夫餘國在今吉林的長春、四平一帶，隸屬於後燕。㉛甲寅　五月十二。㉜司隸校尉　首都及其四郊的地方行政長官，級同刺史。㉝宜都王鳳　即慕容鳳，慕容垂之子，被封為宜都王。㉞乙卯　五月十三。㉟劉該　東晉的將領。㊱鄄城　縣名，縣治在今山東鄄城北。㊲甲子　五月二十二。㊳謝琰　東晉名臣謝安之子，淝水之戰中有功，封望蔡公。傳見《晉書》卷七十九。㊴先段后　第一個姓段的妻子。㊵後段后　第二個姓段的妻子，字元妃，有識見。傳見《晉書》卷九十六。㊶濟世　挽救危亡。㊷遼西高陽二王　指遼西王慕容農與高陽王慕容隆。㊸彊愎　自以為是，頑固不化。㊹晉獻公　春秋時晉國國君，曾聽其寵妃驪姬之讒，殺了太子申生。事見《左傳》僖公四年。㊺范陽王妃　慕容德之妻，慕容德是慕容垂之弟。傳見《魏書》卷九十五。㊻燕祚　燕國的國運。祚，福，這裡指國家的命運。㊼乙丑　五月二十三。㊽主上　指新即位的慕容寶。㊾以全段宗　意謂你若遵命自殺，則可使你娘家滿門不受株連。㊿謀廢適統　指段氏曾建議慕容垂不要立慕容寶為嗣事。(51)不宜成喪　不能按皇后的規格舉行喪葬之禮。(52)眭邃　姓眭名邃。(53)颺言於朝　在朝廷上公開地說。颺，同「揚」。(54)漢安思閻后　東漢安帝劉祜的閻皇后，死後謚曰「思」。閻皇后自己無子，為了專房怙寵又毒死了皇子劉保的母親李氏，不久又向安帝說劉保的壞話，將其廢為濟陰王。安帝死後，閻后為了專權，故意選立安帝的小姪子。後來中黃門孫程等發動政變，誅殺了閻氏一黨，擁立了被廢的劉保，是為順帝。閻皇后如此作惡多端，死後，還照樣被承認是皇后，照樣與其夫一起被供奉在太廟裡。事見《後漢書》卷十。(55)配饗太廟　死後其靈牌仍與安帝的靈牌一起供在太廟裡，接受祭祀。(56)先后曖昧之言　指眾人傳說的段氏建議慕容垂廢除慕容寶事。先后，死去的皇后，「先」是對死去長輩的敬稱。曖昧，渺茫而不清楚的傳聞之辭。(57)六月癸酉　六月初一。(58)廣甯　郡名，郡治即今遼寧北鎮。(59)開封公詳　即慕容詳，慕容皝的曾孫，慕容垂的姪孫。(60)丁亥　六月十五。(61)魏賀太妃　魏王拓跋珪的母親，對拓跋珪多有保護之功。傳見《魏書》卷十三。(62)定士族舊籍　整理士族的舊有譜籍。士族，三國以來各地區在政治經濟各方面享有特權的豪門大族。(63)分辨清濁　評定這些貴族人物品行的高下。當時稱那些有名望而不與權豪同流合汙的為「清流」。(64)罷軍營封蔭之戶二句　當時有些軍中的將領佔有許多佃戶，這些佃戶只向他們交糧，而不向國家納稅，因而使國家收入減少，現在把這些佃戶一律劃歸郡縣，編入戶籍。(65)即天王位　意即自稱皇帝。(66)國號大涼　此即歷史上所說的「後涼」，建都於姑臧，今甘肅武威。呂光於晉孝武帝太元十一年（西元三八六年）建國，至此始稱帝。(67)三甥　三個外甥，其一為石聰，曾譖殺杜進，餘二人不詳。(68)為帝王之事　做帝王應該做的事情，如實行仁義、招賢納士等等。(69)鼓吹羽儀　鼓吹指樂隊，羽儀指儀仗。都是古代官僚、貴族居家與出行所炫耀的排場。(70)據高唐　佔據高唐縣以自立。高唐縣治在今山東高唐東。(71)屬路　相屬於路，一路上接連不斷都是歡迎的人群。(72)臨河　到達黃河西岸，與東岸的高唐縣隔河相望。(73)濟北　郡名，郡治碻磝城，在今山東茌平古黃河南岸。(74)平喜　平規之姪。(75)彭城　郡名，郡治即今江蘇徐州，當時屬東晉。(76)納　收；娶。這句話的主語是晉孝武帝司馬曜。(77)王獻之　王羲之之子，父子都是我國著名的書法家，也是東晉著名的政界人物。傳見《晉書》卷八十。(78)出警入蹕　意即出門時要清道戒嚴。警指帝王出行時的戒嚴，蹕指清道。(79)將　率領。(80)之并州　到并州。之，到；向。并州的州治晉陽，在今山西太原西南。(81)儲偫　指倉庫裡儲存的糧食衣物等。(82)諸部護軍　是指派到其部下各少數民族部落中去的軍政長官。因當時兵民一體，按軍事編制，故稱其官為護軍。(83)分監諸胡　分別管理除鮮卑以外的其他各少數民族。(84)民夷　民指漢民和後燕自己所屬的鮮卑人。夷指其他各少數民族的人。(85)八月己亥　八月二十八。(86)馬邑　縣名，縣治即今山西朔州。(87)踰句注　翻越過句注山。句注山又稱陘嶺，或雁門山，或西陘山，在今山西代縣北。(88)鴈門　郡名，郡治在今山西代縣西南。鴈，通「雁」。(89)軍都　縣名，縣治在今北京市昌平西南。(90)幽州　州治薊縣，即今北京市。(91)平　平州，州治在今遼寧蓋縣西南。(92)清河公會　即慕容會，慕容寶之子，慕容垂之孫。(93)有器藝　有人才、有本領。器，身材氣度。(94)攝東宮事　代管其父慕容寶（時為太子）宮中的一切事務。(95)總錄　總理一切朝政。(96)國官府佐　國官指慕容會之封國，也就是他所在的統轄區的各級軍政長官；府佐指其所任刺史府與將軍府的各級僚屬。(97)皆選一時才望　都是當時有才能、有聲望的人。(98)長樂公盛　即慕容盛，慕容寶的長子。(99)乙亥　八月初四。(100)惷弱　愚蠢而體弱。(101)章武王宙　即慕容宙，慕容垂的族姪，被封為章武王。(102)成哀段后　即前文被逼自殺的慕容垂的第二個姓段的妻子。成哀是她的謚號。(103)徙　調動。(104)還中山　慕容隆原來鎮守龍城，去年因伐魏被調往中山，其參佐、部曲、家屬還留在龍城，今令其都到中山。(105)年長屬尊　年齡、輩分都比慕容會等為高。慕容宙是慕容會、慕容盛等人的族叔。106戊午　九月十八。107陽曲　縣名，縣治在今山西陽曲西南，太原北。108乘西山　登上太原西面的山。乘，登。109臨晉陽　俯視晉陽城。晉陽是當時并州的州治所在地，在今山西太原西南。臨，俯視。110慕輿嵩　與前欲奉慕容麟為變被誅者非一人。111中領將軍　負責統領王朝中央直屬軍隊的軍官名。112及於潞川　追到潞川時追上了。潞川即今之濁漳河，流經今山西長治、潞城一帶。113初建臺省　初次建立王朝的中央機構。因為當時最高的行政機構有中書省、尚書省、御史臺等，故以「臺省」代指朝廷。114尚書郎　尚書省裡各曹的負責官員，猶今之中央各部部長。115詣軍門　到拓跋珪的中軍大門辦事。詣，到達。軍門，指拓跋珪的中軍大門。116咸加擢敘　都予以提拔、任用。117己未　九月十九。118汾川　大約指今山西文水、汾陽一帶的汾河流域。119丹楊王買德　即慕容買德，被封為丹楊王。120離石護軍　在離石縣統管少數民族的軍政長官。當時的離石縣治即今山西離石。121張恂　字洪讓，拓跋珪手下著名的地方官。傳見《魏書》卷八十八。122中山尹　後燕首都中山的最高行政長官。123杜險　堵住險要的關口。124尚書　此指尚書令，負責國家行政的最高長官。125勍敵　強敵；大敵。126以資之　以助之，以留給他們收繳。127阻關　憑藉關塞。128安喜　縣名，縣治在今河北定州東南。129軍事動靜　指戰爭的進行與不進行。130帝　此指晉孝武帝司馬曜。131庚申　九月二十。132妓樂　指歌兒舞女諸人。133更屬　更注意；更看中。134魘　睡夢中像是被什麼東西壓住。135王國寶　王坦之第三子，當時的邪臣，與司馬道子勾結，共同為惡，權震一時。傳見《晉書》卷七十五。136侍中王爽　侍中是皇帝的侍從官員，以備參謀顧問之用，後來形同宰相。王爽是孝武帝王皇后的同胞兄弟，當時大軍閥王恭之弟。137大行晏駕　意即皇帝剛死。大行即指死。舊時以「大行」指已死而尚未正式安葬的皇帝。晏駕是說宮車很晚沒有出來，隱指皇帝死了。晏，晚。138辛酉　九月二十一。139太子　司馬德宗，即後來的晉安帝。140癸亥　九月二十三。141假黃鉞　授予他鍍金大斧，專生殺之權。假，加；授予。142動靜咨之　有什麼情況都向他請示。143寢興　睡覺起床。144為之節適　替他掌握分寸。145所糾　所彈劾。146起齋　所蓋的供讀書或養性怡神的房子。147侔清暑殿　可以和皇宮裡的清暑殿相比美。侔，相比。148寵昵　寵愛、親近。149內省　指宮中。150王緒　王國寶的堂弟。151並為時之所疾　都一起被當時的朝野人士所痛恨。152王恭　字孝伯，孝武帝王皇后的哥哥，當時為前將軍，兗、青二州刺史，駐兵京口（今江蘇鎮江市）。傳見《晉書》卷八十四。153入赴山陵　到朝廷來參加皇帝的葬禮。入，指入京、入朝。154榱棟雖新二句　意謂宮廷建築儘管很新，但讓人感覺到的卻似乎已經是一片廢墟了。暗指司馬道子與王國寶必將葬送東晉王朝。榱棟，屋頂的椽子和大樑，這裡即代表房屋建築。黍離之歎，《詩經》中有〈黍離〉篇，舊說是周朝東遷後，周國大夫出差到西都鎬京，看到舊日宮殿一片荒蕪，長滿了禾黍，內心悲傷，因而發出一種興亡之歎。155相王　指司馬道子，司馬道子當時既是會稽王，又是晉朝的宰相。[156]輯和內外　調和朝內的王國寶與藩鎮勢力王恭等。輯和，安撫、調和。[157]深布腹心　猶言「推心置腹」，以誠相待。[158]輒　往往；總是。[159]厲聲色　厲聲厲色。[160]庾楷　東晉名臣庾亮之孫，當時為西中郎將、豫州刺史，駐兵歷陽（今安徽和縣）。傳見《晉書》卷八十四。[161]王珣　東晉名臣王導之孫，當時為尚書左僕射、征虜將軍。傳見《晉書》卷六十五。[162]遽　突然。[163]京輦　猶言「天子腳下」，皇帝身邊。輦是天子的車駕。[164]比來　近來。[165]一似胡廣　簡直就像胡廣一樣。意思是說王珣依違於權奸之間以保祿位。胡廣是東漢順帝、桓帝、靈帝時的宰相，以不得罪權奸，處處模稜兩可著稱於世。傳見《後漢書》卷四十四。[166]王陵廷爭三句　王陵、陳平都是西漢呂后時的宰相，呂后欲封諸呂為王，王陵信守劉邦舊令，堅決反對；陳平則順從呂后旨意，以為可以。王陵下來後指責陳平不守信義。陳平說：「於今面折廷爭，臣不如君；夫全社稷，定劉氏之後，君不如臣。」最後呂氏一黨果被周勃、陳平等所滅。事見《史記・呂太后本紀》。歲晏，年底。這裡指「最後」、「到頭來」。[167]十月甲申　十月十四。[168]還鎮　回自己軍府所在地，即京口（今江蘇鎮江市）。[169]諒闇　原指天子居喪時所處的廬室，這裡指天子的居喪，不問政事。[170]冢宰之任　在這種時刻作為一個丞相的責任。冢宰，太宰，即丞相。[171]伊周所難　連伊尹、周公那樣的聖賢也感到難以勝任。伊尹是商湯的宰相，湯死後又輔佐過湯的兒子外丙、中王和湯的長孫太甲。周公（姬旦）是周武王的宰相，武王死後又輔佐過武王的兒子成王。伊尹和周公都被後世稱為賢相的楷模。[172]親萬機　親自過問各種政事，不要放任不管。[173]放鄭聲二句　拋棄那種淫荒的靡靡之音，不要讓那些專會說好話的人靠近自己。佞，善說。孔子曾說過：「放鄭聲，遠佞人。鄭聲淫，佞人殆。」見《論語・衛靈公》。[174]于栗磾　鮮卑人，魏國名將，侍拓跋珪、拓跋嗣、拓跋燾三世。傳見《魏書》卷三十一。[175]韓信故道　楚漢戰爭時，韓信由魏、代（今山西境內）出井陘關（今河北井陘西北）攻趙國（今河北南部）的道路。[176]己酉　十月初一是「辛未」，本月中無「己酉」日，疑字有誤。[177]李先　原是西燕慕容永的將領，後歸降慕容寶，今又叛燕降魏。[178]不平　關係不好。[179]奔涼　投奔了武威的呂光後涼政權。[180]常山　郡名，郡治真定，在今河北石家莊東北。[181]鄴　縣名，縣治在今河北臨漳西南，當時也是魏郡的郡治所在地。其守將為慕容寶之叔慕容德。[182]信都　即今河北冀州，當時是長樂郡的郡治和冀州的州治所在地。其守將為慕容寶之弟慕容鳳。[183]戊午　十一月十九。[184]己未　十一月二十。[185]晡　申時，即今下午三時至五時。[186]丁卯　十一月二十八。[187]薊　即今北京市，當時為幽州州治所在地。[188]別將　另一路將領，不是拓跋珪統率的大部隊。[189]漁陽　郡名，郡治在今北京市密雲西南。[190]魯口　在今河北饒陽南的滹沱河上。[191]博陵　縣名，縣治在今河北蠡縣南，當時也是博陵郡的郡治所在地。[192]申永　慕容寶的將領。[193]河南　郡名，郡治即今河南洛陽，當時屬於東晉。[194]高陽　郡名，後燕時的郡治在今河北高陽西南。[195]崔宏　字玄伯，崔浩之父，博學多才。傳見《魏書》卷二十四。(196)海渚　海中的小洲。(197)黃門侍郎　皇帝的侍從人員，掌管文件，傳達詔命。(198)給事黃門侍郎　官名，等於給黃門侍郎的官上再加一個「給事中」，在內廷侍候皇帝，以備參謀顧問。(199)張袞　字洪龍，拓跋珪的佐命元勳。傳見《魏書》卷二十四。(200)屈遵　字子皮，博學多才。傳見《魏書》卷三十三。(201)新城　也叫新興城，在鄴縣附近的肥鄉一帶，當年慕容垂攻鄴時所築。(202)別駕　刺史手下的高級僚屬，助刺史總管諸事，因其隨刺史出行時可以獨乘一輛車，故稱別駕。(203)韓諱　人名。(204)懸軍遠客　遠離本土而寄居於敵方之地。(205)近畿　王城的四郊。畿，京城的郊甸。(206)頓兵死地　把軍隊投放在無援兵、無逃路，只有殊死一戰的地方。(207)方固　仍很穩固；仍很強大。(208)官軍　猶言「王師」，指自己一方的軍隊。(209)自戰其地　在自己的國土上作戰，這樣的軍隊容易遇敵逃散。(210)城隍　城牆與護城河。(211)老　疲憊；消弱，這裡是使動用法，意即消耗他、拖垮他。(212)賀賴盧　《魏書》作「賀盧」，拓跋珪的小舅。傳見《魏書》卷八十三。(213)別部大人　屬拓跋珪統屬的其他少數民族部落頭領。(214)沒根　人名。(215)己丑　十二月二十。(216)效其號令　模仿魏軍號令的樣子。(217)中仗　猶言「中軍」，主帥的辦事與住宿之處。(218)不能壞其大眾　史家寫此在於遺憾慕容寶不能因降人為間以破魏。(219)楊盛　氐族人，楊定之姪，楊氏世代佔據仇池（今甘肅成縣）一帶地區。楊定被乞伏乾歸所殺後，楊盛繼位，自號為秦州刺史、仇池公。傳見《魏書》卷一百一。(220)來請命　來向晉王朝稟告即位，請求加封。(221)表　上書推薦，請求任命。(222)越質詰歸　少數民族部落頭領，西元三九一年率眾歸降乞伏乾歸，今又叛乞伏乾歸而投靠姚興。(223)成紀　縣名，縣治在今甘肅通渭東北。(224)平襄公　以平襄縣為其封地，平襄縣治在今甘肅通渭西。(225)強熙　原是後秦姚興的將領，後來叛變了姚興，逃到秦州一帶。(226)權千成　略陽郡的豪紳。(227)來奔　奔來投歸東晉。(228)略陽　郡名，郡治在今甘肅天水市東北。(229)西燕　指前不久被慕容垂所滅的慕容永政權。(230)河東　郡名，郡治安邑，在今山西夏縣西北。(231)晉王緒　即姚緒，後秦主姚興之叔。(232)永嘉之亂　指西晉懷帝永嘉六年（西元三一二年）匈奴劉聰攻破西晉首都洛陽，俘虜晉懷帝北去事。見本書卷八十七。(233)汾陰　縣名，縣治在今山西萬榮西南。(234)阻河　以黃河為依托。(235)不仕劉石　不做劉姓、石姓三個政權的官。劉，指劉淵、劉聰建立的漢政權（西元三〇四—三一八年），建都平陽（今山西臨汾）；劉曜所建立的前趙政權（西元三一八—三二九年），建都長安（今西安北部）；石勒、石虎等所建立的後趙政權（西元三二八—三五一年），建都鄴城（今河北臨漳西南）。(236)苻氏　指苻健、苻生、苻堅等。(237)秦兵　指後秦姚興的軍隊。薛彊原為苻氏（前秦）鎮東將軍，後秦姚興滅掉苻氏後，薛彊又為姚氏所用，故今引「秦兵」破柳恭。(238)龍門　黃河上的險要隘口，在今陝西韓城東北。(239)蒲阪　縣名，縣治在今山西永濟西。

【校記】①軍 原無此字。據章鈺校，十二行本、乙十一行本、孔天胤本皆有此字，今據補。②者 原無此字。據章鈺校，十二行本、乙十一行本、孔天胤本皆有此字，張敦仁《通鑑刊本識誤》同，今據補。③奚牧 原誤作「奚收」。胡三省注云：「『收』當作『牧』。」嚴衍《通鑑補》改作「奚牧」，今據改。按，《魏書・太祖紀》作「輔國將軍奚牧」。④日 原作「治」。嚴衍《通鑑補》改作「日」，當是，今從改。⑤赭粲 原作「楮粲」。據章鈺校，十二行本、乙十一行本、孔天胤本皆作「赭粲」，今據改。⑥機 原作「幾」。據章鈺校，十二行本、乙十一行本、孔天胤本皆作「機」，今從改。

【語譯】二十一年（丙申 西元三九六年）

春季，正月，後燕高陽王慕容隆率領龍城的軍隊進入都城中山，軍容整肅威武，後燕人的士氣遂逐漸振作起來。

休官部落首領權萬世率領自己的部眾歸降了西秦王乞伏乾歸。

後燕主慕容垂派遣擔任征東將軍的平規到冀州去徵調士兵。二月，平規統領著博陵、武邑、長樂三個郡的士兵在魯口造反；平規的姪子、擔任冀州刺史的平喜極力勸阻，然而平規不聽。平規的弟弟、擔任海陽縣令的平翰也在遼西聚眾起兵，響應平規。後燕主慕容垂派遣鎮東將軍餘嵩率軍征討平規，餘嵩兵敗被殺。慕容垂遂親自率軍去攻打平規，大軍抵達魯口。平規拋棄了部眾，帶著自己的妻兒以及姪子平喜等數十人，渡過黃河向東南逃竄，慕容垂率軍而回。海陽令平翰率領自己的部眾殺向龍城，負責鎮守龍城的錄留臺事兼任幽州刺史的清河公慕容會派遣東陽公慕容根等率軍攻打平翰，將平翰擊敗，平翰逃往白狼山以南。

三月二十六日庚子，後燕主慕容垂留下范陽王慕容德守衛都城中山，自己率領大軍祕密出發，他越過青嶺，穿過天門，鑿山開道，在魏軍完全意料不到的情況下，後燕的大軍直接殺向北魏都城盛樂所在的雲中郡。北魏陳留公拓跋虔率領自己部落的三萬多家鎮守平城。後燕主慕容垂抵達獵嶺，他任命遼西王慕容農、高陽王慕容隆為前鋒襲擊拓跋虔所鎮守的平城。當時，後燕軍被北魏王拓跋珪打敗不久，因此從心裡懼怕魏軍，只有高陽王慕容隆率領的龍城軍勇武精壯，個個奮勇爭先。北魏陳留公拓跋虔一向不設警戒，閏三月十二日乙卯，後燕軍抵達平城的時候，拓跋虔才發覺，於是率領部下匆忙出城迎戰，結果戰敗被殺，後燕軍遂接管了拓跋虔的整個部落。北魏王拓跋珪對後燕軍的突襲成功感到非常的震驚和恐怖，就準備放棄盛樂逃走；而屬下的各部落聽到拓跋虔戰死的消息，對拓跋珪全都有背叛之心，拓跋珪此時不知該逃向哪裡。

後燕主慕容垂在經過參合陂的時候，看見陣亡將士的屍骨堆積如山，於是擺下供品，親自焚香祭奠，全軍將士全都失聲痛哭，哭聲震動了山谷。慕容垂由於過度羞愧、憤怒，竟然口吐鮮血，並因此得病，病得連馬都不能騎乘，只能坐在馬車裡前進，大軍在平城西北三十里的地方駐紮下來。太子慕容寶等得知慕容垂病重的消息，全都率軍返回。後燕軍中的背叛者趕緊跑到北魏軍中告訴說：「後燕主慕容垂已經死了，停放屍體的車子就在燕國的軍隊裡。」北魏王拓跋珪本來想趁機追擊燕軍，後來聽到平城已經失陷、陳留公拓跋虔已經戰死的消息，便率軍返回陰山。

後燕主慕容垂在平城停留了十天，病情逐漸惡化，遂就地修築起燕昌城以作紀念，然後撤軍。夏季，四月初十日癸未，後燕主慕容垂在上谷郡的沮陽縣逝世，太子慕容寶封鎖了慕容垂逝世的消息。二十三日丙申，後燕討伐北魏的大軍返回都城中山。二十五日戊戌，發布了慕容垂去世的消息，為後燕主慕容垂舉辦喪事，給慕容垂上諡號為成武皇帝，廟號世祖。二十九日壬寅，後燕太子慕容寶即位為後燕皇帝，實行大赦，改年號為永康。

五月初九日辛亥，後燕主慕容寶任命范陽王慕容德為都督冀・兗・青・徐・荊・豫六州諸軍事、車騎大將軍、冀州牧，鎮守鄴城；任命遼西王慕容農為都督并・雍・益・梁・秦・涼六州諸軍事、并州牧，鎮守晉陽。又任命安定王庫傉官偉為太師，任命夫餘王餘蔚為太傅。十二日甲寅，任命趙王慕容麟兼任尚書左僕射，高陽王慕容隆兼任尚書右僕射，長樂公慕容盛為司隸校尉，任命宜都王慕容鳳為冀州刺史。

五月十三日乙卯，東晉朝廷任命擔任散騎常侍的彭城人劉該為徐州刺史，鎮守鄄城。〇二十二日甲子，東晉朝廷任命望蔡公謝琰為尚書左僕射。

當初，後燕主慕容垂第一個姓段的妻子生了慕容令、慕容寶，第二個姓段的妻子生了慕容朗、慕容鑒，然而慕容垂卻很喜愛其他姬妾所生的兒子慕容麟、慕容農、慕容隆、慕容柔、慕容熙。慕容寶剛當上太子的時候，聲譽還很好，後來則逐漸地不務正業、懈怠於政事，於是朝廷內外都對他感到失望。第二個段氏皇后曾經對燕主慕容垂說：「皇太子慕容寶如果遭遇的是太平盛世，他完全可以成為一個守衛祖業的合格君主；然而，目前國家舉步維艱，我擔心太子不是挽救國家危亡的材料。遼西王慕容農、高陽王慕容隆，是陛下最賢能的兒子，應該在他們二人當中選擇一位做繼承人，將國家大業託付給他。趙王慕容麟奸猾狡詐，自以為是，頑固不化，將來必定成為國家的禍患，應該早日把他除掉。」太子慕容寶善於討好燕主慕容垂身邊的人，於是這些人便不斷地在慕容垂面前說太子的好話，所以慕容垂認為慕容寶很賢能，便對段氏皇后說：「難道你想讓我做晉獻公那樣的人嗎？」段氏皇后忍不住流下淚來，她退出之後，便對自己的妹妹、范陽王慕容德的王妃說：「皇太子不是君主的材料，天下人全都知道，我為了國家社稷才向主上進言，主上竟然把我看做是向晉獻公進讒言害死太子姬申的驪姬，我的內心是多麼的痛苦啊！我看太子慕容寶必定引導我們燕國走向滅亡，范陽王慕容德有非同一般的才能和度量，如果燕國的國運還沒有走到盡頭，大概會落在范陽王的身上吧？」太子慕容寶和趙王慕容麟聽到之後，對段氏皇后恨之入骨。

五月二十三日乙丑，後燕主慕容寶派趙王慕容麟對段氏皇后說：「皇后曾經說如今的主上不能守住祖先的大業，現在你看他能不能守住祖先大業？你應該早點聽話自殺，以保全你們的段氏家族！」段氏皇后憤怒地說：「你們兄弟二人把逼死母后都不當成一回事，又豈能守住祖先大業呢？我不會吝惜一死，只是擔心國家不久就會滅亡在你們手裡。」於是自殺身亡。慕容寶認為段氏皇后曾經建議先帝慕容垂不要立自己為繼承人，已經失去了母儀天下的資格，因此不應該按照皇后的規格為她舉行喪葬之禮。群臣全都表示贊同。擔任中書令的眭邃卻在朝廷之中公開地說：「做兒子的沒有廢掉母親的道理，東漢安思皇后閻氏親手廢掉了太子劉保，後來劉保即位為漢順帝，閻氏死後，她的牌位仍然被放入漢家太廟，與漢安帝的牌位一起享受祭祀，何況先皇后段氏只是因為幾句含糊不清的話，真假難辨呢？」慕容寶這才為段氏皇后主持喪禮。

六月初一日癸酉，北魏王拓跋珪派遣將軍王建等率軍攻打後燕廣甯郡太守劉亢泥，將劉亢泥斬首，把劉亢泥的部眾全部遷徙到平城。後燕擔任上谷太守的開封公慕容詳放棄了上谷逃走。慕容詳，是燕主慕容皝的曾孫。〇十五日丁亥，北魏王拓跋珪的生母賀太妃去世。

後燕主慕容寶令人整理各地豪門大族的舊有族譜，評定這些貴族人物品行的高下，核對戶口，取消軍營將領佔有佃戶的特權，將受他們庇護的佃戶全部劃歸郡縣，編入戶籍。慕容寶的這些舉措，引起了士民的強烈不滿，於是與朝廷離心離德。

後涼三河王呂光即位為天王，國號大涼，並實行大赦，改年號為龍飛。設置文武百官，立世子呂紹為王太子。後涼天王呂光的子弟中被封為公爵、侯爵的有二十人，任命擔任中書令的王詳為尚書左僕射，任命擔任著作郎的段業等五人為尚書。

後涼天王呂光派遣使者封鮮卑部落首領禿髮烏孤為征南大將軍、益州牧、左賢王。禿髮烏孤對呂光派來的使者說：「呂天王的兒子們貪財好利、荒淫無恥，他的三個外甥殘暴酷虐，無論遠近，民怨沸騰，我怎能違背民心，接受他的不義官爵呢？我要做帝王該做的事罷了。」於是把使者送來的樂隊、儀仗全部留下，令使者向呂光表示歉意，而後將使者送走。

後燕的叛將平規招集起他的殘兵敗將佔據了高唐縣自立，後燕主慕容寶派高陽王慕容隆率軍討伐平規；東部地區的民眾一向感念慕容隆的恩德，前來迎候的絡繹不絕於道路。秋季，七月，高陽王慕容隆率軍挺進到黃河岸邊，平規放棄高唐逃走。慕容隆派遣建威將軍慕容進等渡過黃河追擊平規，在濟北將平規斬首。平規的姪子平喜逃往東晉所屬的彭城。

東晉孝武帝司馬曜為皇太子司馬德宗娶了故中書令王獻之的女兒為太子妃。王獻之，是王羲之的兒子。

北魏群臣全都勸說魏王拓跋珪稱帝，拓跋珪於是開始使用只有天子才能使用的旌旗，出入都有警衛開道，改年號為「皇始」元年。擔任參軍事的上谷人張恂勸說魏王拓跋珪進取中原，拓跋珪認為他說得很對。

後燕遼西王慕容農率領自已屬下的所有部曲數萬口前往并州。并州一向缺乏糧食等各項儲蓄，當年又遭遇早霜，民眾沒有能力供給這麼多人的糧食；慕容農於是又派遣諸部的軍政長官護軍分別去監管除去鮮卑人以外的其他各少數民族部落，於是不論是漢人還是少數民族全都對慕容農心懷怨恨，於是便有人暗中前往北魏，召請北魏出兵。八月二十八日己亥，北魏王拓跋珪率領魏軍大舉討伐後燕，他出動了步兵、騎兵總計四十多萬，南下馬邑，越過句注山，一路之上旌旗招展，前後綿延二千多里，一面擂動戰鼓一面前進。擔任左將軍的雁門人李栗率領五萬騎兵擔任前鋒，拓跋珪另派將軍封真等率軍從東路進發，穿過軍都，襲擊後燕的幽州。

後燕征北大將軍、幽、平二州牧、清河公慕容會的母親雖然出身低賤，但慕容會在燕主慕容寶的兒子中年紀最大，而且長得雄偉英俊，有能力，有氣度，燕主慕容垂最疼愛他。慕容寶率軍討伐北魏的時候，慕容垂令清河公慕容會暫時代管其父親慕容寶東宮之中的一切事務，所享受的待遇同太子一樣，總理一切朝政。等到燕主慕容垂親自率軍伐魏，又令慕容會鎮守龍城，把管理東北地區的重任交付給他，在他所在的統轄區域內，不論是各級軍政長官，還是清河公身邊的僚屬，所選用的都是當時既有聲望又有才幹的人。慕容垂病重期間留下遺言，讓太子慕容寶一定要立慕容會為繼承人；然而，慕容寶卻喜愛小兒子濮陽公慕容策，心思不在慕容會身上。而長樂公慕容盛與慕容會同歲，認為自己的地位處在慕容會之下是一種恥辱，於是便與趙王慕容麟一道勸說慕容寶立慕容策為繼承人，慕容寶聽從了他們的意見。八月初四日乙亥，後燕主慕容寶立太子妃段氏為皇后，立濮陽公慕容策為皇太子，慕容會、慕容盛都進爵為王。新被立為皇太子的慕容策十一歲，素來愚憨而體弱。慕容會得知消息，心裡越加憤怒與怨恨。

九月，後燕章武王慕容宙護送燕主慕容垂與成哀皇后段氏的靈柩安葬於位於龍城的宣平陵。新燕主慕容寶下詔給章武王慕容宙，令他將高陽王慕容隆手下的僚佐、部曲、家屬全部從龍城調回都城中山。而此時仍在鎮守龍城的清河王慕容會沒有按照慕容寶的詔令執行，他將慕容隆的僚佐、部曲留下很多，不准他們前往中山。慕容宙年歲較大，輩分又高，而慕容會一遇機會就陵辱這位年高的長輩，看見慕容會如此行事的人都知道慕容會已經心懷不軌。

九月十八日戊午，北魏討伐後燕的大軍抵達陽曲，然後登上太原西面的山，逼近晉陽，北魏王拓跋珪派遣騎兵圍著晉陽城大聲吶喊鼓噪，然後撤離。後燕遼西王慕容農率領燕軍出戰，結果被北魏軍打得大敗，慕容農逃回晉陽，而屬下擔任司馬的慕輿嵩緊閉晉陽城門，拒絕慕容農入城。慕容農只得帶著妻子兒女，率領著數千名騎兵向東逃走，北魏擔任中領將軍的長孫肥率軍追趕慕容農，追到潞川，俘虜了慕容農的妻子兒女。慕容農所率領的數千名騎兵全部覆沒，慕容農身負重傷，獨自帶領三名騎兵逃回了後燕的都城中山。

北魏王拓跋珪於是佔領了并州全境。拓跋珪開始創建朝廷，他所委任的刺史、太守、尚書郎以下的官員，全部由儒生擔任。士大夫中有前往拓跋珪的中軍大門辦事之人，不論來的人年少年長，拓跋珪全都請入接見，對他們大加撫慰，讓他們暢所欲言；只要有一點才幹，拓跋珪就都予以提拔、錄用。九月十九日己未，北魏王拓跋珪派遣擔任輔國將軍的奚牧率軍前往汾川攻佔土地、擴大地盤，奚牧擒獲了後燕丹楊王慕容買德以及擔任離石縣護軍的高秀和。拓跋珪任命擔任中書侍郎的張恂等為各郡太守，負責招納、安撫那些流亡失散的難民，鼓勵人們從事農業生產。

後燕主慕容寶聽到北魏軍即將前來攻打的消息，便在皇宮太極殿的東堂招集朝廷大臣商討對策。擔任中山尹的苻謨說：「如今魏國的軍隊人數眾多、勢力強盛，遠行千里前來爭鬥，又是乘勝而來，士氣旺盛，如果放任他們進入平原地區，將不可抵擋，應該利用險要設防據守，阻止他們進入平原。」擔任中書令的眭邃說：「魏國軍隊中的騎兵很多，往來奔馳，剽悍迅捷，但僅靠馬背上帶的那點糧食，不夠維持十天。應該命令各郡縣將民眾聚集在一起，每一千家為一個單位，修築堡寨進行自衛，堡寨周圍深挖壕溝，高築圍牆，野外什麼也不留下。魏軍深入之後，什麼東西也搶劫不到，用不了六十天，他們把自己所帶的糧食吃光了自然就會撤走。」擔任尚書的封懿說：「如今魏國大軍有數十萬，是天下最強大的敵人，民眾即使修築起最堅固的堡寨，也保護不住自己，反倒是幫助敵人把兵員和糧食聚集在一起，留給他們收繳；再說，這樣做也動搖了民心，向敵人顯示出我們的懦弱。不如憑藉險要關塞抵抗入侵之敵，才是上策。」趙王慕容麟說：「魏軍乘勝而來，軍隊士氣旺盛，其鋒芒銳不可擋，我們應該完好地守住中山，等到魏軍疲憊不堪之時再趁機攻打他們。」於是加固中山城，積存糧食，做好長久堅守的準備。慕容寶令遼西王慕容農率軍前往安喜屯紮，一切軍事行動全都委託給趙王慕容麟負責。

東晉孝武皇帝司馬曜嗜好飲酒，整日沉醉於後宮，頭腦清醒的時候很少，外面的大臣很難見他一面。張貴人在後宮中最受寵幸，後宮中的其他嬪妃和宮女全都懼怕她。九月二十日庚申，孝武皇帝司馬曜在後宮飲宴，歌兒舞女全都在旁邊侍奉。當時張貴人年近三十，孝武皇帝與她開玩笑說：「如果按照年齡，我也應該把你廢掉了，我心裡更看中年輕的。」張貴人雖然怒不可遏，然而卻沒有流露出來。到了晚間，孝武皇帝又喝得酩酊大醉，躺在清暑殿內。張貴人讓所有的宦官喝了酒，又將他們支開，然後令貼身婢女用被子蒙住孝武皇帝的臉，把孝武皇帝悶死了；張貴人又賄賂身邊的人，說「皇帝是因為在睡夢中被什麼東西壓住，突然駕崩」。當時皇太子愚昧懦弱，又遇上會稽王司馬道子昏庸荒淫，竟然對孝武皇帝的死因沒有進行追究查問。擔任中書令的王國寶夜間去敲皇宮的大門，想要入宮替孝武皇帝撰寫遺詔，擔任侍中的王爽拒絕說：「皇帝已經晏駕，皇太子司馬德宗還沒有趕到，膽敢進入皇宮的殺無赦！」王國寶遂不再要求入宮。王爽，是王恭的弟弟。二十一日辛酉，皇太子司馬德宗即皇帝位，實行大赦。

九月二十三日癸亥，東晉有關部門向晉安帝司馬德宗奏請：「會稽王司馬道子應該晉升太傅、揚州牧，授予他代表生殺大權的鍍金大斧。」晉安帝司馬德宗於是下詔，朝廷內外一切事務、情況都要向會稽王司馬道子請示。

東晉安帝司馬德宗從小就不聰明，也不會說話，就連冬天冷夏天熱，自己的肚子是飢是飽都分辨不清，喝水吃飯、睡覺起床全都不能自理。他同母的弟弟、琅邪王司馬德文卻生性恭敬謹慎，經常在司馬德宗身邊侍奉，替他安排料理、掌握分寸，這才事事處理得宜。

當初，東晉擔任中書令的王國寶依附於會稽王司馬道子，他驕橫放縱、違法亂紀，屢次遭到御史中丞褚粲的彈劾。王國寶所修建的房舍，其形制竟然可以和皇宮中的清暑殿相比美，孝武皇帝司馬曜非常厭惡他。王國寶因為恐懼，遂一改以往的做法，轉而向孝武皇帝司馬曜獻媚邀寵，而逐漸疏遠會稽王司馬道子，孝武帝司馬曜竟然又像以往一樣親近他、寵信他。會稽王司馬道子對此不禁大怒，一次，竟然在皇宮之內當面責備王國寶，並拔出身上的佩劍向王國寶擲去，多年的交情到此就全部結束了。等到孝武皇帝司馬曜駕崩之後，王國寶又回過頭來侍奉司馬道子，他與自己的堂弟、琅邪太守王緒一同用奸邪諂媚的手段博得了司馬道子的歡心，司馬道子把他們當做自己的心腹。王國寶於是得以參與朝政，威權震動了朝廷內外，同時遭到當時朝野之人的痛恨。

東晉王恭進京參加孝武皇帝司馬曜的葬禮，他神情嚴肅，敢於直言，會稽王司馬道子非常忌憚他。王恭罷朝之後歎息著說：「宮廷中的建築雖然很新，而我卻有一種似乎已經是一片廢墟的感覺！」琅邪太守王緒勸說王國寶，讓他趁著王恭入朝的機會，勸說擔任宰相的會稽王司馬道子設伏兵殺死王恭，王國寶沒有同意。司馬道子想要從中調和，使朝廷內外能夠和睦相處，於是對王恭推心置腹，誠心相待，希望以此來化解往日的仇恨；而王恭每次談到當前的政治局勢，就禁不住厲聲厲色，憤恨填膺。司馬道子知道與王恭之間的矛盾不可調和，於是產生了除掉王恭的念頭。

東晉有人勸說王恭，讓他利用入朝的機會起兵誅殺王國寶，王恭因為駐兵歷陽的西中郎將、豫州刺史庾楷勢力很大，手下兵強馬壯，與王國寶結為一黨，因此心存忌憚，不敢動手。擔任左僕射的王珣對王恭說：「王國寶雖然最終必定要製造禍亂，然而目前他謀逆的行跡還沒有完全暴露出來，現在如果突然地搶先下手將他除掉，恐怕會使朝野之人感到失望。何況是手握強大兵權，在天子腳下私自調動軍隊誅殺朝廷官員，誰會認為你不是造反呢？王國寶如果仍然不能知錯改錯，他的罪惡一旦傳遍天下，到那時再順從民意將他剷除，也不用擔憂不會成功。」王恭遂沒有對王國寶採取行動。後來王恭對王珣說：「近來我越看越覺得你像東漢的胡廣。」王珣說：「西漢的王陵因為在呂后面前爭執而失去官位，而陳平則在旁邊態度審慎，沉默不語，只問最終是誰保全了劉氏天下就可以了！」

冬季，十月十四日甲申，東晉將孝武皇帝司馬曜安葬在隆平陵。擔任兗、青二州刺史的王恭準備返回自己的鎮所所在地京口，臨行之時，他對會稽王司馬道子說：「如今皇帝還是在為先皇服喪守孝期間，不能過問政事，大王目前擔負的冢宰重任，就連伊尹、周公那樣的聖賢都感到難以勝任；希望大王能親自過問國家的軍政大事，認真聽取正直的忠言，拋棄那種淫蕩的靡靡之音，不要讓那些專會說好話的人靠近自己。」王國寶等對王恭更加畏懼。

北魏王拓跋珪派遣擔任冠軍將軍的代郡人于栗磾、寧朔將軍公孫蘭率領二萬名步兵、騎兵，祕密地從晉陽往東疏通西漢時期韓信由魏、代出井陘關攻伐趙國時率軍走過的故道。己酉日，北魏王拓跋珪率軍從已經被疏通的韓信故道穿過井陘，直赴後燕的都城中山。投降後燕的故西燕祕書監李先此時又投降了北魏，北魏王拓跋珪任命李先為征東左長史。

西秦涼州牧乞伏軻彈與秦州牧乞伏益州關係不和，乞伏軻彈遂投奔了後涼天王呂光。

北魏王拓跋珪率軍進攻後燕所屬的常山郡，將常山郡攻克，俘虜了擔任常山郡太守的苟延；然後從常山往東，後燕各郡縣的太守、縣令聽到風聲便有的逃走，有的投降，各郡縣全都歸附了北魏，只有都城中山、鄴城、信都三座城池還被後燕人堅守。十一月，拓跋珪命東平公拓跋儀率領五萬名騎兵攻打鄴城，命冠軍將軍王建、左將軍李栗攻取信都。十九日戊午，魏王拓跋珪親自率軍向後燕的都城中山進發；二十日己未，開始攻打中山。後燕高陽王慕容隆守衛南部城郭，他率軍奮勇作戰。從早晨一直堅持戰鬥到下午四、五點鐘，殺傷了數千名北魏軍，才將北魏軍打退。拓跋珪對屬下諸將說：「中山城很堅固，燕主慕容寶一定不會出城作戰。我們猛烈攻城必定會造成戰士的大量傷亡，長久圍困中山則靡費糧食，不如先攻取鄴城、信都，最後再想辦法攻取中山。」二十八日丁卯，拓跋珪率領大軍南下。

後燕章武王慕容宙從龍城返回中山途中，聽說有魏軍入侵，便騎馬飛速進入薊城，與擔任鎮北將軍的陽城王慕容蘭一起登上城牆堅守。慕容蘭，是故燕主慕容垂的堂弟。北魏的另一名將領石河頭率軍攻打薊城，沒有攻克，遂退往漁陽駐紮。

北魏王拓跋珪將大軍駐紮在魯口，後燕擔任博陵太守的申永放棄魯口逃往東晉的河南郡，高陽太守崔宏逃往東方的海島。拓跋珪早就聽說過崔宏的名字，於是派騎兵追趕崔宏，將崔宏捉獲。拓跋珪任命崔宏為黃門侍郎，讓他與擔任給事黃門侍郎的張袞共同掌管朝廷機要，創立各項制度。後燕擔任博陵縣令的屈遵投降了北魏，北魏王拓跋珪任用屈遵為中書令，負責接受朝臣的奏章、傳達皇帝的詔令，兼管撰寫、發布各種文告。

後燕范陽王慕容德派遣南安王慕容青等在夜幕的掩護下偷襲鄴城之下的魏軍，將攻擊鄴城的魏軍打敗，魏軍退往新城駐紮。慕容青請求率軍追擊，擔任別駕的韓諄說：「古人都是先謀劃好了再出戰。對魏軍不可追擊，其原因有四：魏軍遠離本土、孤軍深入敵方之地，對他們有利的就是與燕軍在野外作戰，這是第一點；魏軍深入到燕國都城近郊的薊城，把軍隊投放在既無援軍又無退路的死亡之地，只有拚死作戰才有生路，這是第二點；魏軍雖然前鋒部隊遭遇失敗，然而後面的部隊依然很穩固、很強大，這是第三點；魏軍人數多，而我軍人數少，眾寡不敵，這是第四點。而我軍不適宜出戰有三個理由：在自己的土地上作戰，這樣的軍隊很容易遇到敵人就潰散，這是第一點；出戰如果不能取勝，軍心就容易動搖、瓦解，這是第二點；薊城的城池並不堅固，需要修建，敵軍來攻，無法防守，這是第三點。如今魏軍缺少糧草，我們不如深挖壕溝、增高城牆，穩固軍心，將魏軍拖得筋疲力盡之時再出城與魏軍交戰。」慕容德聽從了韓諄的意見，將慕容青召回。慕容青，是慕容詳的哥哥。

十二月，北魏遼西公賀賴盧率領二萬名騎兵與東平公拓跋儀聯合攻打鄴城。賀賴盧，是賀蘭部落首領賀訥的弟弟。

北魏拓跋珪所統領的另一少數民族部落首領沒根有膽識又驍勇善戰，北魏王拓跋珪很厭惡他。沒根害怕遭到拓跋珪的誅殺，十二月二十日己丑，他率領著自己的數十名親兵投降了後燕。後燕主慕容寶任命沒根為鎮東大將軍，封他為雁門公。沒根請求回軍襲擊魏軍，慕容寶不肯將重兵交付給他，只撥給他一百多名騎兵。沒根模仿著魏軍的號令，深夜進入魏軍營寨，一直到達魏王拓跋珪的中軍大帳，拓跋珪才發覺，慌忙之中狼狽逃走。沒根因為率領的人少，不能擊敗人數龐大的魏軍，卻也殺死了魏軍中不少的將領，而後返回中山。

自稱秦州刺史、仇池公的楊盛派遣使者到東晉的京師建康，向朝廷稟告即位，請求朝廷加封。東晉安帝司馬德宗下詔任命楊盛為鎮南將軍、仇池公。鎮南將軍、仇池公楊盛上疏舉薦故秦國太子苻宣為平北將軍。

這一年，西秦擔任立義將軍的越質詰歸率領二萬戶背叛了西秦王乞伏乾歸，投降了後秦。後秦將他們安置在成紀，任命越質詰歸為鎮西將軍、平襄公。

後秦隴西王姚碩德率軍攻打天水人姜乳所佔據的上邽，姜乳率領部眾向後秦投降。後秦王姚興任命姚碩德為秦州牧，鎮守上邽；把姜乳召回京師長安，任命為尚書。強熙、權千成率領三萬人眾共同包圍上邽，被後秦鎮守上邽的秦州牧姚碩德擊敗。強熙逃往仇池，隨後又來投奔東晉。姚碩德率軍乘勝攻打權千成所據守的略陽，權千成向後秦投降。

西燕已經被後燕滅掉，但西燕所任命的河東太守柳恭等都擁有各自的武裝，並依靠這些武裝守衛著自己的地盤。後秦主姚興派遣晉王姚緒率軍攻打柳恭，柳恭沿著黃河布防，姚緒無法渡河作戰。當初，西晉永嘉年間國家大亂之時，汾陰薛氏組織起自己的族人、同鄉，依靠黃河天險，守衛著自己的家園，既不在劉氏所建立的前趙做官，也不在石氏所建立的後趙做官。等到苻氏建立秦國之後，秦主以禮徵聘薛彊，任命薛彊為鎮東將軍。此時薛彊率領後秦軍從龍門渡過黃河，佔據了蒲阪，柳恭等只好全部投降。後秦主姚興任命姚緒為并、冀二州牧，鎮守蒲阪。

【研　析】本卷寫孝武帝太元十七年（西元三九二年）至二十一年共五年間的各國大事，其中最重要、最值得討論的有以下幾件：

其一是寫了慕容垂一生最後的輝煌。慕容垂早在前燕時就有多次卓絕的表現，受到了慕容恪的極大推崇。淝水之戰後脫離苻堅，也表現得有情有義，不像姚萇那樣狡猾奸詐，沒有人性。在北方重又出現群雄並起時，慕容垂打敗慕容永，滅了西燕；又命慕容農等掃蕩齊、魯、幽、冀，遍置守宰，建立了後燕政權。比較遺憾的是他不聽段夫人的建議，不立慕容農、慕容隆，而立了平庸的慕容寶；而且又派慕容寶率大軍討伐魏國，結果招致了慘痛的參合陂之敗。這場失敗猶如戰國時期的長平之敗之於趙國，和三國時期的彝陵之敗之於西蜀，都極大地削弱了其國家政權的力量，使之由強轉入了衰微，乃至最後滅亡。但慕容垂畢竟強於劉備，他收拾餘燼，親統伐魏，命慕容農、慕容隆為前鋒，大破魏軍於平城，拓跋虔敗死，魏人大怖，只好逃到了陰山以北。慕容垂在勝利回師的路上經過參合陂，他見到如同山積的被殺燕軍的屍骨，於是慚悔而病，死於回燕的途中。《晉書》本傳稱慕容垂：「天資英傑，威震本朝，以雄略見猜而庇身寬政……淮南失律，三甥之謀已構；河朔分麾，五木之祥雲啟。斬飛龍而遐舉，踰石門而長邁。遂使翟氏景從，鄴師宵遁，收羅趙魏，驅駕英雄。叩囊餘奇，摧五萬於河曲；浮船祕策，招七郡於黎陽。返遼陰之舊物，創中山之新社，類帝禋宗，僭擬斯備。夫以重耳歸晉，賴五臣之功；句踐紿吳，資五千之卒。惡有業同二霸，眾微一旅；掎拔而傾山嶽，騰嘯而御風雲！」慕容垂的確是十六國時代的傑出人物，可以和苻堅、石勒等齊名！

其二是《通鑑》寫慕容農前後判若兩人，令人不可理解。慕容農在其父慕容垂在世時，英姿勃勃，既是百戰百勝的統帥，又是治理政事的奇才。〈晉紀〉二十七曾寫了他智破丁零人翟真時的精彩情景；〈晉紀〉二十八又寫了他收復遼東、遼西後「創立法制，事從寬簡，清刑獄，省賦役，勸課農桑，居民富贍，四方流民前後至者數萬口」的感人表現。但就是這樣一位可與當年其叔慕容恪相比美的人物，在其父慕容垂死後竟變得極其萎靡卑劣：先是魏主拓跋珪大舉進攻晉陽，時任晉陽守將的慕容農迎戰失敗，再加有部將慕輿嵩的叛變，魏人遂佔據并州，完全看不出慕容農有何作為。待至後燕主慕容寶的兒子慕容會陰謀叛亂，慕容寶想除掉此子時，慕容農姑息調和，終於使慕容會得手，導致大將慕容隆被殺，慕容農骨破見腦，僅未及死（見下卷）。接著野心家蘭汗又勾結慕容寶身邊的侍衛造反，圍攻慕容寶、慕容農等於龍城。在城中守兵很少，防衛極其艱難的情勢下，慕容農「恐不能守」、「冀以自全」，乃偷偷越城而出，投奔了叛亂分子。當時城內尚拒戰甚力，叛亂分子遂拉著慕容農在城下徇行示眾，「農素有忠節威名，城中之眾恃以為彊，忽見在城下，無不驚愕喪氣，遂皆逃潰。」這是一種何等不堪入目的情景！最後，慕容農仍被叛亂分子所殺。胡三省曾於此處評論說：「農號為有智略，乃欲投段速骨以自全，不知適以速死，殆天奪之鑑也。」光用個「天奪之鑑」來解釋，不能令人滿意，我認為必須從歷史家的寫法上找原因。這是由於不通觀全人，不注意寫人物的精神、思想，才造成這種前後矛盾、相互衡絕的現象。古代小說中也不乏這種例子，《兒女英雄傳》中的十三妹就是前後明顯衡絕的一個。

其三，本卷寫姚萇的事跡是相當精采的。《晉書》稱姚萇是「姦傑」，說他「在茲姦略，實冠凶徒」。他在兵敗走投無路的時候歸順了苻堅，而在苻堅兵敗於淝水時，他立刻脫離苻堅，與苻堅刀兵相見，並最後將苻堅殺死。他接著與苻登作戰，當形勢不利時，他在軍中供起了苻堅的神像，乞求苻堅諒解他，不要為難他；待乞求不見效果，戰場仍然失敗時，他又毀了神像，將神像的頭顱割下來。他還學著劉邦的樣子，問群臣他是一個何等的君主，他像劉邦品評蕭何、張良、韓信一樣地品評了他的兄長姚襄，指出了他們兄弟之間的差異。本卷在寫到他臨死前的部署說：「後秦主萇召太尉姚旻、僕射尹緯、姚晃、將軍姚大目、尚書狄伯支入禁中，受遺詔輔政。萇謂太子興曰：『有毀此諸公者，慎勿受之。汝撫骨肉以恩，接大臣以禮，待物以信，遇民以仁，四者不失，吾無憂矣。』姚晃垂涕問取苻登之策，萇曰：『今大業垂成，興才智足辦，奚所復問？』」真是簡單明確，要言不煩，表現了一個政治家的超凡風度。姚萇是一個很有意思的個性極其鮮明的人。

其四，關於孝武帝被殺與傻兒子司馬德宗繼位為帝。《通鑑》寫這兩件事情的過程說：「帝嗜酒，流連內殿，醒日既少，外人罕得進見。張貴人寵冠後宮，後宮皆畏之。庚申，帝與後宮宴，妓樂盡侍。時貴人年近三十，帝戲之曰：『汝以年亦當廢矣，吾意更屬少者。』貴人潛怒。向夕，帝醉，寢於清暑殿。貴人徧飲宦者酒，散遣之，使婢以被蒙帝面，弒之；重賂左右，云『因魘暴崩』。」事後竟無一人過問，於是傻兒子司馬德宗繼位為帝，這就是歷史上的晉安帝。「安帝幼而不慧，口不能言，至於寒暑飢飽亦不能辨，飲食寢興皆非己出。母弟琅邪王德文，性恭謹，常侍左右，為之節適，始得其宜。」對於這種奇特的現象，胡致堂發掘其幕後的原因說：「道子不討弒君之賊，亦豈昏荒之故哉？嘗與帝有隙，既未能忘；無乃有意於干天位耶？使其忠存帝室，登時推問，執罪人而戮之，建立琅邪王德文，則晉祚靈長，亦以休顯矣。智不出此，乃樹立不惠，使大權歸己；又私其子，子復奪之，以召藩鎮之亂，身既廢徙，國亦隨喪，其未聞霍子孟、諸葛公之所為乎？」王夫之《讀通鑑論》說：「國之亡，類亡於淫昏暴虐之主，而晉獨不然，前有惠帝，後有安帝，皆行尸視肉，口不知味，耳不知聲者也。乃惠帝之嗣也，衛瓘爭之矣，和嶠爭之矣，賈氏飾偽以欺武帝，而武帝姑息以不決。若安帝則上下無異辭，而坐聽此不知寒暑飢飽者之為神人主。夫孝武之淫昏，誠無百年之慮矣；而何大臣之漠然不念也？司馬道子利其無知而擅之，固已；王恭猶皎皎者，而抑緘默以處此也，何哉？恭方與道子為難，恐道子執廢嫡以為名而行其誅逐，天下不知安帝之果不勝任，而被恭以逆名，恭所不敢任也。道子爭權，而人皆懷貳，豈徒恭哉？謝安且不敢任而抱東山之志。舉國昏昏，授天下於聾瞽，而晉以亡，天也？抑人任其咎矣？夫安功在社稷，言即不庸，必無覆宗之禍，何恤而不為君父任知罪之權？若恭也，與其稱兵而死於劉牢之之手也，則何如危言國本以身殉宗社乎？見義不為而周章失措，則不勇者不可與託國，信夫！」

卷第一百九

晉紀三十一 強圉作噩（丁酉 西元三九七年），一年。

【題 解】本卷寫晉安帝隆安元年（西元三九七年）一年間的東晉與各國的大事。主要寫了魏將拓跋儀、賀賴盧率軍攻燕鄴城，被鄴城守將慕容德所破；魏王拓跋珪攻克燕城信都後，國內出現叛亂，拓跋珪向燕求和，慕容寶不許，趁勢進攻魏軍，被拓跋珪反擊打敗；寫了慕容寶守中山，慕容隆多次請戰，慕容寶皆不許而坐失機宜；寫了慕容麟欲弒慕容寶未果，逃向西山；寫了慕容寶率眾北返龍城，魏軍追擊之，被慕容隆所破；寫了慕容寶之子慕容會作亂，襲殺慕容隆，傷慕容農，圍攻慕容寶，被慕容寶部將高雲等打敗，慕容會逃到中山，被中山守將慕容詳所殺；寫了慕容詳被逃居西山的叛變分子慕容麟所襲殺，慕容麟在中山自稱皇帝，與魏王拓跋珪相對抗，最後被拓跋珪大破於義臺，慕容麟逃到鄴城投慕容德，與慕容德一同移兵就慕容和於滑臺，魏王拓跋珪遂佔據中山；寫了後涼的呂光政權日益衰朽，先後被西秦王乞伏乾歸與佔據金城的禿髮烏孤所敗；呂光政權下的太常郭黁以謠言惑眾起兵反呂光，佔據姑臧之東城，呂光之弟呂纂打敗郭黁，郭黁乃與禿髮烏孤的勢力勾結起來；張掖地區的盧水胡沮渠蒙遜為報呂光殺其二伯之仇，聚眾攻克臨松郡，與其堂兄沮渠男成擁立涼州之建康郡守段業為首領，段業自稱涼王；寫了駐兵京口的東晉軍閥王恭抗表請誅王國寶，舉兵向建康，野心家桓玄慫恿荊州軍閥殷仲堪與之相應合；司馬道子為求息事，殺了王國寶、王緒，兩路軍閥之兵暫撤；司馬道子任其子元顯統衛府兵眾，以防王、殷；此外還寫了後秦主姚興攻佔晉之湖城、陝城、上洛，又攻洛陽不克，掠其民二萬戶以歸；姚興勤於政事，延納善言，得古成詵、杜瑾、姜龕等而用之，深得其力等等。

安皇帝甲

隆安元年（丁酉　西元三九七年）

春，正月己亥朔❶，帝加元服❷，改元❸。以左僕射王珣為尚書令；領軍將軍王國寶為左僕射，領選❹，仍加後將軍、丹楊尹。會稽王道子悉以東宮兵配國寶❺，使領之。

燕范陽王德求救於秦，秦兵不出，鄴中恟懼❻。賀賴盧自以魏王珪之舅，不受東平公儀❼節度，由是與儀有隙。儀司馬丁建陰與德通，從而構間❽之，射書入城中言其狀。甲辰❾，風霾晝晦❿。賴盧營有火，建言於儀曰：「賴盧燒營為變矣。」儀以為然，引兵退。賴盧聞之，亦退。建帥其眾詣德降，且言儀師老⓫可擊。德遣桂陽王鎮、南安王青帥騎七千追擊魏軍，大破之。

燕王寶使左衛將軍慕輿騰攻博陵，殺魏所置守宰。

王建等攻信都⓬，六十餘日不下，士卒多死。庚申⓭，魏王珪自攻信都。王戊[14]夜，燕宜都王鳳踰城奔中山。癸亥[15]，信都降魏。

涼王光以西秦王乾歸數反覆，舉兵伐之。乾歸羣下請東奔成紀[16]以避之。乾歸曰：「軍之勝敗，在於巧拙，不在眾寡。光兵雖眾而無法，其弟延勇而無謀，不足憚也。且其精兵盡在延所，延敗，光自走矣。」光軍于長最[17]，遣太原公纂[18]等帥步騎三萬攻金城[19]；乾歸帥眾二萬救之，未至，纂等拔金城。光又遣其將梁恭等以甲卒萬餘出陽武下峽[20]，與秦州刺史沒弈干[21]攻其東，天水公延[22]以枹罕[23]之眾攻臨洮[24]、武始、河關[25]，皆克之。乾歸使人紿延[26]云：「乾歸眾潰，奔成紀。」延欲引輕騎追之，司馬耿稚諫曰：「乾歸勇略過人，安肯望風自潰？前破王廣、楊定[27]，皆羸師[28]以誘之。今告者視高色動[29]，殆[30]必有姦。宜整陳而前，使步騎相屬[31]，俟[32]諸軍畢集，然後擊之，無不克矣。」延不從，進，與乾歸遇，延戰死。稚與將軍姜顯收散卒，還屯枹罕。光亦引兵還姑臧。

禿髮烏孤自稱大都督、大將軍、大單于、西平王，大赦，改元太初[33]。治兵廣武[34]，攻涼金城，克之。涼王光遣將軍竇苟伐之，戰于街亭[35]，涼兵大敗。

燕主寶聞魏王珪攻信都，出屯深澤[36]，遣趙王麟攻楊城[37]，殺守兵三百。寶悉出珍寶及宮人募郡國羣盜以擊魏。

二月己巳朔[38]，珪還屯楊城。沒根[39]兄子醜提為并州監軍，聞其叔父降燕，懼誅，帥所部兵還國[1]作亂。珪欲北還，遣其國相涉延求和於燕，且請以其弟為質。寶聞魏有內難，不許；使冗從僕射[40]蘭真責珪負恩，悉發其眾步卒十二萬、騎三萬七千屯於曲陽[41]之柏肆[42]，營於滹沱水[43]北以邀[44]之。丁丑[45]，魏軍至，營於水南。寶潛師夜濟，募勇敢萬餘人襲魏營，寶陳於營北以為之援。募兵因風縱火，急擊魏軍。魏軍大亂，珪驚起，棄營跣走[46]；燕將軍乞特真帥百餘人至其帳下，得珪衣鞾。既而募兵無故自驚，互相斫射。珪於營外望見之，乃擊鼓收眾，左右及中軍將士稍稍[47]來集，多布火炬於營外，縱騎衝之[48]。募兵大敗，還赴寶陳[49]，寶引兵復渡水北。戊寅[50]，魏整眾而至，與燕相持，燕軍奪氣[51]。寶引還中山，魏兵隨而擊之，燕兵屢敗。寶懼，棄大軍，帥騎二萬奔還。時大風雪，凍死者相枕。寶恐為魏軍所及，命士卒皆棄袍仗、兵器數十萬，寸刃不返，燕之朝臣將卒降魏及為魏所係虜者甚眾。

先是，張袞嘗為魏王珪言燕祕書監崔逞[52]之材。珪得之，甚喜，以逞為尚書[53]，使錄三十六曹[54]，任以政事。

魏軍士有自柏肆亡歸者，言大軍敗散，不知王處。道過晉陽，晉陽守將封真因起兵攻并州刺史曲陽侯素延，素延擊斬之。南安公順(55)守雲中，聞之，欲自攝(56)國事。幢將(57)代人莫題曰：「此大事，不可輕爾(58)，宜審待後問(59)；不然，為禍不細。」順乃止。順，什翼犍[2]之孫也。賀蘭部帥附力眷(60)、紇鄰部帥匿物尼、紇奚部帥叱奴根皆舉兵反，順討之，不克。珪遣安遠將軍庾岳帥萬騎還討三部，皆平之，國人乃安。

珪欲撫慰新附，深悔參合之誅(61)，素延坐(62)討反者殺戮過多免官；以奚牧(63)為并州刺史。牧與東秦(64)主興書稱「頓首」，與之均禮(65)。興怒，以告珪，珪為之殺牧。

己卯(66)夜，燕尚書郎慕輿皓謀弒燕主寶，立趙王麟；不克，斬關出奔魏。麟由是不自安。

【章　旨】以上為第一段，寫安帝隆安元年（西元三九七年）第一、二兩個月間的大事。主要寫了魏將拓跋儀、賀賴盧率軍攻燕鄴城，拓跋儀部將丁建潛通鄴城守將慕容德，慕容德大破魏軍；寫了魏王拓跋珪攻克燕城信都後，國內出現叛亂，拓跋珪向燕求和，慕容寶不許。魏有降人請為燕內應襲魏軍，燕軍配合不力，拓跋珪反擊燕軍，燕軍大敗，逃回中山；寫了後涼王呂光攻乞伏乾歸，由於部將呂延輕敵，被乞伏乾歸所敗；寫了禿髮烏孤攻涼金城克之，涼王呂光攻禿髮烏孤，又被禿髮烏孤所敗；寫了燕國慕輿皓欲殺慕容寶，改立慕容麟，不成逃魏，慕容麟由是不自安等等。

【注　釋】❶正月己亥朔　正月初一是己亥日。❷加元服　行加冠禮。元服，帽子，這裡指皇冠。從這天起司馬德宗正式戴皇冠，用自己的年號。❸改元　在此以前是孝武帝的年號「太元」(西元三七六—三九六年)。❹領選　兼管選任官員的事務，即兼任吏部尚書。❺悉以東宮兵配國寶　把原來護衛太子宮的部隊全部交給王國寶統領。配，調歸。❻恟懼　恐懼。❼東平公儀　即拓跋儀，拓跋珪的堂兄弟。傳見《魏書》卷十五。❽構間　離間其關係，挑撥拓跋儀與賀賴盧的矛盾。❾甲辰　正月初六。❿風霾晝晦　大風揚塵，白天變得像黑夜。⓫師老　軍隊疲憊，無戰鬥力。⓬信都　即今河北冀州，當時為長樂郡郡治與冀州的州治所在地。⓭庚申　正月二十二。⓮壬戌　正月二十四。⓯癸亥　正月二十五。⓰成紀　縣名，縣治在今甘肅通渭東北。⓱長最　城名，在今甘肅永登南。⓲太原公纂　即呂纂，呂光的庶長子。傳見《晉書》卷一百二十二。⓳金城　郡名，郡治在今蘭州西北。⓴出陽武下峽　經由陽武下峽。陽武下峽在甘肅高平(今寧夏固原)西。㉑沒弈干　人名，呂光的部下。㉒天水公延　即呂延，呂光之弟。㉓枹罕　縣名，縣治在今甘肅臨夏東北。㉔臨洮　縣名，縣治即今甘肅岷縣。㉕河關　縣名，縣治即今青海同仁。㉖紿延　欺騙呂延。㉗前破王廣楊定　此語不確，破楊定在太元十九年，是乞伏乾歸所為；而王廣乃被鮮卑人所俘，在太元十一年，其時乞伏國仁當國，非乾歸事也。㉘羸師　故意示敵以弱形。㉙視高色動　眼睛向上看，神色不正常。㉚殆　大概；恐怕。㉛相屬　相連；緊緊靠攏。㉜俟　等待。㉝改元太初　禿髮烏孤前曾稱臣於呂光，今乃自稱西平王，年號「太初」，《通鑑》行文作「改元」，似乎不當。㉞廣武　郡名，郡治在今甘肅永登東南。㉟街亭　古軍事要地，在今甘肅永登西北。㊱深澤　縣名，即今河北深澤。㊲楊城　村鎮名，在今河北順平境內，當時屬魏。㊳二月己巳朔　二月初一是己巳日。㊴沒根　拓跋珪的勇將，因受嫌惡，於上年叛魏，降後燕。㊵宂從僕射　帝王的散職侍從官的小頭領。㊶曲陽　縣名，縣治在今河北曲陽西。㊷柏肆　村鎮名。㊸滹沱水　發源於山西西部，流經今河北平山、正定、深澤等縣，東北至天津市入海。㊹邀　截擊。㊺丁丑　二月初九。㊻跳走　光著腳逃走了。㊼稍稍　逐漸。㊽縱騎衝之　胡三省曰：「敵出其不意，故走；見敵之不整，乃還戰，善用兵者固觀變而動也。」㊾還赴寶陳　回到慕容寶的隊伍裡。陳，同「陣」。軍陣。㊿戊寅　二月初十。(51)奪氣　喪氣。(52)祕書監崔逞　祕書監是祕書省的最高長官，為皇帝主管圖書祕籍。崔逞，字叔祖，好學有文才。傳見《魏書》卷三十二。(53)尚書　這裡實際等於尚書令，因為尚書臺所屬的三十六曹都歸他統轄。(54)錄三十六曹　錄，統管；總理。三十六曹，即吏部、駕部、金部、農部、水部等三十六曹。(55)南安公順　即拓跋順，拓跋珪的姪子。傳見《魏書》卷十五。(56)攝　代理。(57)幢將　北魏宮廷衛隊的將領，上屬於都統長。(58)輕爾　輕易如此。(59)審待後問　注意等待後來的消息。審，認真。問，通「聞」。消息。(60)賀蘭部帥附力眷　此人與下述匿物尼、叱奴根三人，都是少數民族頭領名。這三個部落頭領於孝武帝太元十五年被拓跋珪打敗投降魏國事，見本書卷一百七。❻❶參合之誅　當時拓跋珪打敗後燕，俘獲後燕人四、五萬，全部將其活埋。事見本書卷一百八孝武帝太元二十年。❻❷坐　由於；因為……而犯罪。❻❸奚牧　拓跋珪的功臣。傳見《魏書》卷二十八。❻❹東秦　即姚興的後秦，因為這時西方還有一個乞伏乾歸的「西秦」，故對姚興政權以「東秦」別之。❻❺均禮　行對等之禮。❻❻己卯　二月十一。

【校　記】①國　張敦仁《通鑑刊本識誤》作「縣」。②什翼犍　原誤作「什翼鞬」。據章鈺校，十二行本、乙十一行本、孔天胤本皆作「什翼犍」，今據改。

【語　譯】安皇帝甲

隆安元年（丁酉　西元三九七年）

春季，正月初一日己亥，東晉安帝司馬德宗行加冠禮，改年號為「隆安」元年。任命擔任左僕射的王珣為尚書令；任命擔任領軍將軍的王國寶為左僕射，兼任負責選拔官員事務的領選，仍然加授後將軍、丹楊尹。會稽王司馬道子把原來護衛東宮的部隊全部交給王國寶統領。

後燕范陽王慕容德派使者前往後秦的都城長安請求後秦出兵相救，遭到後秦的拒絕，鄴城之中人人惶恐不安。北魏遼西公賀賴盧因為自己是北魏王拓跋珪的舅舅，因此不肯接受東平公拓跋儀的指揮，遂與拓跋儀產生了矛盾。在拓跋儀手下擔任司馬的丁建暗中與後燕范陽王慕容德勾結，並趁機在賀賴盧與拓跋儀之間進行挑撥離間，他把寫好的情報綁在箭上射入鄴城中。正月初六日甲辰，大風突然颳起，揚起的灰塵鋪天蓋地，遮住了陽光，大白天變得如同黑夜。北魏遼西公賀賴盧的營寨發出火光，拓跋儀的司馬丁建趁機警告拓跋儀說：「賀賴盧正在燒毀營寨，恐怕要發動叛變。」拓跋儀同意丁建的看法，於是率軍撤走。賀賴盧聽到拓跋儀撤退的消息後，也率軍而退。丁建趁機率領自己的黨羽向慕容德投降，並且告訴慕容德說，拓跋儀的軍隊已經疲憊不堪，可以率軍追擊。慕容德於是派桂陽王慕容鎮、南安王慕容青率領七千名騎兵追擊北魏軍，將北魏軍打得大敗。

後燕主慕容寶派左衛將軍慕輿騰率軍攻打北魏所屬的博陵，殺死了北魏所設置的郡守和縣令。

北魏王建率大軍攻打後燕的信都，攻打了六十多天也沒有攻克，而士卒卻犧牲了很多。正月二十二日庚申，北魏王拓跋珪親自率軍攻打信都。二十四日壬戌夜間，後燕的信都守將宜都王慕容鳳翻越城牆逃往中山。二十五日癸亥，信都全城投降了北魏。

後涼天王呂光因為西秦王乞伏乾歸反覆無常，於是率軍討伐乞伏乾歸。西秦王乞伏乾歸的屬下請求向東投奔成紀以躲避後涼的進攻。乞伏乾歸說：「戰場上勝負的關鍵，在於統帥的頭腦是否靈活，而不在於士卒的多寡。後涼天王呂光的部眾雖然很多，卻缺乏嚴格的組織紀律，呂光的弟弟呂延又是一個有勇無謀的人，不必害怕他們。再說，後涼的精兵全在呂延那裡，只要把呂延打敗，呂光自會撤走。」呂光把軍隊駐紮在長最，他派遣太原公呂纂等率領三萬人馬攻打金城；西秦王乞伏乾歸親自率領二萬人救援金城，乞伏乾歸還沒有趕到金城，後涼呂纂等已經將金城佔領。後涼天王呂光又派屬下將領梁恭等率領一萬多名全副武裝的士卒穿過陽武下峽，與擔任秦州刺史的沒弈干同時從東面攻打乞伏乾歸，派天水公呂延率領枹罕的軍隊攻擊臨洮、武始、河關，呂延把臨洮、武始、河關全部攻克。西秦王乞伏乾歸派遣使者欺騙後涼天水公呂延說：「秦王乞伏乾歸的部眾已經全部潰散，乞伏乾歸已經逃往成紀。」呂延立即就要率領輕騎兵去追擊乞伏乾歸，在呂延手下擔任司馬的耿稚勸阻說：「乞伏乾歸的勇氣和謀略超過常人，怎麼會望風自潰呢？以前他打敗王廣、楊定，全都是先以弱兵誘敵上當。現在前來報信的這個人眼睛向上看，神色變化不定，這裡恐怕有詐。我們應該整肅部隊，列陣向前，讓步兵、騎兵緊隨其後，等到各路大軍全部到齊之後，立即向乞伏乾歸發起攻擊，肯定能將乞伏乾歸打敗。」呂延沒有採納耿稚的建議，而是率軍前進，與西秦王乞伏乾歸展開遭遇戰，呂延戰死。耿稚與將軍姜顯招集起潰散的士卒，返回枹罕駐紮。後涼天王呂光也率軍返回都城姑臧。

禿髮烏孤自稱大都督、大將軍、大單于、西平王，並在自己管轄的區域內實行大赦，改年號為太初。他在廣武整頓軍隊，攻打後涼佔領下的金城，將金城攻佔。後涼天王呂光派遣將軍竇苟率軍討伐禿髮烏孤，雙方在街亭展開決戰，後涼的軍隊大敗。

後燕主慕容寶聽到北魏王拓跋珪親帥大軍攻打信都的消息，便率軍離開中山，屯紮在深澤，他派趙王慕容麟率軍攻打楊城，趙王慕容麟殺死了北魏楊城守軍三百人。後燕主慕容寶把皇宮中的所有珍寶以及宮女全部作為獎品，然後招募各郡、各封國內的盜賊組成一支特殊的軍隊，去攻打北魏軍。

二月初一日己巳，北魏王拓跋珪從信都率軍返回楊城駐紮。北魏叛將、投降後燕的沒根的姪子醜提擔任并州監軍，他得知自己的叔父沒根投降後燕的消息，懼怕受到牽連而被北魏王拓跋珪誅殺，於是便率領自己的部下返回北魏的都城盛樂作亂。北魏王拓跋珪準備率軍回救盛樂，他派遣擔任國相的涉延向後燕求和，並請求將自己的弟弟送到後燕做人質。後燕主慕容寶聞聽北魏因為發生內亂而來求和，加以拒絕；他一面派擔任冗從僕射的蘭真去責備拓跋珪忘恩負義，一面動員了全國所有的十二萬名步兵、三萬七千名騎兵駐紮在曲陽的柏肆，準備在滹沱河北岸阻截北魏軍。初九日丁丑，北魏軍抵達滹沱河，在南岸安下營寨。後燕主慕容寶率領燕軍在夜間偷偷地渡過滹沱河，到達南岸，他派遣所招募的一萬多名勇士襲擊北魏的營寨，慕容寶在魏軍營寨以北布好陣勢作為聲援。那些招募來的勇士順風放火，向北魏軍發起猛攻。北魏軍立時大亂，北魏王拓跋珪正在睡夢之中，他突然驚起，丟下營寨，光著兩腳逃走；後燕將軍乞特真率領一百多人衝入拓跋珪的大帳，只搜到了拓跋珪的衣服和靴子。不久，後燕那些招募來的勇士忽然無緣無故地慌亂起來，他們互相用刀砍殺、用箭射死自己的同伴。拓跋珪跑到營外，看見衝進營寨的後燕軍自相殘殺起來，立即擊鼓集結潰散的將士，左右侍從以及中軍將士逐漸聚攏起來，他們在營外設置了許多火把，然後派出騎兵向後燕軍衝殺過去。後燕招募來的勇士立即敗退下來，掉轉頭來逃回了後燕主慕容寶的隊伍之中，慕容寶趕緊率軍返回滹沱河北岸。初十日戊寅，北魏的軍隊經過整頓，繼續向前推進，與後燕軍對峙，後燕軍士氣衰落。慕容寶只好率軍返回都城中山，北魏軍隨後攻擊，後燕軍一次次被打敗。慕容寶非常懼怕，他竟然丟下大軍，率領著二萬名騎兵逃離戰場，飛速地朝著中山方向逃跑。當時風雪交加，被凍死的將士一個挨著一個。慕容寶非常擔心被北魏軍追上，於是下令士卒全部丟棄身上的鎧甲和手中的兵器，空身逃走，數十萬件兵器全部丟棄，沒有一件帶回來，後燕的朝廷大臣以及軍中將士投降魏國的和被魏軍俘虜的非常多。

先前，北魏擔任給事黃門侍郎的張袞曾經向北魏王拓跋珪說起過後燕擔任祕書監的崔逞很有才能。拓跋珪這次俘虜了崔逞，非常高興，立即任命崔逞為尚書，令他領導尚書臺所屬的三十六曹，將政事交付給他。

北魏軍士中有人從柏肆初戰失利時逃回，便傳說魏國大軍已經戰敗，全軍潰散，不知魏王拓跋珪現在身在何處。他經過晉陽，晉陽守將封真聽到這個消息，便起兵攻擊北魏擔任并州刺史的曲陽侯素延，被素延斬首。

北魏南安公拓跋順正率軍守衛雲中，他聽到魏軍戰敗的消息，自己就想接管朝政。擔任幢將的代郡人莫題勸阻他說：「這事非同小可，不能輕易作出決定，應該等待後面的確切消息；不然，災禍不小。」拓跋順才沒有輕舉妄動。拓跋順，是故代王拓跋什翼犍的孫子。此時，賀蘭部落首領附力眷、紇鄰部落首領匿物尼、紇奚部落首領叱奴根全都起兵造反，南安公拓跋順率軍討伐這些叛將，沒有成功。北魏王拓跋珪派遣安遠將軍庾岳率領一萬名騎兵返回國內討伐三個叛變的部落，將三個部落的叛變全部鎮壓下去，國內的人心才逐漸安定下來。

北魏王拓跋珪此時想要安撫新近歸附的民眾，心裡特別後悔當初參合陂戰役中活埋了那麼多俘虜，遂以此指控曲陽侯素延在討伐叛逆時殺戮過多，而將素延免官；任命奚牧并州刺史。奚牧在寫給後秦主姚興的書信中自稱「頓首」，與姚興行了對等之禮。姚興非常憤怒，遂將此事告訴了北魏王拓跋珪，拓跋珪為姚興殺死了奚牧。

二月十一日己卯夜間，後燕擔任尚書郎的慕輿皓準備謀殺後燕主慕容寶，擁立趙王慕容麟為後燕皇帝；結果沒有成功，慕輿皓砍開城門逃奔北魏。趙王慕容麟因此處於被猜忌的地位，心裡感到很不安。

三月，燕以儀同三司武鄉❶張崇為司空。

初，燕清河王會聞魏軍東下，表求赴難❷，燕王寶許之。會初無去意❸，使征南將軍庫傉官偉、建威將軍餘崇將兵五千為前鋒。崇，嵩之子也。偉等頓盧龍❹近百日，無食，啗馬牛且盡❺，會不發❻。寶怒，累詔切責❼。會不得已，以治行簡練❽為名，復留月餘。時道路不通，偉欲使輕軍❾前行通道，偵魏彊弱，且張聲勢。諸將皆畏避不欲行。餘崇奮曰：「今巨寇滔天，京都❿危逼，匹夫猶思致命⓫以救君父，諸君荷國寵任⓬，而更惜生乎？若社稷傾覆，臣節不立，死有餘辱。諸君安居於此，崇請當之。」偉喜，簡給⓭步騎五百人。崇進至漁陽⓮，遇魏千餘騎。崇謂其眾曰：「彼眾我寡，不擊則不得免。」乃鼓譟直進，崇手殺十餘人。魏騎潰去，崇亦引還，斬首獲生⓯，具言⓰敵中闊狹⓱，眾心稍振。會乃上道徐進。是月，始達薊城⓲。

魏圍中山既久，城中將士皆思出戰。征北大將軍隆言於寶曰：「涉珪⓳雖屢獲小利，然頓兵經年⓴，凶勢沮屈㉑，士馬死傷太半，人心思歸，諸部㉒離解，正是可破之時也。加之舉城思奮，若因我之銳，乘彼之衰，往無不克。如其持重不決，將卒氣喪，日益困逼，事久變生，後雖欲用之，不可得也！」寶然之。而衛大將軍麟每沮其議㉓，隆成列而罷㉔者，前後數四。

寶使人請於魏王珪，欲還其弟觚㉕，割常山以西㉖皆與魏以求和。珪許之。

既而寶悔之。己酉㉗，珪如盧奴㉘，辛亥㉙，復圍中山。燕將士數千人俱自請於寶曰：「今坐守窮城，終於困弊，臣等願得一出樂戰㉚，而陛下每抑之，此為坐自摧敗也。且受圍歷時㉛，無他奇變，徒望積久寇賊自退。今內外之勢，彊弱懸絕，彼必不自退明矣，宜從眾一決。」寶許之。隆退而勒兵㉜，召諸參佐謂之曰：「皇威不振，寇賊內侮，臣子同恥，義不顧生。今幸而破賊，吉還㉝固善；若其不幸，亦使吾志節獲展。卿等有北見吾母㉞者，為吾道此情也！」乃被甲上馬，詣門俟命㉟。麟復固止寶，眾大忿恨，隆涕泣而還。

是夜，麟以兵劫左衛將軍㊱北地王精，使帥禁兵弒寶。精以義拒之，麟怒，殺精，出奔西山㊲，依丁零餘眾㊳。於是城中人情震駭。

寶不知麟所之，以清河王會軍在近，恐麟奪會軍，先據龍城；乃召隆及驃騎大將軍農，謀去中山㊴，走保龍城。隆曰：「先帝㊵櫛風沐雨㊶以成中興之業，崩未期年㊷而天下大壞，豈得不謂之孤負㊸邪？今外寇方盛而內難復起，骨肉乖離，百姓疑懼，誠不可以拒敵，北遷舊都，亦事之宜。然龍川㊹地狹民貧，若以中國之意㊺取足其中㊻，復朝夕望有大功，此必不可。若節用愛民，務農訓兵，數年之中，公私充實，而趙、魏之間㊼，厭苦寇暴，民思燕德，庶幾返旆㊽，克復故業；如其未能，則憑險自固，猶足以優游養銳[49]耳。」寶曰：「卿言盡理，朕一從卿意耳。」

遼東高撫善卜筮，素為隆所信厚，私謂隆曰：「殿下北行，終不能達，太妃[50]亦不可得見。若使主上獨往，殿下潛留於此，必有大功。」隆曰：「國有大難，主上蒙塵[51]，且老母在北，吾得北首而死[52]，猶無所恨。卿是何言也！」乃遍召僚佐，問其去留，唯司馬魯恭、參軍成岌願從，餘皆欲留，隆並聽之。

農部將谷會歸說農曰：「城中之人，皆涉珪參合所殺者父兄子弟，泣血踊躍，欲與魏戰，而為衛軍[53]所抑。今聞主上當北遷，皆曰：『得慕容氏一人奉而立之，以與魏戰，死無所恨。』大王幸而留此，以副眾望，擊退魏軍，撫寧畿甸[54]，奉迎大駕，亦不失為忠臣也。」農欲殺歸而惜其材力，謂之曰：「必如此以望生，不如就死！」

壬子夜[55]，寶與太子策、遼西王農、高陽王隆、長樂王盛等萬餘騎出赴會軍；河間王熙、勃海王朗、博陵王鑒皆幼，不能出城，隆還入迎之，自為鞁乘[56]，俱得免。燕將李沈[1]等降魏。樂浪王惠、中書侍郎韓範、員外郎段宏、太史令劉起等帥工伎[57]三百奔鄴[58]。

中山城中無主，百姓惶惑，東門不閉。魏王珪欲夜入城，冠軍將軍王建志在虜掠，乃言恐士卒盜府庫物，請俟明旦，珪乃止。燕開封公詳從寶不及[2]，城中立以為主，閉門拒守。珪盡眾攻之，連日不拔。使人登巢車(59)，臨城諭之曰：「慕容寶已棄汝走，汝曹百姓空自取死，欲誰為乎？」皆曰：「羣小無知，恐復如參合之眾(60)，故苟延旬月之命耳。」珪顧王建而唾其面(61)，使中領將軍長孫肥(62)、左將軍李栗(63)將三千騎追寶至范陽(64)，不及，破其新城戍(65)而還。

甲寅(66)，尊皇太后李氏(67)為太皇太后。戊午(68)，立皇后王氏(69)。

燕主寶出中山，與趙王麟遇于阱城(70)。麟不意寶至，驚駭，帥其眾奔蒲陰(71)，復出屯望都(72)，土人頗供給之。慕容詳遣兵掩擊麟，獲其妻子，麟脫走，入山中[3]。

甲寅(73)，寶至薊，殿中親近散亡略盡，惟高陽王隆所領數百騎為宿衛。清河王會帥騎卒二萬迎于薊南，寶怪會容止怏怏有恨色(74)，密告隆及遼西王農。農、隆俱曰：「會年少，專任方面，習驕所致，豈有他也！臣等當以禮責之。」寶雖從之，然猶詔解會兵以屬隆，隆固辭；乃減會兵分給農、隆。又遣西河公庫傉官驥(75)帥兵三千助守中山。

丙辰(76)，寶盡徙薊中府庫北趣龍城。魏石河頭(77)引兵追之，戊午(78)，及寶於夏謙澤(79)。寶不欲戰，清河王會曰：「臣撫教士卒，惟敵是求。今大駕蒙塵，人思效命，而虜敢自送，眾心忿憤。兵法曰：『歸師勿遏(80)。』又曰：『置之死地而後生(81)。』今我皆得之，何患不克？若其捨去(82)，賊必乘人(83)，或生餘變。」寶乃從之。會整陳(84)與魏兵戰，農、隆等將南來騎(85)衝之，魏兵大敗，追奔百餘里，斬首數千級。隆又獨追數十里而還，謂故吏留臺治書陽璆(86)曰：「中山城中積兵數萬，不得展吾意，今日之捷，令人遺恨(87)。」因慷慨流涕。

會既敗魏兵，矜很(88)滋甚；隆屢訓責之，會益忿恚(89)。會以農、隆皆嘗鎮龍城(90)，屬尊位重(91)，名望素出己右，恐至龍城，權政不復在己，又知終無為嗣(92)之望，乃謀作亂。

幽、平(93)[4]之兵皆懷會恩，不樂屬二王(94)，請於寶曰：「清河王勇略高世，臣等與之誓同生死。願陛下與皇太子、諸王留薊宮，臣等從王南解京師之圍，還迎大駕。」寶左右皆惡會，言於寶曰：「清河王不得為太子，神色甚不平；且其才武過人，善收人心。陛下若從眾請，臣恐解圍之後，必有衛輒之事(95)。」寶乃謂眾(96)曰：「道通(97)年少，才不及二王，豈可當專征(98)之任？且朕方自統六師，杖會以為羽翼，何可離左右也？」眾不悅而退。

左右勸寶殺會。侍御史[99]仇尼歸[100]聞之，告會曰：「大王所恃者父，父已異圖；所杖者兵，兵已去手。欲於何所自容乎？不如誅二王，廢太子，大王自處東宮[101]，兼將相之任，以匡復[102]社稷，此上策也。」會猶豫，未許。

寶謂農、隆曰：「觀道通志趣，必反無疑，宜早除之。」農、隆曰：「今寇敵內侮[103]，中土紛紜[104]，社稷之危，有如累卵。會鎮撫舊都[105]，遠赴國難，其威名之重，足以震動四鄰。逆狀未彰而遽殺之，豈徒傷父子之恩，亦恐大損威望[106]。」寶曰：「會逆志已成，卿等慈恕，不忍早殺，恐一旦為變，必先害諸父[107]，然後及吾，至時勿悔自負[108]也！」會聞之，益懼。

夏，四月癸酉[109]，寶宿廣都[110]黃榆谷。會遣其黨仇尼歸、吳提染干[111]帥壯士二十餘人分道襲農、隆，殺隆於帳下；農被重創，執[112]仇尼歸，逃入山中。會以仇尼歸被執，事終顯發，乃夜詣寶曰：「農、隆謀逆，臣已除之。」寶欲討會，陽[113]為好言以安之曰：「吾固疑二王久矣，除之甚善。」

甲戌[114]，旦，會立仗[115]嚴備，乃引道[116]。會欲棄隆喪[117]，餘崇涕泣固請，乃聽載隨軍。農出，自歸。寶呵[118]之曰：「何以自負邪[119]？」命執之。行十餘里，寶顧召羣臣食，且議農罪。會就坐，寶目衛軍將軍[120]慕輿騰使斬會，傷其首，不能殺。會走赴其軍，勒兵攻寶。寶帥數百騎馳二百里，晡時[121]，至龍城。會遣騎追至石城[122]，不及。

乙亥[123]，會遣仇尼歸攻龍城，寶夜遣兵襲擊，破之。會遣使請誅左右佞臣[124]，并求為太子，寶不許。會盡收乘輿器服[125]，以後宮[126]分給將帥，署置百官，自稱皇太子、錄尚書事[127]，引兵向龍城，以討慕輿騰為名。丙子[128]，頓兵城下。寶臨西門，會乘馬遙與寶語，寶責讓之。會命軍士向寶大譟以耀威，城中將士皆憤怒，向暮出戰，大破之，會兵死傷太半，走還營。侍御郎高雲[129]夜帥敢死士百餘人襲會軍，會眾皆潰。會將十餘騎奔中山，開封公詳殺之。寶殺會母及其三子。

丁丑[130]，寶大赦，凡與會同謀者，皆除罪，復舊職。論功行賞，拜將軍、封侯者數百人。遼西王農骨破見腦，寶手自裹創，僅而獲濟[131]。以農為左僕射，尋[132]拜司空、領[133]尚書令。餘崇出自歸[134]，寶嘉其忠，拜中堅將軍，使典宿衛。贈高陽王隆司徒，謚曰康。

寶以高雲為建威將軍，封夕陽公，養以為子。雲，高句麗[135]之支屬也，燕王皝破高句麗[136]，徙於青山[137]，由是世為燕臣。雲沈厚寡言，時人莫知，惟中衛將軍長樂馮跋[138]奇其志度，與之為友。跋父和，事西燕王永，為將軍。永敗，徙和龍[139] [5]。

僕射王國寶、建威將軍王緒依附會稽王道子，納賄窮奢，不知紀極[140]。惡王恭、殷仲堪，勸道子裁損其兵權，中外恟恟不安。恭等各繕甲勒兵[141]，表請北伐[142]；道子疑之，詔以盛夏妨農，悉使解嚴[143]。

恭遣使與仲堪謀討國寶等。桓玄以仕不得志，欲假[144]仲堪兵勢以作亂，乃說仲堪曰：「國寶與君諸人[145]素已為對，唯患相斃[146]之不速耳。今既執大權，與王緒相表裏，其所迴易[147]，無不如志。孝伯[148]居元舅[149]之地，必未敢害之；君為先帝所拔，超居方任[150]，人情皆以君為雖有思致，非方伯才[151]。彼若發詔徵[152]君為中書令[153]，用殷覬[154]為荊州[155]，君何以處之？」仲堪曰：「憂之久矣，計將安出？」玄曰：「孝伯疾惡深至[156]，君宜潛與之約，興晉陽之甲以除君側之惡[157]，東西齊舉[158]；玄雖不肖，願帥荊、楚豪傑，荷戈先驅。此桓、文之勳[159]也。」

仲堪心然之，乃外結雍州刺史郗恢[160]，內與從兄南蠻校尉覬、南郡相[161]陳留江績[162]謀之。覬曰：「人臣當各守職分，朝廷是非，豈藩屏[163]之所制也？晉陽之事，不敢預聞[164]。」仲堪固邀之，覬怒曰：「吾進不敢同，退不敢異[165]。」績亦極言其不可。覬恐績及禍[166]，於坐和解之。績曰：「大丈夫何至以死相脅邪？江仲元行年六十，但未獲死所耳！」仲堪憚其堅正，以楊佺期代之[167]。朝廷聞之，徵績為御史中丞。覬遂稱散發[168]，辭位。仲堪往省[169]之，謂覬曰：「兄病殊為可憂。」覬曰：「我病不過身死[170]，汝病乃當滅門。宜深自愛，勿以我為念！」郗恢亦不肯從。仲堪疑未決；會王恭使至，仲堪許之，恭大喜。甲戌[171]，恭上表罪狀國寶，舉兵討之。

初，孝武帝委[6]任王珣，及帝暴崩，不及受顧命[172]；珣一旦失勢[173]，循默[174]而已。丁丑[175]，王恭表至，內外戒嚴。道子問珣曰：「二藩作逆，卿知之乎？」珣曰：「朝政得失，珣弗之預[176]，王、殷作難，何由可知？」王國寶惶懼，不知所為，遣數百人戍竹里[177]，夜遇風雨，各散歸。王緒說國寶矯相王之命[178]召王珣、車胤[179]殺之，以除時望，因挾君相[180]發兵以討二藩。國寶許之。珣、胤至，國寶不敢害，更問計於珣。珣曰：「王、殷與卿素無深怨，所競不過勢利之間耳。」國寶曰：「將曹爽我乎[181]？」珣曰：「是何言歟！卿寧有爽之罪[182]，王孝伯豈宣帝之儔[183]邪？」又問計於胤，胤曰：「昔桓公圍壽陽，彌時乃克[184]。今朝廷遣軍[185]，恭必城守。若京口未拔而上流奄至[186]，君將何以待之？」國寶尤懼，遂上疏解職，詣闕[187]待罪。既而悔之，詐稱詔復其本官。道子闇懦，欲求姑息[188]，乃委罪國寶，遣驃騎諮議參軍譙王尚之(189)收國寶付廷尉(190)。尚之，恬之子也。甲申(191)，賜國寶死，斬緒於市，遣使詣恭，深謝愆失(192)。恭乃罷兵還京口。國寶兄侍中愷、驃騎司馬愉(193)並請解職。道子以愷、愉與國寶異母，又素不協(194)，皆釋不問。戊子(195)，大赦。殷仲堪雖許王恭，猶豫不敢下；聞國寶等死，乃始抗表(196)舉兵，遣楊佺期屯巴陵(197)。道子以書止之，仲堪乃還。

會稽世子元顯(198)，年十六，有儁才(199)，為侍中，說道子以王、殷終必為患，請潛為之備。道子乃拜元顯征虜將軍，以其衛府(200)及徐州文武(201)悉配之。

魏王珪以軍食不給，命東平公儀去鄴，徙屯鉅鹿(202)，積租楊城(203)。慕容詳出步[7]卒六千人，伺間襲魏諸屯。珪擊破之，斬首五千，生擒七百人，皆縱之(204)。

初，張掖盧水胡沮渠羅仇(205)，匈奴沮渠王(206)之後也，世為部帥。涼王光以羅仇為尚書，從光伐西秦。及呂延敗死，羅仇弟三河太守麴粥(207)謂羅仇曰：「主上荒耄(208)信讒，今軍敗將死，正其猜忌智勇之時也。吾兄弟必不見容，與其死而[8]無名，不若勒兵向西平(209)，出苕藋(210)，奮臂一呼，涼州(211)不足定(212)也。」羅仇曰：「誠如汝言。然吾家世以忠孝著於西土，寧使人負我(213)，我不忍負人也。」光果聽讒，以敗軍之罪殺羅仇及麴粥。羅仇弟子蒙遜(214)，雄傑有策略，涉獵書史，以羅仇、麴粥之喪歸葬[215]，會葬者凡萬餘人。蒙遜哭謂眾曰：「呂王昏荒無道，多殺不辜。吾之上世[216]，虎視河西[217]，今欲與諸部雪二父之恥，復上世之業，何如？」眾咸稱萬歲。遂結盟起兵，攻涼臨松郡[218]，拔之，屯據金山[219]。

司徒左長史王廞[220]，導之孫也，以母喪居吳[221]。王恭之討王國寶也，版廞[222]行吳國內史[223]，使起兵於東方。廞使前吳國內史虞嘯父等入吳興、義興[224]召募兵眾，赴者萬計。未幾，國寶死，恭罷兵，符廞去職[225]，反喪服[226]。

廞以起兵之際，誅異己者頗多，勢不得止，遂大怒，不承恭命；使其子泰將兵伐恭，牋[227]於會稽王道子，稱恭罪惡。道子以其牋送恭。五月，恭遣司馬劉牢之[228]帥五千人擊泰，斬之。又與廞戰於曲阿[229]，眾潰，廞單騎走，不知所在。收虞嘯父[230]下廷尉，以其祖潭有功，免為庶人。

燕庫傉官驥[231]入中山，與開封公詳相攻。詳殺驥，盡滅庫傉官氏；又殺中山尹苻謨，夷其族。中山城無定主，民恐魏兵乘[232]之，男女結盟，人自為戰。

甲辰[233]，魏王珪罷中山之圍，就穀河間[234]，督諸郡義租[235]。甲寅[236]，以東平公儀為驃騎大將軍、都督中外諸軍事、兗・豫・雍・荊・徐・揚六州牧、左丞相，封衛王。

慕容詳自謂能卻魏兵，威德已振，乃即皇帝位，改元「建始」[237]，置百官。以新平公可足渾潭[238]為車騎大將軍、尚書令，殺拓跋觚[239]以固眾心。

鄴中官屬勸范陽王德稱尊號，會有自龍城來者，知燕王寶猶存，乃止。

涼王光遣太原公纂將兵擊沮渠蒙遜於忽谷[240] [9]，破之。蒙遜逃入山中。

蒙遜從兄男成為涼將軍，聞蒙遜起兵，亦合眾數千屯樂涫[241]。酒泉太守壘澄[242]討男成，兵敗，澄死。

男成進攻建康[243]，遣使說建康太守段業曰：「呂氏政衰，權臣擅命，刑殺無常，人無容處。一州之地，叛者相望，瓦解之形，昭然在目，百姓嗷然無所依附。府君[244]柰何以蓋世之才，欲立忠於垂亡之國？男成等既唱大義，欲屈[245]府君撫臨鄯州[246]，使塗炭之餘[247]，蒙來蘇[248]之惠，何如？」業不從。相持二旬，外救不至，郡人高逵、史惠等勸業從男成之請。業素與涼侍中房晷[249]、僕射王詳不平[250]，懼不自安，乃許之。男成等推業為大都督、龍驤大將軍、涼州牧、建康公，改元「神璽」[251]。以男成為輔國將軍，委以軍國之任。蒙遜帥眾歸業，業以蒙遜為鎮西將軍。光命太原公纂將兵討業，不克。

【章　旨】以上為第二段，寫安帝隆安元年（西元三九七年）三至五月共三個月間的大事。主要寫了燕主慕容寶守中山，慕容隆多次請求出戰，慕容寶皆不許而坐失機宜；慕容麟欲弒慕容寶未果，而逃出中山城外；慕容寶率眾北還與其子慕容會相遇於薊城，慕容寶奪其兵分與慕容隆與慕容農，繼續率眾北退至龍城。魏軍追擊之，被慕容隆所破；慕容會謀作亂，襲殺慕容隆，傷慕容農，圍攻慕容寶，被慕容寶部將高雲等打敗，慕容會逃到中山，被中山守將慕容詳所殺；寫了駐兵京口的東晉軍閥王恭抗表請誅王國寶，舉兵向建康，野心家桓玄慫恿荊州軍閥殷仲堪與之相應合；司馬道子為求息事，殺了王國寶、王緒，兩路軍閥之兵暫撤；司馬道子任其子司馬元顯統衛府兵眾，以防王恭、殷仲堪；寫了涼州的呂光政權日益衰朽，張掖地區的盧水胡沮渠蒙遜為報呂光殺其二伯之仇，聚眾攻克臨松郡，屯聚金山；蒙遜之堂兄沮渠男成擁立涼州之建康郡守段業為首領，蒙遜率眾來歸，段業自稱涼王等等。

【注　釋】❶武鄉　縣名，縣治在今山西榆社北。❷赴難　趕去都城中山解救危急。❸初無去意　根本沒有離開龍城，前往中山的意思。初，根本。❹盧龍　古要塞名，在今河北喜峰口一帶。❺無食二句　視前後文，此兩句的主語應是慕容寶。啗，吃。❻會不發　慕容會在龍城仍不出發。❼累詔切責　連續地發詔書進行嚴厲批評，催他早日援救中山。❽治行簡練　治行，指收拾行裝，做出發的準備工作。簡練，猶如今之所謂「整編」，選拔隊伍。❾輕軍　輕裝的小股騎兵。❿京都　指後燕的首都中山，今河北定州。⓫致命　效死；豁出性命。⓬荷國寵任　蒙受國家的恩寵與信任。荷，接受；受到。⓭簡給　給他挑選了。⓮漁陽　郡名，郡治在今北京市密雲西南。⓯斬首獲生　指殺死一些敵人，捉來一些俘虜。⓰具言　一一地講說了。⓱敵中闊狹　敵人控制區域中的兵力部署情況。⓲薊城　即今北京市。⓳涉珪　即拓跋珪，涉珪是其字。⓴經年　進入了第二個年頭。魏軍從去年十一月包圍中山。㉑沮屈　消弱；敗壞。㉒諸部　在其控制下的各少數民族部落。㉓每沮其議　總是唱反調，反對慕容隆的建議。㉔成列而罷　已經列好隊就要出擊了，後來被命令取消。㉕還其弟觚　拓跋珪的弟弟拓跋觚，於孝武帝太元十六年出使後燕，被慕容垂扣留，至今未歸。㉖常山以西　指今山西全境。常山即恆山，在今河北曲陽西北。㉗己酉　三月十一。㉘盧奴　舊縣名，縣治即當時的中山，今河北定州，慕容寶的都城。㉙辛亥　三月十三。㉚樂戰　痛痛快快地打一仗。㉛歷時　經過了許多時日。㉜勒兵　集合列隊。㉝吉還　勝利而回。㉞北見吾母　慕容隆原來鎮守龍城（今遼寧朝陽），其母隨往。後慕容隆被調來中山，家眷未隨，後又被慕容會扣留。㉟詣門俟命　到宮門等候出擊的命令。㊱左衛將軍　掌管衛戍宮廷的部隊。㊲西山　中山城西的山，指今太行山脈中的狼山、常山等。㊳丁零餘眾　指丁零族翟氏的餘黨。㊴去中山　離開中山。㊵先帝　指慕容垂。㊶櫛風沐雨　風為梳頭，雨為洗臉，以比喻長年在外奔走奮戰。㊷未期年　不到一週年。㊸孤負　同「辜負」。㊹龍川　指龍城（今遼寧朝陽）一帶地區。㊺以中國之意　按照在中山這裡養成的思想及生活習慣。㊻取足其中　在那裡（指龍城）求得生活滿足。㊼趙魏之間　趙指今河北南部地區，魏指今山西中部、南部地區。這時已大部被拓跋珪所佔領。㊽庶幾返旆　或許可以殺回來。返旆，回旗。㊾優游養銳　清閒自得地積蓄力量。養銳，養精蓄銳。胡三省曰：「使寶始終一從隆之說，猶可以免蘭汗之禍。」㊿太妃　指慕容隆之生母。(51)蒙塵　在外奔走，身上落滿塵土。舊用以指帝王的遭難。(52)北首而死　頭向北而死。古有「狐死首丘」之語，此用其意。(53)衛軍　指衛大將軍慕容麟。(54)撫寧畿甸　指收復並安定中山一帶地區。畿甸，以稱國家的首都及其郊區。(55)壬子夜　三月十四的夜晚。(56)輣乘　可坐可臥的皮車。(57)工伎　各種工匠及歌舞藝人。(58)奔鄴　往投鎮守鄴城的慕容德。(59)巢車　吊車。(60)復如參合之眾　仍像當年參合被俘的燕兵那樣被魏人屠殺。(61)顧王建而唾其面　因為當年是王建勸拓跋珪屠殺燕卒，幾日前又是王建勸拓跋珪不要進入中山城。(62)長孫肥　拓跋珪的大將，戰功累累。傳見《魏書》卷二十六。(63)李栗　拓跋珪的大將。傳見《魏書》卷二十八。(64)范陽　郡名，郡治在今河北涿州。(65)新城戍　在新城縣修築的防禦工事。當時的新城縣治在今河北徐水縣南。(66)甲寅　三月十六。(67)李氏　名陵容，晉孝武帝司馬曜的生母。安帝司馬德宗的祖母。傳見《晉書》卷三十二。(68)戊午　三月二十。(69)王氏　名神愛，大書法家王獻之之女。傳見《晉書》卷三十二。(70)阱城　「阱」字胡三省以為應作「阱」，位置不詳。(71)蒲陰　縣名，縣治在今河北順平東南。(72)望都　縣名，縣治在今河北唐縣東北。(73)甲寅　三月十六。(74)怏怏有恨色　恨不得為太子。事見本書上卷太元二十一年。(75)庫傉官驥　人名，姓庫傉官，名驥。(76)丙辰　三月十八。(77)石河頭　魏國將領，當時駐兵於今北京市密雲一帶。(78)戊午　三月二十。(79)夏謙澤　地名，在今北京市北二百餘里，距密雲不遠。(80)歸師勿遏　對於撤回本國的軍隊，不要攔擊。語見《孫子兵法·軍爭》。(81)置之死地而後生　語見《孫子兵法·九地》。原文作：「投之亡地然後存，陷之死地然後生。」死地，指無法逃跑，只有拼死一戰的地勢。(82)捨去　放著敵人不打而自己離去。(83)乘人　進攻我們。乘，侵陵。(84)整陳　調集部隊，擺開陣勢。陳，同「陣」。(85)南來騎　從中山帶過來的騎兵。(86)故吏留臺治書陽璆　留臺是燕國在龍城設立的一套中央留守機構。其治書侍御史名叫陽璆。治書是「治書侍御史」的簡稱，御史大夫的屬官，掌管圖書祕籍。慕容隆前曾鎮守龍城，總管留臺事，所以稱陽璆是他的「故吏」。(87)今日之捷二句　意謂雖然今日戰勝了，但想起前日未能在中山大破魏兵，心中仍是覺得遺憾。(88)矜很　居功自傲而不聽指揮。很，猶今之所謂「擰」，說不動。(89)忿恚　怨恨、惱怒。(90)皆嘗鎮龍城　慕容農鎮龍城在晉武帝太元十至十三年，慕容隆鎮龍城在十四至二十年。(91)屬尊位重　輩分高，權力大。慕容農與慕容隆都是後燕主慕容寶的弟弟，慕容會的叔叔。(92)為嗣　做接班人。慕容垂當年欣賞慕容會，幾次令其子慕容寶立慕容會為嗣，但慕容寶不喜歡慕容會，而立了少子慕容策。(93)幽平　二州名，幽州的州治薊城（今北京市），平州的州治在今遼寧蓋縣東南。(94)二王　指慕容農與慕容隆。(95)衛輒之事　指不使其父回歸。春秋時衛靈公的太子蒯聵因觸怒其父而逃亡國外，靈公死後，國內遂擁立蒯聵的兒子輒，是為出公。蒯聵想回國爭位，其子出公拒之，使長期不得歸。事見《左傳》哀公三年。(96)眾　指「幽、平之兵」。(97)道通　慕容會的字。(98)專征　指統率大軍，獨當一面。(99)侍御史　御史大夫的屬官，侍奉皇帝左右，與上述「治書侍御史」為同僚。(100)仇尼歸　人名，因其侍奉慕容寶身邊，故得知機密。(101)自處東宮　意謂自己當太子，做接班人。(102)匡復　扶正、恢復。(103)內侮　向內欺侮我們國家。(104)紛紜　混亂；動盪。(105)舊都　指龍城。(106)威望　這裡指慕容寶的威望。(107)諸父　各位叔父、伯父，指慕容隆、慕容農等。(108)自負　過於相信自己。(109)四月癸酉　四月初六。(110)廣都　縣名，即今遼寧建昌。(111)吳提染干　人名，姓吳提，名染干。(112)執　擒獲。(113)陽　同「佯」。假裝。(114)甲戌　四月初七。(115)立仗　遍立刀槍。(116)引道　導引上路，指仍繼續向龍城進發。(117)棄隆喪　將慕容隆的屍體扔掉。(118)呵　叱問。(119)何以自負邪　為什麼這麼相信自己呢。這是慕容寶用舊話向慕容農示意，現在已經看清了慕容會的嘴臉。(120)衛軍將軍　帝王禁衛軍的統帥。(121)晡時　申時，即今下午三時至五時。(122)石城　縣名，縣治在今遼寧朝陽西南。(123)乙亥　四月初八。(124)佞臣　以花言巧語討好帝王之人，這裡是指慕容寶身邊的近臣。(125)乘輿器服　指帝王的車駕和宮廷廟堂裡的各種器具與服飾。(126)後宮　指後宮裡的嬪妃姬妾。(127)錄尚書事　管理尚書省的一切事務。當時的尚書省猶如現在的國務院。(128)丙子　四月初九。(129)侍御郎高雲　侍御郎是帝王的侍從人員，侍御史的下屬。高雲早在慕容寶為太子時，以武藝侍候慕容寶，官為侍御郎。(130)丁丑　四月初十。(131)僅而獲濟　好不容易地才得以活了下來。(132)尋　不久。(133)領　兼任。(134)出自歸　自動前來歸附慕容寶，餘崇原是慕容會的部下。(135)高句麗　少數民族名，即今之所謂「高麗」，建都丸都（今吉林集安）。(136)燕王皝破高句麗　事在晉成帝咸康八年（西元三四二年）。見本書卷九十七。燕王皝是慕容垂之父，字元真。傳見《晉書》卷一百九。(137)青山　在今遼寧錦州郊，當時屬徒河縣。(138)長樂馮跋　長樂是郡名，郡治即今河北冀州。馮跋，漢族人，字文起，其父曾為慕容永將。傳見《晉書》卷一百二十五。(139)和龍　即和龍城。(140)不知紀極　沒有止境；沒個滿足。(141)繕甲勒兵　修製鎧甲，集合軍隊。(142)北伐　指北討後燕慕容寶與後秦姚興等。(143)解嚴　解除軍事動員。(144)假　藉；趁著。當時殷仲堪為荊州刺史，正駐兵江陵。(145)君諸

人　猶言你們諸位，指殷仲堪、王恭等。(146)相斃　殺死你；消滅你們。(147)迴易　改變，這裡指改變皇帝的意志。(148)孝伯　王恭的字。(149)元舅　皇帝的大舅。晉孝武帝王皇后是王恭的妹妹，所以說王恭是安帝的「元舅」。(150)超居方任　起家便受任掌管一方，指為州刺史，並都督數州軍事。(151)非方伯才　不是充當一方軍政大員的材料。方伯，一方諸侯的霸主。晉代的大州刺史集方面的軍政大權於一人，形同古代的諸侯，故以「方伯」稱之。(152)徵　調。(153)中書令　中書省的最高長官，負責起草各項條令。這裡的「徵君為中書令」實指明升暗降，罷奪其兵權。(154)殷覬　殷仲堪的堂兄，當時為南蠻校尉，亦駐兵江陵。傳見《晉書》卷八十三。(155)為荊州　即繼任荊州刺史。(156)疾惡深至　痛恨之極，指痛恨王國寶、王緒諸人。深至，到頂；到家。(157)興晉陽之甲句　指從外地起兵以討國君身邊的壞人。春秋末期，晉國的趙鞅被范氏、中行氏包圍在晉陽。後來范氏、中行氏又與晉國國君發生矛盾，於是趙鞅遂於晉陽起兵，滅掉了范氏與中行氏。《春秋公羊傳》稱此事為「逐君側之惡人」，見定公十三年。(158)東西齊舉　當時王恭駐兵京口（今江蘇鎮江市），在晉都建康（今南京）之東；殷仲堪駐兵江陵，在建康之西。(159)桓文之勳　齊桓公、晉文公一樣的勳業。齊桓公、晉文公在春秋前期都以挾天子以令諸侯，為天子當「憲兵隊長」聞名於世。(160)郗恢　郗鑒之孫，為東晉鎮守北邊，頗有戰功，當時正駐兵襄陽。傳見《晉書》卷六十七。(161)南郡相　南郡的行政長官，其駐地亦在江陵。(162)江績　字仲元，東晉有名的直臣。傳見《晉書》卷八十三。(163)藩屏　原指諸侯國，諸侯國是中央天子的屏障藩籬。今即指大州刺史如殷仲堪等的地方勢力。(164)不敢預聞　不敢參與、過問。預聞，跟著聽，婉指參與、過問。(165)進不敢同二句　既不跟著你們幹，也不反對你們，意即將謹守中立。(166)恐績及禍　擔心江績被殷仲堪所殺。(167)以楊佺期代之　讓楊佺期取代江績為南郡相。楊佺期先曾因破苻堅的部將於河南，封龍驤將軍，又為新野太守、唐邑太守等，後因疾去職，至此又為殷仲堪引為南郡相。傳見《晉書》卷八十四。(168)散發　服食五石散後藥性發作。當時許多貴族為了益壽延年、形貌佚麗而服食五石散。此藥毒性極大，發作後往往死人。(169)往省　前去探親。(170)身死　死自己一個人。(171)甲戌　四月初七。(172)不及受顧命　沒有當上顧命大臣。顧命，指皇帝臨死前將國家的後事委託於某人或某幾人，這幾個人稱作顧命大臣。(173)失勢　失去權勢。王珣時為尚書令，握有實權，但未受「顧命」，顯然已被疏遠，故曰「失勢」。(174)循默　按常規辦事，其他一切不聞不問。(175)丁丑　四月初十。(176)弗之預　沒有參與、過問。(177)竹里　地名，即今南京東的竹篠鎮，在東晉行宮東北約三十里。(178)矯相王之命　假傳司馬道子的命令。矯，假傳；盜用。相王，指司馬道子，因他既是會稽王，又任丞相之職。(179)車胤　當時的直臣，曾為護軍將軍，少以囊螢讀書聞名。傳見《晉書》卷八十三。(180)挾君相　挾持晉安帝司馬德宗及宰相司馬道子。(181)將曹爽我乎　你們是不是把我當成曹爽來耍弄呢。曹魏末年，司馬懿專權，當大將軍曹爽隨同魏主曹芳出城謁明帝陵時，司馬懿在城內發動政變，曹爽不知所為，侍中許允、尚書陳恭勸曹爽交出兵權，曹爽等遂輕而易舉地被司馬懿所殺。事見《三國志》卷九。[182]爽之罪　曹爽是曹魏皇室的柱石，但從篡位者司馬氏一方看來，當然就是「罪」不容誅了。[183]豈宣帝之儔　哪裡是司馬懿一流的人物。司馬炎篡魏登基後追尊其祖父司馬懿為「宣帝」。[184]桓公圍壽陽二句　桓溫於太和五年八月圍攻叛將袁瑾於壽陽（今安徽壽縣），至六年正月始攻克，歷時半年。事見本書卷一百二。彌時，用了許多時日。彌是「滿」的意思。[185]遣軍　指派軍隊前往討伐。[186]上流奄至　殷仲堪的軍隊突然殺來。上流，指駐紮江陵的殷仲堪的軍隊。奄至，突然而至。[187]詣闕　到宮門前。闕，宮門前的左右臺觀，這裡即指宮門。[188]姑息　苟且求安。[189]譙王尚之　司馬尚之，司馬恬的兒子，繼其父爵為譙王，是宗室裡有權威的人物。傳見《晉書》卷三十七。當時為司馬道子任諮議參軍。[190]付廷尉　交由國家的最高司法長官審判。[191]甲申　四月十七。[192]愆失　過錯。[193]驃騎司馬愉　王愉，亦王國寶之兄，王坦之之子，時為司馬道子任司馬官。傳見《晉書》卷七十五。[194]不協　意見不一致。[195]戊子　四月二十一。[196]抗表　公開給朝廷上書，聲討王國寶等之罪。[197]巴陵　今湖南岳陽。[198]會稽世子元顯　司馬元顯，會稽王司馬道子的嫡長子，王位與朝廷權力的接班人。[199]儁才　出色的才幹。儁，同「俊」。[200]衛府　衛率府，皇帝禁軍的統帥部。當時司馬道子「都督中外諸軍事」，故衛率府亦在其掌握中。[201]徐州文武　指徐州刺史府裡的文武百官，此前司馬道子亦兼任此官。[202]鉅鹿　郡名，郡治在今河北寧晉南。[203]積租楊城　在楊城縣積蓄糧草。楊城縣的縣治在今河北順平境內。[204]皆縱之　將其全部放回，此乃吸收參合陂殺燕降者之教訓，以瓦解燕人抗魏之心。[205]張掖盧水胡沮渠羅仇　張掖郡的盧水胡人，姓沮渠名羅仇。張掖郡的郡治在今甘肅張掖西北。盧水胡，當時匈奴族的部落名。[206]匈奴沮渠王　沮渠原是官號，有左右二職，上屬南匈奴的左賢王。後世首領以其官為姓，沮渠羅仇為沮渠王的後代。[207]三河太守麴粥　三河郡的太守沮渠麴粥。三河郡的郡治約在今甘肅蘭州與張掖之間，以其地有金城河、賜支河、湟河而得名。[208]荒耄　荒淫老邁。[209]西平　郡名，郡治即今青海西寧。[210]出苕藋　經由苕藋。苕藋在今甘肅永昌境內。[211]涼州　州治姑臧（今甘肅武威），當時為呂光後涼政權的首都。[212]不足定　不用費力即可佔據。[213]負我　虧待、對不起我們。[214]蒙遜　沮渠蒙遜，匈奴人，後建立北涼政權。傳見《晉書》卷一百二十九、《魏書》卷七十九。[215]族姻　同族或親戚。[216]上世　指其祖沮渠王。[217]河西　泛指今甘肅西部及臨近的青海一帶地區。昔日匈奴左賢王的勢力曾及於此。[218]涼臨松郡　涼州的臨松郡，郡治在今甘肅張掖南。[219]金山　郡名，郡治在今甘肅張掖東南。[220]王廞　王導之孫，輕薄好利，時為司馬道子的左長史。傳見《晉書》卷六十五。[221]居吳　在吳郡家居，吳郡的郡治即今江蘇蘇州。[222]版廞　下文件聘任王廞。版，寫字用的工具，這裡用如動詞，意即下文件。[223]行吳國內史　代理吳國內史。諸侯國的內史與郡太守同職同級。凡王國所在的郡，其太守則稱內史。(224)吳興義興　二郡名，吳興郡的郡治烏程，即今浙江湖州，義興郡的郡治陽羨，即今江蘇宜興。(225)符廞去職　免去王廞的職務。符是一種文告的名稱，這裡用如動詞，意即下令告知。(226)反喪服　回家繼續為其母服喪。(227)牋　文體名，以稱給諸侯王公們的書信。這裡用如動詞，意即報告、告知。(228)劉牢之　當時有名的將領，為人反覆無常。傳見《晉書》卷八十四。(229)曲阿　縣名，即今江蘇丹陽。(230)虞嘯父　虞潭之孫。虞潭在元帝時曾參與討伐叛將陳敏；成帝時又隨同陶侃討平蘇峻，因功封武昌縣侯。傳見《晉書》卷七十六。(231)庫傉官驥　慕容寶的將領，奉命來助慕容詳守中山，二人關係不和。(232)乘　乘隙攻擊。(233)甲辰　五月初七。(234)就穀河間　到河間去就地取糧以作軍食。河間，郡名，郡治在今河北獻縣東南。(235)義租　「義務」捐獻的糧草。(236)甲寅　五月十七。(237)改元建始　在此以前慕容詳是用慕容寶的年號「永康」，從此改用自己的年號「建始」。(238)可足渾潭　人名，姓可足，名渾潭。(239)拓跋觚　魏王拓跋珪之弟，前出使後燕，被慕容垂扣留，直到現在被慕容詳所殺。(240)怱谷　縣名，縣治在今甘肅山丹境內。(241)樂涫　縣名，縣治在今甘肅酒泉東南。(242)壘澄　呂光的將領。(243)建康　郡名，郡治在今甘肅酒泉東南。(244)府君　古代對太守、知府一類地方官的尊稱。(245)屈　屈尊。這裡是客氣的說法，意即「請」你出任某職，做某事。(246)撫臨鄙州　即請其任涼州的刺史。(247)塗炭之餘　猶今之所謂劫後餘生者。(248)來蘇　即得到拯救的意思。《尚書・仲虺之誥》：「俟我后，后來其蘇！」意思是：我們盼望您來呀，您要來了我們就得救啦。(249)房晷　與下述王詳都是呂光的大臣。(250)不平　不和睦。(251)改元神璽　在此以前段業等是用呂光的年號「龍飛」，自此之後改用段業自己的年號。

【校　記】1李沈　原誤作「王沈」。今據嚴衍《通鑑補》改作「李沈」。2及　原作「成」。據章鈺校，十二行本、乙十一行本、孔天胤本皆作「及」，張敦仁《通鑑刊本識誤》、張瑛《通鑑校勘記》同，今從改。3中　據章鈺校，十二行本、乙十一行本、孔天胤本皆無此字。4平　嚴衍《通鑑補》改作「并」。按，《晉書・慕容寶載記》載：「使慕容會率幽、并之眾赴中山。」衍或從之改，然其後亦云：「幽平之士皆懷會恩德。」又，《通鑑》卷一百八作「燕征北大將軍、幽・平二州牧、清河公會」。5和龍　嚴衍《通鑑補》改作「安龍」。6委　據章鈺校，十二行本、乙十一行本、孔天胤本皆作「倚」。7步　據章鈺校，孔天胤本作「走」。8而　據章鈺校，十二行本、乙十一行本、孔天胤本皆作「之」。9怱谷　據章鈺校，十二行本、乙十一行本、孔天胤本皆作「忽谷」。

【語　譯】三月，後燕任命儀同三司的武鄉人張崇為司空。

當初，後燕清河王慕容會聽到魏軍東下入侵的消息，便上表請求率軍奔赴國難，後燕主慕容寶同意了慕容會的請求。慕容會根本沒有離開龍城率軍赴難的打算，他派擔任征南將軍的庫傉官偉、擔任建威將軍的餘崇率領五千名士卒為先鋒。餘崇，是餘嵩的兒子。征南將軍庫傉官偉等率領著五千名士卒在盧龍塞逗留了將近一百天，後燕主慕容寶因為軍中的糧食已經吃光，而且把牛馬差不多也吃光了，而慕容會待在龍城一直沒有出發。後燕主慕容寶非常憤怒，就一次次地發詔書，對慕容會進行嚴厲的批評，催促他趕緊出兵援助中山。慕容會迫不得已，就以準備行裝、做出發準備為藉口，又逗留了一月有餘。當時道路不通，征南將軍庫傉官偉準備派輕裝的小股部隊，先行疏通道路，偵察入侵的北魏軍兵力強弱，順道製造聲勢。而諸將全都懼怕北魏軍的強大而不敢前進。建威將軍餘崇奮勇而起，他說：「如今強大的賊寇入侵，在我國境內犯下了滔天的罪行，京師中山危在旦夕，就是一個小百姓還應該豁出性命保家衛國，去解救君父的危難，而諸位先生深受國君的恩寵與信任，肩負著保衛國家的重任，怎麼竟然貪生怕死呢？如果國家滅亡了，人臣的節操不能建立，即使一死也是可恥的。諸位先生就安安生生地住在這裡吧，讓我去奔赴國難。」庫傉官偉聽了餘崇的這番話，非常歡喜，於是挑選了五百人馬，讓餘崇率領著先行。餘崇前進到漁陽，遭遇了北魏的一千多名騎兵。餘崇對手下的這五百多名騎兵說：「敵眾我寡，不奮力出擊就難逃一死。」於是大聲吶喊著逕直殺向魏軍，餘崇親手殺死了十多人。北魏的騎兵潰逃而去，餘崇也率軍返回，他此行不僅斬殺了一些敵人，還抓來了一些俘虜，並詳細地介紹了敵軍的分布情況，軍心稍微振作了一些。清河王慕容會這才率軍出發，慢慢地前行。三月，抵達薊城。

北魏軍隊圍攻後燕的都城中山，已經圍攻了很久，中山城中的將士全都希望能夠出城與魏軍交戰。征北大將軍慕容隆對後燕主慕容寶說：「拓跋珪雖然屢次獲得一些小勝利，然而，他被拖在中山城下已經進入第二個年頭，最初的兇猛氣勢已經減弱了不少，將士、馬匹死傷了一大半，眾人之心都想返回，很多部落已經軍心渙散，目前正是出兵擊敗他們的好時機。再加上全城的人都盼望奮勇出擊，如果利用我軍士氣旺盛、對方疲憊不堪的機會出兵反擊，必定無往而不勝。如果過分的小心謹慎、猶豫不決，全軍將士銳氣喪失，我們的處境必將一天比一天困難、形勢將一天比一天嚴峻，時間拖得一久，變亂就要發生，以後即使再想要他們出去拼殺，也不能夠了！」慕容寶同意慕容隆的意見。而擔任衛大將軍的趙王慕容麟卻總是唱反調，阻撓他的建議，慕容隆已經列好隊準備出擊，結果臨時被取消的情況，前後就有好幾次。

後燕主慕容寶派使者向北魏王拓跋珪請求講和，答應將被扣留在燕國的拓跋珪的弟弟拓跋觚送回魏國，並把常山以西的國土全都割讓給魏國。北魏王拓跋珪同意了後燕的求和條件。不久慕容寶卻因為後悔而毀約。三月十一日己酉，拓跋珪前往盧奴。十三日辛亥，北魏軍再次包圍了後燕的都城中山。後燕數千名將士全都向後燕主慕容寶請求說：「如今坐守這座毫無出路的孤城，終究得被困死，我們都希望出城與敵人痛痛快快地打一仗，而陛下每次都壓制我們，不許出戰，這就等於自己在毀滅自己。而且中山城已經被圍困了很久，並沒有其他的奇謀妙計可以退敵，只是盼望著繼續拖延時間，能使敵寇自行撤退。如今內外的形勢對比已經很明顯，敵強我弱，力量相差懸殊，敵寇肯定不會自行撤退，這是明擺的事情，陛下應該聽從眾人的意願，與敵寇決一死戰。」慕容寶同意了大家的意見。征北大將軍慕容隆從慕容寶那裡退出後，立即集合軍隊準備出戰，他召集自己屬下的僚佐說：「皇帝的權威樹立不起來，賊寇入侵，這是臣子的共同恥辱，為了正義，就要奮不顧身。這次與敵寇作戰，如果能夠僥倖擊敗賊寇，勝利而回當然是好事；如果不幸戰敗身亡，也算展示了我的志氣和節操。你們如果有人能夠回到北方龍城，看見我的母親，請代我向她稟告此情！」說完，披上鎧甲、跨上戰馬，到宮門等候慕容寶發布出城作戰的命令。此時慕容麟又來阻止慕容寶，堅決要求慕容寶取消這次軍事行動，眾將士非常忿恨，慕容隆流著眼淚，下馬而回。

當天夜裡，擔任衛大將軍的趙王慕容麟率兵劫持了擔任左衛將軍的北地王慕容精，讓慕容精率領禁衛軍誅殺燕主慕容寶。慕容精大義凜然地拒絕了慕容麟，慕容麟一怒之下殺死了慕容精，然後逃出中山，奔往西山，投靠了丁零部落首領翟真的餘部。中山城中無人不驚慌震恐。

後燕主慕容寶不知道趙王慕容麟的去向，因為清河王慕容會的軍隊就在中山附近，擔心慕容麟會去奪取慕容會的軍隊，搶先佔據龍城；於是趕緊招集征北大將軍慕容隆以及驃騎大將軍慕容農，打算離開中山，撤到龍城據守。慕容隆說：「先帝慕容垂多年艱苦奮戰才成就的中興大業，誰知在他去世還不到一年，國家就面臨被滅亡的危險，難道能說我們沒有辜負先帝嗎？如今外面入侵的敵寇勢力正盛，而我們內部內亂又起，骨肉背離，百姓驚疑恐懼，確實沒有能力再抗擊敵寇，向北遷回故都，也是勢所必然。但故都龍城所在的龍川之地，地方狹小，人民貧困，如果還按照在中山這裡養成的思維方式和生活習慣，令當地滿足各種供應，又希望在短時間內建立大功，這肯定是不可能的。如果能夠節約用度、愛惜百姓，鼓勵人民從事農業生產，積極訓練士兵，幾年之內，使官府與民間都充實富裕起來，而趙、魏之間的民眾因為怨恨賊寇的殘暴統治，懷念燕國統治時期的好日子，到那時，才有希望重新殺回來，收復舊日的河山；即使不能做到這樣，則憑藉著險要的地形、堅固的城池，加強自我防守，還是完全可以清閒自得地養精蓄銳，積蓄力量。」慕容寶說：「你說得合情合理，我這次一定聽從你的意見。」

遼東人高撫精於占卜，一向得到征北大將軍慕容隆的信任和厚待，高撫私下裡對慕容隆說：「殿下向北方撤退，最終肯定到達不了龍城，也不可能見到你的母親。如果讓皇帝慕容寶獨自撤往北方，而殿下祕密地留在中山，則能夠建立偉大的功業。」慕容隆說：「國家遭遇大難，主上流離失所，而我的老母親也在北方，我如果能夠頭向北方而死，也是死無遺憾。你說的這叫什麼話！」於是，將所有的僚佐全部召集起來，向他們詢問是離開還是留下，只有擔任司馬的魯恭和擔任參軍的成岌願意跟隨慕容隆撤往北方，其他人全都願意留在中山，慕容隆全部聽從他們的選擇。

驃騎大將軍慕容農的部將谷會歸勸說慕容農說：「中山城裡的人，都是在參合陂戰役中被拓跋珪殺死的將士的親屬，是他們的父子兄弟，他們眼中流著血淚，踴躍參軍參戰，希望能夠與魏軍決一死戰，為自己的親人報仇，卻一直遭到衛大將軍慕容麟的壓制。現在聽說皇帝慕容寶決定北撤龍城，大家全都說：『如果有一位慕容氏家族的人留在中山，他們就會真心擁戴他，與魏軍決戰，即使戰死也毫不後悔。』希望大王能夠留下來，以滿足民眾的願望，等到擊退魏軍，安定京畿之後，再把皇帝迎接回來，也不失為一個忠臣呢。」慕容農想要殺掉谷會歸，卻又愛惜他的才能，於是便對谷會歸說：「如果非得這樣做才能求生存的話，那是生不如死！」

三月十四日壬子夜間，後燕皇帝慕容寶與皇太子慕容策、遼西王慕容農、高陽王慕容隆、長樂王慕容盛等帶領一萬多名騎兵離開中山投奔駐紮在薊城的清河王慕容會的大營；河間王慕容熙、勃海王慕容朗、博陵王慕容鑒當時還很年幼，無法出城，擔任征北大將軍的高陽王慕容隆又返回中山去迎接他們，慕容隆親自駕著可以坐臥的皮車，帶著他們一同逃離了中山。後燕的將領李沈等投降了北魏。樂浪王慕容惠、中書侍郎韓範、員外郎段宏、太史令劉起等率領著三百名工匠和歌舞藝人逃奔鄴城。

中山城內已經陷入無政府狀態，民眾全都惶恐不安，中山城的東門也沒有人關閉。北魏王拓跋珪想要連夜入城，冠軍將軍王建的心思全都放在入城搶劫上，於是藉口說怕士卒趁黑夜盜取府庫中的財物，請求等到天亮再進入中山城內，拓跋珪當夜便沒有進入中山。後燕開封公慕容詳沒有來得及跟隨後燕主慕容寶一起逃離中山，中山的人遂共同擁立慕容詳為盟主，重新關閉城門，嚴密防守。拓跋珪出動了所有的軍隊進行攻打，一連攻打了幾天，也沒有攻下中山。於是，便派人登上吊車，居高臨下地向中山城內的人質問說：「燕國皇帝慕容寶已經拋棄你們逃走了，你們這些百姓卻還在這裡抵抗，自己找死，又是為了誰呢？」城內的人全都答覆說：「我們只是一群無知的小老百姓，害怕再像參合陂戰役中向你們投降的那些燕國人一樣，全部被你們活埋，所以堅守中山，就是想多活個十天半月。」北魏王拓跋珪回頭看見王建，便朝他的臉上狠狠地唾了一口，然後派擔任中領軍的長孫肥、擔任左將軍的李栗率領三千名騎兵追趕後燕主慕容寶等，一直追到范陽，雖然沒有追上後燕王慕容寶，卻擊毀了新城的壁壘，而後返回中山。

三月十六日甲寅，東晉安帝司馬德宗尊祖母皇太后李氏為太皇太后。二十日戊午，立王氏為皇后。

後燕主慕容寶逃出都城中山之後，與趙王慕容麟在阱城相遇。慕容麟沒有料到慕容寶會來到這裡，不禁驚恐萬狀，立即率領自己的部下逃奔蒲陰，又從蒲陰進駐望都，當地的很多居民為他提供糧草。被中山人推為盟主的開封公慕容詳派兵突然襲擊了趙王慕容麟，活捉了慕容麟的妻兒，慕容麟脫身逃走，進入山中。

三月十六日甲寅，後燕主慕容寶一行抵達薊城，宮廷中的那些親信潰散逃亡的，幾乎全跑光了，只有高陽王慕容隆所率領的數百名騎兵擔任宿衛。清河王慕容會率領著二萬名騎兵和士卒到薊城南郊迎接後燕主慕容寶一行的到來，後燕主慕容寶對清河王慕容會臉上流露出來的那種怏怏然充滿怨恨的神色感到非常驚奇，就祕密地告訴了高陽王慕容隆和遼西王慕容農。慕容農和慕容隆都說：「慕容會還很年輕，就已經成為獨當一面的封疆大吏，驕傲已經成為習慣，所以才會如此，豈會有別的意思！我們應該按照禮法的要求責備他。」慕容寶雖然聽從了二人的意見，但還是下詔解除了慕容會的兵權，將慕容會屬下的軍隊移交給慕容隆，慕容隆堅決推辭；慕容寶於是把慕容會手下的軍隊撥出一部分分給慕容農與慕容隆統領。慕容寶又派西河公庫傉官驥率領三千名士兵南下，幫助慕容詳守衛中山。

三月十八日丙辰，後燕主慕容寶把薊城府庫中的所有財寶全部裝上車子，向北運往龍城。北魏將領石河頭率軍追趕慕容寶等，二十日戊午，在夏謙澤追上了慕容寶等。慕容寶不願意與石河頭交戰，清河王慕容會說：「我訓練軍隊，要求他們將消滅敵人做為唯一目標。如今皇帝流離失所，人人都希望為陛下拼死殺敵，而賊虜竟敢自己送上門來，眾人之心早已憤怒到極點。兵法上說：『不要攔擊返回本國的軍隊。』還說：『把軍隊安放到無路可逃的危險境地，只有拼死作戰才能生存。』如今這兩個條件我們全都具備，何必擔心不能取勝？如果我們避開眼前的敵人不打而自己離去，敵人肯定會來進攻我們，到那時可能會引發其他變故。」慕容寶遂同意了慕容會的意見。慕容會調集軍隊、擺開陣勢，與石河頭所率領的北魏軍交戰，慕容農、慕容隆等也率領自己從南方帶來的騎兵向魏軍衝殺過去，魏軍大敗，後燕軍追殺敗軍，追出去一百多里，斬殺了數千人。慕容隆又率領自己屬下的騎兵單獨追殺了幾十里才返回，慕容隆對自己的舊部、擔任留臺治書的陽璆說：「中山城中有數萬軍隊，卻沒能施展我殺敵報國之志，今天雖然打了勝仗，仍然讓人心存遺恨。」說到此處，不禁感慨萬千，止不住痛哭流涕。

後燕清河王慕容會打敗魏軍之後，更加居功自傲，不服指揮；慕容隆越是屢次教訓他、責備他，慕容會就越加怨恨。慕容會因為慕容農、慕容隆都曾經鎮守過龍城，輩分又高，權位又重，名望素來高過自己，擔心到了龍城之後，大權將不在自己掌握之中，又知道自己已經沒有了成為合法繼承人的希望，於是便陰謀發動政變。

幽州、平州的士兵都感激清河王慕容會的恩德，不願意歸屬高陽王慕容隆和遼西王慕容農，於是向後燕主慕容寶請求說：「清河王慕容會的勇敢和謀略高過當世之人，我們與清河王盟誓要同生共死。希望陛下與皇太子、諸位王爺留在薊城的皇宮中，我們跟隨清河王南下，去解京師中山之圍，勝利之後就來迎接皇帝的車駕。」後燕主慕容寶身邊的人都很討厭慕容會，因此對慕容寶說：「清河王慕容會因為沒有當成皇太子，臉上總是流露出憤憤不平的神色；而且他的才能、勇力超過別人，又善於收買民心。陛下如果答應了眾人的請求，我擔心，京師解圍之後，必然會有衛輒拒絕自己的父親返國那樣的事情發生。」慕容寶於是對前來請求的眾人說：「慕容會年紀還小，才能也趕不上高陽王慕容隆和遼西王慕容農，怎麼可以擔任得了專征的重任？再說，我剛剛親自統帥六軍，還要依靠慕容會作為幫手，怎麼能讓他離開身邊？」眾人很不高興地退了下去。

後燕主身邊的人都勸說慕容寶殺掉慕容會。擔任侍御史的仇尼歸聽到這個消息，就告訴慕容會說：「大王所仰仗的是自己的父親，而父親已經準備把你除掉；你所仰仗的是軍隊，而軍權又被剝奪。你準備到哪裡去尋找安身之地呢？不如殺掉高陽王慕容隆和遼西王慕容農，廢掉太子慕容策，大王自己進入東宮當皇太子，親自兼任大將、宰相，以恢復社稷、振興國家，這才是上策。」慕容會猶豫不決，沒有答應。

後燕主慕容寶對遼西王慕容農和高陽王慕容隆說：「我觀察慕容會的志向，必定會謀反，這是毫無疑問的，應該早點除掉他。」慕容農與慕容隆都說：「如今敵寇入侵，中原動盪不安，國家局勢危如累卵。慕容會鎮撫故都龍城，從遙遠的地方奔赴國難，其聲威名望之高，完全可以震懾四鄰。叛逆的情形還沒有彰顯出來，就突然將他除掉，不止是傷害了父子之間的感情，恐怕也會有損陛下的威望。」慕容寶說：「慕容會叛逆的決心已經形成，你們還對他懷著仁慈寬恕之心，不忍心先動手，恐怕一旦發生政變，他首先害死的必定是他的幾位叔父，然後再害我，到那時你們可不要為自己過於自信而後悔！」慕容會得知消息，更加恐懼。

夏季，四月初六日癸酉，後燕主慕容寶住宿在廣都的黃榆谷。清河王慕容會派遣自己的黨羽、擔任侍御史的仇尼歸與吳提染干率領二十多名勇士分頭襲擊遼西王慕容農和高陽王慕容隆，將慕容隆殺死在寢帳之中；慕容農身受重傷，仍然活捉了仇尼歸，逃入山中。慕容會因為仇尼歸已經被活捉，陰謀終究會暴露出來，於是，便在深夜前往後燕主慕容寶的住處，對慕容寶說：「慕容農、慕容隆陰謀叛逆，我已經將他們除掉。」慕容寶準備討伐慕容會，於是假裝用好言安慰他說：「我本來早就懷疑他們二人了，你現在將他們除掉，很好。」

四月初七日甲戌早上，後燕清河王慕容會遍立刀槍，在嚴密的戒備之下，在前面引路，繼續北上。慕容會想把慕容隆的靈柩拋棄，建威將軍餘崇流著眼淚堅決請求，這才允許用車拉著慕容隆的靈柩跟隨在軍隊的後面行進。遼西王慕容農從山中出來，返回大營，後燕主慕容寶呵斥慕容農說：「你為什麼那麼相信自己呢？」下令將慕容農抓起來。又繼續前進了十多里的路程，慕容寶回頭召集群臣一同進餐，並且商議對慕容農的罪行如何處置。慕容會也一同入座，慕容寶用眼睛示意擔任衛軍將軍的慕輿騰，讓他殺死慕容會，慕輿騰會意，拔出刀來，卻只砍傷了慕容會的腦袋，而沒有將慕容會殺死。慕容會逃回自己的軍中，率軍攻擊自己的父親慕容寶。慕容寶率領數百名騎兵奔馳了二百里，下午四、五點鐘的時候，抵達龍城。慕容會派遣騎兵隨後追趕，一直追到石城，也沒有追上。

四月初八日乙亥，後燕清河王慕容會派遣仇尼歸率眾攻打龍城，後燕主慕容寶在夜間派兵襲擊仇尼歸，將仇尼歸打敗。慕容會又派使者請求後燕主慕容寶誅殺身邊那些用花言巧語討好的「佞臣」，並請求立自己為皇太子，慕容寶沒有答應。慕容會就把後燕主慕容寶所專用車駕和宮廷廟堂裡的各種器皿與服飾，以及後宮的嬪妃、宮女全部賞賜給屬下的將帥，並設置文武百官，自稱皇太子、錄尚書事，率軍隊繼續向龍城進發，以討伐慕輿騰為藉口。初九日丙子，慕容會將自己的軍隊駐紮在龍城之下。後燕主慕容寶親自來到龍城西門，慕容會騎在馬上，站在很遠的地方與慕容寶對話，慕容寶責備慕容會。慕容會便令軍士向著慕容寶大聲喊叫，耀武揚威，龍城中的將士都非常憤怒，到了傍晚時分，便出城與慕容會交戰，將慕容會打得大敗，慕容會的軍士死傷了一大半，慕容會逃回自己的軍營。擔任侍御郎的高雲當天夜間又率領一百多名敢死隊襲擊慕容會的軍營，慕容會的部眾全部潰散。慕容會率領著十多名騎兵投奔中山，守衛中山的開封公慕容詳將慕容會殺死。後燕主慕容寶殺死了慕容會的母親和慕容會的三個兒子。

四月初十日丁丑，後燕主慕容寶在龍城實行大赦，凡是與慕容會同謀的人，全都免罪不究，並令他們官復原職。同時論功行賞，被封為將軍、侯爵的有好幾百人。遼西王慕容農頭骨被砍裂，露出了腦漿，後燕主慕容寶親手為他包紮傷口，好不容易才活了下來。慕容寶任命慕容農為左僕射，不久又任命慕容農為司空、兼任尚書令。建威將軍餘崇自動回到龍城歸附後燕主慕容寶，慕容寶為了嘉勉餘崇護持高陽王慕容隆靈柩時所表現出的忠心，便封餘崇為中堅將軍，讓他主管宮廷警衛。追贈高陽王慕容隆為司徒，諡號為康。

後燕主慕容寶任命擔任侍御郎的高雲為建威將軍，封為夕陽公，並將他收為義子。高雲，是高句麗王室的一個支屬，前燕王慕容皝滅掉高句麗時，把高句麗的王室成員全部遷徙到青山，從那以後，世代都是燕國的臣民。高雲為人深沉、厚道、沉默寡言，當時的人都不怎麼看重他，只有擔任中衛將軍的長樂人馮跋對高雲的志向和氣度深感驚奇，所以與他成為朋友。馮跋的父親馮和，在西燕主慕容永執政期間擔任將軍。慕容永敗亡，被遷徙到和龍城。

東晉擔任僕射的王國寶、擔任建威將軍的王緒依附於會稽王司馬道子，他們大肆收受賄賂，生活窮奢極欲，沒有止境，不知道滿足。他們厭惡王恭和殷仲堪，於是就勸說會稽王司馬道子裁減他們的兵權，於是朝廷內外人心惶恐不安。王恭等也各自修繕鎧甲、集結軍隊，上表給晉安帝司馬德宗，請求出兵北伐；司馬道子對王恭等的動機深感懷疑，於是下詔，以盛夏出兵妨礙農業生產為由，讓他們解除軍事動員。

王恭派遣使者與荊州刺史殷仲堪密謀策劃討伐王國寶等。南郡公桓玄因為仕途不如意，就想借助殷仲堪的勢力謀亂，於是對殷仲堪說：「王國寶早就把你們幾位看作是死對頭，恨不能早點把你們除掉。如今王國寶手中掌握了大權，他與自己的堂弟、擔任琅邪太守的王緒內外勾結、狼狽為奸，他想要讓皇帝改變對你們的看法，肯定能夠達到目的。王恭是皇帝的大舅，王國寶他們肯定不敢害他；而你卻是先帝所選拔，剛一走上仕途就被任用為獨當一面的封疆大吏，人們都認為你雖然很有頭腦，但並不是擔任封疆大吏的材料。王國寶他們如果發一道詔書，徵調你回朝廷擔任中書令，然後任用殷覬接替你為荊州刺史，你準備怎麼辦呢？」殷仲堪說：「我為此事已經發愁好長時間了，你說我該怎麼辦？」桓玄說：「王恭對王國寶痛恨至極，你應該祕密與他訂立盟約，從外部起兵，討伐皇帝身邊的奸惡小人，你們東西夾擊；我桓玄雖然沒有什麼才能，但我願意率領荊、楚的英雄豪傑，扛著戈矛，充當前部先鋒。這可是齊桓公、晉文公一樣的功勳。」

殷仲堪認為桓玄說的一番話很有道理，於是，在外結交駐守襄陽的雍州刺史郗恢，在內與擔任南蠻校尉的堂兄殷覬、擔任南郡相的陳留人江績暗中謀劃此事。殷覬說：「作為臣屬，只要把自己職責範圍內的事情做好就可以了，至於朝廷中的是是非非，豈是我們這些鎮撫地方的官員所能管得了的？關於晉陽出兵之事，我不敢參與、過問。」殷仲堪堅決邀請他，殷覬大怒說：「我既不敢跟著你們去幹，也不敢反對你們去幹。」江績也極力表示反對。殷覬擔心殷仲堪會在一怒之下殺死江績，就在座位上用和緩的語氣從中進行調解。江績說：「男子漢大丈夫，豈是用死亡相威脅就能屈從的？我江績即將年滿六十歲，只是沒有得到一個死的地方！」殷仲堪對江績的堅定正直深感不安，便任用楊佺期接替了江績南郡相的職務。朝廷得到消息，遂徵調江績回京師擔任御史中丞。擔任南蠻校尉的殷覬也聲稱自己藥性散發而生病，因此辭職。荊州刺史殷仲堪前去探望，他對殷覬說：「兄長的這種病實在讓人感到擔憂。」殷覬說：「我的這種病大不了是我一個人死，而你的病可能招致滅門之禍。你要好好愛惜自己，不要惦記我！」擔任雍州刺史的郗恢也不肯聽從殷仲堪。殷仲堪猶豫不決；恰好此時王恭派來聯絡殷仲堪共同討伐王國寶的使者到來，殷仲堪遂滿口答應下來，王恭非常高興。四月初七日甲戌，王恭上表給東晉安帝司馬德宗，一條條列舉了王國寶的罪狀，然後出兵直指京師建康，討伐王國寶。

當初，東晉孝武帝司馬曜委任王珣擔任左僕射，孝武皇帝司馬曜卻突然駕崩，王珣因而沒有當上顧命大臣；王珣一天之內就失去了權勢，於是除去每天按照常規辦理自己該辦的事情以外，對其他事情一概不聞不問。四月初十日丁丑，王恭討伐王國寶罪狀的表章送到朝廷，京師內外立即實行戒嚴。會稽王司馬道子向擔任左僕射的王珣詢問說：「王恭、殷仲堪二人起兵作亂的事情，你知道不知道？」王珣回答說：「朝廷政令的得失，我沒有參與，王恭、殷仲堪二人起兵作亂，我從何得知？」王國寶驚慌失措，不知如何是好，他派遣數百人前去戍守竹里，夜間遭遇暴風雨的襲擊，前往竹里的數百人被風雨打散，遂各自返回。王國寶的堂弟、擔任琅邪太守的王緒勸說王國寶假傳國相、會稽王司馬道子的命令，召見左僕射王珣和護軍將軍車胤，將他們二人殺掉，以除掉時人對他們的期望，然後挾持皇帝司馬德宗和國相司馬道子，動員全國的兵力討伐王恭與殷仲堪。王國寶同意了王緒的意見。王珣與車胤奉假詔到來之後，王國寶又不敢把二人殺掉，反倒向王珣請教如何應付王恭、殷仲堪的兵變。王珣回答說：「王恭與殷仲堪向來與你並無深仇大恨，他們所以起兵鬧事，只不過是為自己爭取一點權力罷了。」王國寶說：「你們是不是把我當成曹爽那樣的人在耍弄我？」王珣駁斥他說：「你說的這叫什麼話！你難道有曹爽那樣的罪過，王恭哪裡是晉宣帝司馬懿一流的人物？」王國寶又向車胤求教，車胤說：「從前，桓溫率軍包圍壽陽，用了很長的時間才將壽陽攻克。現在朝廷如果派軍隊前去討伐，王恭必定會堅守京口。如果朝廷軍還沒有攻克京口，而位居長江上游的荊州刺史殷仲堪又突然從江陵順流而下，殺向京師，你將如何抵擋呢？」王國寶更加恐懼，遂上疏給晉安帝司馬德宗，請求辭去所有職務，前往皇宮門口聽候處分。過後王國寶又感到後悔，遂詐稱皇帝下詔恢復了他的官職。會稽王司馬道子一向愚昧懦弱，只想把事情盡快平息下去，便把罪責全部推卸到王國寶身上，他派擔任驃騎諮議參軍的譙王司馬尚之逮捕了王國寶，把王國寶交付給廷尉審理。司馬尚之，是司馬恬的兒子。十七日甲申，司馬道子賜王國寶自殺，把王國寶的堂弟、琅邪太守王緒綁縛鬧市斬首，同時派使者到京口去見王恭，對自己執政所造成的過失，向王恭深表歉意。王恭於是罷兵，返回自己的鎮所京口。王國寶的哥哥、擔任侍中的王愷、擔任驃騎司馬的王愉全都上疏請求辭職。司馬道子認為王愷、王愉與王國寶不是一母所生，又一向政見不同，所以對他們全都不予追究。二十一日戊子，東晉實行大赦。

殷仲堪雖然答應了王恭一同起兵討伐王國寶，卻還在猶豫不決，不敢出兵東下；當聽到王國寶等人已被處死的消息，才公開給朝廷上疏，聲討王國寶等人的罪行，舉兵起事，他派遣擔任南郡相的楊佺期率兵屯紮巴陵。會稽王司馬道子給殷仲堪寫信進行勸阻，殷仲堪遂撤回江陵。

會稽王司馬道子的世子司馬元顯，年方十六歲，卻很有才幹，擔任侍中，他認為王恭與殷仲堪終久必定要製造災禍，所以勸說自己的父親司馬道子暗中做好應對的準備。司馬道子於是任命司馬元顯為征虜將軍，並把自己手中掌管的衛率府的禁衛軍和徐州刺史府裡的文武官員全部撥給司馬元顯。

北魏王拓跋珪率軍攻打後燕的都城中山，因為軍糧供應不上，遂令東平公拓跋儀離開鄴城，轉移到鉅鹿駐紮，並在楊城積蓄糧草。後燕開封公慕容詳從中山派出六千名步兵，尋找機會襲擊北魏軍的各屯駐點。結果被拓跋珪擊敗，斬殺了五千人，俘虜了七百人，並把這七百名俘虜全部放回。

當初，居住在張掖郡的盧水匈奴人部落首領沮渠羅仇，是匈奴沮渠王的後代，世代都是盧水匈奴部落首領。後涼天王呂光任命沮渠羅仇為尚書，沮渠羅仇跟隨後涼王呂光討伐西秦王乞伏乾歸。等到呂光的弟弟、天水公呂延戰敗被殺，沮渠羅仇的弟弟、擔任三河太守的沮渠麴粥就對自己的哥哥沮渠羅仇說：「天王呂光荒淫老邁，聽信讒言，如今兵敗，大將戰死，正是他猜忌智勇之士的時候。他肯定容不下我們兄弟二人，與其默默無聞地死掉，還不如率軍去攻取西平郡，經過苕藿，振臂一呼，奪取涼州將不是很困難的事情。」沮渠羅仇說：「形勢確實像你所分析的那樣。然而，我們沮渠家世世代代都以忠孝聞名於西方，寧可讓人對不起我們，我們卻不能做出對不起別人的事情。」呂光果然聽信讒言，把敗軍之罪強加在沮渠兄弟頭上，將沮渠羅仇、沮渠麴粥殺死。沮渠羅仇的姪子沮渠蒙遜是一個英雄豪傑之士，有智慧有謀略，閱讀過許多的典籍和史書，他護送自己的伯父沮渠羅仇和沮渠麴粥的靈柩返回故鄉安葬。由於很多部落都是沮渠的同族或有姻親關係，所以前來參加葬禮的有一萬多人。沮渠蒙遜向眾人哭訴說：「天王呂光昏庸無道，殺死了很多清白無辜的人。我的祖先曾經威震河西地區，現在我要與各部落聯合在一起，為我的二個伯父報仇雪恨，恢復祖先的偉大事業，你們認為怎麼樣？」眾人全都高呼萬歲。沮渠蒙遜於是與各部落結成同盟，聚眾起兵，攻取涼州的臨松郡，將臨松郡攻克，而後繼續進軍，屯紮、據守金山郡。

東晉擔任司徒左長史的王廞，是王導的孫子，因為自己的母親去世，遂在吳郡家中為母親守孝服喪。當王恭出兵討伐王國寶的時候，下發文件任命王廞為代理吳國內史，讓他在東方聚眾起兵。王廞於是派前吳國內史虞嘯父等人前往吳興、義興招募兵眾，應募前來的人數以萬計。不久，王國寶被殺，王恭也罷兵返回京口，他下令免去王廞的代理吳國內史的職務，王廞依然返回吳郡家中繼續為自己的母親守孝服喪。

王廞因為在起兵之時，誅殺了很多反對過自己的人，形勢迫使王廞不敢放棄兵權，所以在接到王恭的命令之後，他不禁勃然大怒，拒絕接受王恭的命令；王廞派遣自己的兒子王泰率軍攻打王恭，同時寫信給會稽王司馬道子，控告王恭的種種罪惡。司馬道子把王廞寫給自己的信轉送給王恭。五月，王恭派遣擔任司馬的劉牢之率領五千人馬攻擊王泰，將王泰斬首。又與王廞在曲阿決戰，王廞的部眾很快潰散，王廞單人獨騎逃走，不知去向。朝廷將前吳國內史虞嘯父逮捕，交付廷尉審問，因為虞嘯父的祖父虞潭有討伐蘇峻的功勞，所以只將虞嘯父罷官免職，貶為平民。

後燕庫傉官驥進入中山之後，卻與留在中山的開封公慕容詳互相攻打。慕容詳殺死了庫傉官驥，把庫傉官氏家族全部滅掉；慕容詳還殺死了擔任中山尹的苻謨，滅掉了苻謨的家族。中山城內沒有一個公認的首領，百姓懼怕魏軍會趁虛攻入城中，於是便不分男女，互相結盟，人人各自為戰。

五月初七日甲辰，北魏王拓跋珪解除了對中山的包圍，前往河間就地尋取糧食作為軍糧，以解決軍糧的不足，他督促各郡除去該徵收的租稅之外，強迫百姓義務捐獻糧食。十七日甲寅，北魏王拓跋珪任命東平公拓跋儀為驃騎大將軍、都督中外諸軍事、兗・豫・雍・荊・徐・揚六州牧、左丞相，封為衛王。

留在中山城中的後燕開封公慕容詳認為自己有能力擊敗北魏軍，威望和恩德已經建立起來，於是便登基做起皇帝來，改年號為「建始」，設置文武百官。慕容詳任命新平公可足渾潭為車騎大將軍、尚書令，同時殺死了拓跋觚，想藉此穩定民心。

鎮守鄴城的官員全都勸說范陽王慕容德即皇帝位，正趕上有人從龍城來到鄴城，得知後燕主慕容寶還活著，所以才不再提擁戴慕容德即位稱帝之事。

後涼天王呂光派遣太原公呂纂率軍攻打沮渠蒙遜所在的忽谷，呂纂將沮渠蒙遜擊敗。沮渠蒙遜逃入山中。沮渠蒙遜的堂兄沮渠男成是後涼的將軍，他聽到沮渠蒙遜起兵的消息，也聚集了數千人屯駐在樂涫。後涼擔任酒泉太守的壘澄率軍討伐沮渠男成，壘澄兵敗被殺。

沮渠男成率領部眾進攻建康，同時派使者對擔任建康太守的段業說：「呂氏政權已經衰微，權臣專擅王命，刑罰混亂，胡亂殺人，人們已經找不到自己的容身之所。僅僅一個涼州，叛亂的人就到處都是，涼州政權土崩瓦解之勢就在眼前，百姓嗷嗷待哺，卻找不到可以依靠的人。閣下乃是蓋世奇才，為什麼非要效忠於一個即將滅亡的國家？沮渠男成等人已經高舉義旗，他想屈尊閣下出任涼州刺史，使劫後餘生的百姓能夠得到拯救，重獲新生，閣下以為如何？」段業沒有聽從。段業與沮渠男成相持了二十天，外面沒有援軍來救，建康郡人高逵、史惠等都勸說段業接受沮渠男成的邀請。段業一向與後涼擔任侍中的房晷、擔任僕射的王詳不和，心中因此常常感到恐懼不安，於是便答應了沮渠男成的邀請。沮渠男成等人推舉段業為大都督、龍驤大將軍、涼州牧、建康公，改年號為「神璽」。段業任命沮渠男成為輔國將軍，將軍國大事全都委託給沮渠男成處理。逃入山中的沮渠蒙遜率領自己的部眾歸附了段業，段業任命沮渠蒙遜為鎮西將軍。後涼天王呂光令太原公呂纂率軍討伐北涼段業，沒有成功。

六月，西秦王乾歸徵❶北河州刺史彭奚念為鎮衛將軍，以鎮西將軍屋引破光[1]為河州❷牧，定州❸刺史翟瑥為興晉❹太守，鎮枹罕。

秋，七月，慕容詳殺可足渾潭。詳嗜酒奢淫，不恤士民，刑殺無度，所誅王公以下五百餘人，羣下離心。城中飢窘，詳不聽民❺出采稆❻，死者相枕，舉城皆謀迎趙王麟。詳遣輔國將軍張驤帥五千餘人督租於常山❼；麟自丁零入驤軍❽，潛襲中山，城門不閉，執詳，斬之。麟遂稱尊號❾，聽人四出采稆。人既飽，求與魏戰，麟不從。稍復窮餒[10]。魏王珪軍魯口[11]，遣長孫肥帥騎七千襲中山，入其郛[12]。麟追至泒水[13]，為魏所敗而還。

八月丙寅朔[14]，魏王珪徙軍常山之九門[15]。軍中大疫，人畜多死，將士皆思歸。珪問疫於諸將，對曰：「在者[16]纔什四、五。」珪曰：「此固天命，將若之何？四海之民，皆可為國[17]，在吾所以御之[18]耳，何患無民？」羣臣乃不敢言。遣撫軍大將軍略陽公遵襲中山，入其郛而還。

燕以遼西王農為都督中外諸軍事、大司馬、錄尚書事。

涼散騎常侍、太常[19]西平郭黁[20]善天文數術，國人信重之。會熒惑守東井[21]，黁謂僕射王詳曰：「涼之分野，將有大兵[22]。主上老病，太子闇弱，太原公[23]凶悍。一日不諱[24]，禍亂必起。吾二人久居內要，彼常切齒，將為誅首[25]矣。田胡王乞基[26]部落最彊，二苑[27]之人，多其舊眾。吾欲與公舉大事，推乞基為主，二苑之眾，盡我有也。得城之後，徐更議之。」詳從之。黁夜以二苑之眾燒洪範門[28]，使詳為內應。事泄，詳被誅，黁遂據東苑以叛。民間皆言聖人舉兵，事無不成，從之者甚眾。

涼王光召太原公纂使討黁。纂將還，諸將皆曰：「段業必躡[29]軍後，宜潛師夜發。」纂曰：「業無雄才，憑城自守；若潛師夜去，適足張其氣勢耳。」乃遣使告業曰：「郭黁作亂，吾今還都；卿能決㉚者，可早出戰。」於是引還。業不敢出。

纂司馬楊統謂其從兄桓曰：「郭黁舉事，必不虛發。吾欲殺纂，推兄為主，西襲呂弘㉛，據張掖，號令諸郡，此千載一時也。」桓怒曰：「吾為呂氏臣，安享其祿，危不能救，豈可復增其難乎？呂氏若亡，吾為弘演㉜矣！」統至番禾㉝，遂叛歸黁。弘，纂之弟也。

纂與西安㉞太守石元良共擊黁，大破之，乃得入姑臧。黁得光孫八人於東苑，及敗而恚，悉投於鋒上，枝分節解，飲其血以盟眾，眾皆掩目。

涼人張捷、宋生等招集戎、夏㉟三千人，反於休屠城㊱，與黁共推涼後將軍楊軌為盟主。軌，略陽氐㊲也。將軍程肇諫曰：「卿棄龍頭㊳而從蛇尾㊴，非計也。」軌不從，自稱大將軍、涼州牧、西平公。

纂擊破黁將王斐于城西。黁兵勢漸衰，遣使請救于禿髮烏孤。九月，烏孤使其弟驃騎將軍利鹿孤帥騎五千赴之。

秦太后虵氏㊵卒。秦主興哀毀過禮㊶，不親庶政。羣臣請依漢魏故事㊷，既葬即吉(43)。尚書郎李嵩上疏曰：「孝治天下，先王之高事(44)也。宜遵聖性(45)以光道訓(46)，既葬之後，素服臨朝(47)。」尹緯駁曰：「嵩矯常越禮(48)，請付有司論罪。」興曰：「嵩忠臣孝子(49)，有何罪乎？其一從[2]嵩議(50)。」

鮮卑薛勃(51)叛秦，秦王興自將討之。勃敗，奔沒弈干(52)，沒弈干執送之(53)。◯

秦泫氏男姚買得(54)謀弒秦王興，不克而死。

秦王興入寇湖城(55)，弘農(56)太守陶仲山、華山(57)太守董邁皆降之。遂至陝城(58)，進寇上洛(59)，拔之。遣姚崇(60)寇洛陽，河南(61)太守夏侯宗之固守金墉(62)，崇攻之不克，乃徙流民二萬餘戶而還。

武都氐(63)屠飛、啖鐵(64)等據方山(65)以叛秦，興遣姚紹(66)等討之，斬飛、鐵。

興勤於政事，延納善言，京兆杜瑾等皆以論事得顯拔，天水姜龕等以儒學見尊禮，給事黃門侍郎古成詵(67)等以文章(68)參機密(69)。詵剛介雅正，以風教(70)為己任。京兆韋高(71)慕阮籍(72)之為人，居母喪，彈琴飲酒。詵聞之而泣，持劍求(73)高，欲殺之，高懼而逃匿。

中山飢甚，慕容麟帥二萬餘人出據新市(74)。甲子晦(75)，魏王珪進軍攻之。太史令鼂崇曰：「不吉。昔紂以甲子亡，謂之疾日(76)，兵家忌之。」珪曰：「紂以甲子亡，周武不以甲子興乎？」崇無以對。冬，十月丙寅[77]，麟退阻泒水[78]。甲戌[79]，珪與麟戰於義臺[80]，大破之，斬首九千餘級。麟與數十騎馳取妻子入西山，遂奔鄴[81]。

甲申[82]，魏克中山，燕公卿、尚書、將吏、士卒降者二萬餘人。張驤、李沈[3]先嘗降魏，復亡去[83]。珪入城，皆赦之。得燕璽綬、圖書、府庫珍寶以萬數，班賞羣臣將士有差[84]。追謚弟觚為秦愍王。發慕容詳冢，斬其尸；收殺觚者高霸、程同，皆夷五族，以大刃剉[85]之。

丁亥[86]，遣三萬騎就衛王儀[87]，將攻鄴。

秦長水校尉[88]姚珍奔西秦，西秦王乾歸以女妻之。

河南鮮卑吐秣[89]等十二部大人，皆附於禿髮烏孤。

燕人有自中山至龍城者，言拓跋涉珪衰弱，司徒德[90]完守鄴城。會德表至，勸燕王寶南還，寶於是大簡[91]士馬，將復取中原。遣鴻臚[92]魯邃冊拜德為丞相、冀州牧，南夏公[93]，侯、牧、守皆聽[94]承制封拜[95]。十一月癸丑[96]，燕大赦。十二月，調兵悉集，戒嚴在頓[97]，遣將軍啓崙南視形勢。

乙亥[98]，慕容麟至鄴，復稱趙王[99]，說范陽王德曰：「魏既克中山，將乘勝攻鄴。鄴中雖有蓄積，然城大難固，且人心恇懼[100]，不可守也。不如南趣滑臺[101]，阻河[102]以待魏，伺釁而動，河北庶[103]可復也。」時魯陽王和鎮滑臺。和，垂之弟子也，亦遣使迎德。德許之。

【章　旨】以上為第三段，寫安帝隆安元年（西元三九七年）六至十二月共七個月間的大事。主要寫了駐守中山的燕國將領慕容詳被逃居西山的叛變分子慕容麟所襲殺，慕容麟在中山自稱皇帝，與魏王拓跋珪相對抗，最後被拓跋珪大破於義臺；慕容麟逃到鄴城投慕容德，與慕容德等一同移兵就慕容和於滑臺；寫了涼州呂光政權的太常郭黁以謠言惑眾起兵反呂光，從者甚眾，佔據東苑，呂光之弟呂纂救姑臧，破郭黁，郭黁乃與禿髮烏孤的勢力勾結起來；寫了秦主姚興進佔晉之湖城、陝城、上洛，又攻洛陽不克，掠其民二萬戶以歸；姚興勤於政事，延納善言，得古成詵、杜瑾、姜龕等而用之，深得其力等等。

【注　釋】❶徵　召之進京。❷河州　州治枹罕，在今甘肅臨夏西北。❸定州　約指今之甘肅中部和與之臨近的青海西寧等一帶地區。胡三省曰：「張茂分武興、金城、西平、安故為定州。」❹興晉　郡名，郡治即前文所述之枹罕。❺不聽民　不允許百姓。❻出采稆　出城採集不播種而自生的禾稼。❼常山　郡名，郡治真定，在今河北石家莊東北。❽自丁零入驤軍　丁零是少數民族名，這裡指翟氏丁零部落的餘黨，當時活動在今定州、石家莊以西的山區。慕容麟潰敗後逃入此地，現在乘機混進張驤的隊伍。❾稱尊號　自稱皇帝。❿稍復窮餒　又漸漸窮困挨餓了。餒，飢餓。⓫魯口　渡口名，在今河北饒陽南的滹沱河上。⓬入其郛　攻進了中山縣的外城。郛，外城，也稱「郭」。⓭泒水　河水名，當時流經今河北定州南。⓮八月丙寅朔　八月初一是丙寅日。⓯常山之九門　常山郡的九門縣，縣治在今河北正定東。⓰在者　現存者。⓱皆可為國　都可以成為我們的國民。⓲在吾所以御之　就看我們是怎麼管理他們啦。御，駕御；管理。⓳太常　朝官名，主管宗廟祭祀。⓴西平郭黁　西平郡人姓郭名黁。西平郡的郡治即今青海西寧。㉑熒惑守東井　火星運行到了井宿的附近。熒惑，即今之所謂火星。東井，即井宿，星座名，二十八宿之一。㉒涼之分野二句　意即涼州一帶地區將要發生戰亂。古代天文學稱今陝西、甘肅一帶為井宿的分野，而火星象徵戰爭。今火星運行到了井宿的位置，故郭黁說涼州一帶將有大兵。㉓太原公　指呂纂，呂光的庶長子，被封為太原公。傳見《晉書》卷一百二十二。㉔不諱　婉言呂光之死。㉕誅首　被首先拿來開刀。㉖田胡王乞基　田胡部落的頭領名叫乞基。田胡是當時匈奴族的一個部落名。㉗二苑　即指後涼的國都姑臧，當時姑臧建有東苑、西苑二城。㉘洪範門　呂光宮廷的一個門。「洪範」是《尚書》中的一個篇目名。㉙躡　指尾隨、追擊。㉚決　指下決心。㉛呂弘　呂光之子，呂纂之弟，當時鎮守張掖。㉜吾為弘演　我一定要做一個像弘演那樣的忠臣。弘演是春秋時衛國的臣子，衛懿公與狄人戰，兵敗被殺，肉亦被人吃盡，只剩了一塊肝。弘演趕來，對著懿公的肝哭了一回，而後將自己的內臟剖出，將懿公的肝裝入自己的腹腔，而後死去。被後世視為忠臣的代名詞。事見《呂氏春秋》。㉝番禾　郡名，郡治即今甘肅永昌。㉞西安　郡名，郡治在今甘肅張掖東南。㉟戎夏　戎指各少數民族的人，夏指漢人。㊱休屠城　休屠縣城，在今甘肅武威西北。㊲略陽氐　居住在略陽郡（郡治在今甘肅天水市東）內的氐族人。㊳龍頭　指呂光。㊴虵尾　指郭黁等人。虵，同「蛇」。㊵虵氏　指姚萇之妻，姚興之母。㊶哀毀過禮　悲哀得過分。根據儒家禮法的規定，父母死後，做人子的悲傷以及由此導致的消瘦病弱要達到一定的程度，不達到不行，過分也不好。㊷依漢魏故事　依照漢朝及曹魏兩代的一貫做法。㊸既葬即吉　老皇帝埋葬之後，作為接班人的兒子便立即脫去喪服，換上正常處理事務的服裝。吉，指吉服，平時所穿的服裝。㊹高事　高尚的行為。㊺宜遵聖性　應該按照姚興個人的性格。聖，此指後秦主姚興。㊻以光道訓　以光大前代聖人的教訓。㊼素服臨朝　穿著孝服處理朝政。㊽矯常越禮　改變常規，超出了禮法的規定。㊾忠臣孝子　既照顧了「孝子」的心情，又可以不影響國家大事，盡到了「忠臣」的義務。㊿一從嵩議　一切都按著李嵩的意見辦。(51)薛勃　另一個鮮卑部落的首領，前受魏攻而投靠了姚興，駐守於貳川。(52)沒弈干　也作「沒弈于」，姓沒弈。前屬苻堅，後歸姚興，被封為高平公，駐守於高平（今寧夏固原）。(53)執送之　逮捕起來送回給姚興。(54)泫氏男姚買得　泫氏縣的一個男人叫姚買得。泫氏縣的縣治在今山西高平東南。(55)湖城　即湖縣，縣治在今河南靈寶西，當時屬東晉。(56)弘農　郡名，當時東晉的弘農郡治即湖城。(57)華山　郡名，當時東晉的華山郡治在今陝西華縣。(58)陝城　即陝縣，縣治在今河南三門峽市西，當時屬東晉。(59)上洛　郡名，郡治即今陝西商縣，時屬東晉。(60)姚崇　姚興之弟。(61)河南　郡名，郡治即今洛陽。(62)金墉　當時洛陽城西北角的一座堅固的小城。(63)武都氐　居住在武都郡的氐族人。武都郡的郡治在今甘肅成縣西北。(64)屠飛啖鐵　都是武都氐族的部落頭領。(65)方山　山名，在今甘肅成縣境內。(66)姚紹　姚興之弟。(67)古成詵　人名，姓古成，名詵。(68)文章　指文筆好，善於寫作。(69)參機密　參與國家的重要決策。(70)風教　這裡指加強教化工作，改善民風民俗。(71)京兆韋高　京兆人姓韋名高。京兆是長安及郊區的行政區劃名，相當於一個郡，郡治在長安城內。其長官稱京兆尹。(72)阮籍　魏末「竹林七賢」之一，以飲酒放蕩、蔑棄禮法聞名。傳見《三國志》卷四十九。(73)求　尋找。(74)新市　縣名，縣治在今河北新樂東北。(75)甲子晦　這個月的最後一天是甲子日。(76)疾日　應忌諱的倒楣的日子。(77)十月丙寅　十月初二。(78)退阻泒水　後退到泒水邊，依托泒水進行抵抗。當時的泒水自西向東流經今河北新樂北，當時的新樂城下。(79)甲戌　十月初十。(80)義臺　村鎮名，應在今河北新樂北。(81)奔鄴　往投慕容德。慕容德是慕容垂之弟，慕容麟之叔。傳見《晉書》卷一百二十七。(82)甲申　十月二十。(83)復亡去　先已降魏，後來又叛魏，入守中山。(84)有差　指按功勞大小分出等級。(85)剉　一刀一刀地切。(86)丁亥　十月二十三。(87)就衛王儀　湊到拓跋儀處，與之合力。就，湊近。(88)長水校尉　官名，掌管駐紮在京城附近長水鄉的少數民族騎兵。(89)河南鮮卑吐秝　居住在黃河以南地區的鮮卑頭領名叫吐秝。此所謂「河南」是指今甘肅蘭州一帶的黃河以南。(90)司徒德　即慕容德，慕容寶之叔，被慕容寶封為司徒。(91)簡　挑選；檢閱。這裡意即徵調、調集。(92)鴻臚　朝官名，主管前來歸順的各民族部落事務。(93)南夏公　南夏，慕容寶用以指今河北中部、南部一帶地區，與他所處的龍城相對，故稱南夏。(94)皆聽　都聽任他。(95)承制封拜　以皇帝（慕容寶）的名義來加以任命。制，皇帝的命令。(96)十一月癸丑　十一月十九。(97)戒嚴在頓　各路軍隊都各就各位，處於戰備狀態。頓，駐地。(98)乙亥　十二月十二。(99)復稱趙王　慕容麟在叛亂前曾被封為趙王，後叛亂稱帝，被人打垮，今狼狽來投，又降級自稱趙王。(100)恇懼　恐懼。(101)趣滑臺　移向滑臺。趣，同「趨」。滑臺，縣名，縣治在今河南滑縣東。(102)阻河　依托黃河。當時的滑縣在黃河邊上。(103)庶　或者；也許。

【校　記】[1]屋引破光　原作「屋弘破光」。胡三省注云：「『屋弘』當作『屋引』。」嚴衍《通鑑補》改作「屋引破光」，今從改。按，《魏書‧官氏志》載，魏神元皇帝時，內入諸姓有「屋引氏，後改為房氏」。[2]從　據章鈺校，十二行本、乙十一行本、孔天胤本皆作「如」。[3]李沈　據章鈺校，十二行本、乙十一行本、孔天胤本此下皆有「等」字。

【語　譯】六月，西秦王乞伏乾歸徵召擔任北河州刺史的彭奚念返回京師，任命為鎮衛將軍，任命擔任鎮西將軍的屋引破光為河州牧，任命擔任定州刺史的翟瑥為興晉太守，鎮守枹罕。

秋季，七月，在中山稱帝的北燕開封公慕容詳殺死了擔任車騎大將軍、尚書令的新平公可足渾潭。慕容詳嗜好飲酒、生活奢侈、荒淫無道，不知道體恤士民，濫殺無辜，被他殺死的王爵、公爵以下有五百多人，於是屬下都與他離心離德。中山城中已經斷糧，人民忍飢挨餓，生活困苦不堪，慕容詳竟然不顧人民的死活，就連出城採集野生的稻穀都不允許，餓死的人遍地都是，於是全城的人都密謀迎接趙王慕容麟前來中山。慕容詳派遣擔任輔國將軍的張驤率領五千多人前往常山郡催取田租；趙王慕容麟從山區的丁零部落混入張驤的軍隊，奪取了軍權，然後偷襲中山，因為中山城門沒有關閉，遂活捉了開封公慕容詳，將慕容詳斬首。慕容麟遂在中山自稱皇帝，聽任民眾出城採野生的稻穀。人們填飽了肚子之後，便請求與魏軍決戰，慕容麟沒有同意。不久又漸漸陷入忍飢挨餓的境地。北魏王拓跋珪的軍隊駐紮在魯口，他派長孫肥率領七千名騎兵襲擊中山，攻入了中山的外城。趙王慕容麟率軍抵達泒水，被魏軍打敗後返回中山。

八月初一日丙寅，北魏王拓跋珪率軍轉移到常山郡的九門縣。軍隊當中瘟疫流行，人和牲畜死了很多，全軍將士都希望早點返回故鄉。拓跋珪向諸將詢問瘟疫的情況，諸將回答說：「現在還活著的只有原來的十分之四、五。」拓跋珪說：「這是天意如此，有什麼辦法？四海之內的百姓，都可以成為我們的國民，就看我們如何管理他們，何必擔憂沒人？」群臣這才不敢言語。拓跋珪派遣擔任撫軍大將軍的略陽公拓跋遵率軍襲擊中山，再次攻入中山的外城，然後撤回。

後燕主慕容寶任命遼西王慕容農為都督中外諸軍事、大司馬、錄尚書事。

後涼擔任散騎常侍、太常的西平郡人郭黁精通天文術數，國內的人都很信奉、尊重他。正巧此時火星運行到了東井星的附近，郭黁遂對擔任僕射的王詳說：「涼國一帶地區將要爆發戰亂。主上呂光年老多病，太子呂紹愚昧懦弱，太原公呂纂兇猛強悍。主上一旦去世，禍亂必然興起。我們二人在朝廷中擔任要職的時間已經很長，呂纂對我們經常恨得咬牙切齒，恐怕他第一個要殺的就是我們。田胡部落首領乞基部落的勢力最強大，姑臧城的東苑、西苑中的很多人，都是他的舊部。我想與你一同起事，共同建功立業，我們可以推舉乞基為首領，這樣一來，二苑的人就都將聽從我們的指揮。等到奪取姑臧之後，再慢慢考慮下一步的行動計畫。」王詳聽從了郭黁的意見。夜間，郭黁率領東苑、西苑的民眾燒毀了洪範門，令王詳做內應。不料二人的陰謀已經洩露出去，王詳被殺，郭黁於是佔據東苑，公開叛變。民間都認為郭黁是聖人，如今聖人起兵，一定能夠成功，於是追隨郭黁的人非常多。

後涼天王呂光徵召太原公呂纂回京師姑臧，準備讓他率軍討伐郭𪊲。呂纂準備應詔返回姑臧，呂纂手下的諸將都勸阻他說：「大軍返回姑臧，建康公段業必定隨後追擊，我們應該在夜間祕密出發。」太原公呂纂說：「段業並不是一個具有雄才大略之人，他只會據城堅守；我們如果利用夜間悄悄離去，反倒助長了他的氣勢。」於是派人通知段業說：「後涼境內的郭𪊲謀反作亂，我現在要返回姑臧討伐郭𪊲；你如果已經下定決心，就應該早早出城與我決戰。」呂纂率軍返回姑臧。建康公段業果然不敢出城追擊。

後涼太原公呂纂的司馬楊統對自己的堂兄楊桓說：「郭𪊲起兵造反肯定有必勝的把握。我準備殺死呂纂，擁戴哥哥為首領，然後率眾西進，襲擊鎮守張掖的呂弘，奪取張掖，向各郡發布號令，這是千載難逢的機會，千萬不能錯過。」楊桓大怒說：「我作為呂氏的臣僚，在天下太平的時候，享受他的俸祿，在他遇到危難的時候，我無力相救，已經令人愧疚，豈能再去加重他的災難呢？呂氏如果滅亡，我就做一個像弘演那樣的人！」楊統隨同呂纂抵達番禾郡的時候，背叛了呂纂，投奔了郭𪊲。呂弘，是太原公呂纂的弟弟。

呂纂與擔任西安太守的石元良聯合攻打叛賊郭𪊲，將郭𪊲打得大敗，這才得以進入姑臧。郭𪊲在東苑俘虜了後涼天王呂光的八個孫子，等到被呂纂打敗，郭𪊲盛怒之下，就把這八個孩子狠命地扔到刀鋒槍尖之上，然後砍下四肢，一節節斬斷關節，把他們的鮮血滴在酒裡，與眾人歃血盟誓，眾人全都捂住雙眼，不忍觀看。

後涼人張捷、宋生等聚集了三千少數民族的人和漢人，在休屠城造反，他們與郭𪊲共同推舉後涼擔任後將軍的楊軌為盟主。楊軌，是居住在略陽的氐族人。後涼將軍程肇勸諫楊軌說：「將軍丟棄龍頭去追隨蛇尾，想法是不對的。」楊軌沒有聽從程肇的勸阻，他自稱大將軍、涼州牧、西平公。

後涼太原公呂纂在姑臧城西郊打敗了郭𪊲的部將王斐。郭𪊲的勢力逐漸衰弱，郭𪊲於是派使者向禿髮烏孤求救。九月，禿髮烏孤派自己的弟弟、擔任驃騎將軍的禿髮利鹿孤率領五千名騎兵奔赴姑臧救援郭𪊲。

後秦皇太后虵氏去世。後秦主姚興因為哀痛過度而不能親自處理各種政務。群臣全都請求後秦主姚興按照漢代、曹魏時期的一貫做法，先帝安葬完畢，就立即脫下喪服換上平時處理政務時所穿的吉服。擔任尚書郎的李嵩上疏說：「以孝道治理天下，是先王的高尚行為。應該遵循聖主孝親的天性，以發揚光大先王的道德遺訓，等到皇太后安葬之後，主上可以身穿孝服臨朝聽政。」擔任尚書左僕射的尹緯駁斥他說：「李嵩改變常規，超越了禮法的規定，請將他交付有關部門治罪。」後秦主姚興說：「李嵩的意見既照顧了『孝子』的心情，又可以不影響國家大事，盡到了忠臣的義務，何罪之有呢？就依照李嵩的建議辦。」

後秦所屬的鮮卑部落首領薛勃佔據貳城背叛了後秦，後秦主姚興親自率軍討伐薛勃。薛勃戰敗後，投奔了沒弈干，沒弈干捉獲了薛勃，將薛勃送給後秦王姚興。○後秦泫氏縣的一個男子姚買得陰謀刺殺後秦主姚興，沒有成功，被殺死。

後秦主姚興率領後秦軍入侵東晉的湖城，東晉擔任弘農郡太守的陶仲山、擔任華山郡太守的董遵全都投降了後秦。後秦軍乘勝進攻陝城，進而入侵上洛，將上洛攻克。姚興又派姚崇進犯洛陽，東晉擔任河南太守的夏侯宗之率軍固守金墉城，姚崇攻打不下，便驅趕著流亡到洛陽一帶的二萬多戶難民返回後秦。

居住在武都郡的氐族部落首領屠飛、啖鐵等人佔據方山背叛了後秦，後秦主姚興派遣姚紹等率軍討伐，將屠飛、啖鐵斬首。

後秦主姚興治理國家、處理政務非常的努力勤奮，徵求意見、採納忠言，京兆人杜瑾等都是因為參與、議論國家政事而被提拔到顯要職位，天水人姜龕等人則是因為精通儒家經典而受到尊崇和禮遇，擔任給事黃門侍郎的古成詵等則因為文筆好，善於寫作而得以參與朝廷的重要決策。古成詵為人耿介、文雅、剛直，把改善民風民俗、推行教化作為自己的神聖職責。京兆人韋高仰慕阮籍的為人，他在為自己的母親守喪期間，照常彈琴飲酒。古成詵聽說此事之後痛哭流涕，他手持寶劍尋找韋高，想把韋高殺死，韋高嚇得不敢回家，四處躲藏。

後燕中山城內斷糧情形已經非常嚴重，趙王慕容麟率領二萬多人離開中山進駐新市。九月最後一天二十九日甲子，北魏王拓跋珪率軍向慕容麟發起攻擊。擔任太史令的鼂崇阻止魏王說：「這個日子出兵不吉利。過去商紂王就是在甲子日滅亡的，所以甲子日被當做應該忌諱的倒楣的日子，軍事家都非常忌諱這個日子。」魏王拓跋珪說：「商紂王在甲子日滅亡，周武王不就是在甲子日興起的嗎？」鼂崇無言以對。冬季，十月初二日丙寅，後燕趙王慕容麟從新市退到泒水邊進行抵抗。初十日甲戌，北魏王拓跋珪率領魏軍與慕容麟在義臺展開會戰，北魏軍大敗慕容麟，斬殺了後燕九千多人。慕容麟帶領數十名騎兵飛速救出妻兒，逃入西山，隨後又從西山逃奔鄴城，投奔了慕容德。

十月二十日甲申，北魏軍攻克了中山，後燕的公卿、尚書、將帥、一般官吏以及士卒向北魏投降的有二萬多人。後燕擔任輔國將軍的張驤以及將軍李沈早先都曾經投降過北魏，後來又從北魏逃走，拓跋珪進入中山，全都赦免了他們。北魏王收繳的後燕皇帝的玉璽、圖書、府庫中的珍寶等數以萬計，按照群臣、將士功勞的大小，分成不同等級進行獎賞。追認自己的弟弟拓跋觚為秦愍王。挖開了下令殺死拓跋觚的慕容詳的墳墓，把慕容詳的人頭砍下來；把奉命殺死拓跋觚的高霸、程同，全都誅滅五族，並用大砍刀把他們全都剁成了小肉塊兒。

十月二十三日丁亥，北魏王拓跋珪將三萬名騎兵劃歸衛王拓跋儀指揮，準備攻打後燕范陽王慕容德守衛的鄴城。

後秦擔任長水校尉的姚珍背叛了後秦，投奔了西秦王乞伏乾歸，乞伏乾歸把自己的女兒嫁給姚珍為妻。居住在黃河以南地區的鮮卑族部落首領吐秣等十二個部落的首領，全都依附於西平王禿髮烏孤。

後燕有人從中山前往龍城，說北魏王拓跋珪勢力衰弱，後燕擔任司徒的范陽王慕容德守衛的鄴城完好無損。恰好此時范陽王慕容德送來表章，勸說後燕主慕容寶返回南方。後燕主慕容寶於是開始大規模調集軍隊，準備收復中原。慕容寶派遣擔任鴻臚的魯邃前往鄴城升任范陽王慕容德為燕國丞相、冀州牧，封為南夏公，有權以皇帝的名義封拜侯爵，任命州牧、郡守。十一月十九日癸丑，後燕實行大赦。十二月，徵調的軍隊已經集結待命，軍營全部戒嚴，進入戰備狀態，慕容寶為慎重起見，又派遣將軍啓崙前往南方觀察形勢。

十二月十二日乙亥，已經在中山稱帝的燕趙主慕容麟逃到鄴城，他去掉了帝號，復稱趙王，勸說范陽王慕容德說：「魏國已經攻克了中山，必將乘勝攻打鄴城。鄴城中雖然素有儲備，然而城大難於堅守，而且人心慌亂恐懼，所以鄴城是守不住的。不如南下，移向滑臺，以黃河作為屏障阻擋魏軍，尋找有利時機進一步採取行動，河北或許還有收復的希望。」當時後燕魯陽王慕容和鎮守滑臺。慕容和，是後燕主慕容垂的姪子，他也派遣使者前來迎接范陽王慕容德到滑臺去。所以，慕容德便同意了慕容麟的意見，前往滑臺。

【研　析】本卷寫晉安帝隆安元年（西元三九七年）一年間的各國大事，主要寫了燕國在慕容寶統治時期北方的拓跋珪魏國政權日益強大，在魏國的進攻下，燕國節節敗退，不幾年的工夫，其地盤就只剩下遼西與幽州不大一小塊了；對比之下，魏國像是一股新鮮的勢力，他們連續地打敗燕國，奪取了中山、鄴城，與其周圍的河北中部、南部與今山西省中南部的大片地區。在歷史家寫到這段的時候，與其說燕國是敗於魏國的強大，不如說是燕國敗於內部的混戰，慕容寶是造成燕國潰敗的罪魁禍首。慕容寶是慕容垂的兒子。慕容垂在五胡十六國時代，應該說是一個很傑出的人物，他的功業沒有苻堅、石勒那樣輝煌，人格魅力也不像苻堅、石勒那樣動人，但慕容垂在前後幾個燕國的歷史上還是出類拔萃的。遺憾的是他也和苻堅、石勒等人一樣，父親一死，兒孫們沒有一個成氣候，立刻掀起爭權奪利的內戰，直到被另一個政權滅掉為止。慕容寶在他還是太子的時候，就曾因為不聽勸諫，輕敵無備，被拓跋珪大破於參合陂。慕容垂死後，慕容寶繼位，拓跋珪進攻燕國都城中山（今河北定州），慕容寶守城。燕國名將慕容隆多次請戰破敵，都被慕容寶所遏止。等城圍半年，坐等敵人的自退無望時，「燕將士數千人俱自請於寶曰：『今坐守窮城，終於困弊，臣等願得一出樂戰，而陛下每抑之，此為坐自摧敗也。且受圍歷時，無他奇變，徒望積久寇賊自退。今內外之勢，彊弱懸絕，彼必不自退明矣，宜從眾一決。』」於是慕容隆與部眾「乃被甲上馬，詣門俟命」，但最後還是被慕容寶取消了，「眾大忿恨，隆涕泣而還」。慕容寶眼看著中山是守不住了，於是率領部下放棄中山，北返龍城（今遼寧朝陽）。部下的人眾越來越少，後面又有魏國的人馬緊緊追殺，其狼狽的情形可以想見。麻煩還不止於此，更可怕的是慕容寶身邊親屬的一批接一批的叛亂，先是其弟慕容麟指使慕容寶的親兵將領刺殺慕容寶，事情不成，慕容麟出逃成了公開的敵人；接著是慕容寶的兒子慕容會駐兵龍城，他口頭上說請其父北返龍城舊都，實際上他根本不想讓其父回來。慕容寶回到龍城後，慕容會造反了，他首先殺了其叔慕容隆，又殺慕容農未及死，又追殺其父未果；又發兵圍龍城，讓慕容寶立他為太子，「寶臨西門，會乘馬遙與寶語，寶責讓之。會命軍士向寶大譟以耀威」。這對父子彼此就是這樣的材料！多虧慕容寶的侍御郎高雲「夜帥敢死士百餘人襲會軍，會眾皆潰」，慕容會南逃後被殺。龍城的日子越來越艱難，這時慕容寶的弟弟慕容德在鄴城（今河北臨漳西南）建立了南燕政權，來信請慕容寶遷都南下，眾人勸他別去，慕容寶不聽，結果剛到鄴城地面，就差點沒被慕容德的迎賓者所殺；慕容寶又倉皇北逃，龍城現時被慕容寶的舅爺蘭汗所佔據，蘭汗說歡迎慕容寶回去，眾人勸阻，慕容寶不聽，結果被蘭汗殺死在龍城的一間邸舍裡，年四十四歲。這是下一年交代的史事，一併提前說在了這裡。想當年，慕容垂的段氏夫人曾對慕容垂說過：立慕容寶對未來的江山社稷不利，應從慕容隆、慕容農兩個人裡選一個。慕容垂不僅不聽，還把這話傳給了慕容寶，致使段夫人在慕容寶一繼位時就遇害。俗話常說「知子莫若父」，看起來，古人這句歷代相傳的名言，未必高明！

慕容寶的表現令人厭惡，慕容麟、慕容會等人的表現更令人憎恨，但燕國有許多大臣，許多下層軍民的表現卻令人深受感動。當魏王拓跋珪圍困中山時，「城中將士皆思出戰」；當慕容寶決定放棄中山，北返龍城時，慕容農的部將谷會歸對慕容農說：「城中之人，皆涉珪（拓跋珪）參合所殺者父兄子弟，泣血踴躍，欲與魏戰，而為衛軍（慕容麟）所抑。今聞主上當北遷，皆曰：『得慕容氏一人奉而立之，以與魏戰，死無所恨。』大王幸而留此，以副眾望，擊退魏軍，撫寧畿甸，奉迎大駕，亦不失為忠臣也。」這是多麼感人的忠臣良將！當初前燕被苻堅所滅時，許多燕國的大臣被迫四散，有的歸降了東晉，有的歸降了秦國，有的歸降了魏國。後來慕容寶與拓跋珪作戰失敗時，「寶恐為魏軍所及，命士卒皆棄袍仗、兵器數十萬，寸刃不返，燕之朝臣將卒降魏及為魏所係虜者甚眾」；拓跋珪攻克中山，「燕公卿、尚書、將吏、士卒降者二萬餘人」，這些降魏的大臣，把燕國的文化、制度帶進魏國，幫著魏國在學習中原傳統、推行漢化活動中起了重要作用，也有不少人表現了很好的品格。後文〈晉紀〉卷三十三追述了一個本該寫在本卷的故事：拓跋珪身邊有一些漢族的大臣，多數都是來自燕國，其中有張袞、崔逞、盧溥等。「珪圍中山，久未下，軍食乏，問計於羣臣。逞為御史中丞，對曰：『桑椹可以佐糧。飛鴞食椹而改音，詩人所稱也。』珪雖用其言，聽民以椹當租，然以逞為侮慢，心銜之。」崔逞以知識智慧給拓跋珪進言，桑椹可以代糧，這本來是好主意，拓跋珪為什麼以之為「侮慢」，而且還「心銜之」，以至於後來竟把崔逞給殺了？這得從「飛鴞食椹而改音」這句話的典故說起。《詩經・泮水》：「翩彼飛鴞，集于泮林，食我桑椹，懷我好音。」鄭玄箋：「鴞恆惡鳴，今來止于泮水之木上，食其桑椹，為此之故，故改其鳴，歸就我以善音。喻人感于恩則化也。」飛鴞即貓頭鷹，貓頭鷹吃了桑椹能改變其難聽的聲音，這是《詩經》作者說過的。那麼讓拓跋氏的這些野蠻人吃了，不是也可能讓他們改改野蠻的習性嗎？這裡面是有點玩笑不恭，但沒有太大的惡意，而且是希望他們越改越好，出發點是善良的。透過這個事例，我們可以看到當時的這些少數民族中的上層，文化水平都是不低的。錢穆《國史大綱》指出這種現象說：「諸胡雜居內地，均受漢族相當之教育。諸胡中匈奴得漢化最早，如劉淵、聰、曜父子兄弟一門皆染漢學，故匈奴最先起；鮮卑感受漢化最深，故北方士大夫仕於鮮卑者亦最多。鮮卑並得以統一北方諸胡，命運較長，滅亡最後。」也正是由於燕國政權接受、發揚的傳統文化最多，所以在他這個政權中容納的知識分子與具有傳統文化特點的人士也最多。也正是因此，它這個政權一處被滅，一處又起，此起彼伏，連綿不斷。最早的叫「前燕」，被苻堅所滅；繼起的叫「西燕」與「後燕」；到「西燕」被滅，「後燕」日漸消亡時，山東地區又出現了「南燕」，創建者都是他們一個家族中的幾代人。

卷第一百十

晉紀三十二

著雍閹茂(戊戌 西元三九八年),一年。

【題 解】本卷寫晉安帝隆安二年(西元三九八年)一年間的東晉與各國的大事。主要寫了魏王拓跋珪打敗後燕,取得了中山與鄴城後,分別在二城設置行臺,為加強其塞北都城與中原地區的聯絡而治馳道自望都至代,又徙山東六州吏民十餘萬口以實代;拓跋珪又伐柔然,大破之;寫了拓跋珪即皇帝位,定國號曰「魏」,建都平城,並建宗廟,立社稷,正封疆,標道里,統一度量衡;又立官制,制禮儀,協音律,定律令,自謂是黃帝之後;遣使循行州郡,舉奏守宰不法,越來越顯示了一個井然有序的國家政權的面貌;寫了後燕主慕容寶因不聽慕容農、慕容盛之勸,乘拓跋珪北歸之際出兵伐魏,中途因其內侍叛亂而眾軍瓦解;慕容寶離開龍城南投慕容德,險被慕容德的部下所殺;時原已據燕地自立的蘭汗討滅叛亂分子,佔據龍城,迎慕容寶北歸,慕容寶不聽眾人之勸,終於被蘭汗所殺;而慕容盛因是蘭汗的女婿遂得以潛伏下來;寫慕容盛發動政變殺了蘭汗、蘭提、蘭穆等,自己即皇帝位,接著內部又出現了一系列的叛變與誅殺,後燕政權已區域日小,力量極其脆弱;寫了東晉軍閥王恭與殷仲堪、桓玄等以討伐王愉、司馬尚之為名而舉兵向闕,由於司馬道子收買了王恭的部將劉牢之,致使王恭被俘,問斬於京師;桓沖之子桓脩又建議收買殷仲堪的部將桓玄與楊佺期,使之制服殷仲堪,由於殷仲堪巧妙地瓦解了桓玄與楊佺期所統的軍隊,致使陰謀未成。而三人又為相互利用而結盟,共同抗拒朝命,推桓玄為盟主。司馬道子對此妥協,使殷仲堪仍為荊州刺史;楊佺期則襲殺郗恢,奪得了雍州刺史的職位；寫了涼州地區的段業破走呂光的部將呂弘，以張掖為都城，是為「北涼」，但段業昏悖，部將沮渠蒙遜的威望日高；寫了禿髮烏孤大破羌族頭領梁飢，氐人楊軌等率部歸之，在青海東部自稱武威王，嶺南諸部盡歸之；此外還寫了東晉的孫泰以妖術煽動百姓於錢唐，人多信之，朝廷殺孫泰，孫泰之姪孫恩逃之入海，集聚力量準備謀反等等。

安皇帝乙

隆安二年（戊戌　西元三九八年）

春，正月，燕范陽王德自鄴帥戶四萬南徙滑臺。魏衛王儀入鄴，收其倉庫。追德至河，弗及。

趙王麟上尊號於德。德用兄垂故事❶，稱燕王，改永康三年為元年❷，以統府行帝制❸，置百官。以趙王麟為司空、領尚書令，慕容法為中軍將軍，慕輿拔為尚書左僕射，丁通為右僕射。麟復謀反，德殺之。

庚子❹，魏王珪自中山南巡❺至高邑❻，得王永之子憲❼，喜曰：「王景略之孫也。」以為本州中正❽，領選曹❾事，兼掌門下❿。至鄴，置行臺⓫，以龍驤將軍日南公和跋⓬為尚書⓭，與左丞⓮賈彝帥吏兵五千人鎮鄴。珪自鄴還中山，將北歸，發卒萬人治直道，自望都⓯鑿恆嶺⓰至代⓱五百餘里。

珪恐已既去，山東⑱有變，復置行臺於中山，命衛王儀鎮之；以撫軍大將軍略陽公遵為尚書左僕射，鎮勃海之合口⑲。

右將軍尹國⑳督租于冀州㉑，聞珪將北還，謀襲信都。安南將軍長孫嵩㉒執國，斬之。

燕啓崙㉓[1]還至龍城，言中山已陷，燕王寶命罷兵。遼西王農言於寶曰：「今遷都尚新㉔，未可南征，宜因成師㉕襲庫莫奚㉖，取其牛馬以充軍資，更審虛實，俟明年而議之。」寶從之。己未㉗，北行。庚申㉘，渡澆洛水㉙。會南燕王德遣侍郎李延詣寶，言：「涉珪西上，中國空虛。」延追寶及之，寶大喜，即日引還。

辛酉㉚，魏王[2]珪發中山，徙山東六州㉛吏民雜夷十餘萬口以實代。博陵㉜、勃海、章武㉝羣盜並起，略陽公遵等討平之。

廣川㉞太守賀賴盧㉟，性豪健，恥居冀州刺史王輔之下，襲輔，殺之；驅勒守兵，掠陽平㊱、頓丘㊲諸郡，南渡河，奔南燕。南燕王德以賴盧為并州刺史，封廣甯王。

西秦王乾歸遣乞伏益州攻涼支陽㊳、鸇武㊴、允吾㊵三城，克之，虜萬餘人而去。

燕主寶還龍城宮，詔諸軍就頓[41]，不聽罷散，文武將士皆以家屬隨駕[42]。遼西王農、長樂王盛切諫，以為兵疲力弱，魏新得志，未可與敵，宜且養兵觀釁。寶將從之，撫軍將軍慕輿騰曰：「百姓可與樂成，難與圖始[43]。今師眾已集，宜獨決聖心[44]，乘機進取，不宜廣采異同以沮[45]大計。」寶乃曰：「吾計決矣，敢諫者斬！」二月乙亥[46]，寶出就頓[47]，留盛統後事。己卯[48]，燕軍發龍城，慕輿騰為前軍，司空農為中軍，寶為後軍，相去各一頓[49]，連營百里。

壬午[50]，寶至乙連[51]，長上[52]段速骨、宋赤眉等因眾心之憚征役，遂作亂。速骨等皆高陽王隆舊隊，共逼立[3]隆子高陽王崇為主，殺樂浪威王宙[53]、中牟熙公段誼[54]及宗室諸王。河間王熙[55]素與崇善，崇擁佑之，故獨得免。燕主寶將十餘騎奔司空農營，農將出迎，左右抱其腰，止之，曰：「宜小清澄[56]，不可便出。」農引刀將斫之，遂出見寶，又馳信[57]追慕輿騰[58]。癸未[59]，寶、農引兵還趣大營，討速骨等。農營兵亦厭征役，皆棄仗[60]走，騰營亦潰。寶、農奔還龍城。長樂王盛聞亂，引兵出迎，寶、農僅而得免。

會稽王道子忌王、殷[61]之逼，以譙王尚之[62]及弟休之有才略，引為腹心。尚之說道子曰：「今方鎮[63]彊盛，宰相權輕，宜密樹腹心於外以自藩衛[64]。」道子從之，以其司馬王愉[65]為江州[66]刺史，都督江州及豫州之四郡軍事，用為形援[67]。日夜與尚之謀議，以伺四方之隙。

魏王珪如繁畤[68]宮，給新徙民[69]田及牛。

珪畋[70]於白登山[71]，見熊將數子[72]，謂冠軍將軍于栗磾[73]曰：「卿名勇健，能搏[74]此乎？」對曰：「獸賤人貴，若搏而不勝，豈不虛斃[75]一壯士乎？」乃驅致珪前，盡射而獲之。珪顧謝之。

秀容川[76]酋長爾朱羽健[77]從珪攻晉陽、中山有功，拜散騎常侍，環其所居，割地三百里以封之。

柔然[78]數侵魏邊，尚書中兵郎[79]李先請擊之。珪從之，大破柔然而還。

楊軌[80]以其司馬郭緯為西平相[81]，帥步騎二萬北赴[82]郭黁。禿髮烏孤遣其弟車騎將軍傉檀帥騎一萬助軌。軌至姑臧，營于城北。

燕尚書頓丘王蘭汗[83]陰與段速骨等通謀，引兵營龍城之東。城中留守兵至少，長樂王盛徙內[84]近城之民，得丁夫萬餘，乘城以禦之。速骨等同謀纔百餘人，餘皆為所驅脅，莫有鬭志。三月甲午[85]，速骨等將攻城。遼西桓烈王農[86]恐不能守，且為蘭汗所誘，夜，潛出赴之，冀以自全[87]。明旦，速骨等攻城，城上拒戰甚力，速骨之眾死者以百數。速骨乃將農循城[88]。農素有忠節威名，城中之眾恃以為彊，忽見在城下，無不驚愕喪氣，遂皆逃潰。速骨入城，縱兵殺掠，死者狼籍。寶、盛與慕輿騰、餘崇、張真、李旱、趙恩等輕騎南走。速骨幽農於殿內。長上阿交羅[89]，速骨之謀主[90]也，以高陽王崇幼弱，更欲立農。崇親信鬷讓、出力犍[91]等聞之，丁酉[92]，殺羅及農。速骨即為之誅讓等。農故吏左衛將軍宇文拔亡奔遼西[93]。

庚子[94]，蘭汗襲擊速骨，并其黨盡殺之。廢崇，奉太子策[95]，承制[96]大赦，遣使迎寶，及於薊城[97]。寶欲還，長樂王盛等皆曰：「汗之忠詐未可知，今單騎赴之，萬一汗有異志，悔之無及。不如南就范陽王[98]，合眾以取冀州。若其不捷，收南方之眾，徐歸龍都，亦未晚也。」寶從之。

離石胡帥[99]呼延鐵[100]、西河[101]胡帥張崇等不樂徙代，聚眾叛魏，魏安遠將軍庾岳討平之。

魏王珪召衛王儀入輔[102]，以略陽公遵代鎮中山。夏，四月壬戌[103]，以征虜將軍穆崇為太尉，安南將軍長孫嵩為司徒。

燕主寶從間道[104]過鄴，鄴人請留，寶不許。南至黎陽[105]，伏於河西[106]，遣中黃門令[107]趙思告北地王鍾[108]曰：「上以二月得丞相表[109]，即時南征，至乙連，會長上作亂，失據[110]來此。王亟白[111]丞相奉迎！」鍾，德之從弟也，首勸德稱尊號，聞而惡之，執忠付獄，以狀白南燕王德。德謂羣下曰：「卿等以社稷大計，勸吾攝政[112]；吾亦以嗣帝[113]播越[114]，民神乏主[115]，故權順羣議[116]以繫眾心[117]。今天方悔禍[118]，嗣帝得還，吾將具法駕[119]奉迎，謝罪行闕[120]，何如？」黃門侍郎張華曰：「今天下大亂，非雄才無以寧濟[121]羣生。嗣帝闇懦，不能紹隆[122]先統[123]。陛下若蹈匹夫之節[124]，捨天授之業[125]，威權一去，身首不保，況社稷其得血食乎[126]？」慕輿護曰：「嗣帝不達時宜，委棄國都[127]，自取敗亡，不堪多難[128]，亦已明矣。昔蒯聵出奔，衛輒不納[129]，春秋是之[130]。以子拒父猶可，況以父拒子[131]乎？今趙思之言，未明虛實，臣請為陛下馳往詗[132]之。」德流涕遣之。

護帥壯士數百人，隨思而北，聲言迎衛[133]，其實圖之。寶既遣思詣鍾，於後得樵者，言德已稱制[134]，懼而北走。護至，無所見，執思以還。德以思練習典故[135]，欲留而用之。思曰：「犬馬猶知戀主，思雖刑臣[136]，乞還就上[137]。」德固留之，思怒曰：「周室東遷，晉、鄭是依[138]。殿下親則叔父，位為上公[139]，不能帥先羣后[140]以匡[141]帝室，而幸本根之傾[142]，為趙王倫之事[143]。思雖不能如申包胥之存楚[144]，猶慕龔君賓[145]不偷生於莽世也！」德斬之。

寶遣扶風忠公慕輿騰[146]與長樂王盛收兵冀州。盛以騰素暴橫，為民所怨，乃殺之。行至鉅鹿、長樂[147]，說諸豪傑，皆願起兵奉寶[148]。寶以蘭汗祀燕宗廟[149]，所為似順，意欲還龍城，不肯留冀州，乃北行。至建安[150]，抵民張曹家。曹素武健，請為寶合眾[151]；盛亦勸寶宜且駐留，察汗情狀。寶乃遣冗從僕射[152]李旱先往見汗，寶留頓石城[153]。會汗遣左將軍蘇超奉迎，陳汗忠款[154]。寶以汗燕王[4]垂之舅，盛之妃父也，謂必無他，不待旱返，遂行。盛流涕固諫，寶不聽，留盛在後。盛與將軍張真下道[155]避匿。

丁亥[156]，寶至索莫汗陘[157]，去龍城四十里，城中皆喜。汗惶怖，欲自出請罪，兄弟共諫止之。汗乃遣弟加難[158]帥五百騎出迎；又遣兄堤閉門止仗[159]，禁人出入。城中皆知其將為變，而無如之何。加難見寶於陘北，拜謁已，從寶俱進[160]。潁陰烈公餘崇[161]密言於寶曰：「觀加難形色，禍變甚逼[162]，宜留三思，柰何徑前[163]？」寶不從。行數里，加難先執崇，崇大呼罵曰：「汝家幸緣肺附[164]，蒙國寵榮，覆宗[165]不足以報。今乃敢謀篡逆，此天地所不容，計[166]日暮即屠滅，但恨我不得手膾汝曹[167]耳！」加難殺之。引寶入龍城外邸[168]，弒之。汗諡寶曰靈帝[169]，殺獻哀太子策[170]及王公卿士百餘人。自稱大都督、大將軍、大單于、昌黎王，改元「青龍」。

以提[171]為太尉，加難為車騎將軍，封河間王熙[172]為遼東公，如杞、宋故事[173]。

長樂王盛聞之，馳欲赴哀，張真止之。盛曰：「我今以窮歸汗，汗性愚淺，必念婚姻[174]，不忍殺我。旬月之間，足以展吾情志[175]。」遂往見汗。汗妻乙氏及盛妃皆泣涕請盛於汗[176]，盛妃復頓頭於諸兄弟。汗惻然哀之，乃舍盛於宮中，以為侍中[177]、左光祿大夫[178]，親待如舊。提、加難屢請殺盛，汗不從。提驕很[179]荒淫，事汗多無禮，盛因而間之，由是汗兄弟浸[180]相嫌忌。

涼太原公纂[181]將兵擊楊軌，郭麐救之，纂敗還。

段業使沮渠蒙遜攻西郡[182]，執太守呂純以歸。純，光之弟子也。於是晉昌[183]太守王德、敦煌[184]太守趙郡孟敏皆以郡降業。業封蒙遜為臨池侯[185]，以德為酒泉[186]太守，敏為沙州[187]刺史。

【章　旨】以上為第一段，寫安帝隆安二年（西元三九八年）正月至五月共五個月間的大事。主要寫了慕容麟擁立慕容德在黎陽稱燕王，後又叛變，被慕容德所殺；寫了魏王拓跋珪南巡鄴城一帶，因欲北歸，遂置行臺於鄴城及中山，分別派和跋與拓跋儀掌管之；治馳道，自望都至代；徙山東六州吏民十餘萬口實代；拓跋珪又伐柔然，大破之；寫了慕容寶因不聽慕容農、慕容盛之勸，乘拓跋珪北歸之際出兵伐魏，中途因其內侍叛亂，眾軍瓦解，慕容寶狼狽逃回龍城；寫了叛亂分子攻城，慕容農出降，眾皆喪氣崩潰，慕容寶逃出龍城南投慕容德，險被慕容德的部下所殺；寫原已據燕地自立的蘭汗討滅叛亂分子，佔據龍城，迎慕容寶北歸，慕容寶不聽大臣餘崇與慕容盛之勸，終於被蘭汗所殺；而慕容盛因是蘭汗的女婿遂得以潛伏下來，為日後之殺蘭汗埋下伏筆；此外還寫了涼州的段業、沮渠蒙遜勢力舉兵伐呂光，雖互有勝敗，但呂光的勢力日減，以及西秦王乞伏乾歸的勢力又有加強等等。

【注釋】❶用兄垂故事　指使用當年慕容垂只稱「燕王」不稱「皇帝」的舊例。見本書卷一百五。❷改永康三年為元年　永康是慕容寶的年號，慕容寶永康三年即晉安帝隆安二年（西元三九八年），慕容德在這年自立為王，這就是歷史上所說的「南燕」。❸以統府行帝制　以自己的統帥府行使帝王的職權，只有一套機構。❹庚子　正月初七。❺南巡　即南行、南進。古代稱帝王的出行叫「巡」或「巡狩」。❻高邑　縣名，縣治在今河北高邑東。❼王永之子憲　王永的兒子王憲。王永是前秦苻堅的軍師王猛（字景略）的兒子，在苻丕當政時，王永曾為車騎大將軍、尚書令、司徒、左丞相等職，後被西燕慕容永所殺。事見《晉書》卷一百十五。❽本州中正　即青州中正。王猛是北海郡的劇縣（今山東昌樂西）人，而北海郡上屬青州。中正，官名，負責考察本地區人才的高下，以備國家選用。❾選曹　即吏部尚書之職。❿兼掌門下　同時為門下省的主管官員。門下省的主要官員有侍中、侍郎等，皇帝的參謀顧問人員隸屬於此。⓫行臺　中央政權的派出機構，以便於及時地行使中央職權。魏國的京城在盛樂，今內蒙古的和林格爾西北側。⓬日南公和跋　和跋是拓跋珪的將領，有才辯而性奢淫。傳見《魏書》卷二十八。日南是郡名，在今越南國的中部，當時屬於東晉。⓭為尚書　這裡實際是讓他總管行臺的尚書省。⓮左丞　即尚書左丞，尚書令的屬官。⓯望都　縣名，縣治在今河北望都西北。⓰恆嶺　即北嶽恆山，在今河北曲陽北，當時的望都縣西，與今山西渾源境內之「北嶽恆山」不是一地。⓱代　郡名，郡治即今河北蔚縣東的代王城。⓲山東　此指太行山以東，即上面所說的鄴城、中山一帶，今河北中部、南部地區。⓳勃海之合口　勃海郡的合口縣。勃海郡的郡治在今河北滄州南，合口縣的縣治在今河北滄州西。⓴尹國　拓跋珪的將領。㉑督租于冀州　在冀州地區收取糧草。冀州的州治信都，即今河北冀州。㉒長孫嵩　拓跋珪的將領，封南平公。傳見《魏書》卷二十五。㉓啓崙　啓崙上年受慕容寶命南行鄴縣探看形勢。㉔遷都尚新　指慕容寶剛到龍城。㉕成師　已經調集起來的軍隊。㉖庫莫奚　鮮卑族的部落名，當時居住在龍城西北，今內蒙古的克什克騰旗一帶。㉗己未　正月二十六。㉘庚申　正月二十七。㉙澆洛水　即今西拉木倫河，自內蒙古克什克騰旗東流，經今通遼南流至遼寧營口入海。㉚辛酉　正月二十八。㉛山東六州　指今河北中部、南部一帶的冀州、定州和瀛州等。㉜博陵　郡名，郡治即今河北安平。㉝章武　郡名，郡治即今河北大城。㉞廣川　郡名，郡治在今河北棗強東南，當時上屬冀州。㉟賀

賴盧　拓跋珪的將領。(36)陽平　郡名，郡治即今河北館陶。(37)頓丘　郡名，郡治在今河南濮陽北。(38)支陽　縣名，縣治在今甘肅蘭州西北。(39)鸇武　縣名，縣治約在今甘肅蘭州西北。(40)允吾　縣名，縣治在今甘肅蘭州西，當時這裡也是金城郡郡治所在地。(41)就頓　到達各自的駐地，就地待命。(42)以家屬隨駕　把家屬放到慕容寶身邊充當人質。(43)百姓可與樂成二句　原為商鞅語，見《史記．商君列傳》。意謂老百姓都是群氓，只能讓他們跟著到時享現成的福，不可能一開頭就和他們一道商量創業，因為他們鼠目寸光，一定反對。(44)獨決聖心　意謂請慕容寶自己決斷。(45)沮　壞掉。(46)二月乙亥　二月十三。(47)出就頓　離開皇宮進駐兵營。(48)己卯　二月十七。(49)一頓　猶言「一舍」，距離單位，一頓為三十里。(50)壬午　二月二十。(51)乙連　村鎮名，在今河北遷安北。(52)長上　官名，猶今之所謂「長班」、「長隨」。沒有休假、永不離開主子的侍衛人員。(53)樂浪威王宙　即慕容宙，慕容寶的族兄弟。樂浪王是封號，威是謚。(54)中牟熙公段誼　中牟公是段誼的封號，熙是謚。(55)河間王熙　即慕容熙，慕容寶之弟。(56)小清澄　猶言略冷靜、略等待一下。(57)馳信　派出信使。信，使者。(58)追慕輿騰　讓他停止前進，回來平亂。(59)癸未　二月二十一。(60)棄仗　丟棄刀槍。(61)王殷　王恭、殷仲堪。(62)譙王尚之　即司馬尚之，司馬懿的弟弟司馬進的曾孫。(63)方鎮　指各地那些握有軍政大權的州刺史。(64)藩衛　拱衛；護衛。藩，藩籬；屏障。(65)王愉　王坦之之子，王國寶的同父異母兄。傳見《晉書》卷七十五。(66)江州　州治即今江西九江。(67)形援　一種可引為援助的態勢。(68)繁畤　縣名，縣治在今山西渾源西南，當地築有魏國的宮殿。(69)新徙民　前不久從「山東六州」遷徙來的居民。(70)畋　打獵。(71)白登山　在今山西大同東。(72)熊將數子　一隻母熊領著幾隻小熊。(73)于栗磾　魏國初期的名將，歷事拓跋珪以下三代。傳見《魏書》卷三十一。(74)搏　赤手與之鬥。(75)虛斃　白白犧牲。(76)秀容川　地區名，有南北二處。北秀容在今山西朔縣一帶，南秀容在今山西嵐縣南。(77)爾朱羽健　人名，姓爾朱，名羽健，爾朱榮的曾祖。事見《魏書》卷七十四。爾朱氏所居應是北秀容。(78)柔然　亦作「蠕蠕」，當時的少數民族名，活動在今蒙古南部地區。(79)尚書中兵郎　尚書省裡負責中兵（駐守京城部隊）的長官。當時分設中兵、外兵、騎兵、別兵等部。(80)楊軌　呂光的部將，曾任楊武將軍、後將軍等職，現夥同郭麐叛變。事見本書上卷與《晉書》卷一百二十二。(81)西平相　西平郡的行政長官。西平郡治即今青海西寧。(82)北赴　此處即指往援。(83)蘭汗　慕容垂的小舅，也是慕容盛的岳父。(84)內　同「納」。遷進。(85)三月甲午　三月初二。(86)遼西桓烈王農　即慕容農，慕容寶之弟。遼西王是其封號，桓烈是其謚。(87)冀以自全　胡三省曰：「農號為有智略，乃欲投段速骨以自全，不知適以速死，殆天奪之鑒也。」按，史書寫慕容農之為人，前後頗不統一，當年慕容農在慕容垂的時代是何等英雄，今乃如此之乏，令人不可理解。(88)循城　在下繞行，讓城上人看。(89)阿交羅　人名，姓阿交，名羅。(90)謀主　一切主意的提出者。(91)殿讓出

力犍　都是人名。(92)丁酉　三月初五。(93)遼西　郡名，郡治在今河北秦皇島市西南。(94)庚子　三月初八。(95)太子策　慕容寶的兒子。(96)承制　以皇帝（慕容寶）的名義。(97)及於薊城　追到薊城時追上了。薊城即今北京市。(98)范陽王　即慕容德，當時稱南燕王，駐兵滑臺（今河南滑縣東）。(99)離石胡帥　離石縣境內的匈奴部落頭領。離石縣即今山西離石，當時屬魏。(100)呼延鐵　姓呼延，名鐵。(101)西河　郡名，郡治即今山西離石。(102)入輔　入朝為宰相。(103)壬戌　四月初一。(104)間道　小道。(105)黎陽　郡名，郡治在今河南浚縣東。(106)河西　黃河西岸。當時的黎陽城在黃河西北，滑臺在黃河東南，隔河相望。(107)中黃門令　官名，以宦官為之，主管侍從皇帝，傳達詔命。(108)北地王鍾　即慕容鍾，慕容德之弟，慕容寶之叔。(109)丞相表　指前慕容德遣侍郎李延往對慕容寶說「涉珪西上，中國空虛」云云。(110)失據　丟掉了根據地，無處存身。(111)亟白　迅速告知。(112)攝政　代理國家政事。這裡只是客氣的說法，意即為王。(113)嗣帝　指慕容寶，此與其父慕容垂相對而言。(114)播越　遠離京城，到處流浪。(115)民神乏主　百姓無人治理，宗廟無人祭祀。(116)權順羣議　暫時順從大家的意見。(117)以繫眾心　以維持大眾對燕國皇室的歸服之心。(118)天方悔禍　意謂老天爺已經改變了過去對燕國不保佑的態度。(119)具法駕　備好皇帝舉行典禮時乘坐的車子。(120)謝罪行闕　到慕容寶行宮的大門去認錯，請求原諒以往行事之不周。行闕，行宮的門前，這裡指慕容寶的門前。(121)寧濟　安定、拯救。(122)紹隆　繼續光大。(123)先統　先帝的傳統基業。(124)蹈匹夫之節　謹守一介匹夫的小禮。蹈，循規蹈矩；謹守。(125)捨天授之業　拒絕上天賜給我們的基業而不受。(126)其得血食乎　還能保持對社稷的祭祀嗎。血食，指殺三牲（牛、羊、豬）用以祭祀。宗廟、社稷不得「血食」即指這個國家滅亡。(127)委棄國都　指自動離開中山。(128)不堪多難　經不住災難的考驗。(129)蒯聵出奔二句　春秋時衛靈公的太子蒯聵因欲殺靈公的夫人南子未成而逃出國外，靈公死後，國人擁立了蒯聵的兒子輒為君，這就是歷史上的衛出公。這時蒯聵想回國爭位，被其子出公打回去。事見《左傳》定公二年。(130)春秋是之　是，肯定。《春秋公羊傳》對蒯聵拒父的評論是：「父有子，子不得有父也。」《春秋穀梁傳》的評論是：「其弗受，以尊王父（祖父）也。」(131)以父拒子　慕容德是慕容寶的叔父，故慕輿護如此說。(132)詗　探察。這裡實際是準備出去殺了他，故下文是「德流涕遣之」。(133)迎衛　迎接、護衛。(134)稱制　即指為王。因為只有王者的命令才能稱為「制」或「詔」。(135)練習典故　熟悉朝廷裡對各種問題處理的辦法。典故，古代的章程、準則。(136)刑臣　受過刑法的人，因為趙思是宦官，故如此自稱。(137)就上　到皇上，也就是到慕容寶那裡去。(138)周室東遷二句　犬戎滅掉西周，周平王東遷到洛邑時，晉文侯和鄭武公給了周王室以巨大的幫助，所以周桓王後來說：「我周之東遷，晉鄭焉依。」語見《左傳》隱公六年。(139)上公　慕容德曾被封為丞相，丞相是三公之一。(140)帥先羣后　給各路諸侯作榜樣。羣后，指各方諸侯。(141)匡　正；扶助。(142)幸本根之傾　盼著慕容寶的政權垮臺。

幸，以……為幸。本根，指慕容寶政權，因為他是從慕容垂那裡一脈傳來。[143]趙王倫之事　意即上輩篡奪下輩子孫的政權。趙王倫，即司馬倫，司馬懿之子，晉惠帝的叔祖，曾於晉惠帝永寧元年篡位稱帝。事見本書卷八十四。[144]申包胥之存楚　申包胥是春秋末期的楚國賢臣，伍子胥率吳兵滅楚後，申包胥入秦請救，在秦庭哭了七天七夜，感動了秦哀公，出兵恢復了楚國。事見《史記・伍子胥列傳》。[145]龔君賓　名勝，字君賓，西漢末期人。為官正道，不屈於權貴，王莽篡位後欲召之為其服務，龔勝絕食而死。傳見《漢書》卷七十二。[146]扶風忠公慕輿騰　扶風公是慕輿騰的封號，忠是謚。[147]鉅鹿長樂　二郡名，鉅鹿郡的郡治在今河北平鄉西南，長樂郡的郡治即今河北冀州。[148]奉寶　擁戴慕容寶。[149]祀燕宗廟　意即沒有自己稱帝，還說自己是燕國的臣子，還祭祀燕國皇室的宗廟。[150]建安　村鎮名，在今河北遷安北。[151]合眾　招集人馬。[152]宂從僕射　皇帝的侍從官。[153]石城　縣名，也叫白狼城，縣治在今遼寧建昌西北。[154]陳汗忠款　把蘭汗「忠誠」向慕容寶說了一遍。款，誠實。[155]下道　離開道路。[156]丁亥　四月二十六。[157]索莫汗陘　山口名。[158]加難　人名。[159]止仗　收起他那個小朝廷的儀仗。[160]從寶俱進　跟著慕容寶一道向龍城進發。[161]潁陰烈公餘崇　潁陰公是餘崇的封號，烈是謚。[162]甚逼　迫近；就在眼前。[163]柰何徑前　怎麼能一直向前走呢。[164]幸緣肺附　就因為你們是燕國王室的親戚。肺附，同「肺腑」。以喻親戚。[165]覆宗　整個家族毀滅。[166]計　絕對；肯定是。[167]手膾汝曹　親手把你們切成肉絲。[168]龍城外邸　龍城城外的一所館舍。[169]謚寶曰靈帝　《謚法解》：「不勤成名曰靈。」（注：任本性，不見賢思齊）「亂而不損曰靈。」（注：不能以治損亂）按，慕容寶被殺時年四十五。[170]獻哀太子策　即慕容策，慕容寶之子。獻哀二字是他的謚。[171]堤　即蘭堤，蘭汗之兄。[172]河間王熙　即慕容熙，慕容垂之子，慕容寶之弟。[173]如杞宋故事　像周武王滅商後，封夏朝的後代東樓公於杞，封殷紂王的哥哥微子開於宋一樣，以表示對前朝的優待。事見《史記・陳杞世家》、〈宋世家〉。[174]必念婚姻　肯定會看在我是他女婿的情分上。[175]展吾情志　實現我的願望。[176]請盛於汗　向蘭汗請求放過慕容盛。[177]侍中　官名，帝王的近侍官員，兼備參謀顧問。[178]光祿大夫　光祿勳的屬官，以備參謀顧問。[179]驕很　驕縱任性。很，猶如今之所謂「擰」，不聽勸說。[180]浸　漸漸地。[181]太原公纂　即呂纂，呂光的庶長子，被封為太原公。[182]西郡　郡治日勒，在今甘肅永昌西北。[183]晉昌　郡名，郡治在今甘肅安西縣東南。[184]敦煌　郡名，郡治在今甘肅敦煌西。[185]臨池侯　封地臨池。臨池是水澤名，在今雲南永勝南。[186]酒泉　郡名，郡治即今甘肅酒泉。[187]沙州　州治在今甘肅敦煌西。

【校記】[1]啓崙　原作「啓倫」。胡三省注云：「『倫』當作『崙』。」據章鈺校，十二行本作「啓崘」，乙十一行本作「啓倫」；孔天胤本作「啓崙」，張敦仁《通鑑刊本識誤》同，今據孔本、張校改。②魏王　原作「魏主」。據章鈺校，十二行本、乙十一行本、孔天胤本皆作「魏王」，今據改。③立　原無此字。據章鈺校，十二行本、乙十一行本、孔天胤本皆有此字，今據補。④燕王　據章鈺校，十二行本、乙十一行本、孔天胤本皆作「燕主」。

【語　譯】安皇帝乙

隆安二年（戊戌　西元三九八年）

春季，正月，後燕范陽王慕容德率領著四萬戶從鄴城南下，遷往滑臺。北魏衛王拓跋儀率領魏軍進入鄴城，接收了後燕的倉庫。他派軍追趕慕容德，一直追到黃河岸邊，沒有追上。

後燕趙王慕容麟為范陽王慕容德奉上皇帝尊號。范陽王慕容德遵照兄長慕容垂只稱「燕王」而不稱「皇帝」的先例，稱燕王，不再使用後燕慕容寶「永康」三年的年號，改稱燕王元年，以自己的統帥府行使君主的職權，設置文武百官。南燕王慕容德任命趙王慕容麟為司空、兼任尚書令，任命慕容法為中軍將軍，慕輿拔為尚書左僕射，丁通為右僕射。擔任了司空兼任尚書令的趙王慕容麟再次謀反，南燕王慕容德將慕容麟殺死。

正月初七日庚子，北魏王拓跋珪從中山南下巡視，到達高邑，找到了故秦左丞相王永的兒子王憲，拓跋珪高興地說：「這可是王猛的孫子。」於是令王憲在他自己的老家青州擔任中正，同時兼任選曹、門下等職務。拓跋珪來到鄴城，在鄴城設立行臺，任命擔任龍驤將軍的日南公和跋為尚書，令和跋與擔任左丞的賈彝率領行臺官員和五千名士卒鎮守鄴城。

拓跋珪從鄴城返回中山，並準備回到北方，他調集了一萬名士卒修築一條直接通往代地的大道，從望都開始，鑿通恆嶺直達代地，全長五百多里。拓跋珪擔心自己離開後，太行山以東地區會發生叛亂，於是又在中山設置行臺，令衛王拓跋儀鎮守中山；任命擔任撫軍大將軍的略陽公拓跋遵為尚書左僕射，鎮守勃海郡的合口。

北魏擔任右將軍的尹國率軍前往冀州督促徵收糧草，他聽到拓跋珪準備從中山返回北方都城盛樂的消息，就謀劃襲擊冀州的州治所在地信都。擔任安南將軍的南平公長孫嵩將尹國活捉，殺死。

奉後燕主慕容寶之命前往南方觀察形勢的啓崙從南方返回龍城，他向慕容寶報告說，中山已經被魏軍攻佔，慕容寶於是下令取消收復中原的軍事行動。遼西王慕容農對慕容寶說：「我們剛把都城從中山遷到龍城，目前還不適宜出兵南征，應該利用現在已經調集起來的軍隊襲擊鮮卑族的庫莫奚部落，奪取他們的牛馬等家畜，以充實我們軍用的不足，然後密切關注敵人的動靜、虛實，等到明年再商議是否南征。」慕容寶採納了慕容農的意見。正月二十六日己未，慕容寶率領大軍開始北上。二十七日庚申渡過了澆洛水。此時南燕王慕容德派遣擔任侍郎的李延來晉見後燕主慕容寶，讓他告訴慕容寶說：「北魏王拓跋珪已經西上返回魏國，中原地區魏軍勢力空虛。」李延追趕慕容寶，一直追到澆洛水，終於追上了慕容寶討伐庫莫奚的大軍，慕容寶得到這個消息非常高興，當天就率軍從澆洛水返回。

正月二十八日辛酉，北魏王拓跋珪從中山出發，他將太行山以東六州的官吏、居民以及各少數民族的十多萬口遷徙到代郡，以充實那裡的人口。此時博陵郡、勃海郡、章武郡的盜賊蜂擁而起，擔任撫軍大將軍的略陽公拓跋遵率軍將其全部剿平。

北魏擔任廣川太守的賀賴盧，性情豪爽強悍，把自己位居冀州刺史王輔之下當成一種恥辱，於是率軍襲擊王輔，將王輔殺死；逼迫王輔部下的守軍劫掠陽平、頓丘等郡，然後向南渡過黃河，投奔了南燕。南燕王慕容德任命賀賴盧為并州刺史，封其為廣甯王。

西秦王乞伏乾歸派遣擔任秦州牧的乞伏益州率軍攻取後涼的支陽、鸇武、允吾三個郡縣，將這三個郡縣全部攻克，劫持了一萬多人然後撤走。

後燕主慕容寶從澆洛水返回龍城的皇宮，他下詔給諸將，令他們到達各自的駐地，就地待命，不准解散，文武將士全都把家屬放在慕容寶的身邊充當人質。擔任司空的遼西王慕容農、長樂王慕容盛全都懇切地進行勸阻，認為後燕的士卒已經精疲力盡，北魏剛剛打了一連串的大勝仗，士氣正盛，不可以與它相抗衡，現在應該休養士卒，尋找機會。慕容寶準備聽從他們的意見，而擔任撫軍將軍的慕輿騰說：「可以讓百姓與你共同分享成功後的快樂，卻不可能在開始的時候就和他們一道商議創業的事情。如今全國的軍隊已經全部集結起來，下一步應該怎麼辦，要由皇帝自己拿主意，趁此良機，出兵進取，不應該廣泛地徵求各方面的意見而壞了國家大事。」慕容寶於是說：「我已經下定決心，如果還有人膽敢勸阻，殺無赦！」二月十三日乙亥，後燕主慕容寶離開龍城進駐軍營，留下長樂王慕容盛主管後方事務。十七日己卯，後燕軍從龍城出發南征，撫軍將軍慕輿騰擔任前軍，擔任司空的慕容農擔任中軍，慕容寶率軍殿後，前軍、中軍與後軍之間相距各三十里，前後連營一百里。

二月二十日壬午，慕容寶率領後軍抵達乙連，在禁衛軍中擔任長上的段速骨、宋赤眉等人利用軍隊當中懼怕征戰的心理，趁機作亂。段速骨等全都是高陽王慕容隆的舊部，他們共同逼迫擁立慕容隆的兒子高陽王慕容崇為主，攻擊、殺死了樂浪威王慕容宙、中牟熙公段誼以及宗室中的諸位親王。河間王慕容熙一向與高陽王慕容崇關係友好，慕容崇對他特別加以保護，所以才沒有被叛軍殺死。後燕主慕容寶率領十多名騎兵逃到了擔任司空的遼西王慕容農的中軍軍營，慕容農準備親自出營迎接慕容寶，慕容農身邊的侍從將他攔腰抱住，阻止他說：「應該等混亂局面稍微平定一下，現在不能輕易出去。」慕容農拔出身上的佩刀就要砍他們，這些人才放開了手，慕容農出營與慕容寶見面，又派人騎馬飛速追趕前軍，給統領前軍的撫軍將軍慕輿騰送信。二十一日癸未，後燕主慕容寶和司空慕容農率領中軍調轉方向趕回昨天發生叛亂的後軍軍營，討伐段速骨等叛軍。慕容農所率領的中軍也厭惡征戰，他們全都扔下手中的兵器四散逃走，前軍慕輿騰所率領的軍隊也都潰散。慕容寶、慕容農跑回了龍城。留守後方的長樂王慕容盛聽到南征大軍發生叛亂的消息，趕緊率軍出城迎接，慕容寶、慕容農等才得以保住性命。

東晉會稽王司馬道子對王恭與殷仲堪向自己施加壓力而除掉王國寶之事感到非常痛恨，因為譙王司馬尚之以及弟弟司馬休之很有雄才大略，所以就拉攏他們，使他們成為自己的心腹。司馬尚之對會稽王司馬道子說：「如今的封疆大吏勢力強盛，而宰相的權力太輕，應該祕密地把自己的心腹安插到地方上去，作為保護朝廷的屏障。」司馬道子採納了司馬尚之的意見，於是任命在自己手下擔任司馬的王愉為江州刺史，都督江州以及豫州之四郡軍事，形成一種互為聲援的態勢。司馬道子日夜與司馬尚之一起祕密商議，尋找四方的可乘之機，以削弱方鎮的勢力。

北魏王拓跋珪前往繁畤行宮，給新從山東六州遷徙到此的移民分配農田和耕牛。

北魏王拓跋珪在白登山行圍打獵的時候，看見一隻母熊帶著幾隻幼仔，便對擔任冠軍將軍的于栗磾說：「你的勇敢強健是出了名的，你能不能赤手空拳將牠捉住？」于栗磾回答說：「野獸比人卑賤，如果人與野獸搏鬥而不能取勝，不是白白犧牲一個勇士嗎？」於是，就把那隻母熊和幾隻小熊仔全部驅趕到拓跋珪的面前，然後把牠們全部射殺、捕獲。拓跋珪回過頭來向冠軍將軍于栗磾道歉。

秀容川酋長爾朱羽健跟隨北魏王拓跋珪攻取晉陽、中山有功，被拓跋珪任命為散騎常侍，拓跋珪還在爾朱羽健居住地的周圍，劃分出三百里，作為爾朱羽健的封地。

柔然人屢次侵擾北魏的邊境地區，北魏擔任尚書中兵郎的李先向北魏王拓跋珪請求出兵攻打柔然。拓跋珪接受了李先的請求，令李先率軍攻打柔然，李先大敗柔然，凱旋而歸。

楊軌任命擔任司馬的郭緯為西平相，令他率領二萬名步兵、騎兵，向北增援佔據姑臧城東苑謀反的郭黁。禿髮烏孤派遣自己的弟弟、擔任車騎將軍的禿髮傉檀率領一萬名騎兵協助楊軌，一同增援郭黁。楊軌等率軍抵達後涼的都城姑臧，在姑臧城北紮下營寨。

後燕擔任尚書的頓丘王蘭汗暗中與發動叛亂的段速骨、宋赤眉等人祕密勾結，他率軍駐紮在龍城以東。此時龍城中的守衛部隊非常少，留守龍城的長樂王慕容盛把龍城郊區的居民全部遷入龍城，從中挑選出一萬多人，讓他們登上城牆進行防守。隨同段速骨等人謀亂的其實只有一百多人，其他的人全都是被劫持而來，因此毫無鬥志。三月初二日甲午，段速骨等準備進攻龍城。後燕擔任司空的遼西桓烈王慕容農擔心守不住龍城，而且受到頓丘王蘭汗的誘惑，於是，便在夜間偷偷地離開龍城，投靠叛軍，希望保住自己的性命。第二天黎明時分，段速骨等開始向龍城發起攻擊，城牆上的守軍奮力抵抗，段速骨的部眾被消滅了數百人。段速骨便帶著慕容農繞城一周，讓守城的將士看到。慕容農一向擁有忠貞節烈的威名，龍城之內的人全都把他當做主心骨，所以才頑強抵抗叛軍的進攻，現在忽然看到慕容農竟然在城下，與叛軍在一起，因此無不感到萬分的驚愕，鬥志完全喪失，立即四散而逃。段速骨順利攻入龍城，他放縱士卒大肆殺人搶劫，死者的屍體縱橫遍地。後燕主慕容寶、長樂王慕容盛、撫軍將軍慕輿騰以及餘崇、張真、李早、趙恩等什麼東西都沒有來得及攜帶，空身騎馬衝出龍城，向南逃走。段速骨將慕容農囚禁在皇宮之內，在後燕禁衛軍中擔任長上的阿交羅，是段速骨的智囊，他認為高陽王慕容崇年紀弱小，就想擁立遼西王慕容農為首領。高陽王慕容崇的親信鬷讓、出力犍等聽到消息，便在初五日丁酉這一天殺死了阿交羅和慕容農。段速骨又為阿交羅和慕容農而殺死了鬷讓、出力犍等。遼西王慕容農的故吏、擔任左衛將軍的宇文拔逃往遼西。

三月初八日庚子，後燕擔任尚書的頓丘王蘭汗率眾襲擊段速骨，將段速骨連同他的黨羽全部殺光。蘭汗廢掉了高陽王慕容崇，擁立後燕主慕容寶的太子慕容策代行皇帝職權，實行大赦，派使者南下迎接後燕主慕容寶返回龍城，使者一直追到薊城才將慕容寶等追上。慕容寶準備跟隨蘭汗的使者返回龍城，長樂王慕容盛等都說：「頓丘王蘭汗是忠還是奸，目前還無法搞清，如果陛下單人匹馬返回龍城，萬一蘭汗別有用心，到時恐怕連後悔都來不及。不如南下去投靠范陽王慕容德，然後集合兵力奪取冀州。如果不能取勝，再招集南方的兵眾，慢慢返回龍城，也不算晚。」慕容寶聽從了慕容盛的建議。

北魏離石境內的匈奴部落首領呼延鐵、西河境內的匈奴部落首領張崇等人不願意遷徙到代郡，於是便聚集部眾背叛了北魏，被北魏擔任安遠將軍的庾岳率軍鎮壓。

北魏王拓跋珪徵調衛王拓跋儀回到朝廷輔佐朝政，令略陽公拓跋遵代替拓跋儀鎮守中山。夏季，四月初一日壬戌，拓跋珪任命擔任征虜將軍的穆崇為太尉，任命安南將軍長孫嵩為司徒。

後燕主慕容寶從僻靜小道經過鄴城，鄴城人請求慕容寶留在鄴城，慕容寶沒有同意。慕容寶繼續南行，抵達黎陽，隱藏在黃河西岸，他派遣擔任中黃門令的趙思告訴北地王慕容鍾說：「皇帝在二月分接到丞相慕容德的表章，於是立即率領大軍南下征討，大軍到達乙連時，遇到擔任長上的段速骨、宋赤眉等起兵叛亂，因此丟掉了自己的根據地，來到這裡。大王趕緊稟告丞相、范陽王慕容德，讓他前來迎接！」北地王慕容鍾，是南燕王慕容德的堂弟，是他第一個勸說慕容德即位稱王，所以聽了後燕主慕容寶的這番話，心裡感到非常厭惡，就把充當慕容寶使者的趙思逮捕起來關進大牢，並把情況報告給南燕王慕容德。慕容德對群臣說：「你們從國家利益考慮，勸我代理國家朝政；我也因為繼任皇帝慕容寶遠離京師，到處流亡遷徙，百姓無人治理，宗廟無人祭祀，所以暫且聽從了諸位的意見，即位稱王，以維持大眾對燕國皇室的歸服之心。如今上天已經改變了過去對燕國不保佑的態度，使繼任皇帝得以返回，我要準備好皇帝乘坐的法駕，親自前往皇帝行宮的門口，向皇帝請罪，請求原諒以往行事的不周，你們覺得如何？」擔任黃門侍郎的張華說：「如今正是天下大亂之時，如果不是具有雄才偉略的人，就不可能安定、拯救蒼生。繼任皇帝慕容寶愚昧懦弱，沒有能力繼續光大先帝的傳統基業。陛下如果非要堅守一介匹夫的節操，拒絕上天所授予的大業，威勢和權力一旦丟失，恐怕就會性命不保，皇家宗廟的祭祀，豈不就要斷絕了嗎？」慕輿護說：「繼任皇帝慕容寶根本不識時務，竟然輕易地放棄了國家的都城，自取滅亡，他沒有能力承受更多災難的考驗，這已經很明顯了。從前衛國的蒯聵逃亡國外，後來他的兒子衛輒被國人擁立為國君，衛輒就拒絕他的父親蒯聵回國，而《春秋》肯定衛輒的做法是對的。兒子拒絕父親都可以，何況是叔父拒絕姪子呢？而且僅憑趙思的一番話，也弄不清真假虛實，請允許我替陛下前去探查情況。」南燕王慕容德流著淚派慕輿護前去探查。

南燕慕輿護率領著數百名勇士，跟隨著後燕王慕容寶的使者趙思北上，揚言是來護衛、迎接慕容寶前往都城滑臺，其實是為了除掉慕容寶。慕容寶派遣趙思前往慕容鍾那裡後，從打柴人那裡聽到了關於慕容德已經稱王、代行皇帝職權的消息，因此非常恐懼，立即動身北行。慕輿護到達黎陽附近的黃河西岸，沒有找到後燕主慕容寶，於是便將趙思帶回。南燕王慕容德因為趙思熟悉朝廷典故，就準備把趙思留為己用。趙思說：「即使是狗、馬，尚且知道眷戀自己的主人，我雖然只是一個受過宮刑的宦官，但我還是請求將我釋放，允許我回到皇帝慕容寶那裡去。」慕容德堅決要趙思留下，趙思發怒說：「周平王向東遷移到洛邑，依靠的是諸侯晉國和鄭國。論起殿下與皇帝的親屬關係，殿下是皇帝的叔父，論起職位，殿下位在三公之列，卻不能率先為各路諸侯做出表率，扶助朝廷，反而慶幸燕主慕容寶的政權垮臺，做出像西晉趙王司馬倫篡奪晚輩皇位的事情。我趙思雖然沒有能力像申包胥那樣使國家亡而復存，但我還是仰慕龔勝的為人，絕不在王莽之世苟且偷生！」慕容德惱羞成怒，將趙思殺死。

後燕主慕容寶派遣扶風忠公慕輿騰與長樂王慕容盛前往冀州招集兵馬。慕容盛因為慕輿騰一向兇暴蠻橫，遭到民眾的怨恨，於是將慕輿騰殺死。慕容盛抵達鉅鹿、長樂，遊說各地的英雄豪傑，他們都表示願意起兵擁戴後燕主慕容寶。慕容寶認為頓丘王蘭汗自己並沒有稱帝，仍然稱自己是燕國的臣子，還在祭祀著燕國皇室的宗廟，其作為似乎還不算背叛，因而就想返回龍城，而不願意繼續留在冀州，於是便向北進發。抵達建安，投宿於當地居民張曹的家中。張曹一向勇武有力，他請求為後燕主慕容寶招募兵眾；長樂王慕容盛也勸說慕容寶應該暫且留在這裡，觀察頓丘王蘭汗的動向。慕容寶於是派遣擔任冗從僕射的李旱先去晉見頓丘王蘭汗，慕容寶則駐留在石城。正好此時蘭汗派遣擔任左將軍的蘇超前來迎接慕容寶返回龍城，蘇超向慕容寶述說蘭汗對燕朝王室是如何的忠誠。慕容寶因為蘭汗是後燕主慕容垂的舅舅，又是長樂王慕容盛的岳父，就認為蘭汗一定沒有歹意，於是不等李旱返回，就跟隨著蘇超上路了。慕容盛痛哭流涕地進行勸阻，慕容寶根本不聽，他讓慕容盛走在最後。慕容盛遂與將軍張真避開大路，找地方躲避起來。

四月二十六日丁亥，後燕主慕容寶一行抵達索莫汗陘，這裡距離龍城還有四十里，龍城中的人都很高興。而頓丘王蘭汗卻非常驚慌恐懼，他想親自出來向後燕主慕容寶請罪，而他的兄弟們一同阻止了他。蘭汗於是派自己的弟弟蘭加難率領五百名騎兵出城迎接；又派遣自己的哥哥蘭提關閉城門，收拾起自己小朝廷的所有儀仗，禁止行人出入。龍城之內，人們都知道頓丘王蘭汗準備發動兵變，卻又對其無可奈何。蘭汗的弟弟蘭加難在索莫汗陘以北見到了後燕主慕容寶，他拜見了慕容寶之後，便跟隨慕容寶一同向龍城進發。潁陰烈公餘崇祕密地提醒慕容寶說：「看蘭加難的神色，恐怕災禍就在眼前，應該停下來三思，怎麼能一直向前走呢？」慕容寶還是聽不進去。又往前走了幾里路，蘭加難首先逮捕了餘崇，餘崇大聲怒罵說：「你們蘭氏家族有幸成為皇室的親戚，享受著國家的寵信和榮耀，即使你們犧牲自己的家族，也不足以報答。現在竟敢謀逆篡位，這是天地所不能容忍的事情，肯定用不了多久就會遭到滅族的懲罰，遺憾的是我不能親手將你們這類人剁成碎塊！」蘭加難立即殺死了餘崇，然後帶著慕容寶進入龍城城外的一家館舍，殺死了後燕主慕容寶。蘭汗追諡慕容寶為靈帝，同時殺死了皇太子慕容策，同時被殺的還有王爵、公爵等朝廷大臣和官員一百多人。蘭汗遂自稱大都督、大將軍、大單于、昌黎王，改年號為「青龍」。蘭汗任命自己的哥哥蘭堤為太尉，任命自己的弟弟蘭加難為車騎將軍，封河間王慕容熙為遼東公，就像周武王滅商後把夏王朝的後裔東樓公封為杞國國君、把商紂王的哥哥微子開封為宋國國君一樣。

後燕長樂王慕容盛得知自己的父親、後燕主慕容寶被蘭汗害死的消息，就準備立即趕去奔喪，將軍張真勸阻他不要前去。慕容盛說：「我如今因為走投無路去投靠蘭汗，蘭汗生性愚鈍，見識淺薄，肯定會看在我是他的女婿的情分上，不忍心將我殺掉。只要有十天半月的時間，就完全可以實現我的願望。」於是便去晉見蘭汗。蘭汗的妻子乙氏以及慕容盛的王妃全都一邊哭一邊替慕容盛向蘭汗求情，慕容盛的王妃還給自己的幾個兄弟磕頭。蘭汗不禁動了惻隱之心，於是就讓慕容盛住在皇宮之中，並任命慕容盛為侍中、左光祿大夫，還像過去一樣把他當做親戚相待。蘭汗的哥哥蘭堤、弟弟蘭加難屢次請求蘭汗殺掉慕容盛，蘭汗都沒有聽從。蘭堤為人驕縱任性，荒淫無道，對待蘭汗更是多行無禮，慕容盛趁機從中進行挑撥離間，於是蘭汗兄弟之間逐漸互相猜忌起來。

後涼太原公呂纂率軍攻擊楊軌，後涼叛臣郭麐率軍及時趕來救援楊軌，呂纂被楊、郭聯合打敗之後返回。

北涼建康公段業派擔任鎮西將軍的沮渠蒙遜率軍攻打西郡，俘虜了後涼擔任西郡太守的呂純，得勝而回。呂純，是後涼天王呂光的姪子。於是，晉昌太守王德、敦煌太守趙郡人孟敏全都獻出自己管轄的地盤投降了北涼段業。段業封沮渠蒙遜為臨池侯，任命王德為酒泉太守，任命孟敏為沙州刺史。

六月丙子❶，魏王珪命羣臣議國號。皆曰：「周、秦以前，皆自諸侯升為天子，因以其國為天下號。漢氏以來，皆無尺土之資❷。我國家百世相承，開基代北❸，遂撫有方夏❹，今宜以代為號。」黃門侍郎崔宏❺曰：「昔商人不常厥居❻，故兩稱殷、商❼；代雖舊邦，其命維新❽，登國❾之初，已更曰魏❿。夫魏者，大名⓫，神州之上國⓬也。宜稱魏如故。」珪從之。

楊軌自恃其眾，欲與涼王光決戰，郭麐每以天道⓭抑止之。涼常山公弘⓮鎮張掖，段業使沮渠男成及王德攻之，光使太原公纂將兵迎之。楊軌曰：「呂弘精兵一萬，若與光合，則姑臧益彊，不可取矣。」乃與禿髮利鹿孤⓯共邀擊纂。纂與戰，大破之。軌奔王乞基⓰。麐性褊急⓱殘忍，不為士民所附，聞軌敗走，降西秦。西秦王乾歸以為建忠將軍、散騎常侍。

弘引兵棄張掖東走。段業徙治張掖，將追擊弘。沮渠蒙遜諫曰：「歸師勿遏⓲，窮寇勿追⓳，此兵家之戒也。」業不從，大敗而還，賴蒙遜以免。業城西安⓴，以其將臧莫孩為太守。蒙遜曰：「莫孩勇而無謀，知進不知退，此乃為之築冢，非築城也！」業不從，莫孩尋㉑為呂纂所破。

燕太原王奇㉒，楷之子，蘭汗之外孫也。汗亦不殺，以為征南將軍，得入見長樂王盛。盛潛使奇逃出起兵。奇起兵於建安㉓，眾至數千，汗遣蘭提討之。盛謂汗曰：「善駒㉔小兒，未能辦此㉕，豈非有假託其名欲為內應者乎？太尉㉖素驕，難信，不宜委以大眾㉗。」汗然之，罷提兵，更遣撫軍將軍仇尼慕將兵討奇。於是㉘龍城自夏不雨至于秋七月，汗日詣燕諸廟及寶神座頓首禱請，委罪於蘭加難㉙。提及加難聞之，怒，且懼誅。乙巳㉚，相與率所部襲仇尼慕軍，敗之。汗大懼，遣太子穆將兵討之。穆謂汗曰：「慕容盛，我之仇讎，必與奇相表裏，此乃腹心之疾，不可養也，宜先除之。」汗欲殺盛，先引見，察之。盛妃知之，密以告盛。盛稱疾不出，汗亦止不殺。

李旱、衛雙、劉忠、張豪、張真，皆盛素所厚也，而穆引以為腹心，旱、雙得出入至盛所，潛與盛結謀。丁未㉛，穆擊提、加難等，破之。庚戌㉜，饗將士，汗、穆皆醉。盛夜如廁，因踰垣入于東宮，與旱等共殺穆。時軍未解嚴㉝，皆聚在穆舍，聞盛得出，呼躍爭先，攻汗，斬之。汗子魯公和、陳公揚分屯令支㉞、白狼㉟，盛遣旱、真襲誅之。提、加難亡匿㊱，捕得，斬之。於是內外帖然，士女相慶。宇文拔㊲率壯士數百來赴，盛拜拔為大宗正㊳。

辛亥㊴，告于太廟，令曰：「賴五祖之休㊵，文武之力，宗廟社稷幽而復顯㊶，不獨孤㊷以眇眇之身免不同天之責㊸，凡在臣民㊹皆得明日當世㊺。」因大赦，改元「建平」。盛謙不敢稱尊號㊻，以長樂王攝行統制㊼。諸王皆降稱公，以東陽公根為尚書左僕射，衛倫、陽璆、魯恭、王滕[1]為尚書，悅真為侍中，陽哲為中書監[48]，張通為中領軍，自餘文武各復舊位。改謚寶曰惠閔皇帝，廟號烈宗。

初，太原王奇舉兵建安，南、北之人[2]翕然[49]從之。蘭汗遣其兄子全討奇，奇擊滅之，匹馬不返，進屯乙連[50]。盛既誅汗，命奇罷兵。奇用丁零[51]嚴生、烏桓[52]王龍之謀，遂不受命。甲寅[53]，勒兵三萬餘人進至橫溝，去龍城十里。盛出擊，大破之，執奇而還，斬其黨與百餘人，賜奇死，桓王[54]之嗣遂絕。羣臣固請上尊號，盛弗許。

魏王珪遷都平城[55]，始營宮室，建宗廟，立社稷。宗廟歲五祭[56]，用分、至及臘。

桓玄求為廣州[57]。會稽王道子忌玄，不欲使居荊州，因其所欲，以玄為督交[58]・廣二州軍事、廣州刺史。玄受命而不行。豫州刺史庾楷以道子割其四郡使王愉督之，上疏言：「江州內地[59]，而西府[60]北帶寇戎[61]，不應使愉分督[62]。」朝廷不許。楷怒，遣其子鴻說王恭曰：「尚之兄弟[63]復秉機權[64]，過於國寶，欲假朝威削弱方鎮，懲艾前事[65]，為禍不測[66]。今及其謀議未成，宜早圖之。」恭以為然。以告殷仲堪、桓玄。仲堪、玄許之，推恭為盟主，刻期同趣京師[67]。

時內外疑阻[68]，津邏嚴急[69]。仲堪以斜絹為書，內箭簳中[70]，合鏑漆之[71]，因庾楷以送恭。恭發書，絹文角戾[72]，不復能辨仲堪手書[73]，疑楷詐為之；且謂[74]仲堪去年已違期不赴，今必不動，乃先期舉兵。司馬劉牢之諫曰：「將軍，國之元舅；會稽王，天子叔父也。會稽王又當國秉政，嚮[75]為將軍戮其所愛王國寶、王緒，又送王廞書[76]，其深伏[77]將軍已多矣。頃所授任[78]，雖未允愜[79]，亦非大失。割庾楷四郡以配王愉，於將軍何損？晉陽之甲，豈可數與[80]乎？」恭不從，上表請討王愉、司馬尚之兄弟。

道子使人說楷曰：「昔我與卿，恩如骨肉，帳中之飲，結帶之言[81]，可謂親矣。卿今棄舊交，結新援，忘王恭疇昔陵侮之恥[82]乎？若欲委體而臣之，使恭得志，必以卿為反覆之人，安肯深相親信？首身且不可保，況富貴乎？」楷怒曰：「王恭昔赴山陵，相王憂懼無計，我知事急，尋勒兵而至，恭不敢發[83]。去年之事[84]，我亦俟命而動[85]。我事相王無相負者。相王不能拒恭，反殺國寶及緒，自爾已來，誰敢復為相王盡力者？庾楷實不能以百口[86]助人屠滅[87]。」時楷已應恭檄[88]，正徵士馬。信返[89]，朝廷憂懼，內外戒嚴。

會稽世子元顯言於道子曰：「前不討王恭，故有今日之難。今若復從其欲，則太宰(90)之禍至矣。」道子不知所為，悉以事委元顯，日飲醇酒而已。元顯聰警(91)，頗涉文義(92)，志氣果銳(93)，以安危為己任。附會(94)之者，謂元顯神武，有明帝(95)之風。

殷仲堪聞恭舉兵，自以去歲後期，乃勒兵趣發(96)。仲堪素不習為將，悉以軍事委南郡相楊佺期兄弟，使佺期帥舟師五千為前鋒，桓玄次之，仲堪帥兵二萬，相繼而下。佺期自以其先漢太尉震(97)至父亮，九世皆以才德著名，矜其門地(98)，謂江左(99)莫及。有以比王珣(100)者，佺期猶恚恨(101)。而時流(102)以其晚過江(103)，婚宦失類(104)，佺期及兄廣、弟思平、從弟孜敬皆粗獷(105)，每排抑(106)之。佺期常慷慨切齒，欲因事際(107)以逞其志，故亦贊成仲堪之謀。

八月，佺期、玄奄至湓口(108)。王愉無備，惶遽(109)奔臨川(110)，玄遣偏軍(111)追獲之。

燕以河間公熙(112)為侍中、驃[3]騎大將軍、中領軍、司隸校尉；城陽公元為衛將軍。元，寶之子也。又以劉忠為左將軍，張豪為後將軍，並賜姓慕容氏。李旱為中常侍、輔國將軍，衛雙為前將軍，張順為鎮西將軍，昌黎尹(113)張真為右將軍，皆封公。

乙亥(114)，燕步兵校尉馬勤[4]等謀反，伏誅；事連驃騎將軍高陽公崇(115)、崇弟東平公澄，皆賜死。

寧朔將軍鄧啓方、南陽(116)太守閭丘羨(117)將兵二萬擊南燕(118)，與南燕中軍將軍法(119)、撫軍將軍和(120)戰於管城(121)。啓方等兵敗，單騎走免。

魏王珪命有司正封畿(122)，標道里(123)，平權衡(124)，審度量(125)。遣使循行郡國，舉奏守宰(126)不法者，親考察黜陟(127)之。

【章　旨】以上為第二段，寫晉安帝隆安二年（西元三九八年）六月至八月共三個月間的大事。主要寫了東晉軍閥王恭與殷仲堪、桓玄等串通舉兵討王愉、司馬尚之，王恭起兵於京口，庾楷應之於歷陽，殷仲堪的部將楊佺期與桓玄出兵至尋陽江口，俘獲了江州刺史王愉；寫了潛伏於蘭汗部下的慕容盛、慕容奇等在龍城發動事變，殺掉蘭汗、蘭堤、蘭穆等，慕容盛即燕王位；慕容奇旋又起兵反慕容盛，被慕容盛所破殺；又有部將馬勒謀反，事連慕容隆之子慕容崇兄弟，亦被慕容盛所殺；寫了魏王拓跋珪定國號曰「魏」，建都平城，並建宗廟、立社稷、正封疆、標道里、統一度量衡，遣使循行州郡，舉奏守宰不法，政權逐漸有了規章；另外還寫了涼州地區的段業勢力破走呂弘，以張掖為都城，但段業昏悖，部將沮渠蒙遜的威望日高等等。

【注　釋】❶六月丙子　六月十六。❷無尺土之資　指從平民百姓拔地而起。❸百世相承二句　拓跋氏自稱黃帝的子孫，世代活動於今山西北部及內蒙古西南部一帶，自西晉末年被封為代王。詳見《魏書》卷一。❹方夏　指四方與中原。❺崔宏　漢族人，博學多聞，原為慕容寶的高陽內史，後歸拓跋珪，對於魏國制度的創立多有貢獻。傳見《魏書》卷二十四。❻不常厥居　居址不固定，到處遷徙。❼兩稱殷商　可以稱「殷」，也可以稱「商」。❽代雖舊邦二句　雖說代北是我們的舊土，但我們近來又接受了上帝的新任命。❾登國　拓跋珪用過的年號（西元三八六—三九五年）。❿已更曰魏　已經改名稱為魏國。

⑪魏者二句　魏字本身就當高大講。故山高叫「魏然」，宮門叫「魏闕」。春秋時晉獻公封畢萬於魏，卜偃曰：「魏，大名也，以是始賞，天開之矣。」⑫神州之上國　「魏」字曾被中原的大國用做國號。戰國初期，魏國曾強盛一時；後來曹操、曹丕又建國曰魏。上國，大國。⑬以天道　用是否合乎「天意」的說法。⑭常山公弘　即呂弘，呂光之子。⑮禿髮利鹿孤　禿髮烏孤之弟。傳見《晉書》卷一百二十六。⑯王乞基　匈奴部落的頭領，當時歸屬於呂光。⑰褊急　狹隘、急躁。⑱歸師勿遏　對回逃的敗軍不要攔擊。語見《孫子·軍爭》。⑲窮寇勿追　原文作「窮寇勿迫」。亦見《孫子·軍爭》。⑳城西安　在西安築城。西安是郡名，郡治在今甘肅張掖東南。㉑尋　不久。㉒太原王奇　即慕容奇，慕容楷之子，慕容寶的堂姪，又是慕容盛的表姪。慕容楷是前燕名將、名臣慕容恪之子。㉓建安　村鎮名，在今河北遷安北。㉔善駒　慕容奇的字。㉕辦此　做成這樣的事。㉖太尉　指蘭堤，蘭汗之兄。㉗委以大眾　讓他統領大部隊。㉘於是　當時。㉙蘭加難　蘭汗之弟，是他奉命把慕容寶殺死的。㉚乙巳　七月十五。㉛丁未　七月十七。㉜庚戌　七月二十。㉝未解嚴　未解除緊急狀態。㉞令支　城鎮名，在今河北遵化東南。㉟白狼　城鎮名，在今遼寧建昌西北。㊱亡匿　逃跑藏了起來。㊲宇文拔　原是慕容農的部下，蘭汗等政變，慕容農被殺後，宇文拔逃到了遼西。㊳大宗正　官名，九卿之一，掌管王室及親族的事務。㊴辛亥　七月二十一。㊵五祖之休　五代祖先的保佑。五祖，指慕容涉歸、慕容廆、慕容皝、慕容儁、慕容垂。休，福佑；保佑。㊶幽而復顯　意謂從幾乎顛覆中又昌盛起來。㊷孤　慕容盛自稱。㊸免不同天之責　由於報了殺父之仇，故而可以免去人們對我的譴責。不同天，即不共戴天。《禮記·曲禮》：「父之仇，弗與共戴天。」㊹凡在臣民　意即一切臣民。凡在，凡有；凡是。㊺皆得明目當世　都可以毫不慚愧地正眼看人。㊻稱尊號　即指做皇帝。㊼攝行統制　代行國家的軍政大權。統制，即統領、駕御。㊽中書監　中書省的長官，主管起草詔令，職同宰相。㊾翕然　順從的樣子。㊿乙連　軍事要地，在當時的建安城北（今河北遷安北）。(51)丁零　當時的少數民族部落名。(52)烏桓　當時的少數民族名。(53)甲寅　七月二十四。(54)桓王　指太原王慕容恪，慕容垂之子，後燕的開國元勳，死後謚為桓。慕容奇是慕容恪的孫子。(55)平城　今山西大同東北。(56)歲五祭　一年內祭祀五次。其時間即下文的「分至及臘」。分指春分、秋分；至指夏至、冬至；臘指臘月（陰曆十二月）。(57)廣州　指為廣州刺史，州治番禺，即今廣州。(58)交　指交州，州治龍編，在今越南河內東北。(59)江州內地　江州的州治尋陽，即今江西九江，統轄之地在長江以南，故曰「內地」。(60)西府　王愉的軍府。當時庾楷任豫州刺史，東晉時豫州刺史的駐地在歷陽，即今安徽和縣，因其地處建康之西，故稱「西府」。(61)北帶寇戎　當時的豫州與北方姚興的後秦、慕容德的南燕等相接，故云。(62)分督　分管。指前司馬道子任王愉為江州刺史時，還從豫州挖出了四個郡，劃與王愉督管。兩處分歸一人不倫不類。(63)尚之兄弟　指譙王司馬尚

之與其弟司馬休之。64機權　機要、權柄。65懲艾前事　接受上次事件的教訓。上次事件指王國寶、王緒被殺。66為禍不測　他們所包藏的禍心，難以預測。指王恭、殷仲堪等人的處境十分危急。67同趣京師　一同發兵京師，向司馬尚之、王愉等人問罪。68內外疑阻　朝廷與地方軍鎮的官僚相互懷疑猜忌。疑阻，懷疑；不信任。69津邏嚴急　各個長江渡口都宣布戒嚴。津邏，渡口上的巡邏兵丁。嚴急，即戒嚴。70內箭簳中　藏在箭桿裡頭。71合鏑漆之　連同箭頭一起漆了一遍。72絹文角戾　胡三省曰：「斜絹無邊幅，經緯不相持，故斜角乖曲。」意即因折疊而字跡變形。73不復能辨仲堪手書　已經無法辨認信上寫的是什麼。74且謂　而且認為。75曏　前不久，即去年。76又送王廞書　指司馬道子把王廞告發王恭謀反的信交回王恭一事。見本書卷一百九。77深伏　深深地服氣、服從。伏，同「服」。78頃所授任　前不久對王愉的任命。頃，前不久。79未允愜　不是很公平、很令人滿意。80豈可數興　怎麼能夠屢屢發動。數，屢。81帳中之飲二句　二句事實不詳。過去庾楷巴結王國寶，依附司馬道子事，見本書卷一百八。82疇昔陵侮之恥　亦事實不詳。胡三省曰：「王恭以元舅之親，風神簡貴，志氣方嚴，視庾楷蔑如也，故道子以為陵侮楷。」可供參考。83恭不敢發　以上事實在晉孝武帝太元二十一年。見本書卷一百八。84去年之事　指王恭起兵討伐王國寶。85我亦俟命而動　意謂準備隨時起兵援助司馬道子。86百口　指全家上下。87助人屠滅　語稍不順，其意似謂由於幫助你而被人屠滅。88已應恭檄　已經答應響應王恭所發的討伐王愉、司馬尚之的檄文。89信返　使者返回朝廷。信，使者，即前文司馬道子派出勸說庾楷的人。90太宰　指司馬道子本人。91聰警　聰明；辦法來得快。92頗涉文義　很懂得一些傳統的章程與應對辦法。93果銳　果斷、有鋒芒。94附會　巴結；趨附。95明帝　司馬紹，司馬睿之子，西元三二三至三二五年在位，曾果斷地削平王敦之亂。歷史上稱他「聰明有機斷」，說他「雖享國日淺，而規模弘遠」。傳見《晉書》卷六。96趣發　迅速出發。趣，同「促」。迅速。97漢太尉震　即楊震，東漢後期人，好學明經，為官廉正，曾先後任太守、刺史、司徒、太尉。敢與惡勢力堅決鬥爭，安帝末年被宦官所害。傳見《後漢書》卷五十四。楊震的子孫楊秉、楊賜、楊彪等都相繼位至三公。98矜其門地　以門第高貴而盛氣陵人。99江左　猶言「江東」，這裡指東晉的轄區。100王珣　字元琳，東晉初期著名宰相王導的孫子。傳見《晉書》卷六十五。101恚恨　惱怒，以為王珣不過是幾十年的新貴而已，焉能與他這種二百年的家世相比。102時流　當時上流社會的一般人。103晚過江　楊佺期的祖父楊林在西晉末期中原大亂時淪陷於異族統治下。楊佺期的父親楊亮早年曾在北方做官，後來才歸於東晉，比之王、謝諸族過江為晚。104婚宦失類　與門第不好的人結了親，又做了不該做的官。前者指與楊氏所通婚的都是北方人；後者指楊亮、楊佺期皆以武功得官，當時武官被人瞧不起。105粗獷　粗野，指文化修養低以及缺乏服藥、清談等一些南方貴族的世俗習氣。106排抑　排斥、壓制。107事

際　時機、際會，指政治波動。108奄至湓口　突然出現在當時的尋陽江面。奄，突然。湓口，鄱陽湖入長江的匯口。在今江西九江東北。109惶遽　同「惶懼」。110臨川　郡名，郡治即今江西撫州。111偏軍　一支小部隊。112河間公熙　即慕容熙，慕容垂之子，慕容寶之弟。113昌黎尹　昌黎郡的行政長官，郡治即在龍城。114乙亥　八月十五。115高陽公崇　即慕容崇，慕容隆的兒子。前在段速骨、宋赤眉發動的叛亂中曾被逼立為王。116南陽　郡名，郡治即今河南南陽，當時屬東晉。117閭丘羨　即姓閭丘名羨，與前述鄧啓方都是東晉的官員。118南燕　指以滑臺（今河南滑縣東）為都城的慕容德政權。119中軍將軍法　即慕容法，任中軍將軍。120撫軍將軍和　即慕容和，任撫軍將軍。121管城　縣名，縣治即今河南鄭州。122正封畿　劃分並標明國境線。封指國土，畿指京城。胡三省引宋白曰：「魏道武都平城，東至上谷軍都關，西至河，南至中山隘門塞，北至五原。地方千里，以為甸服。」但這裡實指確定其所轄境內的州、郡、縣的疆界，因為國境的區劃不在於他自己，當時處於戰爭中。123標道里　即設路標，在交通線上標明城鎮之間相距的里程。124平權衡　指統一秤。權，是古代的秤砣。衡，是秤桿。125審度量　制定統一的準確的度量標準。審，準確；劃一。度指丈、尺等長度單位。量指升、斗等容量單位。126守宰　太守和縣令。127黜陟　降職與提升。

【校　記】1王勝　據章鈺校，十二行本、乙十一行本皆作「王騰」。2人　據章鈺校，十二行本、乙十一行本皆作「民」。3驃　原作「車」。嚴衍《通鑑補》改作「驃」，今從改。按，《晉書．慕容熙載記》載，盛初即位，拜熙驃騎大將軍。4馬勤　原作「馬勒」。據章鈺校，十二行本、乙十一行本皆作「馬勤」，今據改。

【語　譯】六月十六日丙子，北魏王拓跋珪命群臣商議國號，群臣都說：「周王朝、秦帝國以前都是從諸侯升任為天子，遂把原來自己的封國名作為國號。自漢代以來，天子在創業之前，連一尺的封地都沒有。而我們拓跋氏自從西晉末年被封為代王，遂在代北開創基業，世代相傳，已經有百世之久，一直到現在才佔有了四方與中原，所以應該以『代』作為國號。」擔任黃門侍郎的崔宏說：「從前的商朝，因為都城屢次遷移，所以可以稱其為『殷』，也可以稱其為『商』，雖說代北是我們的舊土，但我們近來又接受了上帝的新任命，其實早在我們宣布改年號為『登國』的時候，就已經把國名改成了『魏國』。『魏』字的本意就是高大，曾經被中原的大國用做國號。所以應該依舊稱為『魏國』。」拓跋珪採納了崔宏的意見。

楊軌認為自己人多勢眾，就想與後涼天王呂光決一死戰，而郭黁卻經常用天象的變化不利於戰爭來阻止他。後涼常山公呂弘鎮守張掖，北涼建康公段業派遣擔任輔國將軍的沮渠男成以及擔任酒泉太守的王德聯合率軍進攻鎮守張掖的呂弘，後涼天王呂光派太原公呂纂率軍迎戰。西平公楊軌說：「光是呂弘手下的精兵就有一萬，如果再與呂光的軍隊會合在一起，那麼姑臧城的兵力將更加強大，我們就無法將姑臧攻克。」於是與南涼擔任驃騎將軍的禿髮利鹿孤同時出兵阻擊後涼的太原公呂纂。呂纂率軍反擊，將楊軌、禿髮利鹿孤的聯軍打得大敗。西平公楊軌兵敗後投奔了田胡部落首領王乞基。後涼叛臣郭黁性情狹隘、急躁，為人兇暴殘忍，所以得不到士民的擁護，郭黁聽到楊軌等戰敗的消息，便立即逃走，投降了西秦。西秦王乞伏乾歸任命郭黁為建忠將軍、散騎常侍。

後涼常山公呂弘放棄了自己所鎮守的張掖，向東逃走。段業遂把都城遷到張掖，並準備派兵追擊呂弘。擔任鎮西將軍的臨池侯沮渠蒙遜勸阻說：「對急於往回逃命的軍隊千萬不要攔擊，對於走投無路的賊寇千萬不要窮追猛打，這是軍事家對人們的告誡。」段業沒有聽從沮渠蒙遜的勸告，親自率軍追擊呂弘，結果大敗而回，幸虧沮渠蒙遜及時救援才幸免於難。段業在張掖東南的西安郡築城，任命屬下將領臧莫孩為西安郡太守。沮渠蒙遜提醒建康公段業說：「臧莫孩有勇無謀，只知道進攻，而不懂得退避，修築西安，不是為了築城，而是為臧莫孩修築了一座墳墓！」段業還是沒有聽從，不久，臧莫孩果然被後涼太原公呂纂擊敗。

後燕太原王慕容奇，是慕容楷的兒子，也是蘭汗的外孫。所以蘭汗也沒有將慕容奇殺死，而且任命慕容奇為征南將軍，慕容奇得以入宮會見長樂王慕容盛。慕容盛便讓他偷偷逃出龍城，到民間招募士卒起事。於是慕容奇逃往建安，他在建安招集了數千人，然後起兵反抗蘭汗的統治，昌黎王蘭汗派擔任太尉的蘭堤率軍去討伐慕容奇。長樂王慕容盛對蘭汗說：「慕容奇只是一個小孩子，做不出這樣的大事，是不是有人假託慕容奇的名義在外起事，而自己準備做內應呢？擔任太尉的蘭堤一向驕橫，很難讓人信任，所以不應該把軍權交給他。」蘭汗同意慕容盛的意見，於是解除了蘭堤的兵權，改派擔任撫軍將軍的仇尼慕率軍去討伐慕容奇。

當時，後燕的龍城地區從進入夏季就沒有下過雨，一直持續到秋季的七月，昌黎王蘭汗每天到燕國各個先皇的祭廟以及故後燕主慕容寶的靈位前磕頭祈禱，請求降雨，並把殺害慕容寶的罪責推卸在蘭加難的身上。蘭堤與蘭加難得知後非常憤怒，而且害怕蘭汗會殺掉自己。於是在十五日乙巳，蘭堤與蘭加難相互率領自己的部下襲擊了撫軍將軍仇尼慕的軍隊，將仇尼慕打敗。蘭汗非常害怕，便派遣自己的太子蘭穆率軍討伐蘭堤和蘭加難。蘭穆對自己的父親蘭汗說：「慕容盛是我們的仇人，他肯定與慕容奇內外勾結，這可是心腹之患，不能再養虎遺患了，應該先把慕容盛除掉才是。」蘭汗於是準備除掉慕容盛，但他還是先召見慕容盛，以觀察慕容盛的動靜。慕容盛的王妃事先已經得知消息，就祕密地告訴了慕容盛。慕容盛於是假裝有病沒出房門，蘭汗也就沒有動手將慕容盛殺死。

在後燕的諸將當中，李旱、衛雙、劉忠、張豪、張真，都一向受到長樂王慕容盛的厚愛，而蘭汗的太子蘭穆卻把這幾個人當做了自己的心腹，所以李旱、衛雙得以隨便出入慕容盛的住所，他們與慕容盛祕密結盟、定計。七月十七日丁未，蘭穆率軍攻擊自己的伯父蘭堤和自己的叔父蘭加難等，將蘭堤等擊敗。二十日庚戌，他設宴犒賞將士，蘭汗和蘭穆全都喝得酩酊大醉。長樂王慕容盛趁夜間去廁所的機會，翻越宮牆進入太子宮，與李旱等人一起殺死了蘭穆。當時，軍隊仍然處於緊急狀態，將領們還都聚集在蘭穆的住處，他們聽到慕容盛已經出面的消息，全都歡呼雀躍、奮勇爭先，進攻蘭汗，將蘭汗殺死。蘭汗的兒子魯公蘭和、陳公蘭揚分別率軍駐紮在令支和白狼，慕容盛派遣李旱和張真率軍襲擊，將蘭和與蘭揚全都殺死。只有蘭堤和蘭加難脫身逃走，隱藏起來，最後也被搜捕出來斬首。於是龍城內外的叛亂全部平定，男女老幼互相奔走慶賀。擔任左衛將軍的宇文拔率領數百名勇士從遼西回到龍城，慕容盛任命宇文拔為大宗正。

七月二十一日辛亥，後燕長樂王慕容盛到皇家太廟祭祀，向祖先報告平定叛亂的成功經過，下令說：「依靠五代祖先的保佑，依靠文武官員的努力，使慕容氏的宗廟社稷得以脫離黑暗，再現光明。我已經報了殺父之仇，可以免去人們對我的譴責，使當今的所有臣民都可以毫不慚愧地正眼看人。」於是實行大赦，改年號為「建平」。慕容盛為了表示自己的謙遜，所以沒有稱帝，而是以長樂王的身分代行國家的軍政大權。諸位王爵全都降級稱公，任命東陽公慕容根為尚書左僕射，任命衛倫、陽璆、魯恭、王滕全都為尚書，任命悅真為侍中，任命陽哲為中書監，任命張通為中領軍，其餘的文武官員全都官復原職。將慕容寶的謚號改為惠閔皇帝，廟號烈宗。

當初，太原王慕容奇在建安起兵，無論是南部中原地區的漢人，還是北方的鮮卑人全都非常順從地歸屬於慕容奇。自稱昌黎王的蘭汗派自己的姪子蘭全率軍討伐慕容奇，被慕容奇全部消滅，就連一匹戰馬也沒有逃回去，慕容奇遂乘勝進軍，駐紮於乙連。長樂王慕容盛誅殺了蘭汗之後，下令太原王慕容奇罷兵，慕容奇採納了丁零人嚴生、烏桓人王龍的謀略，拒絕服從慕容盛的命令。七月二十四日甲寅，慕容奇率領三萬多人挺進到橫溝，距離龍城只有十里。慕容盛率軍出擊，將慕容奇打得大敗，活捉了慕容奇，然後返回龍城，將追隨慕容奇的一百多名黨羽殺死，命慕容奇自殺，桓王慕容恪的後代於是全部滅絕。群臣全都堅決請求長樂王慕容盛稱帝，慕容盛沒有答應。

北魏王拓跋珪將都城從盛樂遷往平城，開始在平城營造宮室，建立宗廟、社稷壇。規定每年祭祀宗廟五次，具體的祭祀時間是春分、秋分、冬至、夏至以及臘月。

東晉南郡公桓玄請求擔任廣州刺史。會稽王司馬道子因為忌憚桓玄，本來就不想讓他長期待在荊州，於是便順水推舟，任命桓玄為督交、廣二州軍事、廣州刺史。桓玄雖然接受了任命，卻不肯前往廣州赴任。擔任豫州刺史的庾楷因為會稽王司馬道子將自己轄區內的四個郡劃歸江州刺史王愉統轄，於是上疏給朝廷說：「江州治所尋陽，地處江南內地，而被稱為西府的豫州治所所在地歷陽地處建康之西，北面與賊寇相接，不應再分給王愉統管。」朝廷沒有同意豫州刺史庾楷的意見。庾楷憤怒之下，便派自己的兒子庾鴻去遊說王恭，庾鴻對王恭說：「譙王司馬尚之和他的弟弟司馬休之現在又掌握了國家權柄，他們比起王國寶更加有過之而無不及，他們假藉朝廷的權威想要削弱方鎮的力量，接受了上次討伐王國寶事件的教訓，恐怕將軍所面臨的大禍難以預測，現在要趁著他們的謀劃還沒有十分成熟，早點想出應付他們的辦法。」王恭也認為是這樣。庾楷又去聯絡殷仲堪與桓玄。殷仲堪與桓玄都表示贊同，於是共同推舉王恭為盟主，約定好日期，一同發兵京師，向司馬尚之兄弟、王愉等人問罪。

當時，東晉朝廷與地方軍鎮官員之間互相懷疑猜忌，長江的各個渡口都已經宣布戒嚴，士卒往來巡邏，對過往的行人進行嚴密的盤查。殷仲堪便把寫有起兵日期的書信寫在一片斜裁的絲綢上，藏入箭桿之中，安好箭頭之後，連同箭頭一起塗上一層漆，然後通過庾楷轉送給王恭。王恭折斷箭桿取出書信，因為斜裁的絲綢邊角扭曲、紋路紊亂而導致字跡嚴重變形，已經無法辨認信上寫的是什麼，於是便懷疑是庾楷所偽造；而且認為去年殷仲堪就曾經違背約定，沒有按約定時間出兵建康，如今殷仲堪肯定不會採取行動，於是沒有理會殷仲堪，便自行決定先期起兵。在王恭手下擔任司馬的劉牢之勸阻王恭說：「將軍是皇帝的舅舅；會稽王司馬道子是皇帝的叔叔。會稽王司馬道子又手握朝權主持朝政，從前已經為了將軍而殺死了自己所寵愛的王國寶、王緒，又把王廞的陰謀告訴了將軍，他對將軍的服從已經夠明顯了。近來所進行的人事任命，雖然不完全令人感到滿意，也沒有什麼大錯。即使是把庾楷的轄區分割出四個郡歸王愉統轄，這對將軍來說又有什麼損失呢？出動晉陽之軍以清君側的戰爭，豈能屢次發動呢？」王恭聽不進劉牢之的意見，於是又上疏給朝廷，請求討伐擔任江州刺史的王愉以及司馬尚之兄弟。

東晉會稽王司馬道子派人勸說擔任豫州刺史的庾楷說：「過去我與你之間，恩情如同骨肉兄弟，帷帳之中相對暢飲，以及當時所說的話，可以說是親密無間了。而你現在拋棄了舊日的朋友，另外去結交新的援手，你難道忘記了過去王恭陵辱的恥辱嗎？如果你想要委身投靠，去做他的臣屬，一旦王恭得志，手中掌握了大權，必定會認為你是一個反覆無常的小人，怎麼可能真正的親近你、信任你？恐怕到時你連自己的腦袋都保不住，何況是榮華富貴呢？」庾楷發怒說：「過去王恭率領大軍參加先帝的葬禮，擔任太宰的會稽王司馬道子憂愁恐懼、束手無策，我得知情勢緊急，很快就率軍抵達京師建康，王恭才不敢發難。去年王恭又要挾朝廷清君之側，我也是隨時準備起兵援助司馬道子。我對待太宰司馬道子，沒有什麼地方對不起他。而身為太宰的會稽王沒有能力抵抗王恭的進攻，反倒殺死了自己所寵信的王國寶和王緒，從那以後，誰還敢再為他效力？我庾楷確實不能因為幫助他而讓人家把我家的一百多口屠滅。」當時庾楷已經答應響應王恭討伐司馬尚之兄弟和王愉的號召，正在調集軍隊。司馬道子派去勸說庾楷的使者返回京城之後，朝廷之內更加憂愁恐懼，京城內外立即進入緊急戒嚴狀態。

東晉會稽王司馬道子的世子司馬元顯對自己的父親司馬道子說：「從前不討伐王恭，所以才會有今天的災禍。現在如果還要順從他的欲望，滿足他的要求，恐怕太宰您就要大禍臨頭了。」司馬道子此時還是不知該如何是好，於是便把一切軍國大事全部交付給司馬元顯處理，自己每天只是一味地飲酒而已。司馬元顯聰明機敏，辦法來得很快，很懂得一些傳統的章法與應對的辦法，處事果斷，很有鋒芒，以天下安危為己任。巴結、趨附於他的人全都稱讚他英明勇武，有晉明帝司馬紹的風範。

東晉擔任荊州刺史的殷仲堪聽到王恭已經舉兵發難的消息，覺得自己去年就違背約定沒有按時出兵，此次一定要彌補過來，於是立即集合兵力，迅速出發。殷仲堪素來不熟習如何指揮軍隊作戰，於是便把軍事指揮權委託給擔任南郡相的楊佺期兄弟，令楊佺期率領五千名水軍充作先鋒，桓玄緊隨其後，殷仲堪親自率領二萬名士卒，相繼沿長江順流東下。楊佺期認為自己的祖先從東漢時期擔任太尉的楊震開始，一直到自己的父親楊亮，九世以來，都是以才德著稱於世，所以對自己的出身門第頗感驕傲和自豪，認為江左的人士誰也比不上自己。有人曾經把他和擔任尚書左僕射的王珣相提並論，楊佺期尚且感到非常憤怒。而當時上流社會的一般人卻因為他到江南的時間比較晚，沒有跟有身價的名門聯上姻，而且又做了不該做的官；再加上楊佺期和他的哥哥楊廣、弟弟楊思平、堂弟楊孜敬全都性情粗野，所以往往受到壓制。楊佺期每當談起這些，情緒總免不了慷慨激昂，有時甚至咬牙切齒，總想找個事由、抓個機會施展一下自己的才智，所以也贊成殷仲堪的計畫。

八月，楊佺期、桓玄所率艦船突然抵達湓口。擔任江州刺史的王愉絲毫沒有防備，倉皇之間逃往臨川，桓玄特別派出一支小部隊隨後追擊，將王愉抓獲。

後燕長樂王慕容盛任命河間公慕容熙為侍中、驃騎大將軍、中領軍、司隸校尉；任命城陽公慕容元為衛將軍。慕容元，是後燕主慕容寶的兒子。同時還任命劉忠為左將軍，任命張豪為後將軍，並賜劉忠、張豪都姓慕容氏。任命李旱為中常侍、輔國將軍，任命衛雙為前將軍，張順為鎮西將軍、昌黎尹，任命張真為右將軍，上述各將領全都被封為公爵。

八月十五日乙亥，後燕擔任步兵校尉的馬勤等陰謀造反，事情敗露，被誅殺；事情牽連到擔任驃騎將軍的高陽公慕容崇以及慕容崇的弟弟東平公慕容澄，長樂王慕容盛遂令二人自殺而死。

東晉擔任寧朔將軍的鄧啓方、擔任南陽太守的閭丘羨率領二萬名士卒襲擊南燕，與南燕擔任中軍將軍的慕容法、擔任撫軍將軍的慕容和在管城展開激戰。東晉的鄧啓方等戰敗，軍隊全部潰散，鄧啓方、閭丘羨單人匹馬逃得性命。

北魏王拓跋珪定都平城之後，命令有關部門劃定境內州、郡、縣的疆界，設置路標，標明道路名稱及里程，制定統一、準確的權衡標準和度量標準。他並派遣使者到各郡、封國巡行視察，向朝廷檢舉、彈劾那些不能奉公守法的郡守和縣令，拓跋珪親自考察，決定是降職還是提升。

九月辛卯❶，加會稽王道子黃鉞❷，以世子元顯為征討都督，遣衛將軍王珣、右將軍謝琰❸將兵討王恭，譙王尚之將兵討庾楷。

乙未❹，燕❺以東陽公根為尚書令，張通為左僕射，衛倫為右僕射，慕容豪為幽州刺史，鎮肥如❻。

己亥❼，譙王尚之大破庾楷於牛渚❽，楷單騎奔桓玄。會稽王道子以尚之為豫州刺史，弟恢之為驃騎司馬❾、丹楊尹，允之❿為吳國內史⓫，休之⓬為襄城⓭太守，各擁兵馬以為己援。乙巳⓮，桓玄大破官軍⓯於白石⓰。玄與楊佺期進至橫江⑰，尚之退走，恢之所領水軍皆沒。丙午⑱，道子屯中堂⑲，元顯守石頭⑳。己酉㉑，王珣守北郊，謝琰屯宣陽門㉒以備之。

王恭素以才地㉓陵物㉔，既殺王國寶，自謂威無不行㉕，仗劉牢之為爪牙㉖而但以部曲將遇之㉗。牢之負其才，深懷恥恨。元顯知之，遣廬江㉘太守高素說牢之，使叛恭，許事成即以恭位號授之；又以道子書遺㉙牢之，為陳禍福。牢之謂其子敬宣曰：「王恭昔受先帝㉚大恩，今為帝舅，不能翼戴㉛王室，數舉兵向京師，吾不能審恭之志㉜，事捷之日，必能為天子、相王之下乎㉝？吾欲奉國威靈㉞，以順討逆，何如？」敬宣曰：「朝廷雖無成、康㉟之美，亦無幽、厲㊱之惡；而恭恃其兵威，暴蔑㊲王室。大人親非骨肉，義非君臣，雖共事少時，意好不協㊳。今日討之，於情義何有！」

恭參軍何澹之知其謀，以告恭。恭以澹之素與牢之有隙，不信。乃置酒請牢之，於眾中拜之為兄，精兵堅甲，悉以配之，使帥帳下督㊴顏延為前鋒。牢之至竹里㊵，斬延以降；遣敬宣及其壻東莞㊶太守高雅之還襲恭。恭方出城曜兵㊷，敬宣縱騎橫擊之，恭兵皆潰。恭將入城，雅之已閉城門。恭單騎奔曲阿㊸，素不習馬，髀㊹中生瘡。曲阿人殷確，恭故吏也，以船載恭，將奔桓玄；至長塘湖㊺，為人所告，獲之，送京師，斬於倪塘[46]。恭臨刑，猶理須鬢，神色自若，謂監刑者曰：「我闇於信人[47]，所以至此。原其本心，豈不忠於社稷邪？但令百世之下知有王恭耳。」并其子弟黨與皆死。以劉牢之為都督兗、青、冀、幽、并、徐、揚州晉陵[48]諸軍事以代恭。

俄而楊佺期、桓玄至石頭，殷仲堪至蕪湖。元顯自竹里馳還京師，遣丹楊尹王愷[49]等發京邑士民數萬人據石頭以拒之。佺期、玄等上表理王恭[50]，求誅劉牢之。牢之帥北府之眾[51]馳赴京師，軍于新亭[52]。佺期、玄見之失色，回軍蔡洲[53]。朝廷未知西軍[54]虛實，仲堪等擁眾數萬，充斥郊畿，內外憂逼[55]。

左衛將軍桓脩[56]，沖之子也，言於道子曰：「西軍可說而解[57]也，脩知其情矣。殷、桓之下[58]，專恃王恭；恭既破滅，西軍沮恐[59]。今若以重利啗玄及佺期[60]，二人必內喜；玄能制仲堪，佺期可使倒戈取仲堪[61]矣。」道子納之，以玄為江州刺史。召郗恢[62]為尚書，以佺期代恢為都督梁・雍・秦三州諸軍事、雍州刺史。以脩為荊州刺史，權領[63]左衛文武[64]之鎮；又令劉牢之以千人送之。黜仲堪為廣州刺史，遣仲堪叔父太常茂[65]宣詔，敕[66]仲堪回軍。

張驤[67]子超收合三千餘家據南皮[68]，自號烏桓王，抄掠諸郡。魏王珪命庾岳討之。

楊軌屯廉川(69)，收集夷、夏，眾至萬餘。王乞基(70)謂軌曰：「禿髮氏才高而兵盛，且乞基之主也，不如歸之。」軌乃遣使降於西平王烏孤。軌尋為羌酋梁飢所敗，西奔傉海(71)，襲乙弗鮮卑(72)而據其地。烏孤謂羣臣曰：「楊軌、王乞基歸誠於我，卿等不速救，使為羌人所覆(73)，孤甚愧之。」平西將軍渾屯(74)曰：「梁飢無經遠大略(75)，可一戰擒也。」

飢進攻西平(76)，西平人田玄明執(77)太守郭倖而代之，以拒飢，遣子為質於烏孤。烏孤欲救之，羣臣憚飢兵彊，多以為疑。左司馬趙振曰：「楊軌新敗，呂氏方彊，洪池(78)以北，未可冀也。嶺南五郡(79)，庶幾(80)可取。大王若無開拓之志，振不敢言；若欲經營四方，此機不可失也。使羌得西平，華、夷震動，非我之利也。」烏孤喜曰：「吾亦欲乘時立功，安能坐守窮谷(81)乎？」乃謂羣臣曰：「梁飢若得西平，保據山河(82)，不可復制。飢雖驍猛，軍令不整，易破也。」遂進擊飢，大破之。飢退屯龍支堡(83)。烏孤進攻，拔之，飢單騎奔澆河(84)。俘斬數萬，以田玄明為西平內史。樂都(85)太守田瑤、湟河(86)太守張裯、澆河太守王稚[1]皆以郡降，嶺南羌、胡數萬落皆附於烏孤。

西秦王乾歸遣秦州牧益州、武衛將軍慕兀、冠軍將軍翟瑥帥騎二萬伐吐谷渾[87]。

冬，十月癸酉[88]，燕羣臣復上尊號。丙子[89]，長樂王盛始即皇帝位，大赦，尊皇后段氏[90]曰皇太后，太妃丁氏[91]曰獻莊皇后。初，蘭汗之當國也，盛從燕主寶出亡，蘭妃[92]奉事丁后愈謹。及汗誅，盛以妃當從坐，欲殺之；丁后以妃有保全之功，固爭之，得免。然終不為后。

大赦[93]。

殷仲堪得詔書[94]，大怒，趣[95]桓玄、楊佺期進軍。玄等喜於朝命[96]，欲受之，猶豫未決。仲堪聞之，遽[97]自蕪湖南歸[98]，遣使告諭蔡洲軍士[99]曰：「汝輩不各自散歸，吾至江陵，盡誅汝餘口[100]。」佺期部將劉系帥二千人先歸。玄等大懼，狼狽西還，追[101]仲堪至尋陽，及之。仲堪既失職，倚玄等為援，玄等亦資仲堪兵[102]，雖內相疑阻，勢不得不合，乃以子弟交質[103]。壬午[104]，盟于尋陽，俱不受朝命，連名上疏申理王恭[105]，求誅劉牢之及譙王尚之，并訴仲堪無罪，獨被降黜。朝廷深憚之，內外騷然。乃復罷桓脩，以荊州還仲堪，優詔[106]慰諭，以求和解。仲堪等乃受詔。御史中丞江績[107]劾奏桓脩專為身計，疑誤朝廷[108]，詔免脩官。

初，桓玄在荊州，所為豪縱。仲堪親黨皆勸仲堪殺之，仲堪不聽。及在尋陽，資其聲地(109)，推玄為盟主，玄愈自矜倨(110)。楊佺期為人驕悍，玄每以寒士裁之(111)。佺期甚恨，密說仲堪以玄終為患，請於壇(112)所襲之。仲堪忌佺期兄弟勇健，恐既殺玄，不可復制，苦禁之。於是各還所鎮。玄亦知佺期之謀，陰有取佺期之志。乃屯於夏口(113)，引始安(114)太守濟陰卞範之為長史(115)以為謀主。是時，詔書獨不赦庾楷，玄以楷為武昌(116)太守。

初，郗恢為朝廷拒西軍(117)。玄未得江州，欲奪恢雍州，以恢為廣州。恢聞之，懼，詢於眾，眾皆曰：「楊佺期來者，誰不戮力(118)；若桓玄來，恐難與為敵(119)。」既而聞佺期代己，乃與閭丘羨(120)謀阻兵拒之(121)。佺期聞之，聲言玄來入沔(122)，以佺期為前驅。恢眾信之，望風皆潰，恢請降。佺期入府(123)，斬閭丘羨，放恢還都。至楊口(124)，殷仲堪陰使人殺之，及其四子，託言羣蠻所殺。

西秦乞伏益州與吐谷渾王視羆(125)戰於度周川(126)，視羆大敗，走保白蘭山(127)，遣子宕豈(128)為質於西秦以請和。西秦王乾歸以宗女(129)妻之。

涼建武將軍李鸞以興城(130)降於禿髮烏孤。

十一月，以琅邪王德文(131)為衛將軍、開府儀同三司(132)，征虜將軍元顯為中領軍，領軍將軍王雅(133)為尚書左僕射。

辛亥(134)，魏王珪命尚書吏部郎鄧淵(135)立官制，協音律；儀曹郎(136)清河董謐制禮儀；三公郎王德定律令；太史令鼂崇考天象；吏部尚書崔宏總而裁(137)之，以為永式(138)。淵，羌之孫也。

楊軌、王乞基帥戶數千自歸於西平王烏孤。

十二月己丑(139)，魏王珪即皇帝位，大赦，改元「天興」(140)。命朝野皆束髮加帽(141)。追尊遠祖毛(142)以下二十七人皆為皇帝(143)。諡六世祖力微曰神元皇帝，廟號(144)始祖；祖什翼犍曰昭成皇帝，廟號高祖；父寔(145)曰獻明皇帝。魏之舊俗，孟夏(146)祀天及東廟(147)，季夏(148)帥眾卻霜(149)於陰山，孟秋(150)祀天於西郊。至是，始依倣古制(151)定郊廟朝饗禮樂(152)。然惟孟夏祀天親行(153)，其餘多有司攝事(154)。又用崔宏議，自謂黃帝之後(155)，以土德王(156)。徙六州二十二郡守宰、豪傑二千家于代都(157)。東至代郡(158)，西及善無(159)，南極(160)陰館(161)，北盡參合(162)，皆為畿內(163)；其外四方、四維(164)置八部師(165) [2]以監之。

己亥(166)，燕幽州刺史慕容豪、尚書左僕射張通、昌黎尹張順坐謀反誅。

初，琅邪(167)人孫泰(168)學妖術於錢唐(169)杜子恭，士民多奉之。王珣惡之，流泰於廣州。王雅薦泰於孝武帝，云知養性之方。召還，累官至新安[170]太守。泰知晉祚[171]將終，因王恭之亂，以討恭為名，收合兵眾，聚貨[172]鉅億[173]，三吳[174]之人多從之。識者皆憂其為亂，以中領軍元顯與之善，無敢言者。會稽內史謝輶[175]發其謀[176]。己酉[177]，會稽王道子使元顯誘而斬之，并其六子。兄子恩逃入海，愚民猶以泰蟬蛻[178]不死，就海中資給[179]恩。恩乃聚合亡命，得百餘人，以謀復讎。

西平王禿髮烏孤更稱武威王。

是歲，楊盛[180]遣使附魏，魏以盛為仇池王。

【章　旨】以上為第三段，寫晉安帝隆安二年（西元三九八年）九至十二月共四個月間的大事。主要寫了晉朝廷派司馬道子、司馬元顯統領王珣、謝琰、司馬尚之等討伐王恭、庾楷，司馬尚之大破庾楷於牛渚，庾楷單騎投桓玄；司馬道子收買王恭的部將劉牢之，劉牢之叛變，王恭被俘，問斬於京師；殷仲堪軍逼京城，桓脩建議收買桓玄與楊佺期，以制殷仲堪，由於殷仲堪巧妙地瓦解了桓玄與楊佺期所統的軍隊，致陰謀未成，三人又為相互利用而結盟，推桓玄為盟主，共同不受朝命；司馬道子只好與殷仲堪妥協，使其仍為荊州刺史，楊佺期襲殺郗恢，奪得雍州刺史職位；寫了魏王拓跋珪即皇帝位，在其國立官制，制禮儀，協音律，定律令，自謂是黃帝之後；寫了禿髮烏孤大破羌族頭領梁飢，氐人楊軌等率部歸之，在青海東部自稱武威王，嶺南諸部盡歸之；寫了東晉的孫泰以妖術煽動百姓於錢唐，人多信之，朝廷殺孫泰，孫泰之姪孫恩逃之入海，集聚力量，準備謀反等等。

【注　釋】❶九月辛卯　九月初二。❷黃鉞　金色大斧。朝廷派將出征，授予黃鉞，即授予他有生殺之權，征討一切不服者。❸謝琰　東晉名臣謝安的兒子，曾與堂兄謝玄共破苻堅於淝水。傳見《晉書》卷七十九。❹乙未　九月初六。❺燕　此指龍城的慕容盛政權。❻肥如　縣名，縣治在今河北盧龍北。❼己亥　九月初十。❽牛渚　長江要塞名，即今安徽馬鞍山市西南的采石磯。❾驃騎司馬　驃騎將軍的司馬，當時司馬道子任驃騎將軍，司馬是將軍的高級僚屬，在軍中掌管司法。❿允之　司馬尚之的四弟。⓫吳國內史　吳國（國都即今蘇州）的最高行政長官。內史相當於太守，在諸侯國掌管民政。⓬休之　司馬尚之的三弟。⓭襄城　郡名，郡治即今安徽繁昌。⓮乙巳　九月十六。⓯官軍　指司馬尚之統領的朝廷軍隊。⓰白石　山名，在今安徽巢縣境內。⓱橫江　長江渡口名，在今安徽和縣東，與牛渚（采石磯）隔江相對。⓲丙午　九月十七。⓳屯中堂　帶領軍隊駐紮在宰相的辦公地點，也就是當時的中書省。⓴石頭　石頭城，在今南京西南部的清涼山一帶。㉑己酉　九月二十。㉒宣陽門　當時建康城（今南京）南面西頭的第一個門。㉓才地　才能、門第。㉔陵物　盛氣陵人。物，當時即指「人」。㉕威無不行　憑著自己的權威沒有辦不到的事情。㉖仗劉牢之為爪牙　靠著劉牢之為其當左膀右臂。爪牙，心腹猛將。㉗但以部曲將遇之　僅僅把他當做一個部下的軍官對待。但，僅。部曲，部下。遇，對待。劉牢之曾是謝玄的部下，於淝水之戰中立有大功。傳見《晉書》卷八十四。㉘廬江　郡名，郡治舒縣，在今安徽廬江縣西南。㉙遺　送給。㉚先帝　指晉孝武帝司馬曜。㉛翼戴　猶言擁護、擁戴。㉜不能審恭之志　不能看清王恭的目的。審，看清；看準。㉝必能為天子相王之下乎　他還能不能再心甘情願地處於皇帝與司馬道子之下。相王，即司馬道子，因他既是會稽王，又是宰相。㉞奉國威靈　秉承著國家社稷的權威，意即站在朝廷一方。㉟成康　指西周初期的成王與康王，歷史上認為他們是少有的英明帝王，稱他們的時代為「成康之治」。㊱幽厲　指西周末期的幽王與厲王，都是歷史上有名的昏暴之君。由於厲王的酷暴統治而引起百姓暴動；由於幽王的昏庸，導致西周滅亡。㊲暴蔑　橫暴地蔑視、瞧不起。㊳意好不協　猶言關係感情不好。㊴帳下督　王恭帥府的衛隊長之類。㊵竹里　地名，在今南京與鎮江市中間的長江邊上。㊶東莞　東晉的僑置郡名，郡治在今江蘇常州。㊷曜兵　炫耀武力。曜，同「耀」。㊸曲阿　縣名，即今江蘇丹陽。㊹髀　大腿。㊺長塘湖　在今江蘇宜興西。㊻倪塘　地名，在今南京東北部。㊼闇於信人　指錯信了劉牢之。信，這裡意同「識別」、「判斷」。㊽揚州晉陵　揚州的晉陵郡，郡治即今江蘇常州。㊾丹楊尹王愷　東晉首都建康城（今南京）所在郡的父母官名叫王愷。丹楊郡的郡治也在建康。王愷是王恂之弟，亦安帝王皇后之弟，驕奢跋扈，以與石崇鬥富聞名。傳見《晉書》卷九十三。㊿理王恭　替王恭申訴，要求給王恭平反。(51)北府之眾　指京口（今江蘇鎮江市）的軍政指揮機構。(52)新亭　在今南京南，為當時遊覽區。(53)蔡洲　當時東晉的僑置州，州治在今南京西。54西軍　指桓玄、殷仲堪等由荊州來的軍隊。55內外憂逼　內心憂恐，外有逼壓。56桓脩　字承祖，簡文帝的女婿，桓沖的兒子，桓玄的堂兄弟。傳見《晉書》傳七十四。桓沖是桓溫之弟，一生忠於晉王朝。傳見《晉書》卷七十四。57可說而解　可以通過勸說而令其撤兵。解，退兵。58殷桓之下　殷仲堪、桓玄以下眾人。59沮恐　指軍心瓦解、惶恐。沮，渙散；瓦解。60啗玄及佺期　吸引桓玄與楊佺期。啗，給他們吃。這裡即「收買」、「利誘」的意思。61可使倒戈取仲堪　謂可使楊佺期倒戈以擒殷仲堪。取，擒拿。62郗恢　字道胤，時為雍州刺史，鎮守襄陽。傳見《晉書》卷六十七。63權領　暫時率領。64左衛文武　指桓脩原左衛將軍府的老部下。65太常茂　殷茂。太常是官名，主管國家的祭祀和考試選拔博士。66敕　以皇帝的名義下命令。67張驤　烏桓部落的頭領，前曾歸屬於慕容垂，慕容寶敗亡後，又歸屬於拓跋珪。68南皮　縣名，縣治在今河北南皮北，當時為勃海郡的郡治所在地。69廉川　城堡名，在今青海民和西北。70王乞基　匈奴部落的首領，當時歸屬於呂光，前曾歸屬過禿髮烏孤。71傉海　湖泊名，在今青海湟源西。72乙弗鮮卑　鮮卑族的乙弗氏部落。乙弗是姓。73覆　消滅。74渾屯　吐谷渾人，姓渾名屯。75經遠大略　考慮長遠的大謀略。76西平　郡名，郡治即今青海西寧，當時屬呂光。77執　囚禁。78洪池　山名，在今甘肅武威南。79嶺南五郡　指洪池山以南的廣武、西平、樂都、澆河、湟河五個郡。80庶幾　或許可以。81窮谷　當時禿髮烏孤都於廉川堡，此地荒僻，故云。82保據山河　謂依山面河而守。河，黃河。83龍支堡　在當時的允吾縣（今青海民和東南）境內。84澆河　郡名，郡治在今青海化隆西南，當時屬呂光。85樂都　郡名，郡治即今青海樂都，前此屬呂光。86湟河　郡名，郡治白土（今青海同仁東北），前此屬呂光。87吐谷渾　少數民族名，當時活動在今青海的青海湖以南。88十月癸酉　十月十四。89丙子　十月十七。90段氏　慕容寶的皇后，正妻。91太妃丁氏　慕容寶之妃，慕容盛的生母。獻莊是她的謚。92蘭妃　蘭汗之女，慕容盛之妻。慕容盛之所以未被蘭汗所殺，全仗蘭妃。93大赦　這句話的主語是東晉皇帝司馬德宗。94詔書　指貶殷仲堪為廣州刺史的詔書。95趣　同「促」。催促。96朝命　指任命桓玄為江州刺史，任命楊佺期為雍州刺史的命令。97遽　迅即。98南歸　謂逃回荊州。99蔡洲軍士　指隨桓玄、楊佺期駐紮在蔡洲（今南京西）的士兵。100餘口　指蔡洲士兵的家屬。101追　謂後趕著一同撤回。102亦資仲堪兵　也想仰仗殷仲堪還有一定的兵權。資，借助；仰仗。103以子弟交質　互相派出子弟到對方的手下當人質。104壬午　十月二十三。105申理王恭　為王恭申冤，鳴不平。106優詔　下詔書說好話，以示安慰。107江績　字仲元，在當時既不依附殷仲堪，也不屈服於司馬道子。傳見《晉書》卷八十三。108專為身計二句　胡三省曰：「謂分江、雍以授桓玄、楊佺期，自取荊州也。」按，江績的說法殊無道理，使楊佺期、桓玄當時能擒獲殷仲堪，事情何渠不成？至於權落桓玄、楊佺期、劉牢之三人之手，對東晉王朝是否有利，那是另一回事。桓脩自己當時也並未提出要荊州。江績如此，能否說是正直？⑩⑨聲地　聲望、門第。桓玄是桓溫之子，在當時聲地顯赫。⑪⓪矜倨　驕盈、傲慢。⑪⑪每以寒士裁之　總是把楊佺期看成是寒門出身的人而對之加以壓抑。按，當時的所謂「寒門」是指其非士族，並不意味著經濟方面的窮困。裁，壓抑。⑪⑫壇　指三個人結盟時所設的祭壇。⑪⑬夏口　即今湖北武漢。⑪⑭始安　郡名，郡治即今廣西桂林。⑪⑮長史　諸吏之長，當時的宰相、將軍、刺史等手下都有此官，權力甚大。⑪⑯武昌　郡名，郡治即今湖北鄂城。⑪⑰拒西軍　抵抗殷仲堪、桓玄等。當時郗恢為雍州刺史，駐軍襄陽。⑪⑱戮力　指協力抵抗。⑪⑲難與為敵　桓氏四世居荊州，故眾人畏之。⑫⓪閭丘羨　姓閭丘，名羨，當時為南陽（郡治即今南陽）太守，上屬雍州。⑫⑪阻兵拒之　憑藉手中的現有軍隊以抵抗楊佺期。⑫⑫玄來入沔　桓玄率兵到沔水流域來了。沔水，即今漢水，襄陽地處漢水中游。⑫⑬入府　指襄陽郗恢的軍府。⑫⑭楊口　漢水上的渡口名，在今湖北潛江縣北。⑫⑮視羆　人名。⑫⑯度周川　在今四川松潘西。⑫⑰白蘭山　在今青海柴達木河一帶。⑫⑱宕豈　人名。⑫⑲宗女　本族人家的女兒。⑬⓪興城　縣名，縣治在今青海民和南，當時屬呂光政權。⑬⑪琅邪王德文　司馬德文，晉安帝司馬德宗之弟。⑬⑫開府儀同三司　按照國家三司（即三公）的規格開設府署，配置僚屬，這是當時對大臣的一種很高的政治待遇，後來用作加官，成了一種榮譽稱號。⑬⑬王雅　字茂達，能早識王恭的為人，孝武帝時頗受重用。傳見《晉書》卷八十三。⑬⑭辛亥　十一月二十三。⑬⑮鄧淵　苻秦名將鄧羌之孫，其父後屬慕容寶。拓跋珪平定中原，鄧淵歸魏，與崔宏等共同創立魏國的各項制度。傳見《魏書》卷二十四。⑬⑯儀曹郎　與上文「吏部郎」、下文「三公郎」都是尚書省各部門的郎官，猶如今之中央各部部長。⑬⑰裁　定奪。⑬⑱永式　永久性的規定。⑬⑲十二月己丑　十二月初二。⑭⓪改元天興　前此拓跋珪的年號是「皇始」（西元三九六—三九八年）。⑭⑪束髮加帽　盡量學習漢人的裝束。⑭⑫遠祖毛　拓跋毛，被諡為成皇帝。事見《魏書》卷一。⑭⑬皆為皇帝　胡三省曰：「魏諡毛為成皇帝；五世至推寅，南遷大澤，方千餘里，諡宣皇帝；七世至鄰始南出，居匈奴故地，諡獻皇帝；獻帝之子曰詰汾，諡聖武皇帝。」⑭⑭廟號　帝王死後在宗廟所擺的靈牌的稱號，一般都稱為某祖某宗。⑭⑮父寔　拓跋寔，與前「六世祖力微」、「祖什翼犍」等人之事皆見《魏書》卷一。胡三省曰：「諡力微曰神元皇帝；子沙漠汗曰文皇帝；沙漠汗之子弗政曰思皇帝；弗政卒，力微之子祿官立，諡曰昭皇帝；分國為三部，猗㐌、猗盧（沙漠汗之二子），與祿官分統三部；猗㐌西略，服屬諸國，諡曰桓皇帝；猗盧自祿官之卒，合三部為一，又助晉國以益強，諡穆皇帝；猗盧死，祿官之子鬱律繼之，諡平文皇帝；鬱律弒，猗㐌之子賀傉立，諡惠皇帝；賀傉卒，弟紇那立，諡煬皇帝；翳魏者，鬱律之子，國人逐紇那而立之，諡烈皇帝。」⑭⑯孟夏　夏季的第一個月，即陰曆四月。⑭⑰東廟　即宗廟，本朝帝王的祖廟。因其修築在宮殿的東側，故稱「東廟」。⑭⑱季夏　夏季的第三個月，即陰曆六月。⑭⑲郤霜　當時北方民族的一種祭祀活動。(150)孟秋　秋季的第一個月，即陰曆七月。(151)依倣古制　盡量效法漢人所奉行的儒家所倡導的那一套。(152)郊廟朝饗禮樂　指帝王祭天、祭祖與接受朝拜、宴享群臣等各種禮儀以及應使用的相關音樂歌舞。郊指在野外祭天，廟指在宗廟祭祖，朝指帝王接受朝拜，饗指帝王宴享賓客群臣。(153)親行　指拓跋珪親自去參加。(154)有司攝事　由主管該項事務的官員代替帝王去做。有司，主管該項事務的官員。攝，代行。(155)自謂黃帝之後　自稱是黃帝的後代。按，各少數民族為統治中原，為求名正言順，故把自己的家譜續到黃帝那裡，與夏、商、周、秦、漢諸朝並列。(156)以土德王　按照水、火、金、木、土的循環順序，自稱魏是「土德」，代「水」德而稱帝。(157)代都　指今山西大同，魏國以此為都城。徙中原地區的「守宰」與「豪傑」到代都，一是為了繁榮這個偏僻地區，二是為了網羅人才，三是為了加強他們本民族的漢化過程。(158)代郡　郡治即今河北蔚縣東北的代王城。(159)善無　縣名，縣治在今山西右玉東南。(160)南極　南面的盡頭。(161)陰館　縣名，縣治在今山西朔縣東南。(162)參合　即參合陂，在今內蒙古涼城東北。(163)畿內　猶今之首都郊區。(164)四方四維　四方指正東、正西、正南、正北。四維指東北、東南、西南、西北。這裡是指把首都郊區以外的全部領土劃為八個區域。(165)八部師　《魏書》作「八部帥」，官名。負責督促發展生產，並以之考察地方官，確定稅收的多少。(166)己亥　十二月十二日。(167)琅邪　郡名，郡治在今山東臨沂東北。(168)孫泰　農民軍領袖孫恩之叔。事見《晉書》卷一百。(169)錢唐　縣名，縣治在今浙江杭州西。(170)新安　郡名，郡治在今浙江淳安西北。(171)晉祚　晉朝的氣數。祚，福，這裡指國運。(172)聚貨　收斂錢財。(173)鉅億　猶言「億億」。(174)三吳　說法甚多，此處應指吳郡（郡治即今江蘇蘇州）、吳興（郡治即今浙江湖州）和會稽（郡治即今浙江紹興）。(175)謝輶　人名。(176)發其謀　揭發出他們造反的陰謀。(177)己酉　十二月二十二。(178)蟬蛻　猶如蟬的脫殼而去，用以比喻成仙。(179)資給　供應糧草財物。(180)楊盛　氐人，楊定之姪，世代佔據今陝西西南部的漢中以及甘肅的武都、成縣一帶，自稱仇池公，前此稱藩於晉，今乃歸附於魏。事見《魏書》卷一百一。

【校　記】[1]王稚　據章鈺校，乙十一行本作「王雅」。[2]師　張敦仁《通鑑刊本識誤》作「帥」。

【語　譯】九月初二日辛卯，東晉安帝司馬德宗將代表生殺大權、有權征討一切不服王命者的黃鉞授予會稽王司馬道子，任命司馬道子的世子司馬元顯為征討都督，派遣擔任衛將軍的王珣、擔任右將軍的謝琰率軍討伐王恭，派譙王司馬尚之率軍討伐豫州刺史庾楷。

九月初六日乙未，後燕長樂王慕容盛任命東陽公慕容根為尚書令，任命張通為左僕射，任命衛倫為右僕射，任命擔任後將軍的慕容豪為幽州刺史，鎮守肥如。

九月初十日己亥，東晉譙王司馬尚之率軍在牛渚大敗豫州刺史庾楷，庾楷單人匹馬投奔了桓玄。會稽王司馬道子任命司馬尚之為豫州刺史，任命司馬尚之的弟弟司馬恢之為驃騎司馬、丹楊尹，司馬允之為吳國內史，司馬休之為襄城太守，每人都手握兵權作為自己的援手。十六日乙巳，桓玄在白石大敗由司馬尚之所統領的朝廷軍。桓玄遂與楊佺期乘勝進抵橫江，新任豫州刺史司馬尚之率軍撤退，擔任驃騎司馬的司馬恢之所率領的水軍則全軍覆沒。十七日丙午，會稽王司馬道子率軍駐紮在中堂，被任命為征討都督的司馬元顯率軍守衛石頭城。二十日己酉，衛將軍王珣率軍防守北郊，右將軍謝琰率軍駐紮在建康城南面的宣陽門，嚴陣以待。

王恭一向自命不凡，總以為自己既有才能、又出身於高貴門第而盛氣陵人，在除掉王國寶之後，就更以為自己憑著權威沒有辦不到的事情，他把擔任司馬的劉牢之當做自己的左膀右臂使用，卻又僅僅把劉牢之當做一般部屬對待。劉牢之自負才能，因此對自己的境遇深感恥辱和怨恨。擔任征討都督的司馬元顯得知了這種情況之後，立即派遣擔任廬江太守的高素去遊說劉牢之，令劉牢之背叛王恭，答應事情成功之後，把王恭所擔任的職務和爵號授予劉牢之；又讓高素把會稽王司馬道子的書信送給劉牢之，為劉牢之分析禍福利害。劉牢之對自己的兒子劉敬宣說：「王恭從前蒙受先帝司馬曜的大恩，又是當今皇帝的舅舅，卻不能擁戴皇室，竟然幾次發兵，矛頭直指京師，我搞不清楚王恭到底想要幹什麼，如果此次獲得成功，他還能不能甘心居於現在的天子和相王之下呢？我準備秉承國家社稷的權威，名正言順地討伐叛逆的王恭，你以為如何？」劉敬宣說：「現在的皇帝雖然沒有周成王、周康王那樣的美好，但也沒有周幽王、周厲王那樣的罪惡；而王恭卻仗恃自己手中握有兵權和享有的威望，便驕橫地蔑視皇帝不把皇室放在眼裡。大人與王恭之間，論親疏並非骨肉之親，論道義並非君臣，雖然一起共事了一段時間，而私人關係和感情又不是很好。今天挺身而出，對他進行討伐，在感情和道義上都沒有什麼說不過去的！」

在王恭手下擔任參軍的何澹之知道了劉牢之父子的陰謀，便報告給了王恭。王恭因為何澹之一向與劉牢之有矛盾，所以對何澹之的小報告並不相信。王恭還擺設酒宴宴請劉牢之，並當著眾人的面與劉牢之結拜為兄弟，稱劉牢之為兄長，把所有的精銳部隊、最好的兵器鎧甲全都配備給劉牢之，讓他率領擔任帳下督的顏延擔任前鋒。劉牢之率軍抵達竹里時，便斬殺了顏延，向朝廷軍投降；同時派遣自己的兒子劉敬宣以及擔任東莞太守的女婿高雅之率軍返回王恭的鎮所京口，襲擊王恭。王恭此時剛剛從京口出來炫耀武力，劉敬宣便指揮騎兵從橫向裡衝殺過來，王恭的軍隊立即潰不成軍，四處逃散。王恭正要退回京口城，而高雅之已經關閉了城門。王恭單人匹馬逃往曲阿，他一向不習慣騎馬，因為長途奔跑，大腿處的皮肉全被磨破，化膿成瘡。曲阿人殷確，是王恭的舊部下，他用船載著王恭，準備去投奔廣州刺史桓玄；他們到達長塘湖的時候，被人發現、告發，因而被官府抓獲，送到京師建康，在倪塘被斬首。王恭在臨刑之前還在有條不紊、從容不迫地梳理著自己的頭髮、鬍鬚，神情自若、面不改色，他對監刑官說：「我自己昏庸，錯誤地相信了劉牢之，所以才落到今天的地步。但是推究我的本心，難道我不忠於國家社稷嗎？只希望百世之後，人們能知道有一個王恭就可以了。」連同王恭的子弟、黨羽全部被殺死。會稽王司馬道子任命劉牢之為都督兗、青、冀、幽、并、徐、揚州晉陵諸軍事，接替王恭的職位。

不久之後，擔任南郡相的楊佺期率領五千名水軍與桓玄抵達石頭城，荊州刺史殷仲堪率領二萬名軍士到達蕪湖。擔任征討都督的司馬元顯從竹里騎馬飛速返回京師，他派遣丹楊尹王愷等調集京師數萬人據守石頭城，抵抗楊佺期、桓玄等的進攻。楊佺期、桓玄等上表為王恭申訴，要求為王恭平反，誅殺劉牢之。劉牢之率領京口的軍政指揮機構急行軍趕往京師，駐紮在新亭。楊佺期、桓玄看見劉牢之，不禁大驚失色，立即將軍隊撤往蔡洲。而朝廷並不知道從西方來的桓玄、殷仲堪所率叛軍的虛實，殷仲堪等率領的數萬兵馬，布滿了郊區，內心憂恐，外受逼迫。

東晉擔任左衛將軍的桓脩，是桓沖的兒子，他對會稽王司馬道子說：「對西路叛軍，可以派人去說服他們，令他們撤兵，我已經知道了他們的內部情況。殷仲堪、桓玄以下眾人，完全依靠王恭；王恭如今已經被消滅，西路叛軍已經軍心渙散，人人驚恐。現在如果用重利收買桓玄和楊佺期，這兩個人心裡一定很高興；

桓玄有能力控制殷仲堪，使楊佺期反戈一擊，生擒殷仲堪。」會稽王司馬道子採納了桓脩的建議，於是任命桓玄為江州刺史。將郗恢召回京師擔任尚書，任命楊佺期接替郗恢，擔任都督梁・雍・秦三州諸軍事、雍州刺史。任命桓脩為荊州刺史，暫時統領左衛將軍的僚屬；又令劉牢之率領一千人護送桓脩赴任。將殷仲堪貶為廣州刺史，派遣殷仲堪的叔父、擔任太常的殷茂前往西路叛軍大營宣讀皇帝的詔書，敕令殷仲堪立即撤軍。

烏桓部落首領張驤的兒子張超招集了三千多戶佔據了南皮，自稱烏桓王，在各郡抄掠搶劫。北魏王拓跋珪命擔任征虜將軍的庾岳率軍討伐張超。

楊軌率領自己的殘部屯駐在廉川堡，他招集夷族人和漢族人，部眾很快便發展到一萬多人。田胡部落首領王乞基對楊軌說：「禿髮氏才能高超，兵力強盛，而且是我從前的盟主，不如前去歸附他們。」楊軌於是派遣使者投降了南涼西平王禿髮烏孤。不久，楊軌被羌族部落酋長梁飢打敗，於是向西逃往僇海，他率眾擊敗了鮮卑族的乙弗部落後便佔據了乙弗部落的地盤。西平王禿髮烏孤對屬下的群臣說：「楊軌和王乞基真心歸降於我，現在遇到危難，你們卻不趕緊去救，讓他們被羌人打敗，我感到非常愧疚。」擔任平西將軍的渾屯說：「羌族部落酋長梁飢沒有考慮長遠目標的大謀略，可以通過一次戰鬥將他擒獲。」

羌族部落酋長梁飢率領部眾進攻西平，西平人田玄明為了抗拒梁飢的進攻，便將擔任西平太守的郭倖囚禁起來，自己取而代之，田玄明將自己的兒子送給南涼西平王禿髮烏孤作人質。禿髮烏孤準備派兵救援田玄明，屬下群臣懼怕梁飢兵力強大，很多人猶豫不決。擔任左司馬的趙振說：「楊軌剛剛打了敗仗，後涼呂氏的勢力仍然很強大，洪池嶺以北，我們不要抱有什麼希望。而洪池嶺以南的廣武郡、西平郡、樂都郡、澆河郡、湟河郡這五個郡應該是能夠攻取的。大王如果沒有開疆拓土、建立大業的志向，我也不敢多言；如果想要經營天下四方，這個機會可不能錯過。如果讓羌人梁飢得到西平郡，漢人、夷人都會為之震動，這對我們是沒有好處的。」禿髮烏孤高興地說：「我也想趁此機會建功立業，豈能坐在這裡苦守這個窮地方呢？」於是便對群臣說：「羌族部落酋長梁飢如果奪取了西平郡，依靠山河之險據守，我們就沒有辦法再制服他。梁飢雖然驍勇兇猛，然而軍紀不整，很容易將他擊敗。」於是率軍進擊梁飢，將梁飢打得大敗。梁飢撤退到龍支堡屯駐。禿髮烏孤乘勝前進，再次向梁飢發起進攻，將梁飢所佔領的龍支堡攻克，梁飢單人獨騎逃往澆河城。禿髮烏孤的南涼軍俘虜、斬殺了梁飢的數萬人，禿髮烏孤任命田玄明為西平內史。隨後，樂都郡太守田瑤、湟河郡太守張裯、澆河郡太守王稚，全都獻出自己的地盤向南涼投降，洪池嶺以南的羌族人、匈奴人的數萬落也全都歸順了禿髮烏孤。

西秦王乞伏乾歸派遣擔任秦州牧的乞伏益州、擔任武衛將軍的慕兀、擔任冠軍將軍的翟瑥率領二萬名騎兵討伐吐谷渾。

冬季，十月十四日癸酉，後燕群臣再次向長樂王慕容盛奉上皇帝尊號。十七日丙子，長樂王慕容盛即位稱帝，實行大赦，尊奉惠閔皇帝慕容寶的皇后段氏為皇太后，尊奉妃子丁氏為獻莊皇后。當初，頓丘王蘭汗執掌國家政權的時候，慕容盛隨同後燕主慕容寶出外逃亡的時候，慕容盛的王妃蘭氏侍奉丁氏皇后比先前更加恭敬謹慎。後來慕容盛殺死了蘭汗，認為王妃蘭氏也應該受到連坐的處罰，就準備將蘭氏殺死；獻莊皇后丁氏認為蘭氏王妃有保全自己母子的功勞，堅決反對殺死蘭妃，慕容盛才沒有將蘭氏殺死。然而慕容盛始終沒有立蘭氏為皇后。

東晉實行大赦。

東晉擔任荊州刺史的殷仲堪接到詔書，不禁勃然大怒，他催促桓玄、楊佺期立即進軍。桓玄正在為自己被任命為江州刺史，楊佺期被任命為都督梁、雍、秦三州諸軍事、雍州刺史而高興，就想接受朝廷的任命，但還在猶豫不決。殷仲堪得知消息後，立即從蕪湖向南逃回荊州，他派使者告訴駐紮在蔡洲的將士說：「你們如果不趕緊離開蔡洲返回，等我回到江陵之後，就把你們留在江陵的家屬全部殺掉。」楊佺期的部將劉系首先率領屬下的二千人返回。桓玄等非常恐懼，也只好狼狽地向西撤退，追趕殷仲堪，一直追到尋陽才追上。殷仲堪失去了荊州刺史的職位，遂依靠桓玄等作為援軍，桓玄等也想借助於殷仲堪手中的軍權，他們雖然互相猜疑，而迫於形勢的需要，又不得不聯合在一起，於是便互相交換自己的子姪到對方的手下去做人質。十月二十三日壬午，他們在尋陽結盟，發誓都不接受朝廷的任命，同時聯名上疏為王恭申冤，請求誅殺劉牢之以及譙王司馬尚之，並申訴殷仲堪沒有犯罪，卻被貶黜。朝廷接到了他們的聯名奏章，非常懼怕，一時之間，朝廷內外騷動不安。於是朝廷又罷免了桓脩荊州刺史等職務，把荊州刺史的位子還給殷仲堪，並用好言加以撫慰，以求得和解。殷仲堪等這才接受皇帝的詔命。擔任御史中丞的江績上奏彈劾桓脩專為自己的利益考慮，而不顧國家利益，誤導朝廷，使朝廷採取了錯誤的決定，於是晉安帝下詔免去桓脩的所有職務。

當初，桓玄在荊州的時候，違法亂紀，為所欲為。殷仲堪的親友朋黨全都勸說殷仲堪殺掉桓玄，殷仲堪沒有聽從。等到在尋陽盟誓的時候，為了利用桓氏的聲望和門第，遂推戴桓玄為盟主，桓玄於是更加自負和驕傲。楊佺期為人驕橫剽悍，而桓玄卻總是把他看做寒門出身的人而處處予以壓制。楊佺期對此非常痛恨，就祕密勸說殷仲堪，認為桓玄終究會成為禍患，請求殷仲堪在盟誓時所設的祭壇上襲殺桓玄。而殷仲堪又忌諱楊佺期兄弟的驍勇力大，擔心一旦殺死桓玄，將無法控制楊佺期，所以苦苦勸阻楊佺期。於是，結盟之後，各自回到自己的鎮所。桓玄也知道楊佺期的陰謀，心中暗下決心，一定要滅掉楊佺期。於是，桓玄把軍隊屯紮在夏口，提拔擔任始安太守的濟陰人卞範之為長史，作為自己的智囊。當時，晉安帝的詔書中唯獨沒有赦免豫州刺史庾楷，桓玄便任命庾楷為武昌太守。

當初，擔任雍州刺史的郗恢為了朝廷，曾經率軍抵抗殷仲堪、桓玄的西路軍。桓玄當時還沒有得到江州刺史的職位，所以就想奪取郗恢的雍州，而把自己的廣州刺史換給郗恢。郗恢得知消息後非常恐懼，就向僚屬徵求意見，僚屬都說：「如果是楊佺期率軍前來，誰不協力抵抗；如果是桓玄率軍前來，恐怕難以抗拒。」後來聽到是楊佺期代替自己，於是就與擔任南陽太守的閭丘羡謀劃，準備憑藉手中現有的兵力阻止楊佺期赴任。楊佺期聽到消息後，便揚言說，桓玄將從沔水西上，任命楊佺期為前鋒。郗恢的部眾聽信了楊佺期的宣傳，便聞風而逃，全部潰散，郗恢只好向楊佺期投降。楊佺期進入襄陽郗恢的軍府，立即斬殺了閭丘羡，將郗恢遣回京師。郗恢途中到達楊口的時候，荊州刺史殷仲堪暗中派人將郗恢殺死，連同他的四個兒子，聲稱是楊口附近的那些少數民族將郗恢殺死的。

西秦擔任秦州牧的乞伏益州奉命討伐吐谷渾，他率軍與吐谷渾王慕容視羆在度周川交戰，慕容視羆被乞伏益州打得大敗，逃入白蘭山據守，他派遣自己的兒子慕容宕豈到西秦去作人質，請求與西秦講和。西秦王乞伏乾歸把宗室的女兒嫁給慕容宕豈為妻。

後涼擔任建武將軍的李鸞獻出興城，投降了南涼西平王禿髮烏孤。

十一月，東晉任命琅邪王司馬德文為衛將軍、開府儀同三司，任命擔任征虜將軍的司馬元顯為中領軍，任命擔任領軍將軍的王雅為尚書左僕射。

十一月二十三日辛亥，北魏王拓跋珪命令擔任尚書吏部郎的鄧淵創立選拔官吏的制度、校正音律；命令擔任儀曹郎的清河人董謐負責制定禮儀；令擔任三公郎的王德負責制定法律條令；令擔任太史令的鼂崇考察天象；令擔任吏部尚書的崔宏總裁其事，制定出永久性的各項制度。鄧淵，是鄧羌的孫子。

逃到傉海的西平公楊軌和田胡部落酋長王乞基率領數千戶主動歸附於南涼西平王禿髮烏孤。

十二月初二日己丑，北魏王拓跋珪即位稱帝，實行大赦，改年號為「天興」。他下令無論是朝廷官員還是鄉野百姓，都要盡量學習漢人的裝束，把頭髮紮起來盤到頭上，再戴上帽子。追尊遙遠的祖先，從拓跋毛以下，共有二十七人被追尊為皇帝。為六世祖拓跋力微上謚號為神元皇帝，廟號始祖；為祖父拓跋什翼犍上尊號為昭成皇帝，廟號高祖；為自己的父親拓跋寔上尊號為獻明皇帝。按照北魏的舊俗，要在每年夏季的第一個月舉行祭祀上天和到皇宮東側的宗廟祭祀皇家祖先的活動，夏季的第三個月要率領眾人前往陰山祭祀霜神，在秋季的第一個月要到西郊祭祀上天。現在，開始效法漢人所奉行的儒家所倡導的那一套，制定出皇帝在郊外祭天、在宗廟祭祖與在朝廷接受朝拜，宴享群臣、賓客等各種禮儀以及應該使用的相關音樂、歌舞。然而只有夏季第一個月的祭天活動由皇帝親自參加，其餘的祭祀活動都由主管該項事務的官員代替皇帝去做。又採用崔宏的建議，自稱是黃帝的後裔，按照金、木、土、水、火的循環順序，自稱魏是「土德」代「水德」而稱帝。把中原地區的六個州二十二個郡的郡守、縣令以及具有一定影響力的豪門大族總計二千多家強行遷往代都。把東到代郡，西到善無，南到陰館，北到參合，全部劃入京畿範圍；把京畿以外的全部領土按照東、西、南、北四方和東南、西南、東北、西北四維劃分成八個區域，設置八部師，負責督促考察。

十二月十二日己亥，後燕擔任幽州刺史的慕容豪、擔任尚書左僕射的張通、擔任昌黎尹的張順被指控犯有謀反罪而被誅殺。

當初，琅邪人孫泰跟隨錢唐人杜子恭學習妖術，很多的讀書人和百姓都信奉他。擔任衛將軍的王珣非常痛恨，就把孫泰流放到廣州。擔任尚書左僕射的王雅竟然把孫泰舉薦給了孝武帝司馬昌明，說孫泰知道養生的祕方。於是孫泰從廣州被召進京師，後來做官竟然做到了新安太守。孫泰知道東晉的氣數已盡，於是趁著王恭謀亂的機會，以討伐王恭為藉口，招兵買馬，聚斂了億億的財富，吳興、吳郡、會稽三個郡的好多人都服從於孫泰。有遠見的人都擔憂孫泰要製造禍亂，卻因為擔任中領軍的司馬元顯與孫泰關係密切，所以沒有人敢言語。擔任會稽內史的謝輶揭發了孫泰準備造反的陰謀。十二月二十二日己酉，會稽王司馬道子派司馬元顯誘捕孫泰，將孫泰斬首，連同孫泰的六個兒子；孫泰的姪子孫恩逃入東海，那些愚昧的百姓還認為孫泰沒有死，而是像金蟬一樣脫殼而去，所以仍然有人到海中去給漂泊在海島上的孫恩提供糧草財物。孫恩招集了一百多名亡命之徒，準備為孫泰報仇。

南涼西平王禿髮烏孤改稱武威王。

這一年，楊盛派使者歸附於北魏，北魏皇帝拓跋珪任命楊盛為仇池王。

【研　析】本卷寫晉安帝隆安二年（西元三九八年）一年間的各國大事，給人印象較深而又值得討論的事情主要有三件：

其一是寫了魏王拓跋珪打敗後燕，取得了中山與鄴城後，進行了一系列國家政權與思想文化方面的建設。《通鑑》寫他讓群臣議國號，取名曰「魏」，而後「遷都平城，始營宮室，建宗廟，立社稷。宗廟歲五祭，用分、至及臘。」接著拓跋珪稱帝後，他便「大赦，改元『天興』。命朝野皆束髮加帽。追尊遠祖毛以下二十七人皆為皇帝。謚六世祖力微曰神元皇帝，廟號始祖；祖什翼犍曰昭成皇帝，廟號高祖；父寔曰獻明皇帝。魏之舊俗，孟夏祀天及東廟，季夏帥眾卻霜於陰山，孟秋祀天於西郊。至是，始依倣古制定郊廟朝饗禮樂。然惟孟夏祀天親行，其餘多有司攝事。又用崔宏議，自謂黃帝之後，以土德王。徙六州二十二郡守宰、豪傑二千家于代都。東至代郡，西及善無，南極陰館，北盡參合，皆為畿內；其外四方、四維置八部師以監之。」他又「命有司正封畿，標道里，平權衡，審度量。遣使循行郡國，舉奏守宰不法者，親考察黜陟之。」對於這段話，我們千萬不要感到囉嗦，我們必須明白這一套是歷代成功的帝王都要搞的，當年劉邦之所以能打敗項羽就是因為他不失時機建立了這一套，五胡十六國的許多小政權之所以不成氣候，就因為他們不懂搞這一套的迫切性。這裡頭有些是關係到民生日用的，你不管，整個社會就沒有章法，人無所措手足；也有一些是為了騙人、嚇唬人的，這些也必須搞，否則百姓們就不會對統治者有神秘感，就建立不起森嚴的等級秩序。其中的「又用崔宏議，自謂黃帝之後，以土德王」，這是從劉邦做皇帝，司馬遷寫《史記》開始明確起來的，也就是說，誰要想統治中國，誰就必須先亮出他是黃帝的子孫這面旗號，只有如此，它這個政權才對廣大的中國人有吸引力。當年日本人想麻醉中國人，和我們高唱「大東亞共榮」時，不是還說日本人與中國人是「同文同種」嗎？拓跋珪這樣做，是為了便於加強他們的統治；歷史家這樣寫，是告訴讀者這是一個強大國家的開始，日後它是要統治中國，至少要統治大半個中國的。

接著，《通鑑》還寫他為了不失時機地處理重大事務而在中山、鄴縣設立了「行臺」；為了加強北方與中原地區的聯絡而「發卒萬人治直道，自望都鑿恆嶺至代五百餘里」。這是按照當年秦始皇的經驗採取的有力措施。他還特別注意網羅人才，他「自中山南巡至高邑，得王永之子憲，喜曰：『王景略之孫也。』以為本州中正，領選曹事，兼掌門下。」王景略就是當年苻堅的謀士王猛，拓跋珪讓王猛的孫子「領選曹事」，就是任命他當吏部尚書；還讓他「兼掌門下」，這官最小也不低於一個副宰相。這有為的帝王氣象自是不同。

其二是歷史家所展現的慕容盛與蘭汗集團所進行的機智鬥爭，使人感慨殊深。當慕容寶與其子慕容會的鬥爭剛剛平息，慕容寶親兵的頭領段速骨、宋赤眉乘慕容寶率軍外出與魏軍作戰時發動叛亂，幸虧慕容寶的太子慕容盛聞訊趕來，救出了慕容寶。但這時燕都龍城已被叛軍所控制，慕容寶又面臨無家可歸。慕容寶的舅爺蘭汗消滅了本來與他相勾結的叛軍，控制了龍城，且已做出了自立為王的架式。無家可歸的慕容寶這時已經南下鄴城投奔其弟慕容德，在他尚未進城時就差點被前來迎接的官員所殺，於是慕容寶只好又掉頭向北逃。這時蘭汗也正派人來接他。眾人以為蘭汗內情難測，勸慕容寶不要上當，慕容寶不聽，遂帶領太子慕容盛等一起回了龍城。慕容寶與忠臣餘崇等首先被殺。慕容盛在外聞難，非但不跑，反而主動地貼了上去：「長樂王盛聞之，馳欲赴哀，張真止之。盛曰：『我今以窮歸汗，汗性愚淺，必念婚姻，不忍殺我。旬月之間，足以展吾情志。』遂往見汗。汗妻乙氏及盛妃皆泣涕請盛於汗，盛妃復頓頭於諸兄弟。汗惻然哀之，乃舍盛於宮中，以為侍中、左光祿大夫，親待如舊。堤、加難屢請殺盛，汗不從。堤驕很荒淫，事汗多無禮，盛因而間之。由是汗兄弟浸相嫌忌。」慕容盛為什麼敢於向前貼蘭汗呢？因為他與蘭汗是親戚，蘭汗是他的岳父，他的妻子與他的岳母也都千方百計地護著他這個女婿。關鍵的是「汗性愚淺，必念婚姻」，這一點被慕容盛吃透了。結果不出所料，蘭汗不僅未殺他，還給他官做，把他留在了自己身邊，給他施展一切陰謀活動創造了條件。

機會果然來了，慕容盛先讓他的堂兄弟慕容奇在城外起兵造反，蘭汗派其太子蘭穆將兵往討。蘭穆說：「慕容盛，我之仇讎，必與奇相表裏，此乃腹心之疾，不可養也，宜先除之。」蘭汗想殺慕容盛，但又想先叫出來當面看看。「盛妃知之，密以告盛。盛稱疾不出，汗亦止不殺。」接著慕容盛又勾結蘭穆身邊的李旱、張真等人，乘蘭汗、蘭穆大餉將士，飲酒醉倒的時刻，「盛夜如廁，因踰垣入于東宮，與旱等共殺穆。時軍未解嚴，皆聚在穆舍，聞盛得出，呼躍爭先，攻汗，斬之。汗子魯公和、陳公揚分屯令支、白狼，盛遣旱、真襲誅之。堤、加難亡匿，捕得，斬之。於是內外帖然，士女相慶。」

從運用謀略，知己知彼來說，慕容盛的確是天才；但作為蘭汗，頭腦豈不過於簡單幼稚了麼？一個女兒、一個妻子就攪糊塗了他的腦子，難道忘了《左傳》祭仲回答他女兒的話了麼？作為慕容盛的妻子與岳母，也都是被親情所迷，一葉障目不見泰山，她們今天心疼慕容盛，給他幫忙；到他做了皇帝的時候，他還會記得這兩個可憐的女人嗎？

其三是關於王恭其人。王恭是晉孝武帝王皇后的哥哥，少有美譽，清操過人，「性伉直，深存節義，讀《左傳》至『奉王命討不庭』，每輟卷而歎。」他對當時專權的司馬道子等人的卑汙行為一向看著不順眼。尤其當孝武帝被其寵妃所害後，司馬道子為了自己怙權而居然不查辦兇手，王恭更加不滿。司馬道子寵用王國寶、王緒，朝廷內外沒人不說這是一群城狐社鼠，是一群十惡不赦的敗類，但就是沒有一個出來與他們鬥爭。身居高位而又大名鼎鼎的王珣（王導之孫）口不言是非，還以漢朝呂后時代的陳平自比，說什麼「王陵廷爭，陳平慎默，但問歲晏何如耳」，氣得王恭說他「比來視君一似胡廣！」司馬道子「知恭不可和諧，遂有相圖之志」。王緒甚至勸王國寶趁王恭入朝時，伏兵將他殺掉。王恭就是在這樣的情勢下起兵抗表要求朝廷殺王國寶的。寫歷史的人同情王恭的思想，但反對王恭的做法，因為這「舉兵向闕」不符合「君君臣臣」的封建禮儀的大節。袁黃所編的《綱鑑》就說：「國寶與緒果有罪耶，則人主自誅之可也，人臣焉得而與聞之？王恭無故稱兵，脅制朝廷，故假二人之罪以為口實，而以逆犯順，以臣脅君，其事悖矣。」但不論怎麼說，這一回司馬道子還是在王恭的壓力下捨車保帥，把王國寶等人推出去斬首示眾了。但根本問題並未解決，很快在司馬道子、司馬元顯周圍又集聚起一群腐敗勢力，他們還用起了漢朝統治者曾經用過的所謂「削藩」的口號。結果當王恭第二次再行舉兵時，被中途叛變的劉牢之反戈一擊，於是王恭被擒，被腐敗勢力的頭子司馬道子送上了斷頭臺。王恭臨死之前說：「我闇於信人，所以至此，原其本心，豈不忠於社稷邪？但令百世之下知有王恭耳。」在《晉書》中王恭被列入〈叛逆傳〉，而王恭是由於司馬道子太專權，才被晉孝武帝親手提拔起來以分其權的；司馬道子為了自己怙權，故意不查辦殺害孝武帝的兇手，王恭起兵的口號儘管曲折，矛頭都是對著司馬道子父子，即以封建倫常而言，究竟誰是叛逆，誰是忠臣，難道後代讀者不應該看清楚一點嗎？

卷第一百十一

晉紀三十三

起屠維大淵獻（己亥　西元三九九年），盡上章困敦（庚子　西元四〇〇年），凡二年。

【題　解】本卷寫晉安帝隆安三年（西元三九九年）、隆安四年共兩年間的東晉與各國的大事。主要寫了荊州刺史殷仲堪與雍州刺史楊佺期結婚姻以防桓玄，而當楊佺期欲起兵襲討桓玄時，殷仲堪又極力阻止，終致桓玄起兵攻荊州，楊佺期為救殷仲堪被桓玄所破殺；殷仲堪被桓玄打敗後欲北逃降秦，被桓玄所截殺；桓玄佔據荊、襄後，朝廷不得不任以為都督八州及揚豫八郡諸軍事，於是整個東晉遂再也無人敢惹；寫了孫恩從海島復出，攻佔會稽，內史王凝之被孫恩所殺，八郡亂民殺其太守以應孫恩；寫了謝琰、劉牢之率軍討孫恩，大破之，孫恩又逃回海島。寫了晉將謝琰守會稽而不修武備，孫恩寇邢浦、攻會稽，謝琰輕敵兵敗被部下所殺；孫恩轉寇臨海，朝廷派高雅之等拒之，高雅之又被孫恩所敗，死者十七八；朝廷又改派劉牢之都督會稽五郡兵討孫恩；寫了魏主拓跋珪三路大軍襲高車族，大破之，虜獲甚多；又在朝廷上置《五經》博士，增國子太學生員，下令郡縣搜集圖書等等，很注意吸收中國的傳統文化；寫了後燕主慕容盛部下屢有因謀反被殺者，表現出後燕政權內部的不穩定，而後燕部將慕容熙卻又能大破高句麗，開境七百里；寫了以滑臺為據點的南燕慕容德政權因部下叛變，被魏軍攻破，慕容德聽取尚書潘聰的建議先破殺了晉將辟閭渾，取得徐、兗大片土地；又進而攻得青州，開始以廣固為其都城，慕容德即皇帝位；寫了後涼王呂光死，其嫡子呂紹繼立，庶子呂弘先佐其兄呂纂殺呂紹，助呂纂即天王位；不久呂弘又反呂纂，被呂纂破殺；寫了南涼的禿髮烏孤病死，其弟利鹿孤繼位，移國都於西平；呂纂伐利鹿孤，被利鹿孤之弟禿髮傉檀擊敗；寫了敦煌地區的效穀縣令李暠，被宋繇、郭謙、索仙等擁立為敦煌太守，其後晉昌太守唐瑤叛段業，移檄六郡推李暠為沙州刺史，李暠東征西討，勢力漸強，「西涼」政權又初具規模等等。

安皇帝丙

隆安三年（己亥　西元三九九年）

春，正月辛酉❶，大赦❷。

戊辰❸，燕昌黎尹留忠❹謀反，誅；事連尚書令東陽公根❺、尚書段成，皆坐死；遣中衛將軍衛雙就誅忠弟幽州刺史[1]志❻於凡城❼。以衛將軍平原公元❽為司徒、尚書令。

庚午❾，魏主珪北巡，分命大將軍常山王遵等三軍從東道出長川❿，鎮北將軍高涼王樂真⓫等七軍從西道出牛川⓬，珪自將大軍從中道出駮髯水⓭以襲高車⓮。

壬午⓯，燕右將軍張真、城門校尉和翰坐謀反，誅。

癸未⑯，燕大赦，改元「長樂」⑰。燕主盛每十日一自決獄，不加拷掠⑱，多得其情。

武威王烏孤徙治樂都⑲，以其弟西平公利鹿孤鎮安夷⑳，廣武公傉檀鎮西平，叔父素渥鎮湟河㉑，若留鎮澆河㉒，從弟替引鎮嶺南㉓，洛回鎮廉川㉔，從叔吐若留鎮浩亹㉕。夷、夏俊傑，隨才授任，內居顯位，外典㉖郡縣，咸得其宜。

烏孤謂羣臣曰：「隴右㉗、河西㉘，本數郡之地㉙，遭亂分裂至十餘國，呂氏㉚、乞伏氏㉛、段氏㉜最彊。今欲取之，三者何先？」楊統曰：「乞伏氏本吾之部落㉝，終當服從；段氏書生，無能為患，且結好於我，攻之不義；呂光衰耄㉞，嗣子㉟微弱，纂、弘㊱雖有才而內相猜忌，若使浩亹、廉川乘虛迭出㊲，彼必疲於奔命，不過二年，兵勞民困，則姑臧可圖也。姑臧舉㊳，則二寇不待攻而服矣。」烏孤曰：「善。」

二月丁亥朔㊴，魏軍大破高車三十餘部，獲七萬餘口，馬三十餘萬匹，牛羊百四十餘萬頭。衛王儀㊵別將三萬騎絕漠㊶千餘里，破其七部，獲二萬餘口，馬五萬餘匹，牛羊二萬餘頭。高車諸部大震。

林邑㊷王范達陷日南、九真㊸，遂寇交趾㊹，太守杜瑗擊破之。

庚戌(45)，魏征虜將軍庾岳破張超(46)於勃海(47)，斬之。

段業即涼王位(48)，改元「天璽」(49)。以沮渠蒙遜為尚書左丞，梁中庸為右丞。

魏主珪大獵於牛川之南，以高車人為圍(50)，周七百餘里，因驅其禽獸，南抵平城，使高車築鹿苑(51)，廣數十里。三月己未(52)，珪還平城。

甲子(53)，珪分尚書三十六曹及外署(54)，凡置三百六十曹，令八部大夫(55)主之。吏部尚書崔宏通署(56)三十六曹，如令、僕統事(57)。置五經博士(58)，增[2]國子太學(59)生員合三千人(60)。

珪問博士李先曰：「天下何物最善，可以益人神智？」對曰：「莫若書籍。」珪曰：「書籍凡有幾何，如何可集？」對曰：「自書契(61)以來，世有滋益(62)，以至于今，不可勝計。苟人主所好，何憂不集？」珪從之，命郡縣大索書籍，悉送平城。

初，秦王[3]登之弟廣(63)帥眾三千依南燕王德，德以為冠軍將軍，處之乞活堡(64)。會熒惑守東井(65)，或言秦當復興，廣乃自稱秦王，擊南燕北地王鍾(66)，破之。是時，滑臺(67)孤弱，土無十城，眾不過一萬，鍾既敗，附德者多去德而附廣。德乃留魯陽王和(68)守滑臺，自帥眾討廣，斬之。

燕主寶之至黎陽[69]也，魯陽王和長史李辯勸和納之，和不從。辯懼，故潛引晉軍至管城[70]，欲因德出戰而作亂。既而德不出，辯愈不自安。及德討苻廣，辯復勸和反。和不從，辯乃殺和，以滑臺降魏。魏行臺尚書和跋在鄴，帥輕騎自鄴赴之。既至，辯悔之，閉門拒守。跋使尚書郎[71]鄧暉說之，辯乃開門內跋。跋悉收德宮人府庫。德遣兵擊跋，跋逆擊，破之，又破德將桂陽王鎮[72]，俘獲千餘人。陳、潁[73]之民多附於魏。

南燕右衛將軍慕容雲斬李辯，帥將士家屬二萬餘口出滑臺赴德。德欲攻滑臺，韓範曰：「嚮也[74]魏為客，吾為主人；今也吾為客，魏為主人。人心危懼，不可復戰，不如先據一方，自立基本，乃圖進取[75]。」張華曰：「彭城，楚之舊都[76]，可攻而據之。」北地王鍾等皆勸德攻滑臺。尚書潘聰曰：「滑臺四通八達之地，北有魏，南有晉，西有秦，居之未嘗一日安也。彭城土曠人稀，平夷無嶮[4]，且晉之舊鎮[77]，未易可取。又密邇江、淮[78]，夏秋多水，乘舟而戰者，吳[79]之所長，我之所短也。青州[80]沃野二千里，精兵十餘萬[81]，左有負海之饒[82]，右有山河之固[83]，廣固城[84]曹嶷[85]所築，地形阻峻[86]，足為帝王之都。三齊[87]英傑，思得明主以立功於世久矣。辟閭渾[88]昔為燕臣，今宜遣辯士馳說於前，大兵繼踵[89]於後，若其不服，取之如拾芥耳。既得其地，然後閉關養銳，伺隙而動，此乃陛下之關中、河內[90]也。」德猶豫未決。沙門竺朗[91]素善占候[92]，德使牙門[93]蘇撫問之，朗曰：「敬覽三策，潘尚書之議，興邦之言也。且今歲之初，彗星起奎、婁[94]，掃虛、危[95]。彗者，除舊布新之象，奎、婁為魯，虛、危為齊。宜先取兗州[96]，巡撫琅邪[97]，至秋乃北徇齊地[98]，此天道也。」撫又密問[99]以年世[100]，朗以周易筮之曰：「燕衰庚戌[101]，年則一紀[102]，世則及子[103]。」撫還報德。德乃引師而南，兗州北鄙[104]諸郡縣皆降之。德置守宰以撫之，禁軍士無得虜掠。百姓大悅，牛酒屬路[105]。

丙子[106]，魏王珪遣建義將軍庾真、越騎校尉奚斤擊庫狄、宥連、侯莫陳[107]三部，皆破之，追奔至大峨谷[108]，置戍[109]而還。

己卯[110]，追尊帝所生母陳夫人[111]為德皇太后。

夏，四月，鮮卑疊掘河內[112]帥戶五千降于西秦。西秦王乾歸以河內為疊掘都統，以宗女妻之。

甲午[113]，燕大赦[114]。

會稽王道子有疾，且無日不醉。世子元顯知朝望[115]去之，乃諷[116]朝廷解道子司徒、揚州刺史。乙未[117]，以元顯為揚州刺史。道子醒而後知之，大怒，無如之何[118]。元顯以廬江[119]太守會稽張法順為謀主，多引樹親黨，朝貴皆畏事之。

燕散騎常侍餘超、左將軍高和等坐謀反，誅。

涼太子紹、太原公纂將兵伐北涼[120]，北涼王業求救於武威王烏孤，烏孤遣驃騎大將軍利鹿孤及楊軌救之。業將戰，沮渠蒙遜諫曰：「楊軌恃鮮卑[121]之彊，有窺窬[122]之志，紹、纂深入，置兵死地[123]，不可敵也。今不戰則有泰山之安，戰則有累卵之危。」業從之，按兵不戰。紹、纂引兵歸。

六月，烏孤以利鹿孤為涼州牧，鎮西平，召車騎大將軍傉檀入錄[124]府國事[125]。

會稽世子元顯自以少年，不欲頓居重任。戊子[126]，以琅邪王德文[127]為司徒。

魏前河間[128]太守范陽[5]盧溥帥其部曲數千家，就食漁陽[129]，遂據有數郡。

秋，七月己未[130]，燕主盛遣使拜溥幽州刺史。

辛酉[131]，燕主盛下詔曰：「法例律[132]，公侯有罪，得以金帛贖，此不足以懲惡而利於王府[133]，甚無謂[134]也。自今皆令立功以自贖，勿復輸[135]金帛。」

西秦丞相南川宣公出連乞都[136]卒。

秦齊公崇[137]、鎮東將軍楊佛嵩寇洛陽，河南[138]太守隴西辛恭靖[139]嬰城[140]固守。雍州[141]刺史楊佺期遣使求救於魏常山王遵[142]，魏主珪以散騎侍郎[143]西河張濟為遵從事中郎[144]以報之[145]。佺期問於濟曰：「魏之伐中山[146]，戎士幾何？」濟曰：「四十餘萬。」佺期曰：「以魏之彊，小羌[147]不足滅[148]也。且晉之與魏，本為一家[149]，今既結好，義無所隱。此間兵弱糧寡，洛陽之救，恃魏而已。若其保全，必有厚報；若其不守，與其使羌得之，不若使魏得之。」濟還報。八月，珪遣太尉穆崇[150]將六萬騎往救之。

燕遼西[151]太守李朗在郡十年，威行境內，恐燕王盛疑之，累徵[152]不赴。以其家在龍城，未敢顯叛，陰召魏兵，許以郡降魏；遣使馳詣龍城，廣張[153]寇勢。盛曰：「此必詐也。」召使者詰問，果無事實。盛盡滅朗族；丁酉[154]，遣輔國將軍李旱討之。

初，魏奮武將軍張袞[155]以才謀為魏王珪所信重，委以腹心。珪問中州士人於袞，袞薦盧溥[156]及崔逞，珪皆用之。

珪圍中山[157]，久未下，軍食乏，問計於羣臣。逞為御史中丞，對曰：「桑椹[158]可以佐糧。飛鴞食椹而改音[159]，詩人所稱[160]也。」珪雖用其言，聽民以椹當租[161]，然以逞為侮慢[162]，心銜之。秦人寇襄陽[163]，雍州刺史郗恢以書求救於魏常山王遵曰：「賢兄[164]虎步中原[165]。」珪以恢無君臣之禮，命袞及逞為復書[166]，必貶其主[167]。

袞、逞謂帝為貴主[168]，珪怒曰：「命汝貶之，而謂之『貴主』，何如『賢兄』[169]也？」逞之降魏[170]也，以天下方亂，恐無復遺種[171]，使其妻張氏與四子留冀州，逞獨與幼子頤[172][6]詣平城，所留妻子遂奔南燕。珪并以是責逞，賜逞死。盧溥受燕爵命[173]，侵掠魏郡縣，殺魏幽州刺史封沓干。珪謂袞所舉皆非其人[174]，黜袞為尚書令史[175]。袞乃闔門不通人事[176]，惟手校經籍，歲餘而終。

燕主寶之敗也，中書令、民部尚書封懿[177]降於魏。珪以懿為給事黃門侍郎、都坐大官[178]。珪問懿以燕氏舊事，懿應對疏慢，亦坐廢於家。

武威王禿髮烏孤醉，走馬傷脅而卒，遺令立長君。國人立其弟利鹿孤，諡烏孤曰武王，廟號烈祖。利鹿孤大赦，徙治西平[179]。

南燕王德遣使說幽州刺史[180]辟閭渾，欲下之[181]，渾不從。德遣北地王鍾帥步騎二萬擊之。德進據琅邪[182]，徐、兗[183]之民歸附者十餘萬。德自琅邪引兵而北，以南海王法為兗州刺史，鎮梁父[184]。進攻莒城，守將任安委城走[185]。德以潘聰為徐州刺史，鎮莒城[186]。

蘭汗之亂[187]，燕吏部尚書封孚南奔辟閭渾，渾表[188]為勃海[189]太守。及德至，孚出降，德大喜曰：「孤得青州不為喜，喜得卿耳！」遂委以機密。北地王鍾傳檄青州諸郡，諭以禍福，辟閭渾徙八千餘家入守廣固，遣司馬崔誕戍薄荀固(190)[7]，平原太守張豁戍柳泉(191)。誕、豁承檄(192)皆降於德。渾懼，攜妻子奔魏，德遣射聲校尉(193)劉綱[8]追之，及於莒城，斬之。渾子道秀自詣德，請與父俱死。德曰：「父雖不忠(194)，而子能孝。」特赦之。渾參軍張瑛為渾作檄，辭多不遜，德執而讓(195)之。瑛神色自若，徐曰：「渾之有臣，猶韓信之有蒯通。通遇漢祖而生(196)，臣遭陛下而死。比之古人，竊為不幸耳！」德殺之。遂定都廣固。

燕李旱(197)行至建安(198)，燕王盛急召之，羣臣莫測其故。九月辛未(199)，復遣之。李朗聞其家被誅，擁二千餘戶以自固。及聞旱還，謂有內變，不復設備，留其子養守令支(200)，自迎魏師於北平(201)。壬子(202)，旱襲令支，克之，遣廣威將軍孟廣平追及朗於無終(203)，斬之。

秦王興以災異(204)屢見，降號稱王，下詔令羣公、卿士、將牧、守宰各降一等；大赦，改元「弘始」(205)。存問孤貧，舉拔賢俊，簡省法令，清察獄訟，守令之有政迹者賞之，貪殘者誅之，遠近肅然。

【章　旨】以上為第一段，寫晉安帝隆安三年（西元三九九年）正月至九月共九個月間的大事。主要寫了東晉的司馬元顯乘其父司馬道子老病好酒，而奪其揚州刺史之職，以張法順為謀主，多樹親黨，朝貴皆畏而事之；寫了魏主拓跋珪三路大軍襲高車族，大破之，虜獲甚多；又在朝廷上置《五經》博士，增國子太學生員，下令郡縣搜集圖書等等，很注意吸收中國的傳統文化；寫了拓跋珪殺燕之降臣張衮、崔逞，廢封懿等，以見降魏諸人頗多對燕的故國之思；寫了以滑臺為據點的南燕慕容德政權因部下叛變被魏軍攻破，慕容德聽取尚書潘聰的建議先破殺了晉將辟閭渾，取得徐、兗大片土地；又進而攻得青州，開始以廣固為其都城；寫了後燕主慕容盛部下屢有因謀反被殺者，表現出後燕政權內部的不穩定；此外還寫了南涼的禿髮烏孤病死，其弟利鹿孤繼位，移國都於西平等等。

【注釋】❶正月辛酉　正月初四。❷大赦　這句話的主語是晉安帝司馬德宗。❸戊辰　正月十一。❹昌黎尹留忠　當時燕都龍城（今遼寧朝陽）所在郡的地方長官姓留名忠。❺東陽公根　即慕容根，被封為東陽公。按，《晉書》慕容盛傳中無此人事跡，姑存疑。❻忠弟幽州刺史志　留忠之弟留志。❼凡城　在今河北平泉境。❽平原公元　即慕容元，慕容盛之弟，被封為平原公。❾庚午　正月十三。❿長川　在今內蒙古集寧東北。⓫高涼王樂真　即拓跋樂真，拓跋珪的堂弟，被封為高涼王。事見《魏書》卷十四。⓬牛川　平原地區名，在今內蒙古呼和浩特西南。⓭駮髯水　約在今內蒙古集寧、卓資一帶。⓮高車　少數民族名，當時活動在今內蒙古呼和浩特、集寧以北及蒙古境內。以習慣於乘高輪車而得名。⓯壬午　正月二十五。⓰癸未　正月二十六。⓱改元長樂　在此以前慕容盛的年號是「建平」。⓲不加拷掠　用不著嚴刑拷打。⓳徙治樂都　將其都城遷到樂都。樂都是當時樂都郡的郡治，即今青海樂都。⓴安夷　縣名，縣治在今青海樂都西。㉑湟河　郡名，郡治白土，在今青海樂都南。㉒澆河　郡名，郡治在今青海西寧西南。㉓嶺南　洪池山之南。洪池山也稱南山，在今甘肅武威南。㉔廉川　城堡名，在今青海民和西北。㉕浩亹　縣名，縣治在今甘肅永登西南。㉖典　主管；管理。㉗隴右　地區名，指隴山以西，今甘肅東南一帶地區。㉘河西　地區名，指黃河以西，今甘肅中西部及青海東北部地區。㉙本數郡之地　本來就只有幾個郡的地盤。漢時隴右設隴西、金城二郡；河西設武威、張掖、酒泉、敦煌四郡。㉚呂氏　指呂光政權，建都姑臧，今甘肅武威。㉛乞伏氏　指乞伏乾歸的西秦政權，建都金城，今甘肅蘭州西。㉜段氏　指沮渠蒙遜擁立的段業北涼政權，建都張掖。㉝吾之部落　乞伏氏與禿髮氏都是鮮卑族，都依附過呂光政權。㉞衰耄　年老而昏庸。㉟嗣子　指呂光之子呂紹。㊱纂弘　呂纂、呂弘，都是呂光之子。㊲迭出　輪番交替地出擊。㊳舉　被攻下。㊴二月丁亥朔　二月初一是丁亥日。㊵衛王儀　即拓跋儀，拓跋珪的姪子，被封為衛王。(41)絕漠　橫越沙漠。(42)林邑　南方境外的小國名，在今越南中部，當時歸附於東晉。(43)日南九真　二郡名，日南郡的郡治即今越南順化，九真郡的郡治即今越南清化，當時都屬東晉。(44)交趾　郡名，郡治龍編，在今越南河內東北，當時隸屬於東晉。(45)庚戌　二月二十四。(46)張超　烏桓人，前曾屬魏，於上年佔據南皮（今河北南皮北）叛魏，自稱烏桓王。(47)勃海　郡名，郡治即南皮。(48)即涼王位　此即歷史上之所謂「北涼」，都城在今甘肅張掖。(49)改元天璽　前此段業的年號是「神璽」（西元三九七—三九八年）。(50)為圍　圍成人牆。(51)鹿苑　亦如其他王朝的皇家獵場，在今山西大同西。(52)三月己未　三月初三。(53)甲子　三月初八。(54)外署　即指給上卷末所說的京郊以外的「四方」、「四維」具體而微地設置諸曹，每區如同一國。(55)八部大夫　即上卷末所說的「八部師」。胡三省以為「八部大夫」應作「八部大人」。(56)通署　猶言總管。(57)如今僕統事　像尚書令、尚書僕射那樣把下屬諸曹都通管起來。(58)五經博士　太學裡講授《詩》、《書》、《易》、《禮》、《春秋》五種經典的教官。(59)國子太學　國子學和太學，當時國家的最高學府。(60)合三千人　共有三千人。(61)書契　即指文字。《易‧繫辭》：「古者伏羲氏之王也，始畫八卦，造書契，以代結繩之政。」(62)滋益　增多。(63)秦主登之弟廣　苻登之弟苻廣。(64)處之乞活堡　讓他們居住在乞活堡，在今河北河間城北。(65)熒惑守東井　火星運行到了井宿的位置。熒惑，即今之所謂火星。東井，即井宿，二十八宿之一。(66)北地王鍾　慕容鍾。(67)滑臺　此指當時處於滑臺（今河南滑縣東）的慕容德政權。(68)魯陽王和　即慕容和，慕容德之姪。(69)寶之至黎陽　事見本書上卷隆安二年。(70)管城　縣名，縣治在今河南鄭州。(71)尚書郎　此指鄴城行臺的尚書郎。(72)桂陽王鎮　即慕容鎮。(73)陳潁　二郡名，陳郡的郡治即今河南淮陽。潁川郡的郡治在今河南許昌東。當時二郡屬於晉。(74)嚮也　前者；那個時候。(75)乃圖進取　再考慮進攻的問題。胡三省曰：「微韓範之言，德若進攻滑臺，必至喪敗，固不待慕容超之時也。」(76)彭城二句　彭城即今江蘇徐州，項羽滅秦後曾都於此。(77)晉之舊鎮　彭城曾是晉朝徐州州治的所在地，又是都督附近數州諸軍事的軍府所在地。(78)密邇江淮　挨近長江、淮河。(79)吳　此用以泛指當時屬於東晉的今江蘇、浙江等長江以南地區，這一帶在三國時期曾屬於吳國。(80)青州　西晉的州治，即今山東臨淄；後燕的州治在今濟南市西，管轄今山東北部、東部地區。(81)精兵十餘萬　意謂在這個州裡可以組成精兵十萬。(82)左有負海之饒　其東側靠著渤海，有魚鹽之富饒。負，挨近。(83)右有山河之固　其西北方有黃河之險。右，即指西側。(84)廣固城　在今山東青州西北。(85)曹嶷　原是前趙劉聰的將領，佔領山東大部地區後遂謀自立，以廣固城為中心歷時多年，後被石勒所滅。(86)阻峻　險要難攻。(87)三齊　指今山東北部、東部的舊齊國地區。秦末農民起義時因在舊日的齊國地面上曾一度出現過膠東、濟北、齊三個小國，故後世混稱這一帶為「三齊」。(88)辟閭渾　人名，姓辟閭名渾。原為東晉的青州刺史，後投降慕容寶。慕容寶敗後又歸附東晉，被封為幽州刺史，州治即在廣固。[89]繼踵　猶今之所謂「緊跟」、「隨腳就到」。[90]關中河內　指成大業的根據地。關中是劉邦打敗項羽，建立西漢政權的根據地；河內是劉秀鏟滅群雄，建立東漢政權的根據地。[91]沙門竺朗　一個名叫竺朗的和尚。[92]占候　占卜與觀望天象，都是古代的迷信職業。[93]牙門　軍門，這裡指守衛軍門的親信武將。[94]彗星起奎婁　彗星出現在奎、婁兩個星座之間。奎、婁都是二十八宿之一，古天文學以此二星為魯國的分野。[95]掃虛危　彗星劃過虛、危二星座。虛、危也都是二十八宿之一，古天文學以此二星為齊國的分野。[96]兗州　州治廩丘，在今山東鄄城西北。當時的魯國（即今山東曲阜）即屬兗州管轄。[97]巡撫琅邪　而後向東掃蕩琅邪郡，郡治在今山東臨沂北。[98]北徇齊地　向北進攻舊齊國的地區。徇，出兵走一趟，攻佔的意思，不用費力而得的說法。[99]密問　祕密地詢問，意即不讓人知。[100]年世　指可統治多少年。[101]燕衰庚戌　燕國當在庚戌年衰亡。現時為「己亥」年，下一個最近的「庚戌」年在十一年後即晉安帝義熙六年（西元四一〇年）。[102]一紀　十二年。從「己亥」到「庚戌」，連頭帶尾共計十二年。[103]世則及子　以「世代」而論，是傳到兒子，也就是到下一輩為止。按，日後慕容德的兒子慕容超被晉將劉裕所滅，果然是在十一年之後，是在「庚戌」年，這當然是後人編造成的故事，而歷史家竟然一本正經地寫入歷史，真令人感到掃興。[104]兗州北鄙　兗州的北部郡縣。鄙，邊遠之地。[105]牛酒屬路　指送慰勞品的人相連於道。屬，相連；絡繹不絕。[106]丙子　三月二十。[107]庫狄宥連侯莫陳　當時鮮卑族的其他部落名，居住在今華北地區。[108]大峨谷　具體方位不詳。[109]置戍　在被征服的地區建立軍事據點。[110]己卯　三月二十三。[111]陳夫人　名歸女，晉安帝的生母。傳見《晉書》卷三十二。[112]疊掘河內　鮮卑族「疊掘」部落的一個名叫「河內」的人，原屬於拓跋珪。[113]甲午　四月初九。[114]燕大赦　此「燕」指龍城的慕容盛政權。[115]朝望　在朝廷上的威望。[116]諷　吹風；示意。[117]乙未　四月初十。[118]無如之何　即無奈他何，對他的兒子沒有辦法。[119]廬江　郡名，郡治即今安徽舒城。[120]北涼　即沮渠蒙遜擁立的段業政權，都於張掖。[121]鮮卑　此指禿髮烏孤政權，禿髮氏乃鮮卑人。[122]窺窬　從牆縫裡偷看，圖謀不軌，此指欲乘機奪取北涼政權。[123]死地　不可堅守又無援兵的境地。處於這種境地的軍隊因為只有死裡求生，所以戰鬥力強。[124]錄　總管。[125]府國事　武威王府和南涼國的一切事務。[126]戊子　六月初四。[127]德文　即晉安帝的胞弟司馬德文，時繼任為琅邪王。[128]河間　郡名，郡治樂城，在今河北獻縣東南。[129]就食漁陽　到漁陽郡找食物吃。漁陽郡的郡治在今北京市密雲西南。這一帶地區本來屬後燕。[130]七月己未　七月初五。[131]辛酉　七月初七。[132]法例律　按照法律規定。[133]利於王府　指利於公侯之人的為非作歹。[134]無謂　沒有道理。[135]輸　交納。[136]南川宣公出連乞都　姓出連，名乞都，南川公是其封號，宣字是諡。[137]齊公崇　即姚崇，後秦主姚興之弟，被封為齊公。[138]河南　郡名，郡治洛陽的金墉城，在今洛陽，當時屬東晉。[139]辛恭靖　事見《晉書・忠義傳》。(140)嬰城　環城。(141)雍州　當時晉朝的雍州州治在今湖北襄樊。(142)常山王遵　即拓跋遵，拓跋珪之弟，當時鎮守鄴城，今河北臨漳西南。(143)散騎侍郎　帝王的侍從官員，以備參謀顧問。(144)從事中郎　州刺史的高級僚屬。(145)以報之　以回覆楊佺期的求救。(146)魏之伐中山　指攻打慕容寶，事見本書卷一百八孝武帝太元二十一年。(147)小羌　此指姚興與後秦的入侵軍隊。當年稱姚興之父姚萇為「老羌」，故此又稱姚興本人為「小羌」。(148)不足滅　用不著費力就可以消滅它。(149)本為一家　指東晉初年，魏之先祖拓跋猗盧在幽、并一帶曾與晉將劉琨互相支援以抗匈奴族。(150)穆崇　拓跋珪早期的開國將領。傳見《魏書》卷二十七。(151)遼西　郡名，郡治令支，在今河北遷安西。(152)累徵　多次調他進京。(153)廣張　大肆誇張。(154)丁酉　八月十四。(155)張袞　字洪龍，范陽人，漢族，拓跋珪的謀臣。傳見《魏書》卷二十四。(156)盧溥　張袞的同鄉。(157)珪圍中山　此追敘前事，見本書卷一百九安帝隆安元年。(158)桑椹　桑樹果實，可吃。(159)飛鴞食椹而改音　飛鴞即貓頭鷹。《詩經・泮水》：「翩彼飛鴞，集于泮林，食我桑椹，懷我好音。」鄭玄箋：「鴞恆惡鳴，今來止於泮水之木上，食其桑椹，為此之故，故改其鳴，歸就我以善音。喻人感於恩則化也。」(160)詩人所稱　所以《詩經》的作者這樣說。(161)聽民以椹當租　讓百姓們採來桑椹以代替交軍糧。聽，允許，這裡就是「讓」。租，此指軍糧。(162)以逞為侮慢　認為這是崔逞在借用古詩取笑他，意即你們這些少數民族吃了桑椹也許能改變固有的野蠻習性。(163)秦人寇襄陽　事在上年，此亦追敘前事。(164)賢兄　猶言「令兄」，對常山王遵指稱其兄拓跋珪。(165)虎步中原　以言其在中原地區所向無敵。(166)為復書　寫回信。(167)貶其主　讓張袞、崔逞在寫回信時一定要貶低晉安帝的身分。(168)謂帝為貴主　對郗恢指稱晉安帝為「貴主」，意即「你們主子」。(169)何如賢兄　意謂比他稱我「賢兄」反而更謙卑了。(170)逞之降魏　見本書卷一百九安帝隆安元年。(171)恐無復遺種　怕自己這個家族斷子絕孫。儒家講「不孝有三，無後為大」，故而人們對家族滅絕非常在意。(172)幼子賾　即崔賾。傳見《魏書》卷三十二。(173)受燕爵命　指當了燕國的幽州刺史。(174)非其人　不像張袞所說的那個樣子。(175)尚書令史　尚書省裡的小吏，低於尚書郎很多。(176)不通人事　不與外人來往。(177)封懿　字處德，漢族人。傳見《魏書》卷三十二。(178)都坐大官　當時北魏有都坐大官、內都大官、外都大官，合稱「三都大官」。(179)西平　即今青海西寧。(180)幽州刺史　此時辟閭渾所據的「幽州」，州治廣固（今山東青州西北），當時屬東晉。(181)下之　指使其降己。(182)琅邪　郡名，郡治在今山東臨沂北。(183)徐兗　二州名，轄境約當今山東西部、河南東部、江蘇北部一帶地區。(184)梁父　城鎮名，在今山東泰安東南。(185)委城走　丟下城池逃走。委，捨棄；丟下。走，逃走；逃跑。(186)莒城　即今山東莒縣。(187)蘭汗之亂　指蘭汗叛變，殺死慕容寶等事。見本書卷一百十安帝隆安二年。(188)表　向晉朝皇帝上書推薦。(189)勃海　郡名，郡治在今河北滄州東南，當時屬東晉。(190)薄荀固　城堡名，地址不詳。(191)柳泉　縣名，縣治在今山東昌樂南。(192)承

檄　接受檄文；按照檄文。193射聲校尉　軍官名，射聲的意思是聞聲即能射中。194不忠　指辟閭渾叛離慕容寶歸附東晉。195讓　責備。196通遇漢祖而生　蒯通是楚漢戰爭時人，在韓信佔領齊國而尚未消滅項羽時，曾勸韓信脫離劉邦自立，韓信不聽。滅掉項羽後，韓信被劉邦所殺。劉邦隨即又想殺蒯通，蒯通以「秦失其鹿，天下共逐之」，因自己當時只識韓信，故一切亦只為韓信著想云云回答，劉邦遂免其死。事見《史記・淮陰侯列傳》。197李旱　慕容盛的將領，奉命南下討叛將李朗。198建安　縣名，縣治在今河北遷安北。199九月辛未　九月十八。200令支　縣名，縣治在今河北遷安西，李朗為遼西太守即駐於此。201北平　郡名，郡治在今河北遵化東。202壬子　九月初一是「甲寅」，本月中沒有「壬子」日，疑字有誤。203無終　縣名，縣治即今天津市薊縣。204災異　陰陽五行家所指的種種怪異，如日蝕、地震、隕石以及怪胎等，他們認為這些都是大災難即將降臨的徵兆。205改元弘始　在此以前姚興的年號是「皇初」（西元三九四—三九八年）。

【校　記】1幽州刺史　原無此四字。據章鈺校，十二行本、乙十一行本、孔天胤本皆有此四字，張敦仁《通鑑刊本識誤》同，今據補。2增　嚴衍《通鑑補》改作「及」。3秦主　原作「秦王」。據章鈺校，十二行本、乙十一行本、孔天胤本皆作「秦主」，今據改。4嶮　據章鈺校，乙十一行本作「險」。5范陽　原無此二字。據章鈺校，十二行本、乙十一行本、孔天胤本皆有此二字，張敦仁《通鑑刊本識誤》、張瑛《通鑑校勘記》同，今據補。6頤　原作「賾」。嚴衍《通鑑補》改作「頤」，今據以校正。按，崔逞幼子崔頤，傳見《魏書》卷三十二、《北史》卷二十四。7薄荀固　張敦仁《通鑑刊本識誤》改作「薄苟固」。8劉綱　據章鈺校，孔天胤本作「劉鋼」，張敦仁《通鑑刊本識誤》同。

【語　譯】安皇帝丙

隆安三年（己亥　西元三九九年）

春季，正月初四日辛酉，東晉實行大赦。

正月十一日戊辰，後燕擔任昌黎尹的留忠謀反，被誅滅；事情牽連到擔任尚書令的東陽公慕容根、擔任尚書的段成，都犯有連帶罪被處死；後燕主慕容盛派遣擔任中衛將軍的衛雙到凡城誅殺留忠的弟弟幽州刺史留志。慕容盛任命擔任衛將軍的平原公慕容元為司徒、尚書令。

正月十三日庚午，北魏主拓跋珪到北方巡視，他將大軍分成三路：令擔任大將軍的常山王拓跋遵等三支軍隊從東部的長川出發，擔任鎮北將軍的高涼王拓跋樂真等七支軍隊從西部的牛川出發，拓跋珪親自率領大軍從中部的駮髯水出發，三路人馬直指大漠，準備襲擊高車部落。

正月二十五日壬午，後蕪擔任右將軍的張真、擔任城門校尉的和翰被指控犯有謀反罪被誅殺。

正月二十六日癸未，後燕實行大赦，改年號為「長樂」。後燕主慕容盛每隔十天，就親自主持一次司法審案，對犯人不用嚴刑拷打，卻大多都能審出實情。

南涼武威王禿髮烏孤把都城從廉川遷往樂都，任用自己的弟弟西平公禿髮利鹿孤鎮守安夷，廣武公禿髮傉檀鎮守西平，令自己的叔叔禿髮素渥鎮守湟河，禿髮若留鎮守澆河，令自己的堂弟禿髮替引鎮守嶺南，禿髮洛回鎮守廉川，令自己的堂叔禿髮吐若留鎮守浩亹。對夷人、漢人中的那些才智出眾的人，也都根據他們的特長授予相應的職務，有的在朝廷之內擔任顯要的職務，有的安置在地方，負責管理一個郡或一個縣，安置得都很恰當。

南涼武威王禿髮烏孤對群臣說：「隴右與河西，原本只有幾個郡的地盤，因為遭遇戰亂，遂分裂成為十多個國家，呂氏建立的後涼、乞伏氏建立的西秦、段氏建立的北涼，在這三個國家中段氏所建立的北涼勢力最強大。我現在就想出兵攻奪他們的地盤，你們認為首先應該攻打哪個國家？」楊統說：「乞伏氏和我們一樣，都是鮮卑人，原本是我們的部屬，早晚會歸附於我們；段業只是一介書生，沒有能力給我們製造災禍，而且和我們結為友好鄰邦，攻擊他是不正義的；後涼天王呂光已經年老體衰，他的繼承人太子呂紹懦弱無能，太原公呂纂、常山公呂弘雖然都很有才能，然而卻又互相猜忌，如果令鎮守浩亹的禿髮吐若留和鎮守廉川堡的禿髮洛回率領兩個郡的兵力尋找機會輪番交替地向後涼發動進攻，後涼必定陷於疲於奔命的困境，這樣，用不了二年的時間，就會兵困民乏，我們就可以攻取後涼的都城姑臧了。如果攻克了姑臧，則西秦的乞伏氏和北涼的段氏這兩個盜賊等不到我們前去攻打，就會主動向我們投降。」禿髮烏孤說：「你分析得很對。」

二月初一日丁亥，北魏大軍擊敗了高車的三十多個部落，俘虜了七萬多口人，繳獲了三十多萬匹馬，一百四十多萬頭牛、羊。衛王拓跋儀另外率領三萬名騎兵，深入大漠一千多里，擊敗了七個部落，俘虜了二萬多口人，繳獲了五萬多匹馬，二萬多頭牛、羊。高車的各部落非常震恐。

林邑國王范達率軍攻陷了東晉的日南郡、九真郡，進而向交趾郡發起攻擊，交趾郡太守杜瑗率軍將林邑王范達擊敗。

二月二十四日庚戌，北魏擔任征虜將軍的庾岳率軍在勃海打敗了張超，將張超斬首。

段業即位稱王，改年號為「天璽」，他任命沮渠蒙遜為尚書左丞，任命梁中庸為右丞。

北魏主拓跋珪在牛川之南舉行盛大的狩獵活動，他命令被俘虜的高車人用人體圍成一道人牆，周圍七百多里，用以驅逐其中的野獸，向南一直抵達魏國的都城平城，又令高車人修築一座鹿苑，鹿苑長達數十里。

三月初三日己未，北魏主拓跋珪返回都城平城。

三月初八日甲子，北魏主拓跋珪把尚書三十六曹以及京郊以外的四方、四維，總計拆分為三百六十曹，讓八部大夫負責統領。擔任吏部尚書的崔宏主管三十六曹工作的全面工作，就如同尚書令、尚書僕射那樣把下屬諸曹統管起來。在太學中設置講授《詩》、《書》、《易》、《禮》、《春秋》五種經典的教官——博士，增加在國子學和太學中學習的學生人數，在校生合計起來有三千人。

北魏主拓跋珪向擔任《五經》博士的李先詢問說：「天下什麼東西最好，可以提高人的精神、增加人的智慧？」李先回答說：「什麼也比不上書籍。」拓跋珪又問：「天下共有多少書籍，怎麼樣才能把所有的書籍搜集到一起？」李先回答說：「自從有了文字記載以來，世界上的書籍每年都有所增加，一直到現在，書籍已經多得不可勝數。只要是君主喜好的東西，何必擔憂不能搜集到一起？」拓跋珪聽從了李先的意見，下令各郡縣加大力度搜集各類書籍，並把搜集到的書籍全部送到都城平城。

當初，秦主苻登的弟弟苻廣率領三千部眾依附於南燕王慕容德，慕容德任命苻廣為冠軍將軍，將他安置在乞活堡。恰好遇到火星運行到東井星的位置，於是就有人說秦國應當復興，苻廣於是便自稱秦王，率領部眾襲擊了南燕北地王慕容鍾，將慕容鍾擊敗。當時都城設在滑臺的南燕勢孤力單，擁有的國土不超過十個城，部眾不超過一萬，慕容鍾失敗之後，依附於南燕王慕容德的那些人大多都離開了慕容德而去投靠自稱秦王的苻廣。慕容德於是留下魯陽王慕容和守衛都城滑臺，自己親自率軍討伐苻廣，將苻廣斬殺。

後燕主慕容寶到達黎陽的時候，南燕魯陽王慕容和的長史李辯曾經勸說慕容和接納慕容寶，慕容和沒有聽從李辯的建議。李辯因此心懷恐懼，於是就暗中勾結東晉的軍隊進抵管城，想趁南燕王慕容德率軍離開滑臺的機會製造禍亂。然而，慕容德卻一直沒有離開滑臺，李辯就越加惶恐不安。等到慕容德親自率軍去討伐苻廣，李辯又勸說魯陽王慕容和謀反。慕容和還是沒有聽從他的意見，李辯便殺死了慕容和，獻出滑臺，投降了北魏。北魏擔任行臺尚書的和跋當時駐守鄴城，他得知李辯投降的消息，立即率領輕騎兵從鄴城趕赴滑臺。到了滑臺之後，李辯卻突然反悔，他緊閉城門堅守。和跋派遣擔任尚書郎的鄧暉前去勸說李辯，李辯才打開城門接納和跋進城。和跋進城之後，全部收繳了南燕王慕容德的宮女和府庫中的財寶。慕容德派兵攻擊和跋，和跋率軍迎戰，將慕容德的軍隊打敗，緊接著又打敗了慕容德的部將桂陽王慕容鎮，俘虜了一千多人。陳郡、潁川的民眾於是大多都歸附了北魏。

南燕擔任右衛將軍的慕容雲斬殺了李辯，然後率領著將士們的家屬總計二萬多口離開滑臺投奔慕容德。慕容德還想奪回滑臺，部將韓範說：「過去，魏國在滑臺是客人，我們是主人；而現在我們成了客人，而魏國成了主人。目前人心惶恐，已經無法再投入戰鬥，不如暫且先佔據一塊地方，建立一個根據地，然後再考慮下一步的進攻計畫。」另一部將張華說：「彭城是楚霸王項羽的故都，可以攻取彭城作為安身之所。」北地王慕容鍾等全都勸說慕容德攻奪滑臺。擔任尚書的潘聰說：「滑臺是一個四通八達的地方，北面有魏國，南面有晉國，西面有姚秦，居住在滑臺，就沒有安心過一天。而彭城地廣人稀，一片平原之地，無險可守，而且又曾經是晉國徐州州治的所在地和都督附近數州諸軍事的軍府所在地，不容易攻取。再說，彭城又靠近長江、淮水，夏秋季節，降水很大。乘坐舟船作戰，是吳地人的特長，卻是我們的弱項。青州沃野二千里，可以組織起十多萬精兵，東部靠近大海，有取之不盡的魚鹽之利，其西北方有黃河之險，廣固城是當年前趙將領曹嶷所修築，地勢險要，易守難攻，完全可以作為帝王的都城。三齊的英雄豪傑之士想得到一個聖明的君主，以實現他們建功立業的願望，他們已經等待很久了。現任東晉青州刺史辟閭渾過去曾經是燕國的臣屬，現在應該派一個能言善辯之人飛馬前去遊說，然後出動大軍緊隨使者之後，如果辟閭渾不肯歸順，大軍攻取青州就像彎腰拾起一根草那樣容易。攻佔青州之後，再養精蓄銳，伺機而動，那麼青州就是陛下的關中與河內。」慕容德猶豫不決。佛門和尚竺朗一向精於占卜與觀測星象，慕容德便派擔任牙門的蘇撫去諮詢竺朗，竺朗說：「看了韓範、張華、潘聰三個人所提出的三種意見，我認為尚書潘聰的意見最好，是使國家興盛的一種謀略。而且今年年初，彗星出現於奎星、婁星兩個星座之間，劃過虛星、危星。彗星出現，表示舊有的東西將被除掉，代替它的是新興事物，而奎星、婁星是魯國的分野，虛星、危星是齊國的分野。目前應該先攻取兗州，然後向琅邪推進，到了秋季再去攻取故齊國的地盤，這乃是上天的旨意。」蘇撫又祕密地向竺朗詢問南燕政權還可以維持多少年，竺朗用《周易》進行推算後說：「燕國政權的衰亡是在庚戌年，按年數來說則是一紀十二年，按世系來說則是滅亡在慕容德兒子的手裡。」蘇撫回去後將和尚竺朗的話報告給南燕王慕容德。慕容德於是率軍南下，兗州北部邊境的各郡縣全都投降了慕容德。慕容德為歸降的郡縣委派了郡守和縣令，來安撫那裡的民眾，並下令軍中，禁止將士燒殺擄掠。百姓非常高興，他們帶著牛、酒前來慰勞大軍，路上的人絡繹不絕。

三月二十日丙子，北魏主拓跋珪派遣擔任建義將軍的庾真、擔任越騎校尉的奚斤率軍進攻北方的庫狄部落、宥連部落、侯莫陳部落，將三個部落全部打敗，他們追擊敗逃的軍隊，一直追到大峨谷，然後在被征服的地區建立軍事據點，安排部隊戍守，然後撤軍而回。

三月二十三日己卯，東晉安皇帝司馬德宗追尊自己的生母陳夫人為德皇太后。

夏季，四月，鮮卑族疊掘部落首領河內率領五千戶投降了西秦。西秦王乞伏乾歸任命河內為疊掘部落都統，並把宗室的女兒嫁給河內為妻。

四月初九日甲午，後燕實行大赦。

東晉會稽王司馬道子身體患病，但他沒有一天不沉浸在醉鄉之中。司馬道子的世子司馬元顯知道司馬道子在朝廷當中已經失去了威望，於是便示意朝廷解除了司馬道子所擔任的司徒、揚州刺史職務。四月初十日乙未，東晉朝廷任命司馬元顯為揚州刺史。會稽王司馬道子酒醒之後知道自己已經被朝廷免職，不禁勃然大怒，卻又無可奈何。新任揚州刺史司馬元顯任用擔任廬江太守的會稽人張法順為智囊，並大量地拉攏親朋、培植黨羽，朝廷中的權貴全都因為懼怕而順從他。

後燕擔任散騎常侍的餘超、擔任左將軍的高和等犯有謀反罪被誅殺。

後涼太子呂紹、太原公呂纂率軍攻伐北涼。北涼王段業向南涼武威王禿髮烏孤請求出兵救援，禿髮烏孤遂派遣擔任驃騎大將軍的禿髮利鹿孤以及降將楊軌率軍救援北涼王段業。段業正要與後涼軍交戰，擔任尚書左丞的沮渠蒙遜勸阻說：「楊軌憑藉鮮卑人的強盛，意圖乘機奪取北涼政權，而後涼太子呂紹、太原公呂纂將軍隊擺放在非得拼死力戰才能活命的地方，這是不可戰勝的軍隊。現在如果我們不戰，就可以像泰山那樣安穩，如果出戰，就有累卵之危。」段業聽從了沮渠蒙遜的意見，遂按兵不動。後涼太子呂紹和太原公呂纂看到無機可乘，遂率軍而回。

六月，南涼武威王禿髮烏孤任命驃騎大將軍禿髮利鹿孤為涼州牧，鎮守西平，徵調擔任車騎大將軍的禿髮傉檀回樂都，擔任總理武威王府和南涼國的一切事務。

東晉會稽王司馬道子的世子司馬元顯認為自己還很年輕，不想馬上就居於朝廷的重要職位。六月初四日戊子，東晉安皇帝司馬德宗任命自己的弟弟司馬德文為司徒。

北魏前河間太守范陽人盧溥率領自己的數千家部曲前往漁陽謀生，並趁機佔據了周圍的幾個郡。秋季，七月初五日己未，後燕主慕容盛派遣使者到漁陽任命盧溥為幽州刺史。

七月初七日辛酉，後燕主慕容盛下詔說：「按照法令條文的規定，公爵、侯爵觸犯了國家的法律，可以用金帛贖罪，這條規定對王侯沒有足夠的懲戒作用，卻有利於王侯的為非作歹，很沒道理。從今以後，全都改為為國家立功以贖取自己的罪過，不許再向國家交納金錢、絲綢來贖罪。」

西秦擔任丞相的南川宣公出連乞都去世。

後秦齊公姚崇、鎮東將軍楊佛嵩率軍進犯東晉所屬的洛陽，東晉擔任河南太守的隴西人辛恭靖在城牆四周布防堅守。擔任雍州刺史的楊佺期派使者向北魏常山王拓跋遵求救，北魏主拓跋珪任命擔任散騎侍郎的西河人張濟擔任拓跋遵的從事中郎，派他前往雍州治所襄陽，回覆雍州刺史楊佺期的求救。楊佺期向張濟詢問說：「北魏攻打後燕的都城中山，動用了多少將士？」張濟回答說：「四十多萬。」楊佺期又說：「就憑如此強大的魏國，一支小小的羌人部隊，你們不用怎麼費力就可以將他們消滅掉。再說，晉國與魏國原本就是一家，現在既然已經結為友好國家，按理說就不應該有任何隱瞞。我這裡兵力很少糧食短缺，洛陽能不能守住，完全取決於魏國的援救。如果洛陽能夠得以保全，一定會得到豐厚的回報；如果洛陽失守，與其讓羌人姚氏所建的後秦得到它，還不如讓魏國得到它。」張濟回國後將楊佺期的話向北魏主拓跋珪做了彙報。八月，北魏主拓跋珪派遣擔任太尉的穆崇率領六萬名騎兵前往襄陽救援東晉雍州刺史楊佺期。

後燕李朗在遼西郡擔任太守十年，在當地建立了絕對的權威，他擔心後燕主慕容盛猜忌自己，所以朝廷屢次徵調他回京師，他都不肯應命前往。只是因為自己的家屬都在京師龍城，所以才忍耐著沒有敢明目張膽地發動叛變，他一面暗中勾結魏國的軍隊，許諾將獻出遼西郡，向魏國投降；一面派使者飛快地前往龍城極力地誇大賊情。後燕主慕容盛分析說：「這裡面一定有詐。」於是便召見李朗派來的使者，經過一番盤問，果然屬於造假。慕容盛於是把李朗的家族全部處死；八月十四日丁酉，派遣擔任輔國將軍的李旱率軍討伐遼西太守李朗。

當初，北魏擔任奮武將軍的張袞憑藉自己的才能和謀略深受北魏主拓跋珪的信任和重用，並把他作為自己的心腹。拓跋珪曾經向張袞詢問中原的知名人士，張袞於是舉薦了盧溥和崔逞，拓跋珪全都加以錄用。

北魏主拓跋珪當初率大軍圍攻中山時，因久攻不下，軍中糧食缺乏，拓跋珪向群臣徵求解決的辦法。擔任御史中丞的崔逞建議說：「桑葚可以用來充作軍糧。貓頭鷹因為吃了桑葚而改變了聲音，《詩經》上有這樣的記載。」拓跋珪雖然採納了崔逞的建議，允許民眾採摘桑葚代替交納軍糧，然而心中卻認為崔逞是在借用古詩取笑自己，侮辱自己，因此對崔逞懷恨在心。後秦的軍隊進犯東晉的襄陽，東晉擔任雍州刺史的郗恢寫信給北魏常山王拓跋遵，請求出兵救援，郗恢的信中寫道：「你的哥哥拓跋珪，在中原地區所向無敵。」拓跋珪認為郗恢不懂得君臣之間的禮儀，於是令張袞以及崔逞替自己給郗恢寫回信，吩咐一定要貶低郗恢的皇帝司馬德宗。張袞、崔逞在回信中稱東晉皇帝司馬德宗為貴主，拓跋珪發怒說：「我讓你們貶低他，你們卻說他是『貴主』，這比他說我是『賢兄』反而更謙卑了，你覺得是不是？」崔逞投降北魏的時候，正是天下大亂，他恐怕崔家會斷絕了後代，遂把自己的妻子張氏和四個兒子留在了冀州，自己只帶著最小的兒子崔頤前往北魏的都城平城，留在冀州的妻兒後來投奔了南燕主慕容德。拓跋珪為了報復崔逞對自己的「侮辱」，就把崔逞妻兒投奔南燕也算作崔逞的罪行，下令崔逞自殺而死。盧溥卻接受了南燕授予的爵位，擔任了南燕的幽州刺史，並率眾侵略北魏的郡縣，殺死了北魏擔任幽州刺史的封沓干。拓跋珪認為張袞舉薦的人都不像張袞所說的那麼好，於是將張袞貶為尚書令史。張袞為此閉門謝客，不與任何人往來，每天只是親手校對經典書籍，一年之後去世。

後燕主慕容寶失敗的時候，擔任中書令、民部尚書的封懿投降了北魏。北魏主拓跋珪任命封懿為給事黃門侍郎、都坐大官。拓跋珪向封懿詢問後燕的往事，封懿在回答的時候既不詳細，又有些不情願的樣子，因此被免官家居。

南涼武威王禿髮烏孤在喝醉了酒的情況下騎馬飛奔，結果摔傷了肋骨而死，他留下遺囑，讓擁立年紀大些的人繼承王位。南涼的貴族遂擁戴禿髮烏孤的弟弟禿髮利鹿孤為南涼王，為武威王禿髮烏孤上諡號為武王，廟號烈祖。禿髮利鹿孤頒布大赦令，並將都城從樂都遷往西平。

南燕王慕容德派使者前往廣固遊說東晉擔任幽州刺史的辟閭渾，想讓他獻出廣固投降南燕，辟閭渾拒絕接受。慕容德於是派遣北地王慕容鍾率領二萬名步兵、騎兵攻擊辟閭渾。慕容德率軍佔領了琅邪，徐州、兗州的民眾歸附於南燕的有十多萬人。慕容德率軍從琅邪北上，他任命南海王慕容法為兗州刺史，鎮所設在梁父。南燕軍進攻莒城，東晉莒城守將任安棄城逃走。慕容德任命潘聰為徐州刺史，鎮守莒城。

後燕頓丘王蘭汗發動變亂的時候，後燕擔任吏部尚書的封孚向南投奔了東晉幽州刺史辟閭渾，辟閭渾上表給東晉朝廷，舉薦封孚擔任渤海太守。等到南燕王慕容德率軍抵達勃海，勃海太守封孚立即出城投降了南燕，慕容德非常高興地說：「我得到青州還不算喜歡，喜歡的是得到了封孚！」於是把朝廷機要全都委任給封孚掌管。南燕北地王慕容鍾向青州屬下各郡發布通告，為他們講明利害禍福，東晉幽州刺史辟閭渾將八千多戶遷入廣固，以加強廣固城的防守力量，派遣屬下擔任司馬的崔誕率軍戍守薄荀固，派擔任平原太守的張豁戍守柳泉。而崔誕和張豁在接到慕容鍾的通告後全都投降了南燕王慕容德。辟閭渾心中恐懼，於是帶著自己的妻兒投奔了北魏，南燕王慕容德派遣擔任射聲校尉的劉綱率軍追擊，一直追到莒城才追上辟閭渾，劉綱將辟閭渾殺死。辟閭渾的兒子辟閭道秀主動來到慕容德的跟前，請求與自己的父親死在一起。慕容德說：「你的父親辟閭渾雖然不是忠臣，而你作為辟閭渾的兒子，卻能孝敬你的父親。」於是特別赦免了辟閭道秀。辟閭渾的參軍張瑛曾經代替辟閭渾寫作檄文，檄文中有許多帶有侮辱性的言辭，慕容德俘虜了張瑛，以此責備他。張瑛神色自若，慢條斯理地說：「幽州刺史辟閭渾屬下有我這樣的人，就如同當年韓信手下有蒯通。蒯通遇到漢高祖而生，我遇到陛下而死。如果我與古代的蒯通比起來，我真是太不幸了！」慕容德還是殺死了張瑛。慕容德將廣固作為自己的都城。

後燕李旱走到建安的時候，後燕主慕容盛又緊急將他召回，群臣都猜不透是什麼緣故。九月十八日辛未，慕容盛再次派遣李旱征討李朗。李朗得知自己全家已經被慕容盛誅殺的消息，就率領二千多戶加緊防守令支城以求自保。當他聽說李旱奉命撤軍的消息，就以為是朝廷內部發生內亂，於是便不再戒備，他留下自己的兒子李養守衛令支，自己則前往北平迎接北魏的援軍。壬子日，李旱率軍襲擊了遼西郡的治所令支，將令支攻克，李旱派擔任廣威將軍的孟廣平追擊李朗，追到無終，將李朗殺死。

後秦主姚興因為屢次出現天災星變，遂去掉皇帝稱號，改稱天王，並下詔，令所有公爵、朝中大臣、將軍、州牧、郡守、縣令每人各降一等；實行大赦，改年號為「弘始」。安撫救濟孤寡貧窮，選拔任用賢能，簡化法令法規，清理訴訟，洗刷冤假錯案，郡守、縣令，凡是有很好政績的全部進行獎賞，而對那些貪贓枉法、推行暴政的殺無赦，於是無論遠近，社會秩序井然有序。

冬，十月甲午❶，燕中衛將軍衛雙有罪，賜死。李旱還，聞雙死，懼，棄軍而亡❷，至板陘❸，復還歸罪❹。燕王盛復其爵位，謂侍中孫勍曰：「旱為將而棄軍，罪在不赦。然昔先帝蒙塵，骨肉離心，公卿失節，惟旱以宦者忠勤不懈，始終如一❺，故吾念其功而赦之耳。」

辛恭靖❻固守百餘日，魏救未至。秦兵拔洛陽，獲恭靖。恭靖見秦王興，不拜，曰：「吾不為羌賊❼臣！」興囚之，恭靖逃歸。自淮、漢❽以北，諸城多請降，送任❾於秦。

魏主珪以穆崇為豫州刺史，鎮野王❿。

會稽世子元顯，性苛刻，生殺任意。發⓫東土諸郡⓬免奴為客⓭者，號曰「樂屬⓮」，移置京師，以充兵役。東土囂然⓯苦之。

孫恩因民心騷動，自海島帥其黨殺上虞令⓰，遂攻會稽⓱。會稽內史⓲王凝之，羲之之子也，世奉天師道⓳，不出兵，亦不設備，日於道室稽顙跪呪⓴。官屬請出兵討恩，凝之曰：「我已請大道㉑借鬼兵守諸津要㉒，各數萬，賊不足憂也。」及恩漸近，乃聽㉓出兵，恩已至郡下。甲寅㉔，恩陷會稽，凝之出走，恩執而殺之，并其諸子。凝之妻謝道蘊㉕，奕㉖之女也，聞寇至，舉措自若㉗，命婢肩輿㉘，抽刀出門，手殺數人，乃被執。吳國[29]內史桓謙、臨海[30]太守新蔡王[1]崇[31]、義興[32]太守魏隱皆棄郡走。於是會稽謝鍼、吳郡陸瓌、吳興[33]丘尫、義興許允之、臨海周胄、永嘉[34]張永等及東陽[35]、新安[36]凡八郡人，一時起兵，殺長吏以應恩，旬日之中，眾數十萬。

吳興太守謝邈、永嘉太守司馬逸、嘉興[37]公顧胤、南康[38]公謝明慧、黃門郎謝沖、張琨、中書郎孔道等皆為恩黨所殺。邈、沖，皆安之弟子也。時三吳[39]承平[40]日久，民不習戰，故郡縣兵皆望風奔潰。

恩據會稽，自稱征東將軍，逼人士[41]為官屬，號其黨曰「長生人」。民有不與之同[42]者，戮及嬰孩，死者什七八[43]。醢[44]諸縣令以食[45]其妻子，不肯食者，輒支解之。所過掠財物，燒邑屋，焚倉廩，刊木[46]，堙井[47]，相帥聚於會稽[48]。婦人有嬰兒不能去者，投於水中，曰：「賀汝先登仙堂，我當尋後[49]就汝。」恩表[50]會稽王道子及世子元顯之罪，請誅之。

自帝即位以來，內外乖異[51]，石頭[52]以南皆為荊、江所據[53]，以西皆豫州[54]所專，京口[55]及江北皆劉牢之[56]及廣陵相高雅之[57]所制，朝政所行[58]，惟三吳而已。及孫恩作亂，八郡[59]皆為恩有。畿內[60]諸縣，盜賊處處蜂起，恩黨亦有潛伏在建康者，人情危懼，常慮竊發⑥①，於是內外戒嚴。加道子黃鉞，元顯領中軍將軍⑥②，命徐州刺史謝琰⑥③兼督吳興、義興軍事以討恩；劉牢之亦發兵討恩，拜表輒行⑥④。

西秦以金城太守辛靜為右丞相⑥⑤。

十二月甲午⑥⑥，燕燕郡太守高湖⑥⑦帥戶三千降魏。湖，泰之子也。○丙午⑥⑧，燕王盛封弟淵為章武公，虔為博陵公，子定為遼西公。○丁未⑥⑨，燕太后段氏⑦⓪卒，諡曰惠德皇后。

謝琰擊斬許允之，迎魏隱還郡，進擊丘尪，破之。與劉牢之轉鬬而前，所向輒克。琰留屯烏程⑦①，遣司馬高素助牢之，進臨浙江⑦②。詔以牢之都督吳郡諸軍事。

初，彭城劉裕⑦③，生而母死，父翹僑居⑦④京口，家貧，將棄之。同郡劉懷敬之母，裕之從母⑦⑤也，生懷敬未期⑦⑥，走往救之，斷懷敬乳而乳之。及長，勇健有大志。僅識文字，以賣履為業，好樗蒲⑦⑦，為鄉閭所賤。劉牢之擊孫恩，引裕參軍事⑦⑧，使將數十人覘賊⑦⑨。遇賊數千人，即迎擊之，從者皆死，裕墜岸下。賊臨岸欲下，裕奮長刀仰斫殺數人，乃得登岸，仍大呼逐之，賊皆走，裕所殺傷甚眾。劉敬宣⑧⓪怪裕久不返，引兵尋之，見裕獨驅數千人，咸共歎息。因進擊賊，大破之，斬獲千餘人。

初，恩聞八郡響應，謂其屬曰：「天下無復事[81]矣，當與諸君朝服至建康[82]。」既而聞牢之臨江[83]，曰：「我割浙江以東[84]，不失作句踐[85]！」戊申[86]，牢之引兵濟江，恩聞之，曰：「孤不羞走[87]。」遂驅男女二十餘萬口東走，多棄寶物、子女於道，官軍競取之，恩由是得脫，復逃入海島。高素破恩黨於山陰[88]，斬恩所署[89]吳郡太守陸瓌、吳興太守丘尪、餘姚[90]令吳興沈穆夫。

東土遭亂，企望[91]官軍之至，既而牢之等縱軍士暴掠，士民失望，郡縣城中無復人跡，月餘乃稍有還者。朝廷憂恩復至，以謝琰為會稽太守、都督五郡[92]軍事，帥徐州文武[93]戍海浦[94]。

以元顯錄尚書事。時人謂道子為「東錄[95]」，元顯為「西錄」；西府車騎填湊[96]，東第門可張羅[97]矣。

元顯無良師友，所親信者率皆佞諛[98]之人，或以為一時英傑，或以為風流名士。由是元顯日益驕侈，諷[99]禮官立議[100]，以己德隆望重，既錄百揆[101]，百揆皆應盡敬。於是公卿以下，見元顯皆拜。時軍旅數起[102]，國用虛竭，自司徒[103]以下，日廩七升[104]，而元顯聚斂不已，富踰帝室。

殷仲堪恐桓玄跋扈(105)，乃與楊佺期結昏(106)為援。佺期屢欲攻玄，仲堪每抑止之。玄恐終為殷、楊所滅，乃告執政(107)，求廣其所統(108)；執政亦欲交構(109)，使之乖離，乃加玄都督荊州四郡(110)軍事，又以玄兄偉代佺期兄廣為南蠻校尉。佺期忿懼。楊廣欲拒桓偉，仲堪不聽，出廣為宜都、建平(111)二郡太守。楊孜敬(112)先為江夏相(113)，玄以兵襲而劫之(114)，以為諮議參軍(115)。

佺期勒兵建牙(116)，聲云援洛(117)，欲與仲堪共襲玄。仲堪雖外結佺期而內疑其心(118)，苦止之；猶慮弗能禁，遣從弟遹(119)屯于北境(120)，以遏(121)佺期。佺期既不能獨舉，又不測仲堪本意，乃解兵。

仲堪多疑少決，諮議參軍羅企生(122)謂其弟遵生曰：「殷侯仁而無斷，必及於難。吾蒙知遇，義不可去，必將死之。」

是歲，荊州大水，平地三丈，仲堪竭倉廩以賑飢民。桓玄欲乘其虛而伐之，乃發兵西上，亦聲言救洛，與仲堪書曰：「佺期受國恩而棄山陵(123)，宜共罪之。今當入沔(124)討除佺期，已頓兵江口(125)。若見與無貳(126)，可收(127)楊廣殺之；如其不爾，便當帥兵入江(128)。」時巴陵(129)有積穀，玄先遣兵襲取之。梁州(130)刺史郭銓當之官(131)，路經夏口(132)，玄詐稱朝廷遣銓為己前鋒，乃授以江夏(133)之眾，使督諸軍並進，密報兄偉[134]，今為內應[135]。偉遑遽不知所為，自齎疏[136]示仲堪。仲堪執偉為質，令與玄書，辭甚苦至[137]。玄曰：「仲堪為人無決，常懷成敗之計[138]，為兒子作慮[139]，我兄必無憂也。」

仲堪遣殷遹帥水軍七千至西江口[140]，玄使郭銓、苻宏[141]擊之，遹等敗走。玄頓巴陵，食其穀。仲堪遣楊廣及弟子道護[142]等拒之，皆為玄所敗。江陵震駭。

城中乏食，以胡麻廩軍士[143]。玄乘勝至零口[144]，去江陵二十里，仲堪急召楊佺期以自救。佺期曰：「江陵無食，何以待敵[145]？可來見就，共守襄陽。」仲堪志在全軍保境[146]，不欲棄州逆走[147]，乃紿[148]之曰：「比來收集[149]，已有儲[150]矣。」佺期信之，帥步騎八千，精甲耀日，至江陵，仲堪唯以飯餉其軍[151]。佺期大怒曰：「今茲敗矣！」不見仲堪，與其兄廣共擊玄。玄畏其銳，退軍馬頭[152]。明日，佺期引兵急擊郭銓，幾獲之。會玄兵至，佺期大敗，單騎奔襄陽。仲堪出奔酇城[153]。玄遣將軍馮該追佺期及廣，皆獲而殺之，傳首建康[154]。佺期弟思平、從弟尚保、孜敬逃入蠻中。仲堪聞佺期死，將數百人將奔長安[155]，至冠軍城[156]，該追獲之，還至柞溪[157]，逼令自殺，并殺殷道護。仲堪奉天師道，禱請鬼神，不吝財賄，而嗇於周急[158]。好為小惠以悅人[159]，病者自為診脈分藥，用計倚伏煩密[160]，而短於鑒略[161]，故至於敗。

仲堪之走[162]也，文武無送者[163]，惟羅企生從之。路經家門，弟遵生曰：「作如此分離，何可不一執手？」企生旋馬授手，遵生有力，因牽下之，曰：「家有老母，去將何之？」企生揮淚曰：「今日之事，我必死之；汝等奉養，不失子道。一門之中，有忠與孝[164]，亦復何恨？」遵生抱之愈急，仲堪於路待之，見企生無脫理[165]，策馬而去。及玄至，荊州人士無不詣玄[166]者，企生獨不往，而營理[167]仲堪家事。或曰：「如此，禍必至矣！」企生曰：「殷侯遇我以國士[168]，為弟所制，不得隨之共殄醜逆[169]，復何面目就桓求生乎？」玄聞之，怒，然待企生素厚，先遣人謂曰：「若謝我[170]，當釋汝。」企生曰：「吾為殷荊州吏，荊州敗，不能救，尚何謝為[171]？」玄乃收之，復遣人問企生欲何言。企生曰：「文帝殺嵇康[172]，嵇紹為晉忠臣[173]。從公乞一弟[174]以養老母！」玄乃殺企生而赦其弟。

涼王光疾甚，立太子紹為天王，自號太上皇帝，以太原公纂為太尉，常山公弘為司徒。謂紹曰：「今國家多難，三鄰[175]伺隙，吾沒之後，使纂統六軍[176]，弘管朝政，汝恭己無為[177]，委重二兄，庶幾可濟[178]。若內相猜忌，則蕭牆之變[179]，旦夕至矣。」又謂纂、弘曰：「永業[180]才非撥亂[181]，直[182]以立嫡有常，猥居元首[183]。

今外有彊寇，人心未寧，汝兄弟緝[2]睦[184]，則祚流萬世[185]；若內自相圖，則禍不旋踵[186]矣。」纂、弘泣曰：「不敢。」又執纂手戒之曰：「汝性粗暴，深為吾憂。善輔永業，勿聽讒言！」是日，光卒[187]。紹祕不發喪，纂排閤[188]入哭，盡哀而出。紹懼，以位讓之，曰：「兄功高年長，宜承大統[189]。」纂曰：「陛下國之冢嫡[190]，臣敢奸[191]之！」紹固讓，纂不許。

驃騎將軍呂超[192]謂紹曰：「纂為將積年，威震內外，臨喪[193]不哀，步高視遠，必有異志，宜早除之。」紹曰：「先帝言猶在耳，柰何棄之[194]？吾以弱年負荷大任，方賴二兄以寧家國，縱其圖我，我視死如歸，終不忍有此意也。卿勿復言！」纂見紹於湛露堂[195]，超執刀侍側，目纂請收之，紹弗許。超，光弟寶之子也。

弘密遣尚書姜紀謂纂曰：「主上闇弱，未堪多難。兄威恩素著，宜為社稷計，不可徇小節[196]也。」纂於是夜帥壯士數百踰北城[197]，攻廣夏門[198]，弘帥東苑之眾斧[199]洪範門。左衛將軍齊從守融明觀[200]，逆[201]問之曰：「誰也？」眾曰：「太原公[202]。」從曰：「國有大故，主上新立，太原公行不由道[203]，夜入禁城，將為亂邪？」因抽劍直前斫纂，中額，纂左右禽之。纂曰：「義士也，勿殺！」紹遣虎賁中郎將[204]呂開帥禁兵拒戰於端門[205]，呂超帥卒二千赴之[206]。眾素憚纂，皆不戰而潰。纂入自青角門[207]，升謙光殿[208]。紹登紫閣[3]自殺。呂超奔廣武[209]。

纂憚弘兵彊，以位讓弘。弘曰：「弘以紹弟[210]也而承大統，眾心不順，是以違先帝遺命而廢之，慙負黃泉[211]！今復踰兄[212]而立，豈弘之本志乎？」纂乃使弘出告眾曰：「先帝臨終，受詔[213]如此。」羣臣皆曰：「苟社稷有主，誰敢違者！」纂遂即天王位。大赦，改元「咸寧」[214]，諡光曰懿武皇帝，廟號太祖；諡紹曰隱王。以弘為大都督、督中外諸軍事、大司馬、車騎大將軍、司隸校尉、錄尚書事，改封番禾郡[215]公。

纂謂齊從曰：「卿前斫我，一何甚也？」從泣曰：「隱王，先帝所立；陛下雖應天順人，而微心未達[216]，唯恐陛下不死，何謂甚也？」纂賞其忠，善遇之。

纂叔父征東將軍方鎮廣武，纂遣使謂方曰：「超實忠臣，義勇可嘉，但不識國家大體，權變[217]之宜。方賴其用，以濟世難[218]，可以此意諭之。」超上疏陳謝，纂復其爵位。

是歲，燕主盛以河間公熙[219]為都督中外諸軍事、尚書左僕射，領中領軍[220]。

劉衛辰子文陳[221]降魏，魏主珪妻以宗女，拜上將軍，賜姓宿氏。

【章 旨】以上為第二段，寫晉安帝隆安三年（西元三九九年）十至十二月共三個月間的大事。主要寫了荊州刺史殷仲堪與雍州刺史楊佺期結婚姻以防桓玄，當楊佺期欲起兵襲討桓玄時，殷仲堪又極力阻止，終致桓玄起兵攻荊州，楊佺期為救殷仲堪被桓玄所破殺；殷仲堪迷信天師道，不修武事而禱請鬼神，被桓玄打敗後欲北逃長安降秦，被桓玄所截殺，桓玄取得荊州刺史位；寫了孫恩從海島復出，攻佔會稽，內史王凝之被孫恩所殺，八郡亂民殺其太守以應孫恩，八郡遂皆為恩有；寫了謝琰、劉牢之率軍討孫恩，大破之，孫恩又逃回海島。在此作戰中劉裕初露頭角；寫了後涼王呂光死，其嫡子呂紹繼立，庶子呂弘佐其兄呂纂殺呂紹，助呂纂即天王位；寫了秦軍攻佔洛陽，淮、漢以北多歸於秦；東晉領土日蹙，而各地軍閥又近於各自獨立，不服朝廷；朝廷上司馬元顯倚勢專權而又奢華聚斂，人心喪盡等等。

【注 釋】❶十月甲午 十月十一。❷亡 逃走。❸板陘 在今遼寧淩源境。❹歸罪 猶今之所謂「自首」，前往認罪。❺忠勤不懈二句 事見本書上卷安帝隆安二年。❻辛恭靖 東晉的河南太守，被姚興的弟弟姚崇等包圍在洛陽，雍州刺史楊佺期曾為此向魏國求救，魏派大兵救之。❼羌賊 指姚興，姚氏是羌族人。❽淮漢 淮河、漢水。❾送任 送自己的親屬去做人質。任，人質。❿野王 縣名，縣治即今河南沁陽。⓫發 徵調。⓬東土諸郡 指江蘇東南部及浙江一帶地區。⓭免奴為客 改變奴隸的身分而變成「客戶」。根據當時的規定，有一定級別的貴族官僚可以將那些因犯法而淪為奴婢的人收為自己的「客戶」，以充當佃戶和長工等等，藉以創造財富。⓮樂屬 樂意歸屬。⓯囂然 喧鬧的樣子。因為讓「客戶」去當兵，不論是主人還是「客戶」自己，大家都不願意。⓰上虞令 上虞縣的縣令。上虞，即今浙江上虞。⓱會稽 晉郡名，郡治即今浙江紹興。⓲內史 諸侯國裡的行政長官，級別與郡裡的太守相同。⓳天師道 即道教，尊奉張道陵為「天師」。⓴稽顙跪呪 磕頭、念咒。稽顙，磕頭時腦門觸地。呪，通「咒」。咒語，道教所鼓吹的可以降妖除魔的一種法語。㉑大道 此指道教所供奉的大神。㉒諸津要 各個渡口、要塞。㉓聽 允許。㉔甲寅 十一月初二。㉕謝道蘊 東晉名將謝玄之妹，中國古代有名的才女，曾用「柳絮因風起」比喻下雪。傳見《晉書》卷六十六。㉖奕 即謝奕，東晉名臣謝安之兄，謝玄之父，曾為鎮西將軍。傳見《晉書》卷七十九。㉗舉措自若 一舉一動還都與平時一樣。舉措，一拿一放，這裡即指「一舉一動」。㉘肩輿 指用滑竿抬著她。要拼命了，還要叫人抬著，這表明當時貴族的排場。㉙吳國 都城即今江蘇蘇州。㉚臨海 郡名，郡治在今浙江臨海縣東南。㉛新蔡王崇　即司馬崇，繼其父受封為新蔡王。㉜義興　郡名，郡治即今江蘇宜興。㉝吳興　郡名，郡治即今浙江湖州。㉞永嘉　郡名，郡治即今浙江溫州。㉟東陽　郡名，郡治即今浙江金華。㊱新安　郡名，郡治在今浙江淳安西北。㊲嘉興　縣名，縣治在今浙江嘉興南。㊳南康　縣名，縣治即今江西南康。㊴三吳　指吳郡、吳興、會稽三郡。㊵承平　太平。㊶人士　指社會上的頭面人物。㊷不與之同　不與他們同流合汙。㊸什七八　十分之七八。㊹醢　把人剁成肉醬。㊺食　讓……吃。㊻刊木　伐光樹木。㊼堙井　填平水井，讓人無法再生活。㊽相帥聚於會稽　把各地的百姓都拘押到會稽城裡。㊾尋後　隨後。㊿表　給晉安帝上書指數。表，指數；開列。51內外乖異　指朝廷和地方軍閥互相作對，彼此對著幹。52石頭　石頭城，這裡指首都建康，今南京。53皆為荊江所據　都屬荊州、江州二刺史所管轄。據，佔據，這裡即指管轄。54豫州　指豫州刺史，當時豫州的州治僑設在今安徽和縣。55京口　今江蘇鎮江市。56劉牢之　東晉名將，淝水之戰有大功；王恭稱兵向闕，劉牢之反戈破敗之。王恭死後，劉牢之代王恭任都督兗、青、冀、幽、并、徐、揚州、晉陵諸軍事，駐兵於京口。傳見《晉書》卷八十四。57廣陵相高雅之　高雅之是劉牢之的女婿，隨劉牢之反戈敗王恭，被任為廣陵相。廣陵是諸侯國名，都城在今江蘇揚州西北。諸侯國相的級別與職務與郡太守相同。58朝政所行　朝廷命令所能達到的地方。59八郡　胡三省以為指會稽、臨海、永嘉、東陽、新安、吳、吳興、義興。60畿內　指首都郊區。61常慮竊發　總是擔心說不定什麼時候突然鬧起來。62領中軍將軍　兼任中軍將軍。中軍將軍統領防衛朝廷與宮廷的軍隊。63謝琰　謝安之子。傳見《晉書》卷七十九。64拜表輒行　主動給朝廷上了一道表章，隨後自己就出發上路，極言其自以為是，不把朝廷看在眼裡。當年桓溫的伐蜀、伐燕就是如此。65辛靜為右丞相　以代替剛去世的出連乞都。66十二月甲午　十二月十二。67燕燕郡太守高湖　燕國的燕郡太守姓高名湖，漢族人，高泰之子，慕容氏的將領。至其降魏的時間，《魏書》的說法與《通鑑》不同。見《魏書》卷三十二。燕郡，郡治薊縣，即今北京市。68丙午　十二月二十四。69丁未　十二月二十五。70段氏　慕容寶之妻，慕容盛的生母。71烏程　縣名，縣治在今浙江湖州西南。72浙江　即今浙江錢塘江。73劉裕　即後來劉宋的開國皇帝，字德輿，小字寄奴。傳見《宋書》卷一。74僑居　客居。75從母　姨母。76未期　未滿一週年。77樗蒲　古代的一種賭博用具，類似今之色子。78參軍事　充當參謀顧問。79覘賊　刺探賊情。80劉敬宣　字萬壽，劉牢之的兒子。傳見《晉書》卷八十四。81無復事　猶如今之所謂「沒有什麼問題啦」。82朝服至建康　指穿著朝服到建康去做皇帝。83臨江　指兵臨錢塘江。84我割浙江以東　意思是即使我只剩下浙江以東的小塊地區。浙江，指錢塘江。85不失作句踐　仍然可以做個像句踐一樣的君主。句踐是春秋末期的越國國王，建都於浙江紹興，曾被吳王夫差打敗，棲於會稽山，經過艱苦奮鬥，終於滅了吳國，稱霸一時。

事見《史記·越王句踐世家》。(86)戊申　十二月二十六。(87)孤不羞走　我不以暫時的退卻為羞恥。此引用當年曹操語。曹操在赤壁被周瑜打敗逃跑時說：「孤不羞走。」胡三省注引《江表傳》。(88)山陰　縣名，縣治即今浙江紹興。(89)署　任命。(90)餘姚　縣名，即今浙江餘姚。(91)企望　踮著腳地盼望。(92)五郡　指會稽、臨海、東陽、永嘉、新安。(93)徐州文武　指謝琰原來所任的徐州刺史及其相應軍府的文武諸官。(94)海浦　海邊，這裡指沿海各縣。(95)東錄　與「西錄」皆以其所居府第的位置而言。(96)填湊　門前車馬擁擠得滿滿的。(97)門可張羅　即所謂「門可羅雀」，極言其來客之稀少。羅，捕鳥的網。(98)佞諛　用言語奉承討好。佞，善說的貶義詞。(99)諷　吹風；示意。(100)立議　提出建議。(101)錄百揆　即總掌百官。(102)軍旅數起　屢屢出兵打仗。數，頻繁。(103)司徒　古代的三公之一，晉時屬虛銜，給品級最高的權臣作加官使用，意同「首輔」。(104)日稟七升　每天供給七升糧食。(105)跋扈　橫行霸道，為所欲為。(106)結昏　建立親戚關係。昏，同「婚」。(107)執政　朝廷上的主事人，指司馬道子、司馬元顯等。(108)廣其所統　擴大他的勢力範圍。(109)交構　從兩邊挑動桓玄與殷仲堪、楊佺期間的矛盾。(110)荊州四郡　指長沙、衡陽、湘東、零陵。此四郡劃與桓玄管轄，當時桓玄任江州刺史。(111)宜都建平　二郡名，宜都郡的郡治即今湖北宜都，建平郡的郡治即今重慶市巫山縣。(112)楊孜敬　楊佺期的堂弟。(113)江夏相　江夏國的行政長官，職權等同於郡太守。江夏國的都城在今湖北安陸南。(114)襲而劫之　襲奪了他的軍政權力，將其劫持起來。(115)以為諮議參軍　讓他給自己當參軍，以備參謀顧問，閒散無權。(116)建牙　樹起大旗。(117)聲云援洛　以援救洛陽為口實。其時洛陽已被姚秦所佔。(118)內疑其心　疑楊氏兄弟皆武將，恐滅桓玄後，楊氏勢大，對他不利。(119)從弟遹　即殷遹。(120)屯于北境　楊佺期當時任雍州刺史，駐兵襄陽，在荊州之北；殷仲堪派殷遹駐兵於荊州之北境，是阻止楊佺期東下討桓玄。(121)遏　阻擋。(122)羅企生　字宗伯。事見《晉書》卷八十九。(123)棄山陵　意即眼看著洛陽失守而不救。西晉諸帝的墳墓在洛陽附近。(124)入沔　到漢水流域。沔，即漢水。襄陽在漢水之濱。(125)頓兵江口　駐兵在九江口。桓玄為江州刺史，其駐地尋陽，即今江西九江。(126)若見與無貳　如果你允許我，而沒有其他意見。見與，蒙你許可。無貳，沒有別的心思。(127)收　拘捕。(128)入江　出尋陽江進入長江，指溯流而上攻荊州。(129)巴陵　即今湖南岳陽。(130)梁州　州治即今陝西漢中。(131)之官　到漢中就梁州刺史任。(132)夏口　即今武漢，當時屬江夏郡。(133)江夏　郡治在今湖北鄂城，當時屬江州刺史桓玄管轄。(134)兄偉　即桓偉，時為南蠻校尉，駐兵江陵。(135)令為內應　時桓偉任南蠻校尉，在殷仲堪部下。(136)齎疏　拿著桓玄給他的信。(137)苦至　懇切到極點，指勸阻桓玄。(138)常懷成敗之計　總考慮幹得成還是幹不成，意即動搖、猶豫。(139)為兒子作慮　擔心一朝成敗，滿門抄斬，子孫滅絕。兒子，小孩子。(140)西江口　即今漢口，漢水入長江處。(141)苻宏　苻堅之子，苻堅敗後，苻宏投降東晉，被安置在江州，遂成為桓玄的部下。事見本書卷一百六孝武帝太元十年。(142)道護　即殷道護。(143)以胡麻廩軍士　把芝麻發給士兵當口糧。廩，供給口糧。(144)零口　零溪入長江之口，在江陵城東。(145)待敵　對付敵兵。(146)全軍保境　保全自己的軍隊，保住自己的地盤。(147)逆走　未戰先逃。逆，預先。(148)紿　欺騙。(149)比來收集　近來搜集到一些糧草。(150)已有儲　已有一定的儲備。(151)唯以飯餉其軍　只能拿白飯給楊佺期的士兵吃，沒有酒肉，以見其困。餉，用酒飯款待人。(152)馬頭　地名，在江陵南。(153)酇城　酇縣縣城，當時的酇縣在今湖北老河口市西北，是西漢時蕭何後代曾改封過的地方。(154)傳首建康　通過驛車將楊佺期的人頭送到朝廷。(155)奔長安　往投姚興。(156)冠軍城　古縣城，在今河南鄧州西北，即漢代封霍去病之地。(157)柞溪　水名，流經江陵城北。(158)周急　救濟別人的困難。(159)以悅人　以討好別人。悅，取悅；討好。(160)用計倚伏煩密　考慮問題翻來覆去，難以決定。倚伏，老在前因後果上轉個不休，因為《老子》有所謂「禍兮福所倚，福兮禍所伏」。煩密，瑣細。(161)鑒略　見識、謀略。(162)走　出奔；出逃。(163)無送者　沒有一個人跟從。(164)有忠與孝　言其弟能盡孝，自己能盡忠。在當時凡能盡心於自己的主子、長官，都稱作「忠」。(165)無脫理　沒有掙脫的可能。(166)詣玄　投靠桓玄。詣，到；前去拜見。(167)營理　經管。(168)遇我以國士　像對待國士那樣對待我。國士，一國之中少有的傑出人物。(169)共殄醜逆　一起消滅亂黨桓玄。殄，滅。(170)謝我　向我道歉。(171)尚何謝為　還有什麼可道歉的。意思是我除了對不起殷仲堪外，再沒有什麼對不起別人的。(172)嵇康　字叔夜，魏末「竹林七賢」之一，因不滿司馬氏的專權，被司馬昭所殺。傳見《晉書》卷四十九。司馬昭被其兒子司馬炎追尊為「文帝」。(173)嵇紹為晉忠臣　嵇紹是嵇康之子，為晉惠帝侍中，「八王之亂」起，晉惠帝在與成都王穎作戰時，嵇紹為護駕而死。事見《晉書・忠義傳》。後人常把嵇氏父子的表現看成一種各為其主、互不影響的範例。(174)乞一弟　乞求留下一個弟弟。(175)三鄰　指禿髮烏孤的南涼政權、段業的北涼政權、乞伏乾歸的西秦政權。(176)統六軍　指掌管所有的軍隊。古稱天子的軍隊為「六軍」。(177)恭己無為　拱手而坐，什麼事都不用管。恭己，也作「拱己」。(178)庶幾可濟　這樣就差不多可以成功。庶幾，差不多；或許。濟，成功。(179)蕭牆之變　指家庭內部、帝王身邊的叛亂。蕭牆是君主內室的屏風。《論語・季氏》孔子曰：「吾恐季孫之憂不在顓臾，而在蕭牆之內也。」(180)永業　呂紹的字。(181)才非撥亂　意即無撥亂反正、處理大事之才。(182)直　只不過。(183)猥居元首　勉強地當了一國之君。猥居，不當居而居。猥，是「曲」的意思。呂紹既無才幹，又比呂纂、呂弘年少，故曰「猥居」。(184)緝睦　和睦。(185)祚流萬世　意即國運長久。祚，福，這裡指國家的命運。(186)禍不旋踵　大禍立刻降臨。不旋踵，來不及轉身。踵，腳跟。(187)光卒　呂光死年六十三。(188)排闥　強行推門。闥，內殿之門。(189)宜承大統　應繼王位。大統，帝王的統系、世次。(190)冢嫡　年長的嫡子。冢是「大」的意思。(191)奸　侵犯。(192)呂超　呂光之姪。(193)臨喪　哭喪。(194)柰何棄之　怎能拋在腦後呢。(195)湛露堂　君王宴享群臣的地方。其名來自《詩經・湛露》，〈湛露〉是一首天子宴享諸侯的詩。196徇小節　死守小節。徇，順；按照。197踰北城　越北面的小城而進。當時姑臧除中央一座大城外，東西南北四門各有一座小城，北面的叫玄圃城，東面的叫講武城，即下文所說的「東苑」。198廣夏門　與下文所說的「洪範門」都是中央大城的城門。199斧　動詞，用斧頭砍。200融明觀　應在呂紹宮廷的外圍。融、明都是光亮的意思。201逆　迎；攔阻。202太原公　即呂纂，呂纂被呂光封為太原公。203行不由道　不走正道，言其一貫不按規矩辦事。204虎賁中郎將　帝王身邊衛隊的將領。205端門　宮殿的正門。206赴之　指前往協助呂開守端門。207青角門　當時武威中城的東門。208謙光殿　當年張駿所建，自以統河右而世守臣節，雖謙而光，故以為名。209奔廣武　往投呂光之弟呂方。廣武郡的郡治在今甘肅永登東南。210以紹弟　因為呂紹是我們的弟弟。211慚負黃泉　慚愧沒聽從已故父親的遺言。負，辜負；違背。212踰兄　越過哥哥你。213受詔　同「授詔」。臨終給我們的遺命。214改元咸寧　在此以前是呂光的年號「承康」，從此以後是呂纂的年號「咸寧」。呂纂字永緒，是呂光的庶長子。215番禾郡　郡治即今甘肅永昌。216微心未達　我的心裡還沒有弄明白。217權變　臨時制宜。權與「經」相對。218以濟世難　以解決社會上的大問題。濟，完成；解救。219河間公熙　慕容垂之子，慕容盛之叔。220領中領軍　兼任中領軍。「中」是宮內的意思，「領軍」是領軍將軍的簡稱。其職務是統領警衛宮廷的軍隊。221劉衛辰子文陳　劉衛辰的兒子名叫文陳。劉衛辰是匈奴族的頭領，劉淵的本家。前趙滅亡後，劉衛辰先曾依附於苻堅。苻堅敗死後，劉衛辰佔據今內蒙古河套一帶，後被拓跋珪所滅。傳見《魏書》卷九十五。

【校　記】 1新蔡王　原作「新秦王」。胡三省注云：「『秦』當作『蔡』。」嚴衍《通鑑補》改作「新蔡王」，今據以校正。2緝　嚴衍《通鑑補》改作「輯」。3閤　據章鈺校，孔天胤本作「閣」。按，二字通。

【語　譯】 冬季，十月十一日甲午，後燕擔任中衛將軍的衛雙犯了罪，後燕主慕容盛令他自殺而死。輔國將軍李早征討李朗，得勝返回，他聽到衛雙被賜死的消息，心中恐懼，便拋棄大軍獨自逃亡，當他逃到板陘的時候，又返回龍城向後燕主慕容盛請罪。後燕主慕容盛恢復了他的爵位，對擔任侍中的孫勍說：「輔國將軍李早作為帶兵打仗的將軍卻擅自丟下自己的軍隊逃亡，這是不可以赦免的罪行。然而過去先帝四處奔波流亡的時候，就連骨肉至親全都離心離德，公卿大臣也難免變節投敵，只有李早，能以一個宦官的身分，忠誠勤懇地追隨在先帝左右，毫不懈怠，始終如一，我念在他的功勞上才赦免了他。」

東晉擔任河南太守的辛恭靖率軍固守洛陽，已經堅守了一百多天，北魏的救兵卻仍然不見蹤影。後秦的軍隊遂攻佔了洛陽，俘虜了辛恭靖。辛恭靖見到後秦王姚興，不肯下拜，他說：「我不會做羌賊的臣子！」姚興便將辛恭靖囚禁起來，辛恭靖尋找機會，自己逃回了東晉。此後，淮河、漢水以北地區，很多城池都投降了後秦，並且將自己的親屬送到後秦去做人質。

北魏主拓跋珪任命擔任太尉的穆崇為豫州刺史，鎮所設在野王。

東晉會稽王司馬道子的世子司馬元顯，性情苛刻，放縱任性，想殺誰就殺掉誰，想要誰活就讓誰活。他下令徵調東部地區各郡中那些改變了奴隸身分而變成客戶的人，把他們叫做「樂屬」，遷移、安置到京師建康，用以充當兵役。東部各郡一片譁然，不論是客戶的主人，還是客戶自己都感到很痛苦。

孫恩利用民心的擾動不安，便趁機率領自己的部眾從海島出發，殺死了上虞縣的縣令，乘勝攻擊會稽郡。擔任會稽郡內史的王凝之，是王羲之的兒子，他家世代尊奉天師道，他得知孫恩率眾殺來，既不出兵反擊，也不進行戒備防禦，每天就是坐在道室裡磕頭、念咒。屬下的官員請求出兵討伐孫恩，王凝之卻說：「我已經請來了得道的大仙，借來了陰曹地府的鬼兵，令他們堅守各個渡口要塞，每處都有數萬鬼兵，你們用不著擔心。」等到孫恩率軍逐漸逼近，這才允許諸將率軍出戰，而此時孫恩的部眾已經逼近郡城之下。十一月初二日甲寅，孫恩攻陷了會稽郡，會稽郡內史王凝之出城逃走，被孫恩捉住殺死，連同他的幾個兒子也一同被殺。王凝之的妻子謝道蘊是謝奕的女兒，她聽到亂民已經攻入郡城的消息，一點也不慌亂，行動舉止和平時一樣，她讓婢女用滑竿抬著她，抽出佩刀，走出家門，親手殺死了好幾個人才被亂民捉住。擔任吳國內史的桓謙、擔任臨海太守的新蔡王司馬崇以及擔任義興郡太守的魏隱全都棄郡逃走。於是會稽郡人謝鍼、吳郡人陸瓌、吳興人丘尪、義興人許允之、臨海人周胄、永嘉人張永等以及東陽、新安總計八個郡的民眾同時起兵，他們殺死了郡中的長吏來響應孫恩，只十來天的時間，孫恩的部眾就達到了數十萬。

擔任吳興太守的謝邈、擔任永嘉太守的司馬逸、嘉興公爵顧胤、南康公爵謝明慧、以及擔任黃門郎的謝沖、張琨、擔任中書郎的孔道等全被孫恩的黨羽殺死。謝邈、謝沖都是謝安的姪子。當時三吳地區享受太平的時間已經很久了，因此人民已經不知道該怎樣打仗，所以各郡縣的士兵全都望風而逃，立時崩潰。

孫恩佔據了會稽，自稱征東將軍，他強迫那些社會上頭面的人物做他的僚屬，他把自己的同黨稱為「長生人」。民眾中有誰不肯與他們同流合汙，他就將誰全家殺死，連同嬰孩也不肯放過，被他殺死的有十分之七、八。他還把各縣的縣令殺死，剁成肉醬，強迫他們的妻小吃下去，不肯吃的，就要被殺死、肢解。所過之處搶劫財物、燒掉民房、焚毀府庫倉廩、砍光樹木、填平水井，然後把各地的百姓都拘押到會稽郡城集中。有的婦女因為懷中抱有嬰兒，不能前去，就把懷中的嬰兒扔到水中，說：「祝賀你先登天堂仙界，我隨後就來找你。」孫恩上表給晉安帝司馬德宗，開列出會稽王司馬道子和他的世子司馬元顯的種種罪狀，請求朝廷誅殺司馬道子和司馬元顯。

自從晉安帝繼承皇位以來，朝廷和地方軍閥互相對立，朝廷駕御不了地方，京師建康以南地區，全被控制在荊州刺史殷仲堪和江州刺史桓玄的手中，而建康以西地區則被把持在豫州刺史的手中，京口地區以及長江以北地區則全在劉牢之和擔任廣陵相的高雅之的控制之下，朝廷政令所能達到的地方只有吳郡、吳興、會稽三個郡。等到孫恩起兵作亂，會稽、臨海、永嘉、東陽、新安、吳興、吳郡、義興八個郡全部被孫恩所佔有。而京畿地區所屬各縣，處處都有盜賊蜂擁而起，孫恩的黨羽也有人潛伏在京師建康，煽動民眾擾亂民心，於是人人驚恐不安，朝廷總是擔心說不定什麼時候就會突然鬧出事來，於是京城內外全面實行戒嚴。加授司馬道子代表生殺大權的黃鉞，任命司馬元顯兼任中軍將軍，令擔任徐州刺史的謝琰兼任都督吳興、義興軍事，出兵討伐孫恩；劉牢之也發兵討伐孫恩，他將表章呈遞朝廷之後，不等批准就即刻出發。

西秦提升擔任金城太守的辛靜為右丞相。

十二月十二日甲午，後燕擔任燕郡太守的高湖率領三千戶居民投降了北魏。高湖，是高泰的兒子。〇二十四日丙午，後燕主慕容盛封自己的弟弟慕容淵為章武公、慕容虔為博陵公，封自己的兒子慕容定為遼西公。〇二十五日丁未，後燕皇太后段氏去世，謚號為惠德皇后。

謝琰斬殺了義興亂民首領許允之，迎接義興太守魏隱回到義興，然後乘勝攻擊吳興亂民首領丘尪，將丘侹擊敗。謝琰與劉牢之聯合作戰，一面戰鬥，一面向前推進，所向無敵。謝琰將自己指揮的軍隊駐紮在烏程，派遣手下擔任司馬的高素協助劉牢之，進軍浙江。晉安帝司馬德宗下詔任命劉牢之為都督吳郡諸軍事。

當初，東晉彭城人劉裕，出生之後母親就去世了，劉裕的父親劉翹僑居於京口，因為家中貧窮，養活不起，就準備把剛出生的劉裕拋棄。同郡人劉懷敬的母親，是劉裕的姨母，她剛生下劉懷敬還不到一年，聽到消息以後，趕緊跑到劉裕家中搭救劉裕，她斷了劉懷敬的奶水，而把奶水餵給劉裕。等到劉裕長大之後，勇敢強健，胸懷大志。僅僅認識幾個字，依靠賣草鞋維持生活，卻喜好賭博，因此鄉里人都看不起他。劉牢之率領大軍攻擊孫恩，便提拔劉裕做了參軍事，讓他帶領幾十個人去偵察賊人的虛實。劉裕在執行偵察任務的時候，突然遭遇了數千名賊寇，他立即迎上前去攻擊賊寇，隨同他偵察的幾十個人全都戰死了，劉裕也跌落到河岸之下。敵人來到河岸邊，準備下去殺死劉裕，劉裕卻揮舞長刀，仰面砍殺了好幾個人，並趁勢騰身躍上河岸，一面大聲呼喊，一面追殺賊寇，賊寇震驚之下全部逃走，劉裕殺死殺傷了好多人。劉敬宣很奇怪劉裕這麼長時間不回來，遂率軍去尋找他，看見劉裕獨自一個人驅散了數千人，全都驚歎不已。於是趁機進前攻擊賊人，將賊人打得大敗，斬殺、俘虜了一千多人。

當初，孫恩聽到八個郡的民眾都起來響應，就對自己的屬下說：「天下不會再有什麼大事了，我要與各位一同穿上官服前往京師建康去做皇帝。」不久聽說劉牢之率軍抵達錢塘江北岸，孫恩說：「我們只要佔據浙江以東地區，至少還可以做一個像越王句踐那樣的君主！」十二月二十六日戊申，劉牢之率領大軍渡過錢塘江，孫恩又說：「我不認為暫時的逃走就是羞恥。」於是驅趕著男女二十多萬向東逃走，把許多寶物、子女全都丟棄在道路之上，劉牢之所率領的官軍爭相拾取，孫恩因此得以逃脫，又逃回了海島。擔任司馬的高素在山陰擊敗了孫恩的黨羽，殺死了孫恩任命的吳郡太守陸瓌、吳興太守丘侹、餘姚縣令吳興人沈穆夫。

東晉東部各郡遭遇孫恩之亂，全都企盼著朝廷軍到來，不久，劉牢之等放縱軍士任意侵暴百姓、劫奪財物，東部士民大失所望，郡縣城中的人全部逃走，再也看不到一個人影，過了一個多月以後，才逐漸有人返回。朝廷擔心孫恩再次出來作亂，於是任命謝琰為會稽郡太守，都督會稽、臨海、東陽、永嘉、新安五郡軍事，率領徐州的文武官員在沿海各縣設防。

東晉朝廷任命司馬元顯為錄尚書事。當時的人全都稱會稽王司馬道子為「東錄」，稱司馬元顯為「西錄」；西錄司馬元顯的府第門前，整天人來人往，車馬擁擠不堪，而東錄司馬道子的府第門前則很少有人往來，冷清得可以張網捕雀。

司馬元顯並沒有良師益友，他所親近的大多都是一些奸佞諂媚的小人，有人頌揚司馬元顯是當時的英雄豪傑，有人讚揚司馬道子是風流名士。司馬元顯因此而日益驕奢淫逸起來，他示意主管禮儀的官員，讓他們提議：司馬元顯德高望重，已經統領文武百官，文武百官應該向他表示特殊的恭敬。於是從公卿以下，見到司馬元顯全都磕頭參拜。當時因為屢屢出兵打仗，國庫已經空虛、資用枯竭，從司徒以下每天只有七升糧食的俸祿，而司馬元顯卻無休止地聚斂財富，他的財富超過了皇室。

東晉擔任荊州刺史的殷仲堪懼怕江州刺史桓玄的飛揚跋扈，於是便與擔任雍州刺史的楊佺期結成姻親，互為援助。楊佺期多次想要發兵攻擊桓玄，卻每次都被殷仲堪阻止。桓玄也擔心自己最終會被殷仲堪和楊佺期消滅，於是便告訴朝廷中掌權的人，請求擴大自己的管轄範圍；朝中的實權人物也想從中製造矛盾，讓他們互相對抗，於是加授桓玄為都督荊州管轄之下的長沙、衡陽、湘東、零陵四郡軍事，又任命桓玄的哥哥桓偉代替楊佺期的哥哥楊廣為南蠻校尉。楊佺期既憤怒又恐懼。楊廣想要起兵抗拒桓偉到任，而殷仲堪不允許，他派楊廣去擔任宜都、建平二郡太守。楊佺期的堂弟楊孜敬先前擔任江夏相，桓玄率軍襲擊，並劫持了楊孜敬，讓他為自己擔任諮議參軍。

東晉擔任雍州刺史的楊佺期集結兵力，豎起帥旗，聲言為了援救洛陽，實際上卻是想與荊州刺史殷仲堪聯合起來共同襲擊桓玄。殷仲堪雖然表面上與楊佺期結好而內心對楊佺期卻心懷疑慮，於是苦苦勸阻楊佺期不要起兵討伐桓玄；他擔心自己的勸阻無效，楊佺期會單獨採取行動，於是又派自己的堂弟殷遹率軍屯駐在州境的北部，希望能夠阻遏楊佺期。楊佺期既不能獨自採取行動，又摸不透殷仲堪打的是什麼主意，只好解散軍隊。

擔任荊州刺史的殷仲堪生性多疑卻又缺少決斷，擔任諮議參軍的羅企生對自己的弟弟羅遵生說：「殷侯為人仁厚，卻遇事拿不定主意，一定會遭遇災難。我蒙受了殷侯的知遇之恩，從道義上講，我不能離他而去，必定要為他而死。」

這一年，荊州遭遇了特大洪水，平地水深三丈，荊州刺史殷仲堪把倉庫中的所有糧食儲備全部拿出來賑濟了飢餓的災民。桓玄準備趁荊州遭遇洪水之災、府庫空虛的機會攻擊殷仲堪，於是出兵西進，他對外也宣稱是去救援洛陽，並寫信給荊州刺史殷仲堪說：「雍州刺史楊佺期蒙受國家厚恩，卻眼睜睜地看著洛陽境內的皇家陵墓失守而不救，我們應該共同聲討他的罪行。我應當率軍到達漢水流域，討伐楊佺期，將楊佺期除掉，目前已經駐兵於九江口。如果你允許我，而沒有別的意見，你可以逮捕楊廣，將楊廣殺死；如果不能這樣做，我就要率軍進入長江，逆流而上進攻荊州。」當時巴陵還儲存著一些糧食，桓玄已經先期派人襲擊了巴陵，奪取了那裡的糧食。被任命為梁州刺史的郭銓正要到漢中赴任，途中經過夏口，桓玄詐稱朝廷派遣郭銓為自己充當前鋒官，於是把襲擊江夏時接管的楊孜敬的兵眾授予郭銓，令郭銓督促各路軍馬同時並進，並祕密通知自己的哥哥、擔任南蠻校尉的桓偉，令他為自己做內應。桓偉接到桓玄的通知後，驚慌失措，不知如何是好，竟然把桓玄寫給自己的書信拿給殷仲堪觀看。殷仲堪於是逮捕了桓偉作為人質，並命令桓偉給桓玄寫信，勸他取消此次的軍事行動，言辭懇切到了極點。桓玄說：「殷仲堪遇事沒有決斷，常常顧慮失敗之後怎麼辦，總希望給自己留條後路，為自己的小孩考慮，我哥哥肯定不會有生命危險。」

殷仲堪派遣自己的堂弟殷遹率領七千名水軍前往西江口，桓玄派梁州刺史郭銓以及部將、故秦太子苻宏率軍攻擊殷遹，殷遹等戰敗逃走。桓玄進駐巴陵，把巴陵倉庫中的糧食作為自己的軍糧。殷仲堪派遣楊廣和自己的姪子殷道護等率軍抵抗桓玄，全被桓玄的軍隊打敗。江陵為此驚恐不安。

此時，江陵城中因為缺乏糧食，就把芝麻發放給士兵當口糧。桓玄乘勝進抵零口，零口距離江陵只有二十里，殷仲堪趕緊派人向雍州刺史楊佺期求救。楊佺期說：「江陵沒有糧食，如何抵抗得了敵人？你可以到我這裡來，我們共同守衛襄陽。」殷仲堪一心要保住自己的軍事力量和荊州全境，不想放棄江陵城逃走，於是便欺騙楊佺期說：「近來搜集到一些糧食，已經有了一定的糧食儲備。」楊佺期聽信了殷仲堪的話，便率領八千名步兵、騎兵南下荊州，楊佺期的軍隊鎧甲精良，在陽光的照耀下閃閃發光，等到了荊州江陵，殷仲堪只能用白飯來犒賞他的軍士。楊佺期不禁勃然大怒說：「這次註定要失敗了！」於是沒有與殷仲堪見面，就與自己的哥哥楊廣共同出兵攻擊桓玄。桓玄畏懼楊佺期的銳氣，遂將軍隊撤退到馬頭。第二天，楊佺期率軍緊急攻打郭銓，幾乎將郭銓活捉。恰好桓玄率大軍及時趕到，將楊佺期打得大敗，楊佺期單人匹馬準備逃往雍州治所襄陽。荊州刺史殷仲堪逃出江陵投奔酇城。桓玄派將軍馮該追擊楊佺期以及楊廣，馮該把楊佺期和楊廣全部抓獲，並將他們兄弟二人殺死，將他們的首級通過驛站傳送到京師建康。楊佺期的弟弟楊思平、堂弟楊尚保、楊孜敬全都逃入少數民族聚居區。殷仲堪聽到楊佺期已死的消息，便率領數百人準備逃往後秦的都城長安，他們跑到冠軍城的時候，被馮該追上活捉，在返回途中，經過柞溪，馮該逼迫殷仲堪自殺，同時殺死了殷仲堪的姪子殷道護。殷仲堪敬奉天師道，他在向鬼神祭祀祈禱時出手大方，毫不吝惜，而對真正需要救助的人卻極其吝嗇。他喜好用小恩小惠來討好人，有人生了病，殷仲堪親自為病人診脈、開藥方，考慮問題翻來覆去，難以作出決定，由於缺少政治遠見和謀略，所以導致最後敗亡。

身為荊州刺史的殷仲堪在出逃的時候，屬下的文武官員，竟然沒有人跟隨他，只有羅企生一個人跟隨在他的身邊。逃亡路上經過自己的家門，羅企生的弟弟羅遵生說：「如此的生離死別，怎麼能連手都不握一下？」羅企生才旋轉馬頭，把自己的手遞給羅遵生，羅遵生力大無比，他握住哥哥的手，趁勢把他拉下馬來，說：「家中還有老母親，你要跑到哪裡去？」羅企生擦拭著眼淚說：「今天這件事，我必須以死跟隨殷侯；有你們在家奉養老母，也不失為子之道。一家之中，有忠臣有孝子，還有什麼遺憾？」羅遵生越加緊緊地抱住自己的哥哥不肯放手，殷仲堪站在路上等待著羅企生，看到羅企生無法脫身，遂催馬前去。等到桓玄進入江陵之後，荊州人士全都去拜見桓玄，投靠了桓玄，只有羅企生不去，只管替殷仲堪經管家事。有人對他說：「你這樣做，必定會招來大禍！」羅企生說：「殷侯把我當做國士一樣對待，只是因為受到弟弟的牽制，沒有能夠追隨殷侯，與他一起消滅叛黨桓玄，還有什麼臉面到桓玄那裡去求生呢？」桓玄得知以後非常憤怒，然而因為一向對羅企生有所厚愛，所以就先派人對羅企生說：「如果你能夠向我道歉，我就不再追究你的事情。」羅企生回答說：「我作為荊州刺史殷侯的屬吏，面對著荊州刺史的失敗，我卻無力相救，我還有什麼可以向你道歉的？」桓玄於是將羅企生逮捕，又派人詢問羅企生還想說什麼。羅企生回答說：「晉文帝殺了嵇康，而嵇康的兒子嵇紹後來成了晉國的忠臣。我向你請求放過我的一個弟弟，讓他侍奉我的老母親！」桓玄於是殺死了羅企生而赦免了他的弟弟羅遵生。

後涼天王呂光病勢沉重，他立太子呂紹為天王，自己號稱太上皇帝，任命太原公呂纂為太尉，任命常山公呂弘為司徒。他對天王呂紹說：「如今國家多災多難，南涼禿髮氏、北涼段氏、西秦乞伏氏，這三個強大的鄰國隨時都在窺伺我們，尋找機會吞併我們，我死之後，你讓太尉呂纂統帥六軍，令司徒呂弘管理朝政，你只管拱手端坐在寶座之上，什麼事情都不要管，將國家重任委託給你的兩位哥哥，或許能夠獲得成功。如果你們兄弟之間互相猜忌，那麼兄弟之間互相殘殺的災禍很快就會發生了。」呂光又對擔任太尉的太原公呂纂、擔任司徒的常山公呂弘說：「呂紹沒有撥亂反正、處理國家大事的才能，只不過按照宗法制度，繼承人必須是嫡長子，所以才勉強地讓他當了一國的君主。如今境外有強大的賊寇，國內人心不穩，你們兄弟之間要團結和睦，國運才能長久；如果你們內部互相算計，則災禍只在旋踵之間就會降臨。」呂纂、呂弘哭泣著回答說：「我們不敢互相謀害。」呂光又拉著呂纂的手，警告他說：「你的性情粗魯兇暴，我非常為你感到擔憂。你要好好輔佐呂紹，千萬不要聽信小人的讒言！」這一天，後涼太上皇帝呂光去世。天王呂紹封鎖了呂光逝世的消息，沒有對外進行發布，太原公呂纂強行推開內殿的門，進入內殿，在自己父親的靈前盡情地痛哭了一場，這才離開。呂紹非常恐懼，就要把王位讓給呂纂，呂紹說：「哥哥功勞最高，年紀又最長，應該由你來繼承王位。」呂纂說：「陛下是年長的嫡長子，我怎麼敢冒犯你！」呂紹堅決辭讓，呂纂堅決不答應。

後涼擔任驃騎將軍的呂超對天王呂紹說：「太原公呂纂擔任軍隊統帥已經有很多年，他的聲威震懾朝廷內外，他在先帝喪事期間並不哀痛，步子邁得很高，眼睛看著遠方，必定有背叛之心，應該盡早把他除掉。」

呂紹說：「先帝臨終時說的話好像還在耳邊，怎麼能拋在腦後？我以不到二十歲的年紀，擔負著治理國家的重任，正需要依靠二位哥哥來安定國家，即使他們想要謀害我，我也會視死如歸，終究不忍心產生除掉哥哥的惡毒念頭。你不要再說了！」太原公呂纂在湛露堂晉見天王呂紹，驃騎將軍呂超手握佩刀在呂紹身旁侍立，他用眼神示意呂紹將呂纂逮捕起來，呂紹沒有答應。呂超，是呂光的弟弟呂寶的兒子。

後涼常山公呂弘祕密地派擔任尚書的姜紀對太原公呂纂說：「天王愚昧懦弱，沒有能力治理這個多災多難的國家。哥哥一向享有很高的威望，恩德素著，應該為國家社稷考慮，不能死守小節。」呂纂於是在夜間親自率領數百名勇士翻過姑臧北城，進攻廣夏門，常山公呂弘也率領東苑的兵眾用大斧砍開洪範門。擔任左衛將軍的齊從正在守衛融明觀，他迎上前去問：「什麼人？」眾人回答說：「是太原公。」齊從說：「國家剛剛遭遇了大變故，主上剛剛即位，太原公不走正道，卻在深夜翻牆闖入禁城，難道是要謀反嗎？」於是抽出佩劍，逕直向前砍去，正好砍中呂纂的前額，呂纂身邊的侍衛將齊從捉住。呂纂說：「這是忠義之士，不要殺死他！」天王呂紹派遣擔任虎賁中郎將的呂開率領禁衛軍在端門抵抗呂纂，驃騎將軍呂超率領二千名士卒趕來增援。這些士卒一向懼怕呂纂，全都不敢上前交戰就自行潰散。呂纂從青角門進入禁城，登上謙光殿。天王呂紹登上紫閣自殺身亡。驃騎將軍呂超逃往廣武。

後涼太原公呂纂畏懼擔任司徒的常山公呂弘的軍隊勢力強大，就把王位讓給呂弘。呂弘說：「我是因為呂紹是弟弟卻繼承了大統，眾人心中不服，所以才違背先帝的遺囑把呂紹廢掉，我辜負了黃泉之下的父王，已經心懷愧疚！如果越過哥哥而自立為王，豈是我呂弘的本意？」呂纂於是讓呂弘出宮告訴眾人說：「先帝臨終之時，留下遺詔讓我們這樣做。」群臣都說：「只要國家有了君主，誰還敢違抗！」呂纂於是即位為天王。實行大赦，改年號為「咸寧」，為呂光上諡號為懿武皇帝，廟號太祖；追諡呂紹為隱王。任命呂弘為大都督、督中外諸軍事、大司馬、車騎大將軍、司隸校尉、錄尚書事，改封番禾郡公。

後涼天王呂纂對左衛將軍齊從說：「你前天用佩刀砍我的時候，是不是做得太過分了？」齊從哭泣著說：「隱王是先帝所立的繼承人；陛下雖然是上應天命下順民心，而我的心裡並不明白這些，當時唯恐不能將陛下砍死，怎麼能說是過分呢？」呂纂讚賞他的忠誠，對他很好。

後涼天王呂纂的叔父、擔任征東將軍的呂方正在鎮守廣武，呂纂派使者前往廣武，對呂方說：「驃騎將軍呂超確實是一個忠臣，其義氣、勇敢都很值得嘉獎，只是不懂得國家大事，不知道通權達變。我還要依靠他，以解決社會上的大問題，請把我的這番心意告訴他。」呂超上疏給天王呂纂，向呂纂請罪，呂纂恢復了呂超的爵位。

這一年，後燕主慕容盛任命河間公慕容熙為都督中外諸軍事、尚書左僕射，兼任中領軍。

故匈奴部落首領劉衛辰的兒子劉文陳投降了北魏，北魏主拓跋珪把拓跋氏的女兒嫁給劉文陳為妻，任命劉文陳為上將軍，賜他姓宿氏。

四年（庚子　西元四〇〇年）

春，正月壬子朔❶，燕主盛大赦，自貶號為庶人天王❷。

魏材官將軍❸和跋[1]襲盧溥❹於遼西❺，戊午❻，克之，禽溥及其子煥，送平城，車裂之。燕主盛遣廣威將軍孟廣平救溥，不及，斬魏遼西守宰❼而還。

乙亥❽，大赦❾。

西秦王乾歸遷都苑川❿。

禿髮利鹿孤大赦，改元「建和」⓫。

高句麗王安⓬事燕禮慢，二月丙申⓭，燕王[2]盛自將兵三萬襲之，以驃騎大將軍熙為前鋒，拔新城、南蘇⑭二城，開境七百餘里，徙五千餘戶而還。熙勇冠諸將，盛曰：「叔父雄果⑮，有世祖⑯之風，但弘略不如⑰耳！」

初，魏主珪納劉頭眷⑱之女，寵冠後庭，生子嗣⑲。及克中山⑳，獲燕主寶之幼女。將立皇后，用其國故事㉑，鑄金人以卜之㉒，劉氏所鑄不成，慕容氏成。三月戊午㉓，立慕容氏為皇后。

桓玄既克荊、雍，表求領㉔荊、江二州。詔以玄為都督荊・司・雍・秦・梁・益・寧七州諸軍事、荊州刺史；以中護軍桓脩㉕為江州刺史。玄上疏固求江州，於是進玄督八州及揚、豫八郡㉖[3]諸軍事，復領江州刺史。玄輒㉗以兄偉為雍州刺史，朝廷不能違。又以從子振為淮南㉘太守。

涼王纂以大司馬弘功高地逼，忌之；弘亦自疑，遂以東苑之兵作亂，攻纂。纂遣其將焦辦擊之，弘眾潰，出走。纂縱兵大掠，悉以東苑婦女賞軍，弘之妻子㉙亦在中。纂笑謂群臣曰：「今日之戰何如？」侍中房晷對曰：「天禍涼室，憂患仍臻㉚。先帝始崩，隱王廢黜；山陵甫訖㉛，大司馬稱兵㉜；京師流血，昆弟接刃㉝。雖弘自取夷滅，亦由陛下無常棣之恩㉞，當省己責躬㉟以謝百姓；乃更縱兵大掠，囚辱士女。釁自弘起，百姓何罪？且弘妻，陛下之弟婦；弘女，陛下之姪也，柰何使無賴小人辱為婢妾㊱？天地神明，豈忍見此？」遂歔欷流涕。纂改容謝之，召弘妻子寘於東宮，厚撫之㊲。

弘將奔禿髮利鹿孤，道過廣武，詣呂方㊳。方見之，大哭曰：「天下甚寬，汝何為至此？」乃執弘送獄。纂遣力士康龍就拉殺之。

纂立妃楊氏為后，以后父桓為尚書左僕射、涼都尹㊴。

辛卯㊵，燕襄平令㊶段登等謀反，誅。

涼王纂將伐武威王利鹿孤，中書令楊穎諫曰：「利鹿孤上下用命㊷，國未有釁，不可伐也。」不從。利鹿孤使其弟傉檀拒之。夏，四月，傉檀敗涼兵於三堆㊸，斬首二千餘級。

初，隴西李暠㊹好文學㊺，有令名㊻。嘗與郭黁㊼及同母弟㊽敦煌宋繇同宿，黁起謂繇曰：「君當位極人臣，李君終當有國家㊾。有騧[4]馬生白額駒，此其時也㊿。」及孟敏(51)為沙州刺史，以暠為效穀(52)令；宋繇事北涼王業，為中散常侍(53)。孟敏卒，敦煌護軍馮翊郭謙(54)、沙州治中(55)敦煌索仙等以暠溫毅有惠政，推為敦煌太守。暠初難之(56)，會宋繇自張掖告歸(57)，謂暠曰：「段王無遠略，終必無成。兄忘郭黁之言邪？白額駒今已生矣。」暠乃從之，遣使請命於業。業因以暠為敦煌太守。

右衛將軍敦煌索嗣言於業曰：「李暠不可使處敦煌。」業遂[5]以嗣代暠為敦煌太守，使帥五百騎之官。嗣未至二十里[58]，移暠迎己[59]；暠驚疑，將出迎之。效穀令張邈及宋繇止之曰：「段王闇弱，正是英豪有為之日。將軍據一國成資[60]，奈何拱手授人？」嗣自恃本郡，謂人情附己，不意將軍猝能拒之[61]，可一戰擒也。」暠從之。先遣繇見嗣，啗以甘言[62]。繇還，謂暠曰：「嗣志驕兵弱，易取也。」暠乃遣邈、繇與其二子歆、讓[63]逆擊[64]嗣[6]，嗣敗走，還張掖。暠素與嗣善，尤恨之，表業[65]請誅嗣。沮渠男成[66]亦惡嗣，勸業除之。業乃殺嗣，遣使謝暠，進暠都督涼興[67]以西諸軍事、鎮西將軍。

吐谷渾視羆[68]卒，世子樹洛干方九歲，弟烏紇堤立。妻樹洛干之母念氏，生慕璝、慕延。烏紇堤懦弱荒淫，不能治國；念氏專制國事，有膽智，國人畏服之。

燕前將軍段璣[69]，太后段氏之兄子也，為段登[70]辭所連及，五月壬子[71]，逃奔遼西。

丙寅[72]，衛將軍東亭獻侯王珣[73]卒。

己巳[74]，魏主珪東如涿鹿[75]，西如馬邑[76]，觀㶟源[77]。

戊寅[78]，燕段璣復還歸罪[79]。燕王盛赦之，賜號曰思悔侯，使尚公主[80]，入直殿內[81]。

謝琰以資望[82]鎮會稽，不能綏懷[83]，又不為武備。諸將咸諫曰：「賊近在海浦，伺人形便[84]，宜開其自新之路[85]。」琰不從，曰：「苻堅之眾百萬，尚送死淮南[86]；孫恩小賊，敗死入海，何能復出？若其果出，是天欲殺之也。」既而恩寇浹口[87]，入餘姚[88]，破上虞[89]，進及邢浦[90]，琰遣參軍劉宣之擊破之，恩退走。少日，復寇邢浦，官軍失利，恩乘勝徑進[91]。己卯[92]，至會稽。琰尚未食，曰：「要當先滅此賊而後食[93]。」因跨馬出戰，兵敗，為帳下都督張猛所殺。吳興[94]太守庾桓恐郡民復應恩，殺男女數千人。恩轉寇臨海[95]。朝廷大震，遣冠軍將軍桓不才、輔國將軍孫無終、寧朔將軍高雅之拒之。

秦征西大將軍隴西公碩德[96]將兵五萬[7]伐西秦，入自南安峽[97]。西秦王乾歸帥諸將拒之，軍于隴西[98]。

楊軌[99]、田玄明[100]謀殺武威王利鹿孤，利鹿孤殺之。

六月庚辰朔[101]，日有食之。○以琅邪王師[102]何澄為尚書左僕射。澄，準[103]之子也。

甲子[104]，燕大赦。

涼王纂將襲北涼，姜紀諫曰：「盛夏農事方殷[105]，且宜息兵。今遠出嶺西[106]，禿髮氏乘虛襲京師，將若之何？」不從。進圍張掖，西掠建康[107]。禿髮傉檀聞之，將萬騎襲姑臧，纂弟隴西公緯憑北城[108]以自固。傉檀置酒朱明門[109]上，鳴鐘鼓，饗將士，曜兵[110]於青陽門[111]，掠八千餘戶而去。纂聞之，引兵還。

秋，七月壬子[112]，太皇太后李氏[113]崩。〇丁卯[114]，大赦。

西秦王乾歸使武衛將軍慕兀等屯守[115]，秦軍樵采路絕[116]，秦王興潛引兵救之。乾歸聞之，使慕兀帥中軍[117]二萬屯柏楊[118]，鎮軍將軍羅敦帥外軍四萬屯侯辰谷[119]，乾歸自將輕騎數千前候[120]秦兵。會大風昏霧，與中軍相失，為追騎所逼，入於外軍。旦，與秦戰，大敗，走歸苑川[121]，其部眾三萬六千皆降於秦。興進軍枹罕[122]。

乾歸奔金城[123]，謂諸豪帥曰：「吾不才，叨竊名號[124]，已踰一紀[125]，今敗散如此，無以待敵[126]，欲西保允吾[127]。若舉國而去，必不得免[128]。卿等留此，各以其眾降秦，以全宗族，勿吾隨也。」皆曰：「死生願從陛下。」乾歸曰：「吾今將寄食於人[129]，若天未亡我，庶幾[130]異日克復舊業，復與卿等相見。今相隨而死，無益也。」乃大哭而別。乾歸獨引數百騎奔允吾，乞降於武威王利鹿孤。利鹿孤遣廣武公傉檀迎之，寘於晉興(131)，待以上賓之禮。鎮北將軍禿髮俱延言於利鹿孤曰：「乾歸本吾之屬國(132)，因亂自尊(133)，今勢窮歸命(134)，非其誠款，若逃歸姚氏(135)，必為國患。不如徙置乙弗(136)之間，使不得去。」利鹿孤曰：「彼窮來歸我，而逆疑(137)其心，何以勸來者(138)？」俱延，利鹿孤之弟也。

秦兵既退，南羌(139)梁戈等密招乾歸，乾歸將應之。其臣屋引阿洛(140)以告晉興太守陰暢，暢馳白利鹿孤，利鹿孤遣其弟吐雷帥騎三千屯捫天嶺(141)。乾歸懼為利鹿孤所殺，謂其太子熾磐曰：「吾父子居此，必不為利鹿孤所容。今姚氏方強，吾將歸之，若盡室(142)俱行，必為追騎所及；吾以汝兄弟及汝母為質，彼必不疑。吾在長安，彼終不敢害汝也。」乃送熾磐等於西平(143)。八月，乾歸南奔枹罕(144)，遂降於秦。

丁亥(145)，尚書右僕射王雅(146)卒。

九月癸丑(147)，地震。

涼呂方(148)降於秦，廣武民三千餘戶奔武威王利鹿孤。

冬，十一月，高雅之與孫恩戰於餘姚，雅之敗，走山陰(149)，死者什七、八。詔以劉牢之都督會稽等五郡，帥眾擊恩，恩走入海。牢之東屯上虞，使劉裕戍句章(150)。吳國內史袁崧[8]築滬瀆壘(151)以備恩。崧，喬(152)之孫也。

會稽世子元顯求領徐州(153)，詔以元顯為開府儀同三司、都督揚・豫・徐・兗・青・幽・冀・并・荊・江・司・雍・梁・益・交・廣十六州諸軍事，領徐州刺史，封其子彥璋[9]為東海(154)王。

乞伏乾歸至長安，秦王興以為都督河南(155)諸軍事、河州(156)刺史、歸義侯。久之，乞伏熾磐欲逃詣乾歸，武威王利鹿孤追獲之。利鹿孤將殺熾磐，廣武公傉檀曰：「子而歸父，無足深責，宜宥(157)之以示大度。」利鹿孤從之。

秦王興遣晉將劉嵩等(158)二百餘人來歸。

北涼晉昌(159)太守唐瑤叛，移檄六郡(160)，推李暠為冠軍大將軍、沙州(161)刺史、涼公，領敦煌太守。暠赦其境內，改元「庚子」(162)。以瑤為征東將軍，郭謙為軍諮祭酒(163)，索仙為左長史，張邈為右長史，尹建興為左司馬，張體順為右司馬。遣從事中郎(164)宋繇東伐涼興(165)，并擊玉門(166)已西諸城，皆下之。

酒泉太守王德亦叛北涼，自稱河州刺史。北涼王業使沮渠蒙遜討之。德焚城，將部曲奔唐瑤，蒙遜追至沙頭(167)，大破之，虜其妻子、部落而還。

十二月戊寅(168)，有星孛于天津(169)。會稽世子元顯以星變解錄尚書事(170)，復加尚書令。吏部尚書車胤以元顯驕恣，白會稽王道子，請禁抑[171]之。元顯聞而未察[172]，以問道子曰：「車武子屏人言及何事[173]？」道子弗答。固問之，道子怒曰：「爾欲幽我[174]，不令我與朝士語邪？」元顯出，謂其徒曰：「車胤間我父子。」密遣人責之。胤懼，自殺。

壬辰[175]，燕王盛立燕臺[176]，統諸部雜夷。

魏太史[177]屢奏天文乖亂[178]。魏主珪自覽占書[179]，多云改王易政[180]，乃下詔風勵羣下[181]，以帝王繼統，皆有天命，不可妄干[182]。又數變易官名[183]，欲以厭塞災異[184]。

儀曹郎董謐獻服餌僊經[185]，珪置仙人博士，立仙坊，煑鍊百藥，封西山以供薪蒸[186]。藥成，令死罪者試服之，多死，不驗。而珪猶信之，訪求不已。

珪常以燕王垂諸子分據勢要，使權柄下移，遂至[10]敗亡，深非之。博士公孫表希旨[187]上韓非書[188]，勸珪以法制御下[189]。左將軍李栗[11]性簡慢[190]，常對珪舒放不肅，咳唾任情[191]，珪積其宿過[192]，遂誅之，羣下震栗[12]。

丁酉[193]，燕王盛尊獻莊后丁氏為皇太后[194]，立遼西公定[195]為皇太子。大赦。

是歲，南燕王德即皇帝位于廣固[196]，大赦，改元「建平」。更名「備德」，欲使吏民易避[197]。追諡燕王暐[198]曰「幽皇帝[199]」。以北地王鍾為司徒，慕輿拔為司空，封孚為左僕射，慕輿護為右僕射。立妃段氏為皇后。

【章旨】以上為第三段，寫隆安四年（西元四〇〇年）一年間的大事。其中主要寫了桓玄佔據荊、襄後，朝廷不得不任以為都督八州及揚豫八郡諸軍事，桓玄又以其兄桓偉為雍州刺史，以從子桓振為淮南太守，於是整個東晉遂再也無人敢惹；寫了晉將謝琰守會稽而不修武備，孫恩先攻餘姚、上虞，未幾又寇邢浦、會稽，謝琰輕敵兵敗，被部下所殺；孫恩轉寇臨海，朝廷派高雅之等拒之，高雅之又被孫恩所敗，死者十七八；朝廷又改派劉牢之都督會稽五郡兵討孫恩；寫了後秦的將領姚碩德率兵伐西秦，被乞伏乾歸截斷退路，姚興出兵救之，大破乞伏乾歸，致使乾歸不得不解散部眾，留質子於禿髮利鹿孤，而獨自歸降於後秦；寫了後涼的呂弘又反其兄呂纂，被呂纂破殺之；寫了呂纂伐利鹿孤，被利鹿孤之弟禿髮傉檀擊敗；寫了敦煌地區的效穀縣令李暠，被宋繇、郭謙、索仙等擁立為敦煌太守，其後晉昌太守唐瑤又叛段業，移檄六郡推李暠為沙州刺史，李暠東征西討，勢力漸強，「西涼」政權又初具規模；此外還寫了魏主拓跋珪在其雄才大略一面外，又有迷信星象災異之說，追求長生不死之術，以及施行嚴刑峻法，致使群下震慄等等。

【注釋】❶正月壬子朔　正月初一是壬子日。❷庶人天王　意謂以庶人（平民）的身分代理天王之事。❸材官將軍　晉以來主管土木建築，與漢代之材官將軍不同。❹盧溥　原是魏將，於上年叛魏降燕，受封為幽州刺史。❺遼西　燕郡名，郡治在今河北秦皇島市西南。❻戊午　正月初七。❼遼西守宰　遼西郡的太守與縣令。宰，縣令。❽乙亥　正月二十四。❾大赦　這句話的主語是晉安帝。❿苑川　城名，在今甘肅蘭州東北。⓫改元建和　在此以前是禿髮烏孤的年號「太初」（西元三九七—三九九年）。⓬高句麗王安　高句麗國的國王名安。高句麗是古代小國名，當時活動在今遼寧東南部及朝鮮北部一帶地區，都城丸都，即今吉林集安。⓭二月丙申　二月十五。⓮新城南蘇　二城名，新城在今遼寧撫順北，南蘇在今遼寧新賓西。⓯雄果　英雄、果敢。⓰世祖　指慕容垂，慕容熙之父，廟號世祖。⓱但弘略不如　只是在雄才大略方面略差一點。但，只。⓲劉

頭眷　《魏書》作「劉眷」，鮮卑部落頭領劉庫仁之弟，劉庫仁先曾交好於拓跋氏，後歸苻堅。苻堅敗後，劉庫仁被慕容氏所殺。事見《魏書》卷二十三。⑲生子嗣　所生的兒子名拓跋嗣，即後來的明元帝。⑳克中山　攻下慕容寶的京城。事見本書卷一百九安帝隆安元年。㉑其國故事　拓跋部族一貫的老章程。㉒鑄金人以卜之　李延壽《北史·后妃傳》：「魏故事：將立皇后，必令手鑄金人，以成者為吉，不則不得立也。」㉓三月戊午　三月初八。㉔領　兼任。㉕桓脩　此前朝廷討伐桓玄、殷仲堪時，曾任桓脩為荊州刺史，朝廷失敗妥協後，桓脩只得改任中護軍。事見本書卷一百十安帝隆安二年。㉖揚豫八郡　胡三省曰：「玄既督八州及揚豫八郡，則西極岷嶓，東盡歷陽、蕪湖，皆在其統矣。」㉗輒　便；就。㉘淮南　郡名，郡治壽春，即今安徽壽縣。㉙妻子　妻與女兒。㉚仍臻　連續而至。仍，頻繁；連續。臻，至；來到。㉛山陵甫訖　呂光的喪事剛剛辦完。山陵，隱指帝王的陵墓。甫，剛剛。㉜稱兵　舉兵。㉝昆弟接刃　兄弟之間動起刀槍。㉞無常棣之恩　不講兄弟之間的親密關係。《詩經·常棣》：「常棣之華，鄂不韡韡，凡今之人，莫如兄弟」；又曰：「兄弟鬩于牆，外禦其侮」云云，這是一首歌頌兄弟友好的詩。㉟省己責躬　反省自己，責備自己。㊱使無賴小人辱為婢妾　意即給那些無賴小人去做婢妾。辱為婢妾，把她們當做婢妾侮辱。㊲厚撫之　好好地安慰、撫養她們。㊳呂方　呂纂之叔，當時駐守廣武，今甘肅永登東南。㊴涼都尹　首都姑臧（今武威）所在郡的行政長官。㊵辛卯　四月十一。㊶襄平令　襄平縣令。襄平縣的縣治即今遼寧遼陽。㊷上下用命　上下一心，願為其主效死。㊸三堆　地名，在今青海大通河南。大通河當時叫浩亹水，流經今青海門源，至民和匯入湟水。㊹隴西李暠　隴西郡人李暠。隴西郡的郡治在今甘肅隴西縣東南。李暠，字玄盛，後來西涼政權的創建者。傳見《晉書》卷八十七。㊺文學　指文章、學術。㊻令名　美名。㊼郭黁　原是呂光的屬下，善看天象，因叛亂被打敗，逃奔乞伏乾歸。事見本書卷一百十安帝隆安二年。㊽同母弟　同母異父的弟弟。㊾有國家　指稱帝稱王。㊿有騍馬生白額駒二句　當有一匹母馬生出一匹額上長白毛的小馬駒時，那就是你們採取行動的時候了。騍馬，母馬。(51)孟敏　原為呂光的敦煌太守，後投歸段業，任沙州（州治在今敦煌西）刺史。事見本書卷一百十安帝隆安二年。(52)效穀　縣名，縣治在今甘肅敦煌東北。(53)中散常侍　即中散大夫，因其經常侍奉於帝王之側，故稱「中散常侍」。(54)馮翊郭謙　馮翊人，姓郭名謙。馮翊是郡名，郡治在今陝西大荔，當時屬姚興。(55)治中　刺史手下的大吏，相當於今之助理，握有實權。(56)難之　畏難；不想幹。(57)自張掖告歸　從當時的段業北涼政權請假而回。張掖當時是段業政權的都城所在地。(58)未至二十里　指尚在離目的地的二十里之外。(59)移暠迎己　通知李暠前來迎接。移，移書，猶今之所謂「通知」、「通報」。(60)據一國成資　現守著一個國家的現成基業，指割據敦煌可以建立國家。(61)不意將軍猝能拒之　他想不到你會突然起兵收拾他。不意，不會想到。猝，突然。(62)啗以甘言用甜言蜜語加以哄騙。啗，以食物餵人，此指誘騙。63二子歆讓　李歆、李讓。李歆字士業，後為西涼王。傳見《晉書》卷八十七。64逆擊　迎頭攻擊。65表業　上書請求段業。66沮渠男成　沮渠蒙遜的堂兄。67涼興　郡名，郡治在今甘肅敦煌東。68視羆　吐谷渾部落首領，與後燕慕容氏同出一祖，活動在今青海北部地區。傳見《晉書》卷九十七。69段璣　慕容盛的表兄弟。70段登　前為襄平縣令，因謀反被殺。71五月壬子　五月初三。72丙寅　五月十七。73東亭獻侯王珣　王導之孫，東亭侯是他的封號，獻字是謚。74己巳　五月二十。75涿鹿　縣名，縣治在今河北涿鹿東南。76馬邑　縣名，縣治即今山西朔縣。77㶟源　㶟水的源頭。㶟水即今之桑乾河，發源於今山西朔縣南的累頭山，東北流經大同南入河北，下游即今永定河。78戊寅　五月二十九。79歸罪　回來認罪。80尚公主　娶公主為妻。尚，上配。81入直殿內　進宮給皇帝值班守夜。直，同「值」。值班。82資望　資歷名望。謝琰是東晉名臣謝安之子。83綏懷　安撫、感化。84伺人形便　謂窺測人心與地形的有利條件，欲捲土重來。85開其自新之路　意即允許其改悔投降，獎勵其立功贖罪。86送死淮南　指苻堅六十萬人在淝水被謝玄等打敗事，見本書卷一百五孝武帝太元八年。謝琰當時亦參加此戰，故今輕視孫恩。87浹口　杭州灣南側的渡口名，在今浙江定海境內。88餘姚　即今浙江餘姚。89上虞　即今浙江上虞。90邢浦　在今浙江紹興北。91徑進　一直前進，猶如今之所謂「長驅直入」。92己卯　五月三十。93先滅此賊而後食　《左傳》成公二年齊頃公有所謂「余姑翦滅此而朝食」，今此謝琰效其語，表現了極其輕敵之狀。94吳興　郡名，郡治烏程，在今浙江湖州南。95臨海　郡名，郡治章安，在今浙江臨海市東南。96隴西公碩德　即姚碩德，姚萇之弟，姚興之叔。97南安峽　在今甘肅秦安東北。98隴西　郡名，郡治在今甘肅隴西縣東南。99楊軌　原是呂光的部將，後與郭麐一起反呂光，失敗後，楊軌投奔禿髮烏孤。事見本書卷一百十隆安二年。100田玄明　禿髮烏孤所立的西平太守。101六月庚辰朔　六月初一是庚辰日。102琅邪王師　琅邪王司馬德文（安帝之弟）的老師。103準　即何準，字幼道，晉穆帝的岳父，一生不仕。傳見《晉書》卷九十三。104甲子　六月初一是「庚辰」，本月中沒有「甲子」日，疑字有誤。105方殷　正忙。殷，繁重；厲害。106嶺西　此處的「嶺」指甘肅武威與張掖之間的大山。107建康　郡名，郡治在今甘肅酒泉東南。108北城　姑臧城北的小城。109朱明門　姑臧城的南門。110曜兵　炫耀武力。111青陽門　姑臧城的東門。112壬子　七月初四。113太皇太后李氏　孝武帝之母，安帝之祖母。114丁卯　七月十九。115屯守　指屯守隴西。116樵采路絕　砍柴與採集野菜野果的道路已被堵住，以言其入於絕境。當時秦軍在南安峽西，今甘肅秦安附近。117中軍　帝王身邊的軍隊。118柏楊　城名，在今甘肅清水縣西北。119侯辰谷　詳細方位不清楚。120候　哨探；偵察。121苑川　乞伏乾歸的都城，在今甘肅蘭州東北。122枹罕　當時興晉郡的郡治所在地，在今甘肅臨夏東北。123金城　在今蘭州西。124叩竊名號　謙指自己稱帝。叨竊，竊取；不當得而得。(125)已踰一紀　已經超過了十二年。一紀，十二年。乞伏乾歸從孝武帝太元十三年嗣位為西秦王，至今已十三年。(126)無以待敵　沒有辦法與敵兵相抗。待，應對。(127)允吾　縣名，縣治在今青海民和南，當時屬禿髮利鹿孤。(128)不得免　無法逃脫。(129)寄食於人　寄人籬下找飯吃。(130)庶幾　希望；或許能夠。(131)晉興　郡名，郡治在今青海樂都東南。(132)本吾之屬國　前隆安三年楊統曾說「乞伏氏本吾之部落」，胡三省注云：「乞伏與禿髮氏皆鮮卑也。」(133)自尊　指稱帝。(134)歸命　歸順而聽命，即「歸服」。(135)姚氏　指姚興的後秦政權。(136)乙弗　少數民族部落名，當時活動在今青海湖附近。(137)逆疑　事先就懷疑。逆，預先。(138)勸來者　鼓勵以後想來歸降的人。勸，鼓勵。(139)南羌　當時活動在今青海南部的羌族。(140)屋引阿洛　姓屋引，名阿洛，乞伏乾歸的部下。(141)捫天嶺　在今青海民和東南。(142)盡室　全家。(143)西平　今青海西寧，當時禿髮烏孤的國都。(144)奔枹罕　當時姚興駐軍於此。(145)丁亥　八月初九。(146)王雅　字茂達，能早識王恭之為人。傳見《晉書》卷八十九。(147)九月癸丑　九月初六。(148)呂方　呂纂之叔，當時駐守廣武，今甘肅永登東南。(149)山陰　縣名，縣治即今浙江紹興，也是會稽郡的郡治所在地。(150)句章　縣名，在今浙江寧波西。(151)滬瀆壘　堡壘名，在今上海市青浦東北。(152)喬　即袁喬，字彥叔，有文武才，曾佐助桓溫平定西蜀。傳見《晉書》卷八十三。(153)徐州　州治即今江蘇徐州。(154)東海　當時的僑置郡名，郡治在今江蘇鎮江市。(155)河南　此指青海、甘肅境內的黃河以南。(156)河州　州治即前文所說的枹罕。(157)宥　寬饒。(158)晉將劉嵩等　指前隆安三年姚興攻拔洛陽時被迫投降姚興的晉朝將士。(159)晉昌　郡名，郡治在今甘肅安西縣東南，當時屬段業北涼政權。(160)移檄六郡　發通告給附近的六個郡。檄，文告。六郡指敦煌、酒泉、晉昌、涼興、建康、祁連，即今甘肅西部地區。(161)沙州　州治在今甘肅敦煌西。(162)改元庚子　在此以前這一帶都屬北涼，用段業的年號「天璽」。而從此這一帶又創立一個李氏的西涼政權。(163)軍諮祭酒　猶今之「總參謀長」。郭謙以下索仙、張邈、尹建興、張體順五人都是李暠「冠軍大將軍」軍府的高級僚屬。(164)從事中郎　州刺史的高級僚屬，主管文書與監察諸事。(165)涼興　郡名，郡治在今甘肅安西縣南。(166)玉門　即玉門關，在今甘肅敦煌西北。(167)沙頭　縣名，縣治在今甘肅安西縣東南，離晉昌不遠。(168)戊寅　十二月初二。(169)有星孛于天津　有流星出現在天津星座附近。孛，光芒四射的樣子，這裡即指流星。天津，星座名，有星九顆，在天河中。(170)以星變解錄尚書事　因流星出現於天津星座而免去了司馬元顯的錄尚書事。星變，星空裡的災變現象，流星是其一種。古人認為星變預示人世將有災禍發生，漢代常因此追究責任於丞相，甚至將丞相處死。但司馬道子則不然，他是免了「錄尚書事」，又加了「尚書令」，反而更高了。(171)禁抑　管教、約束。(172)聞而未察　光聽說車胤去說話了，不清楚說了什麼。(173)車武子屏人言及何事　車胤把人支開，都和您說了什麼。車胤字武子，當時的直臣，幼以囊螢讀書聞名。傳見《晉書》卷八十三。屏人，支開眾人。(174)爾欲幽我　你想把我隔離起來。幽，禁閉；隔離。(175)壬辰　十二月十六。(176)燕臺　官署名，與劉聰、石勒所立的「單于臺」同，用以管理除他們本部落以外的其他各少數民族。(177)魏太史　魏國的太史令，主管天文、曆法諸事。(178)天文乖亂　指上述「有星孛于天津」等「不正常」現象。(179)占書　占卜一類的迷信書籍。(180)改王易政　更換國王、改變國政。(181)風勵羣下　吹風示意，並加以鼓勵群臣。(182)不可妄干　不能隨便妄想獲得。以上三句是說自己的為王是上應「天命」，現在絕不按「占書」所說，實行「改王」。(183)數變易官名　屢屢地改變職官的名稱。數，屢；一再。(184)厭塞災異　壓住災變現象的發生。壓塞，壓制住；化解掉。(185)服餌僊經　一本鼓吹吃藥成仙的騙術書。(186)封西山以供薪蒸　把西山封給騙子董謐，以供應煉丹的燒柴之用。實際是把整個西山給了董謐做領地，讓他享受其租稅收入。西山，指平城（今大同）西面的山。薪蒸，指燒柴，粗的叫薪，細的叫蒸。(187)希旨　順著拓跋珪的心思，迎合拓跋珪的意旨。(188)韓非書　即《韓非子》，其中有許多篇章都是鼓吹專制獨裁，認為所有人都不可信，主張實行嚴刑酷法等等。(189)御下　駕御群臣。御，駕御；控制。(190)簡慢　隨便，指不拘泥禮法。(191)咳唾任情　想怎麼著就怎麼著。(192)宿過　以往的過失。(193)丁酉　十二月二十一。(194)尊獻莊后丁氏為皇太后　此句疑有誤，丁氏是慕容盛之伯父慕容全之妻，慕容盛的伯母，並非慕容盛之母，怎能被「尊為皇太后」？《晉書・慕容盛傳》的原文有所謂「追尊伯考獻莊太子全為獻莊皇帝，全妃丁氏為獻莊皇后；尊寶后段氏為皇太后」云云，疑此句應作「尊寶后段氏為皇太后」，段氏即慕容盛之生母。(195)遼西公定　慕容定，慕容盛之子。(196)廣固　即今山東青州。(197)易避　容易避諱。慕容德單名一個「德」字，此字很常用，臣民們說話寫文章避諱起來很麻煩，如今改成「備德」兩個字，而又規定只用其中一個字時不用避，那麼給臣民們帶來的麻煩就少多了。(198)燕主暐　慕容暐，慕容儁之子，前燕的第二代皇帝，西元三六〇至三七〇年在位。傳見《晉書》卷一百十一。(199)幽皇帝　凡謚幽者，多非善死，而致死之由各有不同。《謚法解》：「壅遏不通曰幽」；「蚤孤鋪位曰幽」；「動祭亂常曰幽」，此取其第一義。

【校　記】[1]和跋　嚴衍《通鑑補》改作「和突」。[2]燕王　據章鈺校，孔天胤本作「燕主」。[3]郡　據章鈺校，十二行本、乙十一行本皆作「部」。[4]騍　胡三省注云：「騍馬，牝馬也。《晉書》作『騧』。」據章鈺校，十二行本作「騧」。[5]遂　據章鈺校，十二行本、乙十一行本、孔天胤本皆無此字。[6]嗣　據章鈺校，十二行本、乙十一行本、孔天胤本皆作「之」。[7]萬　原作「千」。嚴衍《通鑑補》改作「萬」，當是，今據以校正。按，姚碩德後秦名將，位尊權重，使之征討一國，兵僅數千，不合常理；又，察後文戰況，亦非偏師所能為之。[8]袁崧　胡三省注云：「『袁崧』當作『袁山松』。」嚴衍《通鑑補》亦改作「袁山松」。⑨彥璋　原作「彥璋」。嚴衍《通鑑補》改作「彥璋」，今從改。按，《晉書・簡文三子傳》載：「封其子彥璋為東海王」。⑩至　張敦仁《通鑑刊本識誤》改作「致」。⑪李粟　胡三省注云：「『粟』或作『栗』。」嚴衍《通鑑補》改作「李栗」。據章鈺校，孔天胤本作「李栗」，張敦仁《通鑑刊本識誤》同。⑫栗　據章鈺校，孔天胤本作「慄」。

【語　譯】四年（庚子　西元四〇〇年）

春季，正月初一日壬子，後燕主慕容盛頒布大赦令，同時去掉皇帝稱號，貶稱自己為庶人天王。

北魏擔任材官將軍的和跋率軍前往遼西襲擊盧溥，正月初七日戊午，和跋攻克了遼西城，俘虜了盧溥和他的兒子盧煥，將他們押送到北魏的都城平城，用五馬分屍的車裂酷刑處死了盧溥和盧煥。後燕庶人天王慕容盛派遣擔任廣威將軍的孟廣平率軍救援盧溥，卻晚到一步，於是斬殺了北魏所任命的遼西郡太守和縣令，而後返回。

正月二十四日乙亥，東晉實行大赦。

西秦王乞伏乾歸將都城遷到苑川。

南涼王禿髮利鹿孤實行大赦，改年號為「建和」。

高句麗國王高安尊奉後燕的禮數逐漸怠慢起來，二月十五日丙申，後燕庶人天王慕容盛親自率領三萬大軍襲擊高句麗，他任命驃騎大將軍慕容熙為前鋒，一連攻克了高句麗的新城、南蘇二座城池，擴充疆土七百多里，將高句麗的五千多戶強行遷移到後燕境內，而後班師。擔任驃騎大將軍的慕容熙勇冠三軍，庶人天王慕容盛說：「叔父慕容熙的英雄果敢，有世祖慕容垂的風範，只是在雄才大略方面稍微欠缺一些！」

當初，北魏主拓跋珪納匈奴部落酋長劉頭眷的女兒為皇妃，拓跋珪對劉妃的寵愛在後宮之中居於首位，劉妃為拓跋珪所生的兒子名叫拓跋嗣。後來北魏攻克了後燕的都城中山，俘虜了後燕主慕容寶的小女兒。拓跋珪準備冊封皇后，於是按照索頭部落固有的習俗，令後宮中所有的嬪妃每人鑄造一個金人，劉妃沒有鑄成金人，而慕容氏反倒鑄金人成功。三月初八日戊午，拓跋珪立慕容氏為皇后。

桓玄攻克了殷仲堪所鎮守的荊州、楊佺期所鎮守的雍州之後，上表給東晉安帝司馬德宗，請求讓自己兼任荊、江二州刺史。安帝司馬德宗於是下詔任命桓玄為都督荊、司、雍、秦、梁、益、寧七州諸軍事、荊州刺史；任命擔任中護軍的桓脩為江州刺史。桓玄再次上疏給晉安帝，堅決要求江州，於是又晉升桓玄為都督荊、司、雍、秦、梁、益、寧、江八州，外加揚州、豫州八郡諸軍事，依舊兼任江州刺史。桓玄就任命自己的哥哥桓偉為雍州刺史，朝廷不敢拒絕。桓玄又任命自己的姪子桓振為淮南太守。

後涼天王呂纂因為擔任大司馬的呂弘功高位尊，心中不免因為畏懼而產生猜忌；呂弘自己也感受到了呂纂對自己的猜忌，於是便率領東苑的兵眾謀反，進攻天王呂纂。呂纂派遣自己的部將焦辨率軍反擊呂弘，呂弘所率領的東苑軍很快便潰不成軍，呂弘只得逃走。天王呂纂放縱他的士卒在姑臧城中大肆搶掠，並把東苑的婦女賞賜給自己的軍士，呂弘的妻子、女兒也包括在其中。呂纂笑著對群臣說：「你們覺得今天的戰鬥怎麼樣？」擔任侍中的房晷回答說：「上天給涼國王室降下災禍，所以才導致涼國內部憂患不斷。先帝剛剛駕崩，隱王呂紹就被廢黜；先帝的喪事剛剛辦完，擔任大司馬的呂弘便起兵作亂；京城之內鮮血橫流，兄弟之間動起刀槍。雖然是呂弘自取滅亡，也是由於陛下對待自己的兄弟缺少恩德，陛下應該反省自己、責備自己的過錯，向全國人民謝罪才是；陛下不僅沒有如此，反倒放縱士兵大肆搶掠，囚禁官員、侮辱婦女。矛盾是呂弘首先挑起來的，百姓何罪之有？再說，呂弘的妻子，是陛下的弟媳婦；呂弘的女兒，是陛下的姪女，怎麼能讓那些無賴小人把她們當成婢妾來侮辱？天地神靈，豈能忍心看到這樣的場面？」說完，忍不住痛哭流涕起來。呂纂立即改變態度，向房晷道歉，並把呂弘的妻子、女兒召回，安置在東宮，好好地安慰、撫養起來。

呂弘準備逃往南涼，投奔南涼武威王禿髮利鹿孤，途中經過廣武，便去求見呂方。呂方看見呂弘不禁大哭說：「天下之大，你跑到哪裡不行，為什麼偏要跑到我這裡來？」於是把呂弘逮捕關入監獄。呂纂派大力士康龍到廣武獄中殺死了呂弘。

後涼天王呂纂立妃子楊氏為王后，任命王后的父親楊桓為尚書左僕射、涼都尹。

四月十一日辛卯，後燕擔任襄平縣令的段登等人謀反作亂，被誅滅。

後涼天王呂纂準備出兵討伐南涼武威王禿髮利鹿孤，擔任中書令的楊穎勸諫他說：「南涼武威王禿髮利鹿孤與部下上下一心，將士全都願意為他效命，國內也沒有什麼可以被我們利用的機會，所以不適宜討伐南涼。」呂纂沒有聽從楊穎的規勸，依然出兵攻伐南涼。南涼武威王禿髮利鹿孤派自己的弟弟禿髮傉檀率軍抵抗呂纂的進攻。夏季，四月，禿髮傉檀在三堆擊敗了後涼軍，斬殺了二千多人。

當初，隴西人李暠喜好文章、學術，又有很好的名聲。他曾經與精通術數的郭黁以及同母異父的弟弟、敦煌人宋繇一起住宿，郭黁突然起身對宋繇說：「你做官能夠做到人臣的最高位，而李先生最終能夠建立一個國家，稱帝稱王。當有一匹母馬生下一匹白額頭的小馬駒時，那就是你們採取行動的時候了。」等到孟敏擔任沙州刺史的時候，任用李暠為效穀縣令；而宋繇在北涼王段業屬下擔任中散常侍。沙州刺史孟敏去世，擔任敦煌護軍的馮翊郡人郭謙、擔任沙州治中的敦煌郡人索仙等認為李暠性情溫和、剛毅，施政有很好的聲望，於是推舉李暠為敦煌太守。李暠開始的時候感到很為難，遂不大想幹，正巧擔任中散常侍的宋繇從北涼的都城張掖返回家中，宋繇對李暠說：「北涼王段業沒有深謀遠慮，最終將會一事無成。哥哥忘記郭黁所說的話了嗎？白額頭的小馬駒已經出生了。」李暠這才答應了郭謙等人的請求，擔任了敦煌太守，然後派使者前往張掖請求北涼王段業批准。段業遂任命李暠為敦煌太守。

北涼擔任右衛將軍的敦煌郡人索嗣對北涼王段業說：「不可以把李暠安置在敦煌太守的職位上。」段業聽從了索嗣的意見，遂任命索嗣代替李暠擔任敦煌太守，令索嗣率領五百名騎兵前往敦煌上任。索嗣在距離敦煌二十里遠的地方，用公文的形式通知李暠前來迎接自己；李暠突然接到這樣的通知，非常驚疑，就準備出城迎接索嗣。擔任效穀令的張邈和中散常侍的宋繇全都阻止他說：「段王昏庸懦弱，正是英雄豪傑有所作為的日子。將軍已經擁有了建立一個國家的現成資本，為什麼要將它拱手讓給別人？索嗣仗著自己是敦煌人，就認為敦煌人一定會擁護他，不可能預料到將軍會突然向他發起攻擊，可以通過一次戰鬥將索嗣活捉。」李暠聽從了他們的意見。李暠於是先派宋繇去晉見索嗣，用甜言蜜語哄騙他。宋繇從索嗣那裡返回後對李暠說：「索嗣志驕意滿，兵力又弱，很容易攻取。」李暠於是派遣張邈、宋繇和自己的兩個兒子李歆、李讓率軍對索嗣迎頭痛擊，索嗣戰敗逃走，返回北涼的都城張掖。李暠與索嗣的關係一向很好，所以對索嗣的行為尤其痛恨，於是上表給北涼王段業，請求誅殺索嗣。擔任輔國將軍的沮渠男成也很厭惡索嗣，也勸說段業除掉索嗣。段業遂殺死了索嗣，又派使者向李暠道歉，並晉升李暠為都督涼興以西諸軍事、鎮西將軍。

吐谷渾國王慕容視羆去世，世子慕容樹洛干年方九歲，於是由慕容視羆的弟弟慕容烏紇堤即位為吐谷渾王。慕容烏紇堤娶慕容樹洛干的母親念氏為妻，念氏為慕容烏紇堤生了二個兒子，一個名叫慕容慕璝，一個名叫慕容慕延。身為吐谷渾國王的慕容烏紇堤性情懦弱，生活荒淫，沒有能力治理國家；國家事務都由念氏主持，念氏有膽量、有見識，吐谷渾國內的人既懼怕她，又很敬服她。

後燕擔任前將軍的段璣，是皇太后段氏的姪子，他受段登叛亂一案所牽連，於是在五月初三日壬子逃奔到遼西。

五月十七日丙寅，東晉衛將軍東亭獻侯王珣去世。

五月二十日己巳，北魏主拓跋珪東到涿鹿，西到馬邑，考察灅水的源頭。

五月二十九日戊寅，後燕前將軍段璣從遼西返回龍城向後燕庶人天王慕容盛請罪。慕容盛赦免了他，賜給他的爵號是思悔侯，並讓他娶了公主為妻，到皇宮之中擔任宿衛。

東晉會稽郡太守謝琰完全是靠了自己的高貴門第和資歷名望才做了會稽郡太守，但他卻不具備當太守的才能，在會稽郡任上，既不能安撫、感化百姓，又不整頓武備。屬下的諸將全都勸諫他說：「盜賊孫恩就在靠近東海的海島上，隨時在窺探我們的虛實，應該給他開闢出一條改過自新的道路。」謝琰沒有聽從諸將的建議，他說：「秦王苻堅擁有百萬雄師，尚且在淮南送了性命；孫恩不過一個小毛賊，敗亡後逃入海島，怎麼可能再返回大陸？如果他真的走出海島，那就是上天要滅亡他了。」不久，孫恩便離開海島，率眾攻擊浹口，進而攻入餘姚、佔領上虞，並推進到邢浦，謝琰派遣擔任參軍的劉宣之率軍擊敗孫恩，孫恩退走。沒過多久，孫恩又來攻擊邢浦，官軍作戰失敗，孫恩乘勝追擊。五月三十日己卯，孫恩率領部眾抵達會稽。當時謝琰還沒有吃飯，於是宣布說：「應當先消滅孫恩，然後再吃飯。」於是跨上戰馬出城與孫恩作戰，結果兵敗，被自己的部將、擔任帳下都督的張猛殺死。擔任吳興太守的庾桓害怕郡中的民眾再起兵響應孫恩，遂殺死了數千名男女。孫恩轉而進攻臨海。東晉朝廷非常恐懼，立即派擔任冠軍將軍的桓不才、擔任輔國將軍的孫無終、擔任寧朔將軍的高雅之率軍抗擊孫恩。

後秦擔任征西大將軍的隴西公姚碩德率領五萬名士卒討伐西秦，從南安峽進入西秦境內。西秦王乞伏乾歸率領諸將抵抗後秦軍的入侵，將軍隊駐紮在隴西郡。

南涼西平公楊軌和西平內史田玄明陰謀殺害南涼武威王禿髮利鹿孤，被禿髮利鹿孤殺死。

六月初一日庚辰，發生日蝕。〇東晉任命擔任琅邪王老師的何澄為尚書左僕射。何澄，是何準的兒子。

甲子日，後燕實行大赦。

後涼天王呂纂準備率軍襲擊北涼，擔任尚書的姜紀勸阻說：「盛夏時節，正是農活最繁忙的季節，應該停止軍事行動。如果大軍遠度大嶺西行，南涼禿髮氏趁機攻擊我們兵力空虛的京師姑臧，我們將用什麼辦法來對付他呢？」呂纂沒有採納姜紀的意見，依然按自己的原定計畫率軍出征。他率軍包圍了北涼的都城張掖，進而繼續西進攻掠建康。南涼擔任車騎大將軍的禿髮傉檀得知消息，立即率領一萬名騎兵襲擊後涼的都城姑臧，後涼天王呂纂的弟弟隴西公呂緯登上北城指揮防守。禿髮傉檀在姑臧城南面的朱明門城樓上擺宴飲酒，他令人鳴鐘擊鼓，犒賞南涼將士，又在姑臧城東面的青陽門炫耀武力，最後劫掠了八千多戶居民才率軍離去。後涼天王呂纂得到消息，立即率軍趕回。

秋季，七月初四日壬子，東晉太皇太后李氏駕崩。〇十九日丁卯，東晉實行大赦。

西秦王乞伏乾歸派擔任武衛將軍的慕兀等率軍屯守隴西，侵入西秦境內的後秦軍打柴、採集野菜野果的通道已經被西秦軍截斷，陷入困境，後秦天王姚興祕密率軍前往救援。西秦王乞伏乾歸得知消息，立即派慕兀率領二萬名中軍屯守柏楊城，派擔任鎮軍將軍的羅敦率領四萬名外軍屯駐在侯辰谷，乞伏乾歸親自率領數千名輕騎兵偵察後秦軍隊的虛實。這時突然颳起大風，只颳得天昏地暗，遂與中軍失去聯繫，又遭到後秦騎兵的追擊，於是進入羅敦所率領的外軍的營地。第二天天剛亮，便與後秦軍開戰，結果西秦軍被後秦軍打得大敗，西秦王乞伏乾歸逃回了都城苑川，他屬下的三萬六千名部眾全部投降了後秦。後秦天王姚興乘勝進軍枹罕。

西秦王乞伏乾歸投奔金城，他對屬下的各部落首領說：「我知道自己沒有什麼才能，卻佔據了國王的寶座，到現在已經超過十二年，如今與後秦作戰，竟然慘敗到如此地步，已經沒有力量再與敵人對抗，我準備到西邊去據守允吾。如果全國的人馬都集中到允吾去，恐怕大家都無法逃脫。你們就都留在此地，各自率領自己的部眾投降後秦，以保全自己的宗族，不要再跟隨我了。」眾人都說：「不管是死是活，我們都願意跟隨陛下。」乞伏乾歸說：「我自己都將寄人籬下才能有口飯吃，如果上天還不想滅亡我，將來還有收復失地、光復舊業的希望，到那時再與諸位相見。現在跟隨我一同去死，沒有任何好處。」於是大哭著與眾人分別。乞伏乾歸獨自率領著數百名騎兵投奔允吾，向南涼武威王禿髮利鹿孤請求投降。禿髮利鹿孤派擔任車騎大將軍的廣武公禿髮傉檀前往允吾迎接乞伏乾歸，將乞伏乾歸安置在晉興郡，用接待上等賓客的禮節接待了乞伏乾歸。南涼擔任鎮北將軍的禿髮俱延對南涼武威王禿髮利鹿孤說：「乞伏乾歸原本是我們的屬國，藉著戰亂的機會，尊稱自己為王，如今在走投無路的情況下前來歸附，並非是誠心誠意，如果他逃歸後秦姚氏，必將成為我國的禍患。不如把他安置到乙弗人中間去，使他想逃也逃不了。」武威王禿髮利鹿孤說：「乞伏乾歸在無路可走的情況下來投奔我，我們卻預先就疑心他居心叵測，將如何鼓勵以後想來歸附的人？」禿髮俱延，是武威王禿髮利鹿孤的弟弟。

後秦軍已經從西秦境內撤退，南羌部落首領梁戈等祕密召請乞伏乾歸返回西秦，乞伏乾歸準備答應他們。而乞伏乾歸的部下屋引阿洛竟然將這件事報告了南涼擔任晉興太守的陰暢，陰暢立即派快馬飛報武威王禿髮利鹿孤，禿髮利鹿孤派遣自己的弟弟禿髮吐雷率領三千名騎兵屯駐在捫天嶺，防止乞伏乾歸逃走。乞伏乾歸懼怕遭到禿髮利鹿孤的誅殺，於是對自己的太子乞伏熾磐說：「我們父子居住在這裡，南涼武威王禿髮利鹿孤一定容不下我們。如今後秦姚氏力量強大，我想要歸附於他，如果我們全家一起行動，必定被南涼的騎兵追上；我把你們兄弟和你的母親留做人質，他們一定不會懷疑。有我在後秦的都城長安，禿髮利鹿孤就不敢迫害你們。」於是將太子乞伏熾磐等送到南涼的都城西平充當人質。八月，乞伏乾歸向南逃奔枹罕，遂投降了後秦。

八月初九日丁亥，東晉擔任尚書右僕射的王雅去世。

九月初六日癸丑，發生地震。

後涼鎮守廣武的征東將軍呂方投降了後秦，廣武的三千多戶居民投降了南涼武威王禿髮利鹿孤。

冬季，十一月，東晉擔任寧朔將軍的高雅之與亂民首領孫恩在餘姚展開激戰，高雅之所率領的官軍被孫恩打得大敗，高雅之逃往山陰，軍隊死亡了十分之七、八。晉安帝司馬德宗下詔，令劉牢之都督會稽等五郡，率軍攻擊孫恩，將孫恩打敗，孫恩再次逃入海島。劉牢之率軍東進，屯紮在上虞，他令擔任參軍的劉裕率軍戍守句章。擔任吳國內史的袁崧在滬瀆修築堡壘以防備孫恩的進攻。袁崧，是袁喬的孫子。

會稽王司馬道子的世子司馬元顯向朝廷請求兼任徐州，晉安帝司馬德宗下詔，任命司馬元顯為開府儀同三司、都督揚·豫·徐·兗·青·幽·冀·并·荊·江·司·雍·梁·益·交·廣十六州諸軍事、兼任徐州刺史，並封司馬元顯的兒子司馬彥璋為東海王。

西秦王乞伏乾歸來到後秦的都城長安，後秦王姚興任命乞伏乾歸為都督河南諸軍事、河州刺史、歸義侯。過了很久之後，乞伏熾磐想要逃離南涼，投奔自己的父親乞伏乾歸，在逃亡的過程中被南涼武威王禿髮利鹿孤追捕擒獲。禿髮利鹿孤想要殺死乞伏熾磐，車騎大將軍、廣武公禿髮傉檀說：「兒子投奔父親，不值得過分責備，應該寬恕他，以表示我們的寬宏大度。」禿髮利鹿孤採納了禿髮傉檀的意見，將乞伏熾磐釋放。

後秦王姚興把攻陷洛陽時俘虜的東晉將領劉嵩等二百多人遣回東晉。

北涼擔任晉昌太守的唐瑤背叛了北涼王段業，他向敦煌、酒泉、晉昌、涼興、建康、祁連六個郡發出通告，推戴李暠為冠軍大將軍、沙州刺史、涼公，兼任敦煌太守。李暠在自己的轄區之內實行大赦，改年號為「庚子」。西涼公李暠任命唐瑤為征東將軍，任命郭謙為軍諮祭酒，任命索仙為左長史，張邈為右長史，任命尹建興為左司馬，張體順為右司馬。然後派遣擔任從事中郎的宋繇率軍向東攻擊涼興郡，以及玉門以西各城，宋繇出色地完成了任務，將所有城池全部攻克。

北涼擔任酒泉太守的王德也背叛了北涼王段業，他自稱河州刺史。北涼王段業派鎮西將軍沮渠蒙遜率軍討伐酒泉太守王德。王德燒毀了酒泉城，率領著自己的私人部隊準備投奔西涼征東將軍唐瑤，沮渠蒙遜率領北涼軍隨後追擊，追到沙頭，大敗王德軍，並俘虜了王德的妻子兒女和部落，得勝而回。

十二月初二日戊寅，有流星從天津星座旁邊劃過。會稽王司馬道子的世子司馬元顯因為星空中的災變現象而被免除了錄尚書事的職務，卻又加授他為尚書令。擔任吏部尚書的車胤因為司馬元顯日益驕傲、放縱，於是向會稽王司馬道子稟報，請求他對司馬元顯加以管教和約束。司馬元顯雖然聽說了車胤會見司馬道子的事情，卻不知具體說了些什麼，於是便向自己的父親司馬道子詢問說：「車武子把人支使開，都背著人跟您說了些什麼事情？」司馬道子沒有回答他的問話。司馬元顯卻堅持要父親說出來，司馬道子於是憤怒地說：「你想要把我軟禁起來，不讓我與朝中的大臣說話嗎？」司馬元顯從司馬道子那裡出來後，就對自己的徒眾說：「車胤在離間我們的父子關係。」於是祕密地派人去責問車胤。車胤非常害怕，就自殺了。

十二月十六日壬辰，後燕庶人天王慕容盛設立單于臺，用來管理各地區、各部落的少數民族。

北魏主管天文、曆法的太史令屢次給北魏主拓跋珪上疏奏報星空中出現的不正常現象。拓跋珪於是親自翻閱有關占卜一類的書籍，書上大多都說是要更換國君、改變朝政，拓跋珪於是下詔勸說、鼓勵群臣，認為帝王繼承大統，都是出於上天的旨意，不能隨便妄想獲得。又多次改變職官的名稱，想藉此來壓住災變的發生。

北魏擔任儀曹郎的董謐向北魏主拓跋珪進獻了一本《服餌僊經》，拓跋珪於是設置仙人博士，建造仙人牌坊，煮煉各種草藥，並把平城西部的山封給董謐，以供應煉丹的燒柴之用。丹藥煉成之後，就先讓死囚犯吃下嘗試，然而多數人在服下丹藥之後都死掉了，證明丹藥沒有靈驗。而拓跋珪卻仍然堅信不疑，不停地徵集、訪求長生不老藥。

北魏主拓跋珪認為後燕主慕容垂令自己的幾個兒子分別據守形勢險要之地，致使朝廷的權柄下移，導致國家敗亡，所以對慕容垂的做法非常反對。擔任博士的公孫表便迎合拓跋珪的想法，向他進獻了一部韓非所寫的《韓非子》，勸說拓跋珪用嚴刑峻法來駕御群臣。擔任左將軍的李粟生性隨便，不拘禮法，經常在魏主拓跋珪面前表現得很隨意、不莊重，想怎麼著就怎麼著，拓跋珪就把他以前的過錯加在一起算了一筆總帳，於是將李粟殺死，群臣無不感到驚恐、戰慄。

十二月二十一日丁酉，後燕庶人天王慕容盛尊奉自己的母親獻莊皇后丁氏為皇太后，冊立遼西公慕容定為皇太子。實行大赦。

這一年，南燕王慕容德在廣固即位為皇帝，實行大赦，改年號為「建平」。並將自己的名字改為「慕容備德」，為的是使官員和民眾容易避諱。追尊前燕皇帝慕容暐為「幽皇帝」。任命北地王慕容鍾為司徒，任命慕輿拔為司空，任命封孚為左僕射，慕輿護為右僕射。立王妃段氏為皇后。

【研　析】本卷寫晉安帝隆安三年（西元三九九年）、隆安四年共兩年間的各國大事，其中比較重要，值得注意的事情有以下幾方面：

其一是殷仲堪與楊佺期被桓玄所殺事。晉孝武帝司馬曜共在位二十四年，其上臺不久，權臣桓溫病死，多年以來存在於上流藩鎮與朝廷之間的尖銳對立暫告一段落，初步出現了舉國統一的局面，淝水之戰的勝利就是在這種局面下取得的。這時的朝廷上、州郡裡都有一批賢能之士在為國家幹一些事情，國家的疆土也有所收復、擴展。《晉書》帝紀第九曾說這個時代「於時西逾劍岫而跨靈山，北振長河而臨清洛，荊吳戰旅，嘯吒成雲；名賢間出，舊德斯在：謝安可以鎮雅俗，彪之足以正紀綱，桓沖之夙夜王家，謝玄之善斷軍事。於時上天乃眷，強氐自泯。五尺童子，振袖臨江，思所以掛旆天山，封泥函谷。」但好景不長，從謝安等人死後，國家大權就落到了司馬道子之手。《晉書》說這個時候是「條綱弗垂，威恩罕樹。道子荒乎國政，國寶彙以小人，拜授之榮，初非天旨；鬻刑之貨，自走權門，毒賦年滋，愁民歲廣」，這段話裡明確點出司馬道子、王國寶是亂政的壞人。但是讀《通鑑》的這一卷，是非就沒有那麼明確了，人們不知道對殷仲堪、王恭、楊佺期究竟應該怎麼看，好像是他們在討伐朝廷，犯上作亂；而他們的兵敗身死倒像是咎由自取似的。事實上，我們讀《晉書》的王恭傳、殷仲堪傳、楊佺期傳，都寫了他們在政治上、道德上、人格上的許多優點，而其缺點則主要表現在作為一群南方貴族的迂腐、高傲與無能上。而對於他們的舉兵犯闕則批評不多。清代王夫之《讀通鑑論》對此評論說：「司馬道子、王國寶，荒淫貪穢，灼然為晉之蟊賊，孝武雖與同昏，既而疑忌之、疏遠之矣；乃在廷之士，持祿取容，無或以片言摘發而正名其為『姦邪』者。於是而外臣測國之無人以激其不平之氣，王恭、殷仲堪建鼓以鳴，而不軌之桓玄藉之以逞。公論操於下，而朝廷為養姦之淵藪，天下靡然效順於逆臣，誰使之然邪？」這是公然認為當時的朝廷是該討伐的。桓玄的問題我們後面再專門談，這裡我們只說殷、王、楊。而在因討伐權奸被殺的這三個人中，楊佺期又特別受到人的同情，明代袁俊德說：「桓玄志存不軌，所憚惟殷、楊二人，當時執政者轉欲構使乖離，是何肺腑？佺期受代之後，勢已不支；復為仲堪所紿，憤激致敗，良堪憫惻。若仲堪畏首畏尾，優柔僨事，其死不足惜也。」《晉書》說：「仲堪僥幸，佺期無狀，雅志多隙，佳兵不和。」意思是思想不純正，行為有毛病，彼此鬧矛盾，但本身不是壞人，他們想給國家「靖亂」，可惜有其心而無其才，這點殷仲堪表現得最為突出。

其二是孫恩利用迷信左道，煽動百姓鬧事，進而演變成農民大起義的事情。這裡頭應吸取的教訓有三點：一是凡迷信左道之所以能大肆流行，總是與社會上流有人喜愛與提倡有關，否則便成不了氣候。本書上卷交代孫恩等人的來路說：「初，琅邪人孫泰學妖術於錢唐杜子恭，士民多奉之。王珣惡之，流泰於廣州。王雅薦泰於孝武帝，云知養性之方。召還，累官至新安太守。泰知晉祚將終，因王恭之亂，以討恭為名，收合兵眾，聚貨鉅億，三吳之人多從之。識者皆憂其為亂，以中領軍元顯與之善，無敢言者。會稽內史謝輶發其謀。己酉，會稽王道子使元顯誘而斬之，并其六子。兄子恩逃入海，愚民猶以泰蟬蛻不死，就海中資給恩。恩乃聚合亡命，得百餘人，以謀復讎。」左道迷信，原本是欺騙愚夫愚婦的小把戲，稍有一定文化知識的人都不難識破，《史記・封禪書》裡不是解剖過不少了嗎？但可怕的是有人在上頭給他們做後臺，有許多朝廷大員、封疆大吏、統兵將領本身就屬於亂黨這一派，或者組織上是同夥，或是思想上是同盟，結果孫恩的勢力遂多年無法平定。吃了敗仗，就往海上一逃；積蓄力量，看好時機就捲土重來再鬧上一場。袁俊德《歷史綱鑑補》說：「奸民左道，在政治清明之時，不過為射利之謀，其技易窮，亦易敗露；若亂世，則直召亂矣。」王夫之《讀通鑑論》曰：「王凝之奉天師道，請鬼兵禦賊而死於孫恩；殷仲堪奉天師道，不吝財賄以請禱而死於桓玄；段業信卜筮巫覡，而死於沮渠蒙遜。鬼者，死之徒也，與鬼為徒，而早近於死，況以封疆人民倚於恍惚無實之妖邪，而貽國以亡，陷民於死，若是者見絕於天，未有不喪其身首者也。段業，竊也；仲堪，叛也；天奪其魄，以迷於鬼，而死也固宜；王凝之清族雅士，分符治郡，以此戕身而誤國，不亦愚乎？凝之之奉妖也，曰『其世奉也』，則王羲之不能辭其咎矣。」

令人感到驚奇的是這時候冒出了一位奇女子：「甲寅，恩陷會稽，凝之出走，恩執而殺之，并其諸子。凝之妻謝道蘊，弈之女也，聞寇至，舉措自若，命婢肩輿，抽刀出門，手殺數人，乃被執。」謝道蘊是謝安的姪女，年少時謝安問他們如何形容下雪，有人說「撒鹽空中差可擬」，謝道蘊說：「未若柳絮因風起也。」過去只是驚歎這位少女的觀察事物之細，與她回答謝安的用語之巧；現在才知道這位少女長大後還有如此勇武激昂的表現。一位貴族女子在與強人拼命時還要保持自己的高貴身分，她是坐在婢女抬著的軟轎上與敵人格鬥而「手殺數人」的。如果她要是拋開禮教束縛，身輕如燕地與敵人步戰，那將是一位何等動人的英雄俠女！可惜千多年來的說書唱戲竟沒有人搬演過，真教人遺憾。

其三，孫恩煽動百姓作亂之所以連年累月不能平息，並不是孫恩的勢力有多麼厲害，乃是由於晉朝的軍隊太腐敗，兵匪一家，兵匪根本沒有區別。《通鑑》寫當劉牢之、劉敬宣受命討孫恩，向孫恩發起進攻時，「恩聞之，曰：『孤不羞走。』遂驅男女二十餘萬口東走，多棄寶物、子女於道，官軍競取之，恩由是得脫，復逃入海島。」又說：「東土遭亂，企望官軍之至，既而牢之等縱軍士暴掠，士民失望，郡縣城中無復人跡，月餘乃稍有還者。」袁俊德《歷史綱鑑補》曰：「官軍競取寶物、子女，使賊乘間遠颺，敬宣馭下無紀，固無可辭。」

其四，關於劉裕的出身亮相。劉裕是東晉末期的名將，是立有豐功偉績的奇才，從本卷開始，在以後的九卷裡每卷都要寫到他。在這裡我們只說說他這個驚人的亮相。劉裕是劉牢之部下的一個小參謀，其驚天動地的大事業就從跟著劉牢之討伐孫恩開始：「彭城劉裕……勇健有大志。僅識文字，以賣履為業，好樗蒱，為鄉閭所賤。劉牢之擊孫恩，引裕參軍事，使將數十人覘賊。遇賊數千人，即迎擊之，從者皆死，裕墜岸下。賊臨岸欲下，裕奮長刀仰斫殺數人，乃得登岸，仍大呼逐之，賊皆走，裕所殺傷甚眾。劉敬宣怪裕久不返，引兵尋之，見裕獨驅數千人，咸共歎息。因進擊賊，大破之，斬獲千餘人。」袁俊德《歷史綱鑑補》對此提出疑問說：「劉裕臨危奮勇，隻身追敵，多所殺傷，然所云『一人驅數千人』，亦失之誇矣。」他不相信這一個人能追著數千人跑的事實。淝水之戰時，八公山上原本一個人沒有，單憑風聲鶴唳，不也曾嚇得苻堅的軍隊四散奔逃麼？

卷第一百十二

晉紀三十四

起重光赤奮若（辛丑　西元四〇一年），盡玄黓攝提格（壬寅　西元四〇二年），凡二年。

【題解】本卷寫晉安帝隆安五年（西元四〇一年）、元興元年（西元四〇二年）共兩年間的東晉與各國的大事。主要寫了東晉之流寇孫恩又多次出海登陸，搶掠沿海城市，甚者攻丹徒、廣陵，京師震動，均被劉牢之、劉裕等擊破之；孫恩又寇臨海，被官軍打敗，孫恩投海而死，孫恩之妹夫盧循被推為首領，桓玄為收買盧循任以為永嘉太守，循雖受命，仍寇掠不已，桓玄命劉裕擊敗之；寫了晉之桓玄據有晉地三分之二，寫信向司馬元顯示威，東晉朝廷任司馬元顯為統帥，以劉牢之為前鋒都督討伐桓玄，桓玄聞訊率兵東下，司馬元顯張惶無主，劉牢之軍於溧洲；桓玄派人對劉牢之策反，劉牢之遂派其子敬宣詣桓玄請降；桓玄入建康，朝廷軍皆潰，皇帝慰問桓玄，桓玄遂總攬朝政。桓玄捕殺司馬元顯，流放司馬道子，並於路上鴆殺之；接著桓玄罷掉了劉牢之的兵權，劉牢之又欲起兵討桓玄，但部下無人跟從；劉牢之在眾叛親離率部北走的途中自殺，其子其婿等人分別逃入南燕與姚氏之後秦；桓玄執政後，眾心開始欣然，後因奢豪縱逸，政令無常，眾心失望，東晉地區困乏之極；寫了秦將姚碩德渡西河攻涼，破涼將呂超、呂邈，圍呂隆於姑臧，西涼之李暠、南涼之禿髮利鹿孤、北涼之沮渠蒙遜等皆向秦奉表稱臣，而姚碩德軍令嚴整，秋毫無犯，西土悅之；寫了魏國與秦國的關係惡化，秦主姚興與魏主拓跋珪大戰於汾水，姚興大敗，時因柔然侵魏，魏軍始撤；寫了柔然民族的社崙部落強大於北方，社崙自號豆代可汗；寫了涼王呂纂被其部下所殺，呂隆自立為天王；北涼主段業被其部將沮渠蒙遜所殺，蒙遜自立為涼州牧、張掖公；南涼的禿髮利鹿孤死，禿髮傉檀繼其位，遷於樂都，自稱涼王；寫了南涼的禿髮傉檀與北涼的沮渠蒙遜不斷進攻姑臧的呂氏政權，以及燕主慕容盛務峻威刑，多所猜忌，被部將段璣所殺，慕容盛之叔慕容熙乘機為帝等等。

安皇帝丁

隆安五年（辛丑　西元四〇一年）

春，正月，武威王利鹿孤欲稱帝，羣臣皆勸❶之。安國將軍鍮勿崙❷曰：「吾國自上世以來，被髮左衽❸，無冠帶之飾，逐水草❹遷徙，無城郭室廬，故能雄視沙漠❺，抗衡中夏❻。今舉大號❼，誠順民心。然建都立邑❽，難以避患❾；儲蓄倉庫，啟敵人心❿。不如處晉民於城郭⓫，勸課農桑⓬以供資儲⓭，帥國人⓮以習戰射。鄰國弱則乘⓯之，彊則避之，此久長之良策也。且虛名無實⓰，徒足為世之質的⓱，將安用之？」利鹿孤曰：「安國⓲之言是也。」乃更稱河西王⓳，以廣武公傉檀為都督中外諸軍事、涼州牧、錄尚書事。

二月丙子⓴，孫恩出浹口㉑，攻句章㉒，不能拔。劉牢之擊之，恩復走入海。

秦王興使乞伏乾歸還鎮苑川[23]，盡以其故部眾[24]配之。

涼王纂嗜酒好獵，太常[25]楊穎諫曰：「陛下應天受命[26]，當以道守之。今疆宇日蹙[27]，崎嶇二嶺之間[28]，陛下不兢兢夕惕[29]以恢弘先業，而沈湎遊畋[30]，不以國家為事，臣竊危之。」纂遜辭謝之，然猶不悛[31]。

番禾太守呂超[32]擅擊鮮卑思盤[33]，思盤遣其弟乞珍訴於纂，纂命超及思盤皆入朝。超懼，至姑臧，深自結於殿中監[34]杜尚。纂見超，責之曰：「卿恃兄弟桓桓[35]，乃敢欺吾。要當斬卿，天下乃定！」超頓首謝。纂本以恐愒[36]超，實無意殺之。因引超、思盤及羣臣同宴於內殿。超兄中領軍隆[37]數勸纂酒，纂醉，乘步輓車[38]，將超等遊禁中。至琨華堂東閤[39]，車不得過，纂親將[40]竇川、駱騰倚劍於壁，推車過閤。超取劍擊纂，纂下車禽超，超刺纂洞胸。川、騰與超格戰，超殺之。纂后楊氏[41]命禁兵討超，杜尚止之[42]，皆捨仗不戰。將軍魏益多入，取纂首，楊氏曰：「人已死，如土石，無所復知，何忍復殘其形骸乎？」益多罵之，遂取纂首以徇[43]，曰：「纂違先帝之命，殺太子[44]而自立，荒淫暴虐。番禾太守超順人心而除之，以安宗廟。凡我士庶，同茲休慶[45]！」

纂叔父巴西公佗[46]、弟隴西公緯[47]皆在北城。或說緯曰：「超為逆亂，公以介弟[48]之親，仗大義而討之。姜紀、焦辨在南城，楊桓、田誠在東苑，皆吾黨也，何患不濟？」緯嚴兵[49]欲與佗共擊超。佗妻梁氏止之曰：「緯、超俱兄弟之子，何為舍超助緯，自為禍首[50]乎？」佗乃謂緯曰：「超舉事已成，據武庫，擁精兵，圖之甚難。且吾老矣，無能為也。」超弟邈有寵於緯，說緯曰：「篡賊殺[51]兄弟，隆、超順人心而討之，正欲尊立明公[52]耳。方今明公先帝之長子[53]，當主社稷，人無異望，夫復何疑？」緯信之，乃與隆、超結盟，單馬入城。超執而殺之。讓位與隆，隆有難色[54]。超曰：「今如乘龍上天，豈可中下[55]？」隆遂即天王位，大赦，改元「神鼎」[56]。尊母衛氏為太后；妻楊氏為后；以超為都督中外諸軍事、輔國大將軍、錄尚書事，封安定公；諡纂曰靈帝[57]。

纂后楊氏將出宮，超恐其挾珍寶，命索之。楊氏曰：「爾兄弟不義，手刃相屠。我旦夕死人[58]，安用寶為[59]？」超又問玉璽所在，楊氏曰：「已毀之矣。」后有美色，超將納之[60]，謂其父右僕射桓曰：「后若自殺，禍及卿宗！」桓以告楊氏。楊氏曰：「大人賣女與氐[61]以圖富貴，一之謂甚，其可再乎[62]？」遂自殺，諡曰穆后。桓奔河西王利鹿孤，利鹿孤以為左司馬。

三月，孫恩北趣海鹽[63]，劉裕隨而拒之，築城於海鹽故治[64]。恩日來攻城，裕屢擊破之，斬其將姚盛。城中兵少不敵，裕夜偃旗匿眾，明晨開門，使羸疾[65]數人登城。賊遙問劉裕所在，曰：「夜已走矣。」賊信之，爭入城。裕奮擊，大破之。恩知城不可拔，乃進向滬瀆[66]，裕復棄城追之。

海鹽令鮑陋遣子嗣之帥吳兵[67]一千，請為前驅[68]。裕曰：「賊兵甚精，吳人不習戰，若前驅失利，必敗我軍[69]，可在後為聲勢。」嗣之不從。裕乃多伏旗鼓。前驅既交[70]，諸伏皆出。裕舉旗鳴鼓，賊以為四面有軍，乃退。嗣之追之，戰沒。裕且戰且退，所領死傷且盡，至向戰處[71]，令左右脫取死人衣以示閒暇。賊疑之，不敢逼。裕大呼更戰，賊懼而退，裕乃引歸。

河西王利鹿孤伐涼，與涼王隆戰，大破之，徙二千餘戶而歸。

夏，四月辛卯[72]，魏人罷鄴行臺[73]，以所統六郡[74]置相州[75]，以庾岳為刺史。

乞伏乾歸至苑川，以邊芮為長史，王松壽為司馬，公卿、將帥皆降為僚佐、偏裨[76]。

北涼王業憚沮渠蒙遜勇略，欲遠之；蒙遜亦深自晦匿[77]。業以門下侍郎馬權代蒙遜為張掖太守。權素豪雋[78]，為業所親重，常輕侮蒙遜。蒙遜譖[79]之於業曰：「天下不足慮，惟當憂馬權耳。」業遂殺權。

蒙遜謂沮渠男成曰：「段公無鑒斷[80]之才，非撥亂之主；曏所憚者[81]惟索嗣、馬權，今皆已死[82]。蒙遜欲除之以奉兄[83]，何如？」男成曰：「業本孤客，為吾家所立，恃吾兄弟，猶魚之有水。夫[84]人親信我而圖之，不祥。」蒙遜乃求為西安[85]太守。業喜其出外，許之。

蒙遜與男成約同祭蘭門山[86]，而陰使司馬許咸告業曰：「男成欲以取假[87]日為亂。若求祭蘭門山，臣言驗矣。」至期，果然。業收男成，賜死。男成曰：「蒙遜先與臣謀反，臣以兄弟之故，隱而不言。今以臣在，恐部眾不從，故約臣祭山；而反誣臣，其意欲王之殺臣也。乞詐言臣死，暴臣罪惡[88]，蒙遜必反。臣然後奉王命而討之，無不克矣。」業不聽，殺之。蒙遜泣告眾曰：「男成忠於段王，而段王無故枉殺[89]之，諸君能為報仇乎？且始者共立段王，欲以安眾耳。今州土紛亂，非段王所能濟[90]也。」男成素得眾心，眾皆憤泣爭奮，比至氐池[91]，眾逾一萬。鎮軍將軍臧莫孩率所部降之，羌、胡多起兵應蒙遜者。蒙遜進逼[1]侯塢[92]。

業先疑右將軍田昂，囚之；至是召昂，謝而赦之，使與武衛將軍梁中庸共討蒙遜。別將[93]王豐孫言於業曰：「西平諸田[94]，世有反者。昂貌恭而心險，不可信也。」業曰：「吾疑之久矣，但非昂無可以討蒙遜者。」昂至侯塢，率騎五百降於蒙遜，業軍遂潰，中庸亦詣蒙遜降。

五月，蒙遜至張掖，田昂兄子承愛斬關內之[95]，業左右皆散。蒙遜至，業謂蒙遜曰：「孤子然一己[96]，為君家所推，願匄[97]餘命，使得東還[98]與妻子相見。」蒙遜斬之[99]。

業，儒素長者[100]，無他權略[101]，威禁不行[102]，羣下擅命[103]；尤信卜筮巫覡[104]，故至於敗。

沮渠男成之弟富占、將軍俱傫帥戶五百降于河西王利鹿孤。傫，石子[105]之子也。

孫恩陷滬瀆，殺吳國內史袁崧[106]，死者四千人。

涼王隆多殺豪望[107]以立威名，內外囂然，人不自保。魏安[108]人焦朗遣使說秦隴西公碩德曰：「呂氏自武皇[109]棄世，兄弟相攻，政綱不立，競為威虐，百姓饑饉，死者過半。今乘其篡奪之際，取之易於返掌[110]，不可失也。」碩德言於秦王興，帥步騎六萬伐涼，乞伏乾歸帥騎七千從之。

六月甲戌[111]，孫恩浮海奄至丹徒[112]，戰士十餘萬，樓船千餘艘，建康震駭。乙亥[113]，內外戒嚴，百官入居省內[114]。冠軍將軍高素等守石頭[115]，輔國將軍劉襲柵斷淮口[116]，丹陽尹司馬恢之[117]戍南岸[118]，冠軍將軍桓謙[119]等備白石[120]，左衛將軍王嘏[121]等屯中堂[122]，徵豫州刺史譙王尚之[123]入衛京師。

劉牢之自山陰[124]引兵邀擊[125]恩，未至而恩已過，乃使劉裕自海鹽入援。裕兵不滿千人，倍道兼行，與恩俱至丹徒。裕眾既少，加以涉遠疲勞，而丹徒守軍莫有鬭志。恩帥眾鼓譟，登蒜山[126]，居民皆荷擔而立[127]。裕帥所領奔擊，大破之，投崖赴水死[2]者甚眾，恩狼狽僅得還船。然恩猶恃其眾，尋復整兵徑向京師。後將軍元顯帥兵拒戰，頻不利。會稽王道子無佗謀略，唯日禱蔣侯廟[128]。恩來漸近，百姓恟懼。譙王尚之帥精銳馳至，徑屯積弩堂[129]。恩樓船高大，泝風[130]不得疾行，數日乃至白石。恩本以諸軍分散，欲掩[131]不備；既而知尚之在建康，復聞劉牢之已還至新洲[132]，不敢進而去，浮海北走郁洲[133]。恩別將攻陷廣陵[134]，殺三千人。寧朔將軍高雅之[135]擊恩於郁洲，為恩所執。

桓玄厲兵[136]訓卒，常伺朝廷之隙。聞孫恩逼京師，建牙[137]聚眾，上疏請討之[138]。元顯大懼。會恩退，元顯以詔書止之，玄乃解嚴[139]。

梁中庸等共推沮渠蒙遜為大都督、大將軍、涼州牧、張掖公，赦其境內，改元「永安」[140]。蒙遜署從兄伏奴為張掖太守、和平侯，弟挐為建忠將軍、都谷侯，田昂為西郡141太守，臧莫孩為輔國將軍，房晷、梁中庸為左、右長史，張騭、謝正禮為左、右司馬。擢任賢才，文武咸悅。

河西王利鹿孤命羣臣極言得失。西曹從事142史暠曰：「陛下命將出征，往無不捷。然不以綏寧143為先，唯以徙民144為務。民安土重遷145，故多離叛，此所以斬將拔城而地不加廣也。」利鹿孤善之。

【章　旨】以上為第一段，寫晉安帝隆安五年（西元四〇一年）上半年的大事。主要寫了涼王呂纂好酒遊畋，被其部下呂超、呂隆所殺，呂隆自為天王；南涼之禿髮利鹿孤稱河西王，攻涼王呂隆，大破之；寫了東晉之流寇孫恩出浹口，攻句章，劉牢之擊破之，孫恩復入海；孫恩復北攻海鹽，又攻滬瀆，殺吳國內史袁山松；又浮海攻丹徒、廣陵，京師震動，被劉裕、劉牢之等大破之；寫了北涼主段業以儒素長者，無他權略，被其部將沮渠蒙遜所殺，蒙遜自立為涼州牧、張掖公等等。

【注　釋】❶勸　鼓勵；贊成。❷鍮勿崙　人名。❸被髮左衽　披散著頭髮，不梳頭，不戴帽子，上衣的大襟向左開。當時用以指少數民族的習慣與服飾。❹逐水草　隨著水草的有無而不斷遷徙。逐，隨著。❺雄視沙漠　意即在沙漠上無人能比。雄視，傲視；渺視。看不起其他所有別的民族。❻抗衡中夏　與中原地區的政權不相上下。抗衡，是勢均力敵的意思。❼舉大號　即指稱帝。❽建都立邑　建立都城並建立一系列的大小城鎮，意即改變逐水草而居的帳篷生活，而定居某地。❾難以避患　難以躲避其他民族的攻擊。❿啓敵人心　容易招引敵人打我們的主意。啓，引發。⓫處晉民於城郭　讓漢族人住在城郭裡。晉民，這裡即指漢族人。⓬勸課農桑　督促他們好好地種地養蠶。勸課，鼓勵並規定標準。⓭以供資儲　以供應國家的各種需要。資儲，積蓄；供應各種需要的物資。⓮國人　指禿髮氏本民族、本部落的人。⓯乘　侵陵；攻擊。⓰虛名無實　指稱帝這種虛名，沒有實際的好處。⓱為世之質的　成為其他部族攻擊的對象。質，砧板，切肉切菜的板子。的，箭靶。⓲安國「安國將軍」的簡稱，以官號稱人，表示尊敬。⑲河西王　前稱「武威王」，其志在稱王一郡；今稱「河西王」，則其志已在欲稱王於今黃河以西的甘肅、青海的遼闊地域。⑳二月丙子　二月初一。㉑浹口　甬江的入海之口，在今浙江鎮海縣東南。㉒句章　縣名，縣治在今浙江寧波西。㉓苑川　城名，在今甘肅蘭州東北。㉔故部眾　原來的部下。姚興將乞伏乾歸的舊部下發回給他管轄，史文書此為其日後的復起張本。㉕太常　官名，九卿之一，主管朝廷的祭祀、禮樂等事。㉖應天受命　指即位稱帝。㉗疆宇日蹙　國土一天比一天小。蹙，緊縮。㉘崎嶇二嶺之間　艱難地據守在兩道山樑之間。崎嶇，艱難地行走，這裡即指據此地防守。二嶺，指涼都姑臧（今武威）南面的洪池嶺和西面的山丹嶺。㉙兢兢夕惕　小心謹慎地發憤圖強。《易經・乾卦》：「君子終日乾乾，夕惕若厲。」意思是整天勤奮不息，直到天黑時還心懷憂懼，好像有什麼災難就要發生一樣。㉚沈湎遊畋　沉醉於嬉遊與狩獵。㉛不悛　不改。悛，悔改。㉜番禾太守呂超　番禾是郡名，郡治在今甘肅永昌東南。呂超是呂纂的堂兄弟，呂寶之子。㉝擅擊鮮卑思盤　私自攻擊鮮卑族的一個部落首領，當時也屬呂纂。㉞殿中監　職同漢代的少府，負責宮廷內的總務與服務性工作。㉟兄弟桓桓　指呂超與其兄呂隆都是威風凜凜的名將。桓桓，威武的樣子。㊱本以恐愒　本來是想用此話嚇唬他一下。恐愒，同「恐嚇」。㊲中領軍隆　即呂隆。中領軍是宮廷禁衛軍的統帥。㊳步輓車　人拉的車子。㊴琨華堂東閤　琨華堂的東門。閤，宮中的門。㊵親將　親兵頭領。㊶纂后楊氏　漢族人。事見《晉書・列女傳》。㊷杜尚止之　胡三省曰：「超之結尚也，蓋有密約。」㊸徇　巡行示眾。㊹太子　指呂光的嫡子呂紹，呂纂之弟。㊺同茲休慶　猶言共同享受這種幸福，共同歡呼這種吉慶。休慶，幸福、吉慶。㊻巴西公佗　即呂佗，呂光之弟，呂纂之叔。㊼隴西公緯　即呂緯，呂纂之弟。㊽介弟　大弟弟。㊾嚴兵　調集軍隊，使軍隊進入戰備狀態。㊿禍首　第一個挑起變亂的人。(51)賊殺　殘殺，指先後殺死親兄弟呂紹、呂弘。(52)明公　對受話人的尊稱，此指呂緯。(53)長子　在呂光現存的諸子中年歲最長。(54)有難色　意思是不想當這個國王，害怕輿論譴責。呂隆，字永基，呂寶之子，呂纂的堂兄弟。(55)中下　半路上下來。(56)改元神鼎　在此以前是呂纂的年號「咸寧」（西元三九九－四〇〇年）。(57)靈帝　《謚法解》：「不勤成名曰靈」，「好祭鬼神曰靈」，「亂而不損曰靈」。(58)旦夕死人　猶言活不了幾天的人。(59)安用寶為　還要珍寶做什麼。(60)將納之　想收之為姬妾。(61)賣女與氐　指當初令己嫁於呂纂。楊氏是漢族人，呂氏是氐族人。(62)一之謂甚二句　意思是嫁一回就已經夠嗆了，難道還要嫁第二回麼。原話出自《左傳》僖公五年，是宮之奇提醒虞君要警惕晉國侵略的話。(63)北趣海鹽　向北轉攻海鹽縣。海鹽縣的縣治在今浙江海鹽東南。(64)海鹽故治　海鹽縣的舊縣城。(65)羸疾　瘦弱與患病的人。(66)滬瀆　在今上海市青浦東北，到宋代已淪於江中。(67)吳兵　泛指今江蘇東南部、浙江東北部及上海市一帶的地方軍隊。(68)前驅　先鋒；先頭部隊。(69)我軍　劉裕的部隊。劉裕上屬劉牢之，劉牢之的軍隊被稱為「北府兵」，是曾轉戰南北的勁旅。(70)交　與敵人接戰。(71)向戰處　剛才打伏擊的地方。(72)四月辛卯　四月十七。(73)罷鄴行臺　撤銷了在鄴城設立的行臺。魏在鄴城建立行臺是在隆安二年，見本書卷一百十。(74)所統六郡　鄴城行臺所管理的六個郡，指魏郡、陽平、廣平、汲郡、頓丘、清河，即今河北、河南、山東三省交界的一片地區。(75)相州　州治在鄴城，今河北臨漳西南。(76)皆降為僚佐偏裨　由以前西秦朝廷的建制下降為今「河州刺史」的規模。如邊芮前為尚書左僕射，王松壽為民部尚書，今則分別降為長史、司馬。(77)晦匿　韜晦隱忍，不顯示才能、實力。(78)豪雋　指出身於豪門大族，心高氣傲。(79)譖　在尊長面前說人壞話。(80)鑒斷　如今之所謂「英明果斷」。鑒，眼光銳敏。斷，果斷。(81)曏所憚者　以前我們所懼怕的。胡三省曰：「以余觀之，索嗣、馬權皆庸夫耳，恃依世資而使氣，無能為也。」(82)今皆已死　索嗣被段業所殺，見本書上卷隆安四年。(83)奉兄　擁戴大哥你。奉，推舉；擁戴。這裡指尊之為王。(84)夫　發語詞。「夫」也有「彼」的意思，彼人，猶今所謂「人家」。(85)西安　郡名，郡治在今甘肅張掖東南。(86)蘭門山　在今甘肅山丹西南。(87)取假　休假。(88)暴臣罪惡　把我的罪行公布於眾。暴，披露，這裡即「宣布」。(89)枉殺　屈殺。(90)濟　平定；治理好。(91)氐池　縣名，縣治在今甘肅民樂西北。(92)侯塢　具體方位不詳。(93)別將　另一支部隊的統領。(94)西平諸田　西平郡的田氏諸人，田昂即西平郡人。西平郡的郡治即今青海西寧。(95)斬關內之　砍開城門的鎖，放蒙遜軍進入。關，門栓及鎖。(96)孑然一己　孤身一人。孑然，孤立的樣子。(97)匄　乞求賜予；乞求放過。(98)東還　回東方的長安老家。段業是京兆（今陝西西安）人，故乞請「東還」。(99)蒙遜斬之　段業在位共四年（西元三九七—四〇〇年）。(100)儒素長者　是一個念儒書的厚道人。(101)無他權略　沒有別的權謀大略。(102)威禁不行　沒有權威，說話沒有人聽。威禁，法令；命令。不行，行不通；沒人服從。(103)羣下擅命　手下的人誰想怎麼幹就怎麼幹。擅，專；不聽指揮。(104)尤信卜筮巫覡　特別迷信算卦、跳神。巫覡，猶今之所謂「巫婆」、「神漢」，以裝神弄鬼為職業的女人叫巫，男人叫覡。(105)石子　俱石子，前秦苻堅、苻丕的將領，在與前燕慕容永作戰中，兵敗被殺。事見《晉書》卷一百十五。(106)袁崧　應作「袁山松」。(107)豪望　有權勢、有聲望的人。(108)魏安　縣名，縣治在今甘肅武威東南。(109)武皇　指呂光。呂光死後諡曰「懿武皇帝」。(110)易於返掌　比喻事情容易做到。「返」，當作「反」。(111)六月甲戌　六月初一。(112)奄至丹徒　突然襲擊丹徒縣。奄，突然襲擊。丹徒，縣名，縣治在今江蘇鎮江市東南。(113)乙亥　六月初二。(114)入居省內　都入住到各自的辦公官署。省，指中書省、尚書省、御史臺等中央機構。(115)石頭　石頭城，是當時建康城的重要屏障，舊址在今南京的清涼山麓。(116)柵斷淮口　在秦淮河的入長江之口攔河立柵，阻斷行船，以防孫恩之兵船進入。淮口，秦淮河的入長江之口，在今南京的西北角。(117)丹陽尹司馬恢之　丹陽尹是當時東晉國都建康所在郡的地方長官，其級別相當於郡太守，其治所也在建康城內。司馬恢之是東晉宗室，司馬懿之弟司馬進的後代，曾多次輔佐朝廷與地方軍閥作戰。事見《晉書》卷三十七。(118)戍南岸　戍守在秦淮河的南岸。秦淮河自東南流來，經南京西側北折，再經石頭城下匯入長江。(119)桓謙　東晉名臣桓彝的後代，為人昏庸軟弱。傳見《晉書》卷七十四。(120)白石　即白石壘，故址在今南京金川門外。(121)王嘏　人名，時任左衛將軍之職。左衛將軍是宮廷禁兵的統率，時高左右二人。(122)屯中堂　駐守在宰相辦公的地方。(123)譙王尚之　即司馬尚之，司馬恢之之兄，繼祖輩封爵為譙王，現駐兵歷陽（今安徽和縣）。傳見《晉書》卷三十七。(124)山陰　縣名，縣治即今浙江杭州。(125)邀擊　攔擊；從側翼進行襲擊。(126)蒜山　在今江蘇鎮江市西。(127)荷擔而立　挑著擔子站著，言其隨時準備逃跑。(128)蔣侯廟　在今南京東面的紫金山上。供奉的是東漢末年因討「賊」而戰死的秣陵尉蔣子文。因山有此廟，故亦稱此紫金山為蔣山。(129)積弩堂　在當時的石頭城內。(130)泝風　迎風；頂風。(131)掩　突然襲擊。(132)新洲　江心洲名，在今江蘇鎮江市西的長江中，大概就是今天的珠金沙。(133)郁洲　在今江蘇連雲港市東，當時尚是一塊與大陸不連的陸地。(134)廣陵　郡名，郡治即今江蘇揚州。(135)高雅之　劉牢之的女婿。(136)厲兵　磨刀。(137)建牙　樹起大旗。將軍帳前的大旗名喚牙旗，行軍時為前導。(138)請討之　名曰請討孫恩，實際上是想襲取國都建康。(139)解嚴　解除緊急狀態。(140)改元永安　在此以前北涼是用段業的年號「神璽」（西元三九九—四〇〇年）。(141)西郡　郡治在今甘肅永昌西北。(142)西曹從事　從事，原是州刺史的屬官，統指治中、別駕等高級僚屬。(143)綏寧　安撫百姓，使之安居樂業。(144)徙民　強迫百姓搬遷，實即掠奪人口。(145)安土重遷　希望在故鄉居住，不願意搬家。

【校　記】[1]逼　據章鈺校，甲十一行本、乙十一行本、孔天胤本皆作「壁」，張敦仁《通鑑刊本識誤》同。[2]死　原無此字。據章鈺校，甲十一行本、乙十一行本、孔天胤本皆有此字，張敦仁《通鑑刊本識誤》同，今據補。

【語　譯】安皇帝丁

隆安五年（辛丑　西元四〇一年）

春季，正月，南涼武威王禿髮利鹿孤想要稱帝，文武百官全都一致贊成。擔任安國將軍的鍮勿崙說：「我們國家自從上個世紀以來，一直披散著頭髮，穿著左邊開襟的衣服，頭上從來沒有戴過帽子、腰間沒有繫過腰帶等飾物，隨著水草的有無而四處遷移，沒有城郭、沒有房舍，所以才能在沙漠中稱雄，不把其他民族放在眼裡，與中原地區的政權相抗衡。現在如果要稱皇帝，確實是順應民心。然而稱帝之後就要建立都城以及大小城鎮，改變我們原來的游牧生活而定居，一旦遇到其他民族的攻擊就很難躲避逃走；而且府庫中的物資儲備，很容易引發敵人攻奪的野心。不如把漢人安置在城郭之中，鼓勵、督促他們好好地從事種田養蠶，按照標準繳納賦稅，為我們提供各種所需的物資，而我們本部落、本民族的人則練習騎馬射箭。一旦鄰國勢力衰弱，我們就趁機吞併他，如果鄰國強大起來，我們就躲開他，遷徙到遙遠的地方去，這才是使國家長治久安的好辦法。而且稱帝只是一個虛名，並沒有實際的利益，只會成為其他部族切肉的案板和射箭的靶子，有什麼用呢？」武威王禿髮利鹿孤說：「安國將軍說的話是對的。」於是改稱河西王，任命廣武公禿髮傉檀為都督中外諸軍事、涼州牧、錄尚書事。

二月初一日丙子，東晉亂民首領孫恩從浹口出發，進攻句章，攻打不下。劉牢之率軍攻擊孫恩，孫恩兵敗後又逃回海島。

後秦王姚興派乞伏乾歸返回自己的故都苑川鎮守，並把乞伏乾歸的原來的部下全部配備給他。

後涼王呂纂嗜好飲酒和打獵，擔任太常的楊穎勸諫他說：「陛下順天承命，坐上國王的寶座，就應該遵循正道來守衛國家。如今國家的疆土日益縮小，艱難地據守著洪池嶺和山丹嶺之間的狹小地帶，陛下不兢兢業業、勤奮不息地發憤圖強，以恢復祖先的大業，反而沉湎於嬉戲和遊獵，不考慮國家大事，我很為陛下感到危險。」呂纂向他謙恭地道歉，然而卻始終不改。

後涼擔任番禾太守的呂超擅自率軍襲擊鮮卑部落首領思盤，思盤派自己的弟弟乞珍向後涼天王呂纂控告呂超，呂纂令呂超和思盤全都返回姑臧。呂超心中害怕，於是到了姑臧之後，便極力巴結、拉攏擔任殿中監的杜尚。呂纂看見呂超之後，就責備呂超說：「你仗著你們兄弟都是威風凜凜的名將，竟敢欺負到我的頭上。我只有殺死你，天下才會安定！」呂超趴在地上不停地磕頭認罪。呂纂本來是想嚇唬嚇唬呂超，其實並沒有要殺他的意思。因此，便拉著呂超、思盤以及群臣到內殿共同飲宴。呂超的哥哥、擔任中領軍的呂隆屢次勸呂纂飲酒，呂纂遂喝得大醉，隨後便坐上人力車輦，帶著呂超等在皇宮中遊覽。他們來到琨華堂的東門，因為呂纂的車輦不能通過，呂纂的親兵頭領竇川和駱騰便將身上的佩劍依靠在牆壁上，在後面幫助推車，穿過東閣。呂超趁機取劍在手，逕直向呂纂刺去，呂纂跳下車來擒拿呂超，呂超用劍刺穿了呂纂的胸部。竇川、駱騰與呂超格鬥，都被呂超殺死。呂纂的王后楊氏命令宮中的禁衛軍攻擊呂超，被殿中監杜尚阻止，於是，禁衛軍全都放下手中的兵器，拒絕參戰。將軍魏益多從外面進來，他砍下呂纂的人頭，楊后說：「人已經死了，就如同土石一樣，什麼也不知道，你怎麼還忍心殘毀他的形骸呢？」魏益多把楊后詬罵了一通，便提著呂纂的首級到宮外巡行示眾說：「呂纂違背先帝的遺命，殺死太子呂紹，自立為天王，而且荒淫殘暴，虐害生靈。番禾太守呂超順應民心將呂纂除掉，為的是安定皇家的宗廟社稷。我國不論朝中大臣還是民間百姓都應該共同享受這種幸福，共同歡呼這種吉慶！」

後涼天王呂纂的叔父巴西公呂佗、弟弟隴西公呂緯都在姑臧北城。有人勸說隴西公呂緯說：「呂超叛逆謀亂，你乃是天王的大弟弟，應該高舉義旗討伐呂超。尚書姜紀、焦辨在南城，楊桓、田誠在東苑，他們都是我們的同黨，何必擔心不會成功？」呂緯於是調集軍隊進入戰備狀態，準備與叔父呂佗一同攻擊呂超。呂佗的妻子梁氏阻止呂佗說：「呂緯、呂超都是你的姪子，何必要捨棄呂超而幫助呂緯，使自己成為罪魁禍首呢？」呂佗於是拒絕呂緯說：「呂超起事已經成功，他現在佔據著武器庫，手下擁有精兵，想除掉他很困難。再說我已經老了，幹不了什麼大事了。」呂超的弟弟呂邈很受呂緯的寵愛，呂邈遂勸說呂緯：「呂纂殺害了自己的親兄弟呂紹和呂弘，呂隆和呂超是為了順應民心才討伐呂纂，他們正準備擁戴您來繼承王位。如今您就是先帝的長子，應該讓您來主持社稷，人家沒有別的想法，您何必懷疑呢？」呂緯聽信了呂邈的話，便與呂隆、呂超結盟，然後單人匹馬進入姑臧城。呂超抓住了呂緯，將呂緯殺死。呂超把王位讓給哥哥呂隆，呂隆害怕輿論的指責，所以不太想當這個國王。呂超說：「如今就等於騎龍上天，半路途中豈能下來？」呂隆於是即位為天王，實行大赦，改年號為「神鼎」。尊奉自己的母親衛氏為王太后；冊封妻子楊氏為王后；任命呂超為都督中外諸軍事、輔國大將軍、錄尚書事，封為安定公；給呂纂的諡號是「靈帝」。

已故後涼天王呂纂的王后楊氏準備離開王宮，呂超恐怕楊氏攜帶著珍寶出宮，便命人搜查楊氏。楊氏說：「你們兄弟很不講義氣，親手拿著刀子互相殘殺。我是一個早晚就要死的人了，要珍寶有什麼用？」呂超又向楊氏詢問皇帝玉璽在什麼地方，楊氏回答說：「已經毀掉了。」楊氏長得很美，呂超想收她為姬妾，便去對楊氏的父親、擔任右僕射的楊桓說：「楊后如果自殺，一定會連累你們全家！」楊桓將呂超的話告訴了楊氏。楊氏說：「父親當初把女兒賣給氐族人呂纂，以求得自己的榮華富貴，賣一次就已經過分，難道還可以再賣第二次嗎？」說完便自殺了，給她的謚號是穆后。楊桓逃奔河西王禿髮利鹿孤，禿髮利鹿孤任命楊桓為左司馬。

三月，東晉亂民首領孫恩率領部眾向北進攻海鹽縣，擔任參軍的劉裕尾隨其後進行攻擊，並在海鹽縣的舊縣城加固城牆。孫恩每天都率眾前來攻城，卻每次都被劉裕擊敗，還斬殺了孫恩的部將姚盛。海鹽城中兵力很少，與孫恩的部眾相差懸殊，劉裕便在夜間把城上的旗幟收起來，令精銳部隊埋伏好，第二天黎明時分打開城門，讓幾名老弱病殘登上城樓。亂民站在距離城樓很遠的地方向守城的老弱殘兵打聽劉裕在什麼地方，這些老弱病殘回答說：「已經在夜間逃走了。」亂民真的相信了他們的話，於是爭相湧入城內。劉裕出動伏兵奮起攻擊，將亂民打得大敗。孫恩知道海鹽城很難攻克，於是轉向滬瀆，劉裕丟下海鹽城繼續追擊孫恩。

東晉擔任海鹽縣令的鮑陋派自己的兒子鮑嗣之率領著一千名吳地的士兵，請求為劉裕充當先鋒。劉裕說：「賊寇的軍隊十分精銳，吳地人不習慣作戰，如果前鋒失敗，必然導致我軍的全線失利，你可以在後面為我軍製造聲勢。」鮑嗣之不聽從命令。劉裕只好多埋伏下軍旗和戰鼓。前面的鮑嗣之已經和孫恩的軍隊接戰，孫恩的埋伏全部衝殺過來。劉裕舉起軍旗，戰鼓齊鳴，賊寇以為四面八方都有官軍，於是退走。鮑嗣之還緊追不捨，遂戰死。劉裕一面與孫恩作戰一面退卻，他所率領的軍隊連死帶傷，幾乎拼光了，他們撤退到剛才打伏擊的地方，劉裕下令讓身邊的人剝取死人身上的衣服，讓賊軍看出我軍的從容不迫。賊寇懷疑劉裕又有什麼陰謀詭計，所以不敢向前逼近。劉裕突然大聲吶喊，再次向賊寇發起攻擊，賊寇被劉裕的聲勢嚇倒，於是退去，劉裕這才率軍而回。

南涼河西王禿髮利鹿孤率軍討伐後涼，與後涼王呂隆交戰，南涼軍大敗後涼軍，強行遷移了二千多戶居民而後返回。

夏季，四月十七日辛卯，北魏撤銷了設在鄴城的行臺，把鄴城所轄的魏郡、陽平、廣平、汲郡、頓丘、清河六個郡設置為相州，任命庾岳為相州刺史。

乞伏乾歸返回自己的故都苑川，他任命邊芮為長史，任命王松壽為司馬，原來西秦時代的公卿、將帥全都按照「河州刺史」的規模降級為刺史的僚佐和低級將領。

北涼王段業忌憚擔任張掖太守的沮渠蒙遜的勇猛善戰和足智多謀，就想把他打發到遙遠的地方去；而沮渠蒙遜深知自己的處境，也極力隱藏自己，韜光養晦，不顯示自己的才能和實力。段業於是任命擔任門下侍郎的馬權代替沮渠蒙遜擔任張掖太守。馬權出身於豪門大族，也很有才能，所以深得段業的信任和敬重，他常常輕慢和侮辱沮渠蒙遜。沮渠蒙遜於是在段業面前說馬權的壞話，沮渠蒙遜說：「天下所有的事情都不值得憂慮，只是應當小心馬權。」段業遂殺死了馬權。

沮渠蒙遜對自己的哥哥、擔任輔國將軍的沮渠男成說：「段業沒有敏銳的眼光，遇事又缺乏決斷，不是一個能夠撥亂反正的君主之才；以前我們所懼怕的只有索嗣和馬權，如今這兩個人都死了。我想除掉段業，擁戴哥哥為君主，你覺得如何？」沮渠男成說：「段業原本是一個孤獨客居的外鄉人，是我們沮渠家擁戴他坐上國王的寶座，他依靠我們兄弟，就如同魚依靠水一樣。他這樣的親近我們、信任我們，而我們卻準備把他除掉，這是不吉祥的。」沮渠蒙遜於是請求擔任西安郡太守。北涼王段業簡直是喜出望外，立即批准。

北涼西安太守沮渠蒙遜與自己的哥哥沮渠男成約好一同前往蘭門山祭祀，卻暗中派擔任司馬的許咸告訴北涼王段業說：「輔國將軍沮渠男成準備在假日裡發動政變。如果他向陛下請求去祭祀蘭門山，我的話就應驗了。」到了該休假的日子，沮渠男成果然向段業請求去祭祀蘭門山。段業於是將沮渠男成逮捕起來，令他自殺。沮渠男成說：「沮渠蒙遜先前曾經和我商議一同謀反，我因為沮渠蒙遜是我的弟弟，所以我把事情隱瞞下來沒有舉報。現在他因為有我的存在，擔心部眾不會聽從他，所以約我一同去祭祀蘭門山；他卻反過來誣陷我要謀反，他的用意就是讓大王殺死我。請大王詐稱已經將我殺死，把我的罪行公布於眾，沮渠蒙遜必定謀反。到那時我再尊奉大王的命令去討伐他，沒有不成功的道理。」段業沒有相信沮渠男成的分辯，將沮渠男成殺死。沮渠蒙遜在西安一邊哭泣一邊向眾人訴說：「我哥哥沮渠男成效忠於段王，卻被段王無緣無故的屈殺，諸位能不能為我的哥哥報仇？再說開始共同擁立段業為王，本來是為了安定民心。如今涼州境內遍地烽火，證明段王沒有能力治理好涼州。」沮渠男成一向深受眾人的愛戴，眾人對段王殺死沮渠男成都非常憤恨，為沮渠男成的死感到悲痛，於是爭相向都城張掖進發，等到達氐池的時候已經聚集起了一萬多人。擔任鎮軍將軍的臧莫孩率領自己的部眾投降了西安太守沮渠蒙遜，那些羌族人、匈奴人也有很多人起來響應沮渠蒙遜。沮渠蒙遜率領眾人逼近了張掖城東的侯塢。

北涼王段業早先曾經懷疑擔任右將軍的田昂對自己不忠，便把田昂囚禁起來；到這時候，他召見田昂，向田昂道歉，把田昂從監獄中釋放出來，然後令田昂與擔任武衛將軍的梁中庸共同率軍討伐沮渠蒙遜。另一支部隊的將領王豐孫提醒涼王段業說：「西平郡那些姓田的人，每個世紀都有人謀反。田昂雖然外表很恭敬謹慎，然而卻心地陰險，不能相信他。」段業說：「我懷疑他已經很久了，但除去田昂以外，再也沒有可以討伐沮渠蒙遜的人了。」田昂率軍抵達侯塢之後，便率領五百名騎兵投降了沮渠蒙遜，段業的朝廷軍於是潰散，武衛將軍梁中庸也到沮渠蒙遜的軍前投降。

五月，北涼西安太守沮渠蒙遜率領手下部眾抵達都城張掖，田昂的姪子田承愛砍開城門上的鎖，放沮渠蒙遜等入城，涼王段業的左右侍衛全都逃散。沮渠蒙遜來到段業的面前，段業對沮渠蒙遜說：「我孑然一身，被你們沮渠家推戴當了涼國國王，我請求你能赦免我，讓我在有生之年回到東方的長安老家，與我的妻子兒女見上一面。」沮渠蒙遜沒有放過段業，而是把他殺死了。

已故北涼王段業，原本是研習儒學的一個忠厚長者，不懂得什麼權術謀略，沒有權威，命令也沒有人服從，屬下群臣全都自作主張，誰想怎麼幹就怎麼幹；段業還特別迷信占卜、巫術，所以最終導致敗亡。

已故北涼輔國將軍沮渠男成的弟弟沮渠富占、將軍沮渠俱傫率領五百戶居民投降了南涼河西王禿髮利鹿孤。沮渠俱傫，是沮渠俱石子的兒子。

東晉亂民首領孫恩率領部眾攻陷了滬瀆，殺死了吳國內史袁崧，滬瀆被殺死的有四千人。

後涼王呂隆殺死了許多有權勢、有聲望的人，想以此來樹立自己的權威，於是朝廷內外議論紛紛，人人自危。魏安縣人焦朗派使者前往後秦遊說隴西公姚碩德說：「後涼呂氏自從懿武皇帝呂光去世之後，兄弟之間互相攻殺，政令不行，法紀不立，一個比一個威風，一個比一個暴虐，百姓遭遇饑饉，餓死了一大半。如今趁著呂隆篡位之機攻取後涼，簡直是易如反掌，這個機會可不應該錯過。」隴西公姚碩德向後秦王姚興稟報之後，便率領六萬名步兵、騎兵討伐後涼，乞伏乾歸也率領七千名騎兵跟隨姚碩德一同出征。

六月初一日甲戌，東晉亂民首領孫恩乘船渡海進入長江，突然襲擊了丹徒，此時的孫恩，已經擁有十多萬名戰士，一千多艘戰船，東晉京師建康為此感到十分的驚恐。初二日乙亥，京城內外全部進入緊急狀態，文武百官全都入住官署。擔任冠軍將軍的高素等負責守衛石頭城，擔任輔國將軍的劉襲在秦淮河入江口處攔河立柵，禁止船隻往來，以阻擋孫恩船隻攻入，擔任丹陽尹的司馬恢之戍守在秦淮河南岸，冠軍將軍桓謙等備戰白石壘，擔任左衛將軍的王嘏等率軍駐紮在中堂，朝廷又徵召擔任豫州刺史的譙王司馬尚之率軍返回京師協同防守。

劉牢之從山陰率軍出發，準備截擊孫恩，等到劉牢之的軍隊趕到的時候，孫恩的軍隊已經過去，於是劉牢之便派參軍劉裕從海鹽率軍入援京師。劉裕的軍隊還不到一千人，他們倍道兼程，幾乎與孫恩的軍隊同時抵達丹徒。劉裕的軍隊人數本來就少，再加上長途的奔波跋涉，軍隊已經疲憊不堪，而住在丹徒的守軍又沒有一點鬥志。孫恩率領部眾擊鼓吶喊，登上了蒜山，當地的居民全都挑著擔子站在一邊。劉裕率領自己的一千人馬殺向孫恩的軍隊，將孫恩軍打得大敗，投身懸崖、跳入水中赴死的人很多，孫恩狼狽不堪地逃回自己的戰船。然而，孫恩仰仗自己人多勢眾，不久之後，又整頓兵馬逕直進攻京師。擔任後將軍的司馬元顯率軍抵抗孫恩的進攻，卻屢次作戰失利。會稽王司馬道子想不出一點其他對付孫恩的辦法，只會每天到蔣侯廟燒香祈禱。孫恩的軍隊越來越逼近京師，京城的百姓惶恐不安。擔任豫州刺史的譙王司馬尚之率領精銳部隊飛快抵達，逕直進駐積弩堂。孫恩的樓式戰船因為過於高大，在逆風的情況下不能很快行駛，所以在幾天之後才抵達白石壘。孫恩本來以為朝廷的軍隊分散在各地，不能很快集中，所以準備採取突然襲擊；到了白石壘之後，得知豫州刺史司馬尚之已經率軍進駐京師，又接到報告說劉牢之率軍返回，已經到了新洲，因此不敢繼續前進，他率軍東走，由海路北上，進攻郁洲。孫恩的另一將領率軍攻陷了廣陵，殺死了三千人。擔任寧朔將軍的高雅之在郁洲攻擊孫恩，兵敗後被孫恩俘虜。

桓玄磨礪兵器，訓練士卒，密切關注朝廷的變化，尋找有利時機。他聽說亂民首領孫恩已經率大軍逼近京師，於是便集合軍隊，豎起牙旗，上疏給朝廷，請求出兵討伐孫恩。司馬元顯非常恐懼。恰好此時孫恩已經退去，司馬元顯便以皇帝的名義下了一道詔書阻止，桓玄才解除戰備狀態。

北涼擔任武衛將軍的梁中庸等共同推舉沮渠蒙遜為大都督、大將軍、涼州牧、張掖公，在涼州境內實行大赦，改年號為「永安」。沮渠蒙遜簽署命令，任命自己的堂兄沮渠伏奴為張掖太守、和平侯，任命自己的弟弟沮渠拏為建忠將軍、都谷侯，任命田昂為西郡太守，任命臧莫孩為輔國將軍，任命房晷為左長史、梁中庸為右長史，任命張騭為左司馬、謝正禮為右司馬。沮渠蒙遜選拔任用賢能，文武官員全都歡欣鼓舞。

南涼河西王禿髮利鹿孤下令群臣指摘朝政的得失，務必做到知無不言，言無不盡。擔任西曹從事的史暠說：「陛下每次派將領率軍出征，從來都是無往而不勝。然而卻沒有把安撫民心、使之安居樂業放在首要位置，而只是一味地強迫百姓搬遷。百姓都希望在故鄉過安居的生活，他們把遷徙看做是非常艱難的事情，所以很多人或逃離、或叛變，這就是雖然能夠取得斬將拔城的勝利，而國土並沒有因此擴大的原因。」禿髮利鹿孤認為史暠說得很對。

秋，七月，魏兗州刺史長孫肥❶將步騎二萬南徇許昌❷，東至彭城❸，將軍劉該降之。

秦隴西公碩德自金城濟河❹，直趨廣武❺，河西王利鹿孤攝❻廣武守軍以避之。秦軍至姑臧，涼王隆遣輔國大將軍超、龍驤將軍邈等逆戰，碩德大破之，生擒邈，俘斬萬計。隆嬰城固守，巴西公佗❼帥東苑❽之眾二萬五千降於秦。西涼公暠❾、河西王利鹿孤、沮渠蒙遜各遣使奉表入貢於秦。

初，涼將姜紀❿降於河西王利鹿孤，廣武公傉檀與論兵略，甚愛重之，坐則連席⓫，出則同車，每談論，以夜繼晝。利鹿孤謂傉檀曰：「姜紀信有美才⓬，然視候非常⓭，必不久留於此，不如殺之。紀若入秦，必為人患⓮。」傉檀曰：「臣以布衣之交待紀⓯，紀必不相負也。」八月，紀將數十騎奔秦軍⓰，說碩德曰：「呂隆孤城無援，明公以大軍臨之，其勢必請降；然彼徒文降而已⓱，未肯遂服也。請給紀步騎[1]三千，與王松忽⓲因焦朗、華純⓳之眾，伺其釁隙，隆不足取也。不然，今禿髮在南，兵彊國富，若兼姑臧而據之，威勢益盛，沮渠蒙遜、李暠不能抗也，必將歸之。如此，則為國家⓴之大敵矣。」碩德乃表紀為武威太守，配兵二千，屯據晏然㉑。

秦王興聞楊桓㉒之賢而徵㉓之，利鹿孤不敢留。

詔以劉裕為下邳㉔太守，討孫恩於郁洲㉕，累戰，大破之。恩由是衰弱，復緣海南走，裕亦隨而邀擊㉖之。

燕王盛懲㉗其父寶以懦弱失國，務峻威刑㉘，又自矜聰察㉙，多所猜忌，羣臣有纖介之嫌㉚，皆先事誅之㉛。由是宗親、勳舊，人不自保。丁亥㉜，左將軍慕容國與殿上[2]將軍㉝秦輿、段讚謀帥禁兵襲盛，事發，死者五百餘人。壬辰㉞夜，前將軍段璣與秦輿之子興、段讚之子泰潛於禁中鼓譟大呼。盛聞變，帥左右出戰，賊眾逃潰。璣被創，匿廂屋間。俄㉟有一賊從闇中擊盛，盛被傷，輦㊱升前殿，申約禁衛㊲，事定而卒㊳。

中壘將軍慕容拔、冗從僕射郭仲白太后丁氏㊴，以為國家多難，宜立長君。時眾望在盛弟司徒、尚書令、平原公元㊵，而河間公熙㊶素得幸於丁氏。丁氏乃廢太子定㊷，密迎熙入宮。明旦，羣臣入朝，始知有變，因上表勸進於熙。熙以讓元，元不敢當。癸巳㊸，熙即天王位，捕獲段璣等，皆夷三族。甲午㊹，大赦。丙申㊺，平原公元以嫌㊻賜死。閏月辛酉㊼，葬盛於興平陵，諡曰昭武皇帝，廟號中宗。丁氏送葬未還，中領軍慕容提、步軍校尉張佛等謀立故太子定，事覺，伏誅，定亦賜死。丙寅㊽，大赦，改元「光始」。

秦隴西公碩德圍姑臧累月，東方之人㊾在城中者多謀外叛，魏益多㊿復誘扇之，欲殺涼王隆及安定公超，事發，坐死者三百餘家。碩德撫納夷、夏(51)，分置守宰[52]，節食聚粟，為持久之計。

涼之羣臣請與秦連和[53]，隆不許。安定公超曰：「今資儲內竭，上下嗷嗷[54]，雖使張、陳[55]復生，亦無以為策。陛下當思權變屈伸[56]，何愛尺書、單使[57]為卑辭以退敵[58]？敵去之後，修德政以息民，若卜世未窮[59]，何憂舊業之不復？若天命去矣[60]，亦可以保全宗族[61]。不然，坐守困窮，終將何如？」隆乃從之。九月，遣使請降於秦。碩德表隆為鎮西大將軍、涼州刺史、建康公[62]。隆遣子弟及文武舊臣慕容筑[63]、楊穎[64]等五十餘家入質于長安。碩德軍令嚴整，秋毫不犯，祭先賢，禮名士，西土悅之。

沮渠蒙遜所部酒泉、涼寧[65]二郡叛降於西涼，又聞呂隆降秦，大懼，遣其弟建忠將軍挐、牧府[66]長史張潛見碩德於姑臧[67]，請帥其眾東遷[68]。碩德喜，拜潛張掖太守、挐建康太守。潛勸蒙遜東遷。挐私謂蒙遜曰：「姑臧未拔，呂氏猶存，碩德糧盡將還，不能久也。何為自棄土宇[69]，受制於人乎？」臧莫孩亦以為然。

蒙遜遣子奚念為質[70]於河西王利鹿孤，利鹿孤不受，曰：「奚念年少，可遣挐也。」冬，十月，蒙遜復遣使上疏於利鹿孤曰：「臣前遣奚念具披誠款[71]，而聖旨未昭[72]，復徵弟挐。臣竊以為苟有誠信，則子不為輕；若其不信，則弟不為重。今寇難未夷(73)，不獲奉詔(74)，願陛下亮(75)之。」利鹿孤怒，遣張松侯俱延(76)、興城侯文支(77)將騎一萬襲蒙遜，至萬歲臨松(78)，執蒙遜從弟鄯善苟子(79)，虜其民六千餘戶。蒙遜從叔孔遮入朝于利鹿孤，許以挐為質。利鹿孤乃歸其所掠，召俱延等還。文支，利鹿孤之弟也。

南燕主備德(80)宴羣臣於延賢堂，酒酣，謂羣臣曰：「朕可方(81)自古何等主？」青州刺史鞠仲曰：「陛下中興聖主，少康、光武之儔(82)。」備德顧左右賜仲帛千匹，仲以所賜多，辭之。備德曰：「卿知調朕(83)，朕不知調卿邪？卿所對非實(84)，故朕亦以虛言賞卿(85)耳。」韓範進曰：「天子無戲言。今日之論，君臣俱失。」備德大悅，賜範絹五十匹。

備德母及兄納皆在長安，備德遣平原人杜弘往訪(86)之。弘曰：「臣至長安，若不奉太后動止(87)，當西如張掖(88)，以死為効(89)。臣父雄年踰六十，乞本縣之祿(90)，以申烏鳥之情(91)。」中書令張華曰：「杜弘未行而求祿，要君(92)之罪大矣。」備德曰：「弘為君迎母，為父求祿，忠孝備矣，何罪之有？」以雄為平原令。弘至張掖，為盜所殺。

十一月，劉裕追孫恩至滬瀆、海鹽，又破之，俘斬以萬數，恩遂自浹口遠竄入海。

十二月辛亥[93]，魏主珪遣常山王遵、定陵公和跋帥眾五萬襲沒弈干[94]於高平[95]。

乙卯[96]，魏虎威將軍宿沓干伐燕，攻令支[97]。乙丑[98]，燕中領軍宇文拔救之。壬午[99]，宿沓干拔令支而戍之。

呂超攻姜紀，不克，遂攻焦朗[100]。朗遣其弟子嵩為質於河西王利鹿孤以請迎[101]，利鹿孤遣車騎將軍傉檀赴之；比至[102]，超已退，朗閉門拒之。傉檀怒，將攻之，鎮北將軍俱延諫曰：「安土重遷[103]，人之常情。朗孤城無食，今年不降，後年自服，何必多殺[104]士卒以攻之？若其不捷，彼必去從佗國。棄州境士民[105]以資鄰敵[106]，非計也，不如以善言諭之。」傉檀乃與朗連和，遂曜兵姑臧[107]，壁於胡阬[108]。傉檀知呂超必來斫營[109]，畜火以待之。超夜遣中壘將軍王集帥精兵二千斫傉檀營，傉檀徐嚴不起[110]。集入壘中，內外皆舉火，光照如晝，縱兵擊之，斬集及甲首[111]三百餘級。呂隆懼，偽與傉檀通好，請於苑內[112]結盟。傉檀遣俱延入盟，俱延疑其有伏，毀苑牆而入。超伏兵擊之，俱延失馬步走，凌江將軍郭祖力戰拒之，俱延乃得免。傉檀怒，攻其昌松[113]太守孟禕於顯美[114]。隆遣廣武將軍荀安國[3]、寧遠將軍石可帥騎五百救之。安國等憚傳檀之彊，遁還。

桓玄表其兄偉為江州刺史，鎮夏口；司馬刁暢[115]為輔國將軍、督八郡軍事，鎮襄陽；遣其將皇甫敷、馮該戍湓口[116]。移沮、漳蠻[117]二千戶于江南，立武寧郡[118]。更招集流民，立綏安郡[119]。詔徵廣州刺史刁逵[120]、豫章太守郭昶之[121]，玄皆留不遣。

玄自謂有晉國三分之二，數[122]使人上己符瑞[123]，欲以惑眾；又致牋[124]於會稽王道子曰：「賊造近郊[125]，以風不得進，以雨不致火[126]，食盡故去耳，非力屈[127]也。昔國寶死[128]後，王恭不乘此威入統朝政，足見其心非侮於明公[129]也，而謂之不忠。今之貴要腹心[130]，有時流清望[131]者誰乎？豈可云無佳勝[132]？直[133]是不能信之耳！爾來[134]一朝一夕[135]，遂成今日之禍。在朝君子皆畏禍不言，玄忝任在遠[136]，是以披寫事實[137]。」元顯見之，大懼。

張法順[138]謂元顯曰：「桓玄承藉世資[139]，素有豪氣，既并殷、楊[140]，專有荊楚，第下[141]之所控引止三吳耳。孫恩為亂，東土塗地[142]，公私困竭，玄必乘此縱其姦兇，竊用[143]憂之。」元顯曰：「為之柰何？」法順曰：「玄始得荊州，人情未附，方務綏撫[144]，未暇佗圖。若乘此際使劉牢之為前鋒，而第下以大軍繼進，玄可取也。」元顯以為然。會武昌太守庾楷[145]以玄與朝廷構怨，恐事不成，禍及於己，密使人自結於元顯，云：「玄大失人情，眾不為用，若朝廷遣軍，己當為內應。」元顯大喜，遣張法順至京口，謀於劉牢之。牢之以為難。法順還，謂元顯曰：「觀牢之言色，必貳[146]於我，不如召入殺之；不爾，敗人大事。」元顯不從。於是大治水軍，徵兵裝艦[147]，以謀討玄。

【章　旨】以上為第二段，寫晉安帝隆安五年（西元四〇一年）下半年的大事。主要寫了秦將姚碩德渡西河攻涼，破涼將呂超、呂邈，圍呂隆於姑臧，西涼之李暠、南涼之禿髮利鹿孤、北涼之沮渠蒙遜等皆向秦奉表稱臣，而姚碩德軍令嚴整，秋毫無犯，西土悅之；寫了晉以劉裕為下邳太守，討孫恩於郁洲，孫恩緣海濱南走，劉裕又破之於滬瀆、海鹽，孫恩遠竄入海；寫了晉之桓玄有晉地三分之二，寫信向司馬元顯示威，張法順給司馬元顯設謀，招劉牢之以討桓玄，劉牢之不從；張法順見劉牢之不可靠，又勸司馬元顯除掉劉牢之，司馬元顯亦不從，只招兵造船，謀討桓玄；寫了燕主慕容盛務峻威刑，多所猜忌，人不自保，被部將段璣所殺；慕容盛之叔慕容熙乘機為帝，慕容盛之弟慕容元與太子慕容定等都相繼被殺；此外還寫了魏將長孫肥攻晉之許昌、彭城，晉將劉該降魏等等。

【注　釋】❶長孫肥　姓長孫，名肥，魏國的名將。傳見《魏書》卷二十六。❷南徇許昌　向南開拓地盤到許昌一帶。徇，略地；開拓地盤。許昌，縣名，縣治在今河南許昌東。也是潁川郡的郡治所在地，當時屬東晉。❸彭城　即今徐州，當時屬東晉。❹濟河　渡過黃河。濟，渡水。❺直趣廣武　直趣，直趨；一直殺向。廣武，郡名，郡治在今甘肅永登南，當時屬禿髮氏的南涼。後秦的姚碩德自蘭州渡黃河西襲呂氏的姑臧，必須經由廣武一帶。❻攝　告諭，令其收縮、避開。❼巴西公佗　即呂佗，呂隆之叔。❽東苑　姑臧城東面的小城。❾西涼公暠　即李暠，西涼政權的創立者，建都敦煌。傳見《晉書》卷十四。❿姜紀　原是呂纂的將領，呂隆等殺呂纂自立後，姜紀逃歸禿髮氏。⓫連席　兩片坐墊緊挨著。⓬信有美才　確實有很好的才華。信，確實。⑬視候非常　看東西、觀察事物的樣子與一般人不同。⑭必為人患　一定會給我們造成麻煩。⑮以布衣之交待紀　以平民百姓之間的交情對待姜紀，指平等、真誠，沒有任何權勢利欲的成分。⑯紀將數十騎奔秦軍　胡三省曰：「禿髮兄弟皆推傉檀之明略，余究觀傉檀始末，未敢許也。又究觀姜紀自涼入秦始末，則紀蓋反覆詭譎之士，而傉檀愛重之，則傉檀蓋以才辨為諸兄弟所重，而智略不能濟，此其所以亡國也。」⑰徒文降而已　只不過是口頭上、字面上的「投降」而已。⑱王松忽　姚興的將領。⑲焦朗華純　都是呂隆境內起來反對呂隆政權的將領。⑳國家　指姚興的後秦政權。㉑晏然　縣名，縣治在今甘肅武威西北。㉒楊桓　呂纂皇后楊氏的父親。呂纂、楊氏被殺後，楊桓逃歸利鹿孤，為之任左司馬。㉓徵召；討要。諸涼畏秦之強，故秦可對之發號施令。㉔下邳　郡名，郡治在今江蘇邳州西南。這裡所指乃南遷的僑郡，約在今江蘇鎮江市一帶。㉕郁洲　也稱田橫島，在今江蘇海州東的雲臺山一帶，古時在海中，現已與大陸相連。㉖邀擊　尋機會予以攻擊。㉗懲　接受……的教訓。㉘務峻威刑　一個勁地動用嚴刑峻法。峻，嚴厲，這裡用如動詞。㉙自矜聰察　賣弄自己的小聰明。聰察，看問題尖銳深刻。㉚纖介之嫌　小小的嫌疑；些微的可疑。纖、介，都是細小的意思。㉛先事誅之　在沒有犯罪之前就把他們殺了。㉜丁亥　八月十五。㉝殿上將軍　與晉朝的「殿中將軍」同職，負責宮殿的警衛。《晉書》直作「殿中將軍」。㉞壬辰　八月二十。㉟俄　不一會兒；轉眼間。㊱輦　人拉的車子，這裡用如動詞，即用輦拉著。㊲中約禁衛　申明約束，布置好警衛。㊳事定而卒　等事件平定後這才死去。按，慕容盛時年二十九，在位共三年（西元三九八—四〇〇年）。㊴白太后丁氏　向丁太后稟告說。白，稟告。丁氏即慕容寶之妻，慕容盛之生母。㊵平原公元　即慕容元，慕容寶之子，慕容盛之弟，被封為平原郡公。㊶河間公熙　即慕容熙，字道文，慕容寶之小弟，慕容盛之叔。㊷太子定　即慕容定，慕容盛之子。㊸癸巳　八月二十一。㊹甲午　八月二十二。㊺丙申　八月二十四。㊻以嫌　因為有謀反的嫌疑。㊼閏月辛酉　閏八月十九。㊽丙寅　閏八月二十四。㊾東方之人　主要指今陝西境內及甘肅東南部一帶當時屬後秦的人。㊿魏益多　原是呂纂的部將，前已佐助呂超殺了呂纂，今又圖謀叛亂。(51)撫納夷夏　安撫、招納新佔領區內的各少數民族與漢族人。(52)分置守宰　給新佔領的郡縣分別派遣了太守與縣令。(53)連和　這裡實際是指請求投降。(54)嗷嗷　指啼飢號寒的聲音。(55)張陳　張良、陳平，都是劉邦的謀士，曾多次幫助劉邦在與項羽的征戰中轉危為安。傳見《史記·留侯世家》、〈陳丞相世家〉。(56)權變屈伸　權變指採取一種臨時制宜的辦法。屈伸指根據客觀形勢該屈則屈，該伸則伸，而不是為了「面子」、為了「氣節」而一味硬抗。(57)何愛尺書單使　怎麼就不能寫一封信，派出一個使者。愛，吝惜；捨不得。尺書，意即「短信」。單使，規格很低、很不隆重的使臣。(58)為卑辭以退敵　說一些服軟的話、好聽的話，以換取敵人的退兵。(59)若卜世未窮　如果我們的國家氣數未盡，還不到滅亡的時候。「卜世」是前人的成語，《左傳》宣公三年，王孫滿有所謂「成王定鼎于郟鄏，卜世三十，卜年七百。」卜年，即王朝應該存活的年數。60天命去矣　老天爺不再保佑我們的國家社稷，意即只有死路一條了。61保全宗族　指不致被人家殺個淨光。62建康公　建康郡公，建康郡在今甘肅酒泉東南。63慕容筑　原是前慕容暐的將領，被前秦打敗後遂降前秦。後被流配邊地，遂歸呂氏。64楊穎　後涼呂氏的老將，曾歷仕呂光、呂纂、呂隆三朝。事見《晉書》卷一百十二。65涼寧　郡名，郡治在玉門縣（今甘肅玉門西北）境內。66牧府　當時沮渠蒙遜自稱涼州牧，故稱其官署為「牧府」，與其他的州刺史府署相同。67見碩德於姑臧　此應指姑臧城外，因當時姑臧尚未被姚碩德攻下。68東遷　指歸降於後秦。69土宇　這裡即指領土、地盤。70遣子奚念為質　沮渠蒙遜既不想東遷，於是便轉而求援於禿髮氏。為質，到……處做人質。71具披誠款　一一地表白了我的內心。披，袒露；坦陳。72聖旨未昭　聖心未明，您還沒有明白我的意思。昭，明白，在這裡指允許。73寇難未夷　敵兵的進攻尚未打退，指姚碩德的秦勢力。夷，平；消除。74不獲奉詔　即指不能派沮渠挐前來為人質。不獲，不能。75亮　同「諒」。諒解；理解。76張松侯俱延　姓俱名延，被封為張松侯。張松是縣名，指封為俱延的領地。77興城侯文支　禿髮文支，利鹿孤之弟，被封為興城侯。78萬歲臨松　意即臨松郡的萬歲縣。按，舊注稱「臨松」為郡名，稱「萬歲」為縣名，如此則應說「臨松萬歲」，而原文卻作「萬歲臨松」，此不可解。今姑依舊注為說，臨松郡的郡治在今甘肅祁連北，萬歲縣的縣治在今甘肅山丹東南。79鄯善苟子　有說是四字人名，有說姓鄯善，名苟子。但鄯善苟子既是沮渠蒙遜的「從弟」（堂兄弟），那麼他自然應與沮渠蒙遜同姓。恐尚有他解。80備德　即慕容德，為使臣民易於避諱而改稱「備德」。事見本書上卷隆安四年。81可方　可與……相比。82少康光武之儔　是夏少康、漢光武一流的人物。少康是夏朝的帝王。其父帝相無道，被后羿所滅；后羿荒淫遊獵，又被寒浞所殺。幾十年後，逃到其他部落的少康，又發展起來，滅掉了寒浞，恢復了夏王朝，史稱「少康中興」。事見《史記‧夏本紀》注。光武即劉秀。西漢末年漢政權被王莽篡奪，王莽殘虐，激起農民起義，劉秀趁機而起，掃平群雄，建立了東漢政權，史稱「光武中興」。事見《後漢書‧光武紀》。83卿知調朕　你會戲耍我。調，戲耍；開玩笑。84所對非實　回答我的話不合實際。85以虛言賞卿　意謂你誇我誇過了頭，我賞你也賞得過頭。86訪　尋找。87不奉太后動止　意思是如果在長安沒能找到太后。奉，承接，這裡即指見到。動止，猶言蹤跡。88西如張掖　意即再到張掖去找。慕容德早年在苻堅部下任職時，曾被封為張掖太守。後隨慕容垂叛苻堅東下，另立後燕，故杜弘估計慕容德之母等亦可能在張掖。89以死為効　豁出命去完成此事。90乞本縣之祿　意指請任其父為平原縣令。91申烏鳥之情　以表現自己對父母的一點心意。舊說烏鴉能反哺（餵）其母，故人們常常以此典故比喻子女報答父母之情。晉李密〈陳情表〉中有所謂「烏烏私情，願乞終養。」(92)要君　要挾君主，與君主討價還價。(93)十二月辛亥　十二月十一。(94)沒弈干　鮮卑族的部落頭領名，《晉書》作「沒弈于」。先是歸服於前秦苻氏，後又歸服於後秦姚氏，被封為高平公。(95)高平　郡名，郡治即今寧夏固原。(96)乙卯　十二月十五。(97)令支　縣名，縣治在今河北遷安西。(98)乙丑　十二月二十五。(99)壬午　第二年的正月十三。(100)遂攻焦朗　當時姜紀據守晏然，焦朗據守魏安。(101)請迎　他要投降，請求派兵來接。(102)比至　等救軍到達時。比，及；等。(103)安土重遷　願住在老地方，不願意搬家。重，難；不願意。(104)殺　犧牲。(105)棄州境士民　拋棄我們鄰近地區的百姓。(106)以資鄰敵　讓他們去給鄰近的敵人增強力量。資，助；加強。(107)曜兵姑臧　向著姑臧城裡炫耀武力。(108)胡阬　在今甘肅武威西。(109)斫營　劫營。(110)徐嚴不起　暗中戒備，不立即起來迎戰。嚴，戒備。(111)甲首　穿鎧甲士兵的首級。(112)苑內　姑臧城東的東苑小城內。(113)昌松　郡名，郡治在今甘肅武威東南，古浪西北。(114)顯美　縣名，縣治在今甘肅武威西北。(115)刁暢　字仲遠，桓玄的死黨，為人貪婪。事見《晉書》卷六十九。(116)湓口　即今江西九江市，以其地當湓水入長江之口而得名。(117)沮漳蠻　沮、漳二水流域的蠻族。二水都發源於今湖北保康南，流經遠安、當陽一帶匯合，南入長江。(118)武寧郡　郡治樂鄉，在今湖北宜城南。(119)綏安郡　郡治長寧，在今湖北荊門西北。(120)刁逵　字伯道，刁暢之兄，桓玄的黨羽。傳見《晉書》卷六十九。(121)郭昶之　桓玄的黨羽。事見《晉書》卷六十九。(122)數　屢次。(123)上己符瑞　把有關桓玄應該稱帝的徵兆上報皇帝。符瑞是漢代以來陰陽五行家們編造的一種騙人勾當，他們把「麒麟出」、「鳳凰降」以及彩雲、甘霖等說成是上天顯示的「符瑞」，或叫「祥瑞」，或叫「瑞應」，以預示某人或某地該有大福降臨。(124)牋　古代的一種文體名，指寫給王公大臣的書信。(125)賊造近郊　孫恩的賊兵已經到達建康的近郊。造，至；到達。(126)不致火　指不能生火做飯，無以為食。(127)非力屈　不是被朝廷的軍隊打敗，或是他們的力量不夠。(128)國寶死　王國寶在朝中攬權，王恭等在外起兵討之，司馬道子被迫殺了王國寶，王恭亦收兵回鎮。見本書卷一百九隆安元年。(129)非侮於明公　並非是要打倒你司馬道子。明公，對受話人的敬稱。(130)貴要腹心　指皇帝周圍那些尊貴顯要而又忠於司馬氏的人。(131)有時流清望　在當時的上流社會中有名望。清，指清高廉平。(132)佳勝　指品行、門第好的人，當時也稱作「名勝」。桓玄在這裡是用以指自己。(133)直　只；只不過。(134)爾來　這樣一來。(135)一朝一夕　猶言日積月累。(136)忝任在遠　意謂我身任遠離朝廷的地方官。忝，謙詞。意思是身任此職於心有愧。(137)披寫事實　把我真實的想法向你披露傾吐。寫，意思同「瀉」。(138)張法順　先為廬州太守，後成為司馬元顯的謀士。事見《晉書》卷六十四。(139)承藉世資　依仗著他門第的高貴。世資，世代相傳下來的貴族地位。(140)殷楊　殷仲堪、楊佺期。二人皆被桓玄所滅。事見本書卷一百十一隆安三年。(141)第下　猶言「殿下」、「閣下」，尊稱司馬元顯。(142)塗地　這裡是殘破的意思。(143)用　因；因此。(144)方務綏撫　現正忙於安撫他的管轄區內。綏撫，安撫。145庚楷　原為豫州刺史，因配合王恭反朝廷被打敗而投奔了桓玄，被桓玄任為其部下的武昌太守。146貳　兩屬，這裡即指叛變。147裝艦　製造兵艦。

【校　記】[1]騎　據章鈺校，孔天胤本作「軍」。[2]上　嚴衍《通鑑補》改作「中」。按，《晉書》作「殿中將軍」。[3]苟安國　嚴衍《通鑑補》改作「苟安國」。

【語　譯】秋季，七月，北魏擔任兗州刺史的長孫肥率領二萬名步、騎兵攻取地盤，向南到達東晉的許昌一帶，向東挺進到彭城，東晉將軍劉該投降了長孫肥。

後秦擔任征西大將軍的隴西公姚碩德率軍討伐後涼，他從金城渡過黃河，逕直殺向廣武，南涼河西王禿髮利鹿孤趕緊令廣武的守軍撤離，以避開後秦的攻擊。後秦軍遂很快抵達後涼的都城姑臧，後涼王呂隆派都督中外諸軍事、輔國大將軍、錄尚書事的安定公呂超、擔任龍驤將軍的呂邈等率軍迎戰後秦軍，後秦隴西公姚碩德將呂超、呂邈所率領的後涼軍打得大敗，活捉了龍驤將軍呂邈，俘虜、斬殺了數以萬計的後涼軍。後涼天王呂隆趕緊在姑臧城四周設防堅守，巴西公呂佗率領東苑的二萬五千名部眾投降了後秦。西涼公李暠、南涼河西王禿髮利鹿孤、張掖公沮渠蒙遜分別派使者帶著表章前往後秦的都城長安，向後秦進獻貢品。

當初，後涼擔任尚書的姜紀投降了南涼西河王禿髮利鹿孤，南涼廣武公禿髮傉檀與姜紀一起研討兵家謀略，對姜紀非常喜愛和敬重，坐著的時候兩人的座席挨在一起，出行的時候則同乘一輛車子，每次談論起來，總是夜以繼日，互相都有說不完的話。河西王禿髮利鹿孤對禿髮傉檀說：「姜紀確實很有才華，但他看東西、觀察事物的眼神與一般人不同，肯定不會長久地留在我們這個小地方，不如把他殺掉。姜紀要是進入秦國，肯定會給我們製造禍患。」禿髮傉檀說：「我以平民百姓之間的交情與他真心實意地交往，姜紀肯定不會辜負我們。」八月，姜紀帶著數十名騎兵投奔了後秦軍，姜紀遊說後秦征西大將軍、隴西公姚碩德說：「後涼天王呂隆只剩一座孤立的姑臧城，外無援軍，明公只要率大軍逼近姑臧，向呂隆施加壓力，呂隆肯定會向秦國請求投降；然而呂隆只是表面上投降，心裡卻很不服氣。請撥給我三千名步、騎兵，讓我與秦國將軍王松忽一起利用後涼焦朗、華純的部眾，嚴密監視，尋找進攻的機會，活捉呂隆並不是什麼難事。不然的話，如今禿髮氏所建的南涼位居南方，他們兵強國富，如果姑臧被他們所佔有，兵力將會更加強盛，沮渠氏的北涼、李暠的西涼無力與南涼抗衡，必將歸附於南涼。那樣一來，南涼將成為秦國最強大的對手。」姚碩德遂上表給後秦王姚興，舉薦姜紀擔任了武威太守，撥給他二千名士卒，令他屯駐在晏然。

後秦王姚興聽說楊桓很賢德、有才幹，便徵召他到後秦的都城長安來，南涼河西王禿髮利鹿孤不敢挽留，只得放楊桓前往長安。

東晉安皇帝司馬德宗下詔任命擔任參軍的劉裕為下邳太守，命令他率軍前往郁洲討伐亂民首領孫恩，經過多次交戰，終於大敗孫恩。孫恩的勢力從此逐漸衰弱，又沿著海岸向南逃走，劉裕也率軍隨後追擊。

後燕庶人天王慕容盛總結了自己的父親慕容寶因為過於懦弱而導致國破身亡的教訓，因此一個勁地動用嚴刑峻法，以樹立自己的絕對權威，又認為自己智商很高，明察秋毫，因此對很多人都心懷猜忌，群臣當中哪怕只有些微的可疑之處，就立即在沒有犯罪事實之前把他們殺掉。於是無論皇室宗親，還是有功勳的舊臣，人人自危。八月十五日丁亥，擔任左將軍的慕容國與擔任殿上將軍的秦興、段讚密謀率領禁衛軍襲擊慕容盛，事情敗露，被殺死了五百多人。二十日壬辰，擔任前將軍的段璣與秦興的兒子秦興、段讚的兒子段泰潛藏在皇宮之中，擂鼓吶喊、製造聲勢。慕容盛聽到政變的消息，立即率領自己的親信侍衛出戰，製造混亂的人眾四處逃散。段璣身受重傷，躲進廂房隱藏。不一會兒，有一個刺客從黑暗中突然殺出，襲擊了慕容盛，慕容盛被刺受傷，他躺在輦上讓人抬上前殿，申明約束，布置好警戒，等到事件平息之後，慕容盛才斷了氣。

後燕擔任中壘將軍的慕容拔、擔任冗從僕射的郭仲向皇太后丁氏稟報，他們認為，國家正是多災多難之時，應該立年紀大些的人為君主。當時，眾望所歸全在慕容盛的弟弟、擔任司徒、尚書令的平原公慕容元身上，而河間公慕容熙一向受到皇太后丁氏的寵愛。太后丁氏便廢黜了慕容盛的太子慕容定，祕密地把慕容熙接進宮中。第二天，文武百官入朝的時候，才知道事情發生了變化，因此只得順水推舟，上表給慕容熙，請他即位。慕容熙將皇位讓給慕容元，慕容元不敢接受。八月二十一日癸巳，慕容熙即位為天王，下令搜捕段璣等，將段璣等全部夷滅三族。二十二日甲午，實行大赦。二十四日丙申，擔任司徒、尚書令的平原公慕容元因為有謀反嫌疑，天王慕容熙下詔令他自殺。閏八月十九日辛酉，將庶人天王慕容盛安葬在興平陵，諡號為昭武皇帝，廟號中宗。皇太后丁氏為慕容盛送葬還沒有返回龍城皇宮，擔任中領軍的慕容提、擔任步軍校尉的張佛等密謀擁立故太子慕容定，事情發覺後，全部被殺，慕容定也被勒令自殺。二十四日丙寅，實行大赦，改年號為「光始」。

後秦擔任征西大將軍的隴西公姚碩德率軍圍攻後涼的都城姑臧，已經圍攻了兩個月，被圍困在姑臧城中的很多中原人都想叛變外逃，將軍魏益多又從中進行煽動，陰謀誅殺後涼天王呂隆以及安定公呂超，事情被發覺，光是受牽連而被殺死的就有三百多家。姚碩德安撫、招納新佔領區內的各少數民族和漢人，為新佔領區的郡縣分別派遣了郡守和縣令，然後節省飲食，聚集糧食，準備長久包圍姑臧城。

後涼群臣請求涼王呂隆向後秦投降，後涼王呂隆不同意。安定公呂超說：「現在姑臧城內的糧食儲備已經全部枯竭，朝廷上下，人們餓得嗷嗷直叫，就是張良、陳平那樣有智謀的人再活過來，也想不出什麼好辦法。陛下應當考慮一個臨時制宜的辦法，該屈則屈，該伸則伸，不能為了面子、為了氣節而一味地硬抗，怎麼就不能寫一封書信，派一個使者，說一些服軟的、好聽的話，以換取敵人的退兵？敵人退走之後陛下再努力推行德政，令民眾得到休息，如果我們國家的氣數未盡，還不到滅亡的時候，何必發愁不能恢復往日的輝煌？如果上天不再保佑我們這個國家，國家只有滅亡一條路可走，也還可以保全宗族，不至於被人家殺個精光。否則的話，面對如此艱難困窘卻又束手無策，結果將會怎麼樣呢？」天王呂隆這才同意群臣的意見。九月，呂隆派使者前往後秦軍請求投降。後秦隴西公姚碩德上表給後秦王姚興，奏請任命呂隆為鎮西大將軍、涼州刺史、建康公。呂隆派自己的子姪以及文武舊臣慕容筑、楊穎等五十多家到秦國的都城長安充當人質。後秦隴西公姚碩德的軍隊軍紀嚴明，對百姓秋毫無犯，他祭祀後涼的先賢，禮遇當代的知名人士，西部的民眾都很擁護他。

沮渠蒙遜轄區內的酒泉、涼寧二郡全都背叛了北涼，投降了西涼，張掖公沮渠蒙遜又聽說後涼王呂隆已經投降了後秦，不由得心中恐懼，於是派遣自己的弟弟擔任建忠將軍的沮渠挐、擔任牧府長史的張潛前往後涼的都城姑臧城外去見後秦的隴西公姚碩德，請求允許率領自己的部眾向東遷移，歸降後秦。姚碩德非常高興，立即任命張潛為張掖太守，任命沮渠挐為建康太守。張潛返回北涼張掖後，勸說沮渠蒙遜東遷。沮渠挐私下裡對自己的哥哥沮渠蒙遜說：「後涼的都城姑臧還沒有被後秦軍攻克，呂氏政權依然存在，姚碩德軍中的糧食已經吃完，距離撤軍的時間不會很久了。我們何必要主動放棄自己的疆土，去接受別人的統治呢？」擔任輔國將軍的臧莫孩也贊成沮渠挐的意見。

北涼張掖公沮渠蒙遜把自己的兒子沮渠奚念送到南涼河西王禿髮利鹿孤那裡去充當人質，禿髮利鹿孤不肯接受，他說：「沮渠奚念年齡太小，可以派遣你的弟弟建忠將軍沮渠挐來。」冬季，十月，張掖公沮渠蒙遜又派使者到南涼的都城西平上疏給河西王禿髮利鹿孤說：「我前次派自己的兒子沮渠奚念到陛下那裡去做人質，已經坦誠地一一表白了我的內心，卻未得到陛下的認可，所以又徵召微臣的弟弟沮渠挐。我以為，如果能夠做到誠實守信，則兒子的分量並不輕；如果不遵守誠信，則弟弟也可以看得不重要。如今敵寇的進攻還沒有被打退，所以我還不能接受陛下的詔命，派沮渠挐到陛下那裡去做人質，希望得到陛下的諒解。」禿髮利鹿孤看了沮渠蒙遜的奏章，不禁勃然大怒，立即派遣張松侯俱延、興城侯禿髮文支率領一萬名騎兵襲擊沮渠蒙遜，他們到達臨松郡萬歲縣的時候抓獲了沮渠蒙遜的堂弟沮渠鄯善苟子，俘虜了那裡的六千多戶居民。沮渠蒙遜的堂叔沮渠孔遮到南涼的都城西平朝見河西王禿髮利鹿孤，答應將沮渠挐送到南涼做人質，利鹿孤才把俘虜的人全部放還，召回俱延。禿髮文支，是禿髮利鹿孤的弟弟。

南燕主慕容備德在延賢堂設宴款待群臣，在眾人酒興正濃的時候，慕容備德對群臣說：「我可以和古代的哪一等君主相比？」擔任青州刺史的鞠仲說：「陛下乃是中興國家的聖明君主，是夏王少康、東漢光武帝劉秀一流的君主。」慕容備德示意左右侍從賞賜給鞠仲一千匹帛，鞠仲因為賞賜得太多，所以趕緊辭讓。慕容備德說：「你知道和我開玩笑，我難道就不知道與你開個玩笑嗎？你回答我的話不符合實際，所以你誇我誇過了頭，我賞賜你也賞過了頭。」韓範進前說：「天子是不能開玩笑的。今天的事情，君臣都有過失。」

慕容備德聽了非常高興，立即賞賜給韓範五十匹絹。

南燕主慕容備德的母親和哥哥慕容納還都留在後秦的都城長安，慕容備德派平原人杜弘前去尋找他們。杜弘說：「我到長安，如果找不到太后他們，我就向西到張掖去尋找，我就是豁出性命也要為陛下完成此事。只是我的老父杜雄已經年過六十，請陛下賜給他一分本縣的俸祿，以報答他對我的養育之恩。」擔任中書令的張華說：「杜弘人還沒走，就為自己的父親請求俸祿，他要挾君主，簡直是罪大惡極。」慕容備德說：「杜弘為自己的國君迎請母親，為自己的父親向君主請求俸祿，既是忠臣，又是孝子，忠孝兩全，有何罪過呢？」於是任命杜弘的父親杜雄為平原縣令。杜弘到達張掖，就被盜賊殺害。

十一月，東晉擔任下邳太守的劉裕率軍追擊亂民首領孫恩，一直追到滬瀆、海鹽，再次將孫恩擊敗，俘虜、斬殺了孫恩數以萬計的部眾，孫恩從浹口逃向遠處的海島。

十二月十一日辛亥，北魏主拓跋珪派常山王拓跋遵、定陵公和跋率領五萬人馬襲擊後秦據守高平的車騎將軍沒弈干。

十二月十五日乙卯，北魏擔任虎威將軍的宿沓干率軍討伐後燕，進攻遼西郡治所所在地令支。二十五日乙丑，後燕擔任中領軍的宇文拔率軍南下增援令支。第二年的正月十三日壬午，北魏虎威將軍宿沓干攻下令支，便在令支駐軍防守。

後涼安定公呂超率軍攻擊姜紀所據守的晏然，沒有攻克，遂轉而進攻後秦焦朗所據守的魏安。焦朗派自己的姪子焦嵩到南涼河西王禿髮利鹿孤那裡去作人質，準備投降南涼，請求南涼派兵來迎，南涼河西王禿髮利鹿孤派車騎將軍禿髮傉檀率軍趕往魏安；當禿髮傉檀抵達魏安時，後涼呂超已經率軍退走，焦朗關閉魏安城門拒絕禿髮傉檀進城。禿髮傉檀盛怒之下就要攻打魏安城，擔任鎮北將軍的俱延勸阻說：「願意居住在故鄉的土地上，懼怕遷移，這是人之常情。焦朗據守一座孤城，又沒有糧食，即使今年他不向我們投降，後年也一定會主動投降，何必多犧牲士卒來攻擊他呢？如果再攻打不下來，焦朗必定會去投靠別的國家。拋棄本州的疆土、士民去幫助鄰國的敵人，這可不是好辦法，不如用好言撫慰他。」禿髮傉檀於是與焦朗聯合，又向著姑臧城炫耀了一通武力，然後在姑臧城西的胡阬安營紮寨。

南涼車騎將軍禿髮傉檀知道後涼安定公呂超肯定會率軍前來劫營，於是準備好火把等待後涼軍的到來。當天夜間，後涼安定公呂超果然派擔任中壘將軍的王集率領二千名精兵向禿髮傉檀的大營發起進攻，禿髮傉檀暗中戒備，並不急於率軍反擊。等到王集已經率軍進入自己的營壘之中，這才營內營外一起舉起火把，火光把黑夜照耀得如同白晝，然後指揮軍隊向王集發起反擊，砍下了王集和他手下身穿鎧甲的三百多名軍士的首級。後涼天王呂隆非常恐懼，遂假裝與禿髮傉檀講和，邀請禿髮傉檀到姑臧城東的東苑小城內舉行歃血結盟儀式。禿髮傉檀派遣鎮北將軍俱延作代表進入姑臧城內的東苑小城參與結盟，俱延懷疑姑臧城中設有伏兵，便毀壞了東苑小城的城牆，然後進入。後涼安定公呂超果然出動伏兵向俱延發起攻擊，俱延失去了戰馬，只得徒步逃走，幸虧擔任淩江將軍的郭祖奮力抵抗，俱延才幸免於難。禿髮傉檀非常憤怒，便率軍前往攻擊後涼昌松郡太守孟禕所據守的顯美。後涼呂隆派遣擔任廣武將軍的荀安國、擔任寧遠將軍的石可率領五百名騎兵救援顯美。荀安國等懼怕南涼禿髮傉檀的強大，走到半路便逃了回去。

桓玄上表給晉安帝司馬德宗，舉薦自己的哥哥桓偉為江州刺史，鎮守夏口；舉薦擔任司馬的刁暢為輔國將軍、都督八郡軍事，鎮守襄陽；又派遣部將皇甫敷、馮該戍守湓口。把沮水、漳水流域的二千戶蠻族強行遷徙到江南，設立武寧郡。又招集那些流亡的難民，設立綏安郡。晉安帝司馬德宗下詔徵調擔任廣州刺史的刁逵、擔任豫章太守的郭昶之回京師建康，桓玄都留住不放。

東晉南郡公、荊州刺史桓玄認為自己已經佔有了東晉三分之二的國土，於是便多次令人把有關自己應該稱帝的吉祥徵兆上奏朝廷，想以此迷惑眾人；又寫信給會稽王司馬道子說：「盜賊孫恩已經逼近了京師的近郊，因為受到大風的阻撓而不能前進，因為天降大雨而不能生火做飯，軍中糧盡才不得不退走，而不是因為被朝廷軍打敗，或是他們的力量不夠而撤退。從前王國寶死後，當時王恭並沒有憑藉這種威勢進入朝廷獨攬朝政，足以看出他並沒有要推翻閣下的意思，卻被指控不忠而被殺。如今皇帝周圍那些尊貴顯要而又忠於皇室的人，在當今的上流社會中享有聲望的是誰呢？豈能說沒有這樣的人？只是你不肯信任這樣的人罷了！這樣一來，日積月累，終於釀成今天的災禍。朝廷中的那些正人君子全都懼怕惹禍上身，所以沒有人敢站出來說話，我桓玄身任遠離朝廷的地方官，所以我把真實的想法向你披露傾吐。」尚書令、兼徐州刺史的司馬元顯看到桓玄的信後，非常恐懼。

司馬元顯的智囊、會稽人張法順對司馬元顯說：「桓玄憑藉著門第的高貴，世代相傳下來的貴族地位，又一向具有豪邁之氣，他已經吞併了殷仲堪、楊佺期，獨霸荊楚，而閣下所能控制的只有三吳地區。孫恩謀亂，東部國土已經殘破不堪，不論是官府還是私人，全都陷於貧乏困窘之中，桓玄必定趁此機會，暴露出他奸邪兇惡的嘴臉，我因此感到十分的擔憂。」司馬元顯說：「那該怎麼辦呢？」張法順說：「桓玄剛剛得到荊州，人心還沒有完全歸附於他，桓玄正在集中精力進行安撫，還沒有時間考慮其他。如果趁此機會派鎮北將軍劉牢之為前鋒，閣下親率大軍緊隨其後，完全可以戰勝桓玄。」司馬元顯贊同張法順的意見。巧合的是，擔任武昌太守的庾楷因為桓玄與朝廷結怨，恐怕桓玄失敗，災禍會牽連到自己，遂祕密派人主動來投靠司馬元顯，庾楷說：「桓玄嚴重地喪失了民心，屬下的部眾已經不願意為他效力，如果朝廷派軍隊討伐桓玄，自己願意為朝廷軍做內應。」司馬元顯非常高興，於是派張法順前往京口與劉牢之謀劃此事。劉牢之認為很難成功。張法順從京口返回，對司馬元顯說：「我觀察劉牢之的言談、神色，肯定會背叛我們，不如把他召回京師，殺掉他；不然的話，會壞了我們的大事。」司馬元顯沒有採納張法順的這個意見。於是開始大規模的操練水軍，招募士兵，製造戰船，準備討伐桓玄。

元興元年（壬寅　西元四〇二年）

春，正月庚午朔❶，下詔罪狀桓玄❷，以尚書令元顯為驃騎大將軍、征討大都督，都督十八州❸諸軍事，加黃鉞❹；又以鎮北將軍劉牢之為前鋒都督，前將軍譙王尚之為後部❺。因大赦，改元❻，內外戒嚴。加會稽王道子太傅❼。

元顯欲盡誅諸桓。中護軍桓脩❽，驃騎長史王誕❾之甥也，誕有寵於元顯，因[1]陳❿脩等與玄志趣不同，元顯乃止。誕，導之曾孫也。

張法順言於元顯曰：「桓謙兄弟⓫每為上流耳目⓬，宜斬之以杜姦謀⓭。且事之濟不⓮，繫在前軍，而牢之反覆⓯，萬一有變，則禍敗立至。可令牢之殺謙兄弟以示無貳心，若不受命，當逆為之[2]所⓰。」元顯曰：「今非牢之，無以敵玄；且始事而誅大將，人情不安。」再三不可⓱。又以桓氏世為荊土所附，桓沖特有遺惠⓲，而謙，沖之子也，乃自驃騎司馬除⓳都督荊・益・寧・梁四州諸軍事、荊州刺史，欲以結西人之心⓴。

丁丑㉑，燕慕容拔攻魏令支戍㉒，克之，宿沓干走，執魏遼西太守那頡㉓。燕以拔為幽州刺史，鎮令支；以中堅將軍遼西陽豪㉔為本郡太守。丁亥㉕，以章武公淵㉖為尚書令，博陵公虔㉗為尚書左僕射，尚書王騰為右僕射。

戊子㉘，魏材官將軍和突㉙攻黜弗、素古延㉚等諸部，破之。初，魏主珪遣北部大人賀狄干獻馬千匹求婚於秦，秦王興聞珪已立慕容后㉛，止狄干㉜而絕其昏。沒弈干、黜弗、素古延，皆秦之屬國也，而魏攻之，由是秦、魏有隙。庚寅㉝，珪大閱士馬，命并州㉞諸郡積穀於平陽之乾壁㉟，以備秦。

柔然社崙㊱方睦於秦，遣將救黜弗、素古延。辛卯㊲，和突逆擊，大破之，社崙帥其部落遠遁漠北，奪高車㊳之地而居之。斛律部㊴帥倍侯利㊵擊社崙，大為所敗，倍侯利奔魏。社崙於是西北擊匈奴遺種日拔也雞[3]，大破之，遂吞併諸部，士馬繁盛，雄於北方。其地西至焉耆㊶，東接朝鮮，南臨大漠，旁側小國皆羈屬㊷焉。自號豆代可汗，始立約束㊸：以千人為軍，軍有將；百人為幢，幢有帥；攻戰先登者賜以虜獲㊹，畏懦者以石擊其首而殺之。

禿髮傉檀克顯美㊺，執孟禕而責之，以其不早降。禕曰：「禕受呂氏厚恩，分符㊻守土，若明公大軍甫至㊼，望旗歸附，恐獲罪於執事㊽矣。」傉檀釋而禮之，徙二千餘戶而歸，以禕為左司馬。禕辭曰：「呂氏將亡，聖朝必取河右㊾，人無愚智皆知之。但禕為人守城不能全，復忝顯任㊿，於心竊所未安。若蒙明公之惠，使得就戮姑臧(51)，死且不朽(52)。」傉檀義而歸之。

東土遭孫恩之亂，因以饑饉(53)，漕運不繼(54)。桓玄禁斷江路，商旅俱絕[4]，公私匱乏，以桴橡給士卒(55)。玄謂(56)朝廷方多憂虞，必未暇討己，可以蓄力觀釁(57)。及大軍將發，從兄太傅長史石生(58)密以書報之。玄大驚，欲完聚江陵(59)。長史卞範之[60]曰：「明公英威振於遠近，元顯口尚乳臭，劉牢之大失物情[61]。若兵臨近畿，示以禍福[62]，土崩之勢可翹足而待，何有延敵入境[63]，自取窮蹙[64]者乎？」玄從之，留桓偉守江陵，抗表傳檄[65]，罪狀元顯，舉兵東下。檄至，元顯大懼。二月丙午[66]，帝餞元顯於西池[67]，元顯下船而不發。

癸丑[68]，魏常山王遵等至高平，沒弈干棄其部眾，帥數千騎與劉勃勃[69]奔秦州[70]。魏軍追至瓦亭[71]，不及而還，盡獲其府庫蓄積，馬四萬餘匹，雜畜九萬餘口，徙其民於代都[72]，餘種分迸[73]。平陽太守貳塵[74]復侵秦河東[75]，長安大震，關中諸城晝閉，秦人簡兵訓卒以謀伐魏。

秦王興立子泓為太子，大赦。泓孝友寬和，喜文學[76]，善談詠[77]，而懦弱多病。興欲以為嗣，而狐疑不決，久乃立之。

姑臧大饑，米斗直錢五千，人相食，餓死者十餘萬口。城門晝閉，樵采路絕，民請出城為胡虜[78]奴婢者，日有數百。呂隆惡其沮動[79]眾心，盡阬之，積尸盈路。

沮渠蒙遜引兵攻姑臧，隆遣使求救於河西王利鹿孤，利鹿孤遣廣武公傉檀帥騎一萬救之。未至，隆擊破蒙遜軍。蒙遜請與隆盟，留穀萬餘斛遺之[80]而還。傉檀至昌松[81]，聞蒙遜已退，乃徙涼澤段冢[82]民五百餘戶而還。

中散騎常侍張融言於利鹿孤曰：「焦朗兄弟據魏安，潛通姚氏，數為反覆，今不取，後必為朝廷憂。」利鹿孤遣傉檀討之。朗面縛[83]出降，傉檀送于西平[84]，徙其民於樂都[85]。

桓玄發江陵，慮事不捷，常為西還之計。及過尋陽，不見官軍，意甚喜，將士之氣亦振。庾楷謀泄[86]，玄囚之。丁巳[87]，詔遣齊王柔之[88]以騶虞幡[89]宣告荊、江二州[90]，使罷兵，玄前鋒殺之。柔之，宗之子也。

丁卯[91]，玄至姑孰[92]，使其將馮該等攻歷陽[93]，襄城[94]太守司馬休之嬰城固守[95]。玄軍斷洞浦[96]，焚豫州舟艦。豫州刺史譙王尚之帥步卒九千陳於浦上[97]，遣武都太守楊秋屯橫江[98]，秋降于玄軍。尚之眾潰，逃于涂中[99]，玄捕獲之。司馬休之出戰而敗，棄城走。

劉牢之素惡驃騎大將軍元顯，恐桓玄既滅，元顯益驕恣，又恐己功名愈盛，不為元顯所容；且自恃材武[100]，擁彊兵，欲假玄[101]以除執政[102]，復伺玄之隙而自取之，故不肯討玄。元顯日夜昏酣，以牢之為前鋒。牢之驟詣門[103]，不得見，及帝出餞元顯，遇之公坐[104]而已。

牢之軍溧洲[105]，參軍劉裕請擊玄，牢之不許。玄使牢之族舅何穆說牢之曰：

「自古戴(106)震主之威，挾不賞之功而能自全者，誰邪？越之文種(107)、秦之白起(108)、漢之韓信(109)，皆事明主(110)，為之盡力，功成之日，猶不免誅夷，況為凶愚(111)者之用乎？君如今日戰勝則傾宗(112)，戰敗則覆族，欲以此安歸(113)乎？不若翻然改圖，則可以長保富貴矣。古人射鉤(114)、斬袪(115)，猶不害為輔佐(116)，況玄與君無宿昔之怨(117)乎？」時譙王尚之已敗，人情愈恐，牢之頗納穆言，與玄交通(118)。東海中尉(119)東海何無忌(120)，牢之之甥也，與劉裕極諫，不聽。其子驃騎從事中郎(121)敬宣諫曰：「今國家衰危，天下之重在大人與玄。玄藉父、叔(122)之資，據有全楚，割晉國三分之二，一朝縱之使陵朝廷(123)，玄威望既成，恐難圖也，董卓(124)之變，將在今矣。」牢之怒曰：「吾豈不知！今日取玄如反覆手耳；但平玄之後，令我柰驃騎何？」三月乙巳朔(125)，牢之遣敬宣詣玄請降。玄陰欲誅牢之，乃與敬宣宴飲，陳名書畫共觀之，以安悅其意，敬宣不之覺。玄佐吏莫不相視而笑。玄版(126)敬宣為諮議參軍。

元顯將發(127)，聞玄已至新亭(128)，棄船，退屯國子學。辛未(129)，陳於宣陽門外(130)。軍中相驚，言玄已至南桁(131)，元顯引兵欲還宮。玄遣人拔刀隨後大呼曰：「放仗(132)！」軍人皆崩潰，元顯乘馬走入東府(133)，唯張法順一騎隨之。元顯問計於道子，道子但對之涕泣。玄遣太傅從事中郎[134]毛泰收元顯送新亭，縛於舫前而數之。元顯曰：「為王誕、張法順所誤耳。」

壬申[135]，復「隆安」年號[136]，帝遣侍中[137]勞玄[138]於安樂渚。玄入京師，稱詔解嚴[139]，以玄總百揆[140]，都督中外諸軍事、丞相、錄尚書事、揚州牧、領徐・荊・江三州刺史，假黃鉞。玄以桓偉為荊州刺史，桓謙為尚書左僕射，桓脩為徐、兗二州刺史，桓石生為江州刺史，卞範之為丹楊尹。

初，玄之舉兵，侍中王謐奉詔詣玄，玄親禮[141]之。及玄輔政，以謐為中書令[142]。謐，導之孫也。新安[143]太守殷仲文[144]，覬之弟也，玄姊為仲文妻。仲文聞玄克京師，棄郡投玄，玄以為諮議參軍。劉邁[145]往見玄，玄曰：「汝不畏死，而敢來邪？」邁曰：「射鉤斬袪，并邁為三[146]。」玄悅，以為參軍。

癸酉[147]，有司奏[148]會稽王道子酣縱不孝，當棄市，詔徙安成郡[149]；斬元顯及東海王彥璋、譙王尚之、庾楷、張法順、毛泰[150]等於建康市。桓脩為王誕固請，得 [5] 流嶺南[151]。

玄以劉牢之為會稽內史。牢之曰：「始爾[152]，便奪我兵，禍其至矣！」劉敬宣請歸諭牢之，使受命，玄遣之。敬宣勸牢之襲玄，牢之猶豫不決，移屯班瀆[153]，私告劉裕曰：「今當北就高雅之[154]於廣陵，舉兵以匡社稷，卿能從我去乎？」裕曰：「將軍以勁卒數萬，望風降服，彼新得志，威震天下，朝野人情皆已去[155]矣，廣陵豈可得至邪？裕當反服[156]還京口[157]耳。」何無忌謂裕曰：「我將何之？」裕曰：「吾觀鎮北[158]必不免，卿可隨我還京口。桓玄若守臣節，當與卿事之；不然，當與卿圖之。」

於是牢之大集僚佐，議據江北以討玄。參軍劉襲曰：「事之不可者莫大於反[159]。將軍往年反王兗州[160]，近日反司馬郎君[161]，今復反桓公，一人三反，何以自立？」語畢，趨出[162]，佐吏多散走。牢之懼，使敬宣之京口迎家，失期不至。牢之以為事已泄，為玄所殺，乃帥部曲北走，至新洲[163]，縊而死。敬宣至，不暇哭，即渡江奔廣陵。將吏共殯斂牢之，以其喪歸丹徒[164]。玄令斲棺斬首，暴尸於市。

大赦[165]，改元「大亨」[166]。

桓玄讓丞相，荊、江、徐三州[167]，改授太尉、都督中外諸軍事、揚州牧、領豫州刺史，總百揆；以琅邪王德文[168]為太宰[169]。

司馬休之、劉敬宣、高雅之俱奔洛陽[170]，各以子弟為質於秦以求救。秦王興與之符信[171]，使於關東[172] [6] 募兵，得數千人，復還屯彭城間[173]。

孫恩寇臨海[174]，臨海太守辛景擊破之。恩所虜三吳男女，死亡殆盡[175]。恩恐為官軍所獲，乃赴海死。其黨及妓妾從死者以百數，謂之「水仙[176]」。餘眾數千人復推恩妹夫盧循[177]為主。循，諶之曾孫也，神采清秀，雅[178]有材藝。少時，沙門惠遠[179]嘗謂之曰：「君雖體涉風素[180]，而志存不軌，如何[181]？」太尉玄欲撫安東土，乃以循為永嘉[182]太守。循雖受命，而寇暴不已。

甲戌[183]，燕大赦。

河西王禿髮利鹿孤寢疾[184]，遺令以國事授弟傉檀。初，禿髮思復鞬[185]愛重傉檀，謂諸子曰：「傉檀器識，非汝曹所及也。」故諸兄不以傳子而傳於弟。利鹿孤在位，垂拱[186]而已，軍國大事皆委於傉檀。利鹿孤卒，傉檀襲位，更稱涼王[187]，改元「弘昌」[188]，遷于樂都[189]，謚利鹿孤曰「康王」。

夏，四月，太尉玄出屯姑孰，辭錄尚書事，詔許之，而大政皆就諮[190]焉，小事則決於尚書令桓謙[191]及卞範之。

自隆安以來[192]，中外之人厭於禍亂[193]。及玄初至，黜姦佞，擢儁賢，京師欣然，冀得少安[194]。既而玄奢豪縱逸，政令無常，朋黨互起，陵侮朝廷，裁損乘輿供奉之具[195]，帝幾不免飢寒，由是眾心失望。三吳大饑，戶口減半，會稽[196]減什

三、四[197]，臨海、永嘉殆盡[198]，富室皆衣羅紈，懷金玉，閉門相守[199]餓死。

乞伏熾磐[200]自西平逃歸苑川[201]，南涼王傉檀歸其妻子。乞伏乾歸使熾磐入朝于秦，秦王興以熾磐為興晉[202]太守。

五月，盧循自臨海入東陽[203]，太尉玄遣撫軍中兵參軍[204]劉裕將兵擊之，循敗，走永嘉。

高句麗[205]攻宿軍[206]，燕平州刺史慕容歸棄城走。

秦王興大發諸軍，遣義陽公平[207]、尚書右僕射狄伯支等將步騎四萬伐魏，興自將大軍繼之，以尚書令姚晃輔太子泓守長安，沒弈干權鎮上邽[208]，廣陵公欽[209]權鎮洛陽。平攻魏乾壁[210]六十餘日，拔之。

秋，七月，魏主珪遣毗陵王順[211]及豫州刺史長孫肥將六萬騎為前鋒，自將大軍繼發以擊之。

八月，太尉玄諷朝廷以玄平元顯功封豫章公[212]，平殷、楊[213]功封桂陽公[214]，并本封南郡[215]如故。玄以豫章封其子昇，桂陽封其兄子俊。

魏主珪至永安[216]，秦義陽公平遣驍將[217]帥精騎二百覘魏軍[218]，長孫肥逆擊，盡擒之。平退走，珪追之，乙巳[219]，及於柴壁[220]。平嬰城固守，魏軍圍之。秦王興將兵四萬七千救之，將據天渡[221]運糧以餽平。魏博士[222]李先曰：「兵法：高者為敵所棲，深者為敵所囚[223]。今秦皆犯之，宜及興未至，遣奇兵先據天渡，柴壁可不戰而取也。」珪命增築重圍，內以防平之出，外以拒興之入。廣武將軍安同曰：「汾東有蒙坑[224]，東西三百餘里，蹊徑不通。興來，必從汾西直臨柴壁。如此，虜聲勢相接，重圍雖固，不能制也。不如為浮梁[225]，渡汾西[226]，築圍以拒之。虜至，無所施其智力矣。」珪從之。興至蒲阪[227]，憚魏之彊，久乃進兵。甲子[228]，珪帥步騎三萬逆擊興於蒙阬之南，斬首千餘級，興退走四十餘里，平亦不敢出。珪乃分兵四據險要，使秦兵不得近柴壁。興屯汾西，憑壑[229]為壘，束柏村[230]從汾上流縱之，欲以毀浮梁，魏人皆鉤取以為薪蒸[231]。

冬，十月，平糧竭矢盡，夜，悉眾突西南圍求出；興列兵汾西，舉烽鼓譟為應。興欲平力戰突免，平望興攻圍引接[232]，但叫呼相和，莫敢逼圍。平不得出，計窮，乃帥麾下赴水死，諸將多從平赴水。珪使善游者鉤捕之，無得免者。執狄伯支及越騎校尉唐小方等四十餘人，餘眾二萬餘人皆斂手就禽。興坐視其窮，力不能救。舉軍慟哭，聲震山谷。數遣使求和於魏，珪不許，乘勝進攻蒲阪，秦晉公緒[233]固守不戰。會柔然謀伐魏，珪聞之，戊申[234]，引兵還。

或告[235]太史令鼂崇及弟黃門侍郎懿潛召秦兵，珪至晉陽[236]，賜崇、懿死[237]。

秦徙河西豪右[238]萬餘戶于長安。

太尉玄殺吳興[239]太守高素、將軍竺謙之及謙之從兄朗之、劉襲并襲弟季武，皆劉牢之北府[240]舊將也。襲兄冀州[241]刺史軌邀司馬休之、劉敬宣、高雅之等共據山陽[242]，欲起兵攻玄，不克而走。將軍袁虔之[243]、劉壽[244]、高長慶[245]、郭恭[246]等皆往從之。將奔魏，至陳留[247]南，分為二輩[248]：軌、休之、敬宣奔南燕[249]；虔之、壽、長慶、恭奔秦。

魏主珪初聞休之等當來，大喜。後怪其不至，令兗州[250]求訪，獲其從者，問其故，皆曰：「魏朝威聲遠被[251]，是以休之等咸欲歸附。既而聞崔逞[252]被殺，故奔二國。」珪深悔之。自是士人有過，頗見優容[253]。

南涼王傉檀攻呂隆於姑臧。

燕王熙[254]納故中山尹[255]苻謨二女，長曰娀娥，為貴人[256]；幼曰訓英，為貴嬪。貴嬪尤有寵。丁太后[257]怨恚[258]，與兄子尚書信[259]謀廢熙立章武公淵[260]。事覺，熙逼丁太后令自殺，葬以后禮，謚曰「獻幽皇后」。十一月戊辰[261]，殺淵及信。

辛未[262]，熙畋于北原[263]。石城令[264]高和與尚方兵[265]於後作亂，殺司隸校尉[266]張顯，入掠宮殿，取庫兵[267]，脅營署[268]，閉門乘城[269]。熙馳還，城上人皆投仗[270]開門，盡誅反者，唯和走免。甲戌[271]，大赦。

魏以庾岳[272]為司空。

十二月辛亥[273]，魏主珪還雲中[274]。

柔然可汗社崙聞珪伐秦，自參合陂[275]侵魏，至豺山[276]及善無北澤[277]。魏常山王遵以萬騎追之，不及而還。

太尉玄使御史杜林防衛[278]會稽文孝王道子[279]至安成，林承玄旨，酖[280]道子，殺之。

沮渠蒙遜所署西郡[281]太守梁中庸叛，奔西涼。蒙遜聞之，笑曰：「吾待中庸恩如骨肉，而中庸不我信，但自負[282]耳，孤豈在此一人邪？」乃盡歸其孥[283]。

西涼公暠問中庸曰：「我何如索嗣[284]？」中庸曰：「未可量也。」暠曰：「嗣才度若敵我[285]者，我何能於千里之外以長繩絞其頸邪？」中庸曰：「智有短長，命有成敗。殿下之與索嗣，得失之理，臣實未之能詳。若以身死為負，計行[286]為勝，則公孫瓚[287]豈賢於劉虞[288]邪？」暠默然。

袁虔之等至長安，秦王興問曰：「桓玄才略何如其父[289]？卒能成功乎？」虔之曰：「玄乘晉室衰亂，盜據宰衡[290]，猜忌安忍[291]，刑賞不公。以臣觀之，不如其父遠矣。玄今已執大柄[292]，其勢必將篡逆，正可為它人驅除[293]耳。」興善之，以虔之為廣州刺史[294]。

是歲，秦王興立昭儀張氏為皇后，封子懿、弼、洸、宣、諶、愔、璞、質、逵、裕、國兒皆為公。遣使拜禿髮傉檀為車騎將軍、廣武公[295]，沮渠蒙遜為鎮西將軍、沙州刺史、西海侯，李暠為安西將軍、高昌侯。

秦鎮遠將軍趙曜帥眾二萬西屯金城[296]，建節將軍王松怱帥騎助呂隆守姑臧[297]。松怱至魏安[298]，傉檀弟文真擊而虜之。傉檀大怒，送松怱還長安，深自陳謝。

【章旨】以上為第三段，寫晉安帝元興元年（西元四〇二年）一年間的大事。主要寫了東晉朝廷以司馬元顯為統帥，以劉牢之為前鋒都督討伐桓玄，張法順建議除掉在朝的桓氏親屬，並對劉牢之採取應有措施，元顯不聽；寫了桓玄舉兵東下，司馬元顯徬徨無主，不知所為；寫了劉牢之軍於溧洲，劉裕請戰，不許；桓玄派人對劉牢之策反，劉牢之派其子劉敬宣詣桓玄請降；寫了桓玄入建康，朝廷軍皆潰，皇帝慰問桓玄，桓玄遂總攬朝政。桓玄捕殺司馬元顯，流放司馬道子，並於路上鴆殺之；寫了桓玄罷掉劉牢之的兵權，劉牢之又欲起兵討桓玄，但部下無人跟從，劉牢之遂在率部北走的途中自殺，其子其婿等人分別逃入南燕與姚氏之後秦；而桓玄執政後，開始眾心欣然，後因奢豪縱逸，政令無常，眾心失望，東晉地區困乏之極；寫了孫恩又寇臨海，被官軍打敗，孫恩投海而死；孫恩之妹夫盧循被推為首領，桓玄為收買之任以為永嘉太守，盧循雖受命，又寇臨海，桓玄命劉裕擊敗之；寫了魏國與秦國的關係惡化，相互對攻於幽、并與陝、甘交界地區；寫了秦主姚興與魏主拓跋珪大戰於汾水，姚興大敗，時因柔然侵魏，魏軍始撤；寫了柔然民族的社崙部落強大於北方，自號豆代可汗；寫了南涼的禿髮利鹿孤死，禿髮傉檀繼其位，遷於樂都，自稱涼王；寫了南涼的禿髮傉檀與北涼的沮渠蒙遜不斷進攻姑臧的呂氏政權，以及後燕慕容熙部下發生叛亂，被慕容熙削平等等。

【注釋】❶正月庚午朔　正月初一是庚午日。❷罪狀桓玄　公布桓玄的罪惡，以斥責、聲討之。罪狀，這裡用如動詞，即「斥責」、「聲討」的意思。❸都督十八州　意即統率全國軍隊。十八州指當時東晉所轄的全境，即：揚、徐、南徐、兗、南兗、豫、南豫、青、冀、司、荊、江、雍、梁、益、寧、交、廣。❹加黃鉞　授予黃色大斧。意即賦予其統率全軍的最高權威，有生殺之大權。❺後部　即後軍都督。❻改元　從此改用「元興」年號。古代在國家遇有重大變故，如帝王之死、出兵平叛等事時，往往頒行大赦，以穩定人心；同時進行「改元」，以表示「重新開始」之意。❼太傅　此官雖無實權，但顯要崇高，故用為加官。❽中護軍桓脩　桓脩是桓沖之子，桓玄的堂兄弟。傳見《晉書》卷七十四。中護軍，與「中領軍」同為權力最大的朝廷武官名。❾王誕　王導的曾孫，任司馬道子的長史。長史為諸史之長，權力甚大。❿陳　為之分說。⓫桓謙兄弟　指桓謙與其兄桓脩。桓謙是桓玄的幹將之一，當時給司馬道子任司馬。傳見《晉書》卷七十四。⓬為上流耳目　言其雖在朝為官，實則是桓玄安在朝廷的耳目。上流，指當時任荊州刺史的桓玄。荊州地處晉都建康的上流。⓭以杜姦謀　以斷絕他們之間的通風報信、裡應外合。杜，堵塞；斷絕。⓮事之濟不　討桓玄的事情能成與不能成。不，同「否」。⓯牢之反覆　劉牢之的為人反覆無常。⓰逆為之所　事先給他找個合適的地方，意即殺了他。⓱再三不可　指張法順言之再三，而司馬元顯終以為不可。⓲桓沖特有遺惠　桓沖是晉朝名臣桓彝之子，初從其兄桓溫征伐，後又命將北伐，多有戰功，先後曾任江州刺史、荊州刺史等官，對晉王朝忠心無二。傳見《晉書》卷七十四。遺惠，為官去任後，能使百姓因得好處而懷戀之。⓳除　任命。⓴以結西人之心　為使荊州地區的官民心向朝廷。㉑丁丑　正月初八。㉒魏令支戍　魏軍在令支城設立的防守據點。㉓那頡　姓那名頡，時為遼西太守。遼西郡的郡治令支，在今河北遷安南。㉔遼西陽豪　遼西郡人姓陽名豪。㉕丁亥　正月十八。㉖章武公淵　即慕容淵，慕容盛之弟，慕容熙之姪。㉗博陵公虔　即慕容虔，慕容淵之弟。㉘戊子　正月十九。㉙材官將軍和突　主管建築的將軍姓和名突。㉚黜弗素古延　少數民族部落名，與匈奴的關係較近，當時活動在今寧夏一帶。㉛慕

容后　慕容寶的幼女，被立為后事，見本書上卷隆安四年。㉜止狄干　扣留了魏國來的求婚者賀狄干。止，扣留。㉝庚寅　正月二十一。㉞并州　州治晉陽，在今山西太原西南。㉟平陽之乾壁平陽郡的乾壁縣。平陽郡的郡治在今山西臨汾西南。乾壁，即乾城縣，古代也叫北屈，在今山西吉縣北。㊱社崙　柔然部落的頭領名。柔然《魏書》作「蠕蠕」，當時活動在今內蒙古及蒙古國南部一帶。社崙先曾被拓跋珪所俘，後逃出，又在北方發展起來。傳見《魏書》卷一百三。㊲辛卯　正月二十二。㊳高車　少數民族名，當時活動在今蒙古國的北部地區，以其風俗喜乘高輪車而得名。㊴斛律部　少數民族部落名。㊵倍侯利　人名，斛律部的頭領。㊶焉耆　當時的西域國名，國都焉耆，即今新疆焉耆回族自治縣。㊷羈屬　鬆散地從屬。羈，羈縻，像管理牲畜一樣地用繩子籠著。㊸約束　指各種規章制度。㊹賜以虜獲　把他在戰場上繳獲的東西全都賞給他。㊺克顯美　禿髮傉檀自去年攻顯美，至此始克。㊻分符　這裡意即受命，接受任務。符是一種作為憑證的器物，朝廷與外官各執一半，朝廷有命令下達時，派使者持存朝的一半前往合符以示信。㊼甫至　剛到。甫，始；剛剛。㊽獲罪於執事　意謂被你所鄙視。執事，猶言「閣下」、「麾下」，對受話人的敬稱。㊾聖朝必取河右　你們一定可以佔領黃河以西地區。聖朝，敬指南涼政權。河右，猶言「河西」，指黃河以西的青海北部及甘肅中西部地區。㊿復忝顯任　又榮任你的高官。忝，謙指受任。顯任，高官。「司馬」是大將軍的高級僚屬，故孟禕說它是「顯任」。(51)就戮姑臧　回到姑臧呂隆那裡去領受罪責，這裡意即請求放回。(52)死且不朽　意謂即使我死了，也是永遠感激不忘的。(53)因以饑饉　緊接著又鬧災荒。因，接連。(54)漕運不繼　指東方州郡給朝廷運送的物資減少，不夠開銷。(55)以稃橡給士卒　讓士兵們吃糠麩、橡籽。稃，同「麩」。穀物的皮。橡，櫟樹的果實，可以吃。(56)謂　以為。(57)蓄力觀釁　積蓄自己的力量，觀測朝廷的空子，以待伺機而起。(58)太傅長史石生　即桓石生，桓玄的堂兄，當時在司馬道子手下任「長史」。(59)完聚江陵　指收縮兵力、積蓄糧草以固守江陵。(60)卞範之　桓玄的心腹骨幹。傳見《晉書》卷九十九。(61)大失物情　大失人心。物情，人心。(62)示以禍福　告訴他應何去何從，意即對之進行策反。(63)延敵入境　等著敵人打上門來。延，引，這裡意即「坐等」。(64)窮蹙　指受困。(65)抗表傳檄　給朝廷上表，控告司馬元顯；給各州郡發出檄文，號召討伐司馬元顯。檄，檄文；號召討伐某人的文告。(66)二月丙午　二月初七。(67)西池　又名太子湖，在建康城北六里。(68)癸丑　二月十四。(69)劉勃勃　即歷史上的赫連勃勃，字子才，日後夏政權的建立者，匈奴劉淵的同族，劉衛辰之子。劉衛辰被拓跋氏所殺，劉勃勃歸服沒弈干，與之一同為姚興鎮守高平。傳見《晉書》卷一百三十。(70)秦州　州治上邽（今甘肅天水市），當時屬後秦。(71)瓦亭　村鎮名，在今寧夏固原西南。(72)代都　代國的都城，即平城，在今山西大同東北。(73)分迸　分散逃走。(74)平陽太守貳塵　平陽郡的太守名叫貳塵。平陽郡的郡治即今山西臨汾。(75)河東　郡名，郡治安邑，在今山西夏縣西北。76文學　義同今之「學術」、「學問」。77談詠　談，指談吐。詠，指吟誦詩文。78胡虜　此指圍困姑臧的秦國人，秦國人屬羌族。79沮動　渙散、動搖。80留穀萬餘斛遺之　給呂隆政權留下了萬餘斛糧食。斛，容量單位，一斛約當一石，即十斗。81昌松　郡名，郡治在今甘肅武威東南。82涼澤段冢　涼澤地區的段冢村。涼澤，也叫豬野澤、休屠澤，在今甘肅武威東。段冢是村鎮名。83面縛　指雙手縛於後，前方只見其面。84西平　即今青海西寧，當時禿髮氏的南涼國都。85樂都　即今青海樂都。86庾楷謀泄　指暗通司馬元顯，合謀以攻桓玄事。87丁巳　二月十八。88齊王柔之　即司馬柔之，晉朝的宗室，司馬懿的重孫，此時被封為齊王。其父司馬宗，被封為南頓王。89騶虞幡　朝廷勒令下屬立即罷兵的一種旗號，上繪騶虞。騶虞據說是一種仁獸，不吃任何有生命的東西，故用以表示休戰止殺。90荊江二州　指荊州刺史桓玄、江州刺史桓偉及其所屬將士。91丁卯　二月二十八。92姑孰　縣名，縣治即今安徽當塗。93歷陽　郡名，郡治即今安徽和縣，當時是豫州刺史的僑居駐地。94襄城　郡名，郡治即今河南襄城，上屬於豫州。但這時它的太守司馬休之實際上也在歷陽。司馬休之是司馬尚之的弟弟。傳見《晉書》卷三十七。95嬰城固守　此指固守歷陽。嬰城，環城。96洞浦　也叫洞口，在歷陽城東的長江邊上。97浦上　水邊的平地。98橫江　即今安徽馬鞍山前的采石磯。99涂中　胡三省注，「涂」同「滁」。地區名，在今安徽全椒以東、江蘇六合以西的滁河一線。100材武　身材儀表與軍事謀略。101假玄　藉著桓玄。102以除執政　以除掉朝廷的執政者司馬道子與司馬元顯。103驟詣門　多次到司馬元顯的門上。驟，數；屢次。104遇之公坐　在大庭廣眾的席位上見了個面。105溧洲　也叫洌洲，在今南京市西南的長江中。106戴　頂著，這裡即指「挾有」。107文種　越王句踐的功臣，越國復興滅吳後，文種被句踐所殺。事見《史記・越王句踐世家》。108白起　秦國大將，曾大破楚國，又坑趙卒四十萬於長平，後被秦昭王所殺。事見《史記・白起王翦列傳》。109韓信　劉邦的開國功臣，項羽被摧垮後，韓信被劉邦所殺。事見《史記・淮陰侯列傳》。110明主　越王句踐、秦昭王、漢高祖，都是歷史上極有作為的開明君主。111凶愚　指晉安帝司馬德宗。司馬德宗是個白痴，生活上都不能自理。112傾宗　與下「覆族」對文同義，即合族被滅。113欲以此安歸　一個具有如此戰功與名望、地位的人還能去投奔誰呢。114射鉤　齊桓公即位前與其兄公子糾相爭，管仲為公子糾伏射齊桓公，射在了齊桓公的衣帶鉤上，故而未死。齊桓公即位後聽鮑叔牙推薦，用管仲為相。事見《史記・齊太公世家》。115斬袪　春秋晉國驪姬煽動晉獻公殺了太子申生，又派寺人披去殺公子重耳，重耳跳牆逃跑，被寺人披斬斷了一隻袖子（袪）。後來重耳即位（即晉文公），寺人披來見，重耳寬免了他。事見《左傳》僖公二十四年。116不害為輔佐　不影響他們為丞相之職。117宿昔之怨　舊日的仇恨。宿昔，猶言往日。118交通　互相往來、勾結。119東海中尉　司馬元顯的兒子東海王司馬彥璋的中尉。東海國原在山東的郯城，後在今江蘇鎮江市僑立南東海郡。中尉，諸侯國的軍事長官。(120)何無忌　晉末名將，東海郡人。傳見《晉書》卷八十五。(121)驃騎從事中郎　驃騎大將軍（司馬元顯）的僚屬。從事中郎主管文書，察舉不法。(122)父叔　父，指桓溫。叔，指桓沖。(123)陵朝廷　欺陵朝廷；陵駕於朝廷之上。(124)董卓　東漢末年的地方軍閥，何進謀誅宦官失敗後，朝廷大亂，董卓趁機進京，控制朝權，廢少帝立獻帝，遂致四海分崩。事見本書卷五十九中平六年、初平元年。(125)三月乙巳朔　疑為「己巳」之誤。三月初一是己巳日。(126)版　任命。當時大臣委任官屬，以木札書之，有別於朝廷的詔令。(127)將發　將乘船出發西討桓玄。(128)新亭　當時的遊覽區，在今南京西南的長江邊上。(129)辛未　三月初三。(130)陳於宣陽門外　列陣於宣陽門外。宣陽門是當時建康城的南門。(131)南桁　即朱雀橋，當時建康城南秦淮河上的浮橋名。因其正對城的南門，故亦稱「南桁」。(132)放仗　猶今之所謂「放下武器」。(133)東府　司馬道子的宰相府，在當時的臺城之東，四面有城牆。(134)太傅從事中郎　司馬道子身邊的官屬，當時司馬道子加官為太傅。(135)壬申　三月初四。(136)復隆安年號　司馬元顯為討桓玄而改該年「隆安六年」為「元興元年」，今則仍稱「隆安六年」。(137)侍中　官名，帝王身邊的侍從大臣，以協助參謀決策。(138)勞玄　慰問桓玄，如此則承認了桓玄起兵的合理性、正義性。(139)稱詔解嚴　以皇帝的名義宣告解除了朝廷一切軍隊的戒備狀態。(140)總百揆　統領百官，為百官之長。總，統領；總管。(141)親禮　親近，並以禮相待。(142)中書令　位同宰相。(143)新安　郡名，郡治始興，在今浙江淳安西北。(144)殷仲文　殷仲堪的堂弟，桓玄的姐夫。傳見《晉書》卷九十九。(145)劉邁　原是殷仲堪的中兵參軍，當桓玄失勢在殷仲堪面前無禮逞武時，劉邁曾說他：「馬矟有餘，精理不足。」事見本書卷一百八太元十七年。(146)并邁為三　意謂自己也和當初的管仲、寺人披一樣，當時是各為其主，如今也當得到寬宥。(147)癸酉　三月初五。(148)有司奏　有關方面的官員向皇帝啟奏。顯然這是桓玄所指使。(149)徙安成郡　流放到安成郡。郡治即今江西安福。(150)毛泰　司馬道子的從事中郎，先與司馬父子極其親昵，後產生矛盾。桓玄叛亂時，欲討好桓玄，但終被殺。事見《晉書》卷八十一。(151)嶺南　五嶺以南，今廣東一帶。(152)始爾　猶言事情才剛剛開始。(153)班瀆　地名，在當時建康城東北的長江邊。(154)高雅之　劉牢之的女婿，當時任廣陵相。廣陵在今江蘇揚州西北。(155)朝野人情皆已去　意即都不再喜歡我們。人情，人心向背。(156)反服　反初服，即回家為民。(157)京口　古城名，即今江蘇鎮江市。(158)鎮北　即劉牢之，當時為鎮北將軍。(159)反　反戈；倒戈。(160)王兗州　指王恭，生前曾任兗州刺史。劉牢之反王恭事見本書卷一百十隆安二年。(161)司馬郎君　指司馬元顯。當時奴僕稱主人家的年輕人叫「郎」或「郎君」。郎君，猶後世之所謂「少爺」、「公子」。(162)趨出　小步疾行而出。趨，小步疾行，這是臣子在君父面前守禮的一種走路姿勢。(163)新洲　長江中的洲渚名，在當時的建康城東北。(164)丹徒　縣名，縣治在今江蘇鎮江市東南。(165)大赦　主語是晉安帝，實為桓玄。(166)改元大亨　前桓玄已讓晉安帝廢除「元興」，復用「隆安」年號，今又令其改稱「大亨」，意即一切大吉大利。(167)讓丞相荊江徐三州　當時桓玄已讓其兄桓偉為荊州刺史，弟桓石生為江州刺史，堂兄弟桓脩為徐、兗二州刺史；自己又佔據京城，把持朝政，故不妨讓了數職，且又沒有給別家。(168)琅邪王德文　即司馬德文，晉安弟司馬德宗之弟。(169)太宰　晉朝的「太宰」實即太師，為避司馬師之諱而改。在當時是一種榮譽性的加官。(170)洛陽　即今河南洛陽，當時屬姚興之後秦。(171)符信　帝王授予大臣的兵符信印。(172)關東　函谷關以東。(173)彭城間　彭城（即今江蘇徐州）一帶，當時處於東晉的北部邊境。(174)臨海　郡名，郡治章安，在今浙江臨海縣東。(175)死亡殆盡　死的死，逃的逃，已經所剩無幾。殆，幾乎。(176)水仙　意謂隨水成仙而去。(177)盧循　盧諶的曾孫。盧諶於東晉初年跟隨劉琨，劉琨死後，又曾跟隨過段匹磾與石勒。(178)雅　平素。(179)沙門惠遠　一個名叫惠遠的和尚。惠遠，通常寫作「慧遠」，是廬山東林寺的高僧，兼通儒家經典，為當時僧俗所稱重。(180)體涉風素　猶後世之所謂「相貌堂堂」。(181)如何　意即你這一生該如何度過。(182)永嘉　郡名，郡治即今浙江溫州。(183)甲戌　三月初六。(184)寢疾　猶言「臥病」，臥床不起。(185)禿髮思復鞬　禿髮傉檀之父。其長子名烏孤，次子名利鹿孤，三子即傉檀。(186)垂拱　垂衣拱手而坐，以言其清閒自得、諸事不問，一切都聽禿髮傉檀的。(187)更稱涼王　即歷史上的南涼政權。(188)改元弘昌　在此以前是禿髮利鹿孤的年號「建和」（西元四〇〇—四〇一年）。(189)樂都　即今青海樂都。(190)皆就諮　都要到他家裡去請示。(191)桓謙　桓玄的堂兄弟。(192)隆安以來　晉安帝即位以來。隆安是晉安帝的年號（西元三九七—四〇一年）。(193)禍亂　指王恭、殷仲文的兩次起兵，以及孫恩起義等連續不斷。(194)冀得少安　希望能夠稍微安定一點。(195)乘輿供奉之具　指給晉安帝的日常生活供應。乘輿，帝王乘坐的車駕，這裡借指皇帝。(196)會稽　郡名，郡治山陰，即今浙江紹興。(197)減什三四　減少了十分之三、四。(198)臨海永嘉殆盡　臨海、永嘉兩個郡裡都幾乎沒有人了。(199)相守　全家老少在一起，相互不離。(200)乞伏熾磐　乞伏乾歸之子。乞伏乾歸與後秦姚興作戰失敗，西逃投降了禿髮氏。後為怕被禿髮氏所殺，乞伏乾歸將其子熾磐送到西平給禿髮氏作人質，自己又隻身東下投降了姚興。事見本書卷一百十一隆安四年。(201)苑川　郡名，郡治在今甘肅蘭州東，當時姚興又派乞伏乾歸來此舊地鎮守。(202)興晉　郡名，郡治在今甘肅臨夏東北。(203)東陽　郡名，郡治即今浙江金華。(204)撫軍中兵參軍　撫軍大將軍的中兵參軍，桓玄的堂兄弟桓脩當時任此職。劉裕離開劉牢之後，與何無忌等一起投奔了當時鎮守丹徒的桓脩。桓脩是桓沖之子。(205)高句麗　朝鮮族建立的古國名，當時活動在今遼東及今朝鮮北部一帶地區。(206)宿軍　當時的平州州治所在地，在當時的龍城（今遼寧朝陽）東北。(207)義陽公平　即姚平，姚興的部將，被封為義陽公。(208)權鎮上邽　臨時鎮守上邽。上邽即今甘肅天水市。權，暫時；臨時。(209)廣陵公欽　即姚欽，姚興的部將。(210)乾壁　地名，在今山西襄汾北，臨汾南。(211)毗陵王順　即拓跋順，拓跋珪之姪。(212)豫

章公　封邑為豫章郡，郡治即今江西南昌。213殷楊　指殷仲堪、楊佺期。二人於隆安三年被桓玄所滅。214桂陽公　封邑為桂陽郡，郡治即今湖南郴縣。215本封南郡　原有的封地南郡，郡治即今湖北江陵。南郡是桓玄之父桓溫當年的封地，理應由桓玄繼承。216永安　縣名，縣治即今山西霍縣。217驍將　勇將。218覘魏軍　哨探魏軍的虛實。覘，探測。219乙巳　八月初九。220柴壁　在今山西襄汾南。221天渡　汾水上的渡口名。汾水由北向南流經柴壁城西，天渡應在柴壁之西的汾河上。222博士　帝王身邊的參謀顧問人員。223高者為敵所棲二句　高者，指柴壁。深者，指天渡。棲、囚，都是圍困的意思。224蒙坑　谷地名，在今山西襄汾東南，翼城西北。225浮梁　浮橋。226渡汾西　渡河到汾水西岸。227蒲阪　即今山西蒲州，在永濟西的黃河邊上。228甲子　八月二十八。229壍　山溝；山谷。230柏材　柏樹的樹幹。231薪蒸　都指燒柴。粗的叫薪，細的叫蒸。232引接　接應。233晉公緒　即姚緒，姚興之叔。234戊申　十月十三。235或告　有人告發。236晉陽　古城名，在今山西太原西南，當時為并州的州治所在地。237賜崇懿死　上文曰「或告」，蓋傳聞之事，而據此即賜人死，以見拓跋珪之多疑好殺。238河西豪右　指今陝西、山西間的黃河兩岸的豪門大族。239吳興　郡名，郡治即今浙江湖州。240北府　當時東晉在京口（今江蘇鎮江市）設立的軍府，因其在首都建康的東北，故稱「北府」。當年謝玄為將時駐節於此，所招募、訓練的軍隊稱「北府兵」。後來劉牢之為將，亦駐節於此。241冀州　州治原在今河北冀縣，東晉時河北淪於北朝，此處所謂的「冀州」州治在歷城（今山東濟南）。242山陽　郡名，郡治在今江蘇靖江市東。243袁虔之　當時任輔國將軍。244劉壽　當時任寧朔將軍。245高長慶　當時任冠軍將軍。246郭恭　當時任龍驤將軍。247陳留　郡名，郡治在今河南開封東南。248分為二輩　分作兩批。輩，群；夥。249奔南燕　投奔慕容德政權，當時建都於廣固，今山東青州。250兗州　指魏將兗州刺史長孫肥。當時長孫肥率軍經營南方，實際尚未據有兗州。251遠被　猶言「遠播」、「遠揚」。252崔逞　漢族人，有文才。初從前燕，前燕滅後屬苻堅；苻堅敗後又屬慕容垂；慕容寶敗亂，又歸降拓跋珪。開始頗受信任，後遭猜忌，被拓跋珪所殺。事見本書卷一百十一隆安三年。253優容　優待、寬容。254燕王熙　即慕容熙，慕容寶之弟。當時建都龍城，即今遼寧朝陽。255中山尹　中山城及其郊區的行政長官，位同郡太守。慕容寶早年建都中山（今河北定州），故其地設中山尹。256貴人　與下文「貴嬪」都是當時帝王嬪妃的爵號，貴人的位次僅低於皇后。257丁太后　上代燕主慕容盛的母親，慕容熙的嫂子，也是慕容熙的情婦。258怨恚　惱怒，因為吃醋。259尚書信　即丁信，丁太后之姪。260章武公淵　即慕容淵，慕容盛的弟弟。261戊辰　十一月初三。262辛未　十一月初六。263北原　龍城北面的草原。264石城令　石城縣令，縣治在今遼寧喀拉沁左縣西南。265尚方兵　尚方署的警衛士兵。尚方署是負責給帝王製造兵器及其他器物的部門。266司隸校尉　首都地區的行政長官，同時兼管對在朝官員的舉報、彈劾。267庫兵　國家武庫裡的兵器。268營署　指京城內的各兵營、各官署。269乘城　登城而守。270投仗　扔下兵器。271甲戌　十一月初九。272庚岳　拓跋珪的名將，治軍治政皆有稱於當時。傳見《魏書》卷二十八。273辛亥　十二月十七。274雲中　郡名，郡治盛樂，今內蒙古和林格爾城北，這裡原是魏國的舊都。275參合陂　在今內蒙古涼城東，岱海的南岸，前拓跋珪曾大破慕容寶於此。276豺山　在今山西右玉南。277善無北澤　善無縣城北的水澤。善無縣在今山西右玉南，左雲西。278防衛　實即看管。279會稽文孝王道子　即司馬道子。會稽王是他的封爵，文孝是諡。280酖　拿毒酒讓人喝。281西郡　郡治在甘肅永昌西北。282但自負　吃虧的只是他自己。但，只。自負，自己虧了自己。283孥　家小。284索嗣　北涼段業的部將，曾警告段業要提防李暠，李暠遂挑動段業將其殺死。事見本書卷一百十一隆安四年。285若敵我　倘與我不相上下。敵，相當。286計行　陰謀得逞；詭計得以實現。287公孫瓚　字伯珪，東漢末年的地方軍閥，當時駐守薊城，今北京市。288劉虞　東漢末年為幽州牧，亦駐兵於薊城。二人相鄰鬧矛盾，劉虞偷襲公孫瓚，被公孫瓚打敗俘獲，誣以欲稱帝之名將其殺害。事見本書卷六十初平四年。當時一般輿論認為劉虞比較仁厚，而公孫瓚則昏妄殘虐異常。289其父　即桓溫，東晉後期名將，曾滅掉了割據四川的軍閥勢力，又率兵北伐，收復洛陽，攻入關中，聲威烜赫一時。但晚年圖謀篡位，遂被列入「叛逆」一流。傳見《晉書》卷九十八。290宰衡　意同丞相。古代有時稱丞相之職為「太宰」，也稱「阿衡」。291安忍　殘忍。292執大柄　操縱國家大權。293驅除　給人做「前驅」，以掃除前進道路上的障礙。294廣州刺史　當時姚興管轄不到廣州，這裡只是一個封號。295拜禿髮傉檀句　拜，封任。當時禿髮氏尚稱臣於後秦姚興，故姚興得以封拜之。以下沮渠蒙遜、李暠亦同。296金城　在今甘肅蘭州西北側，通常即指今之蘭州。297助呂隆守姑臧　以防被沮渠蒙遜或禿髮傉檀之所攻。298魏安　郡名，郡治在今甘肅武威東南。

【校　記】1因　張敦仁《通鑑刊本識誤》改作「固」。2之　據章鈺校，甲十一行本、乙十一行本皆作「其」。3鷄　嚴衍《通鑑補》改作「稽」。按，《北史・蠕蠕列傳》載「部帥日拔也稽舉兵擊社崙」。4商旅俱絕　原無此四字。據章鈺校，甲十一行本、乙十一行本、孔天胤本皆有此四字，張敦仁《通鑑刊本識誤》、張瑛《通鑑校勘記》同，今據補。5得　原作「長」。據章鈺校，甲十一行本、乙十一行本、孔天胤本皆作「得」，張瑛《通鑑校勘記》同，今從改。6關東　原作「關中」。據章鈺校，甲十一行本、乙十一行本、孔天胤本皆作「關東」，張敦仁《通鑑刊本識誤》同，今據改。

【語　譯】元興元年（壬寅　西元四〇二年）

春季，正月初一日庚午，東晉安帝司馬德宗下詔公布了桓玄的罪狀，同時任命尚書令司馬元顯為驃騎大將軍、征討大都督，都督十八州諸軍事，授予黃鉞；又任命擔任鎮北將軍的劉牢之為前鋒都督，任命擔任前將軍的譙王司馬尚之為後軍都督。並因此實行大赦，改年號為「元興」，京城內外實行戒嚴。加授會稽王司馬道子為太傅。

司馬元顯準備把桓氏家族的人全部除掉。擔任中護軍的桓脩，是擔任驃騎長史的王誕的外甥，王誕很受司馬元顯的寵信，因此得以向司馬元顯分說桓脩等人與桓玄志趣不同，不應該一律對待，司馬元顯才沒有對諸桓氏採取行動。王誕，是王導的曾孫。

司馬元顯的智囊人物張法順對司馬元顯說：「擔任驃騎司馬的桓謙兄弟是地處建康上游的荊州刺史桓玄安插在朝廷之中的耳目，應該把他們殺掉，以斷絕他們與桓玄之間互相通風報信、裡應外合。而且討伐桓玄的事情能不能成功，關鍵取決於前鋒部隊，而現在擔任前鋒的劉牢之為人反覆無常，萬一發生什麼意外變故，失敗和災禍就會立馬到來。可以令劉牢之去殺死桓謙兄弟，如果他執行命令，除掉了桓謙、桓脩，就表明他與我們沒有二心，如果他拒不執行命令，就應當事先給他安排一個合適的去處。」司馬元顯說：「現在如果沒有劉牢之，就沒有人能夠敵得過桓玄；再說，行動剛開始就誅殺大將，會引起人心不穩。」張法順再三勸說，司馬元顯堅決不同意。又因為桓氏幾代人都擔任荊州官員，很受荊州人民的擁護，其中桓沖更是給荊州人留下了難以忘懷的恩德，而桓謙，就是桓沖的兒子，於是便把桓謙從驃騎司馬的職位提升為都督荊・益・寧・梁四州諸軍事、荊州刺史，想以此來籠絡荊州地區的官民，使他們心向朝廷。

正月初八日丁丑，後燕擔任中壘將軍的慕容拔率軍攻克了北魏在令支城設立的防守據點，戍守令支的北魏虎威將軍宿沓干逃走，慕容拔活捉了北魏所任命的遼西太守那頡。後燕任命中壘將軍慕容拔為幽州刺史，鎮守令支；任命擔任中堅將軍的遼西人陽豪為遼西郡太守。十八日丁亥，任命章武公慕容淵為尚書令，任命博陵公慕容虔為尚書左僕射，任命擔任尚書的王騰為右僕射。

正月十九日戊子，北魏擔任材官將軍的和突率軍進攻黜弗、素古延等部落，將各部落擊敗。當初，北魏主拓跋珪派遣北部大人賀狄干向後秦進獻了一千匹好馬，並向後秦天王姚興求婚，後秦王姚興聽說北魏主拓跋珪已經冊封慕容氏為皇后，便將魏國派來求婚的使者賀狄干扣留，拒絕了北魏的求婚。沒弈干、黜弗部落、素古延部落，都是後秦的屬國，所以北魏出兵攻打黜弗、素古延，從此以後，後秦與北魏之間的關係出現裂痕。二十一日庚寅，北魏主拓跋珪舉行盛大的閱兵儀式，命令并州屬下的各郡把儲備的糧食全部轉移到平陽的乾壁以防範後秦的進攻。

此時柔然國可汗郁久閭社崙與後秦的關係正處在最友好時期，因此派將領率軍救援黜弗和素古延部落。正月二十二日辛卯，北魏材官將軍和突率領北魏軍迎戰柔然軍，將柔然軍打得大敗，柔然可汗郁久閭社崙率領自己的國民逃到了遙遠的大漠以北，奪取了高車族所佔的地盤居住下來。斛律部落首領倍侯利率領自己的部眾攻擊郁久閭社崙，結果被郁久閭社崙打敗，倍侯利逃奔了北魏。柔然可汗郁久閭社崙遂乘勝向西北攻擊匈奴族的殘部日拔也鷄，將日拔也鷄打得大敗，進而吞併了周圍的各部落，勢力逐漸壯大，兵強馬壯，遂稱雄於北方地區。他的疆土向西到達焉耆，向東與朝鮮接壤，向南緊靠大漠，鄰近的一些小國全都處在柔然的控制之下。郁久閭社崙遂自稱豆代可汗，開始建立各種規章制度：一千人為一軍，軍的長官稱作將；一百人為一幢，幢的長官稱作帥；每次攻戰時，奮勇爭先的，就把他所繳獲的戰利品全部獎賞給他；畏敵不前的，就用石頭敲碎他的腦袋，將他處死。

南涼車騎將軍禿髮傉檀率軍攻克了後涼昌松郡太守孟禕所據守的顯美，活捉了孟禕，他責備孟禕為什麼不早點投降。孟禕回答說：「我孟禕深受呂氏厚恩，授予我兵權，令我守衛國土，如果你們的大軍一到，我望見你們的旗幟就向你們投降，恐怕也會受到你們的鄙視。」禿髮傉檀遂釋放了孟禕，並對他以禮相待，然後驅趕著二千多戶當地居民撤軍而回。禿髮傉檀任命孟禕為左司馬，孟禕推辭說：「後涼呂氏即將滅亡，你們一定能夠佔有黃河以西地區，對於這一點，無論是聰明人還是愚蠢的人都看得很清楚。但我孟禕受呂氏委任守衛城池，最終卻沒能守住，如果再榮任你的高官顯職，於心有所不安。如果能夠蒙受你的大恩，使我能夠回到我國的都城姑臧接受建康公呂隆的刑戮，即使我死了，也會永遠感激不盡的。」禿髮傉檀認為孟禕是一個非常忠貞節義的人，便放他返回後涼。

東晉受到孫恩叛亂的影響，接著又遭遇大災荒，東方州郡靠水路給朝廷運送的各種物資很少，根本不夠開銷。擔任荊州刺史的南郡公桓玄下令封鎖長江，於是長江之上商旅船隻全部斷絕，無論是官府還是民間，物資都極度匱乏，只能把穀糠、橡果當做糧食發給士卒充飢。桓玄以為朝廷正面臨著許多憂患，根本就抽不出時間來討伐自己，自己正可以利用這個大好時機積蓄力量，觀測朝廷的空子，伺機而起。等到司馬元顯率領朝廷大軍即將出發討伐桓玄的時候，桓玄的堂兄、擔任太傅長史的桓石生才祕密派人給他送來一封書信，把朝廷出兵討伐他的消息告訴他。桓玄得知後，不禁大吃一驚，就想收縮兵力，積蓄糧草，固守江陵。擔任長史的卞範之說：「明公的英明威武震懾了遠近，司馬元顯只不過是一個乳臭未乾的黃口小兒，劉牢之早已大失民心。如果我們率領大軍逼近京師近郊，明確地為他們指出禍福利害，告訴他們應該何去何從，朝廷軍的土崩瓦解之勢只需一抬腳的工夫就可以看到，怎麼能坐等敵人打上門來，而使自己陷入受困的境地呢？」桓玄聽從了卞範之的意見，於是留下桓偉鎮守江陵，一面給朝廷上表，控告司馬元顯，一面向各州郡發出檄文，揭露司馬元顯的罪狀，號召起兵討伐司馬元顯，然後率領大軍順江東下。桓玄討伐司馬元顯的檄文傳到京師，司馬元顯不禁驚恐萬狀。二月初七日丙午，晉安帝司馬德宗在西池設宴，為即將出征的司馬元顯餞行，司馬元顯登上艦船卻不敢出發。

二月十四日癸丑，北魏常山王拓跋遵等到達高平，沒弈干丟下自己的部眾，只率領數千名騎兵與劉衛辰的兒子劉勃勃一起逃往後秦所屬的秦州。魏軍一直追到瓦亭，沒有追上，只好返回，繳獲了大量的戰利品，其中包括高平府庫中的全部積蓄、四萬多匹馬、其他各類牲畜九萬多頭，拓跋遵等把沒弈干的部眾全部遷徙到代國的都城，其他民族的人則分崩離析，四散逃走。北魏平陽太守貳塵又率軍侵入後秦的河東郡，後秦的都城長安非常震恐，函谷關以西的各城大白天也不敢打開城門，後秦趕緊挑選士卒，訓練軍隊，準備反擊北魏。

後秦王姚興立自己的兒子姚泓為太子，並為此實行大赦。姚泓孝敬父母，友愛兄弟，為人寬厚溫和，喜歡鑽研學問，善於談吐、吟誦詩文，但卻性格懦弱，體弱多病。姚興想立他為繼承人，卻又一直猶豫不決，拖了很久才決定立他為太子。

後涼的都城姑臧嚴重缺糧，一斗米已經賣到了五千錢，出現了人吃人的慘劇，被餓死的有十多萬口。姑臧城即使白天也城門緊閉，打柴、挖野菜的道路全被封鎖，民眾請求出城為圍困姑臧的後秦人充當奴婢的，每天都有數百人。後涼建康公呂隆痛恨這些人渙散、動搖了民心，就把他們全部活埋，道路之上到處都有堆積的屍體。

北涼張掖公沮渠蒙遜率領北涼兵攻打後涼的都城姑臧，後涼建康公呂隆派使者向南涼河西王禿髮利鹿孤請求出兵相救，禿髮利鹿孤遂派遣廣武公禿髮傉檀率領一萬名騎兵救援後涼。禿髮傉檀還沒有抵達後涼的都城姑臧，而呂隆已經獨自將沮渠蒙遜擊敗。沮渠蒙遜請求與呂隆結盟，並將一萬多斛糧食留贈給呂隆，而後撤軍。禿髮傉檀抵達昌松，聽到了沮渠蒙遜已經撤軍的消息，遂把涼澤地區段冢村的五百戶居民全部強制遷移到本國境內。

南涼擔任中散常侍的張融對河西王禿髮利鹿孤說：「焦朗兄弟佔據著魏安，暗中與後秦姚氏相勾結，多次反反覆覆，現在如果不把他消滅，以後必將成為朝廷的禍患。」河西王禿髮利鹿孤遂派擔任涼州牧的廣武公禿髮傉檀率軍前往魏安討伐焦朗。焦朗自己反綁雙手出城向禿髮傉檀投降，禿髮傉檀把焦朗押送到都城西平，把魏安的居民遷徙到故都樂都。

東晉擔任荊州刺史的南安郡公桓玄率軍從江陵出發，他深怕此次行動失敗，所以常常產生回軍的念頭。等到過了尋陽，卻看不見朝廷軍的影子，心中非常高興，屬下將士的士氣也逐漸振奮起來。庾楷暗通司馬元顯，合謀攻擊桓玄的陰謀洩露，桓玄遂把庾楷囚禁起來。二月十八日丁巳，東晉安帝司馬德宗下詔，派遣齊王司馬柔之攜帶著騶虞幡前往阻止順流東下的荊州刺史桓玄、江州刺史桓偉及其所屬將士，令他們罷兵，桓玄的前鋒官把司馬柔之殺死。司馬柔之，是南頓王司馬宗的兒子。

二月二十八日丁卯，桓玄率領大軍抵達姑孰，他派部將馮該等率軍攻打豫州刺史的治所所在地歷陽，擔任襄城太守的司馬休之遂在歷陽城四周布置設防，加強防守。桓玄的軍隊截斷了洞浦與外界的聯繫，焚毀了豫州的所有舟船。擔任豫州刺史的譙王司馬尚之率領九千名步兵在水邊平地列好陣勢，他派遣擔任武都太守的楊秋率軍屯駐在橫江，而楊秋卻投降了桓玄的軍隊。司馬尚之的軍隊於是不戰自潰，司馬尚之逃往涂中，被桓玄追捕抓獲。司馬休之一出戰，就被桓玄打得大敗，於是丟棄了歷陽逃走。

東晉鎮北將軍劉牢之一向厭惡擔任驃騎大將軍的司馬元顯，他深怕桓玄被朝廷軍消滅之後，司馬元顯會更加驕橫，為所欲為，又擔心自己的功名越來越大，司馬元顯會容不下自己；而且自恃儀表和武勇，手握重兵，想假藉桓玄之手除掉執掌朝權的司馬道子和司馬元顯，再等待時機，鑽桓玄的空子，將桓玄除掉，由自己取而代之，所以不肯出兵討伐桓玄。而驃騎大將軍司馬元顯此時卻不分白天黑夜，只知道飲酒而不過問軍事，他任用劉牢之為前鋒。劉牢之多次登門拜訪，都見不到司馬元顯一面，等到晉安帝出來為司馬元顯出征餞行，劉牢之才在大庭廣眾的席位上與他見了一面。

劉牢之將軍隊駐紮在溧洲，擔任參軍的劉裕請求進擊桓玄，劉牢之沒有同意。桓玄派劉牢之的堂舅何穆遊說劉牢之說：「自古以來，挾有使君主感到震恐的權威，又建立了無法再獎賞的功勞而仍能保全性命的，有人嗎？越國的文種、秦國的白起、漢代的韓信，所侍奉的都是極為開明的君主，並且全都竭盡全力為他們的君主效忠，然而在大功告成之日，還是免不了被誅滅，何況是為那些兇頑、愚蠢的人效力呢？你今天即使是打了勝仗，家族會滅亡；你如果打了敗仗，你的宗族同樣會滅亡，一個具有如此戰功與名望、地位的人還能去投奔誰呢？不如改弦易轍，另做打算，才可以長久地保有榮華富貴。古代管仲為了公子糾而射中了齊桓公的帶鉤；寺人披奉了晉獻公之命討伐公子重耳，斬斷了重耳的衣袖，尚且不影響他們成為丞相，何況我和你之間往日並沒有仇怨呢？」當時，擔任豫州刺史的譙王司馬尚之已經被桓玄打敗，人心更加驚恐不安，劉牢之遂接受了何穆的勸說，暗中與桓玄互相往來。擔任東海中尉的東海人何無忌，是劉牢之的外甥，何無忌與劉裕極力勸阻劉牢之不要與桓玄站在一起，劉牢之就是不肯聽從。劉牢之的兒子、擔任驃騎從事中郎的劉敬宣也勸諫劉牢之說：「如今國家權力衰弱，面臨危急，朝廷的安危全部掌控在大人與桓玄的手中。桓玄依靠自己的父親桓溫、叔叔桓沖的資望，佔據了整個古楚國的地盤，割去了晉國的三分之二，一旦使他陵駕於朝廷之上，他的威勢、聲望將會更高，到那時再想控制他恐怕就難了，像漢末董卓那樣的災變，將會在今天重演。」劉牢之大怒說：「你說的這些難道我就不知道！現在戰勝桓玄易如反掌；但是平定了桓玄之後，你讓我如何對付驃騎大將軍司馬元顯？」三月乙巳朔，劉牢之派自己的兒子劉敬宣到桓玄那裡請求投降。桓玄陰謀除掉劉牢之，於是設宴招待劉敬宣一同飲酒，又把收藏的名家書畫陳列出來，請劉敬宣共同觀賞，以此來穩住、取悅劉敬宣，而劉敬宣對桓玄的用意竟然一點也沒有察覺。桓玄左右的僚屬無不相互示意，心中暗自發笑。桓玄當即簽署了委任狀，任命劉敬宣為諮議參軍。

司馬元顯即將乘船出發西討桓玄，忽然聽到桓玄已經率軍抵達新亭的消息，他立即丟下戰船，返回京城，率軍屯駐在國子學。三月初三日辛未，又在建康城南的宣陽門外布開陣勢。軍隊當中人心惶恐，到處傳言桓玄的軍隊已經到達朱雀橋，司馬元顯於是準備率軍返回皇宮。桓玄派軍隊緊隨其後，並揮刀大喊：「放下手中的武器！」司馬元顯所率領的軍隊立即全部潰散，司馬元顯騎馬逃入老父會稽王司馬道子的丞相府，只有張法順一個人騎馬跟隨著他。司馬元顯向會稽王司馬道子請教對付桓玄的辦法，司馬道子只是對著他哭泣。桓玄派遣擔任太傅從事中郎的毛泰逮捕了司馬元顯，並把他押送到新亭，綁在一艘小船上，桓玄列數他的罪狀。司馬元顯說：「我是受了王誕、張法順他們的迷惑才導致如此。」

三月初四日壬申，東晉恢復使用「隆安」年號。晉安帝司馬德宗派侍中到安樂渚去慰勞桓玄。桓玄率軍進入京師建康，宣稱奉皇帝詔命，解除朝廷軍隊的戒備狀態。晉安帝司馬德宗令桓玄總領文武百官，都督中外諸軍事、丞相、錄尚書事、揚州牧、兼任徐・荊・江三州刺史，假黃鉞。桓玄任命自己的哥哥桓偉為荊州刺史，任命桓謙為尚書左僕射，任命桓脩為徐、兗二州刺史，任命桓石生為江州刺史，任命卞範之為丹楊尹。

當初，桓玄起兵的時候，擔任侍中的王謐奉晉安帝司馬德宗的詔令前往江陵桓玄的治所，桓玄親自以禮接待。等到桓玄到朝廷輔佐朝政的時候，便任命王謐為中書令。王謐，是王導的孫子。擔任新安太守的殷仲文，是殷顗的弟弟，桓玄的姐姐是殷仲文的妻子。殷仲文聽說桓玄已經佔據京師，他立即丟下新安郡前去投奔桓玄，桓玄遂任命殷仲文為諮議參軍。劉邁前去晉見桓玄，桓玄說：「你就不怕死，竟然還敢來見我？」

劉邁說：「射中齊桓公帶鉤的管仲、斬斷晉文公衣袖的寺人披，再加上我劉邁，正好是三個人。」桓玄聽了很高興，於是任命劉邁為參軍。

三月初五日癸酉，有關部門給晉安帝司馬德宗上疏，指控會稽王司馬道子酗酒、放縱、不孝，應當拉到鬧市斬首示眾，晉安帝下詔，把司馬道子放逐到安成郡；在建康的鬧市將司馬元顯斬首，同時被斬首的還有東海王司馬彥璋、譙王司馬尚之、庾楷、張法順、毛泰等。擔任徐、兗二州刺史的桓脩極力為王誕求情，桓玄遂把王誕流放到五嶺以南。

桓玄任命劉牢之為會稽內史。劉牢之說：「桓玄才剛剛開始就剝奪我手中的兵權，大禍就要臨頭了！」劉敬宣請求返回京口規勸自己的父親劉牢之，讓他接受桓玄的任命，桓玄批准了他的請求。劉敬宣回到京口，勸說劉牢之出兵襲擊桓玄，劉牢之卻猶豫不決，他將軍隊移屯到班瀆，私下裡對參軍劉裕說：「我現在準備率軍北上到廣陵與擔任廣陵相的高雅之會合，然後起兵拯救國家，你能跟隨我前往廣陵嗎？」劉裕說：「將軍率領數萬精銳之眾，卻望風歸降了桓玄，如今桓玄剛剛奪取政權，聲威已經震懾了天下，不論是朝廷還是民間，人心早已離開朝廷歸附了桓玄，你豈能到得了廣陵？我是準備脫下這身官服，依舊回到京口去當我的老百姓。」劉牢之的外甥何無忌問劉裕說：「我將怎麼辦呢？」劉裕說：「我看鎮北將軍劉牢之肯定難逃殺身滅族之禍，你可以跟隨我回到京口。桓玄如果還能恪守臣節，我就和你一起去侍奉他；否則的話，我就與你一同誅滅他。」

於是劉牢之將所有的僚屬全部招集起來，商議佔據江北討伐桓玄之事。擔任參軍的劉襲說：「世間絕對不能幹的事情，沒有比倒戈再大的了。將軍往年對兗州刺史王恭反戈一擊，近來又從司馬元顯陣營裡倒戈投靠了桓玄，現在又要反對桓玄，一個人連續三次反覆，還憑什麼立足於天地之間？」說完便小步快速地走了出去，其他僚屬也有很多離座而去。劉牢之見此情形非常恐懼，就派劉敬宣返回京口去迎接自己的家眷，但劉敬宣沒有在規定的時間之內返回班瀆，劉牢之認為事情已經敗露，劉敬宣和自己全家已經被桓玄殺害，於是便率領自己的私人部隊向北逃走，當他逃到新洲的時候，便上吊自殺而死。劉敬宣隨後趕來，看到自己的父親已死，他也來不及哭弔，就向北渡過長江逃往廣陵。劉牢之的部將共同收殮了劉牢之，帶著他的靈柩返回丹徒。桓玄令人砍開棺材，把劉牢之的首級砍下來，將他的屍體扔到鬧市中。

東晉實行大赦，改年號為「大亨」。

東晉桓玄辭讓了丞相、荊州・江州・徐州三州的刺史職務，晉安帝司馬德宗又改任桓玄為太尉、都督中外諸軍事、揚州牧，兼任豫州刺史，統領文武百官；任命琅邪王司馬德文為太宰。

東晉襄城太守司馬休之、劉牢之的兒子劉敬宣、高雅之全都投奔了洛陽，他們都把自己的子姪送到後秦作人質，請求後秦出兵相救。後秦王姚興發給他們兵符印信，令他們到關東地區親自招募兵馬，他們招募到了數千人之後，就又返回彭城一帶駐紮。

東晉亂民首領孫恩率軍隊劫掠臨海，擔任臨海郡太守的辛景將孫恩擊敗，孫恩從三吳地區俘虜的男女死的死，逃的逃，幾乎所剩無幾。孫恩擔心被官軍俘虜，於是跳海而死。他的黨羽、妓妾跟隨他一同投海自殺的有上百人，人們都說他們是隨水成仙而去。殘存的數千人又推舉孫恩的妹夫盧循為首領。盧循，是盧諶的曾孫，長得神采清秀，平素又很有才藝。在他小的時候，佛門和尚惠遠曾經對盧循說：「你雖然生得相貌堂堂，一表人才，而心裡卻一直想做違法亂紀的事情，你這一生將如何度過？」擔任了太尉的桓玄想用安撫的手段使晉國東部地區的民心穩定，便任命盧循為永嘉太守。盧循雖然接受了朝廷的任命，卻仍然無休止地劫奪、侵暴人民。

三月初六日甲戌，後燕實行大赦。

南涼河西王禿髮利鹿孤臥床不起，他留下遺詔，把國家權力授予自己的弟弟廣武公禿髮傉檀。當初，禿髮利鹿孤的父親禿髮思復鞬偏愛禿髮傉檀，他對自己的兒子們說：「禿髮傉檀的度量和見識，你們這些人跟他相比差遠了。」所以，禿髮傉檀的大哥禿髮烏孤、二哥禿髮利鹿孤都沒有把權力傳給自己的兒子，而是傳給了兄弟。其實即使是禿髮利鹿孤在位的時候，也只是垂衣拱手而坐，一切軍國大事全部委託給禿髮傉檀。河西王禿髮利鹿孤去世，廣武公禿髮傉檀即位，改稱涼王，改年號為「弘昌」，把都城從西平遷回了樂都，給河西王禿髮利鹿孤上諡號為「康王」。

夏季，四月，東晉擔任太尉的桓玄離開建康，率軍進駐姑孰，他辭去了錄尚書事，晉安帝司馬德宗下詔批准了他的辭職請求，然而軍國大事都要到姑孰去徵求桓玄的意見才能作出決定，一些日常的小事則由擔任尚書令的桓謙和擔任丹楊尹的卞範之裁決。

自從晉安帝司馬德宗即位以來，朝廷內外的人全都飽嘗禍亂之苦。等到桓玄進入京師，掌握了東晉的軍國大權之後，他罷黜奸邪讒佞的小人，提拔任用有真才實學的賢士，京師呈現出一派歡騰的景象，都希望時局能夠從此逐漸安定下來。然而不久之後，桓玄生活上講究奢侈豪華，縱情逸樂，在施政方面朝令夕改，政令無常，互結朋黨，陵辱朝廷，不斷地減少給皇帝的日常生活供應，晉安帝幾乎免不了挨餓受凍，民心因此對桓玄大失所望。三吳地區發生了嚴重的災荒，百姓或是餓死或是外出逃荒，人口減少了一半，其中會稽郡減少了十分之三、四，臨海、永嘉兩個郡裡幾乎就沒有人了，連那些豪富之家，竟都穿著綾羅綢緞，懷中抱著金玉珠寶，緊閉宅門，一家人相互守在一起被活活餓死。

乞伏熾磐從西平逃回了自己的故都苑川，南涼王禿髮傉檀把乞伏熾磐的妻子兒女送還給他。乞伏乾歸讓乞伏熾磐前往後秦的都城長安朝見後秦王姚興，姚興任命乞伏熾磐為興晉太守。

五月，盧循率軍從臨海進入東陽，太尉桓玄派遣擔任撫軍中兵參軍的劉裕率軍攻擊盧循，盧循被劉裕擊敗，逃回了永嘉，繼續做他的永嘉太守。

高句麗派軍隊攻擊後燕平州治所所在地宿軍城，後燕擔任平州刺史的慕容歸棄城逃走。

後秦王姚興大規模調遣軍隊，派遣義陽公姚平、擔任尚書右僕射的狄伯支等率領四萬名步兵、騎兵攻擊北魏，姚興親自率領大軍隨後進發，他令擔任尚書令的姚晃留在長安輔佐皇太子姚泓，令車騎將軍沒弈干臨時鎮守上邽，令廣陵公姚欽暫時鎮守洛陽。後秦義陽公姚平率軍攻打北魏的乾壁城，連續攻打了六十多天才將乾壁城攻克。

秋季，七月，北魏主拓跋珪派遣毗陵王拓跋順和擔任豫州刺史的長孫肥率領六萬名騎兵為前鋒，自己親率大軍隨後進發抗擊後秦軍的入侵。

八月，東晉太尉桓玄暗示朝廷，朝廷迫於桓玄的壓力，遂把滅掉司馬元顯作為桓玄的功勞，封桓玄為豫章公；根據平定殷仲堪、楊佺期的功勞，遂又封桓玄為桂陽公；桓玄原有的南郡公依然保留。桓玄轉而把豫章封給了自己的兒子桓昇，把桂陽封給了自己的姪子桓俊。

北魏主拓跋珪率領大軍抵達永安，後秦義陽公姚平派遣了一位勇將率領二百名精騎兵去偵查北魏軍的虛實，北魏擔任豫州刺史的長孫肥率軍迎頭痛擊，把二百多名精騎兵全部俘虜。姚平率軍退走，拓跋珪率軍隨後追擊，八月初九日乙巳，追到位於汾水東岸的柴壁城。姚平率軍進駐柴壁進行堅守，北魏軍則把柴壁城團團包圍。後秦主姚興親自率領四萬七千人馬趕赴柴壁救援姚平，他打算先佔據天渡渡口，便於為柴壁城中的姚平供應糧食。北魏擔任博士的李先說：「兵法上說：居於高處，就會被敵人所圍困；居於低處，就會被敵人囚禁。如今後秦犯了這兩條兵家大忌，應該趁著後秦主姚興還沒有趕到，派遣奇兵搶先佔據天渡，這樣一來，可以不用出兵攻打，就能佔有柴壁城。」拓跋珪遂下令加強對柴壁城的圍困，構築起雙重的包圍圈，內層包圍圈的主要任務是防止姚平率軍從柴壁城往外突圍，外層包圍圈是用來對付後秦主姚興率軍從外面殺入。擔任廣武將軍的安同向北魏主拓跋珪建議說：「汾水東岸有一個地方叫做蒙坑，東西長三百多里，沒有道路可以從中通過。姚興率軍前來，必定從汾水西岸逕直靠近柴壁。如此一來，敵人就會形成可以互相聲援、互相接應的局面，我們的雙重包圍即使再堅固，也不能制服他們。不如在汾水上架設一座浮橋，使我軍渡過汾水，在西岸築起一道圍牆以抗拒敵人，姚興就是率軍逼近，他的智謀也無處施展了。」拓跋珪採納了安同的意見。姚興率軍抵達蒲阪，因為懼怕北魏軍的強大，拖延了很長時間才向前推進。二十八日甲子，北魏主拓跋珪率領三萬名步兵、騎兵在蒙阬以南迎擊姚興所率領的後秦軍，將後秦軍擊敗，斬殺了一千多人，姚興率軍後退了四十多里，被困在柴壁城中的姚平也沒敢向外突圍。拓跋珪遂把軍隊分成四處，各據險要，使後秦姚興的軍隊不能靠近柴壁城。後秦主姚興將軍隊駐紮在汾水西岸，在靠近山谷的地方安營紮寨，他令軍士將砍伐下來的柏樹捆成捆，從上游放入汾水，令其順流而下，想用這個辦法來撞毀北魏軍在汾水上架起的浮橋，然而卻都被北魏的軍隊鉤取出來當做了煮飯用的木柴。

冬季，十月，姚平已經將城內的糧食吃光，箭矢用光，只得利用黑夜作掩護，率領所有軍隊向西南方向突圍；後秦主姚興在汾水西岸列好陣勢，令軍士手舉烽火，擊鼓吶喊聲援姚平。姚興希望姚平能夠奮力突圍以求生，而姚平卻希望姚興能夠攻擊北魏圍城的軍隊來接應自己突圍，所以雙方只是互相高聲吶喊呼應，卻誰也不敢逼近北魏軍的包圍圈。姚平無法突破包圍，已經計窮力竭，於是便率領自己的部下投入汾水而死，諸將當中絕大部分都跟隨姚平跳入水中。北魏拓跋珪派水性好的人下水搜捕，跳入水中的後秦軍沒有一個人逃脫。北魏軍俘虜了狄伯支以及擔任越騎校尉的唐小方等四十多人，其餘的二萬多人全都束手就擒。後秦主姚興眼睜睜地看著他們陷入走投無路的困境，卻無力相救。全軍將士不禁失聲痛哭，哭聲震動了山谷。姚興多次派使者向北魏請求講和，北魏主拓跋珪就是不允許，並乘勝率軍進攻駐紮在蒲阪的後秦軍，後秦晉公姚緒堅守蒲阪不與北魏軍交戰。恰好此時柔然國準備出兵攻伐北魏，北魏主拓跋珪得知消息，才於十三日戊申率軍返回。

有人向北魏主拓跋珪告發擔任太史令的鼂崇和他的弟弟擔任黃門侍郎的鼂懿暗中與後秦軍勾結，拓跋珪抵達晉陽時，下詔令鼂崇、鼂懿兄弟二人自殺。

後秦將河西地區的豪門大族一萬多戶遷徙到都城長安。

東晉擔任太尉的桓玄殺死了擔任吳興太守的高素、將軍竺謙之、竺謙之的堂兄竺朗之、擔任參軍的劉襲、劉襲的弟弟劉季武，這些人都是劉牢之北府的舊將。劉襲的哥哥、擔任冀州刺史的劉軌邀請襄陽太守司馬休之、劉牢之的兒子劉敬宣、廣陵相高雅之等共同據守山陽，準備招兵買馬攻擊桓玄，沒有獲得成功，只得逃走。輔國將軍袁虔之、寧朔將軍劉壽、冠軍將軍高長慶、龍驤將軍郭恭等也都去投奔他們。他們準備一同投奔北魏，到達陳留以南的時候分成了兩派：劉軌、司馬休之、劉敬宣前往廣固投奔了南燕慕容備德；袁虔之、劉壽、高長慶、郭恭等人前往長安投奔了後秦姚興。

北魏主拓跋珪剛開始聽說司馬休之等要來投奔，非常高興。後來對他們遲遲沒有到來感到很奇怪，便令擔任兗州刺史的長孫肥四處打聽他們的下落，結果只抓獲了他們的隨從，於是便向這些隨從詢問緣故，這些隨從都說：「魏國的聲威已經傳播到很遠的地方，所以司馬休之等都想前來歸附。後來聽說投降魏國的崔逞已經被殺死，所以就分別投奔了南燕和後秦。」拓跋珪對自己殺死崔逞之事非常後悔。從此以後，那些士大夫、知識分子犯了什麼過失，拓跋珪大多都能給以寬容和優待。

南涼王禿髮傉檀率軍攻擊後涼建康公呂隆所據守的都城姑臧。

後燕天王慕容熙將已故中山尹苻謨的二個女兒收入宮中：長女名叫娀娥，被封為貴人；二女兒名叫訓英，被封為貴嬪。被封為貴嬪的訓英尤其受到慕容熙的寵愛。丁太后因此吃醋而產生怨恨，就與自己的姪子、擔任尚書的丁信謀劃廢掉慕容熙，另立章武公慕容淵。陰謀洩露，慕容熙遂逼迫丁太后，令她自殺，慕容熙以皇后的禮節安葬了她，給她的諡號是「獻幽皇后」。十一月初三日戊辰，後燕天王慕容熙殺死了章武公慕容淵和「獻幽皇后」的弟弟丁信。

十一月初六日辛未，後燕天王慕容熙到龍城附近的北原打獵。擔任石城縣令的高和因為參加丁太后的葬禮來到龍城，他利用慕容熙出外打獵的機會，發動尚方署的警衛軍在後方的京師搞政變，他們殺死了擔任司隸校尉的張顯，衝入宮廷大肆劫掠，奪取了武庫中的兵器，脅迫京城內的各個軍營、官署，緊閉龍城大門，登上城牆防守。天王慕容熙接到稟報飛馬趕回，站在龍城之上的兵士看見慕容熙，立即放下手中的兵器打開了城門，把謀反的人全部殺死，只有高和一個人逃走。初九日甲戌，實行大赦。

北魏主拓跋珪任命擔任相州刺史的庾岳為司空。

十二月十七日辛亥，北魏主拓跋珪返回雲中。

柔然豆代可汗郁久閭社崙得知北魏主拓跋珪率軍征討後秦的消息，便從參合陂出兵入侵北魏，大軍一直抵達豺山以及善無縣城北面的草澤地帶。北魏常山王拓跋遵率領一萬名騎兵聞訊趕來追擊，沒有追上，遂率軍撤回。

東晉太尉桓玄派擔任御史的杜林防衛會稽文孝王司馬道子前往安成郡，到達安成郡之後，杜林秉承桓玄的旨意，便在酒中下毒，毒死了會稽王司馬道子。

北涼張掖公沮渠蒙遜所任命的西郡太守梁中庸叛變，投奔了西涼。沮渠蒙遜聽到消息，便笑著說：「我對待梁中庸，就如同自己的骨肉，而梁中庸卻不肯相信我，其實吃虧的只能是他自己，我難道會在乎他這樣的一個人嗎？」於是把梁中庸的妻子兒女全部送還給他。

西涼公李暠問梁中庸說：「我比索嗣怎麼樣？」梁中庸回答說：「不能相比。」李暠說：「如果索嗣的才能和氣度與我不相上下，我怎麼能在這遙遠的千里之外，用長長的繩索勒住他的脖子呢？」梁中庸說：「人的智慧在有些地方擅長，在有些地方就可能欠缺，人的命運有時會成功，有時也難免會遭遇失敗。殿下與索嗣相比，一個成功，一個失敗，其中的原因我確實知道得不是很詳細。但如果以身死作為失敗、把計謀得逞作為勝利的評判標準，那麼公孫瓚難道比劉虞更賢能嗎？」李暠沉默無語。

東晉輔國將軍袁虔之等到了後秦的都城長安，後秦王姚興問他們說：「桓玄的才能和謀略比他的父親桓溫怎麼樣？他最終會成功地篡奪皇位嗎？」袁虔之回答說：「桓玄趁著朝廷的衰微和混亂，盜竊了國家的權柄，他為人猜忌，性情殘忍，賞罰不公。以我看來，比他的父親差遠了。桓玄目前已經掌握了軍政大權，從發展趨勢來看，他肯定會篡奪皇位，不過那只是在為別人掃清前進路上的障礙罷了。」姚興認為袁虔之分析得很對，於是任命袁虔之為廣州刺史。

這一年，後秦王姚興立昭儀張氏為皇后，封自己的兒子姚懿、姚弼、姚洸、姚宣、姚諶、姚愔、姚璞、姚質、姚逵、姚裕、姚國兒都為公爵。又派遣使者前往南涼的都城樂都封南涼王禿髮傉檀為車騎將軍、廣武公，封北涼張掖公沮渠蒙遜為鎮西將軍、沙州刺史、西海侯，封西涼公李暠為安西將軍、高昌侯。

後秦擔任鎮遠將軍的趙曜率領二萬人駐紮在金城，擔任建節將軍的王松怱率領騎兵協助後涼建康公呂隆守衛姑臧。王松怱率軍到達魏安的時候，遭到南涼王禿髮傉檀的弟弟禿髮文真的襲擊，王松怱戰敗被俘。禿髮傉檀非常生氣，他親自將王松怱護送回後秦的都城長安，並誠摯地向後秦主姚興道歉。

【研 析】本卷寫了晉安帝隆安五年(西元四〇一年)、元興元年(西元四〇二年)共兩年間的各國大事,其中用筆墨最多的是寫桓玄打敗晉王朝的若干抵抗後,控制了朝廷大權,殺掉了司馬道子與司馬元顯,為其進一步篡位做皇帝鋪平了道路的過程。在這裡起了重要作用的是大軍閥劉牢之。

劉牢之有很光榮的歷史,最初是名將謝玄的部下,是有名的「北府兵」中的一員虎將,在淝水之戰的前哨戰中,他勇猛直前,破殺苻堅的部將梁成於洛澗,進而截斷秦軍的退路,為淝水大捷奠定了基礎,從此名震天下。後來在王恭部下,幫著王恭第一次與朝廷作對,討殺了王國寶;由於王恭為人驕傲,對劉牢之缺少謙敬,於是在王恭第二次舉兵討伐司馬元顯時,司馬元顯就對劉牢之進行策反,從而造成了王恭的兵敗被俘,被朝廷問斬於市頭。接著桓玄在荊州舉兵謀反,朝廷任命司馬元顯為征討都督,命劉牢之為前鋒都督,結果劉牢之又被桓玄所策反,於是造成了朝廷軍隊的慘敗,司馬元顯、司馬道子被殺,整個朝廷落在了桓玄的控制之下。桓玄感到劉牢之不可靠,於是一掌權就立即罷去了劉牢之的軍職,任以為會稽內史的地方官。

劉牢之不滿意,又找人商量反桓玄。他問部將劉裕:「今當北就高雅之(劉牢之的女婿)於廣陵,舉兵以匡社稷,卿能從我去乎?」裕曰:「將軍以勁卒數萬,望風降服,彼新得志,威震天下,朝野人情皆已去矣,廣陵豈可得至邪?」接著,「牢之大集僚佐,議據江北以討玄。參軍劉襲曰:『事之不可者莫大於反。將軍往年反王兗州,近日反司馬郎君,今復反桓公,一人三反,何以自立?』語畢,趨出,佐吏多散走。」於是落了個眾叛親離。王夫之《讀通鑑論》說:「溫嶠之陽親王敦而陰背之,非無功於晉矣,然非其早卒,君子不能保其終為晉社稷之臣也。何也?嚮背無恆,而忠孝必薄也。前有呂布,後有劉牢之,勇足以戡亂,而還為亂人。嗚呼,豈有數月之間,俄而為元顯用,而即叛元顯;俄而為桓玄用,而即圖桓玄。能不禍於國、凶於家、戮及其身也乎?劉襲曰:『一人三反,何以自立?』使牢之幸讎其詐,而桓玄受戮,論者將許之以能權;乃牢之殺玄而牢之之禍晉益深,君子豈受其欺哉?」劉牢之的死非常不值、非常不像樣子。「牢之懼,使敬宣(劉牢之的兒子)之京口迎家,失期不至。牢之以為事已泄,為玄所殺,乃帥部曲北走,至新洲,縊而死。敬宣至,不暇哭,即渡江奔廣陵。將吏共殯斂牢之,以其喪歸丹徒。玄令斲棺斬首,暴尸於市。」這樣的結局，哪像是一位曾經叱咤風雲、立過卓越功勳的名將呢？

本卷寫了劉裕、劉牢之等先後攻剿孫恩的過程，其中說：「孫恩寇臨海，臨海太守辛景擊破之。恩所虜三吳男女，死亡殆盡。恩恐為官軍所獲，乃赴海死。其黨及妓妾從死者以百數，謂之『水仙』。餘眾數千人復推恩妹夫盧循為主。循，諶之曾孫也，神采清秀，雅有材藝。少時，沙門惠遠嘗謂之曰：『君雖體涉風素，而志存不軌，如何？』」孫恩分明是兵敗投海而死，而黨徒稱之曰「水仙」，意即隨水成仙而去，正與黃帝之「乘龍上天」，王子喬之「駕鶴而去」等等相同。袁黃對此說：「孫泰、孫恩死海濱，人猶傳為仙；安祿山、安慶緒、史思明死，河朔人皆稱為聖；莊周云：『跖蹻暴戾，其徒誦義無窮。』斯民之直道安在？王敦反，疾已危，明帝敕中外有呼王敦名而不稱『王大將軍』者斬。《世說新語》劉宋人作，每稱王敦必曰『王大將軍』，何惡人而威靈震於隔代如此？」大凡一個人之能成為一群人的領袖，則此人必有某些品質能為這一群人所欣慕、所崇拜，故生則為之效命，死則為之祭祀、為之傳頌不已。此外還有一些政權、一些集團、一些幫派，儘管它們未必有多麼誘人的崇高精神，但它們可以給徒眾、給百姓以某種現實的利益，這就如同司馬遷在《史記・游俠列傳》中所引的：「何知仁義？已饗其利者為有德。」孫恩等以迷信會道術誘騙人，只是一種說法，真正投奔到他門下，想跟著一道成仙的能有幾個？大多數都是一些受官府壓榨、受亂兵掠奪，再加天災流行、無以為生的百姓。他們投靠了孫恩，孫恩能帶著他們一起打家劫舍，能有口飯吃，或者能帶他們到荒無人煙的海島上捕魚捉蟹，或是墾地開荒，只要能保全性命，他們也就夠知足、夠給孫恩燒高香的了。

再說盧循，這可是個有來歷的人，別說本身具有「神采清秀，雅有材藝」的特點，即使光說他是盧諶的曾孫這一條，也就夠讓人刮目相看的了。盧諶是西晉末、東晉初年的名將劉琨的部下，跟隨劉琨在山西、河北的中北部地區進行了長達數年的敵後艱苦鬥爭。盧循是孫恩的妹夫，他繼承孫恩的衣缽，帶領這支農民起義隊伍，輾轉南北，做出了比孫恩更大千倍萬倍的震驚歷史的活動（見後三卷）。至於和尚惠遠曾說他「君雖體涉風素，而志存不軌，如何」云云，這當然是日後揑造的預言，《世說新語》裡搜集了不少這一類的東西，巴結權貴、撫拍豪強，表現出一種十足的媚俗氣息。

卷第一百十三

晉紀三十五

起昭陽單閼（癸卯 西元四〇三年），盡閼逢執徐（甲辰 西元四〇四年），凡二年。

【題　解】本卷寫晉安帝元興二年（西元四〇三年）、元興三年共兩年間的東晉與各國的大事。主要寫了桓玄控制朝權後廣立桓氏諸人與其親黨，分別擔任了朝廷的各要害部門、各大州刺史；寫了桓玄先為楚王，加九錫，又逼安帝下詔禪讓，終於篡得帝位；寫了劉裕、何無忌、劉毅等人合謀討桓玄；寫了劉裕、何無忌斬桓脩起事於京口；劉毅、劉道規、孟昶殺桓弘起兵於江北；眾人擁立劉裕為盟主，劉裕巧妙地虛張聲勢，以瓦解敵人、壯大自己的聲威；寫了桓玄稱帝後內心不安，疑神疑鬼；又好矜伐，挑剔群臣毛病；自作《起居注》，為自己文過飾非；寫了桓玄的怯懦無能，時刻準備逃跑的狼狽相；對比之下寫了劉裕的勇於進擊，大破桓玄部將吳甫之於江乘，破殺皇甫敷於羅落橋，又破桓謙、何澹之於覆舟山，把劉裕寫得有聲有色；寫了劉裕進入建康城後的一系列措施：他「立留臺百官」，「造晉新主，納於太廟」；他「遣尚書王嘏帥百官奉迎乘輿」；他「使臧熹入宮，收圖書、器物，封閉府庫」；又「命武陵王遵承制總百官行事」云云，表現出一派為晉室除賊，大公無私的凜然氣象；寫了桓玄挾持晉安帝逃到江陵，留部將庾稚祖、何澹之等守湓口，被何無忌、劉道規大破之；桓玄又帶兵東下，被劉毅、何無忌、劉道規等大破於崢嶸洲；桓玄挾持晉安帝想北逃漢中，中途遇益州刺史毛璩的部下毛祐之、馮遷等，馮遷擊殺桓玄、桓石康，活捉桓玄的太子桓昇，桓昇被斬於江陵，桓玄被梟首於建康朱雀橋；由於劉毅等人的軍隊西進遲緩，致使桓玄的餘黨桓振、桓謙等重又集結兵力，奪回了江陵；劉毅、何無忌、劉道規復自尋陽西上，破桓玄部將馮該、桓仙客等於夏口，又進克巴陵；桓振派出的軍隊在西線被益州軍隊打敗於西陵，桓振等據江陵而守；此外還寫了後涼主呂隆因無法抵抗南涼禿髮傉檀、北涼沮渠蒙遜的交替進攻，而請迎投降於姚興之後秦；寫了後燕主慕容熙的殘暴奢侈，不惜民力，大修龍騰苑，造逍遙宮、曲光海，士卒死者大半；寫了孫恩的餘黨盧循被劉裕打敗後浮海南下攻克廣州，自稱平南將軍，攝廣州刺史等等。

安皇帝戊

元興二年（癸卯　西元四〇三年）

春，正月，盧循使司馬徐道覆寇東陽❶。二月辛丑❷，建武將軍劉裕擊破之。道覆，循之姊夫也。

乙卯❸，以太尉玄為大將軍❹。○丁巳❺，玄殺冀州刺史孫無終❻。

玄上表請帥諸軍掃平關、洛❼，既而諷朝廷❽下詔不許，乃云「奉詔故止」。玄初欲飭裝❾，先命作輕舸❿，載服玩⓫、書畫。或問其故，玄曰：「兵凶戰危，脫⓬有意外，當使輕而易運⓭。」眾皆笑之。

夏，四月癸巳朔⓮，日有食之。

南燕王備德故吏趙融自長安來，始得母兄凶問⑮，備德號慟吐血，因而寢疾。司隸校尉⑯慕容達謀反，遣牙門⑰皇璆攻端門，殿中帥⑱侯赤眉開門應之，中黃門⑲孫進扶備德踰城匿於進舍。段宏⑳等聞宮中有變，勒兵屯四門㉑。備德入宮，誅赤眉等，達出奔魏。

備德優㉒遷徙之民㉓，使之長復㉔不役，民緣此㉕迭相蔭冒㉖，或百室合戶，或千丁共籍㉗，以避課役㉘。尚書韓諄請加隱覈㉙，備德從之，使諄巡行㉚郡縣，得蔭戶㉛五萬八千。

泰山㉜賊王始聚眾數萬，自稱「太平皇帝」，署置公卿。南燕桂林王鎮㉝討禽之。臨刑，或問其父及兄弟安在，始曰：「太上皇蒙塵于外㉞，征東、征西㉟為亂兵所害。」其妻怒之曰：「君正坐此口㊱，柰何尚爾㊲？」始曰：「皇后不知，自古豈有不亡之國？朕則崩矣，終不改號！」

五月，燕王熙作龍騰苑，方十餘里，役徒㊳二萬人。築景雲山於苑內，基廣㊴五百步，峯高十七丈。

秋，七月戊子㊵，魏主珪北巡，作離宮於豺山㊶。

平原㊷太守和跋㊸奢豪喜名，珪惡而殺之，使其弟毗等就與訣㊹。跋曰：「灅北[45]土瘠，可遷水南，勉為生計[46]。」且使之背己[47]，曰：「汝何忍視吾之死[48]也？」毗等諭其意，詐稱使者，逃入秦。珪怒，滅其家。中壘將軍鄧淵[49]從弟尚書暉[50]與跋善，或譖諸珪曰：「毗之出亡，暉實送之。」珪疑淵知其謀，賜淵死。

南涼王[1]傉檀及沮渠蒙遜互出兵攻呂隆，隆患之。秦之謀臣言於秦王興曰：「隆藉先世之資，專制河外[51]，今雖飢窘，尚能自支，若將來豐贍[52]，終不為吾有。涼州險絕[53]，土田饒沃，不如因其危而取之。」興乃遣使徵呂超入侍[54]。隆念姑臧終無以自存，乃因超[55]請迎于秦[56]。興遣尚書左僕射齊難、鎮西將軍姚詰、左賢王乞伏乾歸、鎮遠將軍趙曜帥步騎四萬迎隆于河西。南涼王傉檀攝昌松、魏安二戍[57]以避之[58]。八月，齊難等至姑臧，隆素車白馬[59]迎于道旁。隆勸難擊沮渠蒙遜，蒙遜使臧莫孩[60]拒之，敗其前軍。難乃與蒙遜結盟，蒙遜遣弟挐[61]入貢于秦[62]。難以司馬王尚行涼州刺史[63]，配兵三千鎮姑臧；以將軍閻松為倉松[64]太守，郭將為番禾[65]太守，分戍二城。徙隆宗族、僚屬及民萬戶于長安[66]，興以隆為散騎常侍，超為安定[67]太守，自餘文武隨才擢敘[68]。

初，郭黁[69]常言「代呂者王[70]」，故其起兵，先推王詳[71]，後推王乞基[72]；及隆東遷，王尚卒代之。黁從乞伏乾歸降秦，以為「滅秦者晉也[73]」，遂來奔[74]，秦人追得，殺之。

沮渠蒙遜伯父中田護軍親信[75]、臨松[76]太守孔篤[77]，皆驕恣為民患。蒙遜曰：「亂吾法者，二伯父也。」皆逼之使自殺。

秦遣使者梁構至張掖，蒙遜問曰：「禿髮傉檀為公[78]而身為侯[79]，何也？」構曰：「傉檀凶狡，款誠未著[80]，故朝廷以重爵虛名羈縻[81]之。將軍忠貫白日，當入贊帝室[82]，豈可以不信相待[83]也？聖朝爵必稱功[84]，如尹緯、姚晃[85]，佐命之臣[86]，齊難、徐洛，一時猛將，爵皆不過侯伯[87]，將軍何以先之[88]乎？昔竇融殷勤固讓[89]，不欲居舊臣之右，不意將軍忽有此問。」蒙遜曰：「朝廷何不即封張掖[90]而更遠封西海邪？」構曰：「張掖，將軍已自有之；所以遠授西海者，欲廣大將軍之國耳。」蒙遜悅，乃受命[91]。

荊州刺史桓偉[92]卒，大將軍玄以桓脩[93]代之。從事中郎曹靖之說玄曰：「謙、脩兄弟專據內外[94]，權勢太〔2〕重。」玄乃以南郡相桓石康[95]為荊州刺史。石康，豁之子也。

劉裕破盧循於永嘉[96]，追至晉安[97]，屢破之，循浮海南走。

何無忌[98]潛詣裕[99]，勸裕於山陰[100]起兵討桓玄。裕謀於土豪孔靖[101]，靖曰：「山陰去都道遠，舉事難成；且玄未篡位，不如待其已篡，於京口(102)圖之。」裕從之，靖，愉之孫也。

九月，魏主珪如南平城(103)，規度灅南(104)，將建新都。

侍中殷仲文(105)、散騎常侍卞範之勸大將軍玄早受禪(106)，陰撰九錫文及冊命(107)。以桓謙為侍中、開府、錄尚書事，王謐(108)為中書監、領司徒，桓胤(109)為中書令，加桓脩撫軍大將軍。胤，沖之孫也。丙子(110)，冊命玄為相國，總百揆，封十郡，為楚王，加九錫，楚國(111)置丞相以下官。

桓謙私問彭城內史(112)劉裕曰：「楚王勳德隆重，朝廷之情(113)，咸謂宜有揖讓(114)，卿以為何如？」裕曰：「楚王，宣武(115)之子，勳德蓋世。晉室微弱，民望(116)久移，乘運禪代(117)，有何不可(118)？」謙喜曰：「卿謂之可即可耳。」

新野人庾仄(119)，殷仲堪之黨也，聞桓偉死，石康未至，乃起兵襲雍州刺史馮該(120)於襄陽，走之。仄有眾七千，設壇，祭七廟(121)，云欲討桓玄，江陵震動。石康至州，發兵攻襄陽，仄敗，奔秦。

高雅之(122)表(123)南燕王備德請伐桓玄曰：「縱未能廓清吳、會(124)，亦可收江北之地。」中書侍郎韓範亦上疏曰：「今晉室衰亂，江、淮南北戶口無幾，戎馬單弱。

重以桓玄悖逆[125]，上下離心；以陛下神武，發步騎一萬臨之，彼必土崩瓦解，兵不留行[126]矣。得而有之[127]，秦、魏不足敵[128]也。拓地定功，正在今日。失時不取，彼之豪傑誅滅桓玄，更脩德政，豈惟建康不可得，江北亦無望矣。」備德曰：「朕以舊邦覆沒[129]，欲先定中原，乃[130]平蕩荊、揚[131]，故未南征耳。其令公卿議之。」因講武城西[132]，步卒三十七萬人，騎五萬三千匹，車萬七千乘[133]。公卿皆以為玄新得志，未可圖，乃止。

冬，十月，楚王玄上表請歸藩[134]，使帝作手詔固留之。又詐言錢塘臨平湖開[135]，江州[136]甘露降，使百僚集賀，用為己受命之符[137]。又以前世皆有隱士，恥於己時獨無，求得西朝[138]隱士安定皇甫謐[139]六世孫希之，給其資用，使隱居山林；徵為著作郎，使希之固辭不就，然後下詔旌禮[140]，號曰「高士」。時人謂之「充隱[141]」。又欲廢錢用穀、帛[142]及復肉刑[143]，制作紛紜，志無一定[144]，變更回復，卒無所施行。性復貪鄙，人士有法書[145]、好畫及佳園宅，必假蒲博[146]而取之；尤愛珠玉，未嘗離手。

乙卯[147]，魏主珪立其子嗣[148]為齊王，加位相國；紹為清河王，加征南大將軍；熙為陽平王；曜為河南王。

丁巳[149]，魏將軍伊謂帥騎二萬襲高車餘種袁紇、烏頻[150]，十一月庚午[151]，大破之。

詔楚王玄行[152]天子禮樂，妃為王后，世子[153]為太子。丁丑[154]，卞範之為禪詔[155]，使臨川王寶[156]逼帝書之。寶，晞之曾孫也。庚辰[157]，帝臨軒，遣兼太保、領司徒王謐奉璽綬，禪位于楚。壬午[158]，帝出居永安宮。癸未[159]，遷太廟神主于琅邪國[160]，穆章何皇后[161]及琅邪王德文皆徙居司徒府[162]。百官詣姑孰勸進[163]。十二月庚寅朔[164]，玄築壇於九井山[165]北，壬辰[166]，即皇帝位。冊文[167]多非薄晉室[168]。或諫之，玄曰：「揖讓之文[169]，正可陳之於下民[170]耳，豈可欺上帝[171]乎？」大赦，改元「永始」。以南康之平固縣[172]封帝為平固王，降何后為零陵縣君[173]，琅邪王德文為石陽縣公[174]，武陵王遵[175]為彭澤縣侯[176]。追尊父溫為宣武皇帝，廟號太祖；南康公主[177]為宣皇后；封子昇為豫章王[178]。以會稽內史王愉[179]為尚書僕射，愉子相國左長史綏[180]為中書令。綏，桓氏之甥也。戊戌[181]，玄入建康宮，登御坐，而牀忽陷，羣下失色。殷仲文曰：「將由[182]聖德深厚，地不能載。」玄大悅。梁王珍之國臣孔樸[183]奉珍之奔壽陽[184]。珍之，晞之曾孫也。

戊申[185]，燕王熙尊燕王垂之貴嬪段氏為皇太后。段氏，熙之慈母[186]也。己酉[187]，立苻貴嬪為皇后，大赦。

辛亥[188]，桓玄遷帝於尋陽[189]。

燕以衛尉悅真為青州刺史，鎮新城[190]；光祿大夫衛駒為并州刺史，鎮凡城[191]。

癸丑[192]，納桓溫神主于太廟。桓玄臨聽訟觀[193]閱囚徒[194]，罪無輕重，多得原放。有干輿乞者[195]，時或卹之[196]。其好行小惠如此。

是歲，魏主珪始命有司制冠服，以品秩為差[197]。然法度草創，多不稽古[198]。

【章　旨】以上為第一段，寫晉安帝元興二年（西元四〇三年）一年間的大事。主要寫了桓玄控制朝權後廣立桓氏諸人與其親黨分別控制各要害部門、各大州刺史；寫了桓玄的種種惡劣表現，如貪婪、虛偽、怯懦、好行小惠等等；寫了桓玄先為楚王，加九錫，又逼安帝下詔禪讓，終於篡得帝位，遷安帝於尋陽；寫了後涼主呂隆因無法抵抗南涼禿髮傉檀、北涼沮渠蒙遜的交替進攻，而請迎投降於姚興之後秦；此外還寫了後燕主慕容熙的殘暴奢侈，大修龍騰苑，以及南燕主慕容德治下的叛變被削平，高雅之表請南燕主討伐桓玄等等。

【注　釋】❶東陽　郡名，郡治即今浙江金華。❷二月辛丑　二月初八。❸乙卯　二月二十二。❹大將軍　此職位高權重，在丞相之上，歷來居此職者皆獨攬朝政。❺丁巳　二月二十四。❻孫無終　劉牢之的舊部，疑其心不附己而殺之。冀州刺史的州治僑設在廣陵（今江蘇揚州）。❼關洛　指關中（今陝西渭河流域）和洛陽一帶地區。❽諷朝廷　暗示給朝廷。諷，吹風示意。❾飾裝　整頓行裝。飾，整頓。❿輕舸　快艇，以便於逃跑。⓫服玩　此指供佩戴賞玩的珍奇異物。⓬脫　倘或；突然。⓭易運　易於運載，指便於攜帶逃跑。⓮四月癸巳朔　四月初一是癸巳日。⓯凶問　猶言「凶聞」，被殺的消息。慕容德之母公孫氏和其兄慕容納被殺事詳見本書卷一百十四義熙元年。⑯司隸校尉　國家首都與其郊區的行政長官，位同漢代的京兆尹，兼有彈劾朝廷百官之權。⑰牙門　此指守衛軍門的衛兵頭領。⑱殿中帥　宮廷內的禁軍頭領。⑲中黃門　皇帝身邊的太監。⑳段宏　慕容德的部將。㉑勒兵屯四門　帶領軍隊把守住南燕都城廣固（今山東青州）的四門。㉒優　優待。㉓遷徙之民　從其他統治區遷居到南燕地區來的人。㉔長復　永久性地免除勞役和賦稅。㉕緣此　因此。㉖迭相蔭冒　該服役、該納稅的人都把戶口轉到了免除勞役和賦稅的人氏名下，以求得「蔭蔽」，逃避勞役賦稅。㉗千丁共籍　上千的成年人在一個戶口本上。丁，丁壯；成年人。㉘避課役　逃避賦稅勞役。課，徵收。㉙隱覈　猶今之所謂「清查」。㉚巡行　周遊視察。㉛蔭戶　逃避在他人名下的戶口。㉜泰山　五嶽之一，在今山東泰安北。㉝桂林王鎮　即慕容鎮，慕容氏的老將，曾仕於慕容垂、慕容寶，今仕於慕容德。㉞太上皇蒙塵于外　太上皇是王始自稱其父。蒙塵于外，指帝王流浪受難於外。㉟征東征西　王始曾封其兄為征東將軍，其弟為征西將軍。㊱正坐此口　猶今之所謂「你倒楣就倒在這張嘴上」。坐，因。㊲柰何尚爾　為什麼到今天還這個樣子。爾，如此。㊳役徒　參加勞動的囚徒奴隸。「役」字用如動詞。㊴基廣　山腳的周圍。㊵七月戊子　七月二十七。㊶豺山　在今山西右玉南。㊷平原　郡名，郡治在今山東平原縣南。㊸和跋　拓跋珪的得力將領。傳見《魏書》卷二十八。㊹就與訣　到平原去和其兄作別。㊺㶟北　㶟水以北，即當時魏都平城（今山西大同）一帶。㶟水即今永定河。㊻勉為生計　要努力把自己的生活搞得好一點。㊼使之背己　讓他不要和自己一樣。㊽何忍視吾之死　暗示他別尋出路，不要像自己一樣在魏國等死。㊾鄧淵　拓跋珪的得力文臣，曾與崔犍等共同制定魏國的典章制度。傳見《魏書》卷二十四。㊿尚書暉　即鄧暉，鄧淵的堂弟。(51)河外　即指河西，此與姚興所處的長安相對而言。(52)豐贍　指衣食充足。(53)險絕　形勢險要，又與關中相距遙遠，援接不上。(54)徵呂超入侍　調呂隆之弟呂超到長安侍奉皇帝，實際是讓他來作人質。(55)因超　通過呂超。(56)請迎于秦　請求姚興派兵前來把呂隆也接了去。(57)攝昌松魏安二戍　告誡昌松、魏安兩個駐兵據點上的將士。攝，約束。昌松、魏安是二郡名，昌松郡的郡治在今甘肅武威東南，魏安郡的郡治在當時的昌松東北。(58)避之　避開秦軍，不與秦軍發生衝突。按，當時的昌松、魏安二戍屬於禿髮氏，這一帶地區正處在關中通往姑臧的道路上，而當時禿髮氏正稱臣於後秦，所以他讓這個地區的兵力加以收縮退避。(59)素車白馬　像辦喪事一樣，以表示自己服罪、請罪。自秦子嬰向劉邦如此投降以來，歷代向人投降的帝王都用這種形式。(60)臧莫孩　沮渠蒙遜的部將，當時為輔國將軍。(61)弟拏　即沮渠拏。(62)入貢于秦　去長安向姚興進貢。這裡實際也包括派沮渠拏前去長安作人質。(63)行涼州刺史　代理涼州刺史。行，代理；權任。(64)倉松　即昌松，即上述的昌松郡。(65)番禾　郡名，郡治即今甘肅永昌。(66)徙隆宗族句　後涼自西元三八六年呂光建國至此年滅亡，共歷十七年。(67)安定　郡名，郡治在今甘肅涇川縣北。(68)隨才擢敘　按照各個人的才幹分別選拔任用。(69)郭黁　善天文、數術，原在呂光手下任職，後於隆安元年與王詳等謀反，因事洩，王詳被殺，郭黁兵敗後投降乞伏乾歸。事見本書卷一百九隆安元年。(70)代呂者王　意謂呂氏政權將由王氏取代。(71)王詳　當時在呂光政權中任僕射。(72)王乞基　匈奴部落的一個頭領，當時臣屬於呂光，後來歸於東晉。(73)滅秦者晉也　不知從哪裡找來「滅秦者晉」的讖語。(74)來奔　指南行投奔東晉。(75)親信　姓沮渠，名親信，當時任中田護軍，駐守臨松。(76)臨松　郡名，郡治在今甘肅張掖南、祁連北。(77)孔篤　沮渠孔篤。(78)禿髮傉檀為公　當時禿髮傉檀被後秦封為廣武公。(79)身為侯　身，猶言「我」，稱自己。當時沮渠蒙遜被後秦封為西海侯。事見本書卷一百十二元興元年。(80)款誠未著　他對秦國的忠誠還表現得不明顯。款誠，真心實意。未著，不明顯。(81)羈縻　猶今之所謂「籠絡」。(82)入贊帝室　入朝輔佐帝王。贊，佐助。(83)以不信相待　即上文之「以重爵虛名羈縻」。(84)爵必稱功　所賜的爵位必須與其所建立的功勳相稱。稱，相稱；相應。(85)尹緯姚晃　都是姚萇的開國元勳，後又協助姚興滅了苻登。事見《晉書》卷一百十八。(86)佐命之臣　輔佐天命所歸的帝王開基創業。(87)不過侯伯　尹緯功勞最大，被封為清河侯。侯伯，侯爵、伯爵。(88)何以先之　憑什麼超過他們呢。(89)竇融殷勤固讓　竇融是東漢光武帝的開國元勳，曾統領整個河西地區歸降劉秀，又幫助劉秀平定了當時盤據於今蘭州、西寧一帶的隗囂。因功被封為安平侯，位在劉秀身邊的舊臣之上。竇融心感不安，一再辭讓。事見《後漢書》卷二十三。(90)即封張掖　就近封我為張掖侯。(91)蒙遜悅二句　以上梁構對答沮渠蒙遜的說辭，與當年晉朝侍御史俞歸回答前涼張重華的親信沈猛的說辭大致相同。見本書〈晉紀十九〉晉穆帝司馬聃永和三年。(92)桓偉　桓玄之兄。(93)桓脩　桓玄的堂兄弟，桓沖之子。(94)專據內外　意謂掌握著朝裡朝外的專斷一面之權。當時桓脩為荊州刺史，專斷西方；其兄桓謙為尚書令，總持朝政。按，桓謙、桓脩都是桓玄的堂兄弟，與桓玄遠著一層，故曹靖之以為言。(95)桓石康　桓玄之姪。其父桓豁，是桓溫之子，桓玄之兄。較「謙、脩兄弟」血緣關係近一層。(96)永嘉　郡名，郡治即今浙江溫州。(97)晉安　郡名，郡治即今福州。(98)何無忌　與劉裕原來都是劉牢之的部將，後預見劉牢之必敗，二人遂改投了駐兵京口（今鎮江市）的桓脩。(99)潛詣裕　暗中訪問劉裕。詣，到；訪。(100)山陰　即今浙江紹興，當時為會稽郡的郡治所在地。(101)土豪孔靖　紹興當地的豪紳孔靖。孔靖是東晉初期的名臣孔愉之孫，孔愉為官正直，傳見《晉書》卷七十八。(102)京口　即今江蘇鎮江市。(103)南平城　在今山西應縣西南，地處桑乾河的南面。(104)規度㶟南　在㶟水以南規劃、測量。㶟水即今桑乾河。(105)殷仲文　殷仲堪的堂兄弟，桓玄的姐夫，協助桓玄篡亂的骨幹分子之一。傳見《晉書》卷九十九。(106)受禪　接受禪讓，實際是篡奪帝位。(107)陰撰九錫文及冊命　暗中以皇帝的口氣寫好了給桓玄「加九錫」的詔令，和冊命桓玄為皇帝的文件。「九錫」是皇帝賜給大臣的九種器物：一車馬、二衣服、三樂則、四朱戶、五納陛、六虎賁、七弓矢、八鐵鉞、九秬鬯。「冊命」也寫作「策命」，是帝王宣告自己退位，任命別人為皇帝的命令。自東漢王莽以來，凡是行將篡位的權臣，總是要經過先讓皇帝給他加九錫，而後再正式冊命他為皇帝這樣一套手續，而美其名曰「禪讓」。108王謐　王導之孫，王劭之子，頗受桓玄賞用。傳見《晉書》卷六十五。109桓胤　桓玄的堂姪。110丙子　九月十六。111楚國　桓玄的封國。112彭城內史　彭城封國的行政長官，職位如同郡太守。劉裕當時任此職。113情　指人心與輿論傾向。114宜有揖讓　應當實行「禪讓」，實即取東晉帝位而代之。115宣武　桓玄之父桓溫的謚號。116民望　猶言人心。117禪代　接受禪讓，取而代之。118有何不可　此劉裕謊言以順適其意，以等待起兵討桓玄時機。119新野人庾仄　新野縣人姓庾名仄。新野即今河南新野。120馮該　桓玄的部將，桓玄把握朝政後，任馮該為雍州刺史，駐兵襄陽。121七廟　帝王的祖廟，其中供奉七代神主。這裡指晉王朝的七代祖先。122高雅之　劉牢之的女婿，劉牢之被殺後，高雅之等投奔了南燕主慕容備德。123表　上表請求。124廓清吳會　意即掃平江東的晉王朝。吳、會，吳郡、會稽郡，這裡泛指東晉治下的江東地區。125悖逆　犯上作亂，指其準備篡位而言。126兵不留行　意即長驅直入，無人敢擋。127得而有之　意即佔領東晉的全部地盤之後。128秦魏不足敵　秦國、魏國便都不值得一打。129舊邦覆沒　指昔日建都中山（今河北定州）的慕容寶政權被拓跋珪摧垮，冀、并二州被魏所佔。130乃　這裡是「然後再」的意思。131荊揚　荊州和揚州，這裡泛指長江流域和長江以南的晉國地盤。132講武城西　在南燕都城廣固（今山東青州）的城西操練軍隊。133萬七千乘　一萬七千輛。古稱一車四馬叫「一乘」。134歸藩　指辭去在朝的職務，回到自己的封地上去。這裡是桓玄故意玩弄手段，以退為進。135錢塘臨平湖開　臨平湖忽然變得水色清明。錢塘縣的縣治在今浙江杭州西南，今之杭州即在錢塘縣境內。臨平湖，即今之杭州西湖。其水面常年被雜樹亂草所充塞，一旦雜草死去，水色清明，則被人說成是天下太平的徵兆，與通常所說的「河清海晏」意思相同。這裡當然又是桓玄弄神弄鬼。下句「甘露降」意同。136江州　州治即今江西九江。137受命之符　已經稟承了天命應該登基為帝的徵兆。符，徵兆。138西朝　指西晉，因其建都洛陽，在建康的西北，故稱「西朝」。139皇甫謐　字士安，魏晉之交的著名隱士，終身以讀書著述為務，撰有《帝王世紀》、《高士傳》等。朝廷多次徵聘，一直未出。傳見《晉書》卷五十一。140旌禮　進行表彰，表示尊崇。旌指題贈匾額，予以表彰。141充隱　充數的隱士。142廢錢用穀帛　廢除貨幣，改用糧食與絲綢作為交換本位。143復肉刑　恢復使用刺字（黥）、斷腿（刖）、去勢（宮）等使人體肢體傷殘的刑法。漢文帝時曾下令廢除肉刑。144志無一定　想法一會兒一變。志，想法。145法書　名家的書法真跡。146假蒲博　用與之賭博為手段。假，使用。蒲博，樗蒲與博弈，都是當時的賭博工具。147乙卯　十月二十五。148其子嗣　其子拓跋嗣。149丁巳　十月二十七。150袁

紇烏頻 高車（敕勒）族的部落頭領名。151十一月庚午 十一月十一。152行 施行；使用。153世子 諸侯王的嫡長子，未來的接班人。154丁丑 十一月十八。155為禪詔 代替皇帝寫好了讓位的詔書。156臨川王寶 即司馬寶，司馬晞的曾孫。司馬晞是晉元帝司馬睿之子，被封為武陵王。桓溫欲謀篡逆，視司馬晞為眼中釘，故將其免官發配，死於新安郡。傳見《晉書》卷六十四。157庚辰 十一月二十一。158壬午 十一月二十三。159癸未 十一月二十四。160遷太廟神主于琅邪國 把東晉王朝列祖列宗的牌位都搬回琅邪王的封地上去。因為晉元帝司馬睿在開國稱帝之前是琅邪王，現在他的後輩交出了國家政權，而晉安帝的弟弟司馬德文還在當琅邪王，故而把這些破爛兒交給他去看管。琅邪國本來在山東，在南燕慕容德的管轄下。晉朝的「琅邪國」，僑寄在今江蘇句容北。161穆章何皇后 穆帝司馬聃之妃，簡文帝司馬昱之母，孝武帝司馬曜的祖母，晉安帝司馬德宗的曾祖母。162徙居司徒府 當時桓玄的親信王謐任司徒，把退位皇帝的這幾個重要親戚安排在王謐的衙門裡住，是為了便於看管。163詣姑孰勸進 到姑孰的楚王衙門勸說桓玄進位為皇帝。姑孰，即今安徽當塗，當時桓玄住在這裡。勸進，勸……登基為帝。164十二月庚寅朔 十二月的初一是庚寅日。165九井山 在今安徽當塗城南。166壬辰 十二月初三。167冊文 祭祀天神、宣布即位的文告。168非薄晉室 說晉王朝的壞話。非薄，貶低；醜詆。169揖讓之文 舊皇帝讓位，新皇帝表示客氣、推讓的文字。自王莽、曹丕表演這套形式以來，歷代的篡位程序都是舊皇帝要一連三次宣布讓位，接受者要推辭兩次，第三次才勉強接受。170正可陳之於下民 那些是表演給百姓們看的。正可，只可。陳，擺列；搬演。171豈可欺上帝 在祭天的文告裡就不能再說言不由衷的話了。172南康之平固縣 南康是郡名，郡治即今江西贛州。當時的平固縣在今江西興國南。173零陵縣君 封號為零陵君，領地為零陵縣，縣治在今湖南興安北。174石陽縣公 封地石陽縣，縣治在今江西吉水縣北。175武陵王遵 即司馬遵，司馬晞的後代，晉孝武帝的堂兄弟，晉安帝的堂叔。176彭澤縣侯 縣級侯爵，封地彭澤縣，縣治在今江西湖口縣東南。177南康公主 晉元帝的女兒，桓溫之妻，桓玄之母。178豫章王 郡級王爵，豫章是郡名，郡治即今江西南昌。179王愉 王坦之之子，王國寶之兄。傳見《晉書》卷七十五。180相國左長史綏 王綏，桓玄的高級僚屬，當時桓玄任相國。長史是相國屬下的諸史之長，位貴權大。181戊戌 十二月初九。182將由 大概是由於。將，大概；或許。183梁王珍之國臣孔樸 梁王司馬珍之部下的臣子姓孔名樸。司馬珍之是武陵王司馬遵的姪孫。國臣，梁國封地上的臣子。184奉珍之奔壽陽 保護著司馬珍之向北逃到了今安徽壽縣。185戊申 十二月十九。186慈母 父之妾，己之養母。187己酉 十二月二十。188辛亥 十二月二十二。189尋陽 當時為江州的州治所在地，即今江西九江。190新城 縣名，縣治在今遼寧新賓西。191凡城 在今河北平泉附近。192癸丑 十二月二十四。193聽訟觀 聽法官審案的場所。三國時洛陽華林園裡有聽訟觀，每審大案，魏明帝常去旁聽，西晉遂沿襲下來。東晉遷都建康後，也建有此觀。194閱囚徒　複查在押的犯人。195有干輿乞者　有時遇到乞丐攔著他的車駕乞討。干，攔。輿，車子。196時或卹之　有時就施捨給他們一些東西。卹，可憐；救濟。197以品秩為差　按著品級的不同分別做出各種不同的樣子。差，區別。198多不稽古　很多地方不合於古制。稽古，考古；合於古制。

【校　記】1王　據章鈺校，甲十一行本、乙十一行本皆無此字，張敦仁《通鑑刊本識誤》同。2太　據章鈺校，甲十一行本作「大」。

【語　譯】安皇帝戊

元興二年（癸卯　西元四〇三年）

春季，正月，盧循派自己手下擔任司馬的徐道覆騷擾東陽郡。二月初八日辛丑，東晉擔任建武將軍的劉裕率軍將徐道覆擊敗。徐道覆，是盧循的姐夫。

二月二十二日乙卯，東晉任命擔任太尉的桓玄為大將軍。〇二十四日丁巳，桓玄殺死冀州刺史孫無終。

桓玄上表請求允許他率領大軍北伐，去掃平關中與洛陽一帶，但隨後又暗示朝廷下詔不予批准，桓玄於是宣揚說「奉皇帝詔命，所以不得不停止北伐行動」。桓玄最初還想整頓行裝，他預先令人打造了一艘輕便快捷的大船，船上裝滿了各式各樣供人佩戴賞玩的奇寶珍玩、名人字畫。有人問他為什麼這樣做，桓玄回答說：「出兵打仗是一件非常凶險的事情，如果突然發生意外，輕便快捷的船隻應當更容易脫離險境。」眾人都忍不住笑了起來。

夏季，四月初一日癸巳，發生了日蝕。

南燕主慕容備德的舊吏趙融從後秦的都城長安來到南燕的都城廣固，慕容備德才得知自己的母親與哥哥已經死去的消息，慕容備德悲痛地放聲大哭，竟至口吐鮮血，病倒在床。

南燕擔任司隸校尉的慕容達謀反，他派擔任牙門的皇璆進攻皇宮的端門，擔任殿中帥的侯赤眉打開端門響應慕容達，擔任中黃門的孫進攙扶著慕容備德翻越宮牆躲到了孫進的家中。慕容備德的部將段宏等人聽到宮中發生政變的消息，立即率軍把守住廣固城的四面城門。南燕主慕容備德率軍返回皇宮，殺死了參與叛亂的侯赤眉等人，叛亂的元凶慕容達逃出廣固投奔北魏去了。

南燕主慕容備德推出了一項優待從其他地區遷移到南燕境內的居民的政策，就是永久性的免除他們的賦稅和勞役，卻因此而引發了許多本該服役、納稅的人都把戶口轉到了免除勞役和賦稅的人員名下，以求得「蔭蔽」，有的是一百個家庭合成了一戶，有的是上千個成年人共用一個戶口本，以此來逃避納稅和勞役。擔任尚書的韓諱向慕容備德請求對人口、戶籍進行核實，慕容備德批准了他的建議，便派韓諱前往各郡縣進行巡視，查出逃避到他人名下的戶口總計有五萬八千之多。

南燕泰山的反賊王始聚集了數萬名部眾，於是便自稱「太平皇帝」，設置公爵、卿相、文武百官。南燕桂林王慕容鎮率軍討伐，將王始擒獲。在臨刑的時候，有人向王始詢問他的父親以及兄弟都在哪裡，王始回答說：「我的父親太上皇在外流浪受難，我的哥哥征東將軍和弟弟征西將軍都被亂軍殺害。」他的妻子憤怒地說：「你倒楣就倒楣在這張嘴上，怎麼到了現在還是這個樣子？」王始對自己的妻子說：「皇后有所不知，自古以來哪裡有不滅亡的國家？朕寧可駕崩，也絕不改變皇帝的稱號！」

五月，後燕天王慕容熙開始建造龍騰苑，這個龍騰苑方圓十多里，動用民夫二萬人。又在龍騰苑內修築景雲山，這座人工堆積起來的小山，山腳的周圍東西長五百步，山峰高十七丈。

秋季，七月二十七日戊子，北魏主拓跋珪到北方巡視，在豺山為自己修建了一座行宮。

北魏擔任平原太守的和跋生活奢侈豪華，喜好虛名，北魏主拓跋珪因為討厭他，就殺死了他，還讓他的弟弟和毗等到和跋跟前與他訣別。和跋對和毗說：「灅水以北地區的土地貧瘠，可以遷移到灅水以南，在那裡要努力把自己的生活搞得好一點。」並且讓他不要和自己一樣，和跋說：「你怎麼忍心眼看著我被殺死呢？」和毗等領會了和跋的用意，於是便詐稱是朝廷的使者，投奔了後秦。拓跋珪非常惱怒，就誅滅了和跋的全家。中壘將軍鄧淵的堂弟、擔任尚書的鄧暉與和跋關係友善，於是便有人在拓跋珪面前詆毀鄧暉說：「和毗逃亡的時候，鄧暉確實祕密地為他送行。」拓跋珪猜疑中壘將軍鄧淵知道他們的陰謀，遂下詔令鄧淵自殺而死。

南涼王禿髮傉檀與北涼張掖公沮渠蒙遜輪番出兵進攻後涼建康公呂隆，呂隆對此感到非常憂慮。後秦的謀臣於是去對後秦王姚興說：「建康公呂隆依靠祖先創下的基業，控制了黃河以西地區，現在雖然遭到一時饑饉的困擾，依靠他們自己的力量還是能夠支持下去的，如果將來遇到豐收年景，國力富強，最終肯定不會歸附於我們。涼州地勢險要，又與關中相距遙遠，援接不上，土地肥沃，物產富饒，不如趁著他們處境危急的時候滅掉他們。」姚興於是派使者徵召呂超到後秦的都城長安來任職。呂隆考慮到自己的都城姑臧將來肯定難以保全，於是便通過呂超向後秦提出，請求出兵迎接自己入秦。後秦主姚興遂派擔任尚書左僕射的齊難、鎮西將軍姚詰、左賢王乞伏乾歸、鎮遠將軍趙曜率領四萬名步兵、騎兵前往河西迎接呂隆。南涼王禿髮傉檀告誡昌松、魏安兩地的守軍，要避開秦軍，不要與秦軍發生衝突。八月，齊難等到達後涼的都城姑臧，後涼王呂隆帶著素車白馬，像辦喪事一樣，站在道旁迎候後秦軍。呂隆勸說齊難趁機攻擊北涼張掖公沮渠蒙遜，沮渠蒙遜派擔任輔國將軍的臧莫孩率軍抗擊後秦軍，臧莫孩將後秦的前軍打敗。齊難這才與沮渠蒙遜締結了友好盟約，沮渠蒙遜派自己的弟弟沮渠挐前往後秦的都城長安進貢。齊難任命擔任司馬的王尚為代理涼州刺史，給他配備了三千名士兵，令他鎮守姑臧；任命將軍閻松為倉松郡太守，任命郭將為番禾太守，分別率軍戍守倉松與番禾。把呂隆的宗族、僚屬以及姑臧的一萬戶居民遷往後秦的都城長安，姚興任命呂隆為散騎常侍，任命呂超為安定太守，其餘的文武官員全部量才錄用。

當初，後涼擔任太常的郭黁曾經說過「取代呂氏的是王姓」，所以他在聚眾起兵時，首先推舉的是王詳，後來推舉的是王乞基；等到後涼滅亡，後涼王室呂氏全部被後秦遷往東部的長安，王尚終於以涼州刺史的身分替代了呂氏。郭黁隨同乞伏乾歸降了後秦，他認為「能夠滅掉後秦的一定是東晉」，於是便南行，準備逃往建康歸降東晉，結果被後秦人追捕，殺死。

北涼張掖公沮渠蒙遜的二個伯父：擔任中田護軍的沮渠親信和擔任臨松太守的沮渠孔篤，全都是那種驕橫無比、胡作非為的人，因而成為人民的禍害。沮渠蒙遜說：「擾亂了我的法度的就是我的兩位伯父。」於是便逼迫他們，令他們自殺了。

後秦派梁構為使者來到北涼的都城張掖，張掖公沮渠蒙遜詢問使者說：「後秦封南涼禿髮傉檀為廣武公，是公爵；卻封我為西海侯，是侯爵，這是為什麼呢？」梁構回答說：「禿髮傉檀兇狠狡詐，他對秦國的忠誠還表現得不夠明顯，所以朝廷用徒有虛名的尊貴爵位來籠絡他。而將軍的忠心明貫天日，應當進入朝廷輔佐皇室，怎麼能以虛情假意來對待將軍呢？聖明的朝廷所賜予的爵位必須與其所建立的功勞相稱，像尹緯、姚晃，都是輔佐天命所歸的帝王開創基業的功臣，像齊難、徐洛，都是一代猛將，而他們的爵位也不過就是侯爵、伯爵，將軍憑什麼超過他們呢？過去竇融情辭懇切地堅決推辭謙讓，不願意讓自己的爵位居於舊臣之上，沒料到將軍會提出這樣的問題。」沮渠蒙遜說：「朝廷為何不就近封我為張掖侯，反而把我封到遙遠的西海呢？」梁構解釋說：「張掖，原本是將軍自己固有的地方；而把遠處的西海授予將軍，是為了擴大將軍封國的地盤啊。」沮渠蒙遜一聽很高興，這才接受了後秦的任命。

東晉擔任荊州刺史的桓偉去世，擔任太尉、大將軍的桓玄令自己的堂兄弟桓脩接替桓偉擔任荊州刺史。擔任從事中郎的曹靖之對桓玄說：「桓謙和桓脩兄弟二人一個在地方，一個在朝廷，他們手中掌握的權力太大。」桓玄於是任命擔任南郡相的桓石康為荊州刺史。桓石康，是桓豁的兒子。

東晉建武將軍劉裕率軍在永嘉打敗了盧循，一直將盧循追到晉安，一路之上又多次打敗盧循，盧循遂渡海向南逃走。

東晉劉牢之的外甥何無忌祕密來見建武將軍劉裕，勸說劉裕在山陰起兵討伐桓玄。劉裕與當地豪紳孔靖商議此事，孔靖說：「山陰距離都城路途遙遠，在此起事很難成功；再說，桓玄目前並沒有篡奪皇位，不如等到他篡奪了皇位，我們在京口起兵討伐他為好。」劉裕聽從了孔靖的意見。孔靖，是孔愉的孫子。

九月，北魏主拓跋珪前往南平城，在灅水以南進行測量規劃，準備在此建立一座新都城。

東晉擔任侍中的殷仲文、擔任散騎常侍的卞範之勸說大將軍桓玄早日接受晉安帝司馬德宗的禪讓，並暗中以皇帝的口氣寫好了給桓玄加授九錫和策命桓玄為皇帝的文件。於是朝廷下詔任命桓謙為侍中、開府、錄尚書事，任命王謐為中書監、兼任司徒，任命桓胤為中書令，加授桓脩為撫軍大將軍。桓胤，是桓沖的孫子。

九月十六日丙子，晉安帝司馬德宗冊封大將軍桓玄為相國，統領文武百官，封為楚王，封地十個郡，加授九錫，楚國可以像朝廷那樣設置丞相以下的文武官員。

桓謙私下裡向擔任彭城內史的劉裕詢問說：「楚王桓玄功高望重，朝中官員的心中以及輿論傾向都認為皇帝應該把皇位禪讓給楚王，你怎麼看待這個問題？」劉裕回答說：「楚王桓玄，是南郡宣武公桓溫的兒子，他的功勳和德望超過當今世上所有的人。晉朝皇室的勢力已經極其微弱，民心早已不在皇室一方，楚王桓玄趁著時運所歸，接受司馬氏的禪讓有什麼不可以？」桓謙聽後高興地說：「你認為可以，那就一定是可以的了。」

東晉新野縣人庾仄，是殷仲堪的黨羽，他聽到擔任荊州刺史的桓偉已經去世，而桓石康還沒有到任，於是便趁機聚眾起兵，襲擊雍州刺史馮該所據守的襄陽，將馮該趕走。庾仄此時手下擁有七千部眾，他在襄陽設立祭壇，祭祀晉朝司馬氏的七代祖先，他宣布說要起兵討伐桓玄，在荊州治所所在地江陵引起極大的震動。擔任荊州刺史的桓石康到達荊州之後，立即發兵攻打被庾仄所佔據的襄陽，將庾仄打敗，庾仄逃往後秦。

從東晉逃往南燕的高雅之給南燕主慕容備德上疏，請求出兵討伐東晉的楚王桓玄，高雅之說：「出兵討伐桓玄，即使不能全部掃平江東的東晉王朝，也可以收取長江以北地區。」擔任中書侍郎的韓範也上疏給南燕主慕容備德說：「如今東晉皇室勢力衰微，政局混亂，長江以及淮河南北，戶口已經所剩無幾，軍事力量也很薄弱。再加上桓玄所作所為實屬犯上作亂，因此朝廷上下已經離心離德；憑藉陛下的神威勇武，只要出動一萬名步兵騎兵南下征討，他們立即就會土崩瓦解，我軍即可以長驅直入，無人敢擋。如果將東晉的國土全部佔而有之，那麼後秦、北魏就都不值得一打。拓展疆土，建立功業，就在今天。失掉這個大好機會不去奪取，等到晉國國內的英雄豪傑誅滅了桓玄，然後重新推行德政，豈只是得不到東晉的都城建康，就是長江以北也沒有希望得到。」慕容備德說：「我因為故國淪陷於北魏，所以想首先平定中原，然後再去平定荊州、揚州，所以一直沒有南征。你們既然提出應該出兵南征晉國，那就讓朝中群臣商議此事。」於是在南燕都城廣固城的城西操練軍隊，參加操練的有三十七萬名步兵，五萬三千名騎兵，戰車一萬七千輛。然而朝中大臣都認為，東晉桓玄的陰謀剛剛得逞，勢力正盛，不可戰勝，於是高雅之趁機討伐桓玄的建議遂被否定。

冬季，十月，東晉楚王桓玄上表給晉安帝司馬德宗，他一面請求皇帝允許自己回到封國去，一面又讓皇帝親手書寫詔書堅決挽留。還編造謠言，說錢塘的臨平湖突然變得水色清明，江州境內降下甘露，然後令文武百官集體向桓玄道賀，以此作為自己秉承了天命應該登基稱帝的吉祥預兆。又因為前代都有隱士，而認為自己當政時唯獨沒有隱士是一種恥辱，於是便把西晉時的隱士、安定人皇甫謐的第六代孫子皇甫希之找來，為他提供各種生活物資，讓他隱居山林；然後一面徵召他出山擔任著作郎，一面又示意他堅決推辭不去赴任，最後再下詔予以表彰，稱他是「高士」。當時的人全都稱皇甫希之為「充數的隱士」。桓玄又準備廢除貨幣，改用穀米、絲綢作為交換本位，以及恢復諸如割鼻子、在臉上刺字、砍腳、宮刑等各種使人肢體傷殘的刑法，由此引發了各種議論，由於意見不能統一，因而法令條文也是制定了又改，改了又還原回去，終於什麼也沒有得到執行。桓玄又生性貪婪、人格卑鄙，別人有了名家書法真跡，或者是擁有好的家宅園囿，他就用與對方賭博為手段而據為己有；桓玄尤其喜愛珠玉，手裡從來不能缺少這些東西。

十月二十五日乙卯，北魏主拓跋珪立自己的兒子拓跋嗣為齊王，並加授拓跋嗣為相國；封拓跋紹為清河王，加封征南大將軍；封拓跋熙為陽平王，拓跋曜為河南王。

十月二十七日丁巳，北魏將軍伊謂率領二萬名騎兵襲擊高車族殘存的袁紇、烏頻部落，十一月十一日庚午，將袁紇、烏頻部落打得大敗。

東晉安皇帝司馬德宗下詔給楚王桓玄，令桓玄使用天子的禮儀和樂隊，王妃改稱王后，世子改稱太子。十一月十八日丁丑，擔任散騎常侍的卞範之代替晉安帝司馬德宗寫好了禪讓的詔書，派臨川王司馬寶逼迫晉安帝司馬德宗依照卞範之所代寫的詔書抄錄一遍。司馬寶，是武陵王司馬晞的曾孫。二十一日庚辰，晉安帝司馬德宗來到金鑾殿的前面平臺，派遣兼任太保、司徒的王謐手捧皇帝璽印呈獻給楚王桓玄，將皇位讓與楚王。二十三日壬午，晉安帝司馬德宗離開皇宮，暫時進住皇宮外面的永安宮。二十四日癸未，把太廟中東晉司馬氏列祖列宗的牌位都搬回琅邪王的封國去，把晉穆帝司馬聃的皇后何氏以及琅邪王司馬德文全部安排到司徒府居住。滿朝的文武百官全部到姑孰的楚王衙門勸說楚王桓玄進位稱皇。十二月初一日庚寅，桓玄在九井山的北面修築了一座高壇，初三日壬辰，桓玄登上了皇帝的寶座。他在祭祀天神、宣布即位的文告中多處貶損晉室。有人對此進行勸阻，桓玄說：「舊皇帝讓位，新皇帝表示客氣、推讓的文字，只可表演給下層的百姓們看，在祭天的文告裡怎能再說那些言不由衷的話來欺瞞上蒼呢？」實行大赦，改年號為「永始」。把晉安帝司馬德宗安置在南康郡的平固縣，封晉安帝為平固王，把何皇后降為零陵縣君，封琅邪王司馬德文為石陽縣公，武陵王司馬遵為彭澤縣侯。桓玄追尊自己的父親桓溫為宣武皇帝，廟號太祖；母親南康公主為宣皇后；封自己的兒子桓昇為豫章王。任命擔任會稽內史的王愉為尚書僕射，任命王愉的兒子、擔任相國左長史的王綏為中書令。王綏，是桓氏的外甥。初九日戊戌，桓玄入住建康的皇宮，當他登上皇帝寶座的時候，御座卻突然塌陷，群臣無不大驚失色。殷仲文說：「這大概是因為陛下的聖德太深太重，大地難以承載。」桓玄於是大喜。梁王司馬珍之的屬臣孔樸護衛著司馬珍之逃奔壽陽。司馬珍之，是司馬晞的曾孫。

十二月十九日戊申，後燕天王慕容熙尊奉後燕主慕容垂的貴嬪段氏為皇太后。段氏，是慕容熙的母親。二十日己酉，慕容熙冊封苻貴嬪為皇后，同時實行大赦。

十二月二十二日辛亥，桓玄把晉安帝司馬德宗遷往尋陽安置。

後燕任命擔任衛尉的悅真為青州刺史，鎮守新城；任命擔任光祿大夫的衛駒為并州刺史，鎮守凡城。

十二月二十四日癸丑，桓玄把自己父親桓溫的牌位送入太廟。桓玄親自到聽訟觀聽取法官審案、複查在押的犯人，無論這些囚犯所犯罪行是輕還是重，大多都得到從輕發落，或是被釋放。在桓玄出行的時候，遇到乞丐攔住他的車駕向他乞討，他有時就施捨給他們一些東西。他就以這樣的小恩小惠來籠絡人心。

這一年，北魏主拓跋珪開始令有關部門制定官員的官帽、服裝，按照品級的不同分別做出各種不同的樣子。然而因為法度是在草創階段，很多地方都不符合古代的制度。

三年（甲辰　西元四〇四年）

春，正月，桓玄立其妻劉氏為皇后。劉氏，喬❶之曾孫也。玄以其祖彝以上名位不顯，不復追尊立廟❷。散騎常侍徐廣❸曰：「敬其父則子悅❹，請依故事❺立七廟❻。」玄曰：「禮，太祖東向，左昭右穆❼。晉立七廟，宣帝不得正東向之位❽，何足法也？」祕書監卞承之謂廣曰：「若宗廟之祭果不及祖❾，有以知楚德❿之不長矣。」廣，邈⓫之弟也。

玄自即位，心常不自安。二月己丑朔⓬，夜，濤水入石頭，流殺人甚多，讙譁震天。玄聞之，懼，曰：「奴輩作⓭矣！」

玄性苛細，好自矜伐。主者奏事，或一字不體⓮，或片辭之謬，必加糾擿⓯，以示聰明。尚書答詔誤書「春蒐⓰」為「春菟⓱」，自左丞王納之以下，凡所關署⓲，皆被降黜。或手注直官⓳，或自用令史⓴，詔令紛紜，有司奉答不暇，而紀綱㉑不治，奏案㉒停積，不能知也。又性好遊畋，或一日數出。遷居東宮，更繕宮室，土木並興，督迫嚴促。朝野騷然，思亂者眾。

玄遣使加益州㉓刺史毛璩㉔散騎常侍、左將軍。璩執留玄使，不受其命。璩，寶之孫也。玄以桓希為梁州㉕刺史，分命諸將戍三巴㉖以備之。璩傳檄遠近，列玄罪狀，遣巴東太守柳約之、建平㉗太守羅述、征虜司馬㉘甄季之擊破希等，仍㉙

帥眾進屯白帝㉚。

劉裕從徐、兗二州刺史、安成王桓脩入朝。玄謂王謐曰：「裕風骨不常，蓋人傑也。」每遊集㉛，必引接殷勤㉜，贈賜甚厚。玄后劉氏有智鑒㉝，謂玄曰：「劉裕龍行虎步，視瞻不凡，恐終不為人下，不如早除之。」玄曰：「我方平蕩中原，非裕莫可用者；俟關、河㉞平定，然後別議之耳。」

玄以桓弘㉟為青州刺史，鎮廣陵；刁逵㊱為豫州刺史，鎮歷陽㊲。弘，脩之弟；逵，彝之子也。

劉裕與何無忌同舟還京口，密謀興復晉室。劉邁弟毅㊳家於京口，亦與無忌謀討玄。無忌曰：「桓氏彊盛，其可圖乎？」毅曰：「天下自有彊弱㊴，苟為失道，雖彊易弱，正患事主難得㊵耳。」無忌曰：「天下草澤之中非無英雄也。」毅曰：「所見唯有劉下邳㊶。」無忌笑而不答，還以告裕，遂與毅定謀。

初，太原王元德㊷及弟仲德為苻氏㊸起兵攻燕王垂㊹，不克，來奔，朝廷以元德為弘農㊺太守。仲德見桓玄稱帝，謂人曰：「自古革命㊻誠非一族，然今之起者恐不足以成大事。」

平昌㊼孟昶為青州主簿㊽，桓弘使昶至建康。玄見而悅之，謂劉邁曰：「素士[49]中得一尚書郎[50]，卿與其州里[51]，寧相識否[52]？」邁素與昶不善，對曰：「臣在京口，不聞昶有異能，唯聞父子紛紛更相贈詩耳。」玄笑而止。昶聞而恨之。既還京口，裕謂昶曰：「草間當有英雄起，卿頗聞乎？」昶曰：「今日英雄有誰，正當是卿耳！」

於是裕、毅、無忌、元德、仲德、昶及裕弟道規、任城魏詠之[53]、高平檀憑之[54]、琅邪諸葛長民[55]、河內[56]太守隴西辛扈興、振威將軍東莞[57]童厚之，相與合謀起兵。道規為桓弘中兵參軍，裕使毅就道規及昶於江北，共殺弘，據廣陵；長民為刁逵參軍，使長民殺逵，據歷陽；元德、扈興、厚之在建康，使之聚眾攻玄為內應，刻期[58]齊發。

孟昶妻周氏富於財，昶謂之曰：「劉邁毀我於桓公，使我一生淪陷[59]，我決當作賊[60]。卿幸早離絕[61]，脫得富貴[62]，相迎不晚也。」周氏曰：「君父母在堂，欲建非常之謀，豈婦人所能諫！事之不成，當於奚官[63]中奉養大家[64]，義無歸志[65]也。」昶悵然[66]久之而起。周氏追昶坐，曰：「觀君舉措，非謀及婦人者，不過欲得財物耳。」因指懷中兒示之曰：「此而可賣[67]，亦當不惜。」遂傾貲[68]以給之。昶弟顗妻，周氏之從妹[69]也，周氏紿[70]之曰：「昨夜夢殊不祥，門內絳色物[71]

宜悉取以為厭勝[72]。」妹信而與之，遂盡縫以為軍士袍。

何無忌夜於屏風裏草檄文，其母，劉牢之姊也，登橙密窺之，泣曰：「吾不及東海呂母[73]明矣。汝能如此，吾復何恨？」問所與同謀者，曰：「劉裕。」母尤喜，因為言玄必敗，舉事必成之理以勸之。

乙卯[74]，裕託以遊獵，與無忌收合徒眾，得百餘人。丙辰詰旦[75]，京口城開，無忌著傳詔服[76]，稱敕使[77]，居前，徒眾隨之齊入，即斬桓脩以徇[78]。脩司馬刁弘帥文武佐吏來赴[79]，裕登城[80]謂之曰：「郭江州[81]已奉乘輿[82]返正[83]於尋陽，我等並被[84]密詔，誅除逆黨，今日賊玄之首已當梟於大航[85]矣。諸君非大晉之臣乎？今來欲何為？」弘等信之，收眾而退。

裕問無忌曰：「今急須一府主簿[86]，何由得之？」無忌曰：「無過劉道民。」道民者，東莞劉穆之[87]也。裕曰：「吾亦識之。」即馳信[88]召焉。時穆之聞京口讙噪聲，晨起，出陌頭[89]，屬[90]與信會。穆之直視不言者久之，既而返室，壞布裳為袴[91]，往見裕。裕曰：「始舉大義，方造[92]艱難，須一軍吏甚急，卿謂誰堪其選？」穆之曰：「貴府始建，軍吏實須其才，倉猝之際，略當[93]無見踰[94]者。」裕笑曰：「卿能自屈[95]，吾事濟矣。」即於坐署[96]主簿。

孟昶勸桓弘其日出獵，天未明，開門出獵人。昶與劉毅、劉道規帥壯士數十人直入，弘方噉粥[97]，即斬之。因收眾濟江[98]。裕使毅誅刁弘。

先是，裕遣同謀周安穆入建康報劉邁，邁雖酬許[99]，意甚惶懼。安穆慮事泄，乃馳歸。玄以邁為竟陵[100]太守，邁欲亟之郡[101]。是夜，玄與邁書曰：「北府[102]人情云何？卿近見劉裕何所道？」邁謂玄已知其謀，晨起，白之[103]。玄大驚，封邁為重安侯。既而嫌邁不執安穆[104]，使得逃去，乃殺之；悉誅元德、扈興、厚之等。

眾推劉裕為盟主，總督徐州[105]事。以孟昶為長史，守京口；檀憑之為司馬。彭城人應募者，裕悉使郡主簿[106]劉鍾[107]統之。丁巳[108]，裕帥二州[109]之眾千七百人，軍于竹里[110]，移檄遠近，聲言益州刺史毛璩已定荊楚，江州刺史郭昶之奉迎主上返正於尋陽，鎮北參軍王元德等並帥部曲保據石頭[111]，揚武將軍諸葛長民已據歷陽。

玄移還上宮[112]，召侍官皆入止省中[113]；加揚州刺史新野王桓謙征討都督，以殷仲文代桓脩為徐、兗二州刺史。謙等請亟遣兵擊裕，玄曰：「彼兵銳甚，計出萬死[114]，若有蹉跌，則彼氣成而吾事去矣；不如屯大眾於覆舟山[115]以待之。彼空行二百里[116]，無所得，銳氣已挫，忽見大軍，必驚愕；我按兵堅陣，勿與交鋒，彼求戰不得，自然散走，此策之上也。」謙等固請擊之，乃遣頓丘[117]太守吳甫之、右衛將軍皇甫敷相繼北上[118]。玄憂懼特甚。或曰：「裕等烏合[119]微弱，勢必無成，陛下何慮之深？」玄曰：「劉裕足為一世之雄，劉毅家無儋石之儲[120]，樗蒲[121]一擲百萬[122]，何無忌酷似其舅[123]：共舉大事，何謂無成？」

南涼王傉檀畏秦之彊，乃去年號[124]，罷尚書丞郎官[125]，遣參軍關尚使于秦。秦王興曰：「車騎[126]獻款稱藩[127]，而擅興兵造大城，豈為臣之道乎？」尚曰：「王公設險以守其國[128]，先王之制也。車騎僻在遐藩[129]，密邇勍寇[130]，蓋為國家[131]重門之防[132]，不圖[133]陛下忽以為嫌[134]。」興善之。傉檀求領涼州[135]，興不許。

初，袁真殺朱憲[136]，憲弟綽逃奔桓溫。溫克壽陽[137]，綽輒[138]發真棺，戮其尸[139]。溫怒，將殺之，桓沖請而免之。綽事沖如父，沖薨，綽嘔血而卒。劉裕克京口，以綽子齡石[140]為建武參軍[141]。三月戊午朔[142]，裕軍與吳甫之遇於江乘[143]。將戰，齡石言於裕曰：「齡石世受桓氏厚恩，不欲以兵刃相向，乞在軍後。」裕義而許之。甫之，玄驍將也，其兵甚銳。裕手執長刀，大呼以衝之，眾皆披靡，即斬甫之，進至羅落橋[144]。皇甫敷帥數千人逆戰，寧遠將軍檀憑之敗死。裕進戰彌厲[145]，敷圍之數重，裕倚大樹挺戰[146]。敷曰：「汝欲作何死[147]？」拔戟將刺之，裕瞋目叱之，敷辟易[148]。裕黨俄至[149]，射敷中頟而踣[150]，裕援刀[151]直進。敷曰：「君有天命，以子孫為託[152]。」裕斬之，厚撫其孤。裕以檀憑之所領兵配參軍檀祗。祗，憑之之從子[153]也。

玄聞二將死，大懼，召諸道術人[154]推筭及為厭勝。問羣臣曰：「朕其敗乎[155]？」吏部郎曹靖之[156]對曰：「民怨神怒，臣實懼焉。」玄曰：「民或可怨，神何為怒？」對曰：「晉氏宗廟，飄泊江濱[157]；大楚之祭，上不及祖[158]。此其所以怒也。」玄曰：「卿何不諫？」對曰：「輦上君子[159]皆以為堯、舜之世[160]，臣何敢言！」玄默然。使桓謙及游擊將軍何澹之[161]屯東陵[162]，侍中、後將軍卞範之屯覆舟山西，眾合二萬。

己未[163]，裕軍食畢，悉棄其餘糧[164]，進至覆舟山東，使羸弱登山，張旗幟為疑兵，數道並前，布滿山谷。玄偵候[165]者還，云：「裕軍四塞，不知多少。」玄益憂恐，遣武衛將軍庾賾之帥精卒副援[166]諸軍。謙等士卒多北府人，素畏伏裕，莫有鬬志。裕與劉毅等分為數隊，進突謙陳。裕以身先之，將士皆殊死戰，無不一當百，呼聲動天地[167]。時東北風急，因縱火焚之，煙炎熛天[168]，鼓譟之音震動京邑，謙等諸軍大潰。

玄時雖遣軍拒裕，而走意已決，潛使領軍將軍殷仲文具舟[169]於石頭；聞謙等敗，帥親信數千人，聲言赴戰，遂將其子昇，兄子濬出南掖門[170]。遇前相國參軍胡藩，執馬鞚[171]諫曰：「今羽林射手猶有八百，皆是義故[172]。西人受累世之恩，不驅令一戰，一旦捨此，欲安之乎？」玄不對，但舉策指天[173]，因鞭馬而走，西趨石頭，與仲文等浮江南走[174]。經日不食，左右進粗飯，玄咽不能下，昇抱其胸而撫之，玄悲不自勝[175]。

裕入建康，王仲德抱元德子方回出候裕，裕於馬上抱方回與仲德對哭。追贈元德給事中[176]，以仲德為中兵參軍[177]。裕止桓謙故營，遣劉鍾據東府[178]。庚申[179]，裕屯石頭城，立留臺百官[180]，焚桓溫神主於宣陽門[181]外，造晉新主[182]，納于太廟。遣諸將追玄，尚書王嘏[183]帥百官奉迎乘輿[184]，誅玄宗族在建康者。裕使臧熹[185]入宮，收圖書、器物，封閉府庫。有金飾樂器，裕問熹：「卿得無欲此乎[186]？」熹正色曰：「皇上幽逼[187]，播越非所[188]，將軍首建大義，劬勞[189]王家，雖復不肖[190]，實無情於樂[191]。」裕笑曰：「聊以戲卿耳。」熹，燾[192]之弟也。

壬戌[193]，玄司徒王謐與眾議推裕領揚州，裕固辭；乃以謐為侍中、領司徒、揚州刺史、錄尚書事。謐推裕為使持節、都督揚・徐・兗・豫・青・冀・幽・并八州諸軍事、徐州刺史；劉毅為青州刺史，何無忌為琅邪內史，孟昶為丹楊尹，劉道規為義昌太守。

裕始至建康，諸大處分(194)皆委於劉穆之，倉猝立定(195)，無不允愜。裕遂託以腹心，動止諮焉(196)。穆之亦竭節盡誠(197)，無所遺隱。時晉政寬弛，綱紀不立，豪族陵縱，小民窮蹙；重以司馬元顯政令違舛(198)，桓玄雖欲釐整(199)，而科條繁密，眾莫之從。穆之斟酌時宜，隨方矯正(200)。裕以身範物(201)，先以威禁，內外百官皆肅然奉職，不盈旬日，風俗頓改。

初，諸葛長民至豫州(202)，失期(203)，不得發(204)。刁逵執長民，檻車(205)送桓玄。至當利(206)而玄敗，送人(207)共破檻出長民，還趣(208)歷陽。逵棄城走，為其下所執，斬於石頭，子姪無少長皆死，唯赦其季弟給事中騁(209)。逵故吏匿其弟子雍送洛陽(210)，秦王興以為太子中庶子(211)。裕以魏詠之為豫州刺史，鎮歷陽，諸葛長民為宣城內史(212)。

初，裕名微位薄，輕狡(213)無行，盛流(214)皆不與相知，惟王謐獨奇貴之，謂裕曰：「卿當為一代英雄。」裕嘗與刁逵樗蒲，不時輸直(215)，逵縛之馬枊(216)；謐見之，責逵而釋之，代之還直(217)。由是裕深憾逵而德謐。

蕭方等[218]曰：「夫蛟龍潛伏，魚蝦褻[219]之。是以漢高赦雍齒[220]，魏武免梁鵠[221]，安可以布衣之嫌[222]而成萬乘之隙[223]也？今王謐為公，刁逵亡族，讎恩報怨[224]，何其狹哉！」

尚書左僕射王愉[225]及子荊州刺史綏謀襲裕，事泄，族誅；綏弟子慧龍為僧彬[226]所匿，得免。

魏以中土[227]蕭條，詔縣戶不滿百者罷之[228]。

丁卯[229]，劉裕還鎮東府[230]。

桓玄至尋陽，郭昶之給其器用、兵力。辛未[231]，玄逼帝西上[232]，劉毅帥何無忌、劉道規等諸軍追之。玄留龍驤將軍何澹之、前將軍郭銓與郭昶之守湓口[233]。玄於道自作起居注[234]，敘討劉裕事，自謂經略[235]舉無遺策[236]，諸軍違節度[237]，以致奔敗。專覃思著述[238]，不暇與羣下議時事。起居注既成，宣示遠近。

丙戌[239]，劉裕稱受帝密詔，以武陵王遵[240]承制[241]總百官行事，加侍中、大將軍，因大赦，惟桓玄一族不宥[242]。

劉敬宣[243]、高雅之[244]結青州大姓及鮮卑豪帥，謀殺南燕王[1]備德，推司馬休之[245]為主。備德以劉軌[246]為司空，甚寵信之。雅之欲邀軌同謀，敬宣曰：「劉公衰老，有安齊之志[247]，不可告也。」雅之卒告之，軌不從。謀頗泄，敬宣等南走，南燕人收軌，殺之，追及雅之，又殺之。敬宣、休之至淮、泗間[248]，聞桓玄敗，遂來歸。劉裕以敬宣為晉陵[249]太守。

南燕王備德聞桓玄敗，命北地王鍾[250]等將兵欲取江南，會備德有疾而止。

【章　旨】以上為第二段，寫晉安帝元興三年（西元四〇四年）前三個月間的大事。主要寫了劉裕、何無忌、劉毅等人合謀討桓玄，其中又突出了孟昶之妻與何無忌之母的遠見卓識；寫了劉裕、何無忌斬桓脩起事於京口；劉毅、劉道規、孟昶殺桓弘起兵於江北；眾人擁立劉裕為盟主，劉裕巧妙地虛張聲勢，以瓦解敵人、壯大自己的聲威；寫了桓玄稱帝後內心不安，疑神疑鬼；又好矜伐，挑剔群臣毛病；自作《起居注》，謂自己「經略舉無遺策，諸軍違節度，以致奔敗」；甚至為此「專覃思著述，不暇與羣下議時事」，及「《起居注》成，宣示遠近」云云，好虛榮如此；寫了桓玄的怯懦無能，該戰不戰而只想逃跑的狼狽之相，對比之下寫了劉裕的勇於進擊，大破桓玄部將吳甫之於江乘，破殺皇甫敷於羅落橋，又破桓謙、何澹之於覆舟山，把劉裕寫得有聲有色；寫了劉裕進入建康城後的一系列措施：他「立留臺百官」，「造晉新主，納于太廟」；他「遣尚書王嘏帥百官奉迎乘輿」；他「使臧熹入宮，收圖書、器物，封閉府庫」；又「命武陵王遵承制總百官行事」云云，表現出一派為晉室除賊、大公無私的凜然氣象；此外還寫了劉敬宣、司馬休之在南燕搞政變不成而逃回東晉等等。

【注　釋】❶喬　即劉喬，漢代宗室之後，是西晉初的名臣，曾參與平定楊駿、賈謐等叛亂。傳見《晉書》卷六十一。❷不復追尊立廟　謂只從其父桓溫開始供奉。❸徐廣　字野民，當時的著名學者，撰有《晉紀》、《史記音義》等。傳見《晉書》卷八十二。❹敬其父則子悅　語見《孝經》。❺故事　以往的舊例。❻七廟　指天子的宗廟裡供奉的七代神主，此為歷代定制。❼太祖東向二句　這是天子宗廟七位神主的擺法。開國的帝王，其神主居正位，面向東（古代以朝東為最貴）。此外，左面三個叫「昭」，右面三個叫「穆」。供的是當今皇帝的父親及其以上六代的神主，也是定制。以後凡再死一任皇帝，則把他的神主放在這六個的最後，而把原來六個的開頭一個拿掉。開國太祖的神主永遠不變。❽宣帝不得正東向之位　宣帝指司馬懿，曹操的部下，司馬氏發家掌權，從司馬懿開始。而司馬炎正式即位建立宗廟時，太祖東向之位空著。三昭三穆是：司馬懿的高祖司馬鈞、曾祖司馬量、祖父司馬儁、父親司馬防，以及司馬懿、司馬懿的兒子司馬師、司馬昭。六代人七個牌位。❾不及祖　指桓玄只祭其父，不祭三代以上的祖先。❿楚德　指桓玄政權的命運。⓫邈　即徐邈，徐廣之兄，當時著名學者，頗受孝武帝寵待，著有《五經音訓》。傳見《晉書》卷九十一。⓬二月己丑朔　二月初一是己丑日。⓭作　起事；造反。⓮一字不體　一個字用得不得體，或寫得不規範。⓯糾擿　糾正、挑剔。⓰春蒐　帝王的春季打獵。⓱春菟　一種草本植物，也叫菟絲子。⓲關署　經手、簽字。⓳手注直官　親手注明值日的官員。注，標記。直，這裡通「值」。⓴自用令史　直接指使尚書省的小官吏。令史，是尚書令、尚書僕射的僚屬。㉑紀綱　指國家的大政方針、根本性問題。㉒奏案　百官群臣奏請批覆的文書案卷。㉓益州　州治即今四川成都。㉔毛璩　字叔璉，毛寶之孫，最早起兵討桓玄的地方官。傳見《晉書》卷八十一。毛寶是晉朝的名將，在討伐蘇峻之亂中有大功。㉕梁州　州治即今陝西漢中。㉖三巴　指巴郡（郡治今重慶市）、巴東（郡治白帝，在今重慶市奉節東）、巴西（郡治在今四川綿陽東）。㉗建平　郡名，郡治即今重慶市巫山縣。㉘征虜司馬　毛璩的高級僚屬，當時毛璩原任征虜將軍。㉙仍　同「乃」。㉚白帝　白帝城，在今重慶市奉節東。㉛遊集　遊觀、集會。㉜引接殷勤　即熱情接待。引接，接待；招待。㉝智鑒　才智、眼光。㉞關河　泛指今函谷關以西以及黃河流域的今河南、河北、山東一帶地區。㉟桓弘　桓玄的堂兄弟。㊱刁逵　字伯道，桓玄的忠實投靠者。傳見《晉書》卷六十九。其父刁彝，曾任徐、兗二州刺史。㊲歷陽　即今安徽和縣。㊳劉邁弟毅　劉毅，後來消滅桓玄的主要將領之一。其兄劉邁，字伯群，先為殷仲堪僚屬，曾面折桓玄；桓玄篡權後，又投靠了桓玄，為之作參軍。事見本書卷一百十二。㊴自有彊弱　另有決定孰強孰弱的因素。意謂不能光看表面，光看暫時。㊵正患事主難得　犯愁的是難得有個好的領導人。正患，只犯愁。事主，領導人。㊶劉下邳　指劉裕，曾代理過下邳太守。㊷王元德　名睿，字元德。㊸苻氏　指前秦的苻氏政權。㊹燕主垂　後燕政權的創建者慕容垂。㊺弘農　郡名，郡治在今河南三門峽市西南。㊻革命　改換承受天命者，即推翻舊王朝。㊼平昌　縣名，縣治在今山東諸城北、安丘南。㊽青州主簿　青州刺史桓弘的高級僚屬。㊾素士　出身於平民的士大夫。㊿得一尚書郎　意謂是個尚書郎的好人選。尚書郎相當於後代的尚書，漢代的九卿。(51)與其州里　與其同州里，是老鄉。當時劉邁在京口，孟昶在廣陵，隔江相鄰。(52)寧相識否　與他相識嗎。「寧」是魏晉時期常用的虛詞，義近於「難道」、「莫非」。(53)任城魏詠之　任城是縣名，縣治在今山東濟寧東南。魏詠之初為殷仲堪門客，後為劉裕討平桓玄的主要將領之一。傳見《晉書》卷八十五。(54)高平檀憑之　高平是郡名，郡治昌邑，在今山東巨野南。檀憑之是宋代名將檀道濟之父，初為桓氏僚屬，後助劉裕討桓玄。傳見《晉書》卷八十五。(55)琅邪諸葛長民　琅邪郡的諸葛長民。琅邪郡的轄境約當今山東之諸城、臨沂一帶地區。諸葛長民初為桓玄吏，後助劉裕討平桓玄。傳見《晉書》卷八十五。(56)河內　郡名，郡治即今河南沁陽。(57)東莞　郡名，郡治在今山東沂水縣東北。(58)刻期　訂好日期。(59)淪陷　指沉淪不得志。(60)作賊　意即造反。(61)幸早離絕　希望你早點與我離婚，斷絕關係，以免跟著受牽累。(62)脫得富貴　假如我們一旦獲得成功。脫，假如。(63)奚官　舊時關押奴婢的場所。(64)大家　當時兒媳對婆婆的稱呼。(65)義無歸志　絕不可能讓我返回娘家。歸志，回娘家的想法。(66)悵然　無可奈何、無法開口的樣子。(67)此而可賣　這個如果能賣錢。(68)傾貲　拿出了全部的陪嫁。(69)從妹　堂妹。(70)紿　騙。(71)絳色物　紅色的衣服、衣料。(72)厭勝　舊時迷信，想以某種東西鎮住災難，使之不致發生的一些做法。按，以上孟昶妻的故事見《晉書・列女傳》。(73)東海呂母　西漢末期人，王莽篡位，呂母不服，聚眾數千人殺死了東海縣令，到大海中為「盜」去了。事見本書卷三十八天鳳四年。呂母是琅邪縣人，地處海邊，故稱「東海呂母」。(74)乙卯　二月二十七。(75)丙辰詰旦　二月二十八的天剛亮。詰旦，清晨。(76)著傳詔服　身穿一套傳達皇帝（此指桓玄）詔令的使者的服裝。(77)稱敕使　自稱是帝王派出的使者。(78)以徇　持其人頭以巡行示眾。(79)來赴　前來救援。(80)登城　登上京口（今鎮江市）的城樓。(81)郭江州　指郭昶之，桓玄的將領，當時為江州刺史。(82)奉乘輿　擁戴著晉安帝。乘輿，原指帝王的車駕，這裡即指前被桓玄所廢的晉安帝。(83)返正　重新登上皇位。(84)被　接受。(85)梟於大航　懸首示眾於朱雀橋。大航即朱雀橋，是當時建康城正南門外秦淮河上的一座大型浮橋。(86)府主簿　軍府裡主管文書的官員，猶今之祕書長。(87)劉穆之　漢朝宗室的後代，世居京口，為劉裕的心腹大臣、佐命元勳。傳見《宋書》卷四十二。(88)信使者。(89)陌頭　這裡即街頭。陌，道路。(90)屬　剛好。(91)壞布裳為袴　用布裳改做成的一條軍袴。裳是當時平民所穿的下衣；袴是當時軍人的下衣。(92)方造　剛剛開始辦事。(93)略當　大約。(94)無見踰　沒有誰能超過我。踰，超過。(95)自屈　前來充任此職。屈，如今所謂「屈才」、「屈就」，都是客氣的說法。(96)署　任；任命。(97)啜粥　吃粥。(98)濟江　由廣陵渡江到京口。濟，渡水。(99)酬許　猶言答應。酬，回答。(100)竟陵　郡名，郡治在今湖北潛江縣西南。(101)亟之郡　想趕緊離開建康到竟陵上任。(102)北府　指京口（今鎮江市）的軍政府。(103)白之　將劉裕派周安穆來找他的事情報告給桓玄。(104)不執安穆　不立即逮捕、扣留周安穆。(105)徐州　即徐州刺史，當時徐州刺史的駐地在京口。(106)郡主簿　徐州下屬的彭城郡的主簿。(107)劉鍾　劉裕的同鄉，先為劉牢之的部將，後與劉裕一道討桓玄，是劉裕的得力將領，功勳卓著。傳見《宋書》卷四十九。(108)丁巳　二月二十九。(109)二州　指徐州、兗州。東晉以來常歸一人管轄，又都駐兵京口，故劉裕首先得而統之。(110)竹里　在今南京東的長江南，儀徵市的對岸。(111)保據石頭　攻佔並堅守在石頭城（今南京的清涼山一帶）。(112)上宮　東晉的正式宮殿，在此以前桓玄住在東宮。(113)入止省中　進入並住宿在宮中，為怕眾人逃散故也。(114)計出萬死　意謂都是一些萬死不顧一生的拚命之徒。(115)覆舟山　在建康城北，因其形如覆舟，故名。(116)空行二百里　指由京口奔到建康。今鎮江市到南京約一百四十里，此約略言之。(117)頓丘　郡名，原來的郡治在今河南濮陽北。東晉時在今安徽滁州又設立了頓丘郡。(118)北上　自建康去京口，是向東北方向。(119)烏合　即烏合之眾，一哄而起的造反者。(120)家無檐石之儲　極言其窮，一石為十斗，一擔為兩石。檐，同「擔」。(121)樗蒱　賭具，類似今天的色子。(122)一擲百萬　極言其敢下大賭注。(123)其舅　即劉牢之。(124)去年號　禿髮傉檀曾於元興元年改元「弘昌」。事見本書卷一百十二。(125)尚書丞郎官　尚書丞與尚書郎都是尚書省的屬官，今既去王號，則下不能設尚書省，故一併去之。(126)車騎　以稱禿髮傉檀，姚興曾封禿髮傉檀為車騎將軍。(127)獻款稱藩　表現誠心，向秦自稱藩屬。(128)王公設險以守其國　語出《易・坎卦・彖辭》。(129)僻在遐藩　身在僻遠的邊地為大國的一個諸侯。(130)密邇勍寇　挨近強大的敵人，如呂超、沮渠蒙遜等。密邇，挨近。(131)國家　指姚氏政權。(132)重門之防　加強門戶的建設。重，加強。(133)不圖　沒想到。(134)忽以為嫌　竟然對此產生了懷疑。(135)領涼州　兼任涼州刺史。領，代理。此乃謙詞，意思就是請求委任。涼州，指涼州刺史。(136)袁真殺朱憲　袁真原是東晉的將領，鎮守壽春，因桓溫將與前燕作戰失敗原因推置於袁真，袁真遂以壽春降前燕，其手下朱憲與桓溫相通，被袁真殺死。事見本書卷一百二太和五年。(137)壽陽　即壽春，今安徽壽縣。晉人為避諱改稱「壽陽」。(138)輒　便；就。(139)戮其尸　侮辱袁真的屍體。袁真在桓溫攻克壽春前，已經病死。(140)綽子齡石　即朱齡石，原屬桓脩，後成為劉裕的得力將領。傳見《宋書》卷四十八。(141)建武參軍　當時劉裕為建武將軍，任朱齡石為自己的僚屬。(142)三月戊午朔　三月初一是戊午日。(143)江乘　縣名，縣治在今南京東，鎮江市西。(144)羅落橋　在當時的江乘縣西。(145)彌厲　越發銳猛。(146)挺戰　挺身獨戰。(147)欲作何死　想要個什麼樣的死法。(148)裕瞋目叱之二句　辟易，倒退。按，《史記・項羽本紀》有所謂「項王瞋目叱之，赤泉侯人馬俱驚，辟易數里」。(149)俄至　很快地來到了。(150)踣　跌倒。(151)援刀　抽刀；揮刀。(152)以子孫為託　猶言請你代替我照顧我的兒孫。(153)從子　姪子。(154)諸道術人　各種有法術的人，指巫婆、神漢等。(155)朕其敗乎　我會失敗嗎。其，表示推測的虛詞。(156)曹靖之　桓玄的忠實部將，多次為之出謀獻策。(157)飄泊江濱　前桓玄下令把晉代七廟遷到琅邪國（即江乘縣），後又讓晉安帝攜帶他們一起去了尋陽。江乘和尋陽都在長江邊上。(158)上不及祖　謂只祭其父桓溫。(159)韋上君子　指桓玄左右的達官顯貴，他們有時能與桓玄同乘一輛車。(160)皆以為堯舜之世　都認為桓玄的作為和古代的堯、舜一樣。(161)何澹之　原屬王恭，後歸桓玄。(162)東陵　在建康城北的覆舟山東北。(163)己未　三月初二。(164)棄其餘糧　此亦「破釜沉舟」之舉，以激勵士卒死戰。(165)偵候　刺探敵情。(166)副援　即援助。副，輔助。(167)呼聲動天地　《史記・項羽本紀》寫鉅鹿之戰有所謂「楚戰士無不一以當十，楚兵呼聲動天」，此用其句。(168)熛天　照天；薰天。(169)具舟　準備好了逃跑使用的船隻。(170)南掖門　宮城南面的側門。(171)執馬鞚　拉住桓玄的馬籠頭。(172)義故　感恩仗義的老部下。(173)舉策指天　意謂「此天亡我也」。策，馬鞭。(174)浮江南走　指乘船沿長江上行。(175)悲不自勝　悲傷得不能自我控制。(176)給事中　官名，在皇帝身邊以備參謀顧問之用。(177)中兵參軍　當時刺史、將軍的僚屬，參贊軍務。(178)東府　當年司馬道子任錄尚書事的辦公地址，後來桓玄又曾居此。(179)庚申　三月初三。(180)立留臺百官　建立了一個留守的朝廷機構，因當時晉安帝先被弄到了尋陽，後被桓玄裹挾流浪在外，故劉裕將自己所重建的朝廷機構稱作晉朝皇帝的「留臺」。(181)宣陽門　當時建康城的南門。(182)造晉新主　重新製作了一套晉室七廟的牌位。因為舊牌位先被弄到琅邪國，後又隨被廢的晉安帝被弄到尋陽去了。(183)王嘏　王導的重孫，晉孝武帝的妹夫。(184)奉迎乘輿　去向桓玄討要晉安帝。(185)臧熹　劉裕的妻弟，以平桓玄功封寧朔將軍。(186)得無欲此乎　想不想要這個東西呢。得無，當時口語，意為「難道不」。(187)幽逼　被囚禁、被逼迫。(188)播越非所　顛沛流離到他不該去的地方。播越，顛沛流離。(189)劬勞　辛勞。(190)雖復不肖　我雖然不成材，沒有出息。(191)無情於樂　沒有心思享樂。(192)燾　即臧燾，劉裕的妻弟，當時有名的學者。傳見《宋書》卷五十五。(193)壬戌　三月初五。(194)諸大處分　各項重大事務的處理安排。(195)倉猝立定　立刻就能得到解決。倉猝，隨即；及時。立定，立刻做出定奪。(196)動止諮焉　有什麼事情都和他商量。動止，幹什麼與不幹什麼，猶今之所謂「一舉一動」。諮，詢問；請教。(197)竭節盡誠　猶言盡職盡心。節，行為；職責。(198)違舛　乖謬、錯亂。(199)釐整　糾正、調整。(200)隨方矯正　遇到什麼有問題，就把它隨即糾正過來。隨方，猶言「隨事」。(201)以身範物　用自己的行為給下屬作榜樣。物，人。(202)豫州　東晉豫州的州治歷陽，即今安徽和縣。當時刁逵任豫州刺史。(203)失期　遲到，錯過了起義的時間。(204)不得發　未能發動起義。(205)檻車　把諸葛長民裝入囚車。(206)當利　長江渡口名，在和縣城東。(207)送人　押解諸葛長民的差役。(208)還趣　回頭奔向……。趣，同「趨」。奔向。(209)季弟給事中騁　最小的弟弟當時給桓玄任給事中的刁騁。給事中，帝王的侍從官名。(210)送洛陽　送刁雍投奔後秦姚興。(211)太子中庶子　太子手下的屬官。(212)宣城內史　宣城諸侯國的行政長官，職位如同郡太守。宣城國的都城即今安徽宣城。(213)輕狡　輕佻狡黠。(214)盛流　名流；上流社會的人。(215)不時輸直　不按時償還所欠的錢。輸，交納。直，同「值」。這裡指所欠的錢。(216)馬枊　拴馬樁。(217)代之還直　替他償還了所欠的錢。(218)蕭方等　梁元帝的嫡長子，曾撰《三十國春秋》。傳見《梁書》卷四十四。219褻　侮辱；欺侮。220漢高赦雍齒　雍齒原是劉邦的部將，劉邦起義初期，雍齒為劉邦鎮守豐邑，後來叛變劉邦，投降了周市。劉邦率軍回攻豐邑，雍齒堅守不下，使劉邦吃了不少苦頭。後來雍齒又投降了劉邦，劉邦對此記恨在心，後來在張良的勸說下，才封雍齒為什方侯。事見本書卷十一高帝十一年。221魏武免梁鵠　梁鵠在東漢末年為選部尚書，曹操求為洛陽令，梁鵠堅持不與，而讓他當了北部尉。後來董卓之亂，梁鵠南奔劉表。曹操平定荊州後，梁鵠向曹操請罪。曹操釋卻前嫌，讓他在祕書省做事。222布衣之嫌　在大家都是平民的時候結下的仇怨。223成萬乘之隙　意謂到稱王稱帝後還來報昔日平民時候的仇怨。224讎恩報怨　有恩必酬，有仇必報。讎，同「酬」。225王愉　王國寶之兄，桓氏的女婿。桓玄篡位，被任為尚書僕射，其子王綏被任荊州刺史，頗受倚重。傳見《晉書》卷七十五。226僧彬　和尚名彬。此人日後逃入後秦，又奔入拓跋魏。227中土　指今山西、河北一帶舊歸漢族統治的地區。228罷之　即取消這個縣的建制。過百戶即可保留，可見當時人煙之稀少。229丁卯　三月初十。230還鎮東府　將其軍政指揮部遷回東府辦公。東府，昔為司馬道子所居，後又曾為桓玄所居。231辛未　三月十四。232西上　向上游荊州桓玄的老巢進發。233湓口　即今江西九江，地當湓水入長江之口。234起居注　逐日記載帝王一切活動的帳簿，也是古代歷史的一種。235經略　權謀大略。236舉無遺策　所有部署沒有一點失誤。舉，全部；任何作為。237違節度　不服從他的指揮、調遣。238覃思著述　全部精神都用在著書立說上。覃思，猶言「潛心」。239丙戌　三月二十九。240武陵王遵　即司馬遵，晉元帝司馬睿之孫，孝武帝司馬曜的堂兄弟，晉安帝之叔。傳見《晉書》卷六十四。241承制　按照皇帝的命令，這裡即以皇帝的名義。242不宥　不饒恕；不寬赦。243劉敬宣　劉牢之之子。244高雅之　劉牢之的女婿。劉牢之被桓玄所殺後，二人北逃青州投南燕慕容德。事見本書卷一百十二元興元年。245司馬休之　東晉的宗室，孝武帝的同族兄弟，晉安帝的族叔。246劉軌　原與劉牢之同在謝玄部下為將，後為冀州刺史，桓玄殺劉牢之，劉軌之兄劉襲亦相繼被殺，劉軌遂與劉敬宣等同奔南燕。247安齊之志　指安居他人籬下，不願再走。春秋晉國驪姬讒殺太子申生，又欲殺重耳，重耳幾經輾轉，逃到齊國，齊桓公以女妻之，重耳貪圖安逸，遂不想再走。事見《左傳》僖公二十三年。248淮泗間　淮河、泗水之間，指今徐州南、蚌埠北一帶地區。249晉陵　郡名，郡治在京口（今鎮江市）。250北地王鍾　即慕容鍾。

【校　記】1主　原作「王」。據章鈺校，甲十一行本、乙十一行本皆作「主」，今據改。

【語　譯】三年（甲辰　西元四〇四年）

春季，正月，桓玄冊封自己的妻子劉氏為皇后。劉氏，是劉喬的曾孫女。桓玄因為自己的祖先從桓彝以上，名望、地位都不顯赫，所以便不再為他們追加尊貴的諡號，也不再為他們建立祭廟。擔任散騎常侍的徐廣說：「尊敬他的父親，兒子一定很高興。請依照以往的舊例，在宗廟裡供奉七代神主。」桓玄說：「按照禮法規定，開創基業的太祖神主居於正位，朝向東方，在太祖左邊南向的三個稱為昭，在太祖右邊北向的三個稱為穆，晉朝設立七廟，而晉宣帝司馬懿的祭廟卻不能朝向東方，哪裡值得效法呢？」擔任祕書監的卞承之對散騎常侍徐廣說：「如果桓玄的宗廟裡不祭祀三代以上的祖先，據此就可以預知楚國的國運不會長久。」徐廣，是徐邈的弟弟。

桓玄自從登上皇帝寶座，心中常常忐忑不安。二月初一日己丑，這天夜間，長江波浪滔天，江水湧入石頭城，洪流淹死了很多居民，呼救聲、波濤聲震天動地。桓玄聽到之後心中恐懼，他說：「那些奴才們要造反了！」

桓玄性情苛刻、心思細密，喜好自我誇耀。主管官員所上的奏章，如果有一個字用得不得體，或是寫得不規範，他一定要指出來加以糾正，以顯示自己的聰明。尚書在回答詔書時，誤把「春蒐」寫成了「春菟」，於是，從左丞王納之以下，凡是經過手、簽過字的官員全都被降級或免職。桓玄有時還要親手注明哪天由哪位官員入宮值日，有時又直接指使尚書省的小官吏去做某事，致使詔書、命令紛亂混雜，有關部門光是回答桓玄提出的各種問題就已經忙得不可開交，而關係國家安危的軍國大政得不到治理，文武官員奏請批覆的文書案卷滯留、堆積在案頭，對於這些桓玄卻渾然不覺。桓玄還喜好遊玩打獵，有時一天之內就出去好幾次。他為了重新修整皇宮，便臨時搬到太子宮暫住，於是大興土木，並限定期限，嚴加督促。朝廷與民間全都騷動不安，人心思亂，希望改朝換代的人很多。

桓玄派遣使者前往成都加授擔任益州刺史的毛璩為散騎常侍、左將軍。毛璩將桓玄派來的使者扣留起來，不接受桓玄的任命。毛璩，是毛寶的孫子。桓玄任命桓希為梁州刺史，分別命令諸將嚴密守衛巴郡、巴東和巴西，防範毛璩採取行動。益州刺史毛璩向遠近各郡發布討伐桓玄的文告，他列舉了桓玄的各種罪狀，派擔任巴東太守的柳約之、擔任建平太守的羅述、擔任征虜司馬的甄季之率軍擊敗了桓希等，然後率大軍進駐白帝城。

擔任下邳太守的劉裕隨從擔任徐、兗二州刺史的安成王桓脩到京師建康朝見桓玄。桓玄對擔任中書監並兼任司徒的王謐說：「劉裕的風度和骨氣與平常人大不相同，他是人中的豪傑。」每次出遊或集會，桓玄都對劉裕熱情相待，賞賜也很優厚。桓玄的皇后劉氏，不僅有智謀，而且有眼光，她對桓玄說：「劉裕行走的步態如龍似虎，眼神也非同一般，恐怕終究不會甘居人下，不如早點把他除掉。」桓玄說：「我正要掃平中原，除去劉裕就沒有可用之人；等我平定了關中、河北之後，再對此事另作商議。」

桓玄任命桓弘為青州刺史，鎮守廣陵；任命刁逵為豫州刺史，鎮守歷陽。桓弘，是桓脩的弟弟；刁逵，是刁彝的兒子。

擔任下邳太守的劉裕與劉牢之的外甥何無忌乘坐同一艘船返回京口，他們一起密謀復興東晉政權。擔任諮議參軍的劉邁的弟弟劉毅家在京口，也與何無忌密謀起兵討伐桓玄。何無忌說：「桓氏家族勢力強大，能夠把他推翻嗎？」劉毅說：「天下誰強誰弱，不能光看表面、光看眼前，而是另有決定的因素存在，如果勢力強大的一方違背了正義，就會陷於孤立，雖然強大也會變得弱小，現在發愁的是找不到一個難得的人才出來領頭罷了。」何無忌說：「天下草莽之間並非沒有英雄。」劉毅說：「我所見到的只有擔任下邳太守的劉裕。」何無忌笑了笑沒有回答。回來之後，何無忌把劉毅的話告訴了劉裕，劉裕於是與劉毅同心合謀，準備討伐桓玄。

當初，太原人王元德和他的弟弟王仲德響應前秦苻氏的號召，聚眾起兵攻擊後燕主慕容垂，沒有得勝，於是前來投奔東晉。東晉朝廷任命王元德為弘農太守。王仲德看見桓玄篡奪了東晉政權，自己登上了皇帝寶座，便對人說：「自古以來改朝換代確實不只一個家族，然而今天的這位承受天命、推翻舊王朝的革命者恐怕成就不了什麼大事。」

東晉平昌縣人孟昶在青州刺史桓弘屬下擔任主簿，青州刺史桓弘讓孟昶前往建康晉見桓玄。桓玄見了孟昶，對孟昶非常賞識，於是便對諮議參軍劉邁說：「我從出身平民的士大夫中發現了一位可以擔當尚書郎的人才，就是青州主簿孟昶，你與他是同鄉，難道不認識他嗎？」劉邁素來與孟昶關係不好，於是回答說：「我在京口的時候，沒有聽說孟昶有什麼特別的才能，只聽說他們父子之間互相寫詩贈答。」桓玄笑了笑，遂打消了任用孟昶的念頭。孟昶得知消息，對劉邁恨入骨髓。孟昶從建康返回京口，劉裕對孟昶說：「草莽之間將有英雄崛起，你多少聽到一點消息沒有？」孟昶說：「今天的英雄還能有誰，就是你呀！」

於是劉裕、劉毅、何無忌、王元德、王仲德、孟昶以及劉裕的弟弟劉道規、任城縣的魏詠之、高平郡的檀憑之、琅邪郡的諸葛長民、擔任河內太守的隴西人辛扈興、擔任振威將軍的東莞人童厚之，互相合謀，準備起兵。劉道規當時在桓弘手下擔任中兵參軍，劉裕派劉毅到長江北岸會合劉道規和孟昶，共同殺死擔任刺史的桓弘，奪取廣陵；諸葛長民在豫州刺史刁逵手下擔任參軍，劉裕便令諸葛長民擊殺刁逵，奪取歷陽；擔任弘農太守的王元德、擔任河內太守的辛扈興、振威將軍童厚之當時都在京師建康，劉裕令他們聚眾起兵，攻擊桓玄，為其他大軍做內應，約定好日期，到時各地同時採取行動。

擔任青州主簿的孟昶，他的妻子周氏富有家財，孟昶對周氏說：「諮議參軍劉邁在桓玄面前詆毀我，使我一生不能得志，我決定做一回逆賊。希望你早點和我斷絕關係，以免受到牽累，等我將來得到榮華富貴，再迎接你回來也不算晚。」周氏說：「你的父母都還健在，你卻想要建立非同一般的功業，這不是我一個女人所能勸阻得了的！倘若事情不能成功，全家都將被抄沒，就讓我在關押奴婢的場所中奉養婆婆，我絕對沒有為了躲避災禍而返回娘家的道理。」孟昶無可奈何，坐了好久才起身離去。周氏趕緊把他追回來，坐下之後，周氏說：「我觀察你的舉動，絕不是那種遇事肯同婦人商量的人，今天你跟我說這些，只不過是希望得到財物上的支持罷了。」於是便用手指著懷中的兒子對孟昶說：「如果兒子可以賣錢，我也在所不惜。」遂把自己的全部陪嫁拿出來交給孟昶。孟昶的弟弟孟顗的妻子，是周氏的堂妹，周氏便哄騙她說：「昨天我做了一個非常不吉利的夢，你把家中所有絳色的衣服、衣料等都拿出來給我，讓我作為鎮物鎮災邪。」周氏的堂妹相信了堂姐的話，就把家中所有的絳色布帛拿出來交給了周氏，周氏把這些布帛全部縫製成軍士的戰袍。

何無忌夜間躲在屏風背後草擬討伐桓玄的文稿，他的母親是劉牢之的姐姐，便偷偷地站在凳子上，把何無忌的舉動全都看在眼裡，她哭泣著說：「我比不上新莽時期東海的呂母，這是肯定的。你能夠這樣做，我還有什麼遺憾？」於是便問何無忌同謀的人還有誰，何無忌回答說：「劉裕。」何無忌的母親特別高興，並趁機為何無忌分析桓玄必定失敗，起事必定能夠成功的道理來激勵自己的兒子。

二月二十七日乙卯，下邳太守劉裕假託出遊打獵，便與何無忌一起招集自己的親信，一共有一百多人。二十八日丙辰天剛一亮，京口的城門已經打開，何無忌身穿皇家信使的衣服，自稱是皇帝派來的使者，在前面引導，劉裕的一百多名親信跟隨在何無忌身後一齊進入京口城中，他們立即殺死了擔任徐、兗二州刺史的桓脩，砍下他的人頭巡行示眾。在桓脩屬下擔任司馬的刁弘得到消息，立即率領文武屬官趕來，劉裕登上京口的城樓，對他們說：「江州刺史郭昶之已經擁戴皇帝司馬德宗在尋陽重新登上皇位，我們是奉了皇帝密詔前來誅滅桓玄逆黨，今天逆賊桓玄的首級已經懸掛在朱雀橋頭示眾。你們諸位難道不是大晉朝的臣子嗎？現在來到這裡準備做什麼？」刁弘等把劉裕的話信以為真，便率領眾官員退走。

劉裕問何無忌說：「現在我們急需一位能夠擔任主簿的人，到哪裡能夠找到這樣的人？」何無忌說：「沒有比劉道民更合適的人選了。」劉道民，就是東莞的劉穆之。劉裕說：「我也知道這個人。」於是立即派使者去找劉穆之，徵聘他前來擔任主簿。當時，劉穆之已經聽到了京口方向傳來的喧譁聲、鼓噪聲，第二天早起，他來到街口，正好與劉裕派來的使者相遇。劉穆之聽了使者的話之後，兩眼直視前方，考慮了好長時間沒有說話，回到家中之後，他把自己的布褲子改做成一條軍褲，然後去見劉裕。劉裕說：「我們剛剛舉起義旗，正在經歷最初的艱難時刻，急需一名軍中官吏，你認為誰最適合擔當此任？」劉穆之說：「大人的軍府剛剛開始建立，確實需要一個堪當此任的軍吏，在如此倉促的時間之內，大概還沒有比我更合適的人。」劉裕笑著說：「如果能夠屈尊先生前來充任此職，我的事情肯定能夠獲得成功了。」當即便任命劉穆之為主簿。

擔任青州主簿的孟昶在廣陵勸說青州刺史桓弘在約定好的日期出城打獵，那天天還沒亮，便打開廣陵城門開始放打獵的人出城。孟昶和劉毅、劉道規率領數十名勇士逕直衝入廣陵州府，青州刺史桓弘剛剛端起粥碗要吃粥，就被孟昶等斬殺了。於是集結起部眾渡過長江南下。劉裕派劉毅誅殺了在桓脩屬下擔任司馬的刁弘。

先前，劉裕派遣自己的同謀周安穆到建康將起兵的消息祕密告訴劉邁，劉邁雖然表面上答應下來，而心中卻惶懼不安。周安穆擔心事情洩露，於是飛馬返回。桓玄任命劉邁為竟陵太守，劉邁就想盡快離開建康前往竟陵。這天夜裡，桓玄送來一封信給劉邁說：「北府京口的情形怎麼樣？你最近看見劉裕都說了些什麼？」劉邁以為桓玄知道了自己參與劉裕起兵的陰謀，於是在第二天早晨起床之後，就趕緊把劉裕派周安穆來找他的事情向桓玄作了彙報。桓玄一聽，不禁大驚失色，遂認為劉邁奏報有功而封劉邁為重安侯。過後又怨恨劉邁當時沒有立即把周安穆抓起來，而讓周安穆跑掉，因此殺死了劉邁；並把留在建康的王元德、辛扈興、童厚之等人全部殺死。

眾人全都擁戴劉裕為盟主，擔任徐州刺史。劉裕任命孟昶為長史，負責戍守京口；任命檀憑之為司馬。凡是彭城人前來應募的，劉裕全都讓擔任彭城郡主簿的劉鍾負責統領。二月二十九日丁巳，劉裕率領徐州、兗州二州的部眾總計一千七百人，駐紮在竹里，他向遠近各郡縣發布公告，聲稱：益州刺史毛璩已經平定了荊楚，江州刺史郭昶之已經在尋陽擁戴晉安帝司馬德宗重新登上皇帝寶座，鎮北參軍王元德等全都率領自己的私人部隊攻入石頭城據守，揚武將軍諸葛長民已經佔據了歷陽。

桓玄從太子宮遷回皇宮，他招集自侍中以下一直到黃門、散騎等官員都要進入並住宿在宮中；又加授擔任揚州刺史的新野王桓謙為征討都督，令殷仲文接替桓脩擔任徐、兗二州刺史。桓謙等請求趕緊出兵攻擊劉裕，桓玄說：「劉裕的兵馬非常精銳，都是一些不顧萬死一生的拼命之徒，肯定會拼死力戰，如果我們出兵，萬一遭到失敗，必定導致對方成了氣候，而我方的優勢將不復存在；不如把大軍屯駐在建康城北的覆舟山，嚴陣以待。他們從京口到建康白跑了二百里路，卻一無所得，銳氣已經受挫，此時突然看見我方的大軍擋在前方，必然大為驚駭；我們依然按兵不動，不與他們交戰，他們求戰不得，自然四散逃走，這才是上策。」

桓謙等堅決請求出兵攻擊劉裕，桓玄才派遣擔任頓丘郡太守的吳甫之、右衛將軍皇甫敷相繼率軍從建康北上，向京口進發。桓玄非常憂愁恐懼。有人問桓玄說：「劉裕等所率領的軍隊乃是一群烏合之眾，勢力微弱，勢必一事無成，陛下何必如此過分的擔憂？」桓玄回答說：「劉裕完全可以稱得上是一代梟雄，劉毅家中窮得連一石糧食的儲蓄都沒有，而在賭博時就敢一擲百萬，何無忌非常像他的舅舅劉牢之，這些人聚在一起共同圖謀大事，怎麼能說他們將一事無成？」

南涼王禿髮傉檀畏懼後秦國的強大，遂去掉自己的「弘昌」年號，改用後秦「弘始」年號，撤銷了尚書丞與尚書郎等尚書省的屬官，然後派遣擔任參軍的關尚出使後秦。後秦王姚興對南涼的使者關尚說：「車騎將軍禿髮傉檀派你來向秦國奉獻誠心，願意向秦國稱臣，做秦國的藩屬國，然而卻又擅自調動軍隊修築大城，這難道是臣屬應該做的事情嗎？」關尚回答說：「王爵、公爵在自己的封國之內設置險阻以守衛自己的封國，這是先王定下的制度。車騎將軍禿髮傉檀身處偏僻遙遠的邊地，做強大秦國的一個諸侯，與勢力強大的賊寇為鄰，修築大城，完全是為了保衛秦國而加強門戶的建設，沒想到陛下卻因此而懷疑車騎將軍對陛下的忠誠。」姚興對關尚的解釋表示讚許。禿髮傉檀向後秦王請求兼任涼州刺史，姚興沒有同意。

當初，袁真殺死朱憲，朱憲的弟弟朱綽逃往東晉，投奔了桓溫。桓溫攻克壽陽之後，朱綽遂挖掘了袁真的墳墓，打開棺材，把袁真的屍體拖出來，屠戮了袁真的屍體。桓溫非常憤怒，就要殺死朱綽，桓沖極力為朱綽求情，桓溫才將朱綽赦免。朱綽侍奉桓沖，就像侍奉自己的父親一樣，桓沖去世之後，朱綽悲傷過度，竟然吐血而亡。劉裕攻克了京口，任命朱綽的兒子朱齡石為建武參軍。三月初一日戊午，劉裕的軍隊在江乘縣與吳甫之所率領的軍隊遭遇。劉裕就要出戰，朱齡石向劉裕請求說：「我朱齡石世代蒙受桓氏的厚恩，我不願意把兵刃對準桓氏的軍隊，請把我安置在軍隊的後面。」劉裕讚賞朱齡石的義氣，便同意了他的請求。吳甫之，是桓玄屬下最驍勇善戰的將領，他手下的士卒也非常精銳。劉裕親自揮舞大刀，大聲吶喊著率先衝向吳甫之的軍隊，所向披靡，吳甫之的軍隊根本抵擋不住劉裕軍隊的進攻，於是斬殺了吳甫之，向前推進到江乘縣西面的羅落橋。右衛將軍皇甫敷率領數千人迎戰劉裕，被劉裕任命為司馬的寧遠將軍檀憑之戰敗被殺。

而劉裕的攻勢卻越加猛烈，皇甫敷把劉裕重重包圍，劉裕依靠著一棵大樹挺身獨戰。皇甫敷對劉裕說：「你想要什麼樣的死法？」說完拔戟就要刺向劉裕，劉裕怒睜雙目，大聲斥責，皇甫敷竟被嚇得連連倒退。劉裕的黨羽很快趕來，用箭射中了皇甫敷的腦門，將皇甫敷射倒，劉裕揮刀向前逼近皇甫敷。皇甫敷說：「你受到上天的保佑，我就把自己的子孫託付給你了。」劉裕殺死了皇甫敷，而對皇甫敷留下的子女則厚加撫恤。劉裕把寧遠將軍檀憑之所率領的軍隊調撥給參軍檀祗。檀祗，是檀憑之的姪子。

桓玄聽到頓丘太守吳甫之和右衛將軍皇甫敷全部戰死的消息，非常恐懼，便將那些有法術的人招集起來，讓他們為自己推算前途命運，並讓他們用妖術鎮住劉裕等。桓玄向群臣詢問說：「我是不是就要敗亡了？」擔任吏部郎的曹靖之回答說：「民眾對陛下充滿怨恨，天神憤怒，我確實感到很害怕。」桓玄說：「民眾可能會怨恨於我，然而天神為什麼要發怒？」曹靖之回答說：「晉室宗廟中的祖先牌位先被遷到琅邪，後被遷到尋陽，神主在長江之濱漂泊不定；而楚國的宗廟中，只供奉了桓溫的神主，祖父以上連牌位都沒有。這就是天神發怒的原因。」桓玄說：「你為何不早點勸說我？」曹靖之又回答說：「朝廷之上的大臣全都認為當今之世就是唐堯、虞舜統治時期的太平盛世，我哪裡敢多說話！」桓玄默然無語。桓玄派擔任揚州刺史的新野王桓謙和擔任游擊將軍的何澹之率軍駐紮在建康城北的東陵，令擔任侍中、後將軍的卞範之率軍駐紮在覆舟山以西，兩處軍隊加在一起總共有二萬人。

三月初二日己未，劉裕的軍隊進餐之後，便把剩餘的糧食全部丟棄，然後挺進到覆舟山以東，劉裕派軍中的老弱殘兵登上山頂，在山頂上遍插旗幟以迷惑敵人，其餘的軍隊則兵分幾路同時並進，布滿了山谷。桓玄的偵察兵回來向桓玄報告說：「四面八方到處都是劉裕的軍隊，不知道到底有多少人。」桓玄於是更加憂愁恐懼，他派遣擔任武衛將軍的庾賾之率領精銳士卒幫助支援各路軍隊。桓謙等所率領的士卒大多都是北府軍中的舊人，一向畏服劉裕，因此與劉裕軍作戰毫無鬥志。劉裕與劉毅等人分成幾路，向桓謙的軍陣發起攻擊。劉裕身先士卒，其他將士也都拼力死戰，無不以一當百，吶喊聲驚天動地。當時東北風颳得很猛，劉裕軍遂順風縱火，向桓謙軍發起火攻，濃煙烈焰燒紅了半邊天，擊鼓吶喊的聲音震動了京師，桓謙等各路軍馬全都大敗潰散。

桓玄當時雖然派人率軍抵抗劉裕，然而心中早已下定了逃走的決心，他暗中派自己的姐夫、擔任領軍將軍的殷仲文在石頭城準備好了逃跑用的舟船；當聽到桓謙等失敗的消息，便立即率領自己的數千名親信，對外聲稱是趕赴前線與劉裕軍作戰，便帶著自己的兒子桓昇、姪子桓濬出了南掖門。途中遇到在前相國屬下擔任參軍的胡藩，他拉住桓玄的馬籠頭苦苦勸諫說：「如今羽林軍中的射手還有八百人，都是感恩仗義的老部下。西部之人幾代蒙受桓氏厚恩，陛下不驅使他們，讓他們與劉裕軍決一死戰，一旦拋棄了京師，準備到哪裡安身呢？」桓玄沒有回答，只是用馬鞭子指了指天，然後鞭打戰馬，向著西方石頭城方向逃走，他登上殷仲文早已為他準備好的船隻，與殷仲文等一道渡過長江向南逃竄。整整一天，桓玄都沒有吃東西，身邊的人為他送上粗劣的飯菜，桓玄根本無法下嚥，他的兒子桓昇抱住父親，撫摸著他的胸部安慰他，桓玄悲傷得簡直無法控制。

劉裕進入京師建康，王仲德抱著王元德的兒子王方回出來迎候劉裕，劉裕從馬上抱過王方回，與王仲德相對痛哭。遂追贈王元德為給事中，任命王仲德為中兵參軍。劉裕率軍進駐桓謙的大營，派劉鍾佔據東府。三月初三日庚申，劉裕率軍屯駐在石頭城，在此建立了一個留守的朝廷機構，設置了文武百官，把桓溫的牌位從太廟中丟出來，送到宣陽門外進行焚燒，又為晉朝司馬氏的祖先重新製作了一套七廟的牌位，送到太廟之中。劉裕一面派遣諸將追擊桓玄，命擔任尚書的王嘏率領文武百官前往迎接晉安帝司馬德宗，一面誅殺桓玄宗族中留在建康的人。劉裕派臧熹進入皇宮，搜集圖書、器物，封閉了府庫。劉裕看到一些用黃金做裝飾的樂器，便問臧熹說：「你想不想要這些樂器？」臧熹神情嚴肅地說：「皇上遭到桓玄的囚禁、逼迫，顛沛流離到他不應該去的地方，將軍首先舉起義旗，勤勞王室，我雖然不成材，但也實在沒有心思享樂。」劉裕笑著說：「我只不過和你開個玩笑罷了。」臧熹，是臧燾的弟弟。

三月初五日壬戌，被桓玄任命為司徒的王謐與眾人議論推舉劉裕兼任揚州刺史，劉裕堅決予以推辭；劉裕任命王謐為侍中、兼任司徒、揚州刺史、錄尚書事。王謐又推舉劉裕為使持節、都督揚・徐・兗・豫・青・

冀・幽・并八州諸軍事、徐州刺史；劉裕任命劉毅為青州刺史，任命何無忌為琅邪內史，任命孟昶為丹楊尹，任命劉道規為義昌太守。

劉裕開始進入建康的時候，各種重大事務的處理安排全部委託給劉穆之，即使是在倉促之間，然而劉穆之的裁決和處理，卻沒有一件不處理得公允恰當。劉裕遂把劉穆之當成自己的心腹，對待他推心置腹，一切行動無不與他商量。劉穆之也對劉裕竭盡忠誠，沒有一點保留和隱瞞。當時，晉朝的政令鬆弛，綱紀敗壞，豪門大族欺陵弱小、橫行霸道，小民百姓被踩在腳下，受盡屈辱；再加上司馬元顯當政時期政令的失誤，桓玄雖然想要加以改正和調整，然而各種規章條文多如牛毛，眾人簡直無所適從。劉穆之針對這種情況，便根據實際需要隨時加以糾正。劉裕也能以身作則，用自己的行為給下屬做出榜樣，先用威刑峻法整肅內外，於是文武百官全都謹慎小心地對待自己的工作，不到十天的工夫，社會風氣就發生了變化。

當初，諸葛長民到達豫州時，已經錯過了約定起事的日期，因此不能發動。豫州刺史刁逵逮捕了諸葛長民，並用囚車把諸葛長民押送給桓玄。囚車走到當利的時候，桓玄已經被劉裕擊敗，負責押送的人便打開囚車救出諸葛長民，並調轉方向奔回歷陽。刁逵得知桓玄已經失敗，便丟下歷陽逃走，結果被自己的部下抓獲，殺死在石頭城，他的子姪，不論年紀大小全被殺死，只赦免了他的小弟弟、擔任給事中的刁騁。刁逵的舊部下把刁逵弟弟的兒子刁雍藏匿起來，祕密護送刁雍投奔了後秦所屬的洛陽。後秦王姚興任命刁雍為太子中庶子。劉裕任命魏詠之為豫州刺史，鎮守歷陽，任命諸葛長民為宣城內史。

當初，劉裕並沒有什麼名望，地位也很低下，為人輕薄狡詐，沒有什麼品行，當時有地位有名望的上流社會的人都不與他交往，只有王謐一人認為他與眾不同，將來肯定能夠富貴顯達，王謐對劉裕說：「你肯定能夠成為一代英雄。」劉裕曾經和刁逵一塊賭博，賭輸了卻沒能按時把所欠的賭錢還給刁逵，刁逵就把劉裕捆在馬樁子上；王謐看見之後，責令刁逵釋放了劉裕，並代替劉裕償還了拖欠刁逵的賭債。從此以後，劉裕深深地怨恨刁逵而感激王謐。

蕭方等說：「蛟龍在水下潛伏的時候，就連魚蝦也敢來欺侮牠。所以漢高祖赦免了曾經反覆無常的部將雍齒，魏武帝曹操赦免了曾經壓制過自己的梁鵠，怎麼能夠把平民時期結下的仇怨，等到成了萬乘之君後還來打擊報復呢？如今王謐位列三公，而刁逵被夷滅全族，酬謝王謐的恩德，報復對刁逵的仇怨，劉裕的度量是何等的狹小啊！」

東晉擔任尚書左僕射的王愉和他的兒子、擔任荊州刺史的王綏密謀襲擊劉裕，事情敗露，被誅滅全族；王綏弟弟的兒子王慧龍被和尚彬隱藏起來，才免於一同被殺。

北魏主拓跋珪因為中原地區人戶稀少，一片蕭條，遂下詔：凡是戶口不滿一百的縣一律撤銷。

三月初十日丁卯，劉裕將其軍政指揮部遷回東府。

桓玄逃到尋陽，擔任江州刺史的郭昶之為他提供了各種物資、兵器，並補充了兵員。三月十四日辛未，桓玄逼迫著晉安帝司馬德宗與他們一起西上，被劉裕任命為青州刺史的劉毅率領琅邪內史何無忌、義昌太守劉道規等諸路大軍奮力追擊。桓玄留下龍驤將軍何澹之、前將軍郭銓與江州刺史郭昶之把守湓口。桓玄在逃亡途中親自動手寫作《起居注》，記載了討伐劉裕的全部過程，桓玄認為自己的所有部署全部準確無誤，只是因為諸將不聽從指揮調度，才導致失敗，使自己四處逃亡。他一門心思都用在著書立說上，沒有時間與屬下群臣討論如何應對面前的局勢。《起居注》完成之後，便向遠近各地公開發布。

三月二十九日丙戌，劉裕宣稱自己接受了晉安帝的祕密詔書，令武陵王司馬遵以皇帝的名義，總領文武百官，加授司馬遵為侍中、大將軍，實行大赦，只有桓玄一個家族不在赦免的範圍之內。

劉敬宣以及高雅之祕密勾結青州的豪門大姓以及鮮卑的部落首領，企圖謀殺南燕王慕容備德，然後推戴在東晉擔任襄城太守的司馬休之為君主。南燕主慕容備德任命劉軌為司空，對劉軌非常的寵愛和信任。高雅之想邀請劉軌參與自己的陰謀，劉敬宣說：「劉軌年紀已經衰老，有在齊地安養天年的志向，不能把咱們的事情告訴他。」但高雅之最終還是把自己的計畫告訴了劉軌，劉軌不肯與他們同謀。而劉敬宣等人的陰謀已經逐漸洩露出去，劉敬宣等只好向南逃走，南燕人逮捕了劉軌，把劉軌殺死，又追捕高雅之，高雅之也被殺死。劉敬宣、司馬休之逃亡到淮河、泗水之間，聽到東晉桓玄已經失敗的消息，於是又回到東晉。徐州刺史劉裕任命劉敬宣為晉陵太守。

南燕主慕容備德聞聽到東晉桓玄失敗的消息，立即命令北地王慕容鍾等率軍準備攻取江南，不巧的是慕容備德此時生了一場大病，這次的軍事行動才被取消。

夏，四月己丑❶，武陵王遵入居東宮，內外畢敬。遷除百官❷稱制書❸，教❹稱令書❺。以司馬休之監❻荊・益・梁・寧・秦・雍六州諸軍事、領❼荊州刺史。庚寅❽，桓玄挾帝至江陵，桓石康納之❾。玄更署置百官，以卞範之為尚書僕射。自以奔敗之後，恐威令不行，乃更增峻刑罰，眾益離怨。殷仲文❿諫，玄怒曰：「今以諸將失律⓫，天文不利⓬，故還都舊楚⓭。而羣小紛紛，妄興異議⓮，方當糾之以猛，未可施之以寬也。」荊、江諸郡聞玄播越⓯，有上表奔問起居者，玄皆不受，更令所在⓰賀遷新都。

初，王謐為玄佐命元臣⓱，玄之受禪，謐手解帝璽綬⓲。及玄敗，眾謂謐宜誅，劉裕特保全之。劉毅嘗因朝會，問謐璽綬所在⓳。謐內不自安，逃奔曲阿⓴。裕牋白㉑武陵王，迎還復位㉒。

桓玄兄子歆㉓引氐帥楊秋㉔寇歷陽，魏詠之帥諸葛長民、劉敬宣、劉鍾共擊破之，斬楊秋於練固㉕。

玄使武衛將軍庾稚祖、江夏太守桓道恭帥數千人就何澹之等共守湓口。何無忌、劉道規至桑落洲[26]，庚戌[27]，澹之等引舟師逆戰。澹之常所乘舫[28]羽儀[29]旗幟甚盛，無忌曰：「賊帥必不居此，欲詐我耳，宜亟[30]攻之。」眾曰：「澹之不在其中，得之[31]無益。」無忌曰：「今眾寡不敵[32]，戰無全勝[33]。澹之既不居此舫，戰士必弱，我以勁兵攻之，必得之；得之，則彼勢沮[34]而我氣倍，因而薄[35]之，破賊必矣。」道規曰：「善！」遂往攻而得之，因傳呼曰：「已得何澹之矣。」澹之軍中驚擾。無忌之眾亦以為然，乘勝進攻澹之等，大破之。無忌等克湓口，進據尋陽，遣使奉送宗廟主祏[36]還京師。加劉裕都督江州諸軍事。

桑落之戰，胡藩[37]所乘艦為官軍[38]所燒，藩全鎧入水，潛行三十許步，乃得登岸。時江陵路已絕，乃還豫章[39]。劉裕素聞藩為人忠直，引參領軍軍事[40]。

桓玄收集荊州兵，曾未三旬[41]有眾二萬，樓船、器械甚盛。甲寅[42]，玄復帥諸軍挾帝東下，以苻宏[43]領梁州刺史[44]，為前鋒；又使散騎常侍徐放[45]先行，說劉裕等曰：「若能旋軍散甲，當與之更始[46]，各授位任，令不失分[47]。」

劉裕以諸葛長民都督淮北諸軍事，鎮山陽[48]；以劉敬宣為江州刺史。

柔然可汗社崙從弟悅代大那[49]謀殺社崙，不克，奔魏。

燕王熙於龍騰苑起逍遙宮，連房數百，鑿曲光海，盛夏，士卒不得休息，暍死[50]者太半。

西涼世子譚[51]卒。

劉毅、何無忌、劉道規、下邳太守平昌孟懷玉帥眾自尋陽西上，五月癸酉[52]，與桓玄遇於崢嶸洲[53]。毅等兵不滿萬人，而玄戰士數萬，眾憚之，欲退還尋陽。道規曰：「不可！彼眾我寡，彊弱異勢，今若畏懦不進，必為所乘[54]，雖至尋陽，豈能自固？玄雖竊名雄豪，內實恇怯[55]；加之已經奔敗，眾無固心。決機兩陣[56]，將雄者克，不在眾也。」因麾眾先進，毅等從之。玄常漾舸於舫側[57]以備敗走，由是眾莫有鬬心。毅等乘風縱火，盡銳爭先，玄眾大潰，燒輜重夜遁。郭銓[58]詣毅降。

玄故將劉統、馮稚等聚黨四百人襲破尋陽城。毅遣建威將軍劉懷肅[59]討平之。懷肅，懷敬之弟也。

玄挾帝單舸西走，留永安何皇后[60]及王皇后[61]於巴陵[62]。殷仲文時在玄艦，求出別船收集散卒，因叛玄，奉二后奔夏口[63]，遂還建康。

己卯[64]，玄與帝入江陵。馮該勸使更下戰，玄不從，欲奔漢中就桓希[65]，而人情乖沮[66]，號令不行。庚辰[67]夜中，處分欲發[68]，城內已亂，乃與親近腹心百餘人乘馬出城西走。至城門，左右於闇中斫玄，不中，其徒更相殺害，前後交橫[69]。

玄僅得至船，左右分散，惟卞範之在側。

辛巳[70]，荊州別駕[71]王康產奉帝入南郡府舍[72]，太守王騰之帥文武為侍衛。

玄將之漢中，屯騎校尉毛脩之[73]，璩之弟子也，誘玄入蜀，玄從之。寧州[74]刺史毛璠，璩之弟也，卒於官。璩使其兄孫祐之及參軍費恬帥數百人，送璠喪歸江陵，壬午[75]，遇玄於枚回洲[76]。祐之、恬迎擊玄，矢下如雨，玄嬖人[77]丁仙期、萬蓋等以身蔽玄，皆死。益州督護[78]漢嘉馮遷[79]抽刀前欲擊玄，玄拔頭上玉導[80]與之，曰：「汝何人，敢殺天子！」遷曰：「我殺天子之賊耳！」遂斬之，又斬桓石康[81]、桓濬[82]、庾賾之[83]〔1〕，執桓昇[84]送江陵，斬於市。乘輿返正於江陵[85]，以毛脩之為驍騎將軍。甲申[86]，大赦，諸以畏逼[87]從逆者一無所問。戊寅[88]，奉神主于太廟[89]。劉毅等傳送玄首[90]，梟于大桁[91]。

毅等既戰勝，以為大事已定，不急追躡[92]，又遇風，船未能進，玄死幾一旬，諸軍猶未至[93]。時桓謙[94]匿於沮中[95]，揚武將軍桓振[96]匿於華容浦[97]〔2〕，玄故將王稚徽戍巴陵，遣人報振云：「桓歆已克京邑[98]，馮稚[99]復克尋陽，劉毅諸軍並中路敗退。」振大喜，聚黨得二百人，襲江陵，桓謙亦聚眾應之。閏月己丑[100]，復陷江陵，殺王康產、王騰之。振見帝於行宮，躍馬奮戈，直至階下，問桓昇所在。聞其已死，瞋目謂帝曰：「臣門戶何負國家，而屠滅若是？」琅邪王德文[101]下牀[102]謂曰：「此豈我兄弟意邪？」振欲殺帝，謙苦禁之，乃下馬，斂容[103]致拜而出。壬辰[104]，振為玄舉哀，立喪庭[105]，諡曰「武悼皇帝」。

癸巳[106]，謙等帥羣臣奉璽綬於帝曰：「主上法堯禪舜[107]，今楚祚不終[108]，百姓之心復歸於晉矣。」以琅邪王德文領徐州刺史，振為都督八郡諸軍事、荊州刺史，謙復為侍中、衛將軍，加江、豫二州刺史。帝侍御左右，皆振之腹心。

振少薄行，玄不以子姪齒之[109]。至是，歎曰：「公昔不早用我，遂致此敗。若使公在，我為前鋒，天下不足定也。今獨作此[110]，安歸乎[111]？」遂縱意酒色，肆行誅殺。謙勸振引兵下戰，己守江陵，振素輕謙，不從其言。

劉毅至巴陵，誅王稚徽。何無忌、劉道規進攻桓謙於馬頭[112]、桓蔚[113]於龍泉[114]，皆破之。蔚，祕之子也。

無忌欲乘勝直趣[115]江陵，道規曰：「兵法屈申有時，不可苟進。諸桓世居西楚[116]，羣小皆為竭力，振勇冠三軍，難與爭鋒。且可息兵養銳，徐以計策縻之[117]，不憂不克。」無忌不從。振逆戰於靈溪[118]，馮該[119]以兵會之，無忌等大敗，死者千餘人。退還尋陽，與劉毅等上牋[120]請罪。劉裕以毅節度諸軍[121]，免其青州刺史。

桓振以桓蔚為雍州刺史，鎮襄陽。

柳約之、羅述、甄季之[122]聞桓玄死，自白帝進軍，至枝江[123]，聞何無忌等敗於靈溪，亦引兵退，俄而述、季之皆病，約之詐桓振偽降，欲謀襲振，事泄，振殺之。約之司馬時延祖、涪陵[124]太守文處茂收其餘眾，保涪陵。

六月，毛璩遣將攻漢中，斬桓希，璩自領梁州。

秋，七月戊申[125]，永安皇后何氏崩。

燕苻昭儀有疾，龍城人王榮自言能療之。昭儀卒，燕王熙立榮於公車門[126]，支解而焚之。

八月癸酉[127]，葬穆章皇后[128]于永平陵[129]。

魏置六謁官[130]，準古六卿。

九月，刁騁[131]謀反，伏誅，刁氏遂亡。刁氏素富，奴客縱橫，專固[132]山澤，為京口之患。劉裕散其資蓄，令民稱力而取[133]之，彌日[134]不盡。時州郡饑弊，民賴之以濟。

乞伏乾歸及楊盛[135]戰于竹嶺[136]，為盛所敗。

西涼公暠立子歆為世子。

魏主珪臨昭陽殿改補[137]百官，引朝臣文武，親加銓擇[138]，隨才授任。列爵四等：王封大郡，公封小郡，侯封大縣，伯封小縣。其品第一至第四，舊臣有功無爵者追封之，宗室疏遠及異姓襲封[139]者降爵有差[140]。又置散官五等，其品第五至第九。文官造士[141]才能秀異、武官堪為將帥者，其品亦比[142]第五至第九，百官有闕，則取於其中以補之。其官名多不用漢、魏之舊，倣上古龍官、鳥官[143]，謂諸曹之使[144]為鳧鴨，取其飛之迅疾也；謂候官[145]伺察者為白鷺，取其延頸遠望也，餘皆類此。

盧循寇南海[146]，攻番禺。廣州刺史濮陽吳隱之[147]拒守百餘日。冬，十月壬戌[148]，循夜襲城而陷之，燒府舍、民室俱盡，執吳隱之。循自稱平南將軍，攝廣州事[149]。聚燒骨為共冢，葬於洲上，得髑髏[150]三萬餘枚。又使徐道覆攻始興[151]，執始興相阮腆之。

劉裕領青州刺史[152]。

劉敬宣在尋陽，聚糧繕船，未嘗無備，故何無忌等雖敗退，賴以復振。桓玄兄子亮(153)自稱江州刺史，寇豫章，敬宣擊破之。

劉毅、何無忌、劉道規復自尋陽西上，至夏口。桓振遣鎮東將軍馮該守東岸，揚武將軍孟山圖據魯山城(154)，輔國將軍桓仙客守偃月壘(155)，眾合萬人，水陸相援。毅攻魯山城，道規攻偃月壘，無忌遏中流(156)，自辰至午，二城俱潰，生禽山圖、仙客，該走石城(157)。

辛巳(158)，魏大赦，改元「天賜」(159)，築西宮。十一月，魏主珪如西宮，命宗室置宗師(160)，八國(161)置大師、小師，州郡亦各置師，以辨宗黨(162)，舉才行，如魏、晉中正(163)之職。

燕王熙與苻后遊畋(164)，北登白鹿山(165)，東踰青嶺(166)，南臨滄海(167)而還，士卒為虎狼所殺及凍死者五千餘人。

十二月，劉毅等進克巴陵。毅號令嚴整，所過百姓安悅。劉裕復以毅為兗州刺史。桓振以桓放之(168)為益州刺史，屯西陵(169)。文處茂擊破之，放之走還江陵。

高句麗侵燕。

戊辰(170)，魏主珪如豺山宮(171)。

是歲，晉民避亂，襁負(172)之淮北者道路相屬。

【章 旨】以上為第三段，寫晉安帝元興三年（西元四〇四年）後九個月的大事。主要寫了桓玄挾持晉安帝逃到江陵，桓玄之姪桓歆進攻歷陽，被魏詠之等打敗；桓玄部將庾稚祖、何澹之等守湓口，被何無忌、劉道規大破之；桓玄又帶兵東下，被劉毅、何無忌、劉道規等大破於崢嶸洲；桓玄挾持晉安帝逃回江陵後，想北逃漢中，中途遇益州刺史毛璩的部下毛祐之、馮遷等，馮遷擊殺桓玄、桓石康，活捉桓玄的太子桓昇，桓昇被斬於江陵，桓玄被梟首於建康朱雀橋；由於劉毅等人的軍隊西進遲緩，致使桓玄的餘黨桓振、桓謙等重又集結兵力，奪回了江陵；劉毅、何無忌等繼續率兵西進，破桓謙、桓蔚軍；何無忌乘勝攻江陵，被桓振所破；劉毅、何無忌、劉道規復自尋陽西上，破桓玄部將馮該、桓仙客等於夏口，又進克巴陵；桓振派出的軍隊在西線被益州軍隊打敗於西陵，桓振等據江陵而守；此外還寫了孫恩的餘黨盧循被劉裕打敗後浮海南下攻克廣州，自稱平南將軍，攝廣州刺史，以及燕主慕容熙不惜民力，大興土木，造逍遙宮、曲光海等，士卒死者大半等等。

【注 釋】❶四月己丑 四月初二。❷遷除百官 任命百官。遷，改換職務。除，任命；封拜。❸稱制書 即以皇帝的名義。皇帝下的命令叫「制」或「詔」等等。❹教 即今所謂「指示」，宣告某事。諸侯王及將相大臣給群下的命令叫「教」。❺令書 也是當時的文體名。皇帝下的「令」與上述的「制」、「詔」原無區別，只是使用的場合不同。❻監 監督、協調，不同於直接統轄的所謂「都督……軍事」。❼領 代理，與實授不同。又當時的荊州尚被桓玄的黨羽佔領，諸軍已經進討，此乃預先委任。❽庚寅 四月初三。❾納之 接納桓玄進去。當時桓石康任荊州刺史。❿殷仲文 桓玄的姐夫。⓫失律 不遵守紀律；不服從命令。⓬天文不利 星象的變化對我們不利。⓭舊楚 舊日的楚國都城，春秋時代的楚國都城即今湖北江陵西北的紀南城，亦即東晉時代的江陵，荊州的州治所在地。⓮妄興異議 即有人說他打了敗仗，桓玄自己不承認。⓯播越 猶言「顛沛」，即流離、奔走於道。⓰所在 到處，他所管轄的各個地方。⓱佐命元臣 輔佐他建立新王朝、登基稱帝的大臣。佐命，幫著他接受天命。元臣，大臣。⓲手解帝璽綬 親手從晉安帝身上把皇帝的印綬解下來，給桓玄佩戴上。⓳問謐璽綬所在 故意以此譏諷王謐的賣主求榮。⓴曲阿 縣名，即今江蘇丹陽。㉑牋白 上書稟告。牋，文體名，群臣給諸侯將相的信札叫「牋」。㉒迎還復位 迎王謐回來，仍讓他當錄尚事，位同丞相。㉓桓玄兄子歆 即桓歆，據《晉書》，桓歆是桓溫之子，桓玄之兄非「兄子」，今依《晉書》當削「子」字。㉔楊秋　氐族人，仇池地區楊定、楊盛等的同一族姓。先為東晉武都太守，桓玄叛亂後，投歸桓玄。事見本書上卷元興元年。㉕練固　在今安徽和縣西北。㉖桑落洲　在今江西九江東北的長江中。㉗庚戌　四月二十三。㉘常所乘舫　經常所乘坐的那條船。㉙羽儀　古代高官出行所使用的儀仗，其中有些旛幢之類上有羽毛為飾，故稱「羽儀」。㉚亟　迅速；趕緊。㉛得之　得手；獲得此船。㉜眾寡不敵　當時何無忌的人少。㉝戰無全勝　指沒有戰勝敵人的十分把握。㉞勢沮　士氣瓦解。㉟薄　迫；攻逼。㊱主祏　裝神主（靈牌）的石匣，當時晉朝宗廟的神主由司馬德文保管在尋陽。㊲胡藩　此為桓玄參軍。㊳官軍　朝廷的軍隊，指劉裕一方。㊴豫章　今江西南昌。㊵參領軍軍事　為劉裕當軍事參謀。當時劉裕任領軍將軍。㊶曾未三旬　不到一個月的時間。㊷甲寅　四月二十七。㊸苻宏　前秦主苻堅的兒子。苻堅兵敗被姚萇殺後，苻宏逃奔東晉，成為桓玄的部將。㊹領梁州刺史　原來桓玄任命桓希為梁州刺史，結果桓希被益州刺史毛璩等打敗，現又讓苻宏代理此職。㊺徐放　原任鄱陽太守，今為桓玄的散騎常侍。㊻更始　不記舊仇，從頭做起。㊼令不失分　不會讓你們丟掉應該有的東西。㊽山陽　今江蘇淮安。㊾悅代大邪　人名。㊿暍死　中暑而死。(51)西涼世子譚　即李譚，西涼主李暠的世子。世子，意同「太子」，國家政權的接班人。(52)五月癸酉　五月十七。(53)崢嶸洲　在今湖北黃州西北的長江中。(54)所乘　所趁勢攻擊。乘，陵。(55)恇怯　恐慌、怯懦。(56)決機兩陣　在兩軍陣前決勝負。(57)漾舸於舫側　在大船旁邊繫著一艘小船，隨時準備逃跑。舸，指小艇。舫，指樓船。(58)郭銓　原是桓沖的部將，被任為益州刺史，後很快地投靠了桓玄。(59)劉懷肅　劉裕的堂兄。傳見《宋書》卷四十七。(60)永安何皇后　晉穆帝司馬聃的皇后。(61)王皇后　晉安帝的皇后。(62)巴陵　即今湖南岳陽。(63)夏口　即今武漢。(64)己卯　五月二十三。(65)桓希　桓希任梁州刺史前被益州刺史毛璩打敗於巴東一帶，現正駐守漢中，今陝西漢中。(66)乖沮　不同意；不贊成。(67)庚辰　五月二十四。(68)處分欲發　做出決定想出發去漢中。處分，安排；部署。發，出發；起行。(69)前後交橫　死者一個挨一個。(70)辛巳　五月二十五。(71)別駕　刺史手下的高級僚屬，總管州中諸事。(72)南郡府舍　南郡太守的衙門。(73)毛脩之　字敬之，先從殷仲堪，後隨桓玄，最後反桓玄有功，成為劉裕的得力將領。傳見《宋書》卷四十八。(74)寧州　州治在今雲南晉寧東。(75)壬午　五月二十六。(76)枚回洲　在今湖北江陵南的長江中。(77)嬖人　男寵。(78)督護　將軍、刺史手下負責護衛的軍官。(79)漢嘉馮遷　漢嘉郡人馮遷。漢嘉郡的郡治在今四川邛崍西南。(80)玉導　簪子一類的東西，以玉為之。(81)桓石康　桓豁之子，桓玄的堂兄弟。(82)桓濬　桓偉之子，桓玄之姪。(83)庾賾之　桓玄的死黨。(84)桓昇　桓玄的「太子」。(85)返正於江陵　意謂晉安帝又在江陵恢復稱帝。(86)甲申　五月二十八。(87)畏逼　怕受迫害。(88)戊寅　五月二十二。(89)奉神主于太廟　把從尋陽取回來的晉朝太廟的神主安放回太廟。(90)傳送玄首　通過驛車把桓玄的人頭送到朝廷。(91)梟于大桁　在朱雀橋頭懸首示眾。大桁，即朱雀橋，當時秦淮河上的大浮橋。(92)追躡　尾隨追擊。躡，尾隨。(93)猶未至　猶未到達江陵。(94)桓謙　桓沖之子，桓玄的堂兄弟。(95)沮中　沮水流域，指今湖北當陽、遠安等一帶。(96)桓振　桓豁之孫，桓玄之姪。(97)華容浦　在今湖北監利北。(98)京邑　指建康城，今南京市。(99)馮稚　桓玄的部將。(100)閏月己丑　閏五月初三。(101)德文　即司馬德文，晉安帝司馬德宗之弟。(102)下牀　從座位上站起來。牀，類似今之座椅。(103)斂容　改換成一副莊重的臉色。(104)壬辰　閏五月初六。(105)立喪庭　在庭前搭起靈棚。(106)癸巳　閏五月初七。(107)法堯禪舜　指晉安帝前將帝位「讓給」了桓玄。(108)楚祚不終　大楚的運命沒有得到好的結果。楚祚，指桓玄的國運，桓玄篡位後國號為楚。(109)不以子妷齒之　不把他算入自己的子姪之列。妷，通「姪」。齒，列。不齒，不列入，即瞧不起的意思。(110)今獨作此　我今天一個人獨掌大權，作威作福。(111)安歸乎　又能走向何處。(112)馬頭　也叫馬頭戍，在今湖北公安北，與江津戍相對。(113)桓蔚　桓祕之子，桓玄的堂兄弟。(114)龍泉　也叫龍陂，在今江陵東南的靈溪東岸。(115)直趣　同「直趨」。(116)世居西楚　世代統治荊州一帶地區。古有「三楚」之說，具體地域，指說不一，據《太平寰宇記》：江陵一帶稱西楚，彭城一帶稱東楚，廣陵一帶稱南楚。(117)以計策縻之　用計策制服他。縻，捆綁，這裡意即制服。(118)靈溪　這裡指靈溪戍，在江陵城南靈溪入長江的匯口處。(119)馮該　桓玄的部將，桓玄篡位後被封為魚腹侯，是桓氏的死黨之一。(120)上牋　上書給武陵王司馬遵。(121)以毅節度諸軍　因為劉毅是各路兵馬的總指揮。節度，節制、調度。(122)柳約之羅述甄季之　三人皆毛璩部將，時駐軍白帝城。(123)枝江　縣名，在今湖北枝江市南。(124)涪陵　郡名，郡治漢平，在今重慶市涪陵東南。(125)戊申　七月二十三。(126)公車門　宮廷的前門，凡吏民上書或四方進貢都彙總於此，由公車令轉呈皇帝。(127)八月癸酉　八月十九。(128)穆章皇后　即前文的「永安皇后何氏」。晉穆帝司馬聃的皇后，死後諡曰章。(129)永平陵　晉穆帝司馬聃的陵墓。(130)謁官　有如後代的各部尚書，與秦漢的所謂的九卿同。(131)刁騁　桓玄黨羽刁逵之弟，前劉裕斬刁逵時，曾赦免了他。(132)專固　霸佔。(133)稱力而取　能拿多少拿多少。(134)彌日　整天；從早一直到晚。(135)楊盛　氐族人，當時佔據著今甘肅武都、成縣一帶，自稱仇池公，稱藩於晉。(136)竹嶺　在甘肅上邽（今甘肅天水市）西南。(137)改補　改任與加封。(138)銓擇　選擇。(139)襲封　指子孫襲承父祖之爵者。(140)降爵有差　做不同情況的降低，以區別親自因功得封者。(141)造士　學問有成而尚未進入官場的學子，這種人在當時享受一定待遇，如不服勞役等。(142)比　相當；參照。(143)龍官鳥官　據說遠古太皞氏時代百官師長都以龍為名，少皞氏時代百官師長都以鳥為名。說見《左傳》昭公十七年。(144)諸曹之使　諸曹下面的吏役。諸曹，猶今中央之所謂各部。使，受驅使的辦事人員。(145)候官　負責偵察敵情的官吏。(146)南海　郡名，郡治番禺，即今廣東廣州。番禺也是當時廣州的州治所在地。(147)吳隱之　字處默，當時有名的清官，身為太守，而家庭的衣食都不能滿足。事見《晉書・良吏傳》。148十月壬戌　十月初九。149攝廣州事　代理廣州刺史，因當時盧循尚與東晉朝廷保持著聯繫（桓玄任他為永嘉太守），故有這種官樣文章。150髑髏　死人的頭首。151始興　郡名，郡治在今廣東韶關市南。152領青州刺史　原青州刺史劉毅因打敗仗被免職，故暫由劉裕領之。領，兼任。153兄子亮　即桓亮，桓偉之子。154魯山城　在今武漢的漢陽區。155偃月壘　亦稱卻月戍，舊址在今武漢的漢口區。156遏中流　控制長江的江心一帶，以防其增援與奔突。157石城　即今湖北鍾祥，在武漢的西北方，當時為竟陵郡的郡治所在地。158辛巳　十月二十八。159改元天賜　在此以前拓跋珪所用的年號為「天興」（西元三九八—四〇三年）。160宗師　官名，考辨梳理拓跋氏皇族的支派系統與舉薦本族的人才，略當於秦漢時代的宗正。161八國　拓跋珪於天興元年以京都平城為中心，向八方輻射，把魏國疆土分成八個區域，派八個大夫每人分掌一個，此之謂「八國」。162辨宗黨　考辨各大族的支派與統系。163中正　魏、晉時期在各州郡設置的官名，負責考察本州郡人才的品德能力，把他們分為九等，以供朝廷選任官吏時參考。164遊畋　遊覽、打獵。165北登白鹿山　白鹿山，也叫白狼山，在今遼寧喀喇沁左翼蒙古族自治縣東，在當時的龍城西南，從方位而言，此云「北登」似有誤。166青嶺　也叫青陘，在燕國都城龍城東南四百餘里。167滄海　即今遼東海。168桓放之　桓雲之孫，桓玄的堂姪。169西陵　也叫夷陵，在今湖北宜昌西北，江陵的西北方。桓放之屯此，以防上游的毛璩來攻。170戊辰　十二月十六。171豺山宮　在今山西右玉境內的豺山上。172襁負　用背帶背著小孩。

【校　記】1庾賾之　據章鈺校，甲十一行本、乙十一行本皆作「庾頤之」，張瑛《通鑑校勘記》同。按，《宋書・武帝紀》載「征虜將軍庾賾之」，《魏書・島夷桓玄傳》載「武衛庾賾之」。2浦　嚴衍《通鑑補》改作「涌中」。按，《晉書・桓振傳》載「匿於華容之涌中」。

【語　譯】夏季，四月初二日己丑，東晉武陵王司馬遵進住建康皇宮中的太子宮，接受了朝廷內外的敬賀。司馬遵以皇帝的名義任免百官的命令稱為「制書」，給下屬發布的指示、命令稱為「令書」。任命司馬休之為監督、協調荊・益・梁・寧・秦・雍六州諸軍事、代理荊州刺史。

四月初三日庚寅，桓玄挾持著晉安帝司馬德宗到達江陵，擔任荊州刺史的桓石康接納了他們。桓玄重新任命文武百官，任命卞範之為尚書僕射。自從逃離京師建康四處漂泊以來，桓玄擔心自己的威望受到損害，政令得不到貫徹執行，於是便加重刑罰的處治力度，然而，適得其反，民眾對他越加離心離德、充滿怨恨。

桓玄的姐夫殷仲文對他進行勸諫，桓玄竟勃然大怒說：「現在，因為諸將不聽從我的指揮而導致戰場上失利，天象變化也對我們很不利，所以我才離開京師建康回到楚國的故都江陵來。而那些別有用心的小人竟然議論紛紛，隨便的胡說八道，此時就得對他們採用強猛的手段予以糾正，而不能採用寬和的政策，姑息養奸。」荊州、江州各郡聽到桓玄經過一番顛沛流離回到了江陵，就有人趕來進獻表章，探問桓玄起居是否安好，桓玄一概不接受，他下令自己所管轄的地區呈遞奏章，恭賀自己遷入新都。

當初，王謐是輔佐桓玄建立新王朝、登基稱帝的大臣，在桓玄逼迫晉安帝司馬德宗將皇位禪讓給他的時候，又是王謐親自上前解下了晉安帝身上佩戴的玉璽轉身給桓玄佩戴。等到桓玄失敗逃離京師之後，眾朝臣都認為應該殺掉王謐，是劉裕特別加以保護，才使王謐得以保全。擔任青州刺史的劉毅曾經在一次朝會中，當面詢問王謐皇帝的玉璽在什麼地方。王謐內心非常恐懼不安，便逃往曲阿。徐州刺史劉裕上書給武陵王司馬遵，向他說明情況，於是又把王謐從曲阿迎接回來，仍舊讓王謐擔任侍中、兼任司徒、揚州刺史、錄尚書事。

桓玄的姪子桓歆勾引氐族部落首領楊秋進犯東晉豫州郡治所所在地歷陽，鎮守歷陽的豫州刺史魏詠之率領宣城內史諸葛長民、晉陵太守劉敬宣以及擔任彭城主簿的劉鍾共同將楊秋擊敗，在歷陽西北的練固將楊秋斬首。

桓玄派擔任武衛將軍的庾稚祖、擔任江夏太守的桓道恭率領數千人一同前往湓口，會合何澹之等共同防守湓口。琅邪內史何無忌、義昌太守劉道規率軍挺進到桑落洲。四月二十三日庚戌，何澹之等率領舟船水師迎戰何無忌等。何澹之平時所乘坐的那艘船，上面布置著包括用羽毛做裝飾的旛幢等全套儀仗，排場盛大而豪華。何無忌說：「賊帥何澹之肯定不會在這艘船上，他是在欺騙我們，引誘我們上當，應該趕緊向他們發起進攻。」眾人都說：「何澹之既然不在這艘船上，我們就是繳獲了這艘船也沒有什麼好處。」何無忌說：「如今敵眾我寡，我們很難有戰無不勝的把握。何澹之既然不在這艘船上，它的防禦力量肯定不強，我們出動精銳進攻，肯定能夠將它弄到手；我們得到它之後，何澹之一方的士氣必然瓦解，而我方的士氣必定成倍增長，然後趁勢逼近他們，一定能夠將他們打敗。」劉道規說：「有道理！」於是指揮軍隊向前進攻，很快便將何澹之的坐船攻取到手，於是趁機大聲傳呼說：「何澹之已經被我們活捉了。」何澹之軍中不辨真假，聽到主將被捉，立時軍心動搖，驚擾不安起來。何無忌的部眾也真的以為捉住了何澹之，於是士氣大振，乘勝向何澹之的軍隊發起攻擊，將何澹之等打得大敗。何無忌等遂佔領了湓口，進而攻佔了尋陽，然後派使者把裝有東晉宗廟中先祖牌位的石匣子奉送到京師建康。武陵王司馬遵加授劉裕為都督江州諸軍事。

桑落洲戰役中，桓玄的部將胡藩所乘坐的艦船被何無忌等所率領的官軍燒毀，胡藩全身穿著鎧甲落入水中，他在水下潛泳了三十多步，才得以爬上岸來。當時通往江陵的道路已經被官軍截斷，胡藩只得返回豫章。劉裕一向聽說胡藩為人忠誠正直，便任命胡藩為參領軍軍事。

桓玄在荊州招兵買馬，不到三十天的時間，就招募了二萬名部眾，樓船、器械很多，軍容盛大。四月二十七日甲寅，桓玄又率領手下諸將挾持著晉安帝司馬德宗乘船東下，桓玄任命苻宏為代理梁州刺史，充當前鋒；又派遣擔任散騎常侍的徐放先行出發，讓他前往遊說劉裕等，他說：「你們如果能夠將軍隊撤回、解散，我一定會給你們一個重新開始的機會，每個人都授予爵位、官職，絕對不會讓你們丟掉應該享有的東西。」

劉裕任命擔任宣城內史的諸葛長民為都督淮北諸軍事，鎮守山陽；任命擔任晉陵太守的劉敬宣為江州刺史。

柔然國豆代可汗郁久閭社崙的堂弟郁久閭悅代大那陰謀殺害郁久閭社崙，沒有成功，郁久閭悅代大那遂逃奔了北魏。

後燕天王慕容熙在新建的龍騰苑中起造逍遙宮，數百間的房屋連成一片，又開鑿曲光海，即使是在酷暑盛夏也要堅持施工，士卒根本得不到休息，中暑而死的超過了一大半。

西涼公李暠的世子李譚去世。

東晉青州刺史劉毅、琅邪內史何無忌、義昌太守劉道規以及擔任下邳太守的平昌人孟懷玉率領軍隊從尋陽出發西上，五月十七日癸酉，與桓玄在崢嶸洲相遇。劉毅等人所率領的軍隊不滿一萬人，而桓玄的部眾有數萬人之多，眾人都對桓玄的強大心存畏懼，遂準備退回尋陽。義昌太守劉道規說：「絕對不能退卻！敵眾我寡，敵人實力強大而我軍實力弱小，敵我雙方所處的形勢完全不同，如果我們畏敵不前，勢必遭到敵人的趁機攻擊，即使我們能夠撤到尋陽，又豈能守得住？桓玄雖然竊取了一個英雄豪傑的名聲，而其內心實際上是很怯懦的；再加上他已經失敗，從京師逃亡，眾人心中本無鬥志。決戰於兩軍陣前，將帥英勇的一方獲勝，而不在於兵眾的多少。」於是指揮自己的軍隊奮勇當先，青州刺史劉毅等緊隨其後。桓玄常常在自己戰船的旁邊拴著一艘小船，一旦戰敗，就跳上小船逃走，因此他的部眾全都沒有鬥志。劉毅等順著風勢，在上風放火，所有精銳更是人人爭先，桓玄的軍隊於是崩潰，他們焚燒了輜重趁夜逃遁。前將軍郭銓到劉毅軍前投降。

桓玄的舊部劉統、馮稚等聚集起四百名黨羽攻破了尋陽城。擔任青州刺史的劉毅派遣建威將軍劉懷肅率軍將劉統等消滅。劉懷肅，是劉懷敬的弟弟。

桓玄挾持著晉安帝司馬德宗乘坐著一艘艦船向西逃走，而把晉穆帝司馬聃的皇后何氏與晉安帝司馬德宗的皇后王氏扔在了巴陵。桓玄的姐夫殷仲文當時也在桓玄的艦船上，他向桓玄請求允許自己轉移到別的艦船上，好去招集那些殘兵敗將，殷仲文離開桓玄之後便背叛了桓玄，他護送兩位皇后逃奔夏口，又從夏口輾轉回到建康。

五月二十三日己卯，桓玄挾持著晉安帝司馬德宗進入江陵。馮該勸說桓玄，讓他重新率軍東下作戰，桓玄不聽。桓玄想要投奔漢中依靠擔任梁州刺史的桓希，然而人人心情沮喪，沒有人贊成他的意見，桓玄的號令已經沒有人執行。二十四日庚辰的夜間，桓玄已經作出決定，準備出發前往漢中，而江陵城內突然大亂，桓玄趕緊帶著一百多名心腹騎馬準備出城向西逃走。當他們來到江州城門時，桓玄身邊有人利用黑暗作掩護突然刺殺桓玄，卻沒有刺中，桓玄的這些親信侍衛便互相殘殺起來，桓玄的前後一個挨著一個都是被砍倒的屍體。桓玄僅能逃到江邊的船上，而身邊的那些親信早已四散逃走，只剩下卞範之一個人守在他的身邊。

五月二十五日辛巳，擔任荊州別駕的王康產護送晉安帝司馬德宗住進南郡太守的衙門，南郡太守王騰之率領南郡的文武官員親自為晉安帝司馬德宗擔任侍衛。

桓玄準備前往漢中投奔梁州刺史桓希，擔任屯騎校尉的毛脩之，是擔任益州刺史毛璩的弟弟，他引誘桓玄前往蜀地，桓玄便聽從了他。擔任寧州刺史的毛璠，也是毛璩的弟弟，在任所逝世。毛璩派自己的姪孫毛祐之與擔任參軍的費恬率領數百人護送毛璠的靈柩回歸祖籍江陵，五月二十六日壬午，在枚回洲與桓玄相遇。毛祐之、費恬迎上前去向桓玄發起猛攻，箭如雨下，桓玄的男寵丁仙期、萬蓋等用自己的身體來掩護桓玄，所以都被亂箭射死。擔任益州督護的漢嘉郡人馮遷抽出佩刀，準備進前砍殺桓玄，桓玄急中生智，趕緊從頭上拔下一支碧玉製成的玉導送給馮遷，桓玄說：「你是什麼人，竟敢弒殺皇帝！」馮遷回答說：「我殺的是皇帝的逆賊！」遂殺死了桓玄，接著又殺死了擔任荊州刺史的桓石康以及桓濬、武衛將軍庾頤之，活捉了桓玄的太子、豫章王桓昇，把桓昇押送到江陵，在鬧市中斬首示眾。被桓玄廢掉的晉安帝司馬德宗在江陵重新登上皇帝寶座，他任命毛脩之為驍騎將軍。二十八日甲申，實行大赦，那些因為怕受迫害不得已而跟隨了桓玄的人，一概不予追究。早在二十二日戊寅，已經將司馬氏的七代祖先牌位安放回建康的太廟中。青州刺史劉毅等把桓玄的首級通過驛站傳送到京師建康，懸掛在朱雀橋頭示眾。

東晉青州刺史劉毅等人已經在崢嶸洲取得勝利，便以為大局已定，遂沒有急於追擊，又遭遇大風，艦船不能前進，桓玄死後差不多過了十天的時間，各軍還沒有抵達江陵。當時，擔任揚州刺史的桓謙正隱匿在沮水流域，揚武將軍桓振隱藏在華容浦，桓玄的舊部將王稚徽戍守巴陵，他派人向桓振報告說：「桓歆已經攻克了京師建康，馮稚等已經收復了尋陽，劉裕屬下的劉毅等各路人馬全部中途敗退。」桓振非常高興，馬上聚集起二百名黨羽襲擊江陵，桓謙也聚集部眾響應。閏五月初三日己丑，他們又攻陷了江陵，殺死了荊州別駕王康產和南郡太守王騰之。桓振闖入晉安帝司馬德宗的行宮，耀武揚威，手中揮舞著長矛，逕直來到臺階之下，大聲詢問桓昇在哪裡。當他聽到桓昇已經被殺死的消息，立刻怒目圓睜，對晉安帝說：「我們桓氏家族有什麼對不起國家的，竟然遭到如此的屠殺？」琅邪王司馬德文離開座位對桓振說：「這難道是我們兄弟二人的本意嗎？」桓振想殺死晉安帝司馬德宗，桓謙苦苦勸阻，桓振這才下了馬，改換成一副莊重的臉色，向晉安帝拜別之後走出行宮。初六日壬辰，桓振發布了桓玄去世的消息，在庭前搭起靈棚為桓玄舉哀，給桓玄上謚號為「武悼皇帝」。

閏五月初七日癸巳，桓謙等率領眾臣將皇帝玉璽奉還給晉安帝司馬德宗說：「皇上效法堯、舜的做法，將皇位禪讓給楚王桓玄，如今楚國的國運沒有得到好結果，民心重又歸附於晉室了。」晉安帝司馬德宗任命琅邪王司馬德文兼任徐州刺史，任命桓振為都督八郡諸軍事、荊州刺史，任命桓謙仍舊擔任侍中、衛將軍，加封江州、豫州二州刺史。晉安帝左右的侍衛人員全都是桓振的心腹。

桓振從小就是一個品行不端的人，就連桓玄都不把他當成自己的子姪看待。現在，桓振感歎地說：「叔父桓玄過去不能早點重用我，遂導致如此慘敗。如果叔父還在，我充當先鋒，平定天下將是很容易的事情。現在剩下我一個人獨攬大權，作威作福，我又能走向何處呢？」於是便縱情酒色，隨意殺人。桓謙勸說桓振率軍東下作戰，由自己守衛江陵，桓振一向看不起桓謙，所以就沒有採納桓謙的建議。

東晉青州刺史劉毅率軍抵達巴陵，殺死了戍守巴陵的桓玄部將王稚徽。琅邪內史何無忌、義昌太守劉道規率軍進攻桓謙所據守的馬頭、桓蔚所據守的龍泉，將兩處全部攻克。桓蔚，是桓祕的兒子。

何無忌想要乘勝挺進江陵，劉道規說：「兵法上說，屈曲與伸展要因時而異，現在還不到我們出戰的時機，所以不能貿然前進。桓氏家族世代統治荊州一帶地區，那裡的民眾都竭盡全力為桓氏效力，桓振又勇冠三軍，我們很難在戰場上戰勝他。目前只能休息士卒，養精蓄銳，慢慢用計策制服他，不用發愁不能將他攻克。」何無忌沒有聽從劉道規的意見。桓振在靈溪迎戰何無忌，桓玄的部將、鎮東將軍馮該率軍與桓振會合，何無忌等被桓振打得大敗，損失了一千多人。於是退回尋陽，他與青州刺史劉毅等聯名上書給武陵王司馬遵請求治罪。劉裕因為劉毅是統領各路兵馬的主帥，所以免去了劉毅青州刺史的職務。桓振任命桓蔚為雍州刺史，鎮守襄陽。

東晉擔任巴東太守的柳約之、建平太守羅述、征虜司馬甄季之聽到桓玄被殺死的消息，便率軍從白帝城出發進抵枝江，當聽到何無忌等在靈溪被桓振擊敗，已經退回尋陽的消息，也只好率軍退回，不久之後，羅述、甄季之相繼病倒，柳約之便前往江陵假裝向桓振投降，準備尋找機會襲擊桓振，消息走露，柳約之被桓振殺死。在柳約之手下擔任司馬的時延祖、涪陵太守文處茂招集起柳約之的殘餘部眾，據守涪陵。

六月，益州刺史毛璩派部將率軍攻打梁州刺史桓希所據守的漢中，斬殺了桓希，毛璩自己兼任了梁州刺史。

秋季，七月二十三日戊申，東晉穆帝司馬聃的永安皇后何氏在建康去世。

後燕昭儀苻娀娥患了病，龍城人王榮說自己能夠治好苻昭儀的病。然而昭儀苻娀娥還是死了，後燕天王慕容熙就把王榮綁在公車門外，用肢解的酷刑將王榮處死，並焚燒了他的屍體。

八月十九日癸酉，東晉將晉穆帝司馬聃的皇后安葬於永平陵，諡號為穆章皇后。

北魏仿照古代的六卿制度，設立了六個謁官。

九月，東晉擔任給事中的刁騁謀反，被誅殺，刁氏至此遂全部被誅滅。刁氏一向十分富有，奴僕、賓客全都驕橫不法、橫行霸道，霸佔著山林湖澤，成為京口地區的一大禍患。劉裕滅掉刁氏之後，把刁氏的家產、牲畜等全部散發，令民眾根據自己的能力能拿多少就拿多少，整整一天都沒有拿完。當時各州郡正在遭受饑饉的困擾，人們靠著刁氏的家產得以度過難關。

乞伏乾歸與楊盛在竹嶺開戰，乞伏乾歸被楊盛打敗。

西涼公李暠立自己的兒子李歆為世子。

北魏皇帝拓跋珪親自駕臨昭陽殿改任、加封官員，避開朝廷中的文武臣僚，親自進行選擇，依照才能予以委任。把爵位分成四個等級：王爵封到大郡，公爵封到小郡，侯爵封到大縣，伯爵封到小縣。官階分成九品：第一品至第四品，舊部老臣立過大功卻沒有爵位的，依照功勞大小依次追封，皇族當中血緣關係比較疏遠的以及非皇族姓氏中子孫承襲父祖爵位者，其爵位都有不同程度的降低。又把散官設置為五個等級，屬於第五品至第九品。學業有成、才能卓異的學子，武官當中能夠勝任將帥者，他們的品級相當於第五品至第九品，文武百官當中出現了空缺，就從這些人當中遴選、替補。北魏官員的名稱大多都不採用漢朝、曹魏以來的舊官名，而是仿照上古時期以龍、鳥作為官名的做法，把各政府部門下面的吏役稱作鳧鴨，取牠飛行迅速的意思；把負責偵查敵情的官吏稱作白鷺，取其伸長脖子向遠處眺望的意思，其餘的也都以此類推。

東晉亂民首領盧循率領自己的部眾從海島出來劫掠南海郡，進而進攻番禺。擔任廣州刺史的濮陽人吳隱之據守了一百多天。冬季，十月初九日壬戌，盧循利用黑夜作掩護，向番禺城發起猛攻，將番禺城攻陷，他們燒毀了官府民宅，整個番禺立時變成了一片廢墟，他們活捉了廣州刺史吳隱之。盧循遂自稱平南將軍，代理廣州刺史。他把被焚燒過的屍骨聚集起來，全都葬入小島上的一個大墓中，光是人頭骨就有三萬多個。盧循又派徐道覆率眾攻擊始興郡，活捉了擔任始興相的阮腆之。

劉裕免除了劉毅青州刺史的職務之後，自己便兼任了青州刺史的職務。

東晉擔任江州刺史的劉敬宣鎮守尋陽，他聚集糧草，修造艦船，沒有一件事情不預做準備，所以何無忌等雖然在靈溪打了敗仗退回尋陽，因為有了劉敬宣這個堅強的後盾，所以很快便重振軍威。桓玄哥哥的兒子桓亮自稱江州刺史，率部眾進犯豫章，被江州刺史劉敬宣擊敗。

劉毅與琅邪內史何無忌、義昌太守劉道規再次率軍從尋陽西上，抵達夏口。擔任荊州刺史的桓振派遣鎮東將軍馮該把守長江東岸，派揚武將軍孟山圖據守魯山城，派輔國將軍桓仙客守衛偃月壘，部眾合計起來有一萬人，水路、陸路互相呼應、支援。劉毅率軍攻擊孟山圖守衛的魯山城，劉道規率軍攻打桓仙客據守的偃月壘，何無忌扼守長江中游，以防其增援與奔突，雙方從早晨一直激戰到中午，魯山城和偃月壘的守軍全部崩潰，劉毅活捉了孟山圖，劉道規活捉了桓仙客，馮該逃往石城。

十月二十八日辛巳，北魏實行大赦，改年號為「天賜」，興建西宮。十一月，北魏皇帝拓跋珪前往西宮，命令宗室設置宗師，八個封國根據大小，分別設置大宗師和小宗師，各州郡也要設置宗師，這些宗師負責考辨各大族的支派與統系，為國家推舉、選拔本族有才能、有品行的人才，其職責就如同曹魏、兩晉時期的中正。

後燕天王慕容熙與苻氏皇后出遊、打獵，他們向北登上了白鹿山，向東翻越了青嶺，向南到達了滄海岸邊，而後返回，隨行的士卒被虎狼咬死的以及凍餓而死的有五千多人。

十二月，東晉劉毅等率軍乘勝攻克了巴陵郡。劉毅號令嚴明，軍紀整肅，所經過的地方，百姓沒有受到任何侵擾，安居如故，所以人人都很高興。劉裕於是任命劉毅為兗州刺史。桓振任命桓放之為益州刺史，率軍屯駐在西陵。被據守涪陵的涪陵太守文處茂擊敗，桓放之逃回了江陵。

高句麗出兵進犯後燕。

十二月十六日戊辰，北魏皇帝拓跋珪前往豺山宮。

這一年，東晉境內的人民為了躲避戰亂，紛紛攙扶著老人、用背帶背著小孩逃往淮河以北，道路之上逃難的人一個接著一個，絡繹不絕。

【研　析】本卷寫晉安帝元興二年（西元四〇三年）、元興三年共兩年間的各國大事，其中最重要的莫過於桓玄篡奪了晉安帝的政權而自我稱帝了。在封建社會，一個朝廷的臣子居然敢犯上作亂，自己篡位做皇帝，這當然是大逆不道的事，要受到全國上下的人人喊打，這是自然的。但可恨的是像東晉這樣的王朝，特別是像司馬德宗這種連自己的日常生活起居都不能自理的白痴一個，難道也必須像神明一樣供著他，就不能由一個更好、更能領導這個國家的人來代替他麼？錢穆的《國史大綱》對此說：「晉室有天下，其歷史本不光明，故使世族與功名之士皆不能忠心翊戴。世族但求自保家門，英雄功名之士意氣鬱激，則競為篡逆。」錢穆稱「篡逆」之人為「英雄功名之士」，難道王敦、蘇峻、桓玄也能算是「功名之士」？我看不能。能夠稱上「英雄功名之士」的人我看東晉只有三個，一個是陶侃，一個是桓溫，一個是劉裕。所謂「英雄功名」必須是先為國立功，有大作為於天下，能受到舉國上下的擁戴，而後實行篡位，篡位後繼續大有作為，為百姓蒼生立有可觀的功勳。陶侃對東晉王朝有大功，但思想包袱過於沉重，只是在睡夢中有過「非分」的想法，現實中始終是忠臣孝子一個，當然也就不用再對他抱有任何希望了。桓溫的思想稍稍解放，但行動上又欠積極，老想等人家把皇帝的稱號送上門來，偏偏遇上謝安、王坦之故意與他搗亂，結果到死也沒弄成，白白地把自己的名字弄進了「貳臣傳」。桓溫本來是有資格的，為國家立過一些功勳，做出過使天下臣民為之舒心、振奮的事業，如果他及時地「篡」了位，也許能改變一些東晉王朝的腐朽與垂暮之氣。錢穆《國史大綱》說：「桓溫常臥語：『作此寂寂，將為文、景所笑。』此魏晉以來人見解，可取而不取，真成大呆子。桓溫自身亦帶書生名士氣，故曰：『既不能流芳後世，亦不足復遺臭萬載耶？』然其心尚存有君臣名教，故篡逆終不成。」至於桓玄，根本不夠資格。他對江山社稷、黎民百姓，既無絲毫功勳，又無任何建樹，純粹一個紈袴子弟，靠著啃祖上的招牌，當上了荊州刺史。既無廟堂上的謀略，又無戰場上的勇敢。可笑之極的是身邊經常帶著細軟，左右經常繫著小舟，一心想著大事不成，趕緊回身逃走。這樣的貨色竟然還想做皇帝，真是「癩蝦蟆想吃天鵝肉」了。

桓玄的篡位，簡直是一場鬧劇，而他的對手又是真正英雄的劉裕，這樣桓玄的行為就完全成了為劉裕製造藉口、鋪平道路，為劉裕日後的篡位進行有效的烘托了。

其次是本卷寫了兩個極端可惡的小丑王謐與殷仲文，這兩個人先是投靠桓玄，為桓玄的篡位效盡犬馬之勞，可謂不遺餘力。王謐是王導的重孫，殷仲文是殷仲堪的堂兄弟。桓玄進朝當權後，殷仲文為侍中，早早地就替皇帝寫好了給桓玄「加九錫」策文。到了舉行「禪位」的那一天，是王謐親手把皇帝的印璽從司馬德宗的身下摘下來送到桓玄手上。當桓玄往登御座，御座忽然塌陷，群下盡皆失色時，殷仲文說：「將由聖德深厚，地不能載。」等到劉裕起兵討桓玄，桓玄兵敗被殺時，王謐靠著舊時曾對劉裕有恩，殷仲文則是找了一個送皇后回京的機會，又不失時機地投到了劉裕身邊，並又得到了劉裕的重用。劉裕的部將劉毅看著生氣，他在朝會時當著文武百官問王謐說：「皇帝的玉璽到哪裡去了？」而殷仲文則慫恿劉裕大搞音樂建設，劉裕說：「現在顧不上，而且也不懂。」殷仲文說：「等你愛上了你就懂了。」劉裕說：「正因為它能讓人愛，所以我才不搞這一套。」胡三省於此評論說：「英雄之言，正自度越常流。世之嗜音者可以自省矣。」殷仲文又鬱鬱不得志，嫌自己官小，與討伐桓玄的元勳何無忌鬧矛盾，結果被何無忌等所殺（以上二事見下卷）。丁南湖指述殷仲文的行為說：「自古篡弒之黨未有惡於殷仲文者，余觀其惡有三：蓋仲文雖為桓玄姊丈，素不交密，及聞玄平京師，即棄郡投焉，一也；玄甚悅而寵之，遂為作九錫之文；及玄即位，御牀陷，乃諂曰：

『聖德深厚，地不能載。』二也；及玄為劉裕所敗，隨玄西走，因奉一后投義軍以洗前愆，三也。」至於王謐，其人的確是壞，但早年對劉裕的確有恩。「初，裕名微位薄，輕狡無行，盛流皆不與相知，惟王謐獨奇貴之，謂裕曰：『卿當為一代英雄。』裕嘗與刁逵樗蒲，不時輸直，逵縛之馬枊。謐見之，責逵而釋之，代之還直。由是裕深憾逵而德謐。」這樣的恩情的確該報，但報恩不一定非表現為加官進爵。這是古人已有的前例。

其三，本卷寫劉裕的文字皆極精彩。劉裕起兵討桓玄，與桓玄將吳甫之遇於江乘，「甫之，玄驍將也，其兵甚銳。裕手執長刀，大呼以衝之，眾皆披靡，即斬甫之，進至羅落橋。皇甫敷帥數千人逆戰，寧遠將軍檀憑之敗死。裕進戰彌厲，敷圍之數重，裕倚大樹挺戰。敷曰：『汝欲作何死？』拔戟將刺之，裕瞋目叱之，敷辟易。裕黨俄至，射敷中額而踣，裕援刀直進。敷曰：『君有天命，以子孫為託。』裕斬之，厚撫其孤。」接著寫覆舟山之戰云：「己未，裕軍食畢，悉棄其餘糧，進至覆舟山東，使羸弱登山，張旗幟為疑兵，數道並前，布滿山谷。玄偵候者還，云：『裕軍四塞，不知多少。』玄益憂恐，遣武衛將軍庾賾之帥精卒副援諸軍。謙等士卒多北府人，素畏伏裕，莫有鬬志。裕與劉毅等分為數隊，進突謙陳。裕以身先之，將士皆殊死戰，無不一當百，呼聲動天地。時東北風急，因縱火焚之，煙炎熛天，鼓噪之音震動京邑，謙等諸軍大潰。」文字之精彩，不亞於《史記》。

接著文章寫劉裕攻進建康城：「裕使臧熹入宮，收圖書、器物，封閉府庫。有金飾樂器，裕問熹：『卿得無欲此乎？』熹正色曰：『皇上幽逼，播越非所，將軍首建大義，劬勞王家，雖復不肖，實無情於樂。』裕笑曰：『聊以戲卿耳。』」又說：「裕始至建康，諸大處分皆委於劉穆之，倉猝立定，無不允愜。裕遂託以腹心，動止諮焉。穆之亦竭節盡誠，無所遺隱。時晉政寬弛，綱紀不立，豪族陵縱，小民窮蹙；重以司馬元顯政令違舛，桓玄雖欲釐整，而科條繁密，眾莫之從。穆之斟酌時宜，隨方矯正。裕以身範物，先以威禁，內外百官皆肅然奉職，不盈旬日，風俗頓改。」真是王者之師，一派解民倒懸的景象。胡致堂曰：「乘大亂之後，立良法，行善政，事半古人，功必倍之。劉裕不知書，武烈雖剛，則文教未優，第任一劉穆之，隨方矯革，而裕以身率之，未及旬日，百官皆奉法禁，百姓耳目為之一新，況大有為者乎？觀裕之初如是其易，則知當為而不為以至於大壞者得為可惜也。」說得很好。

其四，本卷寫了泰山農民醉心於稱帝稱王的故事，其文云：「泰山賊王始聚眾數萬，自稱『太平皇帝』，署置公卿。南燕桂林王鎮討禽之。臨刑，或問其父及兄弟安在，始曰：『太上皇蒙塵于外，征東、征西為亂兵所害。』其妻怒之曰：『君正坐此口，柰何尚爾？』始曰：『皇后不知，自古豈有不亡之國？朕則崩矣，終不改號！』」此文精彩，可入「滑稽列傳」。

卷第一百十四

晉紀三十六

起旃蒙大荒落（乙巳 西元四〇五年），盡著雍涒灘（戊申 西元四〇八年），凡四年。

【題解】本卷寫晉安帝義熙元年（西元四〇五年）至義熙四年共四年間的東晉與各國的大事。主要寫了劉毅、魯宗之等破桓振於江陵，桓振逃到涓川，桓謙等人逃入後秦；寫了桓振又東山再起重奪江陵，被劉毅所殺；桓氏餘黨有人作亂，被劉裕等討平，晉安帝返回建康為帝，以司馬德文，武陵王遵為傀儡，劉裕實掌朝權；寫了益州刺史毛璩因率軍出川討桓振，導致益州大亂，譙縱被擁立為成都王，毛璩兄弟被殺，家族被滅；寫了劉裕派毛脩之、司馬榮期等討伐譙縱，結果因楊承祖叛變，司馬榮期被殺，首次討伐告敗；寫了劉裕派劉敬宣等二次討伐譙縱，劉敬宣等又大敗而回；寫了劉穆之為劉裕設謀緊抓朝權，劉毅等人與劉裕的爭權奪利開始顯現；寫了後秦姚碩德伐仇池，取漢中，楊盛投降於秦；寫了秦王姚興尊寵鳩摩羅什，致使秦國佛法大興，信之者十室而九；寫了禿髮傉檀強悍於河西，因向後秦獻馬而獲姚興寵信，遂得任為涼州刺史，河西地區遂被禿髮傉檀所統治；寫了秦主姚興寵信赫連勃勃，勃勃因不滿秦與魏結好而叛秦，自稱大夏王，出兵攻掠秦之嶺北地區，又進攻南涼主禿髮傉檀，大破傉檀於陽武下峽，禿髮氏從此衰落；寫了秦主姚興乘禿髮傉檀內外交困之際，派兵討伐禿髮傉檀與赫連勃勃，結果均告失敗，致使禿髮傉檀又自立為涼王，赫連勃勃更強大於嶺北；寫了南燕主慕容德死，其姪慕容超繼位，因寵用佞幸，致使大臣之間的矛盾尖銳，相互攻殺，敗亡之趨勢已不可挽救；寫了後燕主慕容熙欲攻契丹，又改攻高句麗，都徒勞往返，一無所獲；寫了慕容熙寵幸其后苻氏，為之起承華殿，苻氏死，部將馮跋乘慕容熙為苻氏送葬之機發動叛亂，擁立慕容寶的義子高雲為天王，殺死慕容熙，建立北燕，慕容垂之後燕從此滅亡；寫了魏主拓跋珪欲大興土木於平城，以擬鄴城、洛陽、長安，又建灅南宮，窮奢極麗；寫了西涼公李暠移都於酒泉，稱臣於晉，教導群臣「審慎刑賞，勿任愛憎」、「勿使左右竊弄威福」等等，頗有明君之度等等。

安皇帝己

義熙元年（乙巳　西元四〇五年）

春，正月，南陽❶太守扶風魯宗之起兵襲襄陽❷，桓蔚走江陵。己丑❸，劉毅等諸軍至馬頭❹。桓振挾帝出屯江津❺，遣使求割江、荊二州，奉送天子❻；毅等不許。辛卯❼，宗之擊破振將溫楷于柞溪❽，進屯紀南❾。振留桓謙、馮該守江陵，引兵與宗之戰，大破之。劉毅等擊破馮該於豫章口❿，桓謙棄城走。毅等入江陵，執卞範之等，斬之。桓振還，望見火起，知城已陷，其眾皆潰，振逃于涢川⓫。

乙未⓬，詔大處分⓭悉委冠軍將軍劉毅。

戊戌⓮，大赦，改元⓯，惟桓氏不原⓰；以桓沖⓱忠於王室，特宥其孫胤⓲。

以魯宗之為雍州刺史，毛璩為征西將軍、都督益・梁・秦・涼・寧五州諸軍事，璩弟瑾為梁、秦二州刺史，瑗為寧州⑲刺史。劉懷肅追斬馮該於石城⑳，桓謙、桓怡㉑、桓蔚㉒、桓謐、何澹之、溫楷㉓皆奔秦。怡，弘之弟也。

燕王熙伐高句麗㉔。戊申㉕，攻遼東㉖。城且陷，熙命將士：「毋得先登，俟剷平其城，朕與皇后乘輦而入。」由是城中得嚴備，不[1]克而還。

秦王興以鳩摩羅什㉗為國師，奉之如神，親帥羣臣及沙門聽羅什講佛經，又命羅什翻譯西域經、論㉘三百餘卷，大營塔寺，沙門坐禪㉙者常以千數。公卿以下皆奉佛，由是州郡化之㉚，事佛者十室而九。

乞伏乾歸擊吐谷渾大孩㉛，大破之，俘萬餘口而還，大孩走死胡園㉜。視羆㉝世子樹洛干帥其餘眾數千家奔莫何川㉞，自稱車騎大將軍、大單于、吐谷渾王。樹洛干輕傜薄賦，信賞必罰㉟，吐谷渾復興，沙、漒㊱諸戎皆附之。

西涼公暠自稱大將軍、大都督、領秦・涼二州牧，大赦，改元「建初」㊲，遣舍人㊳黃始、梁興間行㊴奉表詣建康㊵。

二月丁巳㊶，留臺㊷備法駕迎帝於江陵，劉毅、劉道規留屯夏口㊸，何無忌奉帝東還。

初，毛璩聞桓振陷江陵，帥眾三萬順流東下，將討之，使其弟西夷校尉瑾、蜀郡太守瑗出外水㊹，參軍巴西譙縱、侯暉出涪水㊺。蜀人不樂遠征，暉至五城水口㊻，與巴西陽昧㊼謀作亂。縱為人和謹，蜀人愛之，暉、昧共逼縱為主，縱不可，走投于水。引出，以兵逼縱登輿㊽，縱又投地，叩頭固辭，暉縛縱於輿。還，襲毛瑾於涪城㊾，殺之，推縱為梁、秦二州刺史。璩至略城㊿，聞變，奔還成都，遣參軍王瓊將兵討之，為縱弟明子所敗，死者什八、九。益州營戶(51)李騰開城納縱兵，殺璩及弟瑗，滅其家。縱稱成都王，以從弟洪為益州刺史，以明子為巴州(52)刺史，屯白帝(53)。於是蜀大亂，漢中空虛，氐王楊盛遣其兄子平南將軍撫(54)據之。

癸亥(55)，魏主珪還自豺山，罷尚書三十六曹(56)。

三月，桓振自鄖城(57)襲江陵，荊州刺史司馬休之戰敗，奔襄陽，振自稱荊州刺史。建威將軍劉懷肅自雲杜(58)引兵馳赴，與振戰於沙橋(59)；劉毅遣廣武將軍唐興助之，臨陳斬振，復取江陵。

甲午(60)，帝至建康。乙未(61)，百官詣闕請罪，詔令復職。

尚書殷仲文以朝廷音樂未備，言於劉裕，請治之。裕曰：「今日不暇給(62)，且性所不解[63]。」仲文曰：「好之自解[64]。」裕曰：「正以解則好之，故不習耳。」

庚子[65]，以琅邪王德文為大司馬，武陵王遵為太保，劉裕為侍中、車騎將軍、都督中外諸軍事，徐、青二州刺史如故，劉毅為左將軍，何無忌為右將軍、督豫州．揚州五郡軍事、豫州刺史，劉道規為輔國將軍、督淮北諸軍事、并州刺史，魏詠之為征虜將軍、吳國內史。裕固讓不受。加錄尚書事，又不受，屢請歸藩[66]。詔百官敦勸[67]，帝親幸其第。裕惶懼，復詣闕陳請，乃聽歸藩。以魏詠之為荊州刺史，代司馬休之。

初，劉毅嘗為劉敬宣寧朔參軍[68]，時人或以雄傑許之[69]。敬宣曰：「夫非常之才自有調度[70]，豈得便謂此君為人豪邪？此君之性，外寬而內忌，自伐而尚人[71]，若一旦遭遇[72]，亦當以陵上取禍[73]耳。」毅聞而恨之。及敬宣為江州，辭以無功，不宜授任[74]先於毅等，裕不許。毅使人言於裕曰：「劉敬宣不豫建義[75]。猛將勞臣，方須敘報[76]，如敬宣之比[77]，宜令在後。若使君[78]不忘平生[79]，正可為員外常侍[80]耳。聞已授郡[81]，實為過優；尋復為江州，尤用駭惋[82]。」敬宣愈不自安，自表解職，乃召還為宣城內史。

夏，四月，劉裕旋鎮京口，改授都督荊、司等十六州諸軍事，加領兗州刺史。

盧循遣使貢獻。時朝廷新定，未暇征討。壬申[83]，以循為廣州刺史，徐道覆為始興相[84]。循遺劉裕益智粽[85]，裕報以續命湯[86]。

循以前琅邪內史王誕[87]為平南長史[88]。誕說循曰：「誕本非戎旅，在此無用。素為劉鎮軍[89]所厚，若得北歸，必蒙寄任[90]，公私際會[91]，仰答厚恩。」循甚然之。劉裕與循書，令遣吳隱之還[92]，循不從。誕復說循曰：「將軍今留吳公，公私非計[93]。孫伯符[94]豈不欲留華子魚[95]邪？但以一境不容二君[96]耳。」於是循遣隱之與誕俱還。

初，南燕王備德仕秦為張掖太守[97]，其兄納與母公孫氏居于張掖，備德之從秦王堅寇淮南[98]也，留金刀與其母別。備德與燕王垂舉兵於山東[99]，張掖太守苻昌收納及備德諸子，皆誅之；公孫氏以老獲免，納妻段氏方娠，未決[100]。獄掾呼延平，備德之故吏也，竊以公孫氏及段氏逃于羌中。段氏生子超，十歲而公孫氏病，臨卒，以金刀授超曰：「汝得東歸，當以此刀還汝叔也。」呼延平又以超母子奔涼。及呂隆降秦，超隨涼州民徙長安[101]。平卒，段氏為超娶其女為婦。

超恐為秦人所錄[102]，乃陽狂[103]行乞。秦人賤之，惟東平公紹[104]見而異之，言於秦王興曰：「慕容超姿幹瓌偉[105]，殆非真狂，願微加官爵以縻[106]之。」興召見，與語，超故為謬對，或問而不答。興謂紹曰：「諺云『妍皮不裹癡骨(107)』，徒安語(108)耳。」乃罷遣之(109)。

備德聞納有遺腹子在秦，遣濟陰人吳辯往視之。辯因鄉人宗正謙(110)賣卜在長安，以告超。超不敢告其母妻，潛與謙變姓名逃歸南燕。行至梁父(111)，鎮南長史悅壽(112)以告兗州刺史(113)慕容法。法曰：「昔漢有卜者詐稱衛太子(114)，今安知非此類也！」不禮之。超由是與法有隙。

備德聞超至，大喜，遣騎三百迎之。超至廣固(115)，以金刀獻於備德。備德慟哭，悲不自勝。封超為北海王，拜侍中、驃騎大將軍、司隸校尉、開府(116)，妙選時賢，為之僚佐。備德無子，欲以超為嗣。超入則侍奉盡歡，出則傾身下士，由是內外譽望(117)翕然(118)歸之。

五月，桂陽(119)太守章武王秀(120)及益州刺史司馬軌之謀反，伏誅。秀妻，桓振之妹也，故自疑而反。

桓玄餘黨桓亮、苻宏等擁眾寇亂郡縣者以十數，劉毅、劉道規、檀祗(121)等分兵討滅之，荊、湘、江、豫皆平。詔以毅為都督淮南等五郡(122)軍事、豫州刺史，何無忌為都督江東五郡軍事、會稽內史。

北青州(123)刺史劉該(124)反，引魏為援，清河、陽平(125)二郡太守孫全聚眾應之。六月，魏豫州刺史索度真、大將斛斯蘭(126)寇徐州，圍彭城。劉裕遣其弟南彭城(127)內史道憐、東海(128)太守孟龍符將兵救之，斬該及全，魏兵敗走。龍符，懷玉之弟也。

秦隴西公碩德(129)伐仇池(130)，屢破楊盛(131)兵。將軍斂俱(132)攻漢中，拔成固(133)，徙流民三千餘家於關中。秋，七月，楊盛請降於秦。秦以盛為都督益．寧二州諸軍事、征南大將軍、益州牧。

劉裕遣使求和於秦，且求南鄉(134)等諸郡，秦王興許之。羣臣咸以為不可，興曰：「天下之善一也(135)。劉裕拔起(136)細微，能誅討[2]桓玄，興復晉室，內釐(137)庶政，外脩封疆，吾何惜數郡，不以成其美乎！」遂割南鄉、順陽、新野、舞陰(138)等十二郡歸于晉。

八月，燕遼西太守邵顏有罪，亡命(139)為盜。九月，中常侍郭仲討斬之。

汝水(140)竭，南燕主備德惡之，俄而寢疾。北海王超請禱之，備德曰：「人主之命，短長在天，非女水所能制也。」固請，不許。

戊午(141)，備德引見羣臣于東陽殿，議立超為太子。俄而地震，百官[3]驚恐，備德亦不自安，還宮。是夜，疾篤，瞑(142)不能言。段后大呼曰：「今召中書(143)作詔立超，可乎？」備德開目頷[144]之。乃立超為皇太子，大赦，備德尋卒[145]。為十餘棺[146]，夜，分出四門，潛瘞[147]山谷。

己未[148]，超即皇帝位，大赦，改元「太上」[149]。尊段后為皇太后。以北地王鍾[150]都督中外諸軍、錄尚書事，慕容法[151]為征南大將軍、都督徐・兗・揚・南兗四州諸軍事，加慕容鎮開府儀同三司，以尚書令封孚[152]為太尉，鞠仲〔4〕為司空，封嵩為尚書左僕射。癸亥[153]，虛葬備德於東陽陵，諡曰「獻武皇帝」，廟號「世宗」。

超引所親公孫五樓為腹心。備德故大臣北地王鍾、段宏等皆不自安，求補外職。超以鍾為青州牧，宏為徐州刺史。公孫五樓為武衛將軍，領屯騎校尉[154]，內參政事。封孚諫曰：「臣聞親不處外，羈[155]不處內。鍾，國之宗臣[156]，社稷所賴；宏，外戚懿望[157]，百姓具瞻[158]。正應參翼百揆[159]，不宜遠鎮外方。今鍾等出藩[160]，五樓內輔[161]，臣竊未安。」超不從。鍾、宏心皆不平，相謂曰：「黃犬之皮，恐終補狐裘也[162]。」五樓聞而恨之。

魏詠之卒，江陵令羅脩謀舉兵襲江陵，奉王慧龍[163]為主。劉裕以并州刺史劉道規為都督荊・寧等六州諸軍事、荊州刺史。脩不果發[164]，奉慧龍奔秦。

乞伏乾歸伐仇池，為楊盛所敗。

西涼公暠與長史張邈謀徙都酒泉[165]，以逼沮渠蒙遜[166]。以張體順為建康[167]太守，鎮樂涫；以宋繇為敦煌護軍，與其子敦煌太守讓[168]鎮敦煌，遂遷于酒泉。

暠手令戒諸子，以為：「從政者當審慎賞罰[169]，勿任愛憎，近忠正，遠佞諛，勿使左右竊弄威福。毀譽之來[170]，當研覈真偽[171]；聽訟折獄[172]，必和顏任理[173]，慎勿逆詐億必[174]，輕加聲色[175]。務廣咨詢，勿自專用[176]。吾涖事[177]五年，雖未能息民，然含垢匿瑕[178]，朝為寇讎，夕委心膂[179]，粗[180]無負於新舊[181] 5；事任公平，坦然無類[182]，初不容懷[183]，有所損益[184]。計近則如不足[185]，經遠乃為有餘[186]，庶亦無愧前人[187]也。」

十二月，燕王熙襲契丹[188]。

【章旨】以上為第一段，寫晉安帝義熙元年（西元四〇五年）一年間的大事。主要寫了劉毅、魯宗之等破桓振於江陵，桓振逃到溳川，桓謙等人逃入後秦；寫了桓振又東山再起重奪江陵，被劉毅所殺；桓氏餘黨還有人作亂，被劉裕等削平；寫了益州刺史毛璩因率軍出川討桓振，引發益州大亂，亂黨擁立譙縱為成都王，毛璩兄弟被殺，家族被滅，梁州地區被楊盛所佔。寫了後秦姚碩德伐仇池，取漢中，楊盛投降於秦；寫了晉安帝返回建康為帝，以司馬德文，武陵王遵為傀儡，以劉裕實掌朝權，劉裕推辭不就，回歸京口；寫了南燕主慕容德之姪慕容超自秦國回到廣固，被立為太子，但慕容超與南燕老臣慕容法結下矛盾；寫了慕容德死，慕容超為南燕主，寵用公孫五樓，大臣之間矛盾尖銳起來；寫了西涼公李暠移都於酒泉，稱臣於晉，教導群臣「審慎刑賞，勿任愛憎」、「勿使左右竊弄威福」等等，頗有明君之度；寫了秦王姚興尊寵鳩摩羅什，致使秦國佛法大興，信之者十室而九等等。

【注釋】❶南陽　郡名，郡治即今河南南陽。❷襄陽　即今湖北襄樊之襄陽區。當時桓蔚被桓振任為雍州刺史，鎮守襄陽。❸己丑　正月初七。❹馬頭　又名馬頭戍，在當時江陵城南的長江南岸，與江心島的江津戍隔水相望。❺江津　即江津戍。❻求割江荊二州二句　意謂只要劉裕答應他們繼續把持江、荊二州，他們就送晉安帝回朝。❼辛卯　正月初九。❽柞溪　小河名，在當時江陵城東北。❾紀南　古城名，春秋、戰國時代的楚國都城，在江陵城北十里。❿豫章口　在江陵城東二十里。⓫溳川　即溳水，流經今湖北隨縣、安陸，南入漢水。⓬乙未　正月十三。⓭大處分　有關征討桓玄餘黨的大問題的決定。⓮戊戌　正月十六。⓯改元　指改用「義熙」年號，在此以前用的年號是「元興」（西元四〇二—四〇四年）。⓰不原　不饒恕、不放過，必須殺光。⓱桓沖　桓彝之子，桓溫之弟，桓脩之父，一生謙恭好士，忠於晉室。傳見《晉書》卷七十四。⓲其孫胤　桓胤，桓脩之子，桓脩因追隨桓玄，前已被劉裕、何無忌所殺。⓳寧州　州治在今雲南晉寧東，昆明東南。⓴石城　即今湖北鍾祥，當時為竟陵郡的郡治所在地。㉑桓怡　桓沖之子，桓弘之弟。桓弘因追隨桓玄，前已被劉毅、劉道規所殺。㉒桓蔚　桓玄的部將。㉓溫楷　桓玄的部將。㉔高句麗　高麗民族所建立的古國名，當時的轄境約當今之遼東半島及朝鮮的西北部。都城丸都，在今吉林集安。㉕戊申　正月二十六。㉖遼東　郡名，郡治即今遼寧遼陽，當時被高句麗人所佔。㉗鳩摩羅什　印度和尚，傳習大乘教，深受西域諸國的崇拜。苻堅時代，派呂光將其從龜茲迎到中國，居住涼州多年。後呂氏投降姚興，羅什遂入長安，著有《實相論》。傳見《晉書》卷九十五。㉘經論　經，指佛教經典。論，指和尚們的佛教論著。㉙坐禪　指打坐修行。㉚化之　受其薰染，蔚然成風。㉛吐谷渾大孩　「吐谷渾」原是鮮卑族的一個支派頭領名，後成為少數民族部落名，東晉初期活動在今青海青海湖西南的都蘭一帶。「大孩」是東晉末年的吐谷渾部落頭領名，一名烏紇堤。傳見《晉書》卷九十七。㉜胡園　地址不詳，約在今青海東部。㉝視羆　吐谷渾部落的頭領名，烏紇堤之兄，視羆死時，其子樹洛干年幼，故傳位於其弟烏紇堤。㉞莫何川　也作「莫賀川」，在今青海共和南。㉟信賞必罰　該賞的一定賞，該罰的一定罰。信，確實；確定。㊱沙漒　指漒川沙地，即莫何川一帶地區。㊲改元建初　在此以前李暠所用的年號為「庚子」（西元四〇〇—四〇四年）。㊳舍人　比家奴地位略高的門客、食客之類，猶如後世之所謂「清客」、「幕僚」。㊴間行　化裝抄小路而行。㊵奉

表詣建康　意即承認東晉的統治地位，願意成為東晉的附屬國。[41]二月丁巳　二月初五。[42]留臺　指劉裕建立的以武陵王司馬遵為攝行政事的臨時政權。[43]留屯夏口　以維持荊、江一帶的地方秩序。[44]外水　即今四川岷江。[45]涪水　即今四川涪江，流經今江油、綿竹、射洪，匯入嘉陵江。[46]五城水口　五城縣（今三臺）境內的涪江與其支流的匯口。[47]陽昧　巴西郡（郡治在今四川閬中）人，毛璩的部將。[48]登輿　上車，這裡指讓他坐上帝王乘坐的車子。[49]涪城　縣名，縣治在今四川綿陽東南。[50]略城　在今成都東四百里。[51]益州營戶　益州州治成都城裡被關押的擄掠來的百姓。營戶，百姓叛逃被捉回發配在軍營效力者。[52]巴州　州治即今重慶市。[53]白帝　白帝城，在今奉節東。[54]平南將軍撫　即楊撫，楊盛之姪。[55]癸亥　二月十一。[56]罷尚書三十六曹　魏恢復尚書三十六曹在拓跋珪天興四年（西元四〇一年），今又罷之。[57]鄖城　地址不詳，應在今湖北隨縣、安陸一帶，前不久，桓振逃遁於此。古代亦有鄖鄉縣，即今湖北鄖縣，但距鄖川太遠，形勢不接。[58]雲杜　縣名，即今湖北京山縣。[59]沙橋　在江陵城北。[60]甲午　三月十三。[61]乙未　三月十四。[62]不暇給　顧不上；沒有工夫做。[63]性所不解　生來不懂這些玩藝。[64]好之自解　一旦喜好上你就懂了。[65]庚子　三月十九。[66]歸藩　歸徐州刺史的駐地，即京口（今鎮江市）去。[67]敦勸　敦勸劉裕在朝廷掌管朝政。[68]寧朔參軍　寧朔將軍的參軍，當時劉敬宣（牢之子）為寧朔將軍，劉毅為其充當僚屬。[69]以雄傑許之　都說劉毅是英雄豪傑。許，稱讚。[70]調度　才調、氣度。[71]自伐而尚人　好自我誇耀，好為人上。尚人，好居人上。[72]一旦遭遇　一旦遇上好時機。[73]以陵上取禍　以陵侮上級而自取禍殃。[74]授任　授之以職，任之以官，意即「任用」。[75]不豫建義　沒有參加最初合謀起兵。不豫，沒有參與。[76]方須敘報　正等著加封獲報。須，等待。敘，委任。[77]之比　之類；之流。[78]使君　敬稱劉裕。劉裕當時任徐、青二州刺史，古代敬稱刺史、太守為「使君」。[79]不忘平生　不忘舊好，指劉裕是劉牢之的老部下，而劉敬宣是劉牢之的兒子。[80]員外常侍　候補的常侍郎，當時的一種榮譽性加官，有地位，但沒有實權。[81]授郡　指劉敬宣剛從北方回來，劉裕就已經任他為晉陵太守。[82]尤用駭惋　尤其令人因此而感到驚訝惋惜。用，因；因此。[83]壬申　四月二十一。[84]始興相　始興國的相，位同郡太守。始興封國的都城在今廣東韶關市東南。[85]益智粽　益智子是一種中草藥，盧循以其做粽子，藉以嘲弄劉裕智短。[86]續命湯　劉裕以此嘲弄盧循活得不會太長。[87]王誕　前曾做過琅邪王司馬道子的長史，桓玄把持朝廷後，將其流放廣州。[88]平南長史　為盧循做高級僚屬。前不久盧循已自稱「平南將軍」。[89]劉鎮軍　即劉裕，時為鎮軍將軍。[90]寄任　倚託，信任。[91]公私際會　意謂當你遇到事情（不論公私）需要我給你幫忙的時候。[92]今遣吳隱之還　讓他改派吳隱之回到朝廷來。吳隱之原任廣州刺史，是當時有名的清貧官吏，盧循攻克廣州，吳隱之被俘。事見本書卷一百十三元興三年。[93]公私非計　對公對私都是不合適的。[94]孫伯符　即孫策，字伯符，三國時吳主孫權之兄。95 華子魚　即華歆，字子魚。三國時有名的謀士，開始跟隨孫策，孫策死後，曹操向孫權提出要華歆，孫權不同意，華歆為之分析利弊後，孫權遂遣其歸曹。事見《三國志》卷十三。96 一境不容二君　一個國家只能有一個人說了算。97 仕秦為張掖太守　事見本書卷一百二太和五年。98 從秦王堅寇淮南　事見本書卷一百五太元八年。99 舉兵於山東　指慕容德隨同慕容垂於苻堅淮南兵敗後，脫離苻堅，並擁立慕容垂為燕王事。見本書卷一百五太元八年、九年。100 未決　未立即處死。101 徙長安　呂隆降秦後，姚興曾「徙隆宗族僚屬及民萬戶於長安」。事見本書卷一百十三元興二年。102 錄　登記入冊。103 陽狂　裝瘋。陽，同「佯」。104 東平公紹　即姚紹，姚興之弟。105 姿幹瓌偉　相貌堂堂，身材高大。106 縻　籠絡；約束。107 妍皮不裹癡骨　意謂本質壞的人上天絕不會給他生就一副好模樣。108 徒妄語　看來都是瞎說。109 罷遣之　不再對之進行考察，放其離去。110 因鄉人宗正謙　通過他的同鄉姓宗正名謙。宗正，以官職為姓。111 梁父　城鎮名，在今山東泰安東南。112 鎮南長史悅壽　鎮南將軍的長史姓悅名壽。不知此時何人任鎮南將軍。113 兗州刺史　慕容德的兗州刺史當時駐兵於今山東泰安東北。114 詐稱衛太子　衛太子即漢武帝的「戾太子」劉據。因巫蠱案殺江充，被武帝討伐，兵敗自殺。後武帝死，昭帝立，忽有一男子詣朝廷自稱是「衛太子」，結果被以「誣妄」罪處死。事見本書卷二十三始元五年。115 廣固　即今山東青州，當時慕容德的都城。116 開府　開設辦事衙門，當時對某個高級官員的榮譽待遇。117 內外響望　朝裡朝外的一片讚美聲。118 翕然　眾心歸順的樣子。119 桂陽　郡名，郡治即今湖南郴縣。120 章武王秀　司馬秀，桓振的妹夫。121 檀祗　劉裕的得力將領。傳見《宋書》卷四十七。122 淮南等五郡　淮南、廬江、歷陽、晉熙、安豐。123 北青州　與南方的僑置青州相對而言，當時北青州的州治在今江蘇徐州，當時屬東晉。124 劉該　原為東晉青州刺史，前於隆安五年已降魏。事見本書卷一百十二，今又云「反，引魏為援」云云，似有誤。125 清河陽平　二郡名，清河郡的郡治在今河北清河縣東南，陽平郡的郡治在今河北大名東，當時都屬東晉。126 斛斯蘭　姓斛斯，名蘭。127 南彭城　郡國名，在今江蘇鎮江市，當時也是南徐州的州治所在地。128 東海　郡名，郡治在今江蘇東海縣西北。129 隴西公碩德　即姚碩德，姚興之叔，被封為隴西公。130 仇池　地區名，有時也是郡名，在今甘肅成縣西北。131 楊盛　氐族人，其家族世代佔據仇池，即今甘肅成縣一帶，自稱仇池公，稱藩於東晉。132 斂俱　姓斂名俱，姚興的部將。133 成固　縣名，縣治在今陝西城固東北。134 南鄉　郡名，郡治在今湖北光化西北。135 天下之善一也　天下人喜歡什麼、愛慕什麼，大家的眼光、標準都是一樣的。136 拔起　平地而起。137 釐　整頓；清理。138 順陽新野舞陰　三郡名，順陽郡的郡治在今河南淅川縣南，新野郡的郡治即今河南新野，舞陰郡的郡治在今河南泌陽北。139 亡命　改名潛逃。140 汝水　據胡三省考定此處應作「女水」，發源於廣固西北的菟頭山，向北流入鉅淀。當時當地人認為此水靈異，有水預示吉祥，水竭預示凶險。141戊午　十月初十。142瞑　閉目。143中書　中書省，帝王的祕書處，主管起草詔令。144頷　點頭。145尋卒　不久就死了。慕容德這年七十歲。146為十餘棺　埋假墳多處，以防其墳被盜。147瘞　埋。148己未　十月十一。149改元太上　在此以前是慕容德的年號「建平」（西元四〇〇—四〇四年）。150北地王鍾　即慕容鍾，慕容德的堂弟，佐命元勳。151慕容法　與下文的慕容鎮都是慕容德的舊部。152封孚　字處道，慕容德的得力大臣，為人謙虛耿直。傳見《晉書》卷一百二十八。153癸亥　十月十五。154屯騎校尉　掌管護衛宮廷的部隊。155羇　同「羈」。旅客，這裡指外人。《左傳》昭公十二年申無宇對楚靈王說：「親不在外，羈不在內。」156宗臣　舉國敬仰的大臣。157外戚懿望　外戚中的楷模人物。外戚，段宏是慕容德妻段氏的親屬。懿望，美好的聲望。懿，美好。158百姓具瞻　全國上下共同矚望，把他的一舉一動都視為準則。159參翼百揆　應當列入朝廷大臣之中。參翼，參加；列入。百揆，百官；朝廷大臣的統稱。160出藩　出任外州刺史。藩，諸侯，魏晉時期的刺史、都督相當於古代的諸侯。161五樓內輔　公孫五樓為武衛將軍，內參政事，有宰相之權。162黃犬之皮二句　意謂將使小人雜入朝廷重臣之列。《史記・齊太公世家》淳于髡對齊相騶忌說：「狐裘雖敝，不可補以黃狗之皮。」騶忌說：「謹受令，請慎擇君子，毋雜小人其間。」163王慧龍　王愉之孫，王愉因黨附桓玄、反劉裕而被族誅，王慧龍被一和尚所救事，見本書上卷元興三年，與《魏書》卷三十八。164不果發　事變沒有發動成。165徙都酒泉　李暠原來都於敦煌。166以逼沮渠蒙遜　沮渠蒙遜這時都於張掖。張掖與酒泉相距不遠。167建康　郡名，郡治樂涫，在今酒泉東南。168敦煌太守讓　即李讓，李暠的次子。169審慎賞罰　對於什麼該賞、什麼該罰的問題，必須認真對待。審慎，仔細、謹慎。170毀譽之來　當你聽到一種詆毀或是一種讚美的時候。171研覈真偽　一定要考察清楚這些話是真的還是假的。172聽訟折獄　聽口供，定罪名。訟，口供。折獄，斷案。173任理　根據事實；按照情理。174逆詐億必　預先認定對方有詐，心想其事實必是如此。逆，預先。億，通「意」。猜度；懷疑。175輕加聲色　輕易變臉怒斥。176勿自專用　不要自己一個人說了算。177蒞事　任職管事。178含垢匿瑕　指為下屬官吏掩蓋缺點，不為之張揚。179委心膂　謂委託以心腹重任。膂，脊樑骨。180粗　大概；差不多可以做到。181無負於新舊　對於新人舊人都沒有什麼虧待。負，虧待；對不起。182坦然無纇　內心坦蕩，沒有任何愧疚之處。纇，缺點；瑕疵。183初不容懷　什麼都不存在心裡，指不抱任何成見。184有所損益　從不對別人的優劣功過作不適當的誇大與縮小。185計近則如不足　單從眼前的事情上看，像是有所欠缺。186經遠乃為有餘　從長遠的角度看，效果則是不錯的。187庶亦無愧前人　與古代的英明帝王相比也差不多可以不感到慚愧。188契丹　東北地區的少數民族名，當時活動在今內蒙古通遼一帶。

【校　記】①不　據章鈺校，甲十一行本、乙十一行本、孔天胤本此上皆有「卒」字，張敦仁《通鑑刊本識誤》同。②誅討　據章鈺校，甲十一行本、乙十一行本、孔天胤本二字皆互乙。③官　據章鈺校，甲十一行本、乙十一行本、孔天胤本皆作「僚」。④鞠仲　原作「麴仲」。胡三省注云：「『麴』當作『鞠』。」據章鈺校，孔天胤本作「鞠仲」，張敦仁《通鑑刊本識誤》同，今從改。按，《晉書·慕容超載記》載，超以「鞠仲為司空」。⑤舊　嚴衍《通鑑補》改作「哲」。

【語　譯】安皇帝己

義熙元年（乙巳　西元四〇五年）

春季，正月，東晉擔任南陽太守的扶風人魯宗之聚眾起兵襲擊襄陽，桓蔚戰敗，逃往江陵。初七日己丑，擔任兗州刺史的劉毅等諸路人馬抵達馬頭。荊州刺史桓振挾持著晉安帝司馬德宗離開江陵城，進駐江津，並派使者與兗州刺史劉毅談判，要求劉裕將江州、荊州二州割讓給桓振，桓振便將晉安帝司馬德宗送還建康；遭到劉毅等人的拒絕。初九日辛卯，南陽太守魯宗之率軍在柞溪擊敗了桓振的部將溫楷，進駐紀南城。桓振留下桓謙和馮該據守江陵，親自率軍與魯宗之交戰，將魯宗之打得大敗。劉毅等率軍在豫章口打敗了據守江陵的馮該等，桓謙丟棄了江陵城逃走。劉毅等進入江陵，活捉了桓玄的心腹卞範之，將卞範之斬首。桓振率軍返回江陵，遠遠望見江陵城中火起，知道江陵城已經被攻破，桓振手下的部眾立即全部潰散，桓振逃往涓川。

正月十三日乙未，晉安帝司馬德宗下詔，將有關征討桓玄餘黨的大權全部授予冠軍將軍、兗州刺史劉毅。

正月十六日戊戌，東晉實行大赦，改年號為「義熙」，只有桓氏不能饒恕；認為桓沖始終忠於皇室，所以特別赦免桓沖的孫子桓胤。任命擔任南陽太守的魯宗之為雍州刺史，任命毛璩為征西將軍、都督益、梁、秦、涼、寧五州諸軍事，任命毛璩的弟弟毛瑾為梁、秦二州刺史，毛瑗為寧州刺史。建威將軍劉懷肅率軍追殺馮該，一直追到石城，終於將馮該斬首，桓謙、桓怡、桓蔚、桓謐、何澹之、溫楷全都逃往後秦。桓怡，是桓弘的弟弟。

後燕天王慕容熙率軍討伐高句麗。正月二十六日戊申，後燕的軍隊開始大舉進攻遼東城。眼看遼東城即將陷落，後燕天王慕容熙卻下令給全軍將士：「誰也不許搶先登城，等到把遼東城牆鏟為平地，我要與皇后乘坐輦車一同進城。」因此拖延了時間，使城內得以重新組織兵力，加強了防守，因此後燕軍沒有能夠攻克遼東，慕容熙只好撤兵。

後秦王姚興尊奉鳩摩羅什為國師，敬奉鳩摩羅什就如同敬奉神仙一樣，姚興親自率領滿朝文武官員以及佛教僧侶聽鳩摩羅什講說佛家經典，還讓鳩摩羅什把從西域傳過來的佛教經典和佛教論著翻譯成漢文，總計有三百多卷；又在國內大肆興建佛塔、佛寺，佛教僧侶打坐修行的數以千計。朝廷之中，從公卿以下全都尊奉佛教，因此各州郡受此薰染，十戶當中就有九戶信奉佛教。

被後秦封為歸義侯的乞伏乾歸率領自己的部眾攻擊吐谷渾部落首領慕容大孩，將吐谷渾打得大敗，俘虜了一萬多口，凱旋而歸。慕容大孩在逃亡途中，死在了胡園。吐谷渾慕容視羆的世子慕容樹洛干率領殘餘的數千戶部眾逃往莫何川，自稱車騎大將軍、大單于、吐谷渾王。吐谷渾王慕容樹洛干減輕百姓的徭役和賦稅，該獎賞的一定獎賞，該懲罰的一定懲罰，於是，吐谷渾再度興盛起來，澆川沙地一帶的各戎族部落全都歸附於吐谷渾。

西涼公李暠自稱大將軍、大都督、兼任秦州、涼州二州牧，實行大赦，改年號為「建初」，他派遣擔任舍人的黃始、梁興帶著表章，從荒僻小路前往東晉的京師建康，請求成為東晉的附屬國。

二月初五日丁巳，東晉京師建康的留守政府備齊皇帝專用的法駕儀仗，前往江陵迎接晉安帝司馬德宗，擔任冠軍將軍的劉毅和義昌太守劉道規留守夏口，琅邪內史何無忌護送晉安帝返回東方的京師建康。

當初，毛璩聽說桓振攻陷了江陵，便立即率領三萬名部眾順流東下，準備討伐桓振，他派自己的弟弟、擔任西夷校尉的毛瑾、擔任蜀郡太守的毛瑗沿著岷江進發，派擔任參軍的巴西郡人譙縱、侯暉沿著涪水進發。蜀地人不願意出兵遠征，侯暉到達五城縣境內的涪江與其支流會合的水口的時候，便與毛璩的部將、巴西郡人陽昧串通起來陰謀作亂。譙縱為人寬和、謹慎，蜀地人都很愛戴他，侯暉、陽昧遂一同逼迫譙縱，讓譙縱當他們的盟主，譙縱堅決不當他們的盟主，便跑到水邊縱身跳入水中。侯暉等人把他從水中拖出來，並把刀架在他的脖子上，逼迫他坐上帝王乘坐的車子。譙縱又從車中跳到地上，向侯暉、陽昧等磕頭，堅決不當謀反的盟主，侯暉就把譙縱捆綁在車裡。然後率軍返回，襲擊梁、秦二州刺史毛瑾所據守的涪城，殺死了毛瑾，然後推舉譙縱為梁、秦二州刺史。征西將軍毛璩率領大軍抵達略城的時候，聽到了侯暉等人發動叛亂並殺死了毛瑾的消息，毛璩立即率領大軍返回成都，他派擔任參軍的王瓊率軍討伐侯暉等，卻被譙縱的弟弟譙明子打敗，兵力損失了十分之八、九。被分配到益州軍營中接受管制的李騰打開成都的城門放入譙縱的叛軍，叛軍殺死了益州刺史毛璩以及毛璩的弟弟、擔任寧州刺史的毛瑗，誅滅了毛氏全家。譙縱遂自稱成都王，任命自己的堂弟譙洪為益州刺史，任命自己的弟弟譙明子為巴州刺史，屯紮在白帝城。從此巴蜀地區陷入大混亂，漢中空虛，氐王楊盛派自己的姪子、擔任平南將軍的楊撫佔據了漢中。

二月十一日癸亥，北魏主拓跋珪從豺山宮返回都城平城，撤銷了尚書三十六曹。

三月，桓振從鄖城率眾襲擊江陵，擔任荊州刺史的司馬休之戰敗之後逃往襄陽，桓振遂自稱荊州刺史。建威將軍劉懷肅率軍從雲杜趕來救援江陵，與桓振在沙橋展開激戰；冠軍將軍劉毅派廣武將軍唐興率軍前往增援，唐興在兩軍陣前殺死了桓振，重新奪取了江陵。

三月十三日甲午，晉安帝司馬德宗抵達京師建康。十四日乙未，文武百官前往皇宮門口請罪，晉安帝司馬德宗下詔，令文武百官全部官復原職。

東晉擔任尚書的殷仲文因為朝廷音樂設施不夠完備，便向劉裕提出，請求重新設置。劉裕回答說：「現在還沒有時間顧及這方面的事情，而且我生來就不懂這些。」殷仲文說：「你一旦喜歡上音樂，自然就能懂得音樂。」劉裕說：「正是因為懂得了音樂就會喜好上音樂，所以才不想去懂它。」

三月十九日庚子，晉安帝司馬德宗任命琅邪王司馬德文為大司馬，任命武陵王司馬遵為太保，任命劉裕為侍中、車騎將軍、都督中外諸軍事，徐、青二州刺史如故，任命劉毅為左將軍，任命何無忌為右將軍、督豫州、揚州五郡軍事、豫州刺史，任命劉道規為輔國將軍、督淮北諸軍事、并州刺史，任命魏詠之為征虜將軍、吳國內史。劉裕堅決辭讓，不肯接受任命。晉安帝便加授劉裕為錄尚書事，劉裕還是不肯接受，並屢次請求返回自己徐州刺史的駐地京口。晉安帝司馬德宗下詔，令文武百官百般相勸，希望他留在朝廷掌管朝政，晉安帝還親自駕臨劉裕的宅第。劉裕惶恐憂懼，再次到宮門陳說懇請，晉安帝只得批准劉裕返回京口。任命魏詠之為荊州刺史，代替司馬休之。

當初，劉毅曾經在寧朔將軍劉敬宣屬下擔任參軍，當時的人都稱讚劉毅是英雄豪傑。劉敬宣說：「非常的人才自然會有非常的才調和氣度，哪能就此說劉毅是豪傑呢？劉毅的性情，表面看起來寬宏大量而實際上卻心存猜忌，喜好自我誇耀，好居人上，一旦遇上好時機，肯定會因為陵辱上級而自取禍殃。」劉毅聽到了劉敬宣對他的這番評價，便對劉敬宣懷恨在心。等到晉安帝司馬德宗任命劉敬宣為江州刺史的時候，劉敬宣認為自己沒有立功，不應該在劉毅等人沒有接受任命之前自己先接受任命，因此堅決推讓，劉裕沒有同意。劉毅果然派人對劉裕說：「劉敬宣並沒有參加討伐桓氏叛逆的行動。勇猛作戰的將領、勤勞皇室的功臣，還都在等待加封獲報，像劉敬宣這類的人，應該讓他靠後。如果使君不忘記劉牢之平生相待之情，也只可以授予劉敬宣一個候補的散騎常侍。而我聽說劉敬宣剛從北方回來就被任命為晉陵太守，確實有點優待過分；然而時隔不久，又任命劉敬宣為江州刺史，尤其令人感到驚訝和惋惜。」劉敬宣心中就越發的不安，便主動上表請求辭職，劉裕便又把他從江州刺史任上召回，重新任命劉敬宣為宣城內史。

夏季，四月，東晉鎮軍將軍劉裕返回京口，朝廷改任劉裕為都督荊、司等十六州諸軍事，加授兗州刺史。

盧循派遣使者到建康向朝廷進貢。由於當時朝廷剛剛安定下來，沒有時間和精力對他進行征討。四月二十一日壬申，遂又任命盧循為廣州刺史，任命徐道覆為始興相。盧循贈給劉裕益智粽，劉裕回贈給盧循續命湯。

擔任了廣州刺史的盧循任命曾經擔任過琅邪內史的王誕為平南長史。王誕對盧循說：「我原本不是戎旅出身，留在這裡對將軍也沒有什麼用處。我一向受到鎮軍將軍劉裕的厚愛，如果能夠讓我返回北方的京師建康，劉裕一定會信任我，委託我以重任，當你遇到事情需要我給你幫忙的時候，我一定報答你的厚恩。」盧循認為王誕說的很有道理。劉裕寫信給盧循，令盧循將前任廣州刺史吳隱之放回京師，盧循不肯。王誕又勸說盧循：「將軍現在扣留吳隱之，對公對私都是不合適的。難道三國時期的東吳孫策不想把華歆扣留在東吳嗎？只因為一個國家只能有一個人說了算罷了。」於是，盧循就把王誕和吳隱之一同放回京師。

當初，南燕主慕容備德在前秦苻堅時期擔任秦國的張掖太守，慕容備德的哥哥慕容納和母親公孫氏遂居住在張掖，慕容備德跟隨秦王苻堅的大軍一同進犯東晉淮南的時候，留給母親一柄金刀，然後同母親告別。後來慕容備德與後燕主慕容垂在山東聚眾起兵，當時擔任張掖太守的苻昌就把慕容備德的哥哥慕容納以及慕容備德的幾個兒子抓起來，全部殺死；慕容備德的母親因為已經年老，所以被赦免，慕容納的妻子段氏因為當時有孕在身，所以就被關押在監獄之中準備等她分娩之後再處決。負責看守段氏的獄掾名叫呼延平，是慕容備德舊日的部下，他偷偷地帶著慕容備德的母親公孫氏和嫂子段氏逃往西部的羌族聚居區。段氏生了一個兒子，取名叫慕容超，慕容超十歲的時候，公孫氏病倒在床，臨終之時，她把慕容備德留下來的那把金刀授予自己的孫子慕容超，她對慕容超說：「你如果能夠回到東方，你要把這把金刀送還給你的叔父慕容備德。」公孫氏去世之後，呼延平又帶著段氏、慕容超母子逃往後涼。等到後涼王呂隆投降了後秦姚興，慕容超於是又跟隨著涼州的居民一道被遷移到了後秦的都城長安。呼延平去世後，段氏為慕容超娶了呼延平的女兒為妻。

慕容超深怕自己被後秦登入名冊，於是便假裝瘋狂，沿街乞討。後秦人都很看不起他，只有東平公姚紹見過他之後感到很驚異，便對後秦王姚興說：「慕容超相貌堂堂，身材高大，恐怕不是真瘋，希望授予他一個小小的職務來籠絡他。」姚興於是召見了慕容超，與他談話，慕容超故意胡答亂對，有時問他又不回答。姚興遂對姚紹說：「俗話說『妍好的皮肉不會包裹在一副痴頑的軀幹上』，看來只是胡說八道。」於是便不再對他進行考察就把他打發走了。

南燕主慕容備德聽說自己的哥哥慕容納還有一個遺腹子流落在後秦國，便派遣濟陰人吳辯前往後秦探視慕容超。吳辯通過自己的老鄉、在長安街頭依靠占卜算卦謀生的宗正謙與慕容超取得了聯繫，將真相告訴了慕容超。慕容超沒敢告訴自己的母親段氏和自己的妻子呼延氏，便與宗正謙一道改名換姓偷偷地逃歸到南燕。他們走到梁父的時候，擔任鎮南長史的悅壽將此事告訴了擔任兗州刺史的慕容法。慕容法說：「過去，漢代有一個算卦的人就曾經冒充是衛太子劉據，現在怎麼知道這個慕容超不是假冒的呢！」所以並沒有以禮接待慕容超。慕容超因此與慕容法結下仇恨。

南燕主慕容備德聽到自己的姪子慕容超已經來到，非常高興，立即派三百名騎兵前去迎接。慕容超到達南燕的都城廣固之後，便把祖母公孫氏授予自己的金刀獻給慕容備德。慕容備德忍不住失聲痛哭，那種悲痛簡直無法控制。慕容備德封慕容超為北海王，任命他為侍中、驃騎大將軍、司隸校尉、開府，並選拔當代的賢能，作為慕容超的僚佐。慕容備德沒有兒子，所以準備立慕容超為繼承人。慕容超進宮則侍奉叔父慕容備德，使慕容備德盡享天倫之樂，出宮之後，則禮賢下士，虛心待人，因此朝廷內外對他一片讚譽之聲。

五月，東晉擔任桂陽太守的章武王司馬秀以及擔任益州刺史的司馬軌之謀反，被誅殺。司馬秀的妻子是桓振的妹妹，司馬秀因為疑心會受到牽連所以謀反。

東晉桓玄的餘黨桓亮、苻宏等人率領部眾騷擾、劫掠了十多個郡縣，擔任左將軍的劉毅、擔任輔國將軍、督淮北諸軍事、并州刺史的劉道規以及擔任參軍的檀祗等分別率軍出擊，將桓亮、苻宏等消滅，荊州、湘州、江州、豫州全部平定。晉安帝司馬德宗下詔，任命左將軍劉毅為都督淮南、廬江、歷陽、晉熙、安豐五郡軍事、豫州刺史，任命何無忌為都督江東五郡軍事、會稽郡內史。

東晉擔任北青州刺史的劉該謀反，他依靠北魏作為外援，擔任清河、陽平二郡太守的孫全聚眾起兵響應劉該。六月，北魏擔任豫州刺史的索度真、大將斛斯蘭率眾進犯東晉所屬的徐州，包圍了彭城。劉裕派遣自己的弟弟、擔任南彭城內史的劉道憐和擔任東海太守的孟龍符率軍往救彭城，劉道憐和孟龍符斬殺了劉該和孫全，北魏軍也兵敗退走。孟龍符，是孟懷玉的弟弟。

後秦隴西公姚碩德率領後秦軍討伐佔據仇池的氐王楊盛，多次將楊盛軍打敗。後秦將軍斂俱率軍攻打漢中，佔領了成固，然後將漢中的三千多戶流民遷移到關中地區。秋季，七月，氐王楊盛向後秦請求投降。後秦王姚興任命楊盛為都督益州、寧州二州諸軍事、征南大將軍、益州牧。

劉裕派遣使者到後秦的都城長安請求與後秦講和，並要求後秦將南鄉等諸郡歸還給東晉，後秦王姚興答應了劉裕的講和條件。後秦群臣全都認為不可以這樣做，姚興說：「天下人喜歡什麼、愛慕什麼，眼光和標準是一致的。劉裕能夠從卑微的出身和底層的職位中崛起，並討伐、誅滅了桓玄，使已經滅亡的司馬氏政權重新復興，對內治理各種政務，對外整頓疆土，我何必因為吝惜幾個郡的地方，而不去成全劉裕的好事呢！」於是把南鄉、順陽、新野、舞陰等十二個郡歸還給東晉。

八月，後燕擔任遼西太守的邵顏因為犯罪，改名潛逃而淪為盜賊。九月，擔任中常侍的郭仲率軍討伐邵顏，將邵顏殺死。

南燕境內的汝水河水乾涸，南燕主慕容備德為此十分苦惱，不久便臥床不起。北海王慕容超請求舉行祭天活動，祈禱上天恢復女水的水量，慕容備德說：「君主的壽命長短決定於上天，豈是汝水所能控制的。」慕容超堅決請求，而慕容備德堅決不允許。

十月初十日戊午，南燕主慕容備德在東陽殿召見群臣，商議立北海王慕容超為皇太子。突然之間發生了地震，百官都非常驚慌恐懼，慕容備德心中也很不安，於是退回後宮。當天夜間，慕容備德的病情突然加重，閉著眼睛已經不能說話。段皇后大聲呼喊說：「現在立即召見中書寫遺囑立慕容超為太子，可以嗎？」慕容備德睜開眼睛點了點頭。於是立慕容超為皇太子，同時實行大赦。不一會兒，南燕主慕容備德便去世了。當時一共打造了十多口棺材，夜間，分別從四個城門將這些棺材抬出去，祕密地埋葬在山谷之中。

十月十一日己未，南燕皇太子慕容超即位為皇帝，實行大赦，改年號為「太上」。尊奉段皇后為皇太后。任命北地王慕容鍾為都督中外諸軍、錄尚書事，任命擔任兗州刺史的慕容法為征南大將軍、都督徐、兗、揚、南兗四州諸軍事，加授慕容鎮開府儀同三司，任命擔任尚書令的封孚為太尉，鞠仲為司空，封嵩為尚書左僕射。十五日癸亥，為南燕皇帝慕容備德舉行了隆重的葬禮，將一口空棺材埋葬在東陽陵，謚號為「獻武皇帝」，廟號「世宗」。

南燕新任皇帝慕容超把自己過去的親信公孫五樓當做心腹。世宗皇帝慕容備德的舊臣北地王慕容鍾、段宏等心中都很不安，於是請求離開朝廷，到地方任職。慕容超遂任命慕容鍾為青州牧，任命段宏為徐州刺史。

又任命公孫五樓為武衛將軍，兼任屯騎校尉，讓他在朝廷之內參與朝政。擔任太尉的封孚勸諫說：「我聽說，不應該把宗親驅逐到外面，不應該把外人留在內室。北地王慕容鍾，是舉國敬仰的出身皇族的大臣，是國家的棟樑；段宏，是外戚中最有聲望的人物，百姓把他的一舉一動都視為楷模。這兩個人都應該列入朝廷大臣之中，而不應該令他們到遠方去鎮守地方。如今卻是慕容鍾等到地方任職，公孫五樓卻留在朝廷輔佐朝政，我對此心中深感不安。」慕容超沒有採納封孚的意見。慕容鍾和段宏心中憤憤不平，他們互相說：「黃狗身上的皮，恐怕最終會用來補綴狐皮大衣了。」公孫五樓聽了他們的話，暗暗懷恨在心。

魏詠之去世，擔任江陵縣令的羅脩陰謀聚眾起兵襲擊江陵，他們推戴王慧龍為盟主。鎮軍將軍劉裕任命擔任并州刺史的輔國將軍劉道規為都督荊、寧等六州諸軍事、荊州刺史。羅脩的叛亂沒有搞成，便保護著王慧龍逃奔了後秦。

乞伏乾歸率領自己的部眾攻打仇池，結果被楊盛打得大敗。

西涼公李暠與擔任長史的張邈商議將都城遷往酒泉，以便對北涼沮渠蒙遜形成壓力。隨後任命張體順為建康太守，鎮守樂涫；任命宋繇為敦煌護軍，和自己的兒子、擔任敦煌太守的李讓一道鎮守敦煌，然後將都城從敦煌遷到了酒泉。

西涼公李暠親自寫信給自己的幾個兒子，告誡他們說：「做官從政的人，應當認真、慎重地對待獎賞和處罰，千萬不要被自己的愛憎情緒所左右；要親近忠誠正直的人，疏遠奸佞諂媚的人，不要讓自己身邊的人暗中竊取權力、作威作福。對於詆毀你的言論、或是讚美你的話，都應當一一進行核查，弄清真假；審理訴訟、判斷案情，一定要和顏悅色，根據事實、按照情理，千萬不要預先就認定對方心存狡詐，只根據自己的主觀臆斷就輕率地下結論，輕易變臉怒斥。務必廣泛地徵求意見、深入地調查研究，不要剛愎自用、獨斷專行。我任職管事已經五年，雖然沒有能夠使百姓得到充分的休養生息，然而因為我能夠包容別人的缺點，不為之張揚，所以，早晨還是仇敵，到了晚上就可以委以心腹重任，因此大體來說，對於新知故交都沒有什麼對不起的地方；處理事務力求公平公正，無論對何人何事，內心坦蕩，沒有任何愧疚之處，什麼都不存在心裡，從不對別人的優劣功過作不適當的誇大與縮小。這樣做，從眼前來看好像受了些損失，然而從長遠來看，獲益匪淺，與古代的英明帝王相比也差不多可以不感到慚愧了。」

十二月，後燕天王慕容熙率軍襲擊契丹。

義熙二年（丙午　西元四〇六年）

春，正月甲申❶，魏主珪如豺山宮。諸州置三刺史，郡置三太守，縣置三令長❷。刺史、令長各之州縣❸，太守雖置而未臨民❹，功臣為州者❺皆徵還京師，以爵歸第❻。

益州刺史司馬榮期擊譙明子❼于白帝，破之。

燕王熙至陘北❽，畏契丹之眾，欲還，苻后❾不聽。戊申❿，遂棄輜重，輕兵襲高句麗。

南燕主超猜虐⓫日甚，政出權倖，盤于游畋⓬，封孚、韓諄屢諫不聽。超嘗臨軒⓭問孚曰：「朕可方前世何主？」對曰：「桀、紂。」超慚怒，孚徐步而出，不為改容。鞠仲謂孚曰：「與天子言，何得如是！宜還謝。」孚曰：「行年七十，惟求死所耳！」竟不謝。超以其時望⓮，優容⓯之。

桓玄之亂，河間王曇之⓰子國璠、叔璠奔南燕。二月甲戌⓱，國璠等攻陷弋陽⑱。

燕軍行三千餘里，士馬疲凍，死者屬路⑲，攻高句麗木底城⑳，不克而還。夕陽公雲㉑傷於矢，且畏燕王熙之虐，遂以疾去官。

三月庚子㉒，魏主珪還平城㉓。夏，四月庚申㉔，復如豺山宮。甲子㉕[1]，還平城。

柔然社崙㉖侵魏邊。

五月，燕王寶之子博陵公虔、上黨公昭，皆以嫌疑賜死。

六月，秦隴西公碩德自上邽入朝，秦王興為之大赦；及歸，送之至雍㉗乃還。興事晉公緒㉘及碩德皆如家人禮㉙，車馬、服玩，先奉二叔，而自服其次。國家大政，皆咨㉚而後行。

禿髮傉檀伐沮渠蒙遜，蒙遜嬰城㉛固守。傉檀至赤泉㉜而還，獻馬三千匹、羊三萬口于秦。秦王興以為忠，以傉檀為都督河右㉝諸軍事、車騎大將軍、涼州刺史，鎮姑臧㉞。徵王尚㉟還長安。涼州人申屠英等遣主簿胡威詣長安請留尚，興弗許。威見興，流涕言曰：「臣州奉戴王化㊱，於茲五年㊲，土宇僻遠，威靈不接㊳，士民嘗膽抆血㊴，共守孤城。仰恃陛下聖德，俯杖良牧㊵仁政，克自保全，以至今日。陛下柰何乃以臣等貿(41)馬三千匹、羊三萬口？賤人貴畜(42)，無乃不可！若軍國須馬，直煩尚書一符(43)，臣州三千餘戶，各輸一馬(44)，朝下夕辦(45)，何難之有？昔漢武傾天下之資力，開拓河西，以斷匈奴右臂(46)。今陛下無故棄五郡(47)之地忠良華族，以資暴虜(48)，豈惟臣州士民墜於塗炭，恐方為(49)聖朝旰食之憂(50)。」興悔之，使西平人車普馳止王尚，又遣使諭傉檀。會傉檀已帥步騎三萬軍于五澗(51)，普先以狀告之，傉檀遽逼遣王尚(52)。尚出自清陽門(53)，傉檀入自涼風門(54)。別駕(55)宗敞送尚還長安，傉檀謂敞曰：「吾得涼州三千餘家，情之所寄(56)，唯卿一人，柰何捨我去乎？」敞曰：「今送舊君(57)，所以忠於殿下也。」傉檀曰：「吾新牧貴州(58)，懷遠安邇(59)之略如何？」敞曰：「涼土雖弊，形勝之地(60)。殿下惠撫其民(61)，收其賢俊以建功名，其何求不獲？」因薦本州文武名士十餘人，傉檀嘉納之。王尚至長安，興以為尚書(62)。

傉檀燕(63)羣臣[2]於宣德堂(64)，仰視歎曰：「古人有言：『作者不居，居者不作(65)。』信矣(66)。」武威孟禕曰：「昔張文王(67)始為此堂，於今百年(68)，十有二主(69)矣，惟履信思順(70)者可以久處。」傉檀善之。

魏主珪規度(71)平城，欲擬鄴、洛、長安(72)，脩廣宮室。以濟陽太守莫題(73)有巧思，召見，與之商功⑭。題久侍稍怠，珪怒，賜死。題，含之孫也。於是發八部⑮五百里內男丁築灅南宮，闕門⑯高十餘丈，穿溝池，廣苑囿⑰，規立外城，方二十里，分置市里⑱，三十日罷⑲。

秋，七月，魏太尉宜都丁公穆崇⑳薨。

八月，禿髮傉檀以興城侯文支鎮姑臧，自還樂都(81)。雖受秦爵命，然其車服禮儀，皆如王者。

甲辰(82)，魏王珪如豺山宮，遂之石漠(83)。九月，度漠北。癸巳(84)，南還長川(85)。

劉裕聞譙縱反，遣龍驤將軍毛脩之(86)將兵與司馬榮期、文處茂、時延祖共討之。脩之至宕渠(87)，榮期為其參軍楊承祖所殺。承祖自稱巴州刺史，脩之退還白帝。

禿髮傉檀求好於西涼，西涼公暠許之。

沮渠蒙遜襲酒泉，至安珍(88)。暠戰敗，城守，蒙遜引還。

南燕公孫五樓欲擅朝權，譖北地王鍾於南燕王超，請誅之。南燕主備德之卒也，慕容法不奔喪，超遣使讓(89)之。法懼，遂與鍾及段宏謀反。超聞之，徵鍾(90)，鍾稱疾不至。超收其黨侍中慕容統等，殺之。征南司馬(91)卜珍告左僕射封嵩數與法往來，疑有姦，超收嵩下廷尉。太后[92]懼，泣告超曰：「嵩數遣黃門令牟常說吾云：『帝非太后所生，恐依永康故事[93]。』我婦人識淺，恐帝見殺[94]，即以語法。法為謀見誤[95]，知復何言。」超乃車裂嵩。西中郎將封融奔魏。

超遣慕容鎮攻青州[96]，慕容昱攻徐州[97]，右僕射濟陽王凝[98]及韓範攻兗州[99]。昱拔莒城，段宏奔魏。封融與羣盜襲石塞城[100]，殺鎮西大將軍餘鬱，國中振恐。濟陽王凝謀殺韓範，襲廣固，範知之，勒兵攻凝，凝奔梁父。範并將其眾，攻梁父，克之。法出奔魏，凝出奔秦。慕容鎮克青州，鍾殺其妻子[101]，為地道以出，與高都公始皆奔秦。秦以鍾為始平[102]太守，凝為侍中。

南燕主超好變更舊制，朝野多不悅；又欲復肉刑[103]，增置亨轘[104]之法，眾議不合而止。

冬，十月，封孚卒。

尚書論建義[3]功[105]，奏封劉裕豫章郡公[106]，劉毅南平郡[107]公，何無忌安成[4]郡[108]公，自餘封賞有差[109]。○梁州刺史劉稚反，劉毅遣將討禽之。

庚申[110]，魏主珪還平城。

乙亥[111]，以左將軍孔安國為尚書左僕射。

十一月，禿髮傉檀遷于姑臧。

乞伏乾歸入朝于秦。

十二月，以何無忌為都督荊・江・豫三州八郡[112]軍事、江州刺史。

是歲，桓石綏[113]與司馬國璠[114]、陳襲聚眾胡桃山[115]為寇，劉毅遣司馬劉懷肅討破之。石綏，石生之弟也。

【章　旨】以上為第二段，寫晉安帝義熙二年（西元四〇六年）一年間的大事。主要寫了秦主姚興敬重其叔姚碩德，有人君之度；寫了禿髮傉檀強悍於河西，因向後秦獻馬而獲姚興寵信，遂任其為涼州刺史，使其鎮姑臧，眾人反對，但為時已晚，河西地區遂一時被置於禿髮傉檀的統治之下；寫了後燕主慕容熙欲攻契丹，見其人馬眾多而棄其輜重還；又欲改攻高句麗，結果長途跋涉，士馬疲凍，死者屬路，一無所獲；寫了南燕主慕容超殘忍暴虐，樂於遊畋，寵信公孫五樓，內部分裂攻殺，敗亡之趨勢已不可挽救；寫了魏主拓跋珪欲大興土木於平城，以擬鄴城、洛陽、長安，又建灅南宮，窮奢極麗；寫了劉裕派毛脩之、司馬榮期等討伐譙縱，結果因楊承祖叛變，司馬榮期被殺，楊承祖自立為巴州刺史，討伐軍中途撤回；寫了桓玄餘黨繼續作亂，被劉裕的部將討平等等。

【注　釋】❶正月甲申　正月初八。❷令長　縣令、縣長。大縣的長官叫令，小縣的長官叫長。❸各之州縣　都要到各自所管轄的州、縣上去。❹未臨民　即未到郡裡上任。❺功臣為州者　身為功臣而任刺史之職者。為州，任刺史之職。❻以爵歸第　免去職務，帶著自己的級別爵位回家賦閒。❼譙明子　譙縱的堂弟，被譙縱任為巴州刺史。巴州的州治即今重慶市。❽陘北　冷陘山以北。冷陘山在今內蒙古巴林右旗北，或說在扎魯特旗北。❾苻后　慕容熙的寵妃，後升為皇后。❿戊申　二月初二。⓫猜虐　殘忍、暴虐。猜，殘忍。⓬盤于遊畋　沉迷於打獵、遊賞。盤，樂；以……為樂。⓭臨軒　意即憑欄。軒，這裡指欄杆。⑭時望　當時有威望的人物。⑮優容　優待、寬容。⑯河間王曇之　即司馬曇之，司馬欽之子，晉安帝的同族兄弟。⑰二月甲戌　二月二十八。⑱弋陽　即今河南潢川縣，當時為弋陽郡的郡治所在地。⑲屬路　不絕於路。屬，連接。⑳木底城　在今瀋陽東的新賓附近。㉑夕陽公雲　即慕容雲，慕容寶之子，慕容熙之姪。㉒三月庚子　三月二十五。㉓平城　魏國的都城，在今山西大同東北。㉔四月庚申　四月十五。㉕甲子　四月十九。㉖社崙　柔然民族的頭領。㉗雍　雍縣，在今陝西寶雞東北，在長安西往上邽（今甘肅天水市）的路上。㉘晉公緒　即姚緒，與姚碩德都是姚興之叔。㉙如家人禮　按照平民之家的叔姪禮節，即只按輩分，不按君臣。家人，平民。㉚咨　詢問；徵求意見。㉛嬰城　環城；繞城。這時沮渠蒙遜駐守張掖。㉜赤泉　在今甘肅張掖東南。㉝河右　此處即指黃河以西。㉞姑臧　即今甘肅武威。㉟王尚　原在姚興部將齊難手下任長史，姚興滅掉呂隆政權後，齊難任王尚為涼州刺史，鎮姑臧。王尚在州頗有惠政。㊱奉戴王化　奉行後秦的政策條令。王化，天子的教化，這裡指後秦姚興的政策規章。㊲於茲五年　晉安帝隆安五年（西元四〇一年）呂隆降後秦，至此已經五年。㊳威靈不接　後秦的軍事威力達不到這裡。不接，達不到。㊴嘗膽抆血　含辛茹苦，浴血奮鬥。嘗膽，吃苦；艱苦。抆血，浴血；擦乾血跡。㊵良牧　好的刺史，此指王尚。㊶貿　貿易；交換。㊷賤人貴畜　不看重人的生命，而貪得那幾頭牛羊。㊸直煩尚書一符　只要讓尚書省下一道命令就行了。直，只。符，命令。㊹各輸一馬　每戶交出一匹馬。㊺朝下夕辦　早上下令，晚上就能辦成。㊻斷匈奴右臂　指斬斷匈奴西方盟國的援兵，使其陷於孤立。當時漢武帝伐大宛有這種考慮。㊼五郡　武威、張掖、敦煌、酒泉、金城。㊽以資暴虜　把他們送給殘暴的禿髮傉檀。資，送給。㊾方為　將要成為。㊿聖朝旰食之憂　你們朝廷今後的麻煩可就大了。聖朝，尊指姚興政權。旰食，不能按時吃飯，以喻國家形勢危急之嚴重。旰，晚。(51)五澗　在姑臧城南。(52)遽逼遣王尚　立刻逼著王尚趕緊離開姑臧。(53)清陽門　胡三省以為應作「青陽門」。青陽門即姑臧城的東門。(54)涼風門　姑臧城的南門。(55)別駕　州刺史的高級僚屬，總管州中諸事。以其隨刺史出行時能單獨乘坐一輛車而得名。(56)情之所寄　心中最在意的。(57)舊君　前任的長官。當時僚屬稱長官曰「君」。(58)新牧貴州　新任你們涼州的君長。牧，任涼州牧，擔當涼州刺史。(59)懷遠安邇　讓整個地區的人都心甘情願地聽我管轄。懷遠，讓遠方人對我感念。安邇，讓近處的人能安靜地服從我。邇，近處。(60)形勝之地　形勢險要的地區。(61)惠撫其民　以恩德對待這個地區的人。撫，駕御；管理。(62)尚書　即尚書郎，約當於今之國務院的部長。(63)燕　這裡的意思同「宴」。宴請；以酒飯招待。(64)宣德堂　當年張氏家族的涼州政權所建，是朝會與宴享群臣的場所。(65)作者不居二句　蓋房子的不能住房子，住房子的不用蓋房子。意思是感慨一切都有命定。(66)信矣　的確是這樣啊。禿髮傉檀在這裡是感慨張氏稱王的時代已經成為過去，如今只是留下一些遺跡而已。(67)張文王　即張駿，前涼政權的第三代統治者（西元三二四—三四五年在位），諡為文王。傳見《晉書》卷八十六。(68)於今百年　自張駿在涼州執政（西元三二四年）到晉安帝義熙二年（西元四〇六年），共經歷八十二年。(69)十有二主　前涼自張駿後，繼任者有張重華、張曜靈、張祚、張玄靚、張天錫；接著於此任事者又有梁熙、呂光、呂紹、呂纂、呂隆、王尚，前後十二代。(70)履信思順　「履信」猶言守信，說話算話；「思順」即思想合乎正道，能順應民心。(71)規度　規劃、測量。(72)欲擬鄴洛長安　想仿照鄴城、洛陽、長安的樣子（建造宮殿）。鄴城，在今河北臨漳西南。先是曹操為魏王時的都城，東晉以來，後趙的石勒、石虎，前燕的慕容儁都曾以此為都城。(73)莫題　拓跋珪的部將，因軍功被封為東宛侯，後又出任洛陽太守。傳見《魏書》卷二十三。其祖父莫含先為劉琨僚屬，後入東晉曾為左將軍。(74)商功　商量建築新都的工程。(75)八部　由京都平城向八方輻射將魏國領土所分成的八個地區。(76)闕門　宮殿的正南大門。(77)苑囿　園林、獵場。(78)市里　市場與街道里巷。(79)三十日罷　三十天後完成。(80)宜都丁公穆崇　穆崇是拓跋珪初起事時的元勳，因功被封為宜都公，因其參與過拓跋儀的謀逆，死後被諡為丁。據《諡法解》：「述義不克曰丁。」(81)樂都　禿髮傉檀的都城，即今青海樂都。(82)甲辰　八月初一。(83)石漠　在今內蒙古四子王旗北。(84)癸巳　九月二十。(85)長川　城鎮名，在今河北尚義西。(86)毛脩之　字敬文，毛瑾之子，毛璩之姪，劉裕的得力部將。傳見《宋書》卷四十八。(87)宕渠　縣名，縣治在今四川渠縣東北。(88)安珍　胡三省以為應作「安彌」，安彌也叫綏彌，縣名，縣治在今甘肅酒泉東。(89)讓　責備。(90)徵鍾　調慕容鍾入朝。徵，調；使之前來。(91)征南司馬　慕容法的僚屬，當時慕容法任征南將軍。(92)太后　即慕容德之妻段氏。(93)永康故事　指慕容寶挾舊怨於永康元年殺害了其父慕容垂的皇后事。見本書卷一百八太元二十一年。(94)恐帝見殺　意即恐被你所殺。(95)法為謀見誤　慕容法圖謀造反而哄騙了我。(96)青州　南燕青州的州治在東萊（今山東掖縣），時慕容鍾為青州刺史。(97)徐州　南燕徐州的州治在莒城（今山東莒縣），時段宏為徐州刺史。(98)濟陽王凝　即慕容凝。(99)兗州　南燕兗州的州治在梁父（今山東泰安東南），時慕容法為兗州刺史。(100)石塞城　在今山東長清西南。(101)殺其妻子　謂殺死了自己的妻、子，隻身外逃。(102)始平　郡名，郡治槐里，今陝西興平東南。(103)肉刑　指宮刑、刖刑、斷左右趾等。(104)烹轘　烹，指將人用水煮。轘，指車裂。(105)建義功　指起兵討平桓玄，奉晉安帝復辟的功勳。(106)豫章郡公　以豫章郡為其領地的公爵。豫章郡治即今江西南昌。(107)南平郡　郡治江安，在今湖北公安北。(108)安成郡　郡治平都，即今江西安福。(109)封賞有差　隨功勞大小而有高低不同的封賞。(110)庚申　十月十八。(111)乙亥　十月初一是「癸卯」，本月無「乙亥」。乙亥應是十一月初三。(112)三州八郡　指荊州的武昌、江州的尋陽、豫章、廬陵、臨川、鄱陽、南康和豫州的晉熙。(113)桓石綏　桓豁之子，桓玄的堂兄弟。(114)司馬國璠　晉安帝的族姪，前於桓玄之亂時，與其弟叔璠逃往南燕。115胡桃山 在歷陽（今安徽和縣）附近。

【校 記】1甲子 原誤作「甲午」。今據嚴衍《通鑑補》改作「甲子」。2臣 據章鈺校，甲十一行本、乙十一行本、孔天胤本皆作「僚」。3義 據章鈺校，孔天胤本作「議」。4成 據章鈺校，甲十一行本、乙十一行本、孔天胤本皆作「城」。

【語 譯】二年（丙午 西元四〇六年）

春季，正月初八日甲申，北魏皇帝拓跋珪從平城前往豺山宮。朝廷規定：每個州設置三名刺史，每個郡設置三名太守，每個縣設置三名縣令、縣長。無論是刺史，還是縣令、縣長，都要到自己任管轄的州、縣中去，郡中雖然設置了太守，但太守卻未到郡裡上任，那些身為功臣而擔任刺史的人全部召回京師，免去刺史職務，保留爵位回家賦閒。

東晉擔任益州刺史的司馬榮期率軍攻擊譙明子所據守的白帝城，司馬榮期將譙明子擊敗。

後燕天王慕容熙率領燕軍抵達陘山以北，因為懼怕契丹兵力強盛，遂準備退兵，而隨軍的苻皇后不聽。二月初二日戊申，慕容熙下令燕軍丟棄糧食輜重，輕裝前進，轉道去襲擊高句麗。

南燕主慕容超殘忍、暴虐越來越嚴重，軍國大權全都掌握在慕容超所寵幸的權臣手中，慕容超只沉迷於巡遊打獵，不處理政事，擔任太尉的封孚、擔任僕射的韓誶雖然屢次規勸，慕容超都不肯聽從。慕容超曾經依靠著金殿前面的欄杆向太尉封孚詢問說：「我可以跟前代的哪一位君主相比？」封孚回答說：「可比作夏朝的桀王、商朝的紂王。」慕容超又慚愧又憤怒，封孚卻緩步走出金殿，神色一點也沒有改變。擔任司空的鞠仲對封孚說：「與皇帝說話，怎麼能夠這樣！你應該回去向皇帝謝罪。」封孚說：「我已經快七十歲了，只求能夠死得其所！」封孚始終沒有就此事向慕容超謝罪。慕容超也因為封孚在當時享有很高的聲望而特別寬容了他。

東晉在桓玄叛亂之時，河間王司馬曇之的兒子司馬國璠、司馬叔璠逃奔了南燕。二月二十八日甲戌，司馬國璠、司馬叔璠率眾攻佔了弋陽。

後燕軍輕裝前進，走了有三千多里，軍士、馬匹因為長途跋涉的疲勞，再加上天氣寒冷，死亡的屍體沿途隨處可見，軍隊進攻高句麗的木底城，沒有攻克，後燕天王慕容熙只好率軍返回。夕陽公慕容雲身負箭傷，而且懼怕燕王慕容熙的兇殘暴虐，於是便稱病辭職了。

三月二十五日庚子，北魏皇帝拓跋珪從豺山宮回到京師平城。夏季，四月十五日庚申，拓跋珪再次前往豺山宮。十九日甲子，從豺山宮返回平城。

柔然國豆代可汗郁久閭社崙率軍入侵北魏國邊境地區。

五月，後燕主慕容寶的兒子博陵公慕容虔、上黨公慕容昭，都因為受到猜忌而被慕容熙下詔逼令自殺。

六月，後秦隴西公姚碩德從上邽前往都城長安朝見後秦王姚興，後秦王姚興為此特別頒布了大赦令，赦免全國罪犯；等到姚碩德離開長安返回上邽的時候，秦王姚興親自相送，一直送到雍城才返回長安。姚興接待晉公姚緒以及隴西公姚碩德都按照平民之家的叔姪禮節，車馬、衣服、珍玩等，都先把好的挑選出來奉送給這兩位叔父，而次一級的則留下自己用。至於國家的大政都要徵詢二位叔父意見之後再去施行。

南涼禿髮傉檀率眾討伐北涼張掖公沮渠蒙遜，沮渠蒙遜在張掖城四周設防，率軍固守。禿髮傉檀率軍挺進到張掖城北的赤泉便撤軍而回，然後向後秦進獻三千匹馬、三萬頭羊。後秦王姚興認為禿髮傉檀對自己很忠誠，於是任命禿髮傉檀為都督河右諸軍事、車騎大將軍、涼州刺史，鎮守姑臧。將擔任涼州刺史的王尚召回長安。涼州人申屠英等派擔任主簿的胡威前往後秦的京師長安，向後秦王姚興請求留下王尚，姚興沒有答應。胡威在朝見姚興的時候，痛哭流涕地說：「我們涼州尊奉秦國的政策教令，到現在已經五年了，涼州地處偏僻，距離京師長安路途遙遠，朝廷的軍事威力達不到這裡，這裡的官吏和民眾含辛茹苦、浴血奮戰，共同守衛著姑臧這座孤城。上仰陛下的聖德，下靠好刺史實行仁政，才獲得了自我保全，維持到今天。陛下為何要用涼州人民去換取三千匹馬、三萬頭羊？如此的不看重人的生命而貪圖那些牲畜，恐怕不可以吧！如果國家的軍隊需要馬匹，只需麻煩尚書省下一道命令就可以了，涼州一共有三千多戶，每戶只需向朝廷貢獻一匹馬，早晨下達命令，到了晚上就可以把事情辦好，這有什麼難以辦到的？過去漢武帝劉徹耗盡了全國的人力物力，開拓了河西地區這片疆土，斬斷了匈奴西方盟國的援兵，使其陷於孤立。如今陛下卻無緣無故地把武威、張掖、酒泉、敦煌、金城這五個郡中的忠誠善良的華族百姓拋棄，把他們送給殘暴的禿髮傉檀，豈止是涼州的士民從此陷入生靈塗炭的困境，恐怕即將成為朝廷的憂患，攪擾得陛下連飯都吃不好。」姚興也感到後悔，於是一面派西平人車普飛馬去制止涼州刺史王尚，讓他不要離開任所，一面派人通知禿髮傉檀。而此時的禿髮傉檀已經率領三萬名步兵、騎兵駐紮於姑臧城南的五澗，車普把後秦王姚興的意思告訴了禿髮傉檀，禿髮傉檀卻立即逼迫王尚趕緊離開姑臧。王尚剛從姑臧東面的清陽門出去，禿髮傉檀就從姑臧城南面的涼風門進入了姑臧城。

擔任別駕的宗敞護送王尚離開涼州前往後秦京師長安的時候，禿髮傉檀對宗敞說：「我雖然得到了涼州的三千多戶人家，然而最令我牽掛的，卻只有你一個人，你為什麼要拋棄我而到長安去呢？」宗敞回答說：「我今天護送舊日的君長，正是為了效忠於殿下。」禿髮傉檀說：「我剛剛接任了涼州刺史職務，請你告訴我，我應該怎麼樣做才能使整個涼州地區的人民心甘情願地服從我的管轄？」宗敞說：「涼州地面雖然窮困凋敝，然而卻是一個形勢險要的地區。殿下只要注意安撫百姓，施行德政，招攬賢能，建立功名事業，如此一來，想要得到什麼而不能得到呢？」於是向禿髮傉檀舉薦了十多名涼州本地的知名文武人士，禿髮傉檀對宗敞的舉薦非常讚許，全部予以錄用。宗敞來到長安，後秦王姚興任命宗敞為尚書。

禿髮傉檀在姑臧城中的宣德堂設宴款待群臣，他抬頭看了看，不禁感慨地說：「古代的人說過這樣的話：『建造房屋的人自己不能住在裡面，而住房子的人自己不建造房屋。』確實如此啊。」武威郡人孟禕說：「從過去涼文王張駿開始建造這座宣德堂到現在，將近一百年，這裡已經更換了十二代主人。看來只有堅守誠信、順應民心的人才可以在這裡長久地住下去。」禿髮傉檀認為孟禕說得很對。

北魏皇帝拓跋珪對京師平城重新進行規劃，準備仿照鄴城、洛陽、長安的樣子擴建皇宮。拓跋珪認為擔任濟陽太守的莫題構思精巧，於是召見莫題，與莫題一起商議建築新都的工程設計等問題。莫題在拓跋珪身邊侍奉的時間一久，便稍微有些怠慢，拓跋珪於是大怒，立即下令，讓莫題自殺。莫題，是莫含的孫子。拓跋珪徵調平城以外的東、西、南、北、東南、西北、西南、東北八個地區中距離平城五百里以內的所有成年男子修築灅南宮。灅南宮的正南門高十餘丈，挖掘水渠、池塘，擴建畜養禽獸以供打獵、種植花草樹木以供遊覽的苑囿，並規劃修建外城，外城二十里見方，其中分劃出市場與街道里巷，只用了三十天就修築完畢。

秋季，七月，北魏擔任太尉的宜都丁公穆崇去世。

八月，禿髮傉檀令興城侯文支鎮守姑臧，自己返回故都樂都。禿髮傉檀雖然接受了後秦所任命的官爵，然而他的車馬服飾、各種儀仗，都與國王一樣。

八月初一日甲辰，北魏皇帝拓跋珪前往豺山宮，並從豺山宮前往石漠。九月，拓跋珪渡過石漠繼續北行。二十日癸巳，向南返回到長川。

劉裕聽說譙縱謀反、自稱成都王，於是派遣龍驤將軍毛脩之率軍與擔任益州刺史的司馬榮期、擔任涪陵太守的文處茂、擔任巴東司馬的時延祖共同率軍討伐譙縱。毛脩之率軍抵達宕渠縣，不料司馬榮期被自己屬下擔任參軍的楊承祖殺死。楊承祖自稱巴州刺史，毛脩之只得退回白帝城。

南涼禿髮傉檀向西涼公李暠請求成為友好鄰邦，西涼公李暠非常贊成禿髮傉檀的意見。

北涼張掖公沮渠蒙遜率軍襲擊西涼的都城酒泉，大軍一直推進到酒泉城東的安珍縣。西涼公李暠率軍出城反擊，結果兵敗，只好退回酒泉城內堅守，沮渠蒙遜率軍退走。

南燕公孫五樓想要獨攬朝政大權，於是便在慕容超面前詆毀北地王慕容鍾，請求將慕容鍾除掉。在南燕主慕容備德去世的時候，慕容法沒有到京師廣固來奔喪，慕容超於是派使者去責備慕容法。慕容法非常懼怕，於是便聯絡慕容鍾與段宏一同謀反。慕容超聽到風聲，便徵召北地王慕容鍾返回京師，慕容鍾稱說自己有病，不肯應詔前往廣固。慕容超便把慕容鍾的黨羽、擔任侍中的慕容統等抓起來，殺死。擔任征南司馬的卜珍向南燕主慕容超告發擔任左僕射的封嵩多次與慕容法往來，可能有什麼陰謀，慕容超因此又把封嵩逮捕送交廷尉處治。皇太后段氏擔心自己被牽扯出來，心中非常恐懼，於是她一邊哭一邊對慕容超說：「封嵩曾經多次派遣擔任黃門令的牟常來勸說我：『皇帝不是皇太后的親生兒子，恐怕有朝一日會像後燕主慕容寶在永康元年逼殺他的母親段氏那樣將太后殺死。』我是一個婦道人家，見識短淺，害怕被皇帝殺死，所以就告訴了慕容法。慕容法圖謀造反而哄騙了我，現在我知道了事實真相，還能說什麼呢。」慕容超遂用車裂的酷刑處死了左僕射封嵩。擔任西中郎將的封融逃往北魏。

南燕主慕容超派慕容鎮率軍攻打擔任青州刺史的北地王慕容鍾，派慕容昱率軍攻打擔任徐州刺史的段宏，派擔任右僕射的濟陽王慕容凝會同韓範一起攻擊兗州。慕容昱攻克了徐州刺史府所在地莒城，擔任徐州刺史的段宏逃往北魏。封融與一群盜賊一同襲擊石塞城，殺死了鎮西大將軍餘鬱，震動了全國。濟陽王慕容凝密謀殺死韓範，然後襲擊南燕的都城廣固，韓範得知消息，便組織兵力攻擊慕容凝，慕容凝兵敗後逃往梁父。韓範接管了濟陽王慕容凝的部眾，攻擊梁父，將梁父佔領。慕容法逃往北魏，慕容凝逃往後秦。慕容鎮攻克了青州，慕容鍾殺死了自己妻子和兒女，挖掘了一條地道得以逃出，他與高都公慕容始全都投奔了後秦。後秦王姚興任命慕容鍾為始平太守，任命慕容凝為侍中。

南燕主慕容超喜好變更舊有的政治制度，朝廷和民間都很不高興；慕容超還想恢復過去殘害身體的酷刑，增加將人煮死的烹刑、用車裂的辦法將人處死的轘刑，朝廷大臣經過商議，都不贊成，這才沒有被列入刑罰之中。

冬季，十月，南燕擔任太尉的封孚去世。

東晉尚書省評議在平定桓玄叛亂、復興東晉王室過程中群臣所建立的功勞，於是上奏請求晉安帝司馬德宗封鎮軍將軍劉裕為豫章郡公，封劉毅為南平郡公，封何無忌為安成郡公，對於其他有功者，按照功勞大小，都有不同等次的封賞。〇東晉擔任梁州刺史的劉稚起兵謀反，劉毅率軍前往討伐，將劉稚擒獲。

十月十八日庚申，北魏皇帝拓跋珪從長川回到京師平城。

乙亥日，東晉任命擔任左將軍的孔安國為尚書左僕射。

十一月，禿髮傉檀把都城從樂都遷到姑臧。

乞伏乾歸從苑川前往後秦的都城長安朝見後秦王姚興。

十二月，東晉任命何無忌為都督荊、江、豫三州八郡軍事、江州刺史。

這一年，東晉的桓石綏與司馬國璠、陳襲在歷陽郡內的胡桃山招兵買馬，佔據山林成為草寇，劉毅派屬下司馬劉懷肅率軍前往胡桃山進行討伐，劉懷肅將桓石綏、司馬國璠、陳襲等擊敗。桓石綏，是桓石生的弟弟。

義熙三年（丁未　西元四〇七年）

春，正月辛丑朔❶，燕大赦，改元「建始」❷。

秦王興以乞伏乾歸寖彊❸難制，留為主客尚書❹，以其世子熾磐行❺西夷校尉，監其部眾❻。

二月己酉❼，劉裕詣建康，固辭新所除❽官，欲詣廷尉❾。詔從其所守❿，裕乃還丹徒⓫。

魏主珪立其子脩為河間王，處文為長樂王⓬，連為廣平王⓭，黎為京兆王。

殷仲文⓮素有才望，自謂宜當朝政⓯，悒悒⓰不得志；出為東陽⓱太守，尤不樂。何無忌素慕其名，東陽，無忌所統⓲，仲文許便道脩謁⓳，無忌喜，欽遲⓴之。而仲文失志恍惚，遂不過府㉑。無忌以為薄㉒己，大怒。會南燕入寇，無忌言於劉裕曰：「桓胤㉓、殷仲文乃腹心之疾，北虜不足憂也。」閏月，劉裕府將駱冰謀作亂，事覺，裕斬之。因言冰與仲文、桓石松、曹靖之、卞承之、劉延祖潛相連結，謀立桓胤為主，皆族誅之。

燕王熙為其后苻氏起承華殿，負土於北門㉔，土與穀同價。宿軍典軍㉕杜靜載棺詣闕極諫，熙斬之。○苻氏嘗季夏㉖思凍魚，仲冬㉗須生地黃㉘，熙下有司切責㉙不得而斬之。

夏，四月癸丑㉚，苻氏卒，熙哭之懣絕，久而復蘇。喪之如父母，服斬衰㉛，食粥。命百官於宮內設位㉜而哭，使人按檢㉝哭者，無淚則罪之，羣臣皆含辛㉞以為淚。高陽王妃㉟張氏，熙之嫂也，美而有巧思，熙欲以為殉㊱，乃毀其襚鞾㊲中得弊氈，遂賜死。右僕射韋璆等皆恐為殉，沐浴俟命。公卿以下至兵民，戶率營陵㊳，費殫府藏㊴。陵周圍數里，熙謂監作者曰：「善為之，朕將繼往㊵。」

丁酉㊶，燕太后段氏㊷去尊號，出居外宮。

氐王楊盛以平北將軍苻宣為梁州督[1]護，將兵入漢中，秦梁州別駕呂瑩等起兵應之㊸。刺史王敏㊹攻之，瑩等求援於盛，盛遣軍臨濜口㊺，敏退屯武興㊻。盛復通於晉㊼，詔[2]以盛為都督隴右諸軍事、征西大將軍、開府儀同三司，盛因以宣行梁州刺史。

五月壬戌(48)[3]，燕尚書郎苻進(49)謀反，誅。進，定之子也。魏主珪北巡，至濡源(50)。○魏常山王遵以罪賜死。

初，魏主珪滅劉衛辰(51)，其子勃勃(52)奔秦，秦高平公沒弈干以女妻之。勃勃魁岸(53)，美容[4]儀，性辯慧，秦王興見而奇之，與論軍國大事，寵遇踰於勳舊。興弟邕諫曰：「勃勃不可近也。」興曰：「勃勃有濟世之才，吾方與之(54)平天下，柰何逆忌之(55)？」乃以為安遠將軍，使助沒弈干鎮高平(56)，以三城、朔方(57)雜夷及衛辰部眾(58)三萬配之，使伺魏間隙。邕固爭以為不可，興曰：「卿何以知其為人？」邕曰：「勃勃奉上慢，御眾殘，貪猾不仁，輕為去就(59)。寵之踰分，恐終為邊患。」興乃止。久之，竟以勃勃為安北將軍、五原公(60)，配以三交五部(61)鮮卑及雜虜二萬餘落，鎮朔方。

魏主珪歸(62)所虜秦將唐小方(63)于秦。秦王興請歸賀狄干(64)，仍送良馬千匹以贖狄伯支，珪許之。

勃勃聞秦復與魏通而怒，乃謀叛秦。柔然可汗社崙獻馬八千匹于秦，至大城(65)，勃勃掠取之，悉集其眾三萬餘人，偽畋於高平川(66)，因襲殺沒弈干而并其眾。

勃勃自謂夏后氏[67]之苗裔，六月，自稱大夏天王、大單于，大赦，改元「龍升」，置百官。以其兄右地代[68]為丞相，封代公；力俟提[69]為大將軍，封魏公；叱干阿利[70]為御史大夫，封梁公；弟阿利羅引[71]為司隸校尉，若門為尚書令，叱以韃為左僕射，乙斗為右僕射。

賀狄干久在長安，常幽閉，因習讀經史，舉止如儒者。及還，魏主珪見其言語衣服皆類秦人，以為慕而效之，怒，并其弟歸殺之。

秦王興以太子泓錄尚書事。

秋，七月戊戌朔[72]，日有食之。◯汝南王遵之[73]坐事死。遵之，亮之五世孫也。

癸亥[74]，燕王熙葬其后苻氏于徽平陵，喪車高大，毀北門而出，熙被髮徒跣[75]，步從二十餘里。甲子[76]，大赦。

初，中衛將軍馮跋[77]及弟侍御郎[78]素弗皆得罪於熙，熙欲殺之，跋兄弟〔5〕亡命山澤。熙賦役繁數，民不堪命。跋、素弗與其從弟萬泥〔6〕謀曰：「吾輩還首[79]無路，不若因民之怨，共舉大事，可以建公侯之業。事之不捷，死未晚也。」遂相與乘車，使婦人御[80]，潛入龍城，匿於北部司馬[81]孫護之家。及熙出送葬，跋等與左衛將軍張興及苻進餘黨作亂。跋素與慕容雲[82]善，乃推雲為主。雲以疾辭，跋曰：「河間[83]淫虐，人神共怒，此天亡之時也。公，高氏名家，何能為人養子[84]，而棄難得之運[85]乎？」扶之而出。跋弟乳陳[86]等帥眾攻弘光門，鼓譟而進，禁衛皆散走。遂入宮授甲，閉門拒守。中黃門[87]趙洛生走告于熙，熙曰：「鼠盜何能為？朕當還誅之。」乃置后柩於南苑[88]，收髮貫甲[89]，馳還赴難。夜，至龍城，攻北門，不克，宿於門外。乙丑[90]，雲即天王位，大赦，改元「正始」[91]。

熙退入龍騰苑，尚方兵[92]褚頭踰城從熙，稱營兵[93]同心效順[94]，唯俟軍至。熙聞之，驚走而出[95]，左右莫敢迫[96]，熙從溝下潛遁。良久，左右怪其不還，相與尋之，唯得衣冠，不知所適。中領軍[97]慕容拔謂中常侍[98]郭仲曰：「大事垂捷[99]，而帝無故自驚，深可怪也。然城內企遲[100]，至必成功，不可稽留[101]。吾當先往趣城[102]，卿留待帝，得帝，速來。若帝未還，吾得如意安撫城中[103]，徐迎未晚。」乃分將壯士二千餘人登北城。將士謂熙至，皆投仗請降。既而熙久不至，拔兵無後繼，眾心疑懼，復下城赴苑[104]，遂皆潰去。拔為城中人所殺。丙寅[105]，熙微服匿於林中，為人所執，送於雲，雲數而殺之[106]，并其諸子。雲復姓高氏。

幽州刺史上庸公懿[107]以令支[108]降魏，魏以懿為平州牧、昌黎王。懿，評之孫也。

魏主珪自濡源西如參合陂[109]，乃還平城。

禿髮傉檀復貳於秦[110]，遣使邀[111]乞伏熾磐。熾磐斬其使，送長安。

南燕主超母妻猶在秦，超遣御史中丞封愷使於秦以請之。秦王興曰：「昔苻氏之敗[112]，太樂諸伎[113]悉入于燕[114]。燕今稱藩[115]，送伎[116]或送吳口[117]千人，所請乃可得[118]也。」超與羣臣議之，左僕射段暉曰：「陛下嗣守社稷[119]，不宜以私親之故遂降尊號[120]。且太樂先代遺音，不可與也，不如掠吳口與之。」尚書張華曰：「侵掠鄰國，兵連禍結，此既能往，彼亦能來[121]，非國家之福也。陛下慈親在人掌握，豈可靳惜虛名[122]，不為之降屈乎？中書令韓範嘗與秦王俱為苻氏太子舍人[123]，若使之往，必得如志[124]。」超從之，乃使韓範聘于秦[125]，稱藩奉表[126]。

慕容凝言於興曰：「燕王得其母妻，不復可[7]臣，宜先使送伎。」興乃謂範曰：「朕歸燕王家屬必矣，然今天時尚熱，當俟秋涼。」八月，秦使員外散騎常侍韋宗聘於燕。超與羣臣議見宗之禮，張華曰：「陛下前既奉表，今宜北面受詔[127]。」封逞曰：「大燕七聖重光[128]，柰何一日為豎子屈節[129]？」超曰：「吾為太后屈，願諸君勿復言！」遂北面受詔。

毛脩之與漢嘉太守馮遷合兵擊楊承祖(130)，斬之。脩之欲進討譙縱，益州刺史鮑陋不可。脩之上表言：「人之所以重生(131)，實有生理可保(132)。臣之情地(133)，生塗已竭(134)，所以借命朝露(135)者，庶憑天威誅夷讎逆(136)。今屢有可乘之機，而陋每違期不赴(137)，臣雖効死寇庭，而救援理絕(138)，將何以濟(139)？」劉裕乃表襄城太守劉敬宣帥眾五千伐蜀，以劉道規為征蜀都督。

魏主珪如豺山宮。候官(140)告：「司空庾岳服飾鮮麗，行止風采(141)，擬則(142)人君。」珪收岳，殺之。

北燕王雲以馮跋為都督中外諸軍事、開府儀同三司、錄尚書事，馮萬泥為尚書令，馮素弗為昌黎尹，馮弘為征東大將軍，孫護為尚書左僕射，張興為輔國大將軍。弘，跋之弟也。

九月，譙縱稱藩於秦。

禿髮傉檀將五萬餘人伐沮渠蒙遜，蒙遜與戰於均石(143)，大破之。

蒙遜進攻西郡(144)太守楊統於日勒(145)，降之。

冬，十月，秦河州(146)刺史彭奚念叛，降於禿髮傉檀，秦以乞伏熾磐行河州刺史。

南燕王超使左僕射張華、給事中宗正元[147]獻太樂伎一百二十人於秦，秦王興乃還超母妻，厚其資禮[148]而遣之，超親帥六宮迎於馬耳關[149]。

夏王勃勃破鮮卑薛干[150]等三部，降其眾以萬數，進攻秦三城已北諸戍，斬秦將楊丕、姚石生等。諸將皆曰：「陛下欲經營關中，宜先固根本，使人心有所憑係[151]。高平[152]山川險固，土田饒沃，可以定都。」勃勃曰：「卿知其一，未知其二。吾大業草創，士眾未多；姚興亦一時之雄，諸將用命，關中未可圖也。我今專固一城，彼必并力[153]於我，眾非其敵，亡可立待。不如以驍騎風馳，出其不意，救前則擊後，救後則擊前，使彼疲於奔命，我則游食自若[154]。不及十年，嶺北、河東[155]盡為我有。待興既死，嗣子闇弱，徐取長安，在吾計中矣。」於是侵掠嶺北，嶺北諸城門不晝啓[156]。興乃歎曰：「吾不用黃兒[157]之言，以至於此！」

勃勃求婚於禿髮傉檀，傉檀不許。十一月，勃勃帥騎二萬擊傉檀，至于支陽[158]，殺傷萬餘人，驅掠二萬七千餘口、牛馬羊數十萬而還。傉檀帥眾追之，焦朗曰：「勃勃天資雄健，御軍嚴整，未可輕也。不如從溫圍[159]北渡[160]，趣萬斛堆[161]，阻水[162]結營，扼其咽喉，百戰百勝之術也。」傉檀將賀連怒曰：「勃勃敗亡之餘[163]，烏合之眾，柰何避之，示之以弱？宜急追之！」傉檀從之。勃勃於陽武下峽[164]鑿凌埋車以塞路[165]，勒兵逆擊傉檀，大破之，追奔八十餘里，殺傷萬計，名臣勇將死者什六、七。傉檀與數騎奔南山[166]，幾為追騎所得。勃勃積尸而封之，號曰髑髏臺。勃勃又敗秦將張佛生於青石原[167]，俘斬五千餘人。

傉檀懼外寇之逼，徙三百里內民皆入姑臧。國人駭怨，屠各成七兒[168]因之作亂，一夕聚眾至數千人。殿中都尉張猛大言於眾[169]曰：「主上陽武之敗，蓋恃眾[170]故也。責躬[171]悔過，何損於明，而諸君遽從此小人[172]為不義之事！殿中兵今至[173]，禍在目前矣！」眾聞之，皆散。七兒奔晏然[174]，追斬之。軍諮祭酒梁裒、輔國司馬邊憲等謀反，傉檀皆殺之。

魏主珪還平城。

十二月戊子[175]，武岡文恭侯王謐[176]薨。

是歲，西涼公暠以前表未報[177]，復遣沙門法泉間行奉表詣建康。

【章旨】以上為第三段，寫晉安帝義熙三年（西元四〇七年）一年間的大事。主要寫了後燕主慕容熙寵幸其后苻氏，為之起承華殿，為之勞民生事，苻氏死，慕容熙為之服喪如孝子，部將馮跋乘慕容熙為苻氏送葬之機發動叛亂，擁立慕容寶的義子高雲為天王，殺死慕容熙，建立北燕，慕容垂之後燕從此滅亡；寫了秦主姚興寵信赫連勃勃，勃勃因不滿秦與魏結好而叛秦，殺秦將沒弈干而併其眾，自稱大夏王，出兵攻掠秦之嶺北地區；又進攻南涼主禿髮傉檀，大破傉檀於陽武下峽，禿髮氏從此衰落；勃勃又敗秦將於青石原；寫了南燕主慕容超得知其母、其妻猶在秦，為求秦國放回其母，自己竟甘願降節免去帝號，向秦國稱藩；寫了劉裕繼續在權勢方面表現退讓；寫了殷仲文、桓胤等被劉裕、何無忌所殺；寫了毛脩之為雪國仇家恨，請求進兵討蜀地的叛臣譙縱，劉裕派劉敬宣、劉道規援助之等等。

【注　釋】❶正月辛丑朔　正月壬申朔，無辛丑日，疑記載有誤。❷改元建始　在此以前燕主慕容熙的年號是「光始」（西元四〇一—四〇六年）。❸寖彊　漸強；越來越強。寖，漸。❹留為主客尚書　將其留在朝中主管外國及國內少數民族的事務。❺行　代理。❻監其部眾　管理乞伏乾歸部下的人眾。當時乞伏氏的根據地在苑川（今甘肅蘭州東）。監，管；管理。❼二月己酉　二月初九。❽除　委任。❾欲詣廷尉　想到司法部門請求嚴辦，以見其推辭職務之堅決。廷尉，全國最高的司法長官。漢代的九卿之一，後代的刑部尚書。❿從其所守　意即答應他的要求，還讓他擔任原來的職務。⓫丹徒　縣名，縣治在今江蘇鎮江市東南。劉裕家自劉裕的曾祖起世居丹徒。⓬長樂王　封地為長樂郡，郡治即今河北冀州。⓭廣平王　封地為廣平郡，郡治在今河北雞澤東南。⓮殷仲文　桓玄的姐夫，原是桓玄的黨羽，後見玄敗，又藉機送被劫持的太后與皇后回建康，而得到任用。事見本書卷一百十三元興三年。⓯宜當朝政　應當位居宰相。⓰悒悒　悶悶不樂的樣子。⓱東陽　郡名，郡治即今浙江金華。殷仲文出為東陽太守在上一年，這裡是追敘。⓲無忌所統　何無忌在義熙二年十二月以前，任都督揚州軍事，東陽郡在揚州治下。⓳許便道脩謁　事先說好上任路過時順便前往拜見。許，答應。脩謁，進見；拜訪。⓴欽遲　恭恭敬敬地等待。遲，等待。㉑不過府　未到何無忌的都督府去。㉒薄　冷淡；瞧不起。㉓桓胤　桓沖之孫，桓玄之堂姪。前桓氏滅族時，為表示朝廷對桓沖的懷念，特地留下了桓胤一條根。㉔負土於北門　從北門外向宮裡背土。㉕宿軍典軍　駐紮在宿軍的部隊領導人。宿軍，地名，是燕國營州的州治所在地。㉖季夏　夏天的第三個月，即今農曆六月，最熱的月分。㉗仲冬　冬天的第二個月，即今農曆十一月。㉘地黃　一種草本植物，可入藥。㉙切責　極力討要。㉚四月癸丑　四月初一是「庚午」，本月無「癸丑」日，疑字有誤。㉛服斬衰　身穿最重的喪服。斬衰是兒子對父母、臣下對君主所穿的喪服。㉜設位　設靈堂。㉝按檢　逐個檢查。㉞含辛　眼裡放辣椒末。㉟高陽王妃　高陽王慕容隆的妃子。㊱以為殉　讓她為自己的王后殉葬。㊲襚韡　給死者送終的靴子。是張氏所做。㊳戶率營陵　幾乎每一家都要出人來參加修造陵墓。率，大率；幾乎。㊴費殫府藏　把國庫的所有積蓄全花光了。殫，盡。㊵朕將繼往　不久我也要住到裡頭去。㊶丁酉　四月二十八。㊷段氏　慕容垂之妃，慕容熙的養母。(43)應之　為苻宣作內應，當時的梁州（州治即今陝西漢中）屬後秦。(44)刺史王敏　後秦的梁州刺史。(45)潼口　潼口城，地當潼水與沔水的匯口，在今陝西勉縣西南。(46)武興　郡名，郡治沔陽，在今陝西勉縣東南。(47)復通於晉　晉安帝隆安三年楊盛遣使稱藩於晉。義熙元年姚興伐楊盛，楊盛降秦，送其子入秦為人質，今又向晉稱藩。(48)五月壬戌　五月二十四。(49)苻進　苻定的兒子。苻定是苻堅之子，苻堅淮南失敗後，苻定投降慕容垂。(50)濡源　地名，因濡水的源頭而得名，在今河北豐寧西北。濡水，即今灤河。(51)滅劉衛辰　事見本書卷一百太元十六年。(52)勃勃　即歷史上的赫連勃勃，其父被殺後，逃歸姚興。(53)魁岸　身材高大。(54)與之　和他一道，意即「靠著他」、「仰仗他」。(55)柰何逆忌之　怎麼能預先無根據地妒忌他。逆，預先。(56)高平　即今寧夏固原。(57)三城朔方　二地名，三城即今陝西延安，朔方是古郡名，郡治在今內蒙古杭錦後旗北。(58)衛辰部眾　當年逃歸後秦的劉衛辰的餘部。(59)輕為去就　指容易叛變，容易叛離舊主。(60)五原公　封地為五原郡，郡治九原，在今內蒙古包頭西北。(61)三交五部　三交縣裡的五個部落。三交縣的縣治在今陝西榆林一帶。(62)歸　放回。(63)唐小方　後秦的將領，與狄伯支於元興元年被魏所擒，見本書卷一百十二。(64)請歸賀狄干　請求給魏國送回魏將賀狄干。賀狄干於元興元年出使後秦被扣留。(65)大城　縣名，縣治在今內蒙古杭錦後旗東南。(66)高平川　即今之清水河，發源於今寧夏固原（高平）西南，北流匯入黃河。(67)夏后氏　即夏禹。(68)右地代　人名，勃勃之兄。(69)力俟提　人名，勃勃的次兄。(70)叱干阿利　人名，勃勃之三兄。(71)阿利羅引　與下文之「若門」、「叱以韃」、「乙斗」都是勃勃之弟。(72)七月戊戌朔　七月初一為戊戌日。(73)汝南王遵之　即司馬遵之，司馬懿的兒子司馬亮的後代，晉孝武帝的遠房兄弟，晉安帝的族叔。(74)癸亥　七月二十六。(75)被髮徒跣　披散著頭髮，光著腳走路，古代兒子為父母所行的喪禮如此。(76)甲子　七月二十七。(77)馮跋　慕容寶的部將，後事慕容熙。傳見《晉書》卷一百二十五。(78)侍御郎　帝王的侍奉人員。(79)還首　回頭；回去自首。(80)御　趕車。(81)北部司馬　北部大人的司馬官。司馬在主官屬下主管軍事。(82)慕容雲　慕容寶的養子，本姓高，名叫高雲。論輩分是慕容盛的兄弟。(83)河間　指慕容熙，慕容熙稱帝前曾為河間王。(84)為人養子　慕容雲原是高句麗人，被慕容寶收為義子事，見本書卷一百九隆安元年。(85)難得之運　難得的機會。(86)跋弟乳陳　據本書卷十五乳陳稱萬泥為「叔父」，及《晉書・馮跋傳》所記，此處應作「跋侄乳陳」。(87)中黃門　帝王的貼身太監。(88)南苑　獵場名。(89)收髮貫甲　挽起頭髮，穿上鎧甲。貫，穿。(90)乙丑　七月二十八。(91)改元正始　在此之前是慕容熙的年號「建始」。(92)尚方兵　在尚方署服役的士兵。尚方署是負責為帝王製造器物的機構。(93)營兵　指尚方署的士兵。(94)效順　為順理的一方效力，指忠於慕容熙。(95)驚走而出　慕容熙沒聽清楚褚頭說的是什麼意思，以為是尚方署的士兵都在盼著馮跋、高雲的軍隊前來，故而驚恐逃出。(96)莫敢迫　沒有人敢逼近。(97)中領

軍　即領軍將軍，帝王的禁兵頭領。98中常侍　帝王的侍從人員，以備參謀顧問。99垂捷　眼看就要成功。100企遲　企望，踮著腳地盼望。指「同心效順」之營兵盼慕容熙回龍城。101稽留　停留。102先往趣城　先趕回宮城。103得如意安撫城中　能如願地穩定了城裡的秩序。104赴苑　指前往龍騰苑找慕容熙。105丙寅　七月二十九。106數而殺之　指數其罪行，將其殺死。慕容熙死年二十三歲。後燕自慕容垂建國至此滅亡，共歷二十四年。107上庸公懿　即慕容懿。108令支　城名，在今河北遷安西，當時為燕之幽州刺史的駐地。109參合陂　在今內蒙古涼城東的岱海東南岸。110貳於秦　背叛秦國。貳，兩屬，比公開背叛略輕一點。111邀　請，招之一同反秦。112苻氏之敗　指苻堅被晉人大敗於淝水。113太樂諸伎　秦國太樂署的歌舞伎。114悉入于燕　苻堅敗後，慕容沖攻入長安，掠去苻氏王朝的樂伎。至慕容垂滅掉慕容永，又將這些樂伎掠去中山。慕容德建南燕，又將樂伎帶到了廣固（今山東青州）。115燕今稱藩　燕國如能向秦國稱臣。今，將；如能。稱藩，給人家做藩臣，即向人稱臣。116送伎　把從秦國弄去的樂伎給秦國送回來。117吳口　指俘虜的東晉人。118所請乃可得　意即我才能把慕容超的母親、妻子交給你們。119嗣守社稷　繼續充當一國之主。嗣，接替；繼承。120降尊號　自己取消「皇帝」之號。121此既能往二句　我們能去劫掠晉國人，晉國也可以來劫掠我們燕國人。122靳惜虛名　吝惜一個帝王的稱號。靳，吝惜。123太子舍人　太子宮中的散職人員。韓範與姚興都為苻堅當過太子舍人，當時的太子是苻宏。124必得如志　一定能達到我們的目的。125聘于秦　出使秦國。聘，訪問盟國。126稱藩奉表　即奉表稱藩給人上書自己稱臣。給皇帝的上書稱作表。127北面受詔　面向北接受秦國的詔書，這是臣子接受帝王詔書的禮節。128七聖重光　七代人稱帝於世。七聖指慕容廆、慕容皝、慕容儁、慕容暐、慕容垂、慕容德以及慕容超。重光，連續地光照天下。129為豎子屈節　向姚興那小子低頭。豎子，小子；奴才。鄙視語，此指姚興。130楊承祖　東晉的叛將，時自稱巴州刺史。131重生　愛惜生命，還想活下去。132有生理可保　意即還有活著的理由。133情地　心情、處境。134生塗已竭　沒有再活的理由。此指其父毛瑾、其叔毛璩滿門皆被譙縱所滅，此仇不共戴天。135借命朝露　猶言暫且苟活。136誅夷讎逆　消滅譙縱等這些叛逆、這些仇人。137不赴　不向敵人發動進攻。138救援理絕　意即無人援助。139將何以濟　怎麼能獲得成功。濟，成；成功。140候官　專管窺探、伺察的官員。141行止風采　一舉一動的行為表現。142擬則　仿效。143均石　在今甘肅張掖東。144西郡　郡治在今甘肅永昌西北。145日勒　縣名，縣治在今甘肅山丹東南。146河州　州治枹罕，在今甘肅臨夏東北。147給事中宗正元　給事中是官名，帝王身邊的文祕人員，權力甚大。宗正元，姓宗正，名元。「宗正」是以官名為姓。148資禮　盤纏與禮數。149馬耳關　在今山東濟南東北三十里。150薛千　《晉書》作「薛干」，鮮卑族的部落名。151憑係　猶言歸屬、寄託。152高平　即今寧夏固原。153并力　指集中力量攻擊。154游食自若　游擊取食，從容自得。

(155)嶺北河東　指今陝西北部及寧夏一帶地區。嶺北，九嵕嶺以北，九嵕嶺在今陝西禮泉縣東北。河東，黃河以東的今陝西西北部與內蒙古河套一帶地區。(156)門不晝啓　白天也不開城門，極言其形勢緊張之狀。(157)黃兒　姚興之弟姚邕的小名。(158)支陽　縣名，縣治在今甘肅蘭州西北。(159)溫圍　縣名，即今甘肅皋蘭。(160)北渡　指北渡黃河。(161)萬斛堆　地名，在今甘肅蘭州東北。(162)阻水　依托河水。(163)敗亡之餘　指其父劉衛辰被拓跋氏所殺，其部族一度被滅。(164)陽武下峽　在今甘肅靖遠的黃河西岸。(165)塞路　堵塞自己軍隊的逃跑之路，謂置兵於死地，使人自為戰。(166)南山　指支陽（今蘭州西北）以南的山區。(167)青石原　在今甘肅涇川縣一帶。(168)屠各成七兒　屠各族的頭領名叫成七兒。屠各是當時匈奴族的一個分支。(169)大言於眾　虛張聲勢地對眾人說。(170)恃眾　指由於自恃人多而粗心大意。(171)責躬　責備自己。(172)遽從此小人　立刻就跟著成七兒這個小人。遽，立刻。(173)殿中兵今至　護衛宮殿的部隊馬上就到。今至，馬上就到。今，將。(174)晏然　縣名，縣治在今甘肅武威西北。(175)十二月戊子　十二月二十三。(176)武岡文恭侯王謐　武岡侯是王謐的爵號，文恭是他的謚。武岡是縣名，王謐的封地。(177)前表未報　上次給朝廷上表，朝廷未作回答。李暠於義熙元年自稱大將軍、領秦涼二州牧，曾上表朝廷。見本卷前文。

【校　記】[1]督　據章鈺校，孔天胤本作「都」。[2]詔　原作「晉」。胡三省注云：「《通鑑》以晉紀年，則以盛為都督之上不必書晉，「晉」字當作「詔」字。」嚴衍《通鑑補》改作「詔」，今據以校正。[3]壬戌　原作「丙戌」。據章鈺校，甲十一行本、乙十一行本、孔天胤本皆作「壬戌」，熊羅宿《胡刻資治通鑑校字記》同，今據改。[4]容　據章鈺校，甲十一行本、乙十一行本、孔天胤本皆作「風」。[5]兄弟　原無此二字。據章鈺校，甲十一行本、乙十一行本、孔天胤本皆有此二字，張敦仁《通鑑刊本識誤》同，今據補。[6]萬泥　張敦仁《通鑑刊本識誤》改作「万泥」。[7]復可　原作「可復」。據章鈺校，甲十一行本、乙十一行本、孔天胤本二字皆互乙，張瑛《通鑑校勘記》同，今從改。

【語　譯】三年（丁未　西元四〇七年）

春季，正月辛丑朔，後燕實行大赦，改年號為「建始」。

後秦王姚興認為歸義侯乞伏乾歸的勢力逐漸強盛，已經難以控制，於是便趁乞伏乾歸前來朝見的機會將他留在京師長安，讓他擔任主客尚書，任命乞伏乾歸的世子乞伏熾磐為代理西夷校尉，負責管理乞伏乾歸的部眾。

二月初九日己酉，劉裕前往京師建康，堅決辭讓晉安帝司馬德宗最近所任命的官職，還準備前往廷尉那裡請求。晉安帝司馬德宗下詔批准劉裕辭職的請求，劉裕這才返回丹徒。

北魏皇帝拓跋珪封自己的兒子拓跋脩為河間王，封拓跋處文為長樂王，拓跋連為廣平王，拓跋黎為京兆王。

東晉擔任尚書的殷仲文一向享有才名和聲望，認為自己應該在朝中擔任手握朝權的宰相，卻一直很不得志，因此抑鬱寡歡；後來被任命為東陽太守，心中尤其不快。何無忌一向仰慕殷仲文的名望，東陽郡又在何無忌的轄區之內，殷仲文曾經許諾上任路過時一定順便前去拜訪，何無忌非常高興，於是恭敬地等待殷仲文的到訪。而殷仲文因為官場的不得意，整天精神恍惚，竟然沒有遵守諾言到何無忌的都督府中拜訪。何無忌以為殷仲文看不起自己，心中不免大怒。恰遇南燕軍隊入侵東晉邊境，何無忌便趁機對鎮軍將軍劉裕說：「桓胤、殷仲文乃是心腹之患，而北方的強虜卻不值得過分憂慮。」閏二月，劉裕鎮軍將軍府的部將駱冰密謀叛亂，事情敗露，劉裕將駱冰殺死。於是揚言說駱冰與東陽太守殷仲文、桓石松、曹靖之、卞承之、劉延祖暗中互相勾結，陰謀擁戴桓胤為盟主，於是這些人全部被滅族。

後燕天王慕容熙為自己的王后苻氏起造承華殿，令人從北門外向宮裡背土，土的價格竟然與穀米同價。在駐守宿軍的部隊中擔任典軍的杜靜用車拉著棺材到皇宮門口極力勸阻，慕容熙不僅沒有接受，反而殺死了杜靜。○後燕王后苻氏曾經在炎熱的夏季想吃凍魚，在最寒冷的冬季索要生地黃，天王慕容熙於是向有關部門極力討要，有關部門找不到這些東西進獻，慕容熙就殺死了有關人員。

夏季，四月癸丑日，後燕苻氏王后去世，後燕天王慕容熙哭得悲痛欲絕，過了好長時間才逐漸蘇醒。慕容熙就像辦理親生父母的喪禮一樣，身穿最重的喪服，每天只喝一點稀粥維持生命。他令文武官員在皇宮之內為苻皇后設立靈堂進行哭弔，並派人進行逐個檢查，有哀哭之聲而沒有眼淚的就要治罪，群臣為了能流出眼淚，全都往眼睛裡塗辣椒，好刺激眼睛流淚。高陽王慕容隆的王妃張氏，是後燕天王的嫂子，長得非常美麗，而且心靈手巧，慕容熙就想令張氏為苻氏王后殉葬，於是便令人拆毀了張氏給苻氏送終而縫製的靴子，發現靴子裡用的是舊毛氈，便認定張氏犯了罪，下詔令張氏自殺。擔任右僕射的韋璆等都擔心自己被當成殉葬品，於是便預先沐浴等待慕容熙的詔令。從朝中的公卿大臣一直到最底層的士卒百姓，幾乎每家每戶都要出人去為苻氏修建陵墓，僅此一項，就把國庫中的儲備消耗一空。苻氏陵墓周圍長達好幾里，慕容熙對擔任工程監督的人說：「好好幹，我隨後也要住到裡面去。」

四月二十八日丁酉，後燕太后段氏被取消了太后的尊號，逐出後宮，到宮外居住。

氐王楊盛任命擔任平北將軍的苻宣為梁州督護，率軍進入漢中，後秦擔任梁州別駕的呂瑩等聚眾起兵響應苻宣。擔任梁州刺史的王敏率軍攻擊呂瑩，呂瑩等向氐王楊盛請求救援，楊盛遂派軍逼近濜口，王敏將軍隊撤退到武興。氐王楊盛又派使者向東晉稱藩，晉安帝司馬德宗下詔任命楊盛為都督隴右諸軍事、征西大將軍、開府儀同三司，楊盛任命平北將軍苻宣為代理梁州刺史。

五月二十四日壬戌，後燕擔任尚書郎的苻進陰謀造反，被誅殺。苻進，是苻定的兒子。

北魏皇帝拓跋珪向北巡守，到達濡源。○北魏常山王拓跋遵因為犯罪，魏國皇帝拓跋珪下令讓他自殺。

當初，北魏皇帝拓跋珪滅掉了匈奴部落首領劉衛辰，劉衛辰的兒子劉勃勃逃往後秦，後秦高平公沒弈干把自己的女兒嫁給劉勃勃為妻。劉勃勃長得魁梧高大，儀表堂堂，能言善辯，機敏聰慧，後秦王姚興見過劉勃勃之後感到非常驚異，便與他談論起政治軍事等方面的國家大事，對劉勃勃的寵愛和恩遇甚至超過了其他舊日的功臣。姚興的弟弟姚邕勸諫說：「對劉勃勃這種人不能太親近。」姚興說：「劉勃勃具有拯救世人的才幹，我正準備依靠他來平定天下，你怎麼能預先就猜忌他？」於是準備任命劉勃勃為安遠將軍，讓他協助高平公沒弈干鎮守高平，並把三城、朔方一帶各少數民族以及劉勃勃的父親劉衛辰的餘部總計三萬人全部分配給劉勃勃統領，令他嚴密監視北魏的行動，尋找有利時機。姚邕極力諫諍，認為不可以這樣做。姚興說：「你怎麼知道劉勃勃的為人？」姚邕說：「劉勃勃對待君長傲慢無禮，對待屬下手段殘忍，既貪婪又狡詐，缺乏仁愛之心，很容易叛離舊主。寵信得如果太過分，最終恐怕會成為邊境上的一大禍患。」姚興這才打消了上述念頭。過了一段時間之後，姚興竟然任命劉勃勃為安北將軍、五原公，把三交縣境內的五個部落的鮮卑人以及各少數民族的二萬多落調撥給劉勃勃，令劉勃勃率領著去鎮守朔方郡。

北魏皇帝拓跋珪把在柴壁戰役中俘虜的後秦越騎校尉唐小方放回後秦。後秦王姚興請求允許送還被扣留在後秦的北魏使者賀狄干，同時贈送給北魏一千匹好馬，以贖回狄伯支，拓跋珪答應了姚興的要求。

後秦安北將軍、五原公劉勃勃得知後秦又與北魏互相和解而大為憤怒，於是便密謀背叛後秦。恰好此時柔然豆代可汗郁久閭社崙向後秦進獻八千匹馬，正抵達朔方郡內的大城，劉勃勃遂把這八千匹馬全部掠去，佔為己有，又把自己屬下的三萬多名部眾全部招集起來，假裝到高平川打獵，趁機襲擊高平郡，他殺死了沒弈干，兼併了沒弈干的部眾。

劉勃勃說自己的匈奴族是夏王大禹的後裔，六月，劉勃勃便自稱大夏天王、大單于，在自己的轄區內實行大赦，改年號為「龍升」，同時開始設置文武百官。大夏天王、大單于劉勃勃任命自己的哥哥劉右地代為丞相，封為代公；劉力俟提為大將軍，封為魏公；劉叱于阿利為御史大夫，封為梁公；任命自己的弟弟劉阿利羅引為司隸校尉，劉若門為尚書令，劉叱以韃為左僕射，劉乙斗為右僕射。

北魏派往後秦的使者賀狄干因為被扣留在後秦的都城長安已經很久，而且經常處在被軟禁的狀態，遂利用這段時間潛心研讀儒家的經典和其他史書，因此其行為舉止簡直就像一個儒家學派的知識分子。等到返回北魏，北魏皇帝拓跋珪看見賀狄干的言談舉止、身上所穿的衣服都非常像秦國人，於是認為賀狄干是出於對秦國的羨慕而有意仿效秦國人，非常憤怒，就把賀狄干連同賀狄干的弟弟賀歸一起殺死。

後秦王姚興任命太子姚泓為錄尚書事。

秋季，七月初一日戊戌，發生日蝕。○東晉汝南王司馬遵之因為受到牽連被判有罪而被處死。司馬遵之，是汝南王司馬亮的第五代孫。

七月二十六日癸亥，後燕天王慕容熙把自己的王后苻氏安葬在徽平陵，因為運送靈柩的喪車太高大，靈車從龍城的北門出不去，於是就拆毀了龍城的北門，使喪車得以通過，慕容熙在送喪的時候，披散著頭髮、光著兩隻腳，徒步送行二十多里。二十七日甲子，實行大赦。

當初，後燕擔任中衛將軍的馮跋以及馮跋的弟弟、擔任侍御郎的馮素弗都得罪過後燕天王慕容熙，慕容熙在準備殺掉他們的時候，馮跋兄弟二人逃亡到了深山草澤之中。慕容熙無休無止地向人民徵收賦稅和徭役，人民已經無法忍受。馮跋、馮素弗以及堂弟馮萬泥一起謀劃說：「我們這些人已經沒有回頭路可走，不如藉著人民對朝廷的怨恨，共同聚眾起兵，做一番轟轟烈烈的大事，或許能夠建立封公封侯的大功業。即使事情不能成功，到那時再死也不晚。」於是便一起乘上車子，讓婦女趕著車，偷偷地混入後燕的都城龍城，躲藏在擔任北部司馬孫護的家中。等到後燕天王慕容熙出城為苻氏王后送葬的時候，馮跋等和擔任左衛將軍的張興以及苻進的餘黨共同發動政變。馮跋一向與慕容雲關係很好，於是便推戴慕容雲為盟主。慕容雲以自己身體有病為藉口婉言拒絕，馮跋說：「河間王慕容熙執政期間荒淫暴虐，人民和神靈都已經非常憤怒，這是上天滅亡慕容熙的時候。你原本是高句麗王室的支屬，出身於名門高氏，為什麼卻願意姓慕容氏、做慕容寶的養子，而放棄這難得的好機運呢？」說完，便攙扶著慕容雲來到前廳。馮跋的弟弟馮乳陳等率領部眾攻打弘光門，一面擊鼓一面吶喊著向前衝殺，皇宮中的那些禁衛軍全都四散逃走。馮跋等遂進入宮城，他打開武庫，取出武庫中的兵器分發給自己的部眾，然後關閉宮城大門進行堅守。擔任中黃門的趙洛生趕緊跑去稟報後燕天王慕容熙，慕容熙毫不介意地說：「幾個像老鼠一樣的小毛賊能有什麼作為？看我回去怎麼消滅他們。」於是便把王后苻氏的靈柩暫且安置在南苑，挽起頭髮，穿上鎧甲，然後騎上戰馬率軍奔赴龍城準備平定叛亂。當天夜間趕到龍城，率先攻打龍城的北門，卻攻打不下，只得在城門外安營紮寨。七月二十八日乙丑，慕容雲在龍城即位為天王，登上了寶座，實行大赦，改年號為「正始」。

慕容熙率領屬下退入龍騰苑，在尚方署中服兵役的褚頭翻越城牆逃出了龍城來追隨慕容熙，褚頭稱說軍營中的士兵全都同心協力效忠於慕容熙，只等慕容熙率領大軍到來攻城，他們願意為大軍做內應。慕容熙得到這個消息竟然非常驚恐不安，他飛快地跑出了營門，左右的將士誰也不敢去追，慕容熙跑出去之後，便順著一條水溝偷偷地逃走了。過了很久，左右的將士看到慕容熙還不回來，都感到很奇怪，於是一同出去尋找，只找到了慕容熙身上穿的衣服和頭上戴的帽子，卻不知道慕容熙跑到哪裡去了。擔任中領軍的慕容拔對擔任中常侍的郭仲說：「在這即將取勝的關鍵時刻，而皇帝卻無緣無故地自己驚慌失措起來，確實讓人感到特別奇怪。然而城內忠於天王的人正在踮著腳跟企盼大軍的到來，只要大軍一到，必定能夠取得成功，所以不能在這裡久留。我要率先趕回龍城，你留在這裡等候皇帝，皇帝一旦回來，你就立即趕來。如果皇帝沒有回來，我如果能夠順利地攻克龍城，穩定了局勢，再慢慢尋找皇帝也不晚。」於是與諸將分別統領二千多名壯士攻入了龍城的北城。城內將士以為天王慕容熙已經返回，便紛紛放下兵器請求投降。後來慕容熙很長時間都沒有露面，慕容拔的軍隊也沒有後援，眾人心中充滿了懷疑和恐懼，於是紛紛退出北城奔回龍騰苑。回到龍騰苑之後，仍然不見天王慕容熙，於是全部潰散而去。中領軍慕容拔也被龍城中的守軍殺死。七月二十九日丙寅，慕容熙身穿平民的服裝隱藏在樹林當中，被人捉住，送到慕容雲面前，慕容雲列數他的罪行，而後將慕容熙殺死，一同被殺的還有他的幾個兒子。慕容雲恢復了自己原來的姓氏——高姓。

故後燕擔任幽州刺史的上庸公慕容懿獻出自己所鎮守的令支城，投降了北魏，北魏皇帝拓跋珪任命慕容懿為平州牧，封其為昌黎王。慕容懿，是慕容評的孫子。

北魏皇帝拓跋珪從濡源西行，前往參合陂，又從參合陂返回都城平城。

禿髮傉檀再次背叛了後秦，他從自己的都城姑臧派使者前往苑川聯絡乞伏熾磐。乞伏熾磐竟然將禿髮傉檀所派的使者殺死，並把使者的首級送往後秦的都城長安。

南燕主慕容超的親生母親段氏、妻子呼延氏還留在後秦境內，慕容超派遣擔任御史中丞的封愷出使後秦，請求將自己的母親段氏和妻子呼延氏接回南燕。後秦王姚興說：「前秦苻氏敗亡的時候，前秦太樂署中的歌舞伎全都歸了南燕。南燕如果能夠向秦國俯首稱臣，並把從前秦弄走的那些歌舞伎送回秦國，或者是把俘虜的一千名東晉人送給秦國，我就同意把慕容超的母親和妻子交還給你們。」慕容超與群臣商議如何應對秦國，擔任左僕射的段暉說：「陛下已經繼承先帝的大業，成為一國之主，就不應該因為個人親情的緣故而取消尊貴的皇帝稱號，去做後秦的藩屬國。再說，宮廷音樂是先代的遺音，不能送給別人，不如去搶掠東晉的人口送給後秦。」擔任尚書的張華說：「侵略鄰國，將會導致兵連禍結，我們既然能夠去搶掠晉國人，晉國也一定會來搶掠我國人，這可不是國家的福分。陛下的慈母、妻子都掌握在別人的手中，豈能因為吝惜一個『皇帝』的名號，而不肯降低身分委曲求全呢？擔任中書令的韓範與秦王姚興都曾經在苻氏的秦國當過太子舍人，如果派韓範出使秦國，一定能夠如願以償。」慕容超聽從了張華的意見，於是派遣韓範出使秦國，向後秦呈遞表章，自稱藩臣。

慕容凝對後秦王姚興說：「南燕主慕容超得到自己的母親和妻子之後，肯定不會再向秦國稱臣，應該先讓他把歌舞伎送來。」姚興於是對南燕的使者韓範說：「我肯定會把燕王的母親、妻子送還燕國，然而現在天氣還很熱，應該等到秋涼。」八月，後秦派擔任員外散騎常侍的韋宗為使者出使南燕。南燕主慕容超與文武群臣一起商議接見後秦使者韋宗應該採用什麼樣的禮節，張華說：「陛下此前已經向後秦呈遞表章，自稱藩臣，現在就應該面朝北方接受秦王的詔書。」封逞說：「我們大燕國已經有七代人稱帝於世，為什麼突然之間要向姚興那小子俯首稱臣？」慕容超解釋說：「我是為了我的母親皇太后而向後秦屈服，希望諸位不要再多說什麼了！」於是，南燕主慕容超面向北方接受了後秦王姚興的詔書。

東晉龍驤將軍毛脩之與漢嘉太守馮遷聯合率軍攻擊楊承祖，將楊承祖殺死。毛脩之想要乘勝進軍去討伐自稱成都王的譙縱，擔任益州刺史的鮑陋認為不可以。毛脩之於是上表給朝廷說：「人所以把生命看得無比重要，那是因為他們都有繼續活下去的理由。而我現在的心情和處境，已經沒有理由再繼續活下去，我所以還能像朝露一樣苟且地活在世上，是希望憑藉著朝廷的威勢消滅譙縱等這些叛賊，為被害的親人報仇雪恨。如今雖然不斷有出兵討伐逆賊的機會，然而益州刺史鮑陋卻每次都違背約定的時間，不肯出兵赴戰，我雖然願意深入賊穴拼力死戰以報效國家，然而沒有人援助，怎麼能取得成功呢？」鎮軍將軍劉裕於是上表給晉安帝司馬德宗，舉薦擔任襄城太守的劉敬宣率領五千名士卒討伐佔據西蜀、自稱成都王的譙縱，同時任命擔任荊州刺史的劉道規為征蜀都督。

北魏皇帝拓跋珪從都城平城前往豺山宮。擔任偵查任務的候官向拓跋珪報告說：「擔任司空的庾岳，身上穿的衣服、佩戴的服飾十分鮮豔華麗，他的行為舉止、風度神采，完全仿效國君。」拓跋珪立即派人逮捕了庾岳，並將庾岳殺死。

北燕天王高雲任命馮跋為都督中外諸軍事、開府儀同三司、錄尚書事，任命馮萬泥為尚書令，任命馮素弗為昌黎尹，任命馮弘為征東大將，任命孫護為尚書左僕射，張興為輔國大將軍。馮弘，是馮跋的弟弟。

九月，西蜀成都王譙縱向後秦稱臣，做了後秦的藩屬國。

禿髮傉檀率領五萬多人馬討伐北涼張掖公沮渠蒙遜，沮渠蒙遜率軍在張掖城東部的均石迎戰禿髮傉檀所率領的南涼軍，將南涼軍打得大敗。

沮渠蒙遜乘勝進攻南涼西郡太守楊統所鎮守的日勒，楊統被打敗後向沮渠蒙遜投降。

冬季十月，後秦擔任河州刺史的彭奚念起兵叛變，投降了南涼禿髮傉檀，後秦遂任命乞伏熾磐為代理河州刺史。

南燕主慕容超派遣擔任左僕射的張華和擔任給事中的宗正元為使者，將一百二十名太樂伎獻給後秦，後秦王姚興這才把慕容超的母親段氏和妻子呼延氏歸還給慕容超，並饋贈了豐厚的禮物，按照禮節送她們上路，慕容超親自率領六宮的嬪妃前往馬耳關迎接。

大夏天王劉勃勃一連擊敗了鮮卑族薛千等三個部落，向大夏投降的鮮卑人數以萬計，夏王劉勃勃乘勝進攻後秦三城以北的各個軍事據點，斬殺了後秦將領楊丕、姚石生等。劉勃勃屬下的諸將都說：「陛下如果打算奪取關中地區，就應該先鞏固根據地，使人們的心中有所寄託。高平郡有高山大河，地勢險要，土地肥沃，物產富饒，可以把都城建在高平。」劉勃勃說：「你們只考慮到其中的一個方面，而沒有考慮到另外的一個方面。我的建國大業才剛剛開始，部眾還沒有多少；而後秦王姚興也是一代英雄，他手下的將領都願意為他拼死效力，所以關中地區我們是無法攻取的。我們現在如果只堅守一座孤城，他們必定集中力量來攻擊我們，我們的這點兵眾根本不是他們的對手，我們很快就會被他們消滅。所以我們不如採取游擊戰術，用我們的精銳騎兵風馳電掣一般，趁他們不注意，出其不意、攻其不備，他們救援前方，我們就攻擊他們的後方，他們救援後方，我們就去攻擊他們的前方，讓他們疲於奔命，而我們則可以到處奪取食物，從容自得。用不了十年，九嵕山以北地區和黃河以東地區，就會全部歸我們所有。等到後秦王姚興一死，他的繼承人姚泓愚昧、懦弱，到那時再慢慢地攻取他們的京師長安，這些早就都在我的計畫之中了。」於是率軍侵奪後秦九嵕山以北地區，嚇得這個地區內的各個城池，大白天都不敢打開城門。後秦王姚興這才感歎地說：「我真後悔當初沒有採納姚邕的意見，所以才有今天的後患！」

夏王劉勃勃向南涼禿髮傉檀求婚，禿髮傉檀沒有答應。十一月，劉勃勃率領二萬名騎兵襲擊禿髮傉檀，軍隊一直深入到了支陽，殺死殺傷了一萬多人，劫持了二萬七千多人、數十萬頭馬、牛、羊，得勝而回。禿髮傉檀率領部眾追擊劉勃勃，焦朗勸阻說：「劉勃勃這個人，天生的姿容雄武，體格健壯，統御軍隊、嚴明整肅，不能輕敵冒進。不如從溫圍向北渡過黃河，逕直趕赴萬斛堆，依靠黃河天險安營布陣，扼住劉勃勃的咽喉要地，這才是百戰百勝的戰術。」禿髮傉檀的部將賀連憤怒地說：「劉勃勃只不過是一個國破家亡的餘孽，率領著一群臨時湊集起來、沒有組織、沒有訓練的軍隊，為什麼要躲避他，向他示弱？應該立即率軍去追擊他！」禿髮傉檀採納了賀連的意見，遂率軍追擊。夏王劉勃勃得知南涼軍在後面追擊，便在陽武下峽鑿開冰封的黃河，用冰凌和戰車封鎖了道路，然後率軍迎戰禿髮傉檀所率領的南涼軍，將南涼軍打得大敗，追殺了八十多里，殺死殺傷了數以萬計的人，南涼的名臣勇將被殺死了十分之六、七。禿髮傉檀在幾名騎兵的保護下逃奔支陽以南的山區，幾乎被劉勃勃的騎兵俘虜。劉勃勃把被殺死的南涼將士的屍體堆積起來，用土覆蓋，取名叫做髑髏臺。劉勃勃又在青石原打敗了後秦的將領張佛生，俘虜、斬殺了五千多名後秦軍。

南涼禿髮傉檀懼怕外敵的入侵，於是實行堅壁清野的政策，他把都城姑臧周圍三百里之內的居民全部遷入姑臧城內。國人既驚恐又怨恨，於是匈奴屠各部落首領成七兒便趁機作亂，一個晚上的時間就聚集起數千名部眾。擔任殿中都尉的張猛大聲地對成七兒的部眾說：「主上禿髮傉檀在陽武下峽打了敗仗，那是因為他倚仗自己人多勢眾而輕視敵人的緣故。如今主上已經在深深地自責，對自己的錯誤決定造成的損失後悔不已，這次失敗並不損害他是一位英明的君主，而你們竟然立刻跟隨成七兒這樣的小人去做背叛主上的不義之事！護衛宮中的禁衛軍馬上就要到來，你們的大禍就在眼前！」眾人聽了張猛的這番話，立即全部散去。成七兒逃往晏然，被南涼軍追上，殺死。擔任軍諮祭酒的梁裒、擔任輔國司馬的邊憲等人起兵謀反，都被禿髮傉檀殺死。

北魏皇帝拓跋珪從豺山宮返回京師平城。

十二月二十三日戊子，東晉武岡文恭侯王謐去世。

這一年，西涼公李暠因為表章沒有得到答覆，於是又派佛門弟子法泉和尚帶著表章從偏僻小路前往建康。

義熙四年（戊申　西元四〇八年）

春，正月甲辰❶，以琅邪王德文領司徒❷。

劉毅等不欲劉裕入輔政❸，議以中領軍謝混❹為揚州刺史❺，或欲令裕於丹徒領揚州，以內事❻付孟昶。遣尚書右丞皮沈以二議諮裕❼。沈先見裕記室、錄事參軍❽劉穆之，具道朝議。穆之偽起如廁，密疏白裕❾曰：「皮沈之言不可從。」裕既見沈，且令出外，呼穆之問之。穆之曰：「晉朝失政❿日久，天命已移。公興復皇祚⓫，勳高位重，今日形勢，豈得居謙⓬，遂為守藩之將⓭耶？劉、孟⓮諸公，與公俱起布衣，共立大義以取富貴，事有先後，故一時相推⓯，非為委體心服⓰，宿定⓱臣主之分也。力敵勢均，終相吞噬。揚州根本所係⓲，不可假人⓳。前者以授王謐，事出權道⓴。今若復以佗授，便應受制於人。一失權柄，無由可得，將來之危，難可熟念㉑。今朝議如此，宜相酬答，必云在我㉒，措辭又難，唯應云：『神州治本[23]，宰輔崇要[24]，此事既大，非可懸論[25]，便暫入朝[26]，共盡同異[27]。』公至京邑，彼必不敢越公更授餘人明矣。」裕從之。朝廷乃徵裕為侍中、車騎將軍、開府儀同三司、揚州刺史、錄尚書事，徐、兗二州刺史如故。裕表解兗州[28]，以諸葛長民為青州刺史，鎮丹徒；劉道憐為并州刺史，戍石頭。

庚申[29]，武陵忠敬王遵[30]薨。

魏主珪如豺山宮，遂至寧川[31]。

南燕主超尊其母段氏為皇太后，妻呼延氏為皇后。超祀南郊[32]，有獸如鼠而赤，大如馬，來至壇側。須臾，大風晝晦[33]，羽儀帷幄[34]皆毀裂。超懼，以問太史令成公綏[35]，對曰：「陛下信用姦佞、誅戮賢良、賦斂繁多、事役殷重[36]之所致也。」超乃大赦，黜公孫五樓等。俄而復用之。

北燕王雲立妻李氏為皇后，子彭城為太子。

三月庚申[37]，葬燕王熙及苻后于徽平陵，諡熙曰「昭文皇帝」。

高句麗遣使聘北燕，且敘宗族[38]，北燕王雲遣侍御史李拔報[39]之。

夏，四月，尚書左僕射孔安國卒。甲午[40]，以吏部尚書孟昶代之。

北燕大赦。

五月，北燕以尚書令馮萬泥[1]為幽、冀二州牧，鎮肥如㊶；中軍將軍馮乳陳為并州牧，鎮白狼㊷；撫軍大將軍馮素弗為司隸校尉；司隸校尉務銀提為尚書令。

譙縱遣使稱藩於秦，又與盧循潛通。縱上表請桓謙㊸於秦，欲與之共擊劉裕。秦王興以問謙，謙曰：「臣之累世，著恩荊、楚，若得因巴、蜀之資㊹，順流東下，士民必翕然㊺響應。」興曰：「小水不容巨魚，若縱之才力自足辦事㊻，亦不假君以為鱗翼㊼。宜自求多福㊽。」遂遣之。謙至成都，虛懷引士㊾；縱疑之，置於龍格㊿，使人守(51)之。謙泣謂諸弟曰：「姚主之言神矣！」

秦王[2]興以禿髮傉檀外內多難(52)，欲因而取之，使尚書郎韋宗往覘(53)之。傉檀與宗論當世大略，縱橫無窮。宗退，歎曰：「奇才英器，不必華夏(54)；明智敏識，不必讀書(55)。吾乃今知九州之外(56)，五經之表(57)，復自有人也。」歸，言於興曰：「涼州雖弊，傉檀權譎(58)過人，未可圖也。」興曰：「劉勃勃以烏合之眾猶能破之，況我舉天下之兵以加之乎？」宗曰：「不然。形移勢變，返覆萬端(59)，陵人(60)者易敗，戒懼(61)者難攻。傉檀之所以敗於勃勃者，輕之也。今我以大軍臨之，彼必懼而求全(62)。臣竊觀羣臣才略，無傉檀之比者，雖以天威臨之(63)，亦未敢保其必勝也。」興不聽，使其子中軍將軍廣平公弼[64]、後軍將軍斂成、鎮遠將軍乞伏乾歸帥步騎三萬襲傉檀，左僕射齊難帥騎二萬討勃勃。吏部尚書尹昭諫曰：「傉檀恃其險遠，故敢違慢。不若詔沮渠蒙遜及李暠討之，使自相困斃，不必煩中國[65]之兵也。」亦不聽。

興遺傉檀書曰：「今遣齊難討勃勃，恐其西逸[66]，故令弼等於河西邀之[67]。」傉檀以為然，遂不設備。弼濟自金城[68]，姜紀言於弼曰：「今王師聲言討勃勃，傉檀猶豫，守備未嚴。願給輕騎五千，掩其城門[69]，則山澤之民[70]皆為吾有，孤城無援，可坐克[71]也。」弼不從。進至漠口[72]，昌松太守蘇霸閉城拒之，弼遣人諭之使降，霸曰：「汝棄信誓而伐與國[73]，吾有死而已，何降之有！」弼進攻，斬之，長驅至姑臧。傉檀嬰城固守，出奇兵擊弼，破之，弼退據西苑[74]。城中[75]人王鍾等謀為內應，事泄，傉檀欲誅首謀者而赦其餘，前軍將軍伊力延侯曰：「今彊寇在外，而姦人竊發於內，危孰甚焉！不悉阬之，何以懲後？」傉檀從之，殺五千餘人。命郡縣悉散牛羊於野，斂成縱兵鈔掠。傉檀遣鎮北大將軍俱延、鎮軍將軍敬歸等擊之，秦兵大敗，斬首七千餘級[76]。姚弼固壘[77]不出，傉檀攻之，未克。

秋，七月，興遣衛大將軍常山公顯[78]帥騎二萬，為諸軍後繼，至高平[79]，聞彌敗，倍道赴之。顯遣善射者孟欽等五人挑戰於涼風門[80]，弦未及發，傉檀材官將軍[81]宋益等迎擊，斬之。顯乃委罪斂成[82]，遣使謝傉檀，慰撫河外[83]，引兵還。傉檀遣使者徐宿詣秦謝罪[84]。

夏王勃勃聞秦兵且至，退保河曲[85]。齊難以勃勃既遠，縱兵野掠。勃勃潛師襲之，俘斬七千餘人。難引兵退走，勃勃追至木城[86]，禽之，虜其將士萬三千人。於是嶺北夷、夏附於勃勃者以萬數，勃勃皆置守宰[87]以撫之。司馬叔璠[88]自蕃城[89]寇鄒山[90]，魯郡[91]太守徐邕棄城走，車騎長史劉鍾[92]擊卻之。

北燕王雲封慕容歸為遼東公，使主燕祀[93]。

劉敬宣既入峽[94]，遣巴東[95]太守溫祚以二千人出外水[96]，自帥益州刺史鮑陋、輔國將軍文處茂、龍驤將軍時延祖由墊江[97]轉戰而前。譙縱求救於秦，秦王興遣平西將軍姚賞、南梁州刺史王敏將兵二萬赴之。敬宣軍至黃虎[98]，去成都五百里。縱輔國將軍譙道福悉眾拒嶮，相持六十餘日，敬宣不得進。食盡，軍中疾疫，死者太半[99]，乃引軍還。敬宣坐免官，削封[100]三分之一；荊州刺史劉道規以督統降號建威將軍[101]。九月，劉裕以敬宣失利，請遜位[102]，詔降為中軍將軍，開府如故。劉毅欲以重法繩敬宣，裕保護之。何無忌謂毅曰：「柰何以私憾傷至公[103]！」毅乃止。

乞伏熾磐以秦政浸衰[104]，且畏秦之攻襲，冬，十月，招結諸部二萬餘人築城于嵻崀山[105]而據之。

十一月，禿髮傉檀復稱涼王[106]，大赦，改元「嘉平」，置百官。立夫人折掘氏為王后，世子武臺[107]為太子，錄尚書事。左長史趙鼂、右長史郭倖為尚書左、右僕射，昌松侯俱延為太尉。

南燕汝水[108]竭。河凍[109]皆合，而澠水[110]不冰。南燕王超惡之，問於李宣，對曰：「澠水無冰，良由逼帶京城，近日月[111]也。」超大悅，賜朝服一具。

十二月，乞伏熾磐攻彭奚念[112]於枹罕[113]，為奚念所敗而還。

是歲，魏主珪殺高邑公莫題[114]。初，拓跋窟咄[115]之伐珪也，題以珪年少，潛以箭遺窟咄曰：「三歲犢豈能勝重載[116]邪？」珪心銜之。至是，或告題居處倨傲、擬則[117]人主者，珪使人以箭示題而謂之曰：「三歲犢果何如[3]？」題父子對泣。詰朝[118]，收斬之。

【章　旨】以上為第四段，寫晉安帝義熙四年（西元四〇八年）一年間的大事。主要寫了秦主姚興乘禿髮傉檀內外交困之際，派姚弼、姚顯、齊難出兵伐禿髮傉檀與赫連勃勃，韋宗諫之不聽，結果三將皆大敗而回，致使禿髮傉檀又自立為涼王，赫連勃勃更強大於嶺北；寫了劉毅等人與劉裕的爭權奪利開始顯現，劉穆之為劉裕設謀抓緊朝權；寫了劉裕派劉敬宣等入蜀伐譙縱，劉敬宣等大敗而回；寫了魏主拓跋珪的無人君之度，挾私好殺，以及南燕主慕容超的腐朽昏庸等等。

【注　釋】❶正月甲辰　正月初九。❷領司徒　兼任丞相之職。領，兼任。司徒，古官名，晉代常以此職為加官授予某人，使之為當朝首輔。但此時的司馬德文自然是傀儡而已，因為一切大權都在劉裕手中。❸入輔政　入朝輔佐皇帝管理政務，即任丞相。按，「劉毅等不欲劉裕入輔政」，透露出劉毅已開始與劉裕爭權。❹謝混　字叔原，謝安之孫，當時著名的文學家。❺揚州刺史　東晉首都建康所在州的最高行政長官，照例在朝廷握有大權。胡三省曰：「時王謐薨，揚州刺史缺官，故議用其人。」❻內事　朝廷的各項事務。❼以二議諮裕　把這兩種考慮向劉裕請示。❽記室錄事參軍　劉裕屬下的二官名，劉穆之當時任此二職。記室，將軍的屬官，如今之祕書。錄事參軍，猶今之祕書長、辦公廳主任，權力甚大。❾密疏白裕　寫密信向劉裕報告。❿失政　權力轉移。⓫興復皇祚　使晉安帝重新為帝。皇祚，皇家的福分。⓬居謙　自己謙恭退讓，不攬朝權。⓭守藩之將　鎮守一方的將領。晉時稱刺史為藩，相當於古時的諸侯。此時劉裕名義上是徐、青二州刺史。⓮劉孟　劉毅、孟昶。⓯一時相推　指推劉裕為盟主、為首領。⓰委體心服　真正出自內心地擁護佩服。⓱宿定　早已確定。⓲根本所係　是關係到朝廷安危的所在。⓳不可假人　不能交給別人管。假，交給。⓴事出權道　是出於策略上的考慮。事見上卷元興三年。權道，臨時制宜；特殊情況的需要。㉑難可熟念　猶言「難以預料」。㉒必云在我　如果說「只有我最合適」。㉓神州治本　國家政治的根本所繫。㉔宰輔崇要　宰相的職位太高太重要。㉕非可懸論　不能空泛的議談。㉖便蹔入朝　我很快就要到朝廷來。蹔，同「暫」。不久；須臾。㉗共盡同異　和大家一道充分地討論討論。㉘表解兗州　上表請求解除兗州刺史的職務。㉙庚申　正月二十五。㉚武陵忠敬王遵　即司馬遵，司馬睿之孫，司馬晞之子，襲其父祖之爵為武陵王。忠敬是諡。㉛寧川　即寧縣，今河北萬全。㉜祀南郊　到京城的南郊祭天。㉝晝晦　白天黑得如同夜晚。㉞羽儀帷幄　羽儀指迎供神用的各種儀仗，如幡傘旌旗之類，上以羽毛為飾。帷幄指迎神用的各種帳幔。㉟成公綏　姓成公，名綏，此與西晉文學家成公綏（西元二三一—二七三年）同名而非一人。㊱事役殷重　徭役繁多。㊲三月庚申　三月二十六。㊳敘宗族　猶今之所謂敘家譜。高雲原是高句麗人。㊴報　回訪。㊵甲午　五月初一。㊶肥如　縣名，縣治在今河北盧龍北。㊷白狼　縣名，縣治在今遼寧建昌西北。㊸桓謙　桓沖之子，桓玄的堂兄弟，叛亂失敗後逃歸姚興。㊹因巴蜀之資　實指借助於譙縱的力量。㊺翕然　順從歸心的樣子。㊻自足辦事　自己可以完成任務。㊼鱗翼　借喻為「幫手」、「外援」。㊽自求多福　如今之所謂「好自為之」，一切都靠你自己啦。㊾虛懷引士　指謙虛待人，禮賢下士。㊿龍格　地名，即成都西南的廣都（今雙流）境內的龍爪灘。(51)守　監督；看管。(52)外內多難　外被赫連勃勃大敗於陽武，內部又有邊憲、梁裒等人的造反。(53)覘　探看。(54)不必華夏　不一定非出在中土。當時後秦政權以「中土」、「華夏」自居。(55)不必讀書　不一定非讀多少書。(56)九州之外　指外邦外土，因為古代稱中國國內有「九州」。(57)五經之表　儒家的經典以外，指不讀孔孟之書的人。(58)權譎　權謀詭計。(59)返覆萬端　極言變化之多、變化之快。返覆，同「反覆」。(60)陵人　欺侮人。(61)戒懼　謹慎小心。(62)求全　只求守得住。(63)雖以天威臨之　即使您親自出征。天威，喻指姚興。(64)廣平公弼　即姚弼。(65)中國　後秦人指稱自己。(66)西逸　向西方逃竄。(67)於河西邀之　在黃河以西攔截他。河西，指今甘肅、寧夏的黃河以西地區。邀，攔截。(68)濟自金城　在今蘭州一帶向西渡過黃河。金城，古郡名，郡治在今甘肅蘭州之西北側。(69)掩其城門　攻其城門，使其城中之軍不得外出。掩，突然襲擊。(70)山澤之民　指金城城外的百姓。(71)坐克　坐等而克，言不必費力攻擊。(72)漠口　縣名，縣治在今甘肅武威東南，當時屬於昌松郡。(73)與國　同盟國。(74)西苑　姑臧城西面的小城。(75)城中　此指姑臧城中。(76)斬首七千餘級　傉檀破姚弼之戰，很像當年的李牧大破匈奴。見《史記・廉頗藺相如列傳》。(77)固壘　固守西苑。(78)常山公顯　即姚顯，姚興之弟。(79)高平　即今寧夏固原。(80)涼風門　姑臧城的南門。(81)材官將軍　統領力大善射的特種兵。材官，力大善射的兵士。(82)委罪斂成　說是斂成違旨挑起與南涼的戰爭。(83)河外　猶言「河西」，指禿髮傉檀所佔據的地區。(84)詣秦謝罪　言其不該打敗姚弼等云云。(85)河曲　此指內蒙古東勝以東的黃河轉彎處。(86)木城　吳熙載《通鑑地理今釋》：「疑陝西慶陽府環縣。」即今甘肅環縣。(87)守宰　郡太守與縣令。(88)司馬叔璠　晉朝的宗室，桓玄篡位時，與其兄國璠投歸南燕。(89)蕃城　縣名，縣治即今山東滕州，當時屬南燕。(90)鄒山　在今山東鄒縣東南。(91)魯郡　郡治即今山東曲阜，當時屬於東晉。(92)車騎長史劉鍾　晉將名，官為車騎將軍劉裕的長史。(93)主燕祀　主管對燕國歷代舊主的祭祀。(94)峽　即三峽。(95)巴東　郡名，郡治即今重慶市奉節。(96)外水　即今之岷江。(97)墊江　即今之重慶市。(98)黃虎　地名，在今四川三臺西北。(99)太半　一大半，即三分之二。(100)削封　削減封地。(101)降號建威將軍　由督統降為建威將軍，因劉道規當時為征蜀都督，應對劉敬宣的失敗負責。建威將軍為雜號將軍名，級別較低。(102)遜位　讓出職位。(103)以私憾傷至公　由於私人仇恨而有損公道。劉毅少時為劉敬宣當參軍，劉敬宣曾說他「其性外寬而內忌，自伐而尚人，若一旦遭逢，亦當以陵上取禍。」故劉毅記恨之。(104)浸衰 越來越衰敗。浸，漸漸。(105)嵻峎山 胡三省以為在苑川（今蘭州東）西南。(106)復稱涼王 禿髮傉檀曾於元興元年自稱涼王，後向姚興稱臣，而自去其號，今又復稱涼王。(107)武臺 本名「虎臺」，唐人因避諱在《晉書》中改稱「武臺」。(108)汝水 胡三省以為「汝水」當作「女水」。女水，水名。流經當時的臨淄（今山東淄博之臨淄區）東南。(109)河凍 黃河結冰。(110)澠水 當時的澠水流經今臨淄東，西北入時水。(111)近日月 以比喻挨近帝王及其王后。(112)彭奚念 羌人頭領，先後在乞伏乾歸、姚興間叛服不定。(113)枹罕 縣名，縣治在今甘肅臨夏東北。(114)莫題 拓跋珪的將領。傳見《魏書》卷十六。(115)拓跋窟咄 拓跋珪之叔。窟咄串通莫題欲進攻推翻拓跋珪事，見本書卷一百六太元十一年。(116)三歲犢豈能勝重載 以比喻拓跋珪年幼，不能勝任一國之主。當時拓跋珪十八歲。(117)擬則 仿效。(118)詰朝 第二天早晨。

【校記】[1]馮萬泥 張敦仁《通鑑刊本識誤》改作「馮万泥」。[2]秦王 張敦仁《通鑑刊本識誤》改作「秦主」。[3]何如 原作「如何」。據章鈺校，甲十一行本、乙十一行本、孔天胤本二字皆互乙，今從改。

【語譯】四年（戊申 西元四〇八年）

春季，正月初九日甲辰，東晉安帝司馬德宗任命琅邪王司馬德文為代理司徒。

劉毅等人不想讓鎮軍將軍劉裕入朝輔佐皇帝管理政務，遂提議讓擔任中領軍的謝混擔任揚州刺史，或者讓鎮軍將軍劉裕在丹徒遙領揚州刺史，而朝廷的各項事務交由孟昶實際負責。劉毅派擔任尚書右丞的皮沈把上述兩種方案送往丹徒徵求鎮軍將軍劉裕的意見。尚書右丞皮沈來到丹徒，先會見了劉裕的記室、錄事參軍劉穆之，把朝廷的議案詳細地向劉穆之做了介紹。劉穆之假裝去洗手間，遂給劉裕寫了一封密信說：「皮沈說的話，千萬不能同意。」劉裕會見完皮沈之後，便令皮沈暫且出外等候，然後將劉穆之叫進來詢問。劉穆之說：「晉朝丟失政權已經很久，上天對它已經不再眷顧。您使已經亡國的晉安帝重新登上皇位，功勳太高、權位太重，從現在的形勢來看，您豈能再謙恭退讓，而甘於做一個鎮守一方的將領呢？劉毅、孟昶這些人與您一樣，都是出身於平民，共同高舉義旗，擁戴晉室，討平桓玄的叛亂，才有了今天的榮華富貴，當時起事有先有後，所以暫且推舉您做了盟主，而不是真正出自內心地擁戴、佩服，甘願為您獻身效力，早已確定了與您的君臣名分。現在既然與您勢均力敵，到最後肯定要互相吞噬。揚州是關係到朝廷安危的所在，不能交給別人掌管。此前把揚州授予王謐，任命王謐為揚州刺史，不過是出於策略上的考慮。現在如果再將揚州授予別人，就要受制於人。如果一旦失去權柄，就沒有再奪回來的可能，將來所面對的危險，恐怕很難預料。如今朝廷的議案如此，您應該給以答覆，如果說只有我最合適，又難於措辭，所以只能這樣說：『國家政治的根本所繫，宰輔的職位太高太重要，此事事關重大，不是空泛的幾句話就能議論清楚，所以我準備立即入朝，與諸位朝臣一道充分地討論討論。』您到達朝廷之後，他們這些人絕對不敢不徵得您的同意就擅自將揚州刺史的職位授予別人。」劉裕遂按照劉穆之的建議予以答覆。朝廷於是徵召劉裕回到京師建康，任命為侍中、車騎將軍、開府儀同三司、揚州刺史、錄尚書事，仍然兼任徐、兗二州刺史。劉裕上表請求解除自己兗州刺史的職務，任命諸葛長民為青州刺史，鎮守丹徒；任命劉道憐為并州刺史，戍守石頭城。

正月二十五日庚申，東晉武陵忠敬王司馬遵去世。

北魏皇帝拓跋珪從首都平城前往豺山宮，又從豺山宮抵達寧川。

南燕主慕容超尊奉自己的母親段氏為皇太后，封妻子呼延氏為皇后。慕容超到南郊祭天，突然有一隻野獸跑到祭壇旁邊，其形狀很像老鼠，卻長著一身的紅毛，身體龐大，像一匹馬。不一會兒狂風大作，大白天黑得如同夜晚，祭神用的各種儀仗、帳幔，全都被大風颳壞、撕裂。慕容超非常恐懼，趕緊去詢問擔任太史令的成公綏，成公綏說：「陛下聽信、重用那些奸邪讒佞的小人而殺戮忠臣良將，向百姓狂徵暴斂，賦稅越來越重，徭役繁多，所以導致上天震怒，才颳起大風，以警告陛下。」慕容超於是發布大赦令，罷黜了公孫五樓等奸佞。然而沒過多久，就又起用了公孫五樓人等。

北燕天王高雲封自己的妻子李氏為皇后，立兒子高彭城為太子。

三月二十六日庚申，北燕把後燕王慕容熙和他的皇后苻氏埋葬在徽平陵，給慕容熙的諡號為「昭文皇帝」。

高句麗派使者訪問北燕，並按照族譜排出長幼次序，北燕天王高雲派擔任侍御史的李拔回訪高句麗。

夏季，四月，東晉擔任尚書左僕射的孔安國去世。五月初一日甲午，任命擔任吏部尚書的孟昶接替孔安國擔任尚書左僕射。

北燕天王高雲實行大赦。

五月，北燕任命擔任尚書令的馮萬泥擔任幽、冀二州牧，鎮所設在肥如；任命擔任中軍將軍的馮乳陳為并州牧，鎮所設在白狼；任命擔任撫軍大將軍的馮素弗為司隸校尉；原任司隸校尉的務銀提改任尚書令。

西蜀成都王譙縱派遣使者前往後秦，向後秦俯首稱臣，卻又與盧循暗中勾結。譙縱上表給後秦王姚興，請求允許桓謙前往西蜀，要與桓謙共同攻擊劉裕。後秦王姚興徵求桓謙的意見，桓謙說：「我們桓氏家族，幾代人都有恩於荊、楚的人民，如果能夠借助巴蜀的力量，沿著長江順流東下，荊、楚的民眾必然紛紛起兵響應。」姚興說：「小水塘裡容不下大魚，如果譙縱的人力物力足以能夠戰勝東晉，也不會借助於你來做他的鱗甲和羽翼。你要好自為之。」於是派桓謙南下。桓謙到了成都之後，虛懷若谷、禮賢下士；譙縱對桓謙開始猜忌起來，他把桓謙軟禁在龍格，並派人進行看守。桓謙完全失去了行動自由，他哭著對自己的幾個兄弟說：「後秦王姚興對我說的一番話，真是料事如神呢！」

後秦王姚興認為南涼禿髮傉檀正陷於內憂外患之中，就想趁機把南涼滅掉，於是派擔任尚書郎的韋宗前往南涼的都城西平察看虛實。禿髮傉檀與韋宗談論起當時的天下大勢、經營謀略，縱橫捭闔，滔滔不絕。韋宗告辭後歎息著說：「具有非凡才能、英雄氣度的人不一定都出在中原地區；聰明智慧、思維敏捷而又有遠見卓識，不一定都是從讀書中得來。從今天起我才知道，除去九州、儒家《五經》以外，仍然大有人物。」韋宗返回秦國之後，對後秦王姚興說：「涼州雖然是一個凋敝、貧窮的地方，然而禿髮傉檀的權謀詭詐遠遠超過一般人，還是不要謀取他的好。」姚興說：「夏王劉勃勃率領著一群烏合之眾，尚且能夠打敗禿髮傉檀，何況是我們秦國出動全國的兵力攻打他呢？」韋宗說：「陛下說得不對。現在的形勢已經發生了變化，而且是變化萬端。欺陵別人的人總是最容易失敗，懼怕被人欺陵而謹慎小心的人，就很難將他擊敗。禿髮傉檀所以會被劉勃勃打敗，那是因為禿髮傉檀輕敵的緣故。如果我們的大軍壓境，禿髮傉檀肯定會因為懼怕而加強戒備，以求得保全。我暗中觀察群臣的才能和謀略，沒有人是禿髮傉檀的對手，即使是陛下御駕親征，也未必能夠保證一定取勝。」姚興沒有聽韋宗的意見，他派自己的兒子擔任中軍將軍的廣平公姚弼、擔任後軍將軍的斂成、擔任鎮遠將軍的乞伏乾歸率領三萬名步兵、騎兵襲擊南涼的禿髮傉檀，派擔任左僕射的齊難率領二萬名騎兵討伐夏王劉勃勃。擔任吏部尚書的尹昭勸諫說：「南涼禿髮傉檀仗恃姑臧距離長安道路遙遠、地勢險要，所以才敢怠慢朝廷、違抗命令。不如下詔令北涼張掖公沮渠蒙遜、西涼公李暠出兵討伐南涼禿髮傉檀，使他們之間互相攻伐，相互消耗，最後陷入困境，走向滅亡，而不一定非要勞煩中國出兵。」姚興也沒有聽從。

後秦王姚興寫信給南涼禿髮傉檀說：「現在我已經派遣左僕射齊難率軍討伐劉勃勃，為了防止劉勃勃向西方逃跑，所以令中軍將軍姚弼等人在黃河以西截擊劉勃勃。」禿髮傉檀以為姚興說的話是真的，遂不加防備。姚弼從金城渡過黃河，姜紀對姚弼說：「現在朝廷軍對外聲稱去討伐劉勃勃，南涼禿髮傉檀正在猶豫不決，守備一定不會太嚴密。希望撥給我五千名輕騎兵，讓我去襲擊金城的城門，如此一來，金城城外的居民就都將歸我們所有，只剩姑臧一座孤城，又沒有援軍，我們不用費力就能將姑臧攻克。」姚弼沒有聽從姜紀的建議。姚弼等率軍抵達昌松郡的漠口，擔任昌松郡太守的蘇霸關閉城門抵抗後秦軍，姚弼派人勸說蘇霸投降，蘇霸回覆說：「你們拋棄信義，率軍攻擊自己的同盟國，我只有一死而已，哪裡會向你們投降呢！」姚弼指揮秦軍向漠口城發起猛攻，很快攻克了漠口，殺死了昌松太守蘇霸，然後長驅直入，逼近姑臧城下。禿髮傉檀趕緊派兵四面設防，牢牢地堅守姑臧城，並派出奇兵偷襲姚弼軍，將姚弼軍擊敗，姚弼率領敗軍退到姑臧城西面的西苑小城據守。姑臧城內的王鍾等人密謀，準備為後秦軍做內應，陰謀洩露，禿髮傉檀想殺掉謀亂的首惡而赦免他的餘黨，擔任前軍將軍的伊力延侯說：「如今姑臧城外有強大的敵寇，而城內又有陰謀小人暗中發動叛亂，還有比這更危險的事情嗎！不把他們全部活埋，用什麼辦法來懲治以後的叛亂者？」禿髮傉檀聽從了伊力延侯的意見，於是殺死了五千多人。禿髮傉檀命令各郡縣把所有的牛羊全部放逐到野外，秦國後軍將軍斂成果然放縱士卒縱情抄掠。禿髮傉檀派鎮北大將軍俱延、鎮軍將軍敬歸等率軍出擊，將後秦軍打得大敗，斬殺了七千多人。後秦中軍將軍姚弼堅守西苑不敢出戰，禿髮傉檀率軍攻打，沒有攻克。

秋季，七月，後秦王姚興派遣擔任衛大將軍的常山公姚顯率領二萬名騎兵作為各路大軍的後續部隊向南涼挺進，當姚顯率軍到達高平的時候，聽到了中軍將軍姚弼戰敗的消息，於是倍道兼程向前急行。姚顯派遣神箭手孟欽等五個人到姑臧城南面的涼風門向南涼軍挑戰，弓上弦之後還沒有來得及射出去，就被前來迎戰的禿髮傉檀屬下擔任材官將軍的宋益等殺死。姚顯遂把違抗旨意挑起與南涼戰爭的責任全部推卸到後軍將軍斂成的身上，派使者向禿髮傉檀道歉，隨後又安撫了一番河西一帶的百姓，便率軍返回後秦。禿髮傉檀也派徐宿為使者前往後秦的都城長安請求恕罪。

夏王劉勃勃聽到後秦討伐的大軍即將到來的消息，立即退往朔方東北部的河曲進行堅守。後秦左僕射齊難以為劉勃勃已經跑得很遠，遂放縱士兵在郊野大肆劫掠。夏王劉勃勃率領軍隊偷偷返回襲擊後秦軍，俘虜、斬殺了七千多人。後秦齊難率領敗軍退走，劉勃勃率軍追擊，一直追到木城，終於將後秦左僕射齊難活捉，俘虜了後秦一萬三千名將士。於是，九嵕山以北數以萬計的少數民族和漢人歸附了劉勃勃，劉勃勃分別委派了郡守和縣令負責管理這些地區。

司馬叔璠從蕃城進攻東晉所屬的鄒山，東晉擔任魯郡太守的徐邕棄城逃走，擔任車騎長史的劉鍾將司馬叔璠擊敗，司馬叔璠退走。

北燕天王高雲封慕容歸為遼東公，讓他主持燕國歷代舊主的祭祀。

劉敬宣率軍進入三峽之後，便派遣擔任巴東太守的溫祚率領二千人從外水出發，自己則率領擔任益州刺史的鮑陋、輔國將軍文處茂、龍驤將軍時延祖由墊江出發，他們一路轉戰向前。譙縱趕緊派人向後秦求救，後秦王姚興派遣擔任平西將軍的姚賞、擔任南梁州刺史的王敏率領二萬名將士趕赴西蜀。劉敬宣率軍抵達黃虎，這裡距離譙縱的都城成都還有五百里。譙縱屬下擔任輔國將軍的譙道福率領屬下的全部兵力依靠險阻進行抵抗，雙方相持了六十多天，劉敬宣無法前進。而此時晉軍的糧食已經吃光，再加上軍中瘟疫流行，軍士死了有一大半，迫不得已，劉敬宣只好率軍撤回。劉敬宣於是遭到指控，被免去了官職，封地也被削去了三分之一；而荊州刺史劉道規則由督統降為建威將軍。九月，豫章郡公劉裕因為舉薦劉敬宣伐蜀，而劉敬宣卻在戰場上失利，於是請求辭去自己所擔任的各項職務，晉安帝司馬德宗下詔，將劉裕降為中軍將軍，開府等職務依舊保留。左將軍、南平郡公劉毅想用重法處治劉敬宣，劉裕則對劉敬宣倍加保護。擔任會稽郡內史的何無忌對劉毅說：「你怎能因為個人的私怨而有損於公道！」劉毅這才不再堅持重處劉敬宣。

乞伏熾磐因為後秦政治越來越衰敗，又懼怕遭到後秦軍的襲擊，於是，在冬季的十月，從各部落招集了二萬多人在嵻㟯山築城據守。

十一月，禿髮傉檀再次自稱涼王，實行大赦，改年號為「嘉平」，設置文武百官。立自己的夫人折掘氏為王后，立世子禿髮武臺為王太子，錄尚書事。任命擔任左長史的趙鼂為尚書左僕射，擔任右長史的郭倖為尚書右僕射，任命昌松侯俱延為太尉。

南燕境內的汝水乾涸。黃河全部封凍，而唯獨澠水沒有結冰。南燕主慕容超心裡很厭惡，於是去問李宣，李宣回答說：「澠水不結冰，是因為它像一條帶子一樣流經都城廣固，靠近君主和王后。」慕容超聽了李宣的解釋非常高興，立即賞賜給李宣一套朝服。

十二月，乞伏熾磐率軍攻打背叛後秦的彭奚念所據守的枹罕，被彭奚念打敗，率軍退回苑川。

這一年，北魏皇帝拓跋珪殺死了高邑公莫題。當初，拓跋窟咄率眾攻擊拓跋珪的時候，莫題認為拓跋珪年紀太小，於是便暗中贈送一支箭給拓跋窟咄說：「一個三歲大的小牛犢豈能拉得動重車？」拓跋珪一直對此懷恨在心。現在有人指控莫題平時傲慢自大、待人不恭，把自己比作國君，拓跋珪便派人把當初莫題送給拓跋窟咄的那一支箭拿給莫題看，並對莫題說：「三歲大的小牛犢結果如何？」莫題父子相對哭泣。第二天早晨，莫題就被逮捕、處死。

【研　析】本卷寫晉安帝義熙元年（西元四〇五年）至義熙四年共四年間的各國大事，其中值得議論的主要有以下幾點：

其一是由桓玄之亂引發譙縱之亂，遂使譙縱此須小寇竟至盤據巴蜀長達九年之久，使人難以想像。桓玄之亂自元興二年十二月桓玄稱帝始，至元興三年五月桓玄被殺止，前後不到五、六個月，興滅的過程很短。這一來是有劉裕等人的討伐，反對的勢力更強大，就如同民國時代的袁世凱稱帝一樣，太不得人心；二來也是由於桓玄太過於腐朽，簡直就像是兒戲，實在不堪一擊。但桓玄被殺之後，其子桓振起而繼之，麻煩就來了，他倚仗著荊州地區有桓氏家族的深遠影響，此起彼伏地堅持了很長時間；而桓振本人的勇敢善戰，也給人留下了很深的印象。桓振不僅比桓玄堅持的時間久，更嚴重的是引發了巴蜀的譙縱之亂。其過程是：「初，毛璩聞桓振陷江陵，帥眾三萬順流東下，將討之，使其弟西夷校尉瑾、蜀郡太守瑗出外水，參軍巴西譙縱、侯暉出涪水。蜀人不樂遠征，暉至五城水口，與巴西陽昧謀作亂。縱為人和謹，蜀人愛之，暉、昧共逼縱為主，縱不可，走投于水。引出，以兵逼縱登輿，縱又投地，叩頭固辭，暉縛縱於輿。還，襲毛瑾於涪城，殺之，推縱為梁、秦二州刺史。璩至略城，聞變，奔還成都，遣參軍王瓊將兵討之，為縱弟明子所敗，死者什八、九。益州營戶李騰開城納縱兵，殺璩及弟瑗，滅其家。縱稱成都王，以從弟洪為益州刺史，以明子為巴州刺史屯白帝。」毛璩是東晉名將毛寶之子，世代忠貞勇敢，無私地效力於晉王朝。如今毛璩兄弟被害於成都，家族被滅後，劉裕派毛脩之、司馬榮期等討伐譙縱，結果又因楊承祖叛變，司馬榮期被殺，使劉裕的首次討伐告敗；接著劉裕又派劉敬宣等二次討伐，結果劉敬宣等又大敗而回。為什麼譙縱集團竟有如此強大的力量呢？不是譙縱的力量太大，是朝廷的力量太小了。當時晉王朝被桓玄折騰得一息奄奄且不說，單說當時盧循、徐道覆的農民起義軍就已經把晉王朝的薄弱兵力消耗淨盡了。當時的東晉群龍無首，只有劉裕等少數人頂著為朝廷出力的名目，實際是想趁機篡取晉政權。他們憑著手中的一些兵力，既要和桓氏勢力作戰，又要和盧循的勢力作戰，還要抽出時間進攻齊、魯地區的慕容氏南燕，與關中地區的後秦，以博取美名，積累篡晉的資本。你說哪裡還能騰出手來去平定遠在長江上游的譙縱呢？所以這件事只有暫且放著，留到九年以後再說了。反正譙縱怎麼說也不可能領兵出川來滅掉建康城，所以留著他不妨事。這就是譙縱儘管軟弱無能，但卻可以延續九年的原因。

其二是南燕主慕容超貶位以求母的故事。慕容超是南燕主慕容德之姪。前秦滅前燕時，慕容德與其母、兄都被秦人虜入長安城，後來其母、兄又隨慕容德西至張掖。前秦失敗後，慕容德逃出秦國，追隨建立後燕的慕容垂。慕容垂死，後燕失敗後，慕容德建立南燕，都於廣固，即今山東青州。這時流落在張掖的慕容德之兄生子慕容超，超父死，超聞其叔在廣固稱帝，別其母妻東歸慕容德。慕容德死後，傳位於慕容超。慕容超即位後，在政治上不是一個好君主，但思念其母，頗有孝子之心。他遣使西行，致意於當時建都長安的後秦君主姚興，請求將其母放回。秦主興提出苛刻的條件說：慕容超必須向秦國稱臣，而且要把當年燕國從前秦手中所奪的舊時北方民族從西晉手中奪去的朝廷太樂送給秦國。慕容超與群臣商議，群臣都說：「陛下嗣守社稷，不宜以私親之故遂降尊號。且太樂先代遺音，不可與也。」慕容超沒有聽他們的這些形式主義的言論，斷然地派大臣出使於秦，「奉表稱藩」。接著秦國派使臣來燕宣布命令時，又說：「陛下前既奉表，今宜北面受詔。」群臣堅決反對說：「大燕七聖重光，柰何一旦為豎子屈節？」而慕容超卻一一答應，說：「吾為太后屈，願諸君勿復言！」就這樣卑躬曲節地把其母連同其妻都迎回來了。王夫之《讀通鑑論》說：「慕容超，鮮卑也，而無道以取死亡，不足道矣。苟有當於人心天理之宜者，君子必表出之，以為彝倫之準則。超母段氏在秦，姚興挾之以求太樂諸伎，段暉言『不宜以私親之故降尊自屈，先代遺音不可與人』；封逞言『大燕七聖重光，柰何為豎子屈』。嗚呼，此豈有人之心者所忍言乎？超不聽，而盡奉伎樂北面受詔，而興禮其母而遣之。超於是乎合人心之安以順天理之得矣。」慕容超的這種做法可謂自古所少有，而王夫之這種破格的大力肯定，也為一般道德習俗所難容。但其道理卻深合當今之人道主義精神，與講求實效而不重虛名的原則，故標而出之。

其三是西涼主李暠訓教諸子的故事。其言曰：「暠手令戒諸子，以為：『從政者當審慎賞罰，勿任愛憎，近忠正，遠佞諛，勿使左右竊弄威福。毀譽之來，當研覈真偽；聽訟折獄，必和顏任理，慎勿逆詐億必，輕加聲色。務廣咨詢，勿自專用。吾蒞事五年，雖未能息民，然含垢匿瑕，朝為寇讎，夕委心膂，粗無負於新舊；事任公平，坦然無類，初不容懷，有所損益。計近則如不足，經遠乃為有餘，庶亦無愧前人也。』」王夫之《讀通鑑論》說：「暠之戒諸子曰：『從政者審慎賞罰，勿任愛憎，折獄必和顏任理，用人無間於新舊，計近不足，經遠有餘。』是說也，豈徒其規模之宏遠哉？內求之好惡之萌以治其心，與天相順，循物以信。三代以下不多得之於君子者，而曷以偏方割據之雄能自求以求福。推此心也，可以創業垂統，貽百世之休矣。求治理而本諸心，昧者以為迂也。詩、書所言，豈欺我哉？」西涼一個蕞爾小國，竟然有這麼仁義、這麼通情達理的一位主子，真是可喜可賀。

其四是後燕主慕容熙與其寵后苻氏的特殊關係。自古以來為寵愛女人而不惜揮霍殺人，直到破家亡國的帝王多的是，但為了愛一個女人而不惜犧牲個人一切的帝王卻極其少有，後燕主慕容熙就是這極其少有中的一個。本書〈晉紀〉三十四說：「燕王熙納故中山尹苻謨二女，長曰娀娥，為貴人；幼曰訓英，為貴嬪。貴嬪尤有寵。」本書〈晉紀〉三十五說：「燕王熙與苻后遊畋，北登白鹿山，東踰青嶺，南臨滄海而還，士卒為虎狼所殺及凍死者五千餘人。」本卷前文說：「燕王熙伐高句麗。戊申，攻遼東。城且陷，熙命將士：『毋得先登，俟剗平其城，朕與皇后乘輦而入。』由是城中得嚴備，不克而還。」本卷前文又說：「燕王熙為其后苻氏起承華殿，負土於北門，土與穀同價。宿軍典軍杜靜載棺詣闕極諫，熙斬之。苻氏嘗季夏思凍魚，仲冬須生地黃，熙下有司切責不得而斬之。」「苻氏卒，熙哭之懣絕，久而復蘇。喪之如父母，服斬衰，食粥。命百官於宮內設位而哭，使人按檢哭者，無淚則罪之，羣臣皆含辛以為淚。……公卿以下至兵民，戶率營陵，費殫府藏。陵周圍數里，熙謂監作者曰：『善為之，朕將繼往。』」本卷前文又說：「燕王熙葬其后苻氏于徽平陵，喪車高大，毀北門而出，熙被髮徒跣，步從二十餘里。」《晉書》卷一百二十四還說：「苻氏死，熙悲號辟踊，若喪考妣，擁其尸而撫之曰：『體已就冷，命遂斷矣。』於是僵仆氣絕，久而乃蘇。大斂既訖，復啟其棺，而與交接。服斬衰，食粥。」行為是有些怪異，但他對這個女人的感情之深厚，卻遠非唐明皇、賈寶玉等多情種子之所能比，也不是簡單的一句「不愛江山愛美人」的話語所能概括。

卷第一百十五

晉紀三十七

起屠維作噩（己酉　西元四〇九年），盡上章閹茂（庚戌　西元四一〇年），凡二年。

【題　解】本卷寫晉安帝義熙五年（西元四〇九年）、六年共兩年間的東晉與各國的大事。主要寫了南燕主慕容超挑起與東晉的邊境摩擦，掠擄東晉的人口，東晉劉裕討伐南燕，南燕主不聽公孫五樓等人的謀略，坐失機宜，被劉裕大破於臨朐，劉裕進而圍困並攻克廣固，慕容超突圍被俘，送建康斬之，南燕遂滅；寫了盧循聞劉裕北伐，出廣州北上侵佔廬陵、豫章、長沙等郡；尋陽守將何無忌率軍迎戰，被徐道覆大破於豫章，何無忌戰死，東晉朝廷大駭；寫劉裕破南燕後正待經營洛陽、關中，聞訊率軍南返；劉毅請討盧循，不聽劉裕告誡，急躁輕進，被盧循大破於桑落洲，而後盧循大軍直取建康；劉裕駐軍於石頭城，隨方應對，盧循無從得逞，漸漸敗退，西返尋陽；劉裕派部將王仲德、劉鍾追擊盧循，破盧循守將范崇民於南陵；劉裕又派部將孫處、沈田子自海道襲取廣州，顛覆了盧循的巢穴，穩定了嶺外諸郡；寫譙縱乘晉內亂派桓謙與秦將苟林合攻荊州，被劉裕部將劉道規、檀道濟、魯宗之等大破於江陵，桓謙、苟林敗死；桓石綏起兵應盧循，自稱荊州刺史，被晉梁州刺史傅韶所破殺，桓氏家族被滅絕；寫徐道覆進攻江陵，被劉道規、劉遵大破之，徐道覆逃回尋陽；寫劉裕大軍進駐雷池，大破盧循、徐道覆軍於大雷，戰爭激烈，描寫精彩，盧循、徐道覆逃過嶺南；寫了魏主拓跋珪既迷信天人感應的邪說，又因服用寒食散而導致病情嚴重，喜怒無常，人不自保，盜賊公行，表現出一副下世的光景；寫了拓跋珪被其子拓跋紹所殺，魏太子拓跋嗣與朝廷大臣合力殺死拓跋紹，平定叛亂，即位為帝，詔長孫嵩等八人共聽朝政，重用燕鳳、封懿等人，魏國秩序重得穩定；寫了本來已經歸附姚氏的乞伏乾歸又逃回苑川自立，攻取了秦國的金城以及略陽、南安諸郡，以見西秦的勢力轉強，政治有序；寫了北燕主高雲被部下政變所殺，大臣馮跋平定叛亂，自立為王，國號仍稱「北燕」，部下馮萬泥、馮乳陳發動叛亂，被馮跋所討平；此外還寫了後秦主姚興與夏主赫連勃勃、南涼禿髮傉檀與北涼沮渠蒙遜之間的相互攻伐，互有勝負等等。

安皇帝庚

義熙五年（己酉　西元四〇九年）

春，正月庚寅朔❶，南燕主超朝會羣臣，歎太樂不備❷，議掠晉人以補伎❸。領軍將軍韓諱曰：「先帝❹以舊京傾覆❺，戢翼三齊❻。陛下不養士息民，以伺魏釁，恢復先業，而更侵掠南鄰以廣讎敵，可乎？」超曰：「我計已定，不與卿言。」

辛卯❼，大赦。○庚戌❽，以劉毅為衛將軍、開府儀同三司。毅愛才好士，當世名流莫不輻湊❾，獨揚州主簿吳郡張邵不往。或問之，邵曰：「主公❿命世人傑⓫，何煩多問⓬！」

秦王興遣其弟平北將軍沖、征虜將軍狄伯支等帥騎四萬擊夏王勃勃。沖至嶺北⑬，謀還襲長安，伯支不從而止，因酖殺伯支以滅口。○秦王興遣使冊拜譙縱為大都督、相國、蜀王，加九錫⑭，承制封拜⑮，悉如王者之儀。

二月，南燕將慕容興宗、斛穀提、公孫歸等帥騎寇宿豫⑯，拔之，大掠而去，簡⑰男女二千五百付太樂⑱教之。歸，五樓之兄也。是時，五樓為侍中、尚書、領左衛將軍，專總朝政，宗親⑲並居顯要，王公內外無不憚之。南燕主超論宿豫之功，封斛穀提等並為郡、縣公。桂林王[1]鎮⑳諫曰：「此數人者，勤民頓兵㉑，為國結怨㉒，何功而封？」超怒，不答。尚書都令史㉓王儼諂事五樓，比歲㉔屢遷，官至左丞。國人為之語曰：「欲得侯，事五樓。」超又遣公孫歸等寇濟南㉕，俘男女千餘人而去。自彭城以南，民皆保聚㉖以自固。詔并州刺史劉道憐鎮淮陰㉗以備之。

乞伏熾磐入見秦太原公懿㉘於上邽㉙，彭奚念乘虛伐之。熾磐聞之，怒，不告懿而歸，擊奚念，破之，遂圍枹罕。乞伏乾歸㉚從秦王興如平涼㉛。熾磐克枹罕，遣人告乾歸，乾歸逃還苑川㉜。

馮翊㉝人劉厥聚眾數千，據萬年㉞作亂，秦太子泓遣鎮軍將軍彭白狼帥東宮禁兵討之，斬厥，赦其餘黨。諸將請露布㉟，表言廣其首級㊱。泓不許，曰：「主上委吾後事，不能式遏寇逆㊲，當責躬㊳請罪，尚敢矜誕㊴自為功乎？」

秦王興自平涼如朝那㊵，聞姚沖之謀㊶，賜沖死。

三月，劉裕抗表㊷伐南燕，朝議皆以為不可，惟左僕射孟昶、車騎司馬謝裕、參軍臧熹以為必克，勸裕行。裕以昶監㊸中軍留府㊹事。謝裕，安之兄孫也。

初，苻氏之敗㊺也，王猛㊻之孫鎮惡來奔，以為臨澧㊼令。鎮惡騎乘非長㊽，關弓甚弱㊾，而有謀略，善果斷，喜論軍國大事。或薦鎮惡於劉裕，裕與語，說之，因留宿。明旦，謂參佐㊿曰：「吾聞將門有將，鎮惡信然[51]。」即以為中軍參軍。

恆山[52]崩。

夏，四月，乞伏乾歸如枹罕，留世子熾磐鎮之，收其眾得二萬，徙都度堅山[53]。雷震魏天安殿東序[54]，魏主珪惡之，命左校以衝車[55]攻東、西序，皆毀之。

初，珪服寒食散[56]，久之，藥發，性多躁擾，忿怒無常，至是寖劇[57]。又災異數見[58]，占者多言當有急變生肘腋[59]。珪憂懣不安，或數日不食，或達旦不寐，追計平生成敗得失，獨語不止。疑羣臣左右皆不可信，每百官奏事至前，追記[60]其舊惡，輒殺之。其餘或顏色變動，或鼻息[61]不調，或步趨[62]失節，或言辭差繆，皆以為懷惡在心，發形於外，往往手[63]擊殺之，死者皆陳天安殿前。朝廷人不自保，百官苟免[64]，莫相督攝[65]；盜賊公行，里巷之間，人為希少[66]。珪亦知之，曰：「朕故縱之使然，待過災年，當更[2]清治[67]之耳。」是時，羣臣畏罪，多不敢求親近，唯著作郎崔浩[68]恭勤不懈，或終日不歸。浩，吏部尚書宏之子也。宏未嘗忤旨，亦不諂諛，故宏父子獨不被譴[69]。

夏王勃勃率騎二萬攻秦，掠取平涼雜胡七千餘戶，進屯依力川[70]。

己巳[71]，劉裕發建康，帥舟師自淮入泗[72]。五月至下邳[73]，留船艦、輜重，步進至琅邪[74]。所過皆築城，留兵守之。或謂裕曰：「燕人若塞大峴[75]之險，或堅壁清野[76]，大軍深入，不唯無功，將不能自歸，柰何？」裕曰：「吾慮之熟矣。鮮卑[77]貪婪，不知遠計，進利虜獲[78]，退惜禾苗[79]，謂我孤軍遠入，不能持久。不過進據臨朐[80]，退守廣固，必不能守險清野，敢為諸君保之。」

南燕王超聞有晉師，引羣臣會議。征虜將軍公孫五樓曰：「吳兵輕果[81]，利在速戰，不可爭鋒。宜據大峴，使不得入，曠日延時，沮[82]其銳氣，然後徐簡精騎二千，循海[83]而南，絕其糧道，別敕段暉帥兗州[84]之眾，緣山東下[85]，腹背擊之，此上策也；各命守宰依險自固，校其資儲[86]之外，餘悉焚蕩，芟除禾苗[87]，使敵無所資，彼僑軍[88]無食，求戰不得，旬月之間，可以坐制[89]，此中策也；縱賊入峴，出城逆戰[90]，此下策也[91]。」超曰：「今歲星居齊[92]，以天道推之，不戰自克[93]；客主勢殊[94]，以人事言之，彼遠來疲弊，勢不能久。吾據五州[95]之地，擁富庶之民，鐵騎萬羣，麥禾布野，柰何芟苗徙民，先自蹙弱[96]乎？不如縱使入峴，以精騎蹂之，何憂不克？」輔國將軍廣寧王賀賴盧苦諫不從，退謂五樓曰：「必若此，亡無日[97]矣！」太尉桂林王鎮曰：「陛下必以騎兵利平地者，宜出峴逆戰，戰而不勝，猶可退守；不宜縱敵入峴，自棄險固也。」超不從。鎮出，謂韓諱曰：「主上既不能逆戰卻敵[98]，又不肯徙民清野，延敵入腹，坐待攻圍，酷似劉璋[99]矣。今年國滅，吾必死之。卿中華之士[100]，復為文身[101]矣。」超聞之，大怒，收鎮下獄。乃攝[102]莒、梁父二戍[103]，修城隍[104]，簡[105]士馬，以待之。

劉裕過大峴，燕兵不出。裕舉手指天[106]，喜形于色。左右曰：「公未見敵而先喜，何也？」裕曰：「兵已過險，士有必死之志[107]；餘糧棲畝[108]，人無匱乏之憂。虜已入吾掌中矣。」六月己巳[109]，裕至東莞[110]。超先遣公孫五樓、賀賴盧及左將軍段暉等，將步騎五萬屯臨朐。聞晉兵入峴，自將步騎四萬往就之，使五樓帥騎進據巨蔑水[111]。前鋒孟龍符與戰，破之，五樓退走。裕以車四千乘為左右翼，方軌徐進[112]，與燕兵戰於臨朐南。日向昃[113]，勝負猶未決。參軍胡藩言於裕曰：「燕悉兵出戰，臨朐城中留守必寡，願以奇兵從間道[114]取其城，此韓信所以破趙[115]也。」裕遣藩及諮議參軍檀韶、建威將軍河內向彌[116]潛師出燕兵之後，攻臨朐，聲言輕兵自海道至矣。向彌擐甲先登[117]，遂克之。超大驚，單騎就段暉於城南。裕因縱兵奮擊，燕眾大敗，斬段暉等大將十餘人。超遁還廣固，獲其玉璽、輦[118]及豹尾[119]。裕乘勝逐北[120]至廣固，丙子[121]，克其大城，超收眾入保小城。裕築長圍守[122]之，圍高三丈，穿塹三重[123]；撫納降附，采拔賢俊，華、夷[124]大悅。於是因[125]齊地糧儲，悉停江、淮漕運。

超遣尚書郎張綱乞師於秦，赦桂林王鎮，以為錄尚書、都督中外諸軍事，引見，謝[126]之，且問計焉。鎮曰：「百姓之心，係於一人。今陛下親董[127]六師，奔敗而還，羣臣離心，士民喪氣。聞秦人自有內患[128]，恐不暇分兵救人。散卒還者尚有數萬，宜悉出金帛以餌[129]之，更決一戰。若天命助我，必能破敵；如其不然，死亦為美，比於閉門待盡，不猶愈乎？」司徒樂浪王惠曰：「不然。晉兵乘勝，氣勢百倍，我以敗軍之卒當之，不亦難乎？秦雖與勃勃相持，不足為患；且與我分據中原，勢如脣齒，安得不來相救？但不遣大臣則不能得重兵。尚書令韓範[130]

為燕、秦所重，宜遣乞師。」超從之。

【章 旨】以上為第一段，寫晉安帝義熙五年（西元四〇九年）上半年的大事。主要寫了南燕主慕容超不聽眾勸，挑起與東晉的邊境摩擦，掠擄東晉的人口；東晉劉裕抗表出師討伐南燕，南燕主不聽公孫五樓等人的謀略，坐失機宜，被劉裕大破於臨朐，又乘勝包圍廣固，無計可施的慕容超求救於後秦；寫了王猛之孫王鎮惡投歸劉裕，使劉裕得一大謀士，從此如虎添翼；寫了魏主拓跋珪既迷信天人感應的一套邪說，又因服用寒食散，而導致病情嚴重，性情暴戾，喜怒無常，朝內人不自保，社會盜賊公行，表現出一副下世的光景；寫了秦主姚興與夏王赫連勃勃以及乞伏乾歸勢力的一些相互攻伐，使本來已經歸附姚氏的乞伏乾歸又逃回苑川自立等等。

【注 釋】❶正月庚寅朔 正月初一是庚寅日。❷太樂不備 因慕容超為贖其母，已將太樂獻給後秦。事見本書卷一百十四義熙三年。❸以補伎 以充當歌兒舞女。❹先帝 指慕容德。❺舊京傾覆 指燕都中山城（今河北定州）被魏人所佔。❻戢翼三齊 臨時地寄居於廣固（今青州）。戢翼，縮起翅膀，以比喻人的隱忍。三齊，泛指今山東東部的古齊國之地。因楚漢戰爭時這裡曾出現過三個小國，故統稱「三齊」。❼辛卯 正月初二。❽庚戌 正月二十一。❾輻湊 如車輪輻條的集湊於轂，以比喻眾人歸附之多。❿主公 指劉裕，當時劉裕任揚州刺史，是張卲的長官，故張卲稱其為「主公」。⓫命世人傑 舉世罕有的傑出人物。命世，聞名於世；世之罕有。⓬何煩多問 其內心是不願引起劉裕的懷疑，不願惹起麻煩。⓭嶺北 九嵕嶺以北。九嵕嶺在今陝西禮泉東北。⓮九錫 古代帝王對大臣的九種特殊賞賜，即：車馬、衣服、樂則、朱戶、納陛、虎賁、弓矢、鈇鉞、秬鬯。此前譙縱歸降於秦，故此姚興遣使加封之。⓯承制封拜 用帝王姚興的名義封任其屬下官員。⓰宿豫 縣名，縣治在今江蘇宿遷東南。⓱簡 挑選。⓲太樂 即太樂署，朝廷裡主管音樂歌舞的部門。⓳宗親 同族與姻親。⓴桂林王鎮 即慕容鎮。㉑勦民頓兵 煩勞百姓，消耗武力。勦，煩勞。頓，使兵器變鈍，意即消耗。㉒為國結怨 給朝廷招來怨恨。㉓都令史 諸令史的頭目。令史是尚書省的小吏。㉔比歲 連年。㉕濟南 此指東晉在淮水以北僑置的濟南郡。㉖堡聚 集居築堡以守。㉗鎮淮陰 駐兵於淮陰縣。淮陰縣治在今江蘇淮安之淮陰區。㉘太原公懿 即姚懿，姚興之子。㉙上邽今甘肅天水市，當時為天水郡的郡治所在地。㉚乞伏乾歸　乞伏熾磐之父，於義熙三年被姚興留在長安為人質。㉛平涼　郡名，郡治在今甘肅華亭西。㉜苑川　在今蘭州東。㉝馮翊　郡名，郡治在今陝西大荔。㉞萬年　縣名，縣治即今西安之臨潼區。㉟露布　即今之所謂「公告」、「公報」。㊱表言廣其首級　在給皇帝上表報告平叛功勞的時候，誇大斬殺叛亂分子的數目。廣，誇大；虛報。㊲式遏寇逆　意即防止寇盜的發生。式是發語詞，遏是阻止其發生。㊳責躬　責備我自己。㊴矜誕　自我炫耀誇張。㊵朝那　縣名，縣治在今寧夏固原東南。㊶姚沖之謀　指其欲回襲長安事。㊷抗表　公開上表。抗，有「堅決」、「理直氣壯」等意思。㊸監　管；看管。㊹中軍留府　中軍將軍的留守處。劉裕當時任中軍將軍。㊺苻氏之敗　指苻氏政權被姚萇所滅。㊻王猛　字景略，苻堅的謀士，病死於淝水之戰前。㊼臨澧　縣名，縣治即今湖南桑植。㊽騎乘非長　騎馬的技術不高。㊾關弓甚弱　拉不開硬弓。關弓，拉弓。二句都是說王鎮惡不是一介武夫。㊿參佐　右左的僚屬。(51)信然　果真是如此。(52)恆山　北嶽，在今河北曲陽西北。(53)度堅山　在今甘肅榆中境，蘭州東南。(54)東序　東側屋。(55)衝車　攻城用的車。(56)寒食散　魏晉人為追求長生與美容而喜吃的一種藥，以石粉、硫磺等合成，因為服藥後不能吃熱食，故名。(57)寖劇　更加厲害了。(58)災異數見　反常的現象屢屢出現。漢代以來陰陽五行家稱那些怪異的自然現象如山崩、地震、彗星、隕石、怪胎等叫作災異，他們說這是老天爺要懲罰世人的徵兆。(59)有急變生肘腋　將有重要事故發生在帝王的身邊。(60)追記　回憶、盤算。(61)鼻息　即指呼吸。(62)步趨　指臣子在君父面前走路的姿勢。(63)手　親手。(64)苟免　只求苟且無事，不顧其他一切。(65)莫相督攝　誰也不管誰。攝，約束。(66)希少　同「稀少」。(67)當更清治　再重新清查治理。(68)著作郎崔浩　著作郎是中書省裡的官員，負責編修國史。崔浩，字伯淵，拓跋珪的謀臣。(69)不被譴　不受譴責。(70)依力川　在今甘肅華亭東南。(71)己巳　四月十一。(72)自淮入泗　從淮河轉入泗水。泗水發源於山東曲阜東，南流經徐州至淮安匯入淮水。(73)下邳　郡名，郡治在今江蘇邳州西南。(74)琅邪　郡名，郡治在今山東臨沂北。(75)大峴　山名，在今山東沂水縣北的穆陵關一帶。(76)堅壁清野　堅守城池不出，把郊野上一切可吃的東西通通消除。壁，營壘；防禦工事。(77)鮮卑　此指慕容超政權，慕容氏是鮮卑人。(78)進利虜獲　進攻的時候喜歡虜奪財物。(79)退惜禾苗　逃走的時候也捨不得毀掉莊稼。(80)進據臨朐　他的出兵迎戰頂多不會遠過於臨朐。臨朐縣治在今山東青州東南。(81)輕果　輕捷果敢。(82)沮　消耗；破壞。(83)循海　乘船沿海邊南下。(84)兗州　慕容超的兗州州治在今山東泰安東北。(85)緣山東下　此指緣梁父山，在今山東泰安東南。(86)校其資儲　計算好自己應留的口糧。校，計算。(87)芟除禾苗　把地裡的莊稼一律割光。(88)僑軍　外來的軍隊。僑，客居在外。(89)坐制　坐而制勝之，不必費力。(90)逆戰　迎戰。(91)此下策也　據此觀之，公孫五樓非等閒之輩，慕容超寵之，非無因也。可惜慕容超不能聽五樓之謀，自取敗滅，非五樓之罪也。92歲星居齊　歲星運行到了齊國的分野。古代天文學有所謂「分野」說，齊地上當二十八宿的玄枵。所謂「歲星居齊」就是這一年歲星（即木星）運行到了玄枵的位置。93不戰自克　不用抵抗，自然勝利。古代陰陽學家有所謂歲星在哪個地區的分野，如果這時有敵軍前來進攻，那麼這時的作戰就對該地區的軍方有利，對進攻者不利。類似的說法，請參考本書卷一百二太和五年。94客主勢殊　客軍與主軍，所處的形勢懸殊，意即自己得到天助。95五州　即南燕自己所稱的并州（鎮陰平）、幽州（鎮發干）、徐州（鎮莒城）、兗州（鎮梁父）、青州（鎮東萊），實際上只有山東的中部、東部地區。96蹙弱　縮小、削弱。97亡無日　滅亡的日子沒有幾天了。98逆戰卻敵　迎頭出擊，打退敵人。99酷似劉璋　劉璋是東漢末年佔據四川的軍閥，劉備舉兵攻之，有人勸劉璋堅壁清野，拖垮劉備。劉璋不聽，最後成都被圍，劉璋投降。事見本書卷六十七建安十八年。100中華之士　南燕人以「中華」、「華夏」的正統自居，視東晉為蠻夷。101復為文身　又要在身上刺花紋，這是古代南方某些少數民族的習慣。當時中原地區的少數民族諸政權如秦、燕、魏等都把東晉以及後來的南朝統稱為「晉夷」或「島夷」，故將被東晉所滅稱作「復為文身」。102攝　猶今之所謂告誡、飭令。103莒梁父二戍　莒縣與梁父兩個軍事據點。莒即今山東莒縣，梁父在今山東泰安東南。戍，軍事要地；軍事據點。104修城隍　高築城牆，深挖護城河。隍，護城河。105簡　挑選訓練。106指天　意謂「真是天助我也」。107士有必死之志　因為已經進入絕地，後退無路，士兵必人自為戰，死裡求生。108餘糧棲畝　多餘的糧食全在地裡長著，供我們隨意採用。109六月己巳　六月十二。110東莞　縣名，即今山東沂水縣。111巨蔑水　也叫洋水、巨昧水，發源於臨朐縣西，北流經廣固城東，匯入巨淀湖。112方軌徐進　方軌的原意指併車，這裡即軍隊緊密集結。徐進即穩紮穩打，步步為營。113日向昃　從早晨開戰一直打到過午。昃，過午；太陽西移。114間道　小道。115韓信所以破趙　即井陘之戰，以正兵與敵軍交戰，經久不歇；派輕兵襲取敵軍的營盤，從而使正在搏戰的敵軍人心瓦解而至失敗。見本書卷九高帝三年，與《史記．淮陰侯列傳》。116河內向彌　河內人姓向名彌。河內是郡名，郡治即今河南懷縣。117擐甲先登　親自身披鐵甲，領頭登上臨朐的城牆。擐，穿。118輦　帝王乘坐的車子。119豹尾　帝王的車隊中，最後一輛懸掛豹尾。120逐北　追擊敗兵。北，猶言「背」。望敵之背而追之。121丙子　六月十九。122守　圍困。123穿塹三重　壕溝挖到三次見水。塹，壕溝。三重，指三重泉水，極言其溝之深。124華夷　此處的「華」指原來的晉朝漢族人，「夷」指鮮卑及其他少數民族的人。125因　就。此處指就地取食。126謝　表示歉意。127親董　親自率領。董，治，這裡指率領。128內患　指赫連勃勃對後秦的攻擊。129餌　這裡是「利誘」、「收買」的意思。130韓範　韓範當年曾與姚興一起當過苻堅的太子舍人，今在燕任尚書令，故兩國皆重此人。

【校記】1桂林王 嚴衍《通鑑補》改作「桂陽王」。下同。按，《晉書‧慕容垂載記》作「桂林王慕容鎮」。2當更 原作「更當」。據章鈺校，甲十一行本、乙十一行本、孔天胤本二字皆互乙，今據改。

【語譯】安皇帝庚

義熙五年（己酉 西元四〇九年）

春季，正月初一日庚寅，南燕主慕容超在金殿接受文武百官朝賀的時候，感歎皇家樂隊不齊備，於是商議劫掠東晉人來充當樂伎。擔任領軍將軍的韓諄說：「先帝因為舊日的都城中山淪陷於敵人之手，所以才臨時地寄居於廣固，收斂起翅膀以等待時機。陛下既不能休養士民，暗中觀察魏國的動向，尋找有利時機，以求恢復祖先的大業，反而還要侵略南部的鄰國以增加自己的敵人，這怎麼可以呢？」慕容超說：「我的決心已定，不想跟你多說。」

正月初二日辛卯，東晉實行大赦。〇二十一日庚戌，東晉任命劉毅為衛將軍、開府儀同三司。劉毅敬重有才能的人，喜好結交朋友，當時那些有聲望的社會名流無不像車輪上的輻條湊向車軸一樣聚攏在劉毅的周圍，只有擔任揚州主簿的吳郡人張邵不與劉毅交往。有人問張邵為何如此，張邵回答說：「主公劉裕乃是舉世罕見的傑出人物，你何必還要多問！」

後秦王姚興派遣自己的弟弟平北將軍姚沖、征虜將軍狄伯支等率領四萬名騎兵前往襲擊夏王劉勃勃。姚沖率軍抵達九嵕嶺以北時，陰謀回軍襲擊後秦的都城長安，遭到狄伯支的拒絕，姚沖雖然因此而沒有殺回長安，但為了滅口，便用毒酒殺死了狄伯支。〇後秦王姚興派使者前往成都，冊封西蜀成都王譙縱為大都督、相國、蜀王，加授譙縱車馬、衣服、樂則、朱戶、納陛等九種賞賜，有權用秦王姚興的名義直接封官拜爵，其他儀仗之類都如同帝王一樣。

二月，南燕將領慕容興宗、斛穀提、公孫歸等率領騎兵入侵東晉的宿豫，將宿豫攻克，大肆劫掠了一番而後離去，從中挑選了二千五百名男女，交給主管宮廷音樂歌舞的太樂署對他們進行教育。公孫歸，是公孫五樓的哥哥。當時公孫五樓正在擔任侍中、尚書、領左衛將軍，獨攬朝政，他的族人、姻親全都身居要職，朝廷內外的王公大臣沒有人不懼怕公孫五樓。南燕主慕容超評定攻伐宿豫的功勞，封斛穀提等全都為郡公、縣公。桂林王慕容鎮勸阻說：「這幾個人煩勞百姓，消耗武力，給國家招來仇怨，有什麼功勞值得封賞他們？」慕容超聽了慕容鎮的話非常憤怒，連理都沒理他。擔任尚書都令史的王儼因為一味地諂媚討好公孫五樓，所以連年得到提升，竟然做到了左丞。南燕人因此編了句順口溜說：「欲封侯，事五樓。」南燕主慕容超再次派公孫歸等率軍進犯東晉的濟南，俘虜了一千多名男女而去。於是東晉境內，從彭城往南，各地民眾全都聚居築堡，進行守衛。東晉安帝司馬德宗下詔，令擔任并州刺史的劉道憐率軍駐守淮陰以防禦南燕的進攻。

乞伏熾磐從苑川前往上邽晉見後秦太原公姚懿，彭奚念趁乞伏熾磐外出，苑川空虛的機會率軍攻伐苑川。乞伏熾磐接到報告後，非常憤怒，也沒有跟太原公姚懿告辭就立即趕回苑川，率軍反擊彭奚念，將彭奚念擊敗，趁勢包圍了彭奚念據守的枹罕。乞伏乾歸跟隨後秦王姚興前往平涼。乞伏熾磐攻克了枹罕，立即派人告訴了自己的父親乞伏乾歸；乞伏乾歸從平涼逃回了苑川。

後秦馮翊郡人劉厥聚集起數千人，佔據了萬年縣造反，後秦太子姚泓派遣擔任鎮軍將軍的彭白狼率領東宮太子的禁衛軍前往萬年討伐劉厥，將劉厥殺死，赦免了劉厥的餘黨。諸將都向太子姚泓請求公開發布這次勝利的消息，請求在寫給後秦王姚興的表章中誇大戰果虛報被殺死的叛軍人數。姚泓沒有同意，他說：「主上把後方留守的重任交付給我，我不能事先做好預防，阻止叛亂的發生，本來應該自省檢討，向主上請罪，怎麼還敢自我誇耀，把它當做功勞呢？」

後秦王姚興從平涼前往朝那，此時聽到了平北將軍姚沖在嶺北企圖發動叛亂，回擊長安，並毒死征虜將軍狄伯支的消息，於是下詔令姚沖自殺。

三月，劉裕公開上表給晉安帝司馬德宗請求出兵討伐南燕，朝廷大臣經過商議，都認為不可以，只有擔任左僕射的孟昶、擔任車騎司馬的謝裕、擔任參軍的臧熹認為一定能夠打敗南燕，鼓勵劉裕出兵攻打南燕。劉裕於是任命左僕射孟昶為留守中軍將軍府。謝裕，是謝安的姪孫。

當初，前秦苻氏被後秦姚氏滅亡的時候，王猛的孫子王鎮惡來投奔東晉，東晉遂任命王鎮惡為臨澧縣令。王鎮惡騎馬的技術不高，也拉不開硬弓，然而卻很有謀略，對各種複雜的局勢能夠果斷地做出判斷，喜歡談論軍國大事。有人便把王鎮惡舉薦給了中軍將軍劉裕，劉裕與王鎮惡談話之後，對王鎮惡非常欣賞，於是便挽留王鎮惡在自己的府中住下。第二天，劉裕對左右的僚屬說：「我聽說名將的家中出名將，通過王鎮惡，我對此話堅信不疑。」立即任命王鎮惡為中軍參軍。

恆山發生了山崩。

夏季，四月，擔任後秦主客尚書的乞伏乾歸前往枹罕，他留下世子乞伏熾磐鎮守枹罕，然後接管了乞伏熾磐的二萬名部眾，將都城從苑川遷往度堅山。

霹靂震毀了北魏天安殿的東廂房，北魏皇帝拓跋珪對此事很厭惡，於是下令左校，用攻城用的車將天安殿的東西廂房全部撞毀。當初，拓跋珪為求長生而服食寒食散，時間一久，藥的毒性逐漸發作，拓跋珪也就變得脾氣暴躁，喜怒無常，到此時，就更加嚴重。又多次發生各種災異、反常現象等，於是就有很多占卜、算卦一類的人認為在拓跋珪身邊將要發生重大變故。拓跋珪於是更加憂慮不安，有時幾天吃不下飯，有時通宵達旦睡不著覺，心中一直在回想過去的成敗得失，並不停地自言自語。拓跋珪懷疑滿朝的文武大臣以及身邊所有的人，沒有一個人可以信任，每當有官員到自己面前奏事，拓跋珪就會回憶起從前對此人的怨恨，於是立即將此人處死。至於其他的人，如果被認為神色有點改變，或是呼吸不均勻，或是走路的姿勢稍微不合規範，或者說話時措辭偶爾出點差錯，都會被認為是心中充滿怨恨的表現，拓跋珪往往會親手將其殺死，而且還將死者的屍體陳列在天安殿的前面。朝廷之中人人自危，文武百官只求能夠苟且無事，誰也不管誰；於是盜賊公開燒殺搶劫，京師之內的大街小巷，人跡稀少。皇帝拓跋珪自己也知道這種情況，他說：「我是故意放縱，讓他們這樣做的，等到度過災年，我自會重新清查治理。」這種時候，文武百官全都懼怕自己犯罪，很多人都不敢與拓跋珪接近，只有擔任著作郎的崔浩依然小心謹慎、勤勤懇懇地堅守自己的崗位，毫不懈怠，有時為了工作，整天都不回家。崔浩，是擔任吏部尚書的崔宏的兒子。崔宏從來不違背拓跋珪的旨意，也不阿諛奉承，所以只有崔宏、崔浩父子二人沒有受到譴責。

夏王劉勃勃率領二萬名騎兵攻打後秦，俘虜了平涼境內各部落中的七千多戶胡人，然後進駐平涼東南的依力川。

四月十一日己巳，東晉中軍將軍劉裕從京師建康出發，他率領水軍艦船從淮河進入泗水。五月，抵達下邳，劉裕將艦船、輜重全部留在下邳，然後率軍徒步進入琅邪境內。大軍所到之處都修築起城堡，留下軍隊戍守。有人對劉裕說：「如果燕國人堵住大峴山險要，或是實行堅壁清野，我軍孤軍深入，不僅不會取得成功，恐怕都回不來了，那該怎麼辦？」劉裕回答說：「我早已考慮好了。南燕這些鮮卑人生性貪婪，沒有長遠考慮，前進時想的就是如何更多地掠奪，獲得好處；逃走的時候，又捨不得毀掉農田裡的莊稼，認為我們大軍孤軍深入，不會堅持多久。所以他們出兵迎戰，最多不會遠過於臨朐，或是退到都城廣固據守，一定不會堅守險要、堅壁清野，我敢向各位打包票。」

南燕主慕容超聽到東晉大軍來犯的消息，立即召見群臣商討對策。擔任征虜將軍的公孫五樓說：「東晉的軍隊行動輕快果敢，速戰速決對他們來說最為有利，所以不要與他們在戰場上爭奪勝負。應該派軍據守大峴山險要，使他們不能深入我國境內，拖延時日，消耗掉他們的銳氣，然後再慢慢地挑選出二千名精銳騎兵，沿著海邊南下截斷他們運送糧草的通道，再下令給擔任兗州刺史的段暉，讓他率領兗州的軍隊沿著梁父山麓東下，對劉裕大軍進行前後夾擊，這才是上策；命令各郡的太守、各縣的縣令依靠險要設防，保護好自己的轄區，把自己所需要的物資儲備留足之後，剩餘的全部焚毀，將農田裡的莊稼全部割掉，使東晉軍隊在我國境內什麼也得不到，他們是外來的軍隊，在軍中糧食缺乏的情況下，想與我們作戰，我們卻不應戰，十天半月之間，我們坐在這裡就可以戰勝他們，這是中策；將東晉的軍隊放入大峴山，我們率軍出城迎戰，這是下策。」慕容超說：「今年歲星運行到齊國的分野，根據天道運行的軌跡推算，不用出兵抵抗就能取勝；客軍與主軍所處的形勢相差懸殊，從人情事理來說，東晉的軍隊遠道而來必然疲憊不堪，勢必不能堅持多久。我們據守五個州的疆土，擁有富庶的百姓，數萬名的鐵甲騎兵，小麥等各類莊稼布滿田野，為什麼要毀掉莊稼、遷移百姓，自己首先削弱自己呢？不如聽任晉軍進入大峴山，我們出動精銳騎兵去踐踏他們的軍陣，何必擔憂不能取勝呢？」擔任輔國將軍的廣寧王賀賴盧苦苦勸阻，慕容超就是不肯聽從，退朝之後，賀賴盧對公孫五樓說：「如果一定要按照主上的意見去辦，恐怕國家距離滅亡的日子就沒有幾天了！」擔任太尉的桂林王慕容鎮對南燕主慕容超說：「陛下如果一定認為騎兵利於在平原地帶作戰，就應該到大峴山以南去迎戰晉軍，如果不能取勝，還可以退回大峴山以北據守險要；而不應該把晉軍放入大峴山，自己先丟掉了險要。」慕容超也沒有聽從。慕容鎮告辭出來，對擔任僕射的韓諱說：「主上既不能迎頭出擊，將入侵的晉軍擊退，又不肯遷移百姓，實行堅壁清野，而是放縱敵人深入我國的腹地，坐等敵軍前來圍攻，這種情形酷似東漢末年的劉璋。今年國家滅亡，我必定以死殉國。而你本是中原人士，卻又得斷髮紋身了。」慕容鎮的這些話傳到慕容超的耳朵裡，慕容超不禁勃然大怒，立即將慕容鎮逮捕送入大牢。於是敕令莒、梁父這兩個軍事據點，高築城牆、深挖護城河，選擇將士、訓練人馬，等待東晉軍隊的到來。

東晉中軍將軍劉裕率領討伐南燕的大軍順利地越過大峴山天險，卻沒有遇到燕軍出來抵抗。劉裕舉手上指，感謝上天的保佑，喜悅之情掩飾不住地流露在臉上。左右的人都說：「將軍還沒有遇到敵人就如此地高興起來，這是為什麼呢？」劉裕說：「我們越過了險要的大峴山，已經沒有了退路，全軍將士必須下定拼死作戰以求生存的決心；燕國多餘的糧食還生長在農田裡，我們沒有了缺糧的後顧之憂。燕國已經完全掌握在我的手中了。」六月十二日己巳，劉裕的大軍抵達東莞。南燕主慕容超趕緊派征虜將軍公孫五樓、輔國將軍賀賴盧以及左將軍段暉等率領五萬名步兵、騎兵屯駐在臨朐。後來聽到晉軍已經越過大峴山，慕容超便親自率領四萬人馬前往臨朐與公孫五樓等會合，他派公孫五樓率領騎兵進駐巨蔑水。東晉擔任前鋒的孟龍符首先出兵挑戰公孫五樓，將公孫五樓打敗，公孫五樓率軍退走。劉裕將四千輛戰車分成左右兩翼，軍隊緊密集結，穩步向前推進，與南燕軍在臨朐城南展開大戰。從早晨一直激戰到太陽過午，雙方還沒有決出勝負。東晉擔任參軍的胡藩向中軍將軍劉裕建議說：「燕國出動了全部的軍隊與我們交戰，留在臨朐城中的兵力一定很少，我願意率領一支奇兵從偏僻小路攻取臨朐城，這就是當年韓信擊敗趙國所使用的計策。」劉裕於是派遣胡藩以及擔任諮議參軍的檀韶、擔任建威將軍的河內人向彌祕密率領一支軍隊繞到燕軍的背後，進攻臨朐城，宣稱是從海路輕裝趕來增援的晉軍到了。向彌身披鎧甲率先登上臨朐城，於是很快攻佔了臨朐。慕容超聽到臨朐失陷的消息大驚失色，趕緊從臨朐城中逃出，單人匹馬跑到臨朐城南來找左將軍段暉。劉裕趁勢指揮軍隊奮勇出擊，將燕軍打得大敗，斬殺了段暉等南燕大將十多人。慕容超逃回了京師廣固，晉軍繳獲了慕容超的玉璽、乘坐的車輦，以及高懸在皇帝車隊中最後一輛車上的豹尾。劉裕率領晉軍乘勝追擊敗逃的燕軍，一直追到燕國的都城廣固城下，十九日丙子，晉軍攻入了廣固的外城，慕容超招集起殘兵敗將退回內城堅守。劉裕派軍士修築起一道長長的圍牆，將廣固內城團團圍困起來，圍牆高達三丈，還在周圍挖掘壕溝挖到三次見水；劉裕在圍困廣固期間招降納叛，選拔、任用賢能之士，當地的漢人和少數民族都很高興。於是就地取用齊地的糧食儲備，全面停止江、淮漕運。

慕容超派遣擔任尚書郎的張綱前往後秦請求出兵救援，同時下詔赦免了擔任太尉的桂林王慕容鎮，任命慕容鎮為錄尚書、都督中外諸軍事，在召見慕容鎮的時候，向慕容鎮表示歉意，並向慕容鎮徵求破敵之策。慕容鎮說：「百姓把全部希望都寄託在陛下一個人的身上。如今陛下親自統率六軍與晉軍作戰，卻大敗逃回，如今群臣已有離散之心，民眾已經完全喪失了鬥志。聽說現在後秦內部也有憂患，恐怕沒有能力分出兵力來救援別人。逃散回來的士卒目前還有數萬人，陛下應該拿出所有的金銀財寶收買他們，讓他們再去與晉軍決一死戰。如果上天還肯幫助我們，就一定能夠打敗晉軍；如果上天已經拋棄了我們，戰敗而死也是一件美事，總比關著門等死，要好得多吧？」擔任司徒的樂浪王慕容惠說：「你說得不對。晉軍乘勝而來，士氣是我軍的一百倍，我們用已經戰敗的士卒去抵擋他們，不是太困難了嗎？後秦雖然正在與夏王劉勃勃展開對峙，但不足為患；再說，後秦與我們燕國分別佔據著中原地區，形勢如同脣齒，脣亡則齒寒，怎麼可能不派兵相救？不過，如果不派遣大臣出使秦國，恐怕請不來重兵。擔任尚書令的韓範一向被燕國和秦國所器重，應該派韓範為使者前往後秦請求出兵相救。」慕容超同意了慕容惠的意見，於是派韓範前往後秦求取救兵。

秋，七月，加劉裕北青、冀二州❶刺史。

南燕尚書略陽垣尊❷及弟京兆太守苗❸踰城來降，裕以為行參軍❹。尊、苗皆超所委任以為腹心者也。

或謂裕曰：「張綱有巧思❺，若得綱使為攻具，廣固必可拔也。」會綱自長安還，太山太守申宣執之，送於裕。裕升綱於樓車❻，使周城呼曰：「劉勃勃大破秦軍，無兵相救。」城中莫不失色。江南每發兵及遣使者至廣固，裕輒潛遣兵夜迎之，明日，張旗鳴鼓而至❼，北方之民執兵負糧歸裕者，日以千數。圍城益急，張華、封愷皆為裕所獲。超請割大峴以南地為藩臣，裕不許。

秦王興遣使謂裕曰：「慕容氏相與鄰好，今晉攻之急，秦已遣鐵騎十萬屯洛陽，晉軍不還，當長驅而進。」裕呼秦使者謂曰：「語汝姚興：我克燕之後，息兵三年，當取關、洛❽；今能自送，便可速來！」劉穆之聞有秦使，馳入見裕，而秦使者已去。裕以所言告穆之，穆之尤❾之，曰：「常日事無大小，必賜預謀❿，此宜善詳⓫，云何遽爾答之⓬？此語不足以威敵，適足以怒之。若廣固未下，羌寇奄至⓭，不審⓮何以待之？」裕笑曰：「此是兵機，非卿所解，故不相語耳。夫兵貴神速，彼若審能赴救⓯，必畏我知，寧容⓰先遣信命⓱，逆設此言⓲？是自張大⑲之辭也。晉師不出，為日久矣。羌見伐齊，殆將內懼⑳。自保不暇㉑，何能救人邪？」

乞伏乾歸復即秦王位㉒，大赦，改元更始，公卿以下皆復本位。

慕容氏在[1]魏者百餘家，謀逃去，魏主珪盡殺之。

初，魏太尉穆崇與衛王儀伏甲謀弒魏主珪，不果，珪惜崇、儀之功，祕而不問。及珪有疾，多[2]殺大臣，儀自疑而出亡，追獲之。八月，賜儀死。

封融詣劉裕降㉓。

九月，加劉裕太尉，裕固辭。

秦王興自將擊夏王勃勃，至貳城㉔，遣安遠將軍姚詳等分督租運㉕。勃勃乘虛奄至，興懼，欲輕騎就詳等。右僕射韋華曰：「若鑾輿㉖一動，眾心駭懼，必不戰自潰，詳營亦未必可至也。」興與勃勃戰，秦兵大敗，將軍姚榆生為勃勃所禽，左將軍姚文宗[3]等力戰，勃勃乃退，興還長安。勃勃復攻秦敕奇堡、黃石固、我羅城㉗，皆拔之，徙七千餘家於大城㉘，以其丞相右地代㉙領幽州牧㉚以鎮之。

初，興遣衛將軍姚強帥步騎一萬，隨韓範往就姚紹於洛陽，并兵以救南燕，及為勃勃所敗，追強兵還長安。韓範歎曰：「天滅燕矣！」南燕尚書張俊自長安還，降於劉裕，因說裕曰：「燕人所恃者，謂韓範必能致秦師也，今得範以示之，燕必降矣。」裕乃表㉛範為散騎常侍㉜，且以書招之。長水校尉王蒲勸範奔秦，範曰：「劉裕起布衣，滅桓玄，復晉室，今興師伐燕，所向崩潰，此殆天授，非人力也。燕亡，則秦為之次矣，吾不可以再辱㉝。」遂降於裕。裕將範循城㉞，城中人情離沮㉟。或勸燕主超誅範家，超以範弟諱盡忠無貳，并範家赦之。

冬，十月，段宏㊱自魏奔于裕。

張綱為裕造攻具，盡諸奇巧。超怒，縣㊲其[4]母於城上，支解之。

西秦王乾歸立夫人邊氏為王[5]后，世子熾磐為太子，仍命熾磐都督中外諸軍、錄尚書事。以屋引破光㊳為河州刺史，鎮枹罕；以南安㊴焦遺為太子太師，與參軍國大謀。乾歸曰：「焦生㊵非特名儒，乃王佐㊶之才也。」謂熾磐曰：「汝事之當如事吾。」熾磐拜遺於床下。遺子華至孝，乾歸欲以女妻之，辭曰：「凡娶妻者，欲與之共事二親也。今以王姬㊷之貴，下嫁蓬茅之士，誠非其匹，臣懼其闕於中饋㊸，非所願也。」乾歸曰：「卿之所行，古人之事，孤女不足以強卿。」乃以為尚書民部郎㊹。

北燕王雲自以無功德而居大位，內懷危懼，常畜養壯士以為腹心爪牙。寵臣離班、桃仁(45)專典禁衛，賞賜以巨萬(46)計，衣食起居皆與之同，而班、仁志願無厭(47)，猶有怨憾(48)。戊辰(49)，雲臨東堂，班、仁懷劍執帋(50)而入，稱有所啓。班抽劍擊雲，雲以几扞(51)之，仁從旁擊雲，弒之。

馮跋升洪光門以觀變，帳下督張泰、李桑言於跋曰：「此豎(52)勢何所至(53)，請為公斬之！」乃奮劍而下，桑斬班于西門，泰殺仁于庭中。眾推跋為主，跋以讓其弟范陽公素弗(54)，素弗不可。跋乃即天王位於昌黎(55)，大赦，詔曰：「陳氏代姜，不改齊國(56)。宜即國號曰燕(57)。」改元「太平」，諡雲曰「惠懿皇帝」。跋尊母張氏為太后，立妻孫氏為王后，子永為太子，以范陽公素弗為車騎大將軍、錄尚書事，孫護為尚書令，張興為左僕射，汲郡公弘(58)為右僕射，廣川公萬泥[6]為幽、平二州牧，上谷公乳陳為并、青二州牧。素弗少豪俠放蕩，嘗請婚於尚書左丞韓業，業拒之。及為宰輔，待業尤厚。好申拔舊門(59)，謙恭儉約，以身帥下，百僚憚之，論者美其有宰相之度(60)。

魏主珪將立齊王嗣(61)為太子。魏故事(62)，凡立嗣子，輒先殺其母，乃賜嗣母劉貴人死。珪召嗣諭之曰：「漢武帝殺鉤弋夫人(63)，以防母后豫政(64)，外家(65)為亂也。汝當繼統，吾故[7]遠迹(66)古人，為國家長久之計耳。」嗣性孝，哀泣不自勝。

珪怒之。嗣還舍，日夜號泣，珪知而復召之。左右曰：「上怒甚，入將不測[67]，不如且避之，俟上怒解而入。」嗣乃逃匿於外，惟帳下代人車路頭[68]、京兆王洛兒[69]二人隨之。

初，珪如賀蘭部，見獻明賀太后[70]之妹美，言於賀太后，請納之。賀太后曰：「不可。是過美，必有不善[71]。且已有夫，不可奪也。」珪密令人殺其夫而納之，生清河王紹。紹兇很無賴，好輕遊里巷[72]，劫剝[73]行人以為樂。珪怒之，嘗倒懸井中，垂死，乃出之。齊王嗣屢誨責之，紹由是與嗣不協[74]。

戊辰[75]，珪譴責賀夫人，囚，將殺之。會日暮，未決。夫人密使告紹曰：「汝何以救我？」左右以珪殘忍，人人危懼。紹年十六，夜，與帳下及宦者宮人數人通謀，踰垣入宮，至天安殿。左右呼曰：「賊至！」珪驚起，求弓刀不獲，遂弒之[76]。

己巳[77]，宮門至日中不開。紹稱詔，集百官於端門[78]前，北面立。紹從門扉間[79]謂百官曰：「我有叔父，亦有兄，公卿欲從誰？」眾愕然失色，莫有對者。良久，南平公長孫嵩[80]曰：「從王。」眾乃知宮車晏駕[81]，而不測其故，莫敢出聲，唯陰平公烈[82]大哭而去。烈，儀之弟也。於是朝野恟恟，人懷異志。肥如侯賀護[83]舉烽於安陽[84]城北，賀蘭部人皆赴之，其餘諸部亦各屯聚[85]。紹聞人情不安，大出布帛賜王公以下，崔宏[86]獨不受。

齊王嗣聞變，乃自外還，晝伏匿山中，夜宿王洛兒家。洛兒鄰人李道潛奉給[87]嗣，民間頗知之，喜而相告。紹聞之，收道，斬之。紹募人求訪嗣，欲殺之。獵郎[88]叔孫俊與宗室疏屬拓跋磨渾自云知嗣所在，紹使帳下二人與之偕往。俊、磨渾得出，即執帳下詣嗣，斬之。俊，建之子也。王洛兒為嗣往來平城，通問大臣[89]，夜，告安遠將軍安同等。眾聞之，翕然響應，爭出奉迎。嗣至城西，衛士執紹送之。嗣殺紹及其母賀氏，并誅紹帳下及宦官宮人為內應者十餘人。其先犯乘輿[90]者，羣臣臠[91]食之。

壬申[92]，嗣即皇帝位，大赦，改元永興。追尊劉貴人[93]曰「宣穆皇后」。公卿先罷歸第[94]不預朝政[95]者，悉召用之。詔長孫嵩與北新侯安同、山陽侯奚斤、白馬侯崔宏、元城侯拓跋屈等八人坐止車門[96]右，共聽朝政，時人謂之「八公」。屈，磨渾之父也。嗣以尚書燕鳳逮事什翼犍[97]，使與都坐大官[98]封懿等入侍講論[99]，出議政事。以王洛兒、車路頭為散騎常侍，叔孫俊為衛將軍，拓跋磨渾為尚書，皆賜爵郡、縣公。嗣問舊臣為先帝所親信者為誰，王洛兒言李先[100]。嗣召問先：

「卿以何才何功為先帝所知？」對曰：「臣不才無功，但以忠直為先帝所知耳。」詔以先為安東將軍，常宿於內，以備顧問。

朱提王悅(101)，虔之子也，有罪，自疑懼。閏十一月丁亥(102)，悅懷匕首入侍，將作亂。叔孫俊覺其舉止有異，引手掣之(103)，索懷中，得匕首，遂殺之。

十二月乙巳(104)，太白犯虛、危(105)。南燕靈臺令(106)張光勸南燕主超出降，超手(107)殺之。

柔然侵魏。

【章　旨】以上為第二段，寫晉安帝義熙五年（西元四〇九年）下半年的大事。主要寫了劉裕圍困南燕，得其臣張綱，精於造攻城之具；又得韓範歸降，令其徇城；劉裕又虛張聲勢，巧於運籌，燕人望而喪氣，紛紛歸降；寫了魏主拓跋珪被其子拓跋紹所殺，魏太子拓跋嗣與朝廷大臣合力殺死拓跋紹，平定叛亂，即位為帝，詔長孫嵩等八人共聽朝政，重用燕鳳、封懿等人，魏國秩序得以穩定；寫了北燕主高雲被部下政變所殺，大臣馮跋平定叛亂，自立為王，國號仍稱「北燕」；寫了後秦主姚興伐赫連勃勃，被赫連勃勃所敗，以及乞伏乾歸稱王後重用名儒焦遺的故事等等。

【注　釋】❶北青冀二州　因為東晉南遷後，在淮南僑立了青、冀二州，故今稱北方真正的青、冀二州為「北青、冀二州」。❷略陽垣尊　略陽人姓垣名尊。略陽是郡名，郡治在今甘肅天水市東北。❸京兆太守苗　即垣苗，任南燕首都廣固所在郡的太守。❹行參軍　暫為候補的參軍之職。行，代理；暫任。❺巧思　心眼靈，善於設計各種器物。❻樓車　吊車。❼夜迎之三句　指派舊有部隊雜在新來的部隊中，以虛張聲勢，顯示人多。❽關洛　關中、洛陽，當時皆為後秦所管轄。❾尤　責怪；

埋怨。⑩必賜預謀　總是聽聽我的意見。賜預謀，讓我提出看法。⑪此宜善詳　這件事應該認真考慮對策。⑫云何遽爾答之　為什麼就這麼匆忙地回答了他。云何，為何。遽爾，這麼匆忙。⑬羌寇奄至　後秦的軍隊又突然來到。羌寇，指後秦軍隊，姚興是羌族人。奄至，突然來到。⑭不審　不知道；不明白。⑮審能赴救　果真能來救南燕。審，確實；真的。⑯寧容　哪裡還會。⑰先遣信命　先派出使者。信命，信使；使臣。⑱逆設此言　預先說出這麼一套話來。⑲自張大　自己虛張聲勢。⑳殆將內懼　他害怕我們將要討伐他。㉑自保不暇　保他自己都怕來不及。㉒復即秦王位　乞伏乾歸在隆安五年前自稱秦王，隆安五年向姚興稱臣，取消了王號，公卿將帥也降稱僚佐。今又自立為王。㉓封融詣劉裕降　封融原是慕容超的西中郎將，慕容超殺大臣，封融奔魏。事見本書卷一百十四義熙二年。今拓跋珪殺慕容氏，故封融南投劉裕。㉔貳城　縣名，在今陝西黃陵西。㉕分督租運　分別地督促運送糧草。㉖鑾輿　帝王的車駕，這裡婉稱姚興。㉗敕奇堡黃石固我羅城　黃石固即黃石縣，在今陝西宜君西北。敕奇堡、我羅城，地址不詳。㉘大城　縣名，縣治在今內蒙古杭錦後旗東南。㉙右地代　人名。㉚領幽州牧　兼任幽州刺史。赫連勃勃的幽州州治即大城。㉛表　指上表推薦。㉜散騎常侍　帝王的侍從人員，以備參謀顧問之用。㉝再辱　指兩次亡國受辱。㉞循城　圍城轉一圈，讓城上的人看。循，展示；讓人看。㉟離沮　離散；瓦解。㊱段宏　原是慕容超的將領，因謀殺慕容超不成逃奔拓跋魏。事見本書卷一百十四義熙二年。㊲縣　同「懸」。㊳屋引破光　人名。㊴南安　郡名，郡治在今甘肅隴西縣東。㊵焦生　焦先生。生，意同「先生」，對人的敬稱。㊶王佐　王者之佐，能輔佐帝王建功立業的人。㊷王姬　猶言「公主」。因為周天子姓姬，故周天子的女兒稱「王姬」。這裡以之稱乾歸之女。㊸闕於中饋　指盡不到兒媳的職責。《易經‧家人》注稱婦女之道，「其所職主在於家中饋食供祭而已」。意思是做媳婦的主要任務就在於侍候好公婆與祭祀祖先。㊹尚書民部郎　即後代的戶部尚書，主管全國的錢糧等事。㊺離班桃仁　皆人名。㊻巨萬　萬萬，即「億」。㊼無厭　永不滿足。厭，同「饜」。飽；滿足。㊽猶有怨憾　還有牢騷不滿。㊾戊辰　十月十三。㊿帋　同「紙」。(51)扞　招架。(52)此豎　猶言「這小子」。(53)勢何所至　猶言「還想幹什麼」。(54)素弗　即馮素弗，馮跋之弟。(55)昌黎　郡名，後燕的昌黎郡治在龍城，今之遼寧朝陽。(56)陳氏代姜二句　指春秋末期齊國權臣陳常殺掉了齊簡公姜任，而後陳常的後代逐漸篡奪了齊國政權，齊國的國號雖仍未改，但其國君已經改姓了。陳常，也寫作「田常」。陳氏也稱「田氏」。(57)宜即國號曰燕　我們的國號應該接著原來就稱作「燕」。按，此即歷史上的「北燕」。(58)汲郡公弘　即馮弘，馮跋之弟。下文廣川公馮萬泥，是馮跋的堂兄，上谷公馮乳陳是馮跋之姪。(59)好申拔舊門　喜歡提拔、起用舊日的名門貴族。申拔，提拔。(60)美其有宰相之度　胡三省曰：「溫公作《通鑑》，雖相小國者，苟有片善，必因舊史而表章之，以言為輔之難。」(61)齊王嗣　拓跋嗣，即後來的

「明元皇帝」，拓跋珪的長子。[62]故事　舊例；慣例。[63]漢武帝殺鉤弋夫人　鉤弋夫人是漢武帝寵妃，漢昭帝劉弗陵之母，武帝欲立劉弗陵為太子，因怕太子年幼，日後其母與外親掌權，於是在立劉弗陵為太子之前先把鉤弋夫人殺掉了。事見本書卷二十二後元元年。[64]豫政　干預朝政。[65]外家　外戚之家；后妃的娘家人。[66]遠迹　追仿、學習古代。[67]不測　難以預料，指可能被殺。[68]代人車路頭　代郡人姓車名路頭。代郡的郡治代王城，在今河北蔚縣東北。[69]京兆王洛兒　京兆人王洛兒。京兆郡的郡治在當時的長安城內。[70]獻明賀太后　拓跋珪的生母，拓跋寔之妻，獻明是拓跋寔的謚號。[71]是過美二句　這個人長得過於好看了，必然有別的毛病。《左傳》叔向之母不讓叔向娶申公巫臣之女，其理由就是「甚美必有甚惡」，此處賀氏之言與之類似。[72]輕遊里巷　隨便地走街串巷。[73]劫剝　搶奪。[74]不協　不和睦。[75]戊辰　十月十三。[76]遂弒之　拓跋珪死時年三十九歲。謚曰道武。[77]己巳　十月十四。[78]端門　皇宮裡的南大門。[79]門扉間　門縫裡。[80]長孫嵩　姓長孫名嵩，拓跋珪時代的重要功臣。傳見《魏書》卷二十五。[81]宮車晏駕　宮車出不來，即指帝王死了。晏，晚。[82]陰平公烈　即拓跋烈，拓跋翰之子，拓跋儀之弟，拓跋珪的堂兄弟。[83]賀護　賀蘭部的頭領。[84]安陽　縣名，縣治在今河北陽原東南。[85]屯聚　猶今之所謂「集結」，做好戰鬥準備。[86]崔宏　拓跋珪的近臣，崔浩之父。[87]潛奉給　暗中供應食宿。[88]獵郎　侍候、陪同帝王打獵的人員。[89]通問大臣　溝通拓跋嗣與朝廷大臣之間的消息。[90]犯乘輿　指殺害拓跋珪。[91]臠　切成小塊。[92]壬申　十月十七。[93]劉貴人　拓跋珪之妃，拓跋嗣的生母。[94]先罷歸第　原已被罷職家居。[95]不預朝政　不過問朝廷政事。[96]止車門　皇宮前的大門，因文武大臣到此下車，步行而入，故曰「止車門」。[97]逮事什翼犍　曾經在什翼犍的手下工作過。什翼犍是拓跋珪的祖父，即所謂「昭成皇帝」。逮，及；曾經。事，為之做事。[98]都坐大官　也叫尚書都坐，相當於後來的尚書令。[99]入侍講論　到宮中給拓跋嗣講論經典與前代故事等等。[100]李先　原是西燕慕容永的謀臣，慕容永被滅後，輾轉歸了拓跋珪。[101]朱提王悅　即拓跋悅，拓跋珪的堂兄弟。朱提是郡名，郡治在今雲南昭通。[102]閏十一月丁亥　疑有誤，閏月在十月，閏十月初三為丁亥。[103]引手掣之　抓住手把他拉過來。[104]十二月乙巳　十二月二十二。[105]太白犯虛危　太白星運行到了虛、危二星座的位置。太白，即今之金星。虛、危，二十八宿中的兩個星座名，在古天文學上是齊國的分野，按迷信的說法是預示齊地將有災難。[106]靈臺令　主管觀測天文星象的官員。[107]手　親手。

【校　記】[1]在　嚴衍《通鑑補》改作「仕」。[2]多　原無此字。據章鈺校，甲十一行本、乙十一行本、孔天胤本皆有此字，張敦仁《通鑑刊本識誤》同，今據補。[3]姚文宗　原作「姚文崇」。據章鈺校，甲十一行本、乙十一行本、孔天胤本皆作「姚文宗」，張敦仁《通鑑刊本識誤》同，今據改。按，《晉書・姚興載記》作「左將軍姚文宗」。④其　據章鈺校，甲十一行本、乙十一行本皆作「綱」。⑤王　原作「皇」。據章鈺校，甲十一行本、乙十一行本、孔天胤本皆作「王」，張敦仁《通鑑刊本識誤》同，今據改。⑥萬泥　張敦仁《通鑑刊本識誤》改作「万泥」。⑦吾故　胡三省注云：「蜀本作『故吾』。」據章鈺校，甲十一行本、乙十一行本、孔天胤本二字皆互乙。

【語　譯】秋季，七月，東晉加封中軍將軍劉裕為北青、冀二州刺史。

南燕擔任尚書的略陽人垣尊和他的弟弟、擔任京兆太守的垣苗從廣固城中翻越城牆來投降晉軍，劉裕任命他們為行參軍。垣尊與垣苗都是南燕主慕容超所親近、依靠的心腹之人。

有人對劉裕說：「南燕尚書郎張綱心靈手巧，善於設計各種器物，如果能夠得到他，讓他為我們設計出一套攻城的用具，一定能將廣固攻克。」恰好此時張綱從後秦的都城長安出使回來，東晉擔任太山太守的申宣遂把張綱逮捕，送給了劉裕。劉裕把張綱放在一輛專門用來從高處俯看城中情況的吊車上，令他圍繞著廣固城向城內喊話說：「夏王劉勃勃已經將後秦軍打得大敗，沒有能力來救援我們。」城中人聽了這個消息，無不大驚失色。而江南每次派來增援的軍隊以及派來的使者到達廣固，劉裕都要派舊有的部隊祕密地在夜間前往迎接，讓他們摻雜在新來的軍隊中，等到第二天，再大張旗鼓地來到廣固城下劉裕的軍中，廣固以北的民眾手持兵器、背負著糧食來歸附劉裕的日以千計。晉軍對廣固城的圍攻更加猛烈，南燕擔任左僕射的張華和擔任御史中丞的封愷都被劉裕俘獲。南燕主慕容超於是請求將大峴山以南的國土割讓給東晉，自己願意做東晉的附屬國，劉裕沒有答應。

後秦王姚興派使者對東晉的中軍將軍劉裕說：「南燕的慕容氏與後秦國是友好鄰邦，現在東晉如此猛烈地攻打南燕，秦國已經派遣十萬名鐵騎屯駐在洛陽，東晉的軍隊如果不從南燕撤出，秦國的鐵騎將長驅而進。」劉裕把後秦派來的使者叫到面前，對他說：「你回去告訴你們的天王姚興，等我攻克了南燕之後，休整三年，一定會去攻取關中和洛陽；今天如果準備主動送上門來，就讓他快點來！」擔任記室錄事參軍的劉穆之聽到有後秦的使者到來，立即飛速趕來晉見劉裕，而後秦的使者此時已經走了。劉裕把自己對後秦使者所說的話告訴了劉穆之，劉穆之埋怨他說：「往常不論事情大小，總是先聽聽我的意見之後再做決定，今天的這件事情更應該好好商議對策，卻為何這麼匆忙地答覆了他？這樣的話不僅不能起到威懾秦國的作用，卻足以將後秦激怒。如果廣固城還沒有攻克，後秦的大軍又突然殺到，我不知道將軍用什麼辦法來應付他？」劉裕笑著說：「這是軍事上的謀略，不是你所能理解的，所以才沒有告訴你。用兵打仗貴在神速，秦國如果果真要出兵救援燕國，一定害怕讓我們知道他們出兵的消息，怎麼會先派遣使者，預先把出兵的消息通報給我們呢？所以這只是秦國的虛張聲勢，想用大話、空話嚇退我們罷了。我們晉國的軍隊不出國境，已經很久了。後秦的羌族人看見我們出兵討伐齊地的南燕，恐怕心中早已非常恐懼。保護自己都怕來不及，哪裡還能去救援別國呢？」

西秦乞伏乾歸再次登上秦王的寶座，實行大赦，改年號為更始，公卿以下的官員全都恢復原來的職位。

燕國慕容氏家族的人在魏國的有一百多戶，他們密謀逃離北魏，北魏皇帝拓跋珪遂把他們全部殺死。

當初，北魏擔任太尉的穆崇與衛王拓跋儀設伏兵準備謀殺北魏皇帝拓跋珪，沒有成功，拓跋珪因為念及二人的功勞，所以就把此事隱瞞下來，沒有追究。等到拓跋珪患病之後，殺戮了很多大臣。拓跋儀懷疑自己可能是下一個被殺的目標，因而出逃，卻被追兵抓回。八月，拓跋珪下詔令拓跋儀自殺。

九月，東晉加授中軍將軍劉裕為太尉，劉裕堅決推辭了。

封融來投降劉裕。

後秦王姚興親自率軍攻擊夏王劉勃勃，到達貳城，姚興派安遠將軍姚詳等分別督運糧草。而夏王劉勃勃突然率軍趁虛抵達貳城，姚興非常恐懼，就準備放棄貳城和所有輜重，率領輕裝騎兵去投奔安遠將軍姚詳等。擔任右僕射的韋華說：「如果陛下的車駕一走，軍心驚駭恐慌，肯定會不戰自潰，而陛下也不一定能夠到達姚詳的軍營。」姚興才沒有棄軍逃走，率軍與劉勃勃的軍隊交戰，後秦軍被夏國軍打得大敗，後秦將軍姚榆生被劉勃勃俘虜，左將軍姚文宗等拼死力戰，才將劉勃勃打退，秦王姚興返回京師長安。劉勃勃又率軍進攻後秦的敕奇堡、黃石固、我羅城，將這三個地方全部攻克，又把七千多戶居民強行遷徙到大城，令擔任丞相的右地代兼任幽州牧，鎮守大城。

當初，後秦王姚興派遣擔任衛將軍的姚強率領一萬名步兵、騎兵跟隨前來求救的南燕尚書令韓範前往洛陽與東平公姚紹會合，然後一同前去救援南燕，等到後秦軍在貳城被劉勃勃所率領的夏國軍打敗，姚興趕緊派人追趕姚強，令姚強率軍返回長安。南燕尚書令韓範歎息了一聲說：「上天要滅亡南燕了！」南燕擔任尚書的張俊從後秦的都城長安返回，立即投降了劉裕，張俊趁機對劉裕說：「南燕人所仰仗的是尚書令韓範能夠請來秦國的救兵，如果能夠捉住韓範，讓廣固城中的人看到，燕國一定會向晉國投降。」劉裕於是上表給東晉朝廷舉薦韓範為散騎常侍，又親筆給韓範寫信招降他。後秦擔任長水校尉的王蒲勸說韓範留在後秦，韓範說：「東晉劉裕出身於平民，他能夠滅掉桓玄，復興晉室，現在又出兵伐燕，所向披靡，這恐怕是天意，不是靠人力所能做到的。燕國滅亡，下一個滅亡的就是秦國了，我不能兩次亡國受辱。」於是投降了劉裕。劉裕帶著韓範沿著廣固城繞行一周，城內的燕國人看到韓範投降了劉裕，人心更加沮喪、瓦解。於是有人勸說南燕主慕容超滅掉韓範全家，慕容超念及韓範的弟弟韓諄對自己忠貞不二，所以連韓範一家全部赦免。

冬季，十月，從南燕投奔北魏的段宏又從北魏來投奔劉裕。

張綱為劉裕設計製造了攻城的工具，果然沒有一件不精密奇巧。南燕主慕容超對此非常憤怒，就把張綱的母親懸掛在廣固城的城牆上肢解了。

西秦王乞伏乾歸立自己的夫人邊氏為王后，立世子乞伏熾磐為太子，仍然讓太子乞伏熾磐都督中外諸軍、錄尚書事。任命屋引破光為河州刺史，鎮守枹罕；任命南安人焦遺為太子太師，參與決策軍國大事。乞伏乾歸說：「焦先生不僅是特別著名的儒家學者，還是輔佐帝王建功立業的人才。」又對太子乞伏熾磐說：「你侍奉焦先生要像侍奉我一樣。」乞伏熾磐就在焦遺的座位前跪下給焦遺行了叩拜禮。焦遺的兒子焦華非常孝順，乞伏乾歸準備把自己的女兒嫁給他為妻，焦華推辭說：「凡是娶妻子的人，都是想與妻子一同侍奉父母。現在陛下把身分尊貴的公主下嫁給我這樣一個住在茅草屋中的貧賤之人，確實不般配，我擔心她不能盡到兒媳的職責，侍奉不好公婆，這不是我所希望的。」乞伏乾歸說：「你的行為，是古人所做的事情，我不能強迫你娶我的女兒。」於是任命焦華為尚書民部郎。

北燕天王高雲認為自己既沒有建立功勞又沒有施恩惠於百姓，卻高居於天王之位，內心感到非常的不安和恐懼，於是便畜養武士作為自己的貼身侍衛和爪牙。他所寵幸的離班、桃仁專門負責統領禁衛軍，高雲賞賜給他們的財物數以萬計，二人的衣食住行都與身為天王的高雲完全相同，然而離班與桃仁卻貪得無厭，永遠不知道滿足，依然牢騷滿腹、心懷不滿。十月十三日戊辰，天王高雲駕臨東堂，離班和桃仁懷揣寶劍，手中拿著一張紙走進東堂，聲稱有事情向高雲稟報。他們來到高雲面前的時候，離班抽出寶劍向高雲刺去，高雲趕緊抓起茶几進行抵抗，桃仁從旁邊攻擊高雲，將高雲殺死。

馮跋登上洪光門觀察事態的發展變化，在馮跋手下擔任帳下督的張泰和李桑對馮跋說：「這兩個小子還想幹什麼，請允許我替你去殺掉他們！」於是拔出身上的佩劍衝下洪光門，李桑把離班殺死在西門口，張泰把桃仁殺死在庭院當中。眾人於是推戴馮跋為君主，馮跋想將君主的寶座讓給自己的弟弟范陽公馮素弗，馮素弗不答應。馮跋這才在昌黎登上天王寶座，實行大赦，下詔說：「戰國時期齊國的陳氏取代姜姓掌握了國家政權，並沒有改變國家的名稱，現在我們的國號應該接續前朝，仍然稱做燕國。」改年號為「太平」，給高雲的諡號為「惠懿皇帝」。馮跋尊奉自己的母親張氏為太后，立自己的妻子孫氏為王后，立兒子馮永為王太子，任命范陽公馮素弗為車騎大將軍、錄尚書事，任命原任尚書左僕射的孫護為尚書令，任命原任輔國大將軍的張興為左僕射，任命原任征東大將軍的汲郡公馮弘為右僕射，任命原任尚書令的廣川公馮萬泥為幽、平二州牧，任命上谷公馮乳陳為并、青二州牧。車騎大將軍、范陽公馮素弗從小就為人豪放，行俠仗義，行為放蕩，曾經向擔任尚書左丞的韓業求婚，韓業拒絕了他。等到馮素弗擔任了宰輔，對韓業卻特別的優待。馮素弗喜歡提拔、起用舊日的名門貴族，為人也變得非常謙虛恭敬，作風勤儉節約，凡事都能以身作則，為部下做出表率，文武百官都很懼怕他，而談論起來，又都稱讚馮素弗有宰相的氣度。

北魏皇帝拓跋珪將要冊立齊王拓跋嗣為皇太子。按照魏國的舊例，凡是要立繼承人，都得要先殺掉繼承人的母親，拓跋珪於是下詔令拓跋嗣的母親劉貴人自殺。拓跋珪把拓跋嗣叫到面前，告訴他說：「漢武帝劉徹殺死了鉤弋夫人，是為了防止母后干預朝廷，外戚家族謀亂。你應當繼承大統，我所以才效法古人令你的母親自殺，這完全是為國家社稷做長遠考慮。」拓跋嗣生性至孝，對自己母親的慘死悲痛得無法控制。拓跋珪對此非常憤怒。拓跋嗣回到自己的宮室，日夜哀嚎哭泣，拓跋珪知道之後，又召見拓跋嗣。拓跋嗣身邊的人都勸阻拓跋嗣說：「主上現在已經憤怒到了極點，你入宮之後恐怕會遭遇不測，不如暫且躲避一下，等主上的怒氣平息之後再入宮晉見。」拓跋嗣遂逃出宮外，只有屬下的代地人車路頭、京兆人王洛兒二人跟隨在自己的身邊。

當初，拓跋珪前往母親所屬的賀蘭部落，看見自己母親獻明賀太后的妹妹長得非常美貌，就向賀太后請求將她的妹妹嫁給自己為妾。賀太后說：「不行。她長得太美了，太美的人肯定有別的毛病。再說她已經有丈夫，不能強行把她奪回來。」拓跋珪便祕密地讓人殺死了賀氏的丈夫而納賀氏為夫人，賀夫人為拓跋珪生了清河王拓跋紹。拓跋紹為人兇暴殘忍，不知道什麼是恥辱，喜好在大街小巷中閒逛，把劫奪行人當做樂趣。拓跋珪非常憤怒，曾經把拓跋紹頭朝下倒掛在水井中，看到快要吊死了才把他拉出來。齊王拓跋嗣也多次教誨他、斥責他，拓跋紹因此與拓跋嗣不和睦。

十月十三日戊辰，拓跋珪譴責了拓跋紹的母親賀夫人，並把賀夫人囚禁起來，想要殺死她。恰好此時天色已晚，拓跋珪又猶豫不決。賀夫人便祕密派人告訴自己的兒子拓跋紹說：「你怎樣才能把我救出去？」左右的人由於懼怕拓跋珪的殘忍，人人自危。拓跋紹當時只有十六歲，夜裡，他與自己手下的武士以及皇宮中的宦官、宮女等幾個人串通好之後，便翻越宮牆進入皇宮，來到天安殿。拓跋珪身邊的人大聲呼喊說：「有賊！」拓跋珪從夢中被驚醒，他立即起身尋找自己的弓箭和佩刀，但都沒有找到，拓跋紹遂弒殺了自己的父親拓跋珪。

十月十四日己巳，北魏平城中的皇宮大門到了日中還沒有打開。清河王拓跋紹聲稱拓跋珪有詔，令文武百官在端門前集合，面向北站立。拓跋紹從門縫裡對百官說：「我有叔叔，也有哥哥，你們這些文武大臣想擁戴哪一個？」群臣一聽，全都驚呆了，沒有人回答拓跋紹的問話。過了好久，南平公長孫嵩說：「擁戴大王。」群臣這才知道皇帝拓跋珪已經駕崩，但卻猜不透是什麼緣故，因此沒有人敢出聲，只有陰平公拓跋烈大聲嚎哭著離開了。拓跋烈，是拓跋儀的弟弟。於是不論朝廷還是民間，人心惶惶，各懷異志。肥如侯賀護在安陽城北燃起告急烽火，賀蘭部落的人看到烽火燃起，全都趕到安陽城下，其他部落也都各自集結，做好戰鬥準備。拓跋紹聽說人心不安，便把國庫中的綾羅綢緞拿出來大肆賞賜給朝中的公卿大臣及以下官員，只有崔宏沒有接受拓跋紹的賞賜。

齊王拓跋嗣聽到朝廷發生政變，立即從外面趕回平城，他白天藏匿在山谷之中，夜間就住宿在王洛兒的家中。王洛兒的鄰居李道偷偷地拿食物供給拓跋嗣，民間知道拓跋嗣藏在王洛兒家中，都高興得奔走相告。這個消息當然也傳到清河王拓跋紹的耳朵裡，他派人將王洛兒的鄰居李道抓起來，殺死。又懸賞捉拿齊王拓跋嗣，想要殺了他。擔任獵郎的叔孫俊與跟皇室血緣關係疏遠的拓跋磨渾聲稱他們知道拓跋嗣躲藏在什麼地方，拓跋紹就令手下的二個武士跟隨叔孫俊他們一同去找拓跋嗣。叔孫俊、拓跋磨渾這才得以離開平城，他們出了平城之後，立即逮捕了那二名武士，而後來到拓跋嗣面前，將武士殺掉。叔孫俊，是叔孫建的兒子。王洛兒則為了拓跋嗣往來於平城之間，溝通拓跋嗣與朝廷大臣之間的消息，夜間，他將拓跋嗣的情況告知了安遠將軍安同等人。眾臣得知拓跋嗣的消息後，立即紛紛響應，爭先恐後地出城來迎侯拓跋嗣。拓跋嗣到達平城城西，宮廷衛士已經將拓跋紹捉住送到拓跋嗣面前。拓跋嗣殺死了拓跋紹和拓跋紹的母親賀夫人，並把拓跋紹屬下的武士以及皇宮中的宦官、宮女等，凡是為拓跋紹做內應的一律處死，總計處死了十多人。對於那個率先動手刺殺皇帝的人，群臣就把他切成小肉丁吞吃了。

十月十七日壬申，北魏齊王拓跋嗣即位為魏國皇帝，實行大赦，改年號為永興。拓跋嗣追尊自己的生母劉貴人為「宣穆皇后」。又把原已被免職家居、不過問朝廷政事的公卿大臣，全部召回起用。並下詔令長孫嵩、北新侯安同、山陽侯奚斤、白馬侯崔宏、元城侯拓跋屈等八個人坐在止車門右邊，共同聽取朝政，當時的人稱他們為「八公」。拓跋屈，是拓跋磨渾的父親。拓跋嗣因為擔任尚書的燕鳳曾經侍奉自己的祖父代王拓跋什翼犍，遂讓燕鳳與擔任都坐大官的封懿等，入宮為自己講論經典以及前代故事等，出宮則與朝臣一同共定國是。任命跟隨自己出逃的王洛兒、車路頭為散騎常侍，任命叔孫俊為衛將軍，任命拓跋磨渾為尚書，以上諸人全都賜爵為郡公或是縣公。拓跋嗣詢問群臣，在舊臣當中最受先帝寵信的是誰，王洛兒回答說是李先。拓跋嗣於是召見李先，他向李先提問說：「你靠了什麼樣的才能、建立了什麼樣的功勞而得到先帝的寵信？」李先回答說：「我既沒有特殊才能，也沒有建立什麼功勞，只因為我為人忠誠正直，所以得到先帝的信任。」拓跋嗣於是下詔，任命李先為安東將軍，令他經常在宮中值宿，準備隨時回答皇帝提出的問題。

朱提王拓跋悅，是拓跋虔的兒子，因為犯罪，自己心懷恐懼。他在閏十一月丁亥日，懷揣匕首入宮侍奉，準備尋機作亂，刺殺皇帝。擔任衛將軍的叔孫俊發覺拓跋悅的行為舉止與往常有些異樣，就一把將他拉住，從他的懷中搜出了匕首，遂將拓跋悅斬首。

十二月二十二日乙巳，太白星運行到虛星、危星星座的位置。南燕擔任靈臺令的張光勸說南燕主慕容超出城向東晉投降，慕容超便親手殺死了張光。

柔然出兵入侵北魏。

六年（庚戌　西元四一〇年）

春，正月甲寅朔❶，南燕主超登天門❷，朝羣臣於城上。乙卯❸，超與寵姬魏夫人登城，見晉兵之盛，握手對泣。韓諄諫曰：「陛下遭堙厄之運❹，正當努力自強，以壯士民之志，而更為兒女子❺泣邪！」超拭目謝之。尚書令董詵[1]勸超降，超怒，囚之。

魏長孫嵩將兵伐柔然。

魏主嗣以郡縣豪右❻多為民患，悉以優詔❼徵之❽。民戀土不樂內徙，長吏逼遣之，於是無賴少年逃亡相聚，所在❾寇盜羣起。嗣引八公議之曰：「朕欲為民除蠹，而守宰不能綏撫❿，使之紛亂。今犯者既眾，不可盡誅，吾欲大赦以安之，何如？」元城侯屈曰：「民逃亡為盜，不罪而赦之，是為上者反求於下也，不如誅其首惡，赦其餘黨。」崔宏曰：「聖王之御民⓫，務在安之而已，不與之較勝負也。夫赦雖非正，可以行權⓬。屈欲先誅後赦，要為兩不能去⓭，曷若一赦而遂定乎？赦而不從，誅未晚也。」嗣從之。二月癸未朔⓮，遣將軍于栗磾將騎一萬討不從命者，所向皆平。

南燕賀賴盧、公孫五樓為地道出擊晉兵，不能卻。城久閉，城中男女病腳弱者太半⓯，出降者相繼。超輦而登城，尚書悅壽說超曰：「今天助寇為虐，戰士凋瘁⓰，獨守窮城，絕望外援，天時人事亦可知矣。苟曆數有終⓱，堯、舜避位⓲，陛下豈可不思變通之計⓳乎？」超歎曰：「廢興，命也。吾寧奮劍而死，不能銜璧⓴而生！」

丁亥㉑，劉裕悉眾攻城。或曰：「今日往亡㉒，不利行師。」裕曰：「我往彼亡，何為不利！」四面急攻之。悅壽開門納晉師，超與左右數十騎踰城突圍出走，追獲之。裕數以不降之罪。超神色自若，一無所言，惟以母託劉敬宣[23]而已。

裕忿廣固久不下，欲盡阬之，以妻女賞將士。韓範諫曰：「晉室南遷，中原鼎沸，士民無援，強則附之，既為君臣[24]，必須為之盡力。彼[25]皆衣冠舊族[26]，先帝遺民[27]。今王師弔伐[28]而盡阬之，使安所歸乎？竊恐西北之人無復來蘇之望[29]矣。」裕改容謝之，然猶斬王公以下三千人，沒入家口[30]萬餘，夷其城隍[31]，送超詣建康，斬之[32]。

臣光曰：「晉自濟江[33]以來，威靈不競[34]，戎狄橫騖[35]，虎噬中原。劉裕始以王師翦平東夏[36]，不於此際旌禮[37]賢俊，慰撫疲民，宣愷悌之風[38]，滌殘穢之政，使群士嚮風[39]，遺黎企踵[40]，而更恣行屠戮以快忿心。迹其施設[41]，曾苻、姚之不如[42]，宜其不能蕩壹四海[43]，成美大之業，豈非雖有智勇而無仁義使之然哉？」

初，徐道覆聞劉裕北伐，勸盧循乘虛襲建康，循不從。道覆自至番禺[44]說循曰：「本住嶺外[45]，豈以理極於此[46]，傳之子孫邪？正以劉裕難與為敵故也。今裕頓兵[47]堅城之下，未有還期，我以此思歸死士[48]掩擊何、劉[49]之徒，如反掌耳。不乘此機，而苟求一日之安，朝廷常以君為腹心之疾，若裕平齊之後，息甲歲餘，以璽書徵君[50]。裕自將屯豫章[51]，遣諸將帥銳師過嶺，雖復以將軍之神武，恐必不能當也。今日之機，萬不可失。若先克建康，傾其根蒂(52)，裕雖南還，無能為也。君若不同(53)，便當帥始興之眾(54)直指尋陽(55)。」循甚不樂此舉，而無以奪(56)其計，乃從之。

初，道覆使人伐船材(57)於南康山(58)，至始興，賤賣之，居人爭市之，船材大積而人不疑。至是，悉取以裝艦(59)，旬日而辦(60)。循自始興寇長沙(61)，道覆寇南康、廬陵(62)、豫章，諸守相(63)皆委任(64)奔走。道覆順流(65)而下，舟械[2]甚盛。

時克燕之問(66)未至，朝廷急徵劉裕。裕方議留鎮下邳(67)，經營司、雍(68)，會得詔書，乃以韓範為都督八郡(69)軍事、燕郡(70)太守，封融為勃海(71)太守，檀韶為琅邪(72)太守，戊申(73)，引兵還。韶，祗之兄也。久之，劉穆之稱範、融謀反(74)，皆殺之。

安成忠肅公何無忌(75)自尋陽引兵拒盧循。長史鄧潛之諫曰：「國家安危，在此一舉。聞循兵艦大盛，勢居上流，宜決南塘(76)，守二城(77)以待之(78)，彼必不敢捨我遠下(79)。蓄力養銳，俟其疲老(80)，然後擊之，此萬全之策也。今決成敗於一戰，萬一失利，悔將無及！」參軍殷闡曰：「循所將之眾皆三吳舊賊，百戰餘勇(81)，始興溪子(82)，拳捷善鬭，未易輕也。將軍宜留屯豫章，徵兵屬城(83)，兵至合戰，未為晚也。若以此眾輕進，殆必有悔。」無忌不聽。三月壬申(84)，與徐道覆遇於豫章，賊令彊弩數百登西岸小山邀[85]射之。會西風暴急，飄無忌所乘小艦向東岸[86]，賊乘風以大艦逼之，眾遂奔潰。無忌厲聲曰：「取我蘇武節[87]來！」節至，執以督戰。賊眾雲集，無忌辭色無撓，握節而死。於是中外震駭，朝議欲奉乘輿北走就劉裕。既而知賊未至，乃止。

西秦王乾歸攻秦金城郡[88]，拔之。

夏王勃勃遣尚書胡金纂攻平涼[89]。秦王興救平涼，擊金纂，殺之。勃勃又遣兄子左將軍羅提攻拔定陽[90]，阬將士四千餘人。秦將曹熾、曹雲、王肆佛等各將數千戶內徙，興處之湟山[91]及陳倉[92]。勃勃寇隴右[93]，破白崖堡，遂趣清水[94]。略陽[95]太守姚壽都棄城走，勃勃徙其民萬六千戶於大城。興自安定[96]追之，至壽渠川[97]，不及而還。

初，南涼王傉檀遣左將軍枯木等伐沮渠蒙遜，掠臨松[98]千餘戶而還。蒙遜伐南涼，至顯美[99]，徙數千戶而去。南涼太尉俱延復伐蒙遜，大敗而歸。是月，傉檀自將五萬騎伐蒙遜，戰于窮泉[100]。傉檀大敗，單馬奔還。蒙遜乘勝進圍姑臧，姑臧人懲王鍾之誅[101]，皆驚潰，夷、夏萬餘戶降于蒙遜。傉檀懼，遣司隸校尉敬歸[102]及子佗為質於蒙遜以請和，蒙遜許之。歸至胡阬，逃還，佗為追兵所執，蒙遜徙其眾八千餘戶而去。右衛將軍折掘奇鎮[103]據石驢山[104]以叛。傉檀畏蒙遜之逼，且懼嶺南為奇鎮所據，乃遷于樂都[105]，留大司農成公緒[106]守姑臧。傉檀纔出城，魏安[107]人侯諶等閉門作亂，收合三千餘家，據南城[108]，推焦朗為大都督、龍驤大將軍，諶自稱涼州刺史，降于蒙遜。

劉裕至下邳，以船載輜重，自帥精銳步歸。至山陽[109]，聞何無忌敗死，慮京邑失守，卷甲[110]兼行，與數十人至淮上[111]，問行人以朝廷消息，行人曰：「賊尚未至，劉公若還，便無所憂。」裕大喜。將濟江，風急，眾咸難之。裕曰：「若天命助國[112]，風當自息；若其不然，覆溺[113]何害？」即命登舟，舟移而風止。過江，至京口[114]，眾乃大安。夏，四月癸未[115]，裕至建康。以江州覆沒[116]，表送章綬[117]，詔不許。

青州刺史諸葛長民、兗州刺史劉藩、并州[118]刺史劉道憐各將兵入衛建康。藩，豫州[119]刺史毅之從弟也。毅聞盧循入寇，將拒之而疾作；既瘳[120]，將行。劉裕遺毅書曰：「吾往習擊[121]妖賊，曉其變態。賊新獲姦利[122]，其鋒不可輕。今修船垂畢[123]，當與弟同舉。克平之日，上流之任[124]，皆以相委。」又遣劉藩往諭止之。毅怒，謂藩曰：「往以一時之功[125]相推[126]耳，汝便謂我真不及劉裕邪！」投書於地，帥舟師二萬發姑孰[127]。

循之初入寇也，使徐道覆向尋陽，循自將攻湘中諸郡[128]。荊州刺史劉道規遣軍逆戰，敗於長沙。循進至巴陵[129]，將向江陵。徐道覆聞毅將至，馳使報循曰：「毅兵甚盛，成敗之事，係之於此，宜并力摧之。若此克捷，江陵不足憂也。」循即日發巴陵，與道覆合兵而下。五月戊午[130]，毅與循戰于桑落洲[131]。毅兵大敗，棄船，以數百人步走，餘眾皆為循所虜，所棄輜重山積。

初，循至尋陽，聞裕已還，猶不信；既破毅，乃得審問[132]，與其黨相視失色。循欲退還尋陽，攻取江陵，據二州[133]以抗朝廷。道覆謂宜乘勝徑進[134]，固爭之。循猶豫累日，乃從之。

己未[135]，大赦。裕募人為兵，賞格[3]同京口赴義之科[136]。發民治石頭城。議者謂宜分兵守諸津要，裕曰：「賊眾我寡，若分兵屯守，則測人虛實[137]；且一處失利，則沮三軍之心。今聚眾石頭，隨宜應赴，既令彼無以測多少，又於眾力不分。若徒旅轉集[138]，徐更論之[139]耳。」

朝廷聞劉毅敗，人情恟懼。時北師始還，將士多創病，建康戰士不盈數千。循既克二鎮[140]，戰士十餘萬，舟車百里不絕，樓船高十二丈，敗還者爭言其彊盛。

孟昶、諸葛長民欲奉乘輿過江[141]，裕不聽。初，何無忌、劉毅之南討也，昶策[142]其必敗，已而果然；至是，又謂裕必不能抗循，眾頗信之。惟龍驤將軍東海虞丘進[143]廷折[144]昶等，以為不然。中兵參軍王仲德言於裕曰：「明公命世作輔[145]，新建大功[146]，威震六合[147]，妖賊乘虛入寇，既聞凱還，自當奔潰。若先自遁逃[148]，則勢同匹夫，匹夫號令，何以威物[149]？此謀[150]若立，請從此辭[151]。」裕甚悅。昶固請不已，裕曰：「今重鎮外傾[152]，彊寇內逼，人情危駭，莫有固志。若一旦遷動，便自土崩瓦解，江北亦豈可得至？設令得至，不過延日月[153]耳。今兵士雖少，自足一戰。若其克濟，則臣主同休[154]；苟厄運必至，我當橫尸廟門[155]，遂[156]其由來以身許國之志，不能竄伏草間苟求存活也。我計決矣，卿勿復言！」昶恚[157]其言不行[158]，且以為必敗，因請死。裕怒曰：「卿且申一戰[159]，死復何晚！」昶知裕終不用其言，乃抗表自陳曰：「臣裕北討，眾並不同[160]，唯臣贊裕行計，致使彊賊乘間[161]，社稷危逼，臣之罪也。謹引咎[162]以謝天下！」封表畢，仰藥而死。

乙丑[163]，盧循至淮口[164]，中外戒嚴。琅邪王德文都督宮城諸軍事，屯中堂皇[165]，劉裕屯石頭，諸將各有屯守。裕子義隆[166]始四歲，裕使諮議參軍劉粹輔之，鎮京口。粹，毅之族弟也。

裕見民臨水望賊[167]，怪之，以問參軍張劭，劭曰：「若節鉞[168]未反，民奔散之不暇，亦何能觀望？今當無復恐[169]耳。」裕謂將佐曰：「賊若於新亭[170]直進，其鋒不可當，宜且迴避，勝負之事未可量也；若迴泊西岸[171]，此成禽[172]耳。」

徐道覆請於新亭至白石[173]焚舟而上[174]，數道攻裕。循欲以萬全為計，謂道覆曰：「大軍[175]未至，孟昶便望風自裁，以大勢言之，自當計日潰亂[176]。今決勝負於一朝，乾沒求利[177]，既非必克之道，且殺傷士卒，不如按兵待之。」道覆以循多疑少決，乃歎曰：「我終為盧公所誤，事必無成；使我得為英雄驅馳[178]，天下不足定[179]也。」

裕登石頭城望循軍，初見引向新亭，顧左右失色；既而迴泊蔡洲[180]，乃悅。於是眾軍轉集[181]。裕恐循侵軼[182]，用虞丘進計，伐樹柵石頭淮口[183]，脩治越城[184]，築查浦、藥園、廷尉三壘[185]，皆以兵守之。

劉毅經涉蠻、晉[186]，僅能自免，從者飢疲，死亡什七、八[187]。丙寅[188]，至建康，待罪。裕慰勉之，使知中外留事[189]。毅乞自貶，詔降為後將軍[190]。

魏長孫嵩至漠北[191]而還，柔然追圍之於牛川[192]。壬申[193]，魏王嗣北擊柔然。柔然可汗社崘聞之，遁走，道死。其子度拔尚幼，部眾立社崘弟斛律，號藹苴[4]蓋可汗。嗣引兵還參合陂[194]。

盧循伏兵南岸[195]，使老弱乘舟向白石，聲言悉眾自白石步上。劉裕留參軍沈林子、徐赤特戍南岸，斷查浦[196]，戒令堅守勿動。裕及劉毅、諸葛長民北出拒之。林子曰：「妖賊此言，未必有實，宜深為之防。」裕曰：「石頭城險，且淮柵甚固，留卿在後，足以守之。」林子，穆夫[197]之子也。

庚辰[198]，盧循焚查浦，進至張侯橋。徐赤特將擊之，林子曰：「賊聲往白石而屢來挑戰，其情可知[199]。吾眾寡不敵，不如守險以待大軍。」赤特不從，遂出戰；伏兵發，赤特大敗，單舸奔淮北[200]。林子及將軍劉鍾據柵力戰，朱齡石[201]救之，賊乃退。循引精兵大上，至丹陽郡[202]。裕帥諸軍馳還石頭，斬徐赤特，解甲。久之，乃出陳於南塘[203]。

六月，以劉裕為太尉、中書監，加黃鉞。裕受黃鉞，餘固辭。以車騎中軍司馬[204]庾悅為江州刺史。悅，準[205]之子也。

司馬國璠及弟叔璠、叔道奔秦[206]。秦王興曰：「劉裕方誅桓玄，輔晉室，卿何為來？」對曰：「裕削弱王室，臣宗族有自脩立者[207]，裕輒除之。方為國患，甚於桓玄耳。」興以國璠為揚州刺史，叔道為兗州[5]刺史。

盧循寇掠諸縣無所得，謂徐道覆曰：「師老[208]矣，不如還尋陽，并力取荊州，據天下三分之二，徐更與建康爭衡[209]耳。」

【章　旨】以上為第三段，寫晉安帝義熙六年（西元四一〇年）前半年的大事。主要寫了劉裕攻克廣固，慕容超突圍被俘，送建康斬之，南燕遂滅；劉裕因氣憤廣固之頑強守城，欲盡坑之，以妻女賞將士，韓範力諫，仍殺王公以下三千，沒入為奴者萬餘，讀史者多譴之；寫了盧循聞劉裕北伐，出廣州北上侵晉，徐道覆勸盧循直取建康，顛覆其根本，盧循不從，乃北取廬陵、豫章、長沙等郡；尋陽將領何無忌率軍抵抗，被徐道覆大破於豫章，何無忌戰死，東晉朝廷大駭；劉裕破南燕後正待經營洛陽、關中，聞訊率軍南返；劉毅請討盧循，不聽劉裕告誡，急躁輕進，被盧循大破於桑落洲，而後盧循大軍直取建康；劉裕駐軍於石頭城，隨方應對，盧循無從得逞，漸漸敗退，西返尋陽，欲取荊州以與朝廷相持；此外還寫了魏將長孫嵩與魏主拓跋嗣兩次北伐柔然，社崙敗逃而死，其弟斛律被立為可汗；寫了西秦主乞伏乾歸攻取了秦國的金城郡，寫了夏主赫連勃勃與後秦對攻，互有勝負；南涼禿髮傉檀與北涼沮渠蒙遜彼此相攻，互有勝負等等。

【注　釋】❶正月甲寅朔　正月初一是甲寅日。❷天門　廣固城的南門。❸乙卯　正月初二。❹堙厄之運　猶今所謂「倒楣的年頭」。堙厄，道路不通；無路可走。❺兒女子　猶言「小孩子」。❻豪右　豪門大族。❼優詔　好言相勸、表揚鼓勵的詔書。❽徵之　讓他們搬遷到京城。❾所在　到處。❿綏撫　安撫。綏，安。⓫御民　治民。御，駕御；管理。⓬行權　臨時制宜，為變通之計。權，臨時變通。⓭兩不能去　指既要「誅」，又得要「赦」，兩者都得用。⓮二月癸未朔　二月初一是癸未日。⓯太半　大半數；三分之二。⓰凋瘁　越來越少，剩下的多是老弱病殘。⓱苟曆數有終　如果一個王朝的命運真是到了盡頭。⓲堯舜避位　連堯、舜那樣的帝王也得傳位給別人。堯讓位於舜，舜讓位於禹。⓳變通之計　指向東晉投降。⓴銜璧　意即向人投降。反縛兩手，口裡叼著玉璧，這是古代帝王向人投降的一種儀式。「面縛銜璧，係頸以組」，表示認罪、請罪。㉑丁亥　二月初五。㉒今日往亡　古代稱「驚蟄」節以後的第十四天為「往亡」日，說是出門作戰不吉利。㉓託劉敬宣　劉牢之被桓玄殺害後，其子劉敬宣曾一度逃到南燕，與慕容超有過交情，故今慕容超以母相託。㉔既為君臣　既然成了慕容氏的臣民，與其有君臣之分。㉕彼　指這些被拿來賞給人的「妻女」之家。㉖衣冠舊族　猶言昔日的名門望族，有頭臉、為官宦的人物。㉗先帝遺民　都是西晉時代遺留下來的名門後裔。㉘王師弔伐　晉朝軍隊為弔民伐罪而打到這裡。舊稱仁者之師的征伐為「弔民伐罪」，即討伐有罪者以安慰受苦的黎民百姓。弔，安慰；慰問。㉙無復來蘇之望　意即再也沒有人盼著晉軍打過去。《尚書・仲虺》說夏朝的百姓都盼著湯去解救他們，說：「徯我后，后來其蘇！」意思是：「我們等待著大王您，您一來我們就得救了！」徯，等待。蘇，活；活命。㉚沒入家口　將一些罪人的家眷變為奴婢。㉛夷其城隍　將廣固城的城牆與護城河通通平掉。㉜送超詣建康二句　南燕自隆安二年慕容德建國到慕容超滅亡，共歷十三年。㉝濟江　渡江南來，指西晉滅亡，東晉建立。㉞威靈不競　朝廷的威望不強。㉟橫鶩　橫行；四處亂跑。㊱翦平東夏　平定了舊日中國的東部地區，即齊地。㊲旌禮　表彰；以禮相待。㊳宣愷悌之風　倡導一種和平安樂的社會風氣。㊴嚮風　望風來歸。㊵遺黎企踵　讓淪陷區的人民翹足相望。遺黎，遺民，淪陷於異族統治下的漢族人。㊶迹其施設　看看劉裕等所做的事情。迹，審視；查看。㊷曾苻姚之不如　連苻堅、姚興的作為都趕不上。㊸蕩壹四海　統一整個中國。㊹番禺　即今廣州，當時盧循被東晉任為廣州刺史。㊺本住嶺外　我們本來就被人趕到了這五嶺以南。㊻豈以理極於此　難道我們就永遠該在這裡住下去。極，一直到底。㊼頓兵　把軍隊投放在。㊽思歸死士　因為想家而欲拼死打回去的士兵。當時盧循的部下多是三吳地區的人。㊾何劉　何無忌、劉毅，都是劉裕的部將，現正奉命留守京城。㊿以璽書徵君　以皇帝的名義調你進朝。璽書，蓋著皇帝璽印的文書。徵，調；召之使來。(51)自將屯豫章　自己統兵駐紮在豫章郡，即今江西南昌。(52)傾其根蔕　顛覆了晉王朝的根本。根蔕，根據地；大本營。蔕，通「柢」。根柢；根本。(53)不同　不贊成這個方案。(54)始興之眾　始興郡的人馬。始興郡治在今廣東韶關市西南。(55)尋陽　即今江西九江。(56)奪　改變。(57)船材　造船用的木材。(58)南康山　南康縣（在今江西）境內的山。(59)裝艦　組裝成戰船。(60)旬日而辦　十來天就裝成了。辦，完成。(61)長沙　郡名，郡治臨湘，即今湖南長沙。(62)廬陵　郡名，郡治石陽，在今江西吉水縣東北。(63)諸守相　各郡的太守與各諸侯國的相。郡的行政長官叫守，即太守。公侯封地的行政長官叫相，職務與級別相同。(64)委任　拋下所在的郡國不顧，一任寇盜佔領。(65)順流　順贛江北下。(66)克燕之問　攻克南燕的消息。問，消息。(67)留鎮下邳　在下邳設立指揮部。下邳郡的郡治在今江蘇邳州西南。(68)經營司雍　經營，這裡指著手用兵以攻取之。司、雍是二州名，司州即今河南洛陽一帶，雍州指今陝西西安一帶。(69)八郡　指齊、濟南、樂安、城陽、東萊、長廣、平昌、高密，都在今之山東境內。(70)蕪郡　郡治廣固，即今山東青州。(71)勃海　郡名，郡治在今河北滄州南。(72)琅邪　郡名，郡治在今山東臨沂北。(73)戊申　二月二十六。(74)範融謀反　劉穆之怕二人趁東晉危急作亂，故捏造罪名而殺之。(75)安成忠肅公何無忌　何無忌被封為安成公，安成是郡名，何無忌的封地。忠肅是他死後的諡。(76)決南塘　掘堤放水，贛江水淺，使盧循的船不能暢快行駛。南塘，豫章城南的堤壩名。(77)守二城　固守豫章與尋陽二城。(78)以待之　以等待劉裕的援軍。(79)捨我遠下　放下我們不打，順水北進長江。(80)疲老　指軍隊疲勞，士氣低落。(81)百戰餘勇　指經過多次戰鬥的有經驗的勇敢分子。(82)始興溪子　指徐道覆所帶的始興人。溪子，在山溝長大的人。(83)屬城　下屬的各縣。(84)三月壬申　三月二十。(85)邀　攔截；阻擊。(86)飄無忌所乘小艦向東岸　士眾不知何故，以為是何無忌逃走，眾遂皆無鬥志。(87)蘇武節　漢代蘇武出使匈奴，被匈奴軟禁在北海，蘇武持漢節牧羊，「臥起操持，節旄盡落」，以見他忠心不背漢朝。此處何無忌藉以稱朝廷授予自己的旗節。(88)金城郡　郡治在今蘭州西北。(89)平涼　郡名，郡治在今甘肅平涼西北。(90)定陽　縣名，縣治在今陝西延安東南。(91)湟山　藪澤名，其地不詳。(92)陳倉　縣名，縣治在今陝西寶雞東。(93)隴右　隴山以西，今之甘肅東部地區。(94)趣清水　逼向清水縣，清水縣治在今甘肅天水市東。趣，同「趨」。逼向。(95)略陽　郡名，郡治在今甘肅天水市東，當時屬秦。(96)安定　郡名，郡治在今甘肅平涼東。(97)壽渠川　約在今甘肅東北部鄰近陝西處。(98)臨松　郡名，郡治在今青海祁連北。(99)顯美　縣名，縣治在今甘肅永昌東。(100)窮泉　今甘肅山丹南有窮石山，窮泉就在此山。(101)懲王鍾之誅　接受王鍾被殺的教訓。王鍾是禿髮傉檀的將領，後秦圍攻姑臧，王鍾欲為之作內應，事洩牽連被殺的有五千多人。事見本書卷一百十四義熙四年。(102)敬歸　人名，姓敬名歸。(103)折掘奇鎮　人名，姓折掘名奇鎮，禿髮傉檀的部下。(104)石驢山　在今甘肅武威西南。(105)樂都　即今青海樂都，在祁連山之南。(106)成公緒　姓成公名緒。(107)魏安　縣名，縣治在今甘肅武威東。(108)南城　姑臧城南面的小城。(109)山陽　郡名，郡治在今江蘇淮安。(110)卷甲　為了急行軍，把鎧甲脫下來捲起背著。(111)淮上　前所述「山陽」已經在淮河以南，此處當依胡三省說改「淮」作「江」。(112)助國　幫助我們晉朝。(113)覆溺　翻船淹死。(114)京口　今江蘇鎮江市。(115)四月癸未　四月初二。(116)江州覆沒　指何無忌戰死，豫章、尋陽失陷事。(117)送章綬　將印綬交還朝廷，意即請求免職加罪，因為江州淪陷，劉裕有領導之責。(118)并州　與前文「青州」、「兗州」三州的僑置郡當時都在今江蘇中部的長江、淮水之間。(119)豫州　其僑置郡在今安徽和縣。(120)瘳　病好。(121)習擊　多次從事這種戰鬥。(122)新獲姦利　剛剛得了一些便宜。姦利，對敵方獲勝的蔑稱。(123)脩船垂畢　修造船隻的事情馬上就完。(124)上流之任　指荊州刺史、江州刺史等職務。(125)一時之功　指與劉裕一起發動起義，討伐桓玄。(126)相推　推服；推之居上。(127)姑孰　即今安徽當塗。(128)湘中諸郡　指長沙、零陵、桂陽等。(129)巴陵　即今湖南岳陽。(130)戊午五月初七。(131)桑落洲　在今江西九江東北的長江中。(132)審問　確實消息。(133)二州　指荊州與江州。(134)乘勝徑進　意即直取建康。(135)己未　五月初八。(136)同京口赴義之科　與當年在京口組織人馬進建康討伐桓玄的賞格相同。科，條例；標準。(137)測人虛實　指容易讓別人看清我們究竟有多少人馬。(138)徒旅轉集　指如何調動部署。(139)徐更論之　另作具體考慮。(140)二鎮　指豫章與尋陽。(141)過江　指到江北去避難。因為他們的青州、兗州都在江北。(142)策　預料；推定。(143)虞丘進　姓虞丘名進。(144)廷折　當眾駁斥。(145)命世作輔　以當世罕有之才，擔負宰相之任。(146)新建大功　指滅了南燕。(147)六合　天地與東西南北之中，即指整個天下。(148)先自遁逃　指「奉乘輿過江」。(149)何以威物　何以使人敬畏、信從。(150)此謀　指「奉乘輿過江」的主張。(151)請從此辭　猶言請准許我回家為民。(152)重鎮外傾　大的藩鎮失守，指江州淪陷。(153)延日月　意謂再苟延殘喘幾天。(154)同休　一同享福、慶賀。(155)橫尸廟門　意即情願死在宗廟的門前，為保衛宗廟社稷而死。(156)遂　實現。(157)恚　氣惱。(158)其言不行　其計謀不被採納。(159)且申一戰　你先活著看看這一仗。申，展；延。(160)眾並不同　大家都不同意。(161)乘間　乘虛而入；鑽了空子。(162)引咎　自己認罪，承擔責任。(163)乙丑　五月十四。(164)淮口　秦淮河入長江的匯口，在今南京西。(165)中堂皇　在宮城內。有頂而無四壁之堂曰皇。司馬德文處於此地，眾人皆見，可以安定人心。(166)義隆　即日後的宋文帝。(167)臨水望賊　站在江邊觀看敵兵的動靜。(168)節鉞　猶言「將軍」，以稱劉裕。因為劉裕有皇帝所賜予的節與鉞，以顯示其權威。(169)無復恐　不再害怕，相信劉裕能打勝。(170)新亭　建康城的遊覽區，在今南京西南的長江邊上。(171)迴泊西岸　轉彎停靠在長江的西岸，建康城的對面。(172)成禽　現成的俘虜，指其必敗無疑。(173)白石　也叫白石陂，在當時的建康城北。今南京古代所以稱為「白下」，即由此而來。(174)焚舟而上　焚舟上岸與過河沉舟的意思相同，都是示士卒必死，無一還心。(175)大軍　指自己的軍隊。(176)計日潰亂　意謂用不了幾天，劉裕的軍隊就會散夥。計日，屈指可數，極言其快。(177)乾沒求利　指不顧一切、過分勉強地追求勝利。乾沒，意同「陸沉」，不顧一切。(178)為英雄驅馳　為一個英明的主子效力。(179)不足定　不難平定。(180)蔡洲　南京西南長江中的小島。(181)轉集　集結；靠攏。(182)侵軼　指攻擊、騷擾。(183)柵石頭淮口　把石頭城下的秦淮河入長江的河口用木樁截斷。(184)脩治越城　在當時建康城的西部，秦淮河東岸建造了一道越城。(185)築查浦藥園廷尉三壘　胡三省曰：「查浦，在大江南岸，近秦淮口；藥園，蓋種芍藥之所；廷尉，寺舍所在，因以為地名。」三個軍事據點，都在長江東岸秦淮河入長江的匯口附近。(186)經涉蠻晉　指千里跋涉，穿越了許多少數民族與漢族居住的區域。(187)什七八　十分之七、八。(188)丙寅　五月十五。(189)知中外留事　主管除與盧循作戰以外的其他朝裡朝外的日常事務。知，過問；主管。(190)詔降為後將軍　此前劉毅任衛將軍，品級在前、後、左、右四將軍之上。(191)漠北　蒙古大沙漠以北，長孫嵩為伐柔然而至此。(192)牛川　在今內蒙古呼和浩特西南。(193)王

申　五月二十一。194參合陂　在今內蒙古涼城東的岱海南岸。195南岸　指秦淮河的南岸。秦淮河流經南京的西南面。196斷查浦　指控制住了查浦一帶的秦淮河。197穆夫　沈穆夫。孫恩佔領會稽時，沈穆夫曾為之任餘姚縣令。劉牢之破孫恩，沈穆夫亦隨之被殺。198庚辰　五月二十九。199其情可知　可見他們的真正意圖不是前往白石。200奔淮北　逃回了秦淮河北岸。201朱齡石　劉裕的得力將領，當時代理中軍將軍。傳見《宋書》卷四十八。202丹陽郡　郡治即在建康城內，這裡指丹陽郡的官署。203南塘　這裡指秦淮河南岸的大堤。204車騎中軍司馬　劉裕的高級僚屬。劉裕前為車騎將軍，因劉敬宣征蜀失利，自請降為中軍將軍，實際職務並未改變。故司馬也仍是同一個人。205準　庾準，庾亮之孫。206司馬國璠句　司馬國璠，晉朝的宗室，桓玄之亂時，他們兄弟逃往南燕，今又逃奔姚興。207自脩立者　能自修自立，指有才幹有威望的人。208師老　軍隊疲憊，士氣低落。209爭衡　較量高低。

【校記】1董詵　據章鈺校，甲十一行本、乙十一行本、孔天胤本皆作「董銑」。2械　張敦仁《通鑑刊本識誤》作「楫」。3格　原作「之」。嚴衍《通鑑補》改作「格」，今據以校正。4豆　據章鈺校，甲十一行本、乙十一行本、孔天胤本皆作「苦」，張瑛《通鑑校勘記》同。5兗州　原作「交州」。嚴衍《通鑑補》改作「兗州」，今據改。按，後秦轄兗州而未轄交州。

【語譯】六年（庚戌　西元四一〇年）

春季，正月初一日甲寅，南燕主慕容超登上廣固內城的南門——天門，在城上接受群臣的朝賀。初二日乙卯，慕容超與自己最寵愛的嬪妃魏夫人一起登上城樓，看見廣固城外的東晉軍隊勢力強盛，不禁拉著手相對哭泣。擔任僕射的韓諄勸諫說：「陛下遭遇了兵臨城下的厄運，正應該努力自強，以振奮軍民的士氣，怎麼反倒像小孩子一樣相對哭泣呢！」慕容超趕緊擦去眼淚，向韓諄道歉。擔任尚書令的董詵又來勸說慕容超出城投降，慕容超非常憤怒，就把董詵囚禁起來。

北魏南平公長孫嵩率領魏軍討伐柔然。

北魏皇帝拓跋嗣因為各郡縣的豪門大族多數都成了人民的禍害，於是就用措辭溫和、表揚鼓勵的詔書讓他們搬到京師平城來。那些豪門大族眷戀自己的故鄉，不願意遷移到京師平城，郡長縣令便用各種方式逼迫他們，於是一些無賴少年紛紛離家逃亡，他們聚集在一起成了綠林好漢，他們出現在哪裡，哪裡便盜賊蜂起。

拓跋嗣便召見八公商議說：「我本來是想為民除害，而那些郡長縣令不善於安撫，以至於治安混亂。如今犯法的人數眾多，不可能全部將他們誅滅，我準備通過大赦的方式來安撫他們，你們認為如何？」元城侯拓跋屈說：「百姓為抗拒王命而逃亡成為盜賊，對他們不加治罪反而要赦免他們，這就等於在上位的人反過來向在下位的人服軟，不如誅殺他們當中的首惡分子，而赦免他們的餘黨。」白馬侯崔宏說：「聖明的君主統治人民，要把安定民眾放在首要位置，而不去與他們計較誰勝誰負。赦免那些聚眾為盜的人雖然不是正常的做法，然而作為權宜之計也是可以的。元城侯拓跋屈主張先誅滅首惡分子，然後赦免其他的餘黨，而重要的是：既要誅除那些首惡分子，又要赦免餘黨，兩者都得用，哪裡比得上全部赦免就可以實現安定呢？赦免了他們，他們不聽，再去誅滅也不算晚。」拓跋嗣採納了崔宏的意見。二月初一日癸未，拓跋嗣派將軍于栗磾率領一萬名騎兵討伐不肯服從朝廷命令的人，大軍所到之處，全部被平定。

南燕輔國將軍賀賴盧、征虜將軍公孫五樓在廣固城中挖掘地道，從地道中出兵襲擊圍攻廣固的東晉軍隊，沒有能夠將東晉軍擊退。廣固城被圍困的時間很長，城中的男男女女有一大半患上了軟腳病，出城向晉軍投降的人一個接一個。南燕主慕容超被人用輦抬上城樓，擔任尚書的悅壽對慕容超說：「如今上天幫助賊寇肆虐，我們的士卒越來越少，剩下的多是老弱病殘，獨守一座孤城，對於外援已經感到絕望，天時、人事可想而知了。假使上天註定國家的命運已經走到盡頭，連虞舜、唐堯那樣的帝王也得傳位給別人，陛下豈能不考慮一個通時達變的辦法呢？」慕容超歎了口氣說：「國家的興起和滅亡，都是上天註定的。但對於我來說，我寧可揮劍戰鬥而死，也不能反縛雙手、口銜碧玉去投降敵人以求得活命！」

二月初五日丁亥，劉裕準備出動全部兵力向南燕的都城廣固發起猛攻。有人說：「今天是往亡日，不利於出兵作戰。」劉裕回答說：「我們往，燕國亡，有什麼不吉利！」於是從四面向廣固城發起猛攻。南燕尚書悅壽打開廣固城門放東晉軍進入城中，南燕主慕容超率領著身邊的數十名親信騎馬突破重圍出城逃走，被晉軍追上擒獲。劉裕責備慕容超不向晉軍投降之罪。慕容超神情鎮定，就像平日一樣，但什麼話都不說，只是把自己的母親託付給了東晉擔任襄城太守的劉敬宣。

劉裕對廣固城久攻不下感到非常憤怒，就想把廣固城中所有的人都活埋掉，而把婦女賞賜給全軍將士。曾經擔任南燕尚書令的韓範勸諫劉裕說：「當初晉朝將都城遷到江南，中原地區混亂不堪，晉朝遺留在中原的百姓孤立無援，於是，只得誰強大就依附於誰，既然已經成了慕容氏的臣民，與慕容氏有了君臣的名分，就必須要為君主效忠盡力。他們過去都是晉朝的名門望族，是先帝遺留下來的名門後裔。如今王師既然是來安慰受壓迫的百姓、討伐有罪的南燕統治者，城破之後，卻要把全城的人全部坑殺，你讓他們到哪裡去呢？我擔心西北地區的人民從此以後再也沒有人盼望王師打過去了。」劉裕立即變得神情嚴肅起來，趕緊向韓範道歉，然而還是斬殺了南燕王爵、公爵以下三千人，抄沒有罪者的家眷一萬多口，將廣固城的城牆和護城河全部摧毀平掉，把南燕主慕容超押送到東晉的京師建康，斬首示眾。

司馬光說：「晉朝自從南渡長江以來，朝廷的威望不強，致使戎狄橫行，像老虎一樣吞噬著中原。從劉裕起才開始率領王者之師平定了舊日中國的東部地區，然而卻不能在這個時期，表彰忠孝節義，禮賢下士，招攬賢能，撫慰疲憊的居民，倡導一種和平安樂的社會風氣，滌除殘暴汙穢的政治，使那些知識分子望風來歸，讓淪陷區的遺民百姓踮起腳跟盼望王師的到來，反而任意殺戮，以使自己的憤恨之情得到發洩。考察劉裕等所做的事情，竟然連前秦的苻氏、後秦的姚氏都不如，難怪他不能蕩平四海、統一整個中國，成就一項美好而偉大的事業，豈不是因為劉裕雖然擁有智慧和勇敢，卻缺少仁義的緣故呢？」

當初，東晉擔任始興太守的徐道覆聽到中軍將軍劉裕率軍北伐南燕的消息，便鼓動盧循趁虛襲擊京師建康，而盧循卻不贊成徐道覆的意見。徐道覆於是親自前往番禺勸說盧循，徐道覆說：「我們本來就被人趕到了五嶺以南，難道你認為我們就應該永遠在這裡住下去，並且傳給你的後代子孫，讓他們永遠成為嶺南人嗎？我們因為劉裕勢力強大，沒法戰勝他，才不得不如此。如今劉裕把大軍投放在堅固的廣固城下，什麼時候撤軍又沒有一定的期限，我們率領著這些因為想家而願意拼死打回去的士卒突然襲擊何無忌、劉毅之流，取得勝利易如反掌。不趁此天賜良機採取行動，而只求安於現狀，快樂一天算一天，其實朝廷常常把你當做心腹之患，如果劉裕平定了南燕之後，歇兵息甲，修整一年多，然後用皇帝的詔書徵調你前往建康。劉裕親自率軍屯駐在豫章郡，而派遣諸將率領精銳之師，越過五嶺南下，即使憑藉著將軍的英明神武，恐怕也不一定能夠抵擋得住。今天的機會千萬不可錯過。如果能夠先攻克建康，顛覆了朝廷的根本，劉裕即使率軍立即返回，到那時也就無能為力了。你如果不同意，我就自己率領始興的部眾直取尋陽。」盧循其實非常不樂意這樣做，但又沒有辦法說服徐道覆改變主意，於是只好聽從於他。

當初，始興太守徐道覆派人到南康山採伐可以用來造船的木材，運到始興，以很低的價位賣出去，始興的居民爭相購買，於是造船的木材堆積如山卻沒有引起任何人的懷疑。到現在，便把這些木材取出來組裝艦船，只用了十來天的工夫就組裝好了。擔任廣州刺史的盧循從始興出發，率軍攻擊長沙，始興太守徐道覆率軍攻取南康、廬陵、豫章各郡，各郡的太守和各諸侯國的相全都丟棄職守逃走了。徐道覆於是順贛江北下，舟船器械，陣容盛大。

當時，劉裕滅掉南燕的消息還沒有傳回京師，朝廷趕緊下詔徵調劉裕回軍保衛京師。劉裕此時正在商議留下鎮守下邳，考慮下一步如何收復司州、雍州，接到朝廷的緊急詔書後，立即任命韓範為都督八郡軍事、燕郡太守，任命封融為勃海太守，任命檀韶為琅邪太守，二月二十六日戊申，劉裕率領北征大軍班師南下。檀韶，是檀祗的哥哥。後來，劉穆之誣陷韓範、封融他們謀反，而將二人殺死。

東晉擔任江州刺史的安成忠肅公何無忌從尋陽率軍南下迎擊叛軍盧循。擔任長史的鄧潛之勸諫何無忌說：「此次出兵，關係國家的安危。聽說盧循的兵艦勢力強盛，又佔據贛江上游的有利地勢，所以我們應該掘開南塘的堤防，堅守豫章、尋陽二座城池，等待劉裕的援軍，叛軍必定不敢繞開我們遠行進入長江。我們在這裡養精蓄銳，等到叛軍筋疲力盡、士氣低落之時，我們再出兵攻擊，這才是萬全之策。現在把成功與失敗決定於一次戰役，萬一失敗，後悔可就來不及了！」擔任參軍的殷闡說：「盧循所率領的部眾都是三吳地區以前的賊寇，是身經百戰剩餘下來的勇敢分子，而徐道覆所率領的始興兵，行動敏捷，性格好鬥，不要太輕視他們。將軍應該在豫章駐紮下來，向下屬的各城徵調兵力，等各地兵到再與叛軍交戰也不算晚。如果只率領著現有的這些兵力，就輕率地進兵，恐怕一定會後悔。」何無忌沒有聽取殷闡的意見。三月二十日壬申，何無忌率軍與徐道覆所率領的叛軍在豫章遭遇，徐道覆派遣數百名強弩射手登上西岸的小山阻擊何無忌所率領的艦船。正趕上當時西風颳得很猛，把何無忌所乘坐的小艦颳向東岸，叛軍於是便憑藉著風勢，用大型艦船逼近何無忌的小艦，何無忌率領的部眾立即奔潰。何無忌厲聲說：「把我的蘇武節拿來！」蘇武節拿來之後，何無忌就用蘇武節來指揮作戰。叛軍從四面八方聚攏過來，何無忌言辭、神色不屈不撓，一直戰鬥到死，手中還緊緊地握著蘇武節。何無忌敗亡的消息傳到京師建康，朝廷內外非常震驚、惶恐，朝臣商議，準備護送著晉安帝司馬德宗向北逃走，去投奔中軍將軍劉裕。後來得知叛軍並沒有到達建康，這才沒有出逃。

西秦王乞伏乾歸率軍攻打後秦的金城郡，將金城佔領。

夏王劉勃勃派遣擔任尚書的胡金纂率軍攻取後秦的平涼。後秦王姚興親自率軍來救，擊敗了由胡金纂所率領的夏國軍，斬殺了胡金纂。夏王劉勃勃又派自己的姪子左將軍劉羅提率軍攻打定陽，劉羅提攻克了定陽之後，便將俘虜的四千多名後秦將士全部活埋。後秦將領曹熾、曹雲、王肆佛等各自率領數千戶部眾向內地遷移，後秦王姚興把他們分別安置在湟山和陳倉。夏王劉勃勃又率軍進犯後秦的隴右地區，攻破了白崖堡，乘勝進軍清水縣。後秦擔任略陽太守的姚壽都棄城逃走，劉勃勃遂將略陽的一萬六千戶居民強制遷移到大城。後秦王姚興親自率軍追趕劉勃勃，一直追到壽渠川也沒有追上，只好返回。

當初，南涼王禿髮傉檀派遣擔任左將軍的枯木等率軍討伐北涼沮渠蒙遜，劫掠了臨松郡一千多戶居民而後返回。北涼沮渠蒙遜為報復南涼的入侵，遂率軍攻入顯美，擄掠了數千戶居民而去。南涼擔任太尉的俱延再次率軍攻擊北涼的沮渠蒙遜，結果大敗而回。當月，禿髮傉檀親自率領五萬名騎兵討伐沮渠蒙遜，雙方在窮泉展開決戰。禿髮傉檀被北涼軍打得大敗，禿髮傉檀單人匹馬逃回姑臧。沮渠蒙遜乘勝進軍，包圍了南涼的都城姑臧，姑臧城內的民眾接受了王鍾被殺的教訓，於是全都驚慌失措，紛紛出逃，有一萬多戶夷人、漢人出城投降了沮渠蒙遜。禿髮傉檀非常懼怕，趕緊派擔任司隸校尉的敬歸和他的兒子敬佗到北涼去充當人質，請求與沮渠蒙遜講和，沮渠蒙遜遂同意與南涼和解。南涼司隸校尉敬歸走到胡阬的時候又逃回了南涼，而敬佗則被北涼的追兵俘虜，沮渠蒙遜從南涼遷走了八千多戶居民，然後率軍離去。南涼擔任右衛將軍的折掘奇鎮佔據姑臧西南的石驢山發動叛亂。禿髮傉檀既懼怕沮渠蒙遜的軍事逼迫，又害怕嶺南被折掘奇鎮所佔領，於是便將都城從姑臧遷回樂都，留下擔任大司農的成公緒戍守姑臧。禿髮傉檀剛剛出城，魏安人侯諶等人就關閉姑臧城門背叛了禿髮傉檀，他聚集了三千多家，佔據了姑臧南城，推舉焦朗為大都督、龍驤大將軍，侯諶自稱涼州刺史，投降了北涼的沮渠蒙遜。

劉裕抵達下邳，他動用舟船運載輜重，班師南下，自己則率領著精銳部隊徒步行軍趕赴京師。到達山陽時，得知了何無忌兵敗陣亡的消息，擔心京師不保，於是下令全軍將士把身上的鎧甲脫下，捲起來背在背上，然後倍道兼程向京師進發，他與數十人先期抵達長江北岸，向行人打探京師的情況，行人告訴他說：「叛賊徐道覆、盧循的軍隊還沒有到達，如果劉裕回來，京師就可以保證沒有問題了。」劉裕聽後非常高興。遂準備率軍渡過長江，而此時風急浪高，將士都有畏難情緒。劉裕說：「如果上天仍然肯幫助我們晉國，大風就應當很快停息；如果上天已經準備拋棄我們晉國，我們就是翻船淹死又有什麼關係？」立即下令全軍登船，船剛一移動，狂風立即就停止了。渡過長江之後，到達了京口，眾人之心才安定下來。夏季，四月初二日癸未，劉裕回到京師建康。因為江州被叛軍攻陷，劉裕上表給晉安帝司馬德宗，交回自己的印綬，引咎辭職，晉安帝下詔，不予批准。

東晉擔任青州刺史的諸葛長民、擔任兗州刺史的劉藩、擔任并州刺史的劉道憐各自率領本州人馬前來護衛京師。劉藩，是豫州刺史劉毅的堂弟。擔任豫州刺史的劉毅聽到盧循率領叛軍北上的消息，就準備出兵阻截，卻忽然患病而沒能出兵；等到病好之後，正準備率軍出發。擔任中軍將軍的劉裕寫信給劉毅說：「我以前曾多次與妖賊作戰，對他們比較瞭解，知道他們變化多端。如今賊寇剛剛得了一些便宜，對於他們的銳氣不可輕視。現在艦船即將修造完畢，我自當與老弟一同率軍消滅叛賊。等到蕩平賊寇之日，長江上游的重任，還得要全部託付給你。」又派劉毅的堂弟劉藩前往豫州鎮所姑孰勸阻劉毅。劉毅大怒，對劉藩說：「當初我與劉裕一同起兵討伐桓玄，暫時推舉劉裕做了盟主，你就認為我真的不如劉裕了嗎！」說完，便把劉裕寫給自己的書信扔到地上，然後率領二萬名水軍從姑孰出發。

盧循剛從廣州出兵北上之時，他令擔任始興太守的劉道覆率軍攻打尋陽，盧循自己則率軍進攻湘中各郡。擔任荊州刺史的劉道規派軍出來迎戰，在長沙被盧循叛軍打敗。盧循乘勝進抵巴陵，準備繼續西進攻取江陵。徐道覆聽說豫州刺史劉毅即將率軍來到，趕緊派人飛馬向盧循報告說：「劉毅的兵眾勢力強盛，我們起兵成敗的關鍵，就看與劉毅的這次決戰，我們應該聯合起來摧毀劉毅。如果此次獲勝，江陵就不值得憂慮了。」盧循在接到劉道覆報告的當天就率軍從巴陵出發，與劉道覆會師之後，便順流而下。五月初七日戊午，劉毅率軍與盧循的軍隊在桑落洲展開激戰。劉毅又被盧循打得大敗，劉毅丟棄了數百艘戰船，在數百人的護衛下徒步逃走，其餘的部眾全部被盧循俘虜，劉毅丟棄的輜重堆積如山。

當初，盧循率領叛軍抵達尋陽的時候，聽說北伐南燕的中軍將軍劉裕已經率軍返回京師建康，盧循還有點不相信；等到他打敗豫州刺史劉毅之後，從俘虜的口中得到了確實的消息，不禁與自己的黨羽相顧失色。盧循想要退回尋陽，攻取江陵，把荊州、江州這兩個州作為根據地以抗拒朝廷軍。而劉道覆卻認為應該乘勝進軍，直取京師建康，兩人各執己見，爭論了好久。盧循為此猶豫不決了好幾天，最後還是決定聽從劉道覆的意見。

五月初八日己未，東晉實行大赦。劉裕開始招募人馬，給應徵入伍者的賞賜規格，與當年在京口組織人馬進入建康討伐桓玄時的相同。徵調民眾修治石頭城。有人建議應該分兵把守各重要關隘渡口，劉裕說：「叛軍人數眾多而朝廷軍隊數量很少，如果分兵把守各處要塞，則容易被人看清我們究竟有多少人馬；而且一旦有一處失利，就會使整個軍心動搖。如今把主力軍全部集中在石頭城，就可以根據實戰需要隨時調動軍隊趕去參戰，這樣做既能不讓人測出我軍到底有多少人，又能集中調動，保證兵力不分散。如果各地徵調的軍隊能夠輾轉集結，如何調動部署，再另做具體考慮。」

東晉朝廷聽到豫州刺史劉毅被叛軍盧循打敗的消息，人心惶惶。當時北伐南燕的軍隊剛剛返回，軍中將士很多人受傷、患病，京師建康的戰士不滿數千。叛軍盧循一連攻克了豫章、尋陽之後，部眾已經發展到十多萬人，水上的船隻、陸地上的戰車連綿一百多里，樓船高十二丈。從作戰前線逃回來的人都爭相傳說叛軍勢力如何強大。擔任尚書左僕射的孟昶和青州刺史諸葛長民都主張放棄京師建康，保護晉安帝司馬德宗渡過長江，到江北避難，中軍將軍劉裕堅決不同意。當初，江州刺史何無忌、豫州刺史劉毅率軍南下討伐叛軍的時候，孟昶就預料到他們必定失敗，後來二人果然被叛軍打敗；到現在，孟昶又認為劉裕肯定也抵擋不住盧循的進攻，眾人都很相信他。只有擔任龍驤將軍的東海人虞丘進在朝廷之上當面批駁孟昶等，認為劉裕一定能夠打敗叛軍盧循等。擔任中兵參軍的王仲德對劉裕說：「明公以當世罕有之才，擔負宰相之任，新近又滅掉南燕，為國家立了大功，威名震動了天地四方，妖賊盧循等趁大軍出兵北伐、後方兵力空虛之機起兵叛變，他們聽到大軍得勝凱旋的消息，就應該自行奔潰。如果我們在叛賊還沒有抵達京師的時候，自己便先行逃亡，這與一個匹夫沒有什麼兩樣，一個匹夫發號施令，誰會聽從呢？如果渡江北逃的提議被朝廷採納，那我現在就辭職不幹了。」劉裕聽了王仲德的一番話，非常高興。而孟昶卻依然堅持自己的意見，堅決向朝廷請求渡江北上，劉裕說：「如今朝廷的重要藩鎮江州、豫州都已失守，強大的賊寇不斷地向京師逼近，人心惶恐不安，已經沒有了堅守獲勝的信心。如果皇帝一旦離開京城，朝廷便一下子土崩瓦解，又豈能到得了江北呢？退一步說，即使能夠到達江北，也不過是多拖延一些時日。如今朝廷的軍隊雖然人數很少，但完全可以用來一戰。如果能夠取勝，則君臣同慶；如果失敗的厄運無法避免，我情願死在廟堂的門前，以實現我生平以身報國的志向，絕不逃到山林草莽之間躲藏起來以求得苟且活在世上。我的決心已定，你不要再多說！」孟昶對劉裕不採納自己的意見感到非常氣惱，而且認為劉裕一定會失敗，因而請求一死。劉裕憤怒地斥責他說：「你應該先活著看我打完這一仗，如果我果真失敗，你再死也不算晚！」孟昶知道劉裕肯定不會採納自己的意見，於是便上表給朝廷，自我陳述說：「劉裕執意率軍北伐南燕，眾臣全都反對，只有我極力贊成劉裕北伐的計畫，卻沒有料到強大的妖賊趁機叛亂，致使國家面臨滅亡的危險，這都是我的罪過。我只能承擔這個責任，以死向全國人民謝罪！」孟昶把表章封好之後，就喝下毒藥自殺而死。

五月十四日乙丑，叛軍盧循率軍抵達淮口，朝廷內外趕緊實行戒嚴。琅邪王司馬德文都督宮城諸軍事，率軍駐紮在中堂殿亭中，中軍將軍劉裕率軍屯紮在石頭城，其餘諸將各自都有屯守任務。劉裕的兒子劉義隆當時才剛四歲，劉裕派擔任諮議參軍的劉粹輔佐他，負責鎮守京口。劉粹，是豫州刺史劉毅的堂弟。

劉裕看見百姓站在江邊眺望江中叛軍的動靜，感到很奇怪，就向擔任參軍的張劭詢問，張劭回答說：「如果將軍沒有返回，百姓四處逃命都怕來不及，哪裡還有心思站在江邊觀望？現在說明他們已經不再恐懼了。」劉裕對自己的將佐說：「妖賊如果從新亭逕直向前推進，其鋒芒不可阻擋，我們就應當暫且迴避，誰勝誰負恐怕還很難預料；如果他們轉彎後停泊在長江西岸，那麼肯定要被俘虜了。」

叛軍首領徐道覆向盧循請求在通往新亭的白石，把所有的舟船全部焚毀，全軍登陸，然後兵分數路進攻劉裕所駐守的石頭城。盧循為了保證萬無一失，遂對徐道覆說：「我們的大軍還沒有到達京師，尚書左僕射孟昶就聞風自殺了，從整個大局來分析，用不了幾天，劉裕的軍隊就會自行潰散。如果一定要求在一個早晨決出勝負，而不顧一切地追求勝利，既沒有必勝的把握，而且會損失很多士卒，不如按兵不動，等待有利時機。」徐道覆看到盧循猜忌心很重，又缺少決斷，不禁歎口氣說：「我終將被盧循所耽誤，事情肯定不會成功；如果能夠讓我為英明的主子效力，平定天下根本算不上什麼難事。」

劉裕登上石頭城遠望叛軍盧循的艦船，開始的時候看見艦船駛向新亭方向，劉裕回頭看了看左右，臉色已經大為改變；不久又看到叛軍調轉艦船停泊在西岸的蔡洲，劉裕不禁又高興起來。於是各路軍馬轉向石頭城聚集。劉裕擔心叛賊盧循會率軍前來騷擾，便採用了虞丘進的辦法，砍伐了很多樹木，把石頭城下的秦淮河注入長江的河口全用木樁截斷，然後加固越城，在查浦、藥園、廷尉修築起三個軍事據點，全都派兵把守。

東晉豫州刺史劉毅在桑落洲被盧循大敗之後，落荒而逃，他穿越了許多少數民族和漢族的聚居區，僅逃得一條性命，跟隨他一起逃亡的侍從由於飢餓和疲憊，死亡了十分之七、八。五月十五日丙寅，劉毅終於抵達了京師建康，等待朝廷治他兵敗之罪。中軍將軍劉裕安慰他、勉勵他，讓他主管除去與盧循作戰以外的其他朝裡朝外的所有日常事務。劉毅主動請求朝廷免除他的官職，晉安帝司馬德宗下詔，將他從衛將軍降為後將軍。

北魏南平公長孫嵩抵達大漠以北，便率軍返回，柔然出兵隨後追擊，把長孫嵩包圍在牛川。五月二十一日壬申，北魏皇帝拓跋嗣率軍北上攻擊柔然。柔然豆代可汗郁久閭社崘聽到拓跋嗣御駕親征，嚇得趕緊逃走，竟然死在逃亡途中。郁久閭社崘的兒子郁久閭度拔年紀尚幼，社崘的部眾遂擁立社崘的弟弟郁久閭斛律為可汗，號稱藹豆蓋可汗。北魏皇帝拓跋嗣率軍返回參合陂。

東晉叛軍首領盧循將軍隊埋伏在秦淮河南岸，然後派遣老弱兵卒乘船向白石進發，聲稱盧循的所有部眾全都從白石棄舟登岸。中軍將軍劉裕留下擔任參軍的沈林子、徐赤特戍守南岸，控制住了查浦一帶的秦淮河，劉裕告誡他們只宜堅守，不要出戰。劉裕遂與後將軍劉毅、青州刺史諸葛長民率軍北上拒敵。沈林子對劉裕說：「妖賊說的話雖然未必真實可信，但還是應該嚴加防備。」劉裕說：「石頭城地勢險要，而且我們先前封鎖淮水入江口的柵欄很堅固，留下你在這裡，完全能夠守得住。」沈林子，是沈穆夫的兒子。

五月二十九日庚辰，盧循率軍焚毀了查浦的軍事據點，挺進到張侯橋。徐赤特就要出兵攻擊盧循，沈林子說：「妖賊聲言前往白石，卻多次前來這裡挑戰，可見他們的真正意圖不是前往白石。現在敵眾我寡，肯定不是妖賊的對手，不如堅守險要以等待大軍到來。」徐赤特沒有聽從沈林子的意見，竟然率軍出戰；盧循的伏兵突然殺出，徐赤特被打得大敗，乘坐著一條小船逃回秦淮河北岸。沈林子以及將軍劉鍾據守木柵，拼死力戰，將軍朱齡石率軍來救，才將叛軍打退。盧循率領精兵蜂擁而上，直至丹陽郡。劉裕率領諸軍飛速返回石頭城，將不聽將令的徐赤特斬首，解甲休息。過了很久，劉裕才率軍南渡秦淮河，在秦淮河南岸大堤排兵布陣。

六月，東晉安帝司馬德宗任命劉裕為太尉、中書監、加授黃鉞。劉裕接受了賞賜的黃鉞，其他職務則一律謝絕接受。任命擔任車騎中軍司馬的庾悅為江州刺史。庾悅，是庾準的兒子。

司馬國璠和他的弟弟司馬叔璠、司馬叔道在南燕滅亡後投奔了後秦。後秦王姚興說：「東晉中軍將軍劉裕剛剛誅滅了桓玄，輔佐晉室，你們為什麼還來投奔我秦國？」司馬國璠等人回答說：「劉裕不是在輔佐晉室，而是有意削弱晉室的勢力，凡是我們司馬氏皇室成員，只要是能自修自立、有點才幹和聲望的，劉裕就要想方設法把他除掉。劉裕即將成為晉室的禍患，他的危害比桓玄更為嚴重。」姚興任命司馬國璠為揚州刺史，任命司馬叔道為兗州刺史。

東晉叛將盧循率軍擄掠各縣，卻一無所得，於是便對徐道覆說：「我們的軍隊已經疲憊不堪，士氣低落，不如返回尋陽，然後全力攻取荊州，等佔據了全國三分之二的疆土之後，再慢慢地與建康朝廷較量高低吧。」

秋，七月庚申❶，循自蔡洲南還尋陽，留其黨范崇民將五千人據南陵❷。甲子❸，裕使輔國將軍王仲德、廣川太守劉鍾、河間內史蘭陵蒯恩❹、中軍諮議參軍孟懷玉等帥眾追循。

乙丑❺，魏主嗣還平城。

西秦王乾歸討越質屈機❻等十餘部，降其眾二萬五千，徙於苑川。八月，乾歸復都苑川❼。

沮渠蒙遜伐西涼❽，敗西涼世子歆❾于馬廟❿，禽其將朱元虎而還。涼公暠以銀二千斤、金二千兩贖元虎，蒙遜歸之，遂與暠結盟而還。

劉裕還東府，大治水軍，遣建威將軍會稽孫處、振武將軍沈田子帥眾三千自海道襲番禺⓫。田子，林子之兄也。眾皆以為「海道艱遠，必至為難，且分撤見力⓬，非目前之急。」裕不從，敕處⓭曰：「大軍⓮十二月之交必破妖虜，卿至時，先傾其巢窟，使彼走無所歸也。」

譙縱遣侍中譙良等入見於秦，請兵以伐晉。縱以桓謙為荊州刺史，譙道福為梁州刺史，帥眾二萬寇荊州⑮，秦王興遣前將軍苟林帥騎兵會之。

江陵自盧循東下，不得建康之問⑯，羣盜互起。荊州刺史劉道規遣司馬王鎮之帥天門⑰太守檀道濟⑱、廣武將軍彭城到彥之⑲入援建康。道濟，祗⑳之弟也。

鎮之至尋陽，為苟林所破。盧循聞之，以林為南蠻校尉㉑，分兵配之，使乘勝伐江陵，聲言徐道覆已克建康。桓謙於道召募義舊㉒，民投之者二萬人。謙屯枝江㉓，林屯江津㉔，二寇交逼，江陵士民多懷異心。道規乃會將士告之曰：「桓謙今在近道，聞諸長者頗有去就㉕之計，吾東來文武㉖足以濟事㉗，若欲去者，本不相禁。」因夜開城門，達曉不閉。眾咸憚服，莫有去者。

雍州刺史魯宗之㉘帥眾數千自襄陽赴江陵。或謂宗之情未可測，道規單馬迎之，宗之感悅。道規使宗之居守㉙，委以腹心，自帥諸軍攻謙。諸將佐皆曰：「今遠出討謙，其勝難必。苟林近在江津，伺人動靜，若來攻城，宗之未必能固；脫有蹉跌㉚，大事去矣。」道規曰：「苟林愚懦，無他奇計，以吾去未遠，必不敢向城。吾今取謙，往至便克；沈疑㉛之間，已自還返。謙敗則林破膽，豈暇得來？且宗之獨守，何為不支數日㉜？」乃馳往攻謙，水陸齊進。謙等大陳舟師，兼以步騎，戰於枝江。檀道濟先進陷陳㉝，謙等大敗。謙單舸奔苟林，道規追斬之。還至涌口㉞，討林，林走，道規遣諮議參軍臨淮劉遵帥眾追之。初，謙至枝江，江陵士民皆與謙書，言城內虛實，欲為內應。至是檢得之，道規悉焚不視，眾於是大安。

江州刺史庾悅以鄱陽太守虞丘進為前驅㉟，屢破盧循兵，進據豫章，絕循糧道。九月，劉遵斬苟林于巴陵㊱。

桓石綏㊲因循入寇，起兵洛口㊳，自號荊州刺史，徵陽㊴令王天恩自號梁州刺史，襲據西城㊵。梁州㊶刺史傅韶[1]遣其子魏興㊷太守弘之討石綏等，皆斬之，桓氏遂滅。韶，暢之孫也。

西秦王乾歸攻秦略陽㊸、南安㊹、隴西㊺諸郡，皆克之，徙民二萬五千戶於苑川及枹罕。

甲寅㊻，葬魏主珪於盛樂金陵㊼，諡曰「宣武」，廟號「烈祖」。

劉毅固求追討盧循，長史王誕密言於劉裕曰：「毅既喪敗，不宜復使立功。」裕從之。冬，十月，裕帥兗州刺史劉藩、寧朔將軍檀韶、冠軍將軍劉敬宣等南擊盧循，以劉毅監太尉留府㊽，後事皆委焉。癸巳㊾，裕發建康。

徐道覆率眾三萬趣江陵[50]，奄至破冢[51]。時魯宗之已還襄陽，追召不及，人情大震。或傳循已平京邑[52]，遣道覆來為刺史，江、漢士民感劉道規焚書之恩，無復貳志。道規使劉遵別為遊軍[53]，自拒道覆於豫章口[54]。前驅失利，遵自外橫擊，大破之，斬首萬餘級，赴水死者殆盡。道覆單舸走還湓口[55]。初，道規使遵為遊軍，眾咸以為彊敵在前，唯患眾少，不應分割見力[56]，置無用之地；及破道覆，卒得遊軍之力，眾心乃服。

鮮卑僕渾[57]、羌句豈、輸報、鄧若[58]等帥戶二萬降于西秦。

王仲德[59]等聞劉裕大軍且至，進攻范崇民於南陵，崇民戰艦夾屯兩[2]岸[60]。十一月，劉鍾自行覘賊[61]，天霧，賊鉤得其舸。鍾因帥左右攻艦戶[62]，賊遽閉戶拒之。鍾乃徐還，與仲德共攻崇民，崇民走。

癸丑[63]，益州刺史鮑陋[64]卒。譙道福陷巴東[65]，殺守將溫祚[66]、時延祖[67]。

盧循兵守廣州者不以海道為虞[68]。庚戌[69]，孫處乘海奄至[70]，會大霧，四面攻之，即日拔其城。處撫其舊民[71]，戮循親黨，勒兵謹守，分遣沈田子等擊嶺表諸郡[72]。

劉裕軍雷池[73]，盧循揚聲不攻雷池，當乘流徑下[74]。裕知其欲戰，十二月己卯[75]，進軍大雷[76]。庚辰[77]，盧循、徐道覆帥眾數萬塞江而下，前後莫見舳艫之際[78]。裕悉出輕艦，帥眾軍齊力擊之；又分步騎屯於西岸，先備火具。裕以勁弩射循軍，因風水之勢以蹙[79]之。循艦悉泊西岸，岸上軍投火焚之，烟炎漲天。循兵大敗，走還尋陽。將趣豫章，乃悉力柵斷左里[80]。丙申[81]，裕軍至左里，不得進。裕麾兵將戰，所執麾[82]竿折，幡[83]沈于水，眾並怪懼。裕笑曰：「往年覆舟之戰[84]，幡竿亦折，今者復然，賊必破矣。」即攻柵而進。循兵雖殊死戰，弗能禁。循單舸走，所殺及投水死者凡萬餘人。納其降附，宥其逼略[85]，遣劉藩、孟懷玉輕軍追之。循收散卒，尚有數千人，徑還番禺，道覆走保始興[86]。裕版[87]建威將軍褚裕之行廣州刺史[88]。裕之，裒[89]之曾孫也。裕還建康。劉毅惡劉穆之，每從容與裕言穆之權太重，裕益親任之。

燕[90]廣川公萬泥、上谷公乳陳[91]，自以宗室，有大功[92]，謂當入為公輔[93]。燕王跋以二藩[94]任重，久而弗徵[95]，二人皆怨。是歲，乳陳密遣人告萬泥曰：「乳陳有至謀，願與叔父圖之。」萬泥遂奔白狼，與乳陳俱叛。跋遣汲郡公弘[96]與張興將步騎二萬討之。弘先遣使諭以禍福；萬泥欲降，乳陳不可。興謂弘曰：「賊明日出戰，今夜必來驚我營，宜為之備。」弘乃密令[3]人課草十束[97]，畜火伏兵以待之。是夜，乳陳果遣壯士千餘人來斫營98，眾火俱起，伏兵邀擊，俘斬無遺。萬泥④、乳陳懼而出降，弘皆斬之。跋以范陽公素弗99為大司馬，改封遼西公；弘為驃騎大將軍，改封中山公。

【章　旨】以上為第四段，寫晉安帝義熙六年（西元四一〇年）下半年的大事。主要寫了劉裕派部將王仲德、劉鍾追擊盧循，破盧循守將范崇民於南陵；劉裕又派部將孫處、沈田子自海道襲取廣州，顛覆了盧循的巢穴，穩定了嶺外諸郡；寫了譙縱乘晉內亂派桓謙與秦將苟林合攻荊州，被劉裕部將劉道規、檀道濟、魯宗之等大破於江陵，桓謙、苟林皆敗死；桓石綏起兵應盧循，自稱荊州刺史，被晉梁州刺史傅韶所破殺，桓氏家族被滅絕；寫了徐道覆進攻江陵，被劉道規、劉遵大破之，徐道覆單舸逃回尋陽；寫了劉裕大軍進駐雷池，大破盧循、徐道覆軍於大雷，戰爭激烈，描寫精彩，盧循、徐道覆逃過嶺南；此外還寫了北燕馮跋政權下的馮萬泥、馮乳陳發動叛亂，失敗被殺，西秦王乞伏乾歸攻取了秦之略陽、南安諸郡，以見西秦的勢力轉強等等。

【注　釋】❶七月庚申　七月初十。❷南陵　郡名，郡治在今安徽貴池區附近。❸甲子　七月十四。❹蘭陵蒯恩　蘭陵郡人姓蒯名恩。蘭陵郡治在今山東棗莊嶧城鎮，東晉在今江蘇常州西北設有僑置郡。❺乙丑　七月十五。❻越質屈機　即越質詰歸。越質是鮮卑族的一個部落名，詰歸是其頭領。詰歸曾降於乞伏乾歸，後叛投姚興。❼復都苑川　乞伏乾歸原都苑川（今甘肅蘭州東），後降於姚興。叛離姚興後曾躲入度堅山，今又遷回苑川。❽西涼　其統治者西涼公名叫李暠，都城即今甘肅張掖。❾世子歆　李暠的太子李歆。世子，意同「太子」。❿馬廟　約在今甘肅酒泉東南。按，古代祭馬祖，後世因立廟以祭之，故名其地曰「馬廟」。⓫番禺　即今廣州。⓬分撤見力　分散現有的兵力。見，同「現」。⓭敕處　告誡孫處。敕，告誡；約束。⓮大軍　指自己的主力部隊。⓯荊州　州治即今湖北江陵西北之紀南城，當時屬東晉，劉裕的部將劉道規任荊州刺史。⓰問　音信；消息。⓱天門　郡名，郡治即今湖南石門。⓲檀道濟　劉裕的名將。傳見《南史》卷十五。⓳到彥之　姓到名彥之，劉裕的名將。傳見《南史》卷二十五。⑳祗　檀祗。傳見《南史》卷十五。㉑南蠻校尉　官名，駐兵江陵。盧循欲使苟林取江陵，故任以此職，此由東西上。㉒召募義舊　召募那些昔日受過桓氏之「恩」，而思「義」圖報的人。㉓枝江　縣名，縣治在今湖北枝江縣西南，當時的江陵城西。㉔江津　即江津戍，在江陵城東南不遠。㉕去就　去此就彼，隱指投降敵人。㉖東來文武　由東方建康來的僚屬，指自己與部下將士。㉗足以濟事　完全可以辦好這件事，指打退桓謙等人。㉘雍州刺史魯宗之　東晉的雍州州治在今湖北襄樊。魯宗之是晉末名將。㉙居守　留守城池。㉚脫有蹉跌　一旦出現閃失。脫，突然；如果。蹉跌，閃失。㉛沈疑　遲疑；拿不定主意。此指苟林。沈，同「沉」。㉜何為不支數日　怎麼就堅持不了幾天。支，堅持。㉝陷陳　攻破敵陣。陳，同「陣」。㉞涌口　涌水入長江之口，在江陵城東。㉟前驅　先頭部隊。㊱巴陵　即今湖南岳陽。㊲桓石綏　桓玄的堂兄弟，桓玄死後，一直輾轉為寇。㊳洛口　洛谷水與漢水的匯口，在今陝西洋縣。㊴徵陽　胡三省以為應作「微陽」，微陽在今湖北竹溪縣東。㊵西城　縣名，縣治在今陝西安康西北。㊶梁州　州治在今陝西漢中，當時屬晉。㊷魏興　郡名，郡治即西城。㊸略陽　郡名，郡治在今甘肅天水市東。㊹南安　郡名，郡治在今甘肅隴西縣東。㊺隴西　郡名，郡治在今甘肅隴西縣東南。㊻甲寅　九月初五。㊼盛樂金陵　盛樂是拓跋魏的故都，在今內蒙古和林格爾城北。金陵是拓跋珪的陵墓名。㊽太尉留府　太尉府的留守處。當時劉裕任太尉。㊾癸巳　十月十四。㊿趣江陵　殺向江陵。趣，同「趨」。奔向；撲向。(51)奄至破冢　突然出現在破冢。「破冢」是地名，在江津戍東，江陵城的東南。(52)已平京邑　已經佔據建康。(53)遊軍　游擊部隊，以騷擾敵人。(54)豫章口　在江陵城東二十里的長江上。(55)湓口　鄱陽湖的入長江之口，在今江西九江東北。(56)分割見力　分散現有的兵力。(57)鮮卑僕渾　鮮卑族的部落頭領名叫「僕渾」。(58)羌句豈輸報鄧若　羌族的部落頭領名叫「句豈」、「輸報」、「鄧若」。(59)王仲德　劉裕的部將，時任輔國將軍，正與劉鍾等追擊盧循。(60)夾屯兩岸　謂佔據南陵（今安徽貴池區），夾長江而守。(61)覘賊　探看敵情。覘，探測。(62)艦戶　以船構成的營門，猶如步兵之所謂「轅門」。(63)癸丑　十一月初五。(64)鮑陋　東晉的益州刺史。因益州已被譙縱所佔據，故鮑陋只能游動於今重慶市的東部一帶地區。(65)巴東　郡名，郡治在今重慶市奉節東。(66)溫祚　時為東晉的巴東太守。(67)時延祖　時為龍驤將軍，前隨劉敬宣伐蜀失利，退守巴東。(68)不以海道為虞　不防備有人從海道進攻他們。虞，憂慮；防備。(69)庚戌　十一月初二。(70)乘海奄至　突襲從海路到達。奄，突然；出其不意。(71)舊民　廣州的舊有居民。(72)嶺表諸郡　五嶺以南的各郡，如南海、蒼梧、鬱林、合浦等。嶺表，猶言「嶺外」、「嶺南」。(73)雷池　今安徽望江縣，在長江西岸。(74)徑下　一直東下。(75)十二月己卯　十二月初一。(76)大雷　即前文所說的雷池一帶，其地有江，稱大雷江；有岸，稱大雷岸；有駐兵據點，稱大雷戍。(77)庚辰　十二月初二。(78)莫見舳艫之際　其艦船多得一眼望不到頭。79蹙 逼；擠。80柵斷左里 在水中下樁立柵，以遮護其左里城。左里，盧循所築的城名，在今江西都昌西北的左蠡鎮。81丙申 十二月十八。82麾 大將軍的指揮旗。83幡 這裡指指揮旗的旗面。84覆舟之戰 覆舟山破桓玄之戰，見本書卷一百十三元興三年。覆舟山在南京東北的長江邊。85宥其逼略 寬赦那些被逼迫、被強抓的敵軍士兵。宥，寬饒。略，意思同「掠」。86始興 郡名，郡治在今廣東韶關市西南。87版 委任；任命。88行廣州刺史 代理廣州刺史。行，臨時代理。89裒 即褚裒，晉康帝褚皇后之父。90燕 此指馮跋的北燕政權。91廣川公萬泥上谷公乳陳 即馮萬泥、馮乳陳。馮萬泥是馮跋的堂兄，馮乳陳是馮跋之姪。92有大功 指協助馮跋殺死慕容熙，擁立高雲。93公輔 位居三公的宰相之任。94二藩 當時馮萬泥為幽、平二州刺史，鎮肥如（今河北盧龍北）；馮乳陳為并、青二州刺史，鎮白狼（今遼寧喀拉沁左翼西南）。95弗徵 不調任進京。96汲郡公弘 即馮弘，馮跋之弟。97人課草十束 讓每人準備好十束乾草。課，準備，98斫營 劫營。99范陽公素弗 即馮素弗，馮跋之弟。

【校 記】1傳韶 據章鈺校，甲十一行本、乙十一行本皆作「傳詔」。2兩 原作「西」。據章鈺校，甲十一行本、乙十一行本、孔天胤本皆作「兩」字，張敦仁《通鑑刊本識誤》同，今據改。3令 據章鈺校，甲十一行本、乙十一行本皆作「嚴」。4萬泥 張敦仁《通鑑刊本識誤》改作「万泥」。

【語 譯】秋季，七月初十日庚申，盧循從蔡洲撤出，準備南下返回尋陽，他留下自己的黨羽范崇民率領五千名士卒據守南陵。十四日甲子，中軍將軍劉裕派擔任輔國將軍的王仲德、擔任廣川太守的劉鍾、擔任河間內史的蘭陵人蒯恩、擔任中軍諮議參軍的孟懷玉等率領官軍追擊叛將盧循。

七月十五日乙丑，北魏皇帝拓跋嗣從攻打柔然前線返回京師平城。

西秦王乞伏乾歸率軍討伐鮮卑族越質屈機等十多個部落，將其降服的二萬五千名部眾，全部遷徙到苑川。八月，乞伏乾歸再次把都城從度堅山遷回到苑川。

北涼張掖公沮渠蒙遜率軍討伐西涼，在馬廟打敗了西涼公李暠的世子李歆，俘虜了西涼將領朱元虎，而後班師。李暠用二千斤白銀、二千兩黃金贖取朱元虎，沮渠蒙遜遂將朱元虎放回，並與李暠訂立盟約，然後返回。

東晉中軍將軍劉裕返回東府，開始大規模擴建水軍，他派擔任建威將軍的會稽郡人孫處、擔任振武將軍的沈田子率領三千名水軍走海路襲擊番禺。沈田子，是沈林子的哥哥。眾人全都認為「走海道路途遙遠，海上風大浪急，艱險難行，不一定能夠到達，而且分散現有的兵力去攻打番禺，也不是目前的當務之急。」劉裕沒有聽從眾人的意見，他告誡建威將軍孫處說：「朝廷大軍在十二月之初，一定能夠擊敗妖賊，你率軍到達番禺之後，要先端掉盧循的老巢番禺，令盧循逃走時無家可歸。」

西蜀成都王譙縱派擔任侍中的譙良為使者前往後秦的都城長安晉見後秦王姚興，請求出兵討伐東晉。譙縱任命東晉叛將桓謙為荊州刺史，任命譙道福為梁州刺史，率領二萬人馬東下攻打東晉的荊州，後秦王姚興派擔任前將軍的苟林率領騎兵南下與西蜀軍會合。

東晉江陵自從盧循率軍東下以後，就再也沒有得到有關京師建康方面的消息，於是盜賊蜂擁而起。擔任荊州刺史的劉道規派遣擔任司馬的王鎮之率領擔任天門郡太守的檀道濟、擔任廣武將軍的彭城人到彥之率軍東下增援建康。檀道濟，是檀祗的弟弟。

擔任司馬的王鎮之率軍到達尋陽，被苟林打敗。叛將盧循聽到消息，立即任命苟林為南蠻校尉，並撥給苟林一部分兵力，讓苟林乘勝攻打江陵，聲稱徐道覆已經攻克了京師建康。桓謙一路之上招募荊楚地區那些昔日受過桓氏之恩而準備報效的人以及桓氏的舊部，民眾前來投奔他的多達二萬人。桓謙將軍隊屯紮在枝江縣，後秦前將軍苟林屯駐在江津，這兩股賊寇開始逼近江陵，江陵城內的士民大多都懷有背叛朝廷之心。擔任荊州刺史的劉道規於是招集將士，告訴他們說：「桓謙現在就在江陵附近，我聽說諸位長輩大多都有離開這裡去投靠桓謙的想法，我們這些從東方來的文武官員憑藉自己的力量完全能夠打退桓謙等，取得勝利，如果你們想走，我不會禁止。」於是在夜間打開城門，一直到天亮也沒有關閉。眾將士心中對劉道規既懼怕又佩服，竟然沒有一個人離開江陵去投奔桓謙。

東晉擔任雍州刺史的魯宗之率領數千人馬從襄陽趕赴江陵。有人說魯宗之的來意令人莫測，荊州刺史劉道規卻單人匹馬出城迎接，令魯宗之非常感動，也非常高興。劉道規讓魯宗之留在江陵據守，對他推心置腹，而自己則率領諸軍去攻打桓謙。諸將佐都勸阻說：「現在遠出去攻打桓謙，很難有必勝的把握。而苟林卻近在江津，伺察這裡的動靜，如果他率軍前來攻取江陵，魯宗之未必能守得住；一旦出現閃失，可就大勢已去。」劉道規說：「苟林愚昧懦弱，不會有什麼奇謀妙計，他認為我離城並不遠，一定不敢前來攻城。我現在去攻打桓謙，只要兵到就能取勝；在苟林還在猶豫不決的時候，我已經得勝而回。桓謙被打敗之後，苟林就會嚇破膽，哪裡還會有時間來攻城？而且有魯宗之獨立堅守，怎麼不能堅持幾天？」於是急速出兵攻打桓謙，水路、陸路齊頭並進。桓謙等出動所有水軍，再加上步兵、騎兵，與劉道規在枝江展開大戰。天門太守檀道濟率先攻破敵陣，桓謙等被打得大敗。桓謙乘坐著一艘小船逃奔苟林，被劉道規追上、斬首。劉道規回師到達涌口，向苟林發起攻擊，苟林兵敗逃走，劉道規派遣擔任諮議參軍的臨淮人劉遵率領部眾前去追擊苟林。當初，桓謙抵達枝江的時候，江陵城內的士民全都寫信給桓謙，向他報告江陵城內的兵力虛實，準備為桓謙攻打江陵做內應。等到桓謙在枝江被劉道規擊敗、殺死，這些信件就全部落入了劉道規的手中，劉道規連看也不看就全部焚毀，眾人這才完全放下心來。

東晉擔任江州刺史的庾悅任用鄱陽太守虞丘進為前鋒，多次打敗盧循所率領的叛軍，收復了豫章，截斷了盧循運送糧草的通道。九月，劉遵率軍追擊苟林，在巴陵將苟林斬首。

桓石綏趁著盧循北上叛亂的機會，在洛口聚眾起兵，他自稱荊州刺史，徵陽縣令王天恩自稱梁州刺史，襲擊西城，並將西城佔領。東晉擔任梁州刺史的傅韶派自己的兒子、擔任魏興太守的傅弘之率軍討伐桓石綏等，將他們全部斬首，桓氏至此滅亡。傅韶，是傅暢的孫子。

西秦王乞伏乾歸率軍攻取後秦的略陽、南安、隴西各郡，而且全部攻克，把這些郡中的二萬五千戶居民強迫遷移到西秦的都城苑川和枹罕。

九月初五日甲寅，北魏將先皇拓跋珪安葬在盛樂的金陵，諡號為「宣武」，廟號「烈祖」。

劉毅堅決請求率軍討伐叛將盧循，擔任長史的王誕祕密地對劉裕說：「後將軍劉毅已經被盧循打敗，喪失了軍隊，就不應該再讓他討賊立功。」劉裕聽從了王誕的建議。冬季，十月，中軍將軍劉裕親自率領兗州刺史劉藩、寧朔將軍檀韶、冠軍將軍劉敬宣等西下攻擊盧循，令後將軍劉毅負責太尉府的留守事宜，把後方的所有事務全部委託給劉毅。十四日癸巳，劉裕率領征討大軍從京師建康出發。

叛軍將領徐道覆率領三萬名部眾殺向江陵，卻突然出現在破冢。當時增援江陵的雍州刺史魯宗之已經離開江陵，返回雍州治所襄陽，派人將他追回已經來不及，於是人心非常驚恐不安。有人傳說盧循已經攻佔了京師，派徐道覆來任荊州刺史。江、漢地區的人感念荊州刺史劉道規燒毀書信，對準備投靠桓謙的人不予追究的恩德，再也沒有背叛之心。劉道規派諮議參軍劉遵率領一支部隊出城去打游擊戰，自己則率軍在豫章口抵抗徐道覆的正面進攻。先頭部隊卻作戰失敗，劉遵率領游擊軍從外線橫殺過來，將徐道覆打得大敗，砍下了徐道覆叛軍的一萬多顆首級，再加上被逼跳水而死的，徐道覆的部眾幾乎死光了。徐道覆乘坐著一艘小船逃回了湓口。當初，劉道規派諮議參軍劉遵率領游擊軍外出作戰，眾人全都認為強大的叛軍就在面前，本來就擔心官軍人數太少，在這種情況下，不應該再把現有的軍隊分割一部分出去，放置在一個無用武的地方；在打敗徐道覆的戰鬥中，劉遵所率領的游擊軍終於在關鍵時刻發揮了決定性的作用，眾人才對劉道規的部署感到心服口服。

鮮卑族部落首領僕渾、羌族部落首領句豈、輸報、鄧若等率領二萬戶投降了西秦王乞伏乾歸。

東晉輔國將軍王仲德等聽說中軍將軍劉裕率領大軍即將到達的消息，便向叛軍范崇民所據守的南陵發起猛攻，范崇民率領艦船在長江南北兩岸夾江而守。十一月，廣川太守劉鍾親自率人前去偵查敵情，當時大霧彌漫，叛軍用鐵鉤鉤住了劉鍾的小船。劉鍾趁機率領左右進攻叛賊水軍營寨的大門，叛軍馬上關閉營門拒絕劉鍾等進入，劉鍾這才慢慢地返回，然後與輔國將軍王仲德聯合攻打范崇民，范崇民失敗逃走。

十一月初五日癸丑，東晉擔任益州刺史的鮑陋去世。西蜀成都王譙縱所任命的輔國將軍譙道福率軍攻陷了東晉的巴東郡，殺死了擔任巴東郡太守的溫祚、擔任巴東司馬的龍驤將軍時延祖。

叛將盧循留守廣州的部眾沒有料到朝廷的軍隊會從海道前來攻打廣州，所以毫無戒備。十一月初二日庚戌，東晉建威將軍孫處率領艦船突然從海道抵達廣州，當時正趕上大霧彌漫，孫處指揮軍隊從四面攻打廣州，當天就攻克了廣州城。孫處安撫廣州舊有的居民，屠殺了盧循的親屬、黨羽，然後部署軍隊嚴密防守廣州城，一面派振武將軍沈田子等分別率軍攻取五嶺以南各郡。

東晉中軍將軍劉裕率領討賊大軍駐紮在雷池，叛將盧循揚言不攻打雷池，而要再次乘船順流東下攻打京師建康。劉裕卻知道盧循正準備與朝廷軍進行決戰，十二月初一日己卯，劉裕率軍挺進到雷池西面的大雷戍。初二日庚辰，叛將盧循、徐道覆率領數萬名部眾乘坐艦船順流而下，艦船布滿了江面，多得一眼望不到頭。劉裕則出動全部輕快的戰船，率領各路大軍齊心協力攻打叛軍；劉裕還部署了一部分步兵、騎兵屯紮在長江西岸，預先備齊了縱火的工具。劉裕下令軍中用強弓硬弩射擊盧循叛軍，利用風勢水勢，把叛軍的艦船逼向西岸。盧循的艦船於是全部停靠在西岸，早就守護在西岸的官軍立即向叛軍的艦船投射火種，焚燒艦船，霎時間，烈焰衝天而起，江面之上煙塵彌漫。叛軍全線潰敗，盧循率領殘部逃回尋陽。盧循準備南下攻取豫章，於是便集中兵力在水中下樁立柵，用來遮護左里城，阻擋官軍的進攻。十八日丙申，劉裕率領大軍抵達左里，由於盧循封鎖了航道而無法前進。劉裕正要揮旗指揮軍隊發動進攻，手中的指揮旗桿突然折斷，旗子沉落水中，眾人非常驚駭恐懼，認為這是一種不祥的預兆。劉裕笑著說：「往年在討伐桓玄的覆舟山戰役中，我的指揮旗桿也斷了，今天又是如此，看來這次肯定能夠擊敗叛賊。」於是攻破盧循設置的木柵，向前挺進。盧循的叛軍雖然拼命死戰，卻無法阻擋官軍的進攻。盧循一看大勢不好，趕緊乘坐一艘小艇逃走，其餘被殺死以及投水而死的總計有一萬多人。劉裕接納了那些歸附投降的人，赦免了那些被逼迫、被強行抓來而參與叛變的人，然後派遣擔任兗州刺史的劉藩、擔任中軍諮議參軍的孟懷玉率領一支輕裝部隊追擊盧循。盧循一邊逃亡，一邊招集逃散的部眾，此時屬下還有數千人，盧循率領著這支數千人的殘兵敗將逕直逃回廣州的番禺，叛軍的另一位首領徐道覆逃往始興據守。劉裕臨時委任建威將軍褚裕之為代理廣州刺史。褚裕之，是褚裒的曾孫。劉裕返回京師建康。後將軍劉毅憎惡劉穆之，常常在劉裕面前從容不迫地告誡說劉穆之的權力太重，而劉裕就越加親近、信任劉穆之。

北燕廣川公馮萬泥、上谷公馮乳陳，認為自己出身皇族，又立有大功，就應該留在朝廷，擔任位居三公的宰相之任。而燕王馮跋則認為馮萬泥所鎮守的肥如、馮乳陳所鎮守的白狼都是國家的重鎮，責任重大，因此很久沒有徵調二人回到京師龍城，二人對此非常怨恨。這一年，上谷公馮乳陳祕密派人告訴廣平公馮萬泥說：「我有一個最為宏大的計謀，希望與叔父商議。」馮萬泥遂放棄肥如，投奔駐守白狼的馮乳陳，與馮乳陳一同謀反。北燕天王馮跋派汲郡公馮弘與張興率領二萬名步兵、騎兵前往白狼討伐馮萬泥與馮乳陳。馮弘首先派使者前往白狼，為馮萬泥與馮乳陳分析禍福利害；馮萬泥因此準備向朝廷投降，而馮乳陳不同意。輔國大將軍張興對汲郡公馮弘說：「叛賊明天出戰，今天夜裡肯定會來襲擊我們的營寨，我們應該提前做好準備。」馮弘遂祕密下令，讓每名士卒準備好十捆乾草，準備好引火的工具，設好埋伏，嚴陣以待。當天夜間，馮乳陳果然派遣一千多名勇士前來劫營，馮弘下令眾人點火，於是四面火光沖天，伏兵隨著火起立即殺出，前來劫營的一千多名勇士有的被俘虜，有的被殺死，一個沒剩。馮萬泥、馮乳陳非常恐懼，只好出來投降，馮弘把他們二人全部斬首。馮跋任命范陽公馮素弗為大司馬，改封遼西公；任命馮弘為驃騎大將軍，改封中山公。

【研　析】 本卷寫晉安帝義熙五年（西元四〇九年）、六年共兩年間的各國大事，其中引人注意並值得議論的事情主要有以下幾個方面：

其一，寫劉裕破南燕於臨朐，戰爭描寫極其精彩。其文曰：「劉裕過大峴，燕兵不出。裕舉手指天，喜形于色。左右曰：『公未見敵而先喜，何也？』裕曰：『兵已過險，士有必死之志；餘糧棲畝，人無匱乏之憂。虜已入吾掌中矣。』六月己巳，裕至東莞。超先遣公孫五樓、賀賴盧及左將軍段暉等，將步騎五萬屯臨朐。聞晉兵入峴，自將步騎四萬往就之，使五樓帥騎進據巨蔑水。前鋒孟龍符與戰，破之，五樓退走。裕以車四千乘為左右翼，方軌徐進，與燕兵戰於臨朐南。日向昃，勝負猶未決。參軍胡藩言於裕曰：『燕悉兵出戰，臨朐城中留守必寡，願以奇兵從間道取其城，此韓信所以破趙也。』裕遣藩及諮議參軍檀韶、建威將軍河內向彌潛師出燕兵之後，攻臨朐，聲言輕兵自海道至矣。向彌擐甲先登，遂克之。超大驚，單騎就段暉於城南。裕因縱兵奮擊，燕眾大敗，斬段暉等大將十餘人。超遁還廣固，獲其玉璽、輦及豹尾。裕乘勝逐北至廣固，丙子，克其大城，超收眾入保小城。裕築長圍守之，圍高三丈，穿塹三重；撫納降附，采拔賢俊，華、夷大悅。於是因齊地糧儲，悉停江、淮漕運。」事先劉裕已經料定慕容超必不守險，故晉軍過峴後，劉裕未見敵而喜，知敵已入吾囊中矣。至兩軍交戰而長時間不能取勝，胡藩乃請以輕兵繞出其後攻取其城，且謂「此韓信所以破趙也」，此真能活學活用古人之兵法者，所謂「見機行事」者也。也多虧胡藩、檀韶、向彌三將有勇有謀，既聲言「輕兵自海道至矣」以動搖其軍心；又能身先士卒，「擐甲先登」，故能克其堅城，獲取全勝，此乃既用韓信之計，又非止能用韓信之計也。胡藩、檀韶、向彌三人，當獲首功。可惜，此後再沒見三人表現如此卓越之身手。

慕容超雖被大破於臨朐，但回廣固後仍堅守了相當長的時日，說明燕人的抗擊能力還是很強的，不像晉人那樣腐敗無能，故而讓劉裕很惱火，於是在攻克廣固後，「欲盡阬之，以妻女賞將士」。多虧了部將韓範諫曰：「晉室南遷，中原鼎沸，士民無援，強則附之，既為君臣，必須為之盡力。彼皆衣冠舊族，先帝遺民。今王師弔伐而盡阬之，使安所歸乎？竊恐西北之人無復來蘇之望矣。」劉裕改容謝之，然「猶斬王公以下三千人，沒入家口萬餘」。司馬光為此譴責劉裕說：「劉裕始以王師翦平東夏，不於此際旌禮賢俊，慰撫疲民，宣愷悌之風，滌殘穢之政，使羣士嚮風，遺黎企踵，而更恣行屠戮以快忿心。迹其施設，曾苻、姚之不如，宜其不能蕩壹四海，成美大之業，豈非雖有智勇而無仁義使之然哉？」

其二，本卷寫了魏主拓跋珪向漢武帝學來的殘暴荒謬政策，與拓跋珪被其不肖兒子拓跋紹所殺的狂暴情景。文章說：「魏主珪將立齊王嗣為太子。魏故事，凡立嗣子，輒先殺其母，乃賜嗣母劉貴人死。珪召嗣諭之曰：『漢武帝殺鉤弋夫人，以防母后豫政，外家為亂也。汝當繼統，吾故遠迹古人，為國家長久之計耳。』嗣性孝，哀泣不自勝。珪怒之。嗣還舍，日夜號泣，珪知而復召之。左右曰：『上怒甚，入將不測，不如且避之，俟上怒解而入。』嗣乃逃匿於外，惟帳下代人車路頭、京兆王洛兒二人隨之。」漢武帝為立幼子劉弗陵為太子，而先殺了劉弗陵之母鉤弋夫人事，見《史記·外戚世家》，此事除了昏悖透頂的褚少孫能對漢武帝容忍、讚歎外，沒聽說有一個讀者對漢武帝表示敬服，而偏偏鮮卑人拓跋氏能對漢武亦步亦趨，比照實行。明代袁俊德《歷史綱鑑補》對此說：「漢武懲呂氏而殺鉤弋已屬過舉，元魏乃竟以為故事。且如珪孤弱時，使非其母賀氏輾轉奔託，幾何不被寔君、劉顯所害？不自思而立此滅倫之法，不特因噎廢食，實非人世所宜有之事。」

拓跋珪幹了這種滅倫之事，是否就給魏國朝廷帶來太平過渡了呢？照樣沒有。文章寫拓跋珪之死說：「初，珪如賀蘭部，見獻明賀太后之妹美，言於賀太后，請納之。賀太后曰：『不可。是過美，必有不善。且已有夫，不可奪也。』珪密令人殺其夫而納之，生清河王紹。紹兇很無賴，好輕遊里巷，劫剝行人以為樂。珪怒之，嘗倒懸井中，垂死，乃出之。齊王嗣屢誨責之，紹由是與嗣不協。戊辰，珪譴責賀夫人，囚，將殺之。會日暮，未決。夫人密使告紹曰：『汝何以救我？』左右以珪殘忍，人人危懼。紹年十六，夜，與帳下及宦者宮人數人通謀，踰垣入宮，至天安殿。左右呼曰：『賊至！』珪驚起，求弓刀不獲，遂弒之。」拓跋珪在魏國也應該算是一個幼年歷經苦難，長大有一定作為的人。但生性殘暴，喜怒無常，曾殺過不少對魏國很有貢獻、而且很有聲望的人。有其父必有其子，拓跋珪的結局如此，很難說是不幸。

其三，本卷寫了農民軍徐道覆的卓越才幹，只因主帥盧循不用徐道覆之謀，致使農民軍屢戰屢敗。文章說：「初，徐道覆聞劉裕北伐，勸盧循乘虛襲建康，循不從。道覆自至番禺說循曰：『本住嶺外，豈以理極於此，傳之子孫邪？正以劉裕難與為敵故也。今裕頓兵堅城之下，未有還期，我以此思歸死士掩擊何、劉之徒，如反掌耳。不乘此機，而苟求一日之安，朝廷常以君為腹心之疾，若裕平齊之後，息甲歲餘，以璽書徵君。裕自將屯豫章，遣諸將帥銳師過嶺，雖復以將軍之神武，恐必不能當也。今日之機，萬不可失。若先克建康，傾其根蒂。裕雖南還，無能為也。』」這是多麼難得的時機，多麼易於建功立業的謀略！可惜盧循蠢才，執意不聽。

後來劉裕滅南燕而歸，農民軍破殺晉之大將何無忌，沿江而下直取建康，劉裕登城據守。「徐道覆請於新亭至白石焚舟而上，數道攻裕。循欲以萬全為計，謂道覆曰：『大軍未至，孟昶便望風自裁，以大勢言之，自當計日潰亂。今決勝負於一朝，乾沒求利，既非必克之道，且殺傷士卒，不如按兵待之。』道覆以循多疑少決，乃歎曰：『我終為盧公所誤，事必無成；使我得為英雄驅馳，天下不足定也。』」司馬遷《史記》寫吳楚七國之反，吳楚軍中有吳少伯、桓將軍、周丘等人。吳少伯、桓將軍都曾為吳王濞籌謀劃策，吳王濞一概不聽。「周丘者，下邳人，亡命吳，酤酒無行，吳王濞薄之，弗任。周丘上謁，說王曰：『臣以無能，不得待罪行間。臣非敢求有所將，願得王一漢節，必有以報王。』王乃予之。周丘得節，夜馳入下邳。下邳時聞吳反，皆城守。至傳舍，召令。令入戶，使從者以罪斬令。遂召昆弟所善豪吏告曰：『吳反兵且至，至，屠下邳不過食頃。今先下，家室必完，能者封侯矣。』出乃相告，下邳皆下。周丘一夜得三萬人，使人報吳王，遂將其兵北略城邑。比至城陽，兵十餘萬，破城陽中尉軍。聞吳王敗走，自度無與共成功，即引兵歸下邳。未至，疽發背死。」「出師未捷身先死，長使英雄淚滿襟」，寫書者對當朝統治者心存不滿，對反抗者有人才而不得其用，致使不應勝者而輕易獲勝，反抗者白白失敗，豈不可悲可哀也哉？

新譯范文正公選集
新譯蘇洵文選
新譯蘇軾文選
新譯蘇軾詞選
新譯蘇轍文選
新譯曾鞏文選
新譯王安石文選
新譯柳永詞集
新譯李清照集
新譯辛棄疾詞選
新譯陸游詩文選
新譯歸有光文選
新譯徐渭詩文選
新譯薑齋文集
新譯顧亭林文集
新譯方苞文選
新譯袁枚詩文選
新譯聊齋誌異選
新譯聊齋誌異全集
新譯閱微草堂筆記
新譯浮生六記
新譯弘一大師詩詞全編

教育類

新譯爾雅讀本
新譯顏氏家訓
新譯聰訓齋語
新譯曾文正公家書
新譯三字經
新譯百家姓
新譯幼學瓊林
新譯增廣賢文・千字文
新譯格言聯璧

歷史類

新譯史記
新譯漢書
新譯後漢書
新譯三國志
新譯資治通鑑
新譯史記——名篇精選
新譯尚書讀本
新譯周禮讀本
新譯逸周書
新譯左傳讀本
新譯公羊傳
新譯穀梁傳
新譯春秋穀梁傳
新譯戰國策
新譯國語讀本
新譯說苑讀本
新譯新序讀本
新譯吳越春秋
新譯西京雜記
新譯列女傳
新譯越絕書
新譯燕丹子
新譯東萊博議
新譯唐六典
新譯唐摭言

宗教類

新譯金剛經
新譯高僧傳
新譯碧巖集
新譯百喻經
新譯楞嚴經
新譯梵網經
新譯法句經
新譯六祖壇經
新譯禪林寶訓
新譯維摩詰經
新譯經律異相
新譯阿彌陀經
新譯無量壽經
新譯妙法蓮華經
新譯景德傳燈錄
新譯大乘起信論
新譯釋禪波羅蜜
新譯八識規矩頌
新譯永嘉大師證道歌
新譯華嚴經入法界品
新譯地藏菩薩本願經
新譯悟真篇
新譯无能子
新譯坐忘論
新譯列仙傳
新譯抱朴子
新譯神仙傳
新譯性命圭旨
新譯老子想爾注
新譯周易參同契
新譯道門觀心經
新譯養性延命錄
新譯樂育堂語錄
新譯沖虛至德真經
新譯長春真人西遊記
新譯黃庭經・陰符經

地志類

新譯山海經
新譯水經注
新譯佛國記
新譯大唐西域記
新譯洛陽伽藍記
新譯徐霞客遊記
新譯東京夢華錄

政事類

新譯商君書
新譯鹽鐵論
新譯貞觀政要

軍事類

新譯孫子讀本
新譯司馬法
新譯尉繚子
新譯三略讀本
新譯六韜讀本
新譯吳子讀本
新譯李衛公問對

◎新譯吳越春秋

黃仁生／注譯　李振興／校閱

《吳越春秋》為《越絕書》的後起作品，它也是以春秋時期吳國和越國的歷史為題材，一部介於史傳文學與歷史小說之間的古典名著。書中有系統地記述了吳越興亡的始末，尤其濃筆重彩地描繪了春秋末年吳越爭霸過程中的一些傳奇故事和人物，如伍子胥的剛烈忠誠、吳王夫差的昏庸暴虐、越王句踐的忍辱負重、范蠡的深謀遠慮等，在中國文化史上產生了深遠的影響。本書以元大德十年丙午刊本為底本，以明清諸刻本參校，在前賢時彥的整理研究成果上，深入注譯解析。